Verfassungsentwicklung in Europa

herausgegeben von

Hartmut Bauer, Peter M. Huber
und Karl-Peter Sommermann

17

Aqilah Sandhu

Grundrechtsunitarisierung durch Sekundärrecht

Zur Reichweite des mitgliedstaatlichen Grundrechtsschutzes im Anwendungsbereich von Öffnungsklauseln am Beispiel des europäischen Datenschutzsekundärrechts

Mohr Siebeck

Aqilah Sandhu, geboren 1990; Studium der Rechtswissenschaft an der Universität Augsburg; 2014 Erstes Juristisches Staatsexamen; Rechtsreferendariat im Bezirk des OLG München mit Station in der Zentrale des Auswärtigen Amts in Berlin (Europaabteilung); 2016 Zweites Juristisches Staatsexamen; seit 2017 wissenschaftliche Mitarbeiterin am Lehrstuhl für Staats- und Verwaltungsrecht, Europarecht und Gesetzgebungslehre der Universität Augsburg; seit 2020 Akademische Rätin a. Z. ebenda; 2020 Promotion.
orcid.org/0000-0003-3180-1209

Zugl. Dissertation, Universität Augsburg, 2020.

ISBN 978-3-16-160896-4 / eISBN 978-3-16-160897-1
DOI 10.1628/978-3-16-160897-1

ISSN 1861-7301 / eISSN 2569-4553 (Verfassungsentwicklung in Europa)

Die Deutsche Nationalbibliothek verzeichnet diese Publikation in der Deutschen Nationalbibliographie; detaillierte bibliographische Daten sind über *http://dnb.dnb.de* abrufbar.

Das Buch wurde von Gulde Druck in Tübingen auf alterungsbeständiges Werkdruckpapier gedruckt und von der Buchbinderei Spinner in Ottersweier gebunden.

Printed in Germany.

Vorwort

Die vorliegende Arbeit wurde im Dezember 2020 von der Juristischen Fakultät der Universität Augsburg als Dissertation angenommen. Literatur, Rechtsprechung und Gesetzgebung befinden sich auf dem Stand Dezember 2020. Vereinzelt wurden Entwicklungen bis Mai 2021 berücksichtigt.

Die Arbeit entstand während meiner Zeit als wissenschaftliche Mitarbeiterin am Lehrstuhl für Staats- und Verwaltungsrecht, Europarecht sowie Gesetzgebungslehre von Prof. Dr. Matthias Rossi. Ihm gebührt mein größter Dank. Seine frühe Förderung bereits zu Studienzeiten und sein Vertrauen in meine Fähigkeiten haben mich in meinem Vorhaben bestärkt. Die geistig und fachlich anregende Atmosphäre an seinem Lehrstuhl bot den entscheidenden Rahmen für das Gelingen dieser Arbeit.

Der Impuls für diese Arbeit geht zurück auf ein studentisches Schwerpunktseminar in Brüssel mit Prof. Dr. Ferdinand Wollenschläger. Er prägte mein wissenschaftliches Denken nachhaltig. Ihm danke ich ganz besonders für die äußerst zügige Erstellung des Zweitgutachtens und für die äußerst wertvollen Korrekturhinweise.

Ferner danke ich den Herausgebern Prof. Dr. Hartmut Bauer, Prof. Dr. Peter Michael Huber und Prof. Dr. Karl-Peter Sommermann für die Aufnahme der Dissertation in die Schriftenreihe „Verfassungsentwicklung in Europa“.

Nicht unerwähnt bleiben soll das angenehme Arbeitsklima an der Juristischen Fakultät der Universität Augsburg, insbesondere der offene und geistreiche Austausch mit den Kolleginnen und Kollegen des Öffentlichen Rechts im „Augsburger Colloquium Öffentliches Recht“ (ACOER). In meiner Promotionszeit sind nicht nur kollegiale Kontakte, sondern auch wertvolle Freundschaften entstanden. Ganz besonders gilt dies für Dr. Cornelia Kibler, LL.M. (North Carolina), die mir von Anfang an als kritische Diskussionspartnerin und gute Freundin zur Seite stand. Ferner danke ich meinen ehemaligen und derzeitigen Kolleginnen und Kollegen am Lehrstuhl, insbesondere Victoria Kugelmann. Dr. Janet Opper gebührt Dank für ihre Freundschaft sowie dafür, dass sie sich die Zeit genommen hat, diese Arbeit durchzusehen.

Diese Danksagung bliebe unvollständig, ohne jene Personen zu erwähnen, die mir im Privaten Rückhalt bieten. Dank gebührt meinen Eltern, Dr. med. Cornelia und Muhammad A. Sandhu. Ganz besonderer Dank gilt meinen

Geschwistern, die mir eine seelische Unterstützung sind und in allen Phasen der Promotion geduldig zur Seite standen. Ich danke ihnen von Herzen.

Abschließend gebührt meinen Freundinnen und Freunden und den vielen nicht namentlich genannten Wegbegleitern Dank. Hervorzuheben ist meine beste Freundin, die mich besonders in den letzten Jahren meiner Promotionszeit durch gemeinsame Reisen immer wieder daran erinnert hat, den Fokus zurechtzurücken und den Blick für das Schöne in dieser Welt nicht zu verlieren.

Augsburg, den 15. September 2021 Aqilah Sandhu

Inhaltsübersicht

Inhaltsverzeichnis

Abkürzungsverzeichnis

1. DSAnpUG-EU	Erstes Datenschutz-Anpassungs- und -Umsetzungsgesetz
2. DSAnpUG-EU	Zweites Datenschutz-Anpassungs- und Umsetzungsgesetz
a.A.	anderer Ansicht
a.E.	am Ende
a.F.	alte Fassung
ABl.	Amtsblatt der EU/EG
Abs.	Absatz
ähnl.	ähnlich
AEUV	Vertrag über die Arbeitsweise der Europäischen Union
Alt.	Alternative
Anm.	Anmerkung
Anl.	Anlage
AO	Abgabenordnung
AöR	Archiv des öffentlichen Rechts
ARD	Arbeitsgemeinschaft der öffentlich-rechtlichen Rundfunkanstalten der BRD; Das Erste
Art.	Artikel
ATDG	Antiterrordateigesetz
Az.	Aktenzeichen
AZR	Ausländerzentralregister
BayDSG	Bayerisches Datenschutzgesetz
BayEDVG	Gesetz über die Organisation der elektronischen Datenverarbeitung im Freistaat Bayern
BayPAG	Bayerisches Polizeiaufgabengesetz
BayVBl.	Bayerische Verwaltungsblätter
BayZwEWG	Bayerisches Gesetz über das Verbot der Zweckentfremdung von Wohnraum
Bd.	Band
BDSG	Bundesdatenschutzgesetz
Beschl.	Beschluss
BezBegrBVG	Bundesverfassungsgesetz über die Begrenzung von Bezügen öffentlicher Funktionäre (Österreich)
BfDI	Bundesbeauftragte(r) für den Datenschutz und die Informationsfreiheit
BGB	Bürgerliches Gesetzbuch
BGBl.	Bundesgesetzblatt
BGH	Bundesgerichtshof
BGHZ	Bundesgerichtshof in Zivilsachen (Entscheidungssammlung)
BKA	Bundeskriminalamt
BKAG	Bundeskriminalamtsgesetz
BlnDSG	Berliner Datenschutzgesetz

BND	Bundesnachrichtendienst
BNDG	Gesetz über den Bundesnachrichtendienst
BR	Bundesrat
BR-Drs.	Bundesrats-Drucksache
BReg	Bundesregierung
brem, Brem	bremisch
BremDSGVOAG	Bremisches EU-Datenschutz-Ausführungsgesetz
bspw.	beispielsweise
BSI	Bundesamt für Sicherheit in der Informationstechnik
BT	Bundestag
BT-Drs.	Bundestags-Drucksache
BV	Verfassung des Freistaats Bayern
BVerfG	Bundesverfassungsgericht
BVerfGE	Bundesverfassungsgericht (Entscheidungssammlung)
BVerfGG	Gesetz über das Bundesverfassungsgericht
BVerfSchG	Bundesverfassungsschutzgesetz
BVerwG	Bundesverwaltungsgericht
BWPolG	Polizeigesetz Baden-Württemberg
bzw.	beziehungsweise
CDU	Christlich Demokratische Union
CMLRev.	Common Market Law Review
CR	Computer und Recht
CSU	Christlich Soziale Union
d.h.	das heißt
DB	Der Betrieb
DesignG	Gesetz über den rechtlichen Schutz von Design (Designgesetz)
DÖV	Die öffentliche Verwaltung
Dok.	Dokument
DS-Konvention	Übereinkommen des Europarats zum Schutz des Menschen bei der automatischen Verarbeitung personenbezogener Daten
DSAnpUG-EU (-RefE)	Referentenentwurf v. 5.8.2016 für ein Datenschutz-Anpassungs- und -Umsetzungsgesetz EU
DSG M-V	Datenschutzgesetz für das Land Mecklenburg-Vorpommern
DSG NRW	Datenschutzgesetz Nordrhein-Westfalen
DSGVO	EU-Datenschutz-Grundverordnung
DSGVO-KommE	Entwurf der Europäischen Kommission für eine EU-Datenschutz-Grundverordnung v. 25.1.2012 (KOM(2012) 11 endgültig)
DSGVO-LIBE-E	Entwurf der EU-Datenschutz-Grundverordnung in der Fassung des LIBE-Ausschusses des Europäischen Parlaments v. 21.10.2013
DSGVO-ParlE	Entwurf der EU-Datenschutz-Grundverordnung in der Fassung der Annahme durch das Europäische Parlament
DSGVO-RatE	Entwurf der EU-Datenschutz-Grundverordnung in der Fassung der Annahme durch den Rat v. 11./15.6.2015
DSGVO-TrilogE	Entwurf der EU-Datenschutz-Grundverordnung in der Trilogfassung v. 28.1.2016
DSRL	EG-Datenschutzrichtlinie (RL 95/46/EG)
DuD	Datenschutz und Datensicherheit
DVBl.	Deutsches Verwaltungsblatt
DW-G	Deutsche-Welle-Gesetz
eCommerce-RL	Richtlinie über den elektronischen Geschäftsverkehr (RL 2000/31/EG)

ECLI	European Case Law Identifier (Zitierweise für EuGH-Entscheidungen ab 2012).
EDPB	European Data Protection Board (Europäischer Datenschutzausschuss)
EDV	Elektronische Datenverarbeitung
EEA	Einheitliche Europäische Akte
EG	Europäische Gemeinschaft
EGMR	Europäischer Gerichtshof für Menschenrechte (seit 1998)
EGV	Vertrag über die Europäische Gemeinschaft
Einf.	Einführung
EJIL	European Journal of International Law
EKMR	Europäische Kommission für Menschenrechte (bis 1998)
EL	Ergänzungslieferung
ELJ	European Law Journal
ELRev	European Law Review
EMRK	Europäische Konvention zum Schutze der Menschenrechte und Grundfreiheiten
endg.	endgültig
EnzEuR	Enzyklopädie Europarecht
EPL	European Public Law
ePrivacy-RL	Europäische Datenschutzrichtlinie für elektronische Kommunikation (RL 2002/58/EG)
ePrivacy-VO-E	Entwurf einer Verordnung über die Achtung des Privatlebens und den Schutz personenbezogener Daten in der elektronischen Kommunikation
Erl.	Erläuterung
ErwG	Erwägungsgrund
EU	Europäische Union
EuConst	European Constitutional Law Review
EuGH	Europäischer Gerichtshof
EuGRZ	Europäische Grundrechte-Zeitschrift
EuR	Europarecht
EUV	Vertrag über die Europäische Union
EuZW	Europäische Zeitschrift für Wirtschaftsrecht
evtl.	eventuell
EVV	Vertrag über eine Verfassung für Europa
EWG	Europäische Wirtschaftsgemeinschaft
f., ff.	folgend(e), fortfolgende
FAZ	Frankfurter Allgemeine Zeitung
FDP	Freie Demokratische Partei
Fn.	Fußnote
FS	Festschrift
G 10	Gesetz zur Beschränkung des Brief-, Post- und Fernmeldegeheimnisses (Artikel 10-Gesetz)
GBl.	Gesetzblatt
gem.	gemäß
GA	Generalanwalt/Generalanwältin beim EuGH
GASP	Gemeinsame Außen- und Sicherheitspolitik
GG	Grundgesetz für die Bundesrepublik Deutschland
ggf.	gegebenenfalls

GK	Große Kammer (EGMR)
GRCh	Charta der Grundrechte der Europäischen Union
GRUR	Gewerblicher Rechtsschutz und Urheberrecht
GS	Gedenkschrift / Gedächtnisschrift
GVBl.	Gesetz- und Verordnungsblatt
h.M.	herrschende Meinung
Hs.	Halbsatz
HessDSG	Hessisches Landesdatenschutzgesetz (1970–2018)
HDSIG	Hessisches Datenschutz- und Informationsfreiheitsgesetz (seit 2018)
HmbDSG	Hamburgisches Datenschutzgesetz
Hrsg.	Herausgeber
HStR	Handbuch des Staatsrechts der Bundesrepublik Deutschland
ICLQ	International and Comparative Law Quarterly
i.d.F.	in der Fassung
i.d.R.	in der Regel
i.d.S.	in diesem Sinne
i.S.v.	im Sinne von
i.V.m.	in Verbindung mit
IFG	Informationsfreiheitsgesetz
insb.	insbesondere
Int'l J. Const. L.	International Journal of Constitutional Law
IT	Informationstechnologie
JIRL	Richtlinie zum Schutz natürlicher Personen bei der Verarbeitung personenbezogener Daten durch die zuständigen Behörden zum Zwecke der Verhütung, Ermittlung, Aufdeckung oder Verfolgung von Straftaten oder der Strafvollstreckung (RL (EU) 2016/680)
JORF	Journal Officiel de la République Française
JuS	Juristische Schulung
JZ	Juristenzeitung
K&R	Kommunikation und Recht
krit./Krit.	kritisch/Kritik
KritV	Kritische Vierteljahresschrift für Gesetzgebung und Rechtswissenschaft
KUG	Kunsturhebergesetz
LDSG RhPf	Landesdatenschutzgesetz Rheinland-Pfalz
LG	Landgericht
LIBE	Ausschuss für bürgerliche Freiheiten, Justiz und Inneres des Europäischen Parlaments
lit.	Buchstabe (lat. litera)
LLC	Limited Liability Company
LMuR	Lebensmittel und Recht
LSDG S-H	Schleswig-Holsteinisches Gesetz zum Schutz personenbezogener Daten
LT-Drs.	Landtags-Drucksache
LSAVerf	Verfassung des Landes Sachsen-Anhalt
LV	Landesverfassung
m.w.N.	mit weiteren Nachweisen
MADG	Gesetz über den militärischen Abschirmdienst
MDR	Monatsschrift für Deutsches Recht

MMR	Multimedia und Recht
MStV	Medienstaatsvertrag v. 23.4.2020
n.F.	neue Fassung
nds, Nds	niedersächsisch, Niedersachsen
NdsDSG	Niedersächsisches Landesdatenschutzgesetz
NJW	Neue Juristische Wochenschrift
NJW-RR	Neue Juristische Wochenschrift – Rechtsprechungsreport
Nr.	Nummer
Nrn.	Nummern
NRW	Nordrhein-Westfalen
NSA	National Security Agency
NVwZ	Neue Zeitschrift für Verwaltungsrecht
NVwZ-RR	Neue Zeitschrift für Verwaltungsrecht – Rechtsprechungsreport
NZA	Neue Zeitschrift für Arbeitsrecht (Zeitschrift)
OECD	Organisation for Economic Co-operation and Development (Organisation für wirtschaftliche Zusammenarbeit und Entwicklung)
ÖsterDSG	Datenschutzgesetz (Österreich)
OestVerfGH	Österreichischer Verfassungsgerichtshof
OLG	Oberlandesgericht
ORF	Österreichischer Rundfunk
OVG	Oberverwaltungsgericht
PatG	Patentgesetz
PC	Personal Computer
PinG	Privacy in Germany
PJZS	Polizeiliche und justizielle Zusammenarbeit in Strafsachen
RÄndStV	Rundfunkänderungsstaatsvertrag
RDV	Recht der Datenverarbeitung
RefE	Referentenentwurf
RegE	Regierungsentwurf
Res.	Resolution
RGZ	Entscheidungen des Reichsgerichts in Zivilsachen
RL	Richtlinie
Rn.	Randnummer
Rs.	Rechtssache (des EuGH)
Rspr.	Rechtsprechung
RStV	Rundfunkstaatsvertrag
S.	Seite
s.	siehe
SA	Sachsen-Anhalt
SächsDSG	Sächsisches Datenschutzgesetz
SaarlDSG	Saarländisches Datenschutzgesetz
SEV	Sammlung der Europäischen Verträge (Europarat)
Slg.	Sammlung der Rechtsprechung des Gerichtshofes und des Gerichts Erster Instanz (EuGH, EuG) (Fundstelle für Gerichtsentscheidungen bis 2011)
sog.	sogenannte/r/s
SPD	Sozialdemokratische Partei Deutschlands
st. Rspr.	ständige Rechtsprechung
StGB	Strafgesetzbuch
StPO	Strafprozessordnung

str.	streitig
SÜG	Sicherheitsüberprüfungsgesetz
SZ	Süddeutsche Zeitung
ThürDSG	Thüringer Datenschutzgesetz
TKG	Telekommunikationsgesetz
TMG	Telemediengesetz
u.a.	unter anderem
u.U.	unter Umständen
UAbs.	Unterabsatz
UIG	Umweltinformationsgesetz
UNGA	Generalversammlung der Vereinten Nationen
UrhG	Urheberrechtsgesetz
Urt.	Urteil
usw.	und so weiter
v.	von; vom
VerfGH	Verfassungsgerichtshof
VerwArch	Verwaltungsarchiv
VDSRL	Vorratsdatenspeicherungsrichtlinie
VG	Verwaltungsgericht
VGH	Verwaltungsgerichtshof
vgl.	vergleiche
VK	Vereinigtes Königreich
VO	Verordnung
VVDStRL	Veröffentlichung der Vereinigung der Deutschen Staatsrechtslehrer
VwGO	Verwaltungsgerichtsordnung
VwVfG	Verwaltungsverfahrensgesetz
WP	Working Paper
WRV	Weimarer Reichsverfassung
ZaöRV	Zeitschrift für ausländisches öffentliches Recht und Völkerrecht
z.B.	zum Beispiel
ZD	Zeitschrift für Datenschutz
ZDF	Zweites Deutsches Fernsehen
ZESAR	Zeitschrift für europäisches Sozial- und Arbeitsrecht
ZEuP	Zeitschrift für Europäisches Privatrecht
Ziff.	Ziffer
ZÖR	Zeitschrift für Öffentliches Recht
ZP	Zusatzprotokoll
ZPO	Zivilprozessordnung
ZRP	Zeitschrift für Rechtspolitik
ZUM	Zeitschrift für Urheber- und Medienrecht

Einleitung

Als vor mehr als einem Jahrzehnt die umfassende Datenschutzreform durch die EU angestoßen worden ist, stand in der öffentlichen Diskussion die Regulierung global agierender datenverarbeitender Unternehmen und sozialer Netzwerke im Vordergrund. Ein einheitliches Datenschutzniveau für die fast 750 Millionen Menschen in der EU, von denen circa 400 Millionen als aktive Internetznutzer gelten,[1] sollte geschaffen werden, um ihnen die Kontrolle über „ihre" Daten zurückzugeben, so lautete das gängie Narrativ.[2] Der überkommene Datenschutzrahmen aus dem noch überwiegend analogen Zeitalter, aus der Zeit des Web 1.0, sollte an die Bedingungen der modernen, ubiquitären und massenhaften Datenverarbeitungen angepasst werden. Der europäische Markt sollte durch einheitliche Datenschutzstandards, der Online-Handel von Waren und Dienstleistung durch mehr Transparenz gestärkt und die EU insgesamt wettbewerbsfähiger werden.[3] Das sekundärrechtliche Datenschutzrecht erging ursprünglich zur Harmonisierung des Binnenmarkts auf Grundlage von Art. 95 EG bzw. Art. 114 AEUV. Die jüngste Datenschutzreform konnte auf den speziellen Kompetenztitel zur Harmonisierung des Datenschutzrechts in Art. 16 Abs. 2 AEUV gestützt werden. Zudem ist seit dem Vertrag von Lissabon das Grundrecht auf Schutz personenbezogener Daten in Art. 8 GRCh prominent verankert. Damit wird sichtbar: Datenschutz ist nicht nur ein Wirtschafts- und Standortfaktor, sondern zugleich ein Grundrecht.[4] Mit der Harmonisierung des Datenschutzrechts im Zuge

[1] Anzahl der Internetnutzer in der EU-27, Stand Juni 2020, abrufbar unter https://de.statista.com/statistik/daten/studie/150233/umfrage/internetnutzer-in-europa/ (zuletzt abgerufen am 11.5.2021).

[2] Vgl. nur die Mitteilung der Kommission über den Schutz der Privatsphäre in einer vernetzten Welt, KOM(2012) 9 v. 25.1.2012; exemplarisch auch die Aussprache im Deutschen Bundestag zur EU-Datenschutzreform in der 173. Sitzung v. 30.3.2012, Pl.Prot. 17/173, S. 2049, in der wiederholt auf Facebook Bezug genommen wird. Das mit der DSGVO eingeführte Marktortprinzip (Art. 3 Abs. 2 DSGVO) ist zweifelslos eine der essenziellen Neuerungen; zuvor bereits EuGH, Rs. C-131/12, EU:C:2014:317 – Google Spain.

[3] KOM(2012) 9 v. 25.1.2012, S. 1 f.

[4] Art. 29-Datenschutzgruppe, WP 168, S. 2; in der englischen Sprachfassung lautet der Titel des Arbeitspapiers „The future of privacy", die Übersetzung von „privacy" mit „Datenschutz" (eigentlich: „Data protection") ist unpräzise. Zu Daten als maßgebliche „Pro-

der umfassenden Reform auf EU-Ebene ging auch eine stärkere Zentralisierung des Grundrechtsschutzes auf Unionsebene einher. Institutionell kommt der verstärkte Grundrechtsbezug des Datenschutzrechts dadurch zum Ausdruck, dass die Europäische Kommission nach dem Vertrag von Lissabon eigens eine neue Generaldirektion für Grundrechte mit einem eigenständigen Datenschutzreferat einrichtete, die ab dem Frühjahr 2010 mit der Reform des EU-Datenschutzrechts sowie der Vorbereitung einer Datenschutz-Verordnung und einer Datenschutz-Richtlinie für Polizei und Justiz beauftragt wurde.[5] In der Mitteilung über einen europäischen Datenschutzrahmen für das 21. Jahrhundert führt die Europäische Kommission aus, dass das Datenschutzgrundrecht unionsweit unmittelbar Geltung beanspruche, während andere Grundrechte, wie beispielsweise die Meinungsäußerungsfreiheit, mitgliedstaatlich gewährleistet würden:

> Die Reform der EU-Datenschutzvorschriften zielt darauf ab, einen modernen, stabilen, kohärenten und umfassenden Datenschutz-Rechtsrahmen für die Europäische Union bereitzustellen. Auf diese Weise wird dem Grundrecht des Einzelnen auf Datenschutz Geltung verschafft. Andere Rechte wie das Recht auf freie Meinungsäußerung, auf Information, die Rechte des Kindes, die unternehmerische Freiheit, das Recht auf ein faires Verfahren und die Wahrung des Berufsgeheimnisses (z. B. für Rechtsberufe) sowie der Status der Kirchen gemäß dem Recht der Mitgliedstaaten werden gewahrt.[6]

Die neuen Regeln sollten „in allen Politikbereichen und internationalen Vereinbarungen" konsequent gelten.[7] Im Aktionsplan zur Umsetzung des Stockholmer Programms führt die Kommission aus, mit der Reform werde „die Position der EU bezüglich des Schutzes personenbezogener Daten bei allen EU-Maßnahmen, einschließlich jener in den Bereichen Strafverfolgung und Kriminalprävention" gestärkt.[8] Die Reform mündete 2016 im Erlass der Datenschutz-Grundverordnung 2016/679 (DSGVO)[9] und der Datenschutz-Richtlinie für den Bereich Polizei und Justiz 2016/680 (JIRL).[10] Mit diesem

---

duktivkraft in fast allen gesellschaftlichen Bereichen" *W. Hoffmann-Riem*, AöR 123 (1998), 513 (525); *H. Greve*, Drittwirkung des grundrechtlichen Datenschutzes, S. 668: „Ökonomisierung von Daten".

[5] *M. Selmayr/E. Ehmann*, in: dies., DS-GVO, Einf. Rn. 41.

[6] KOM(2012) 9 endg., S. 13.

[7] *V. Reding*, IP/10/63, 28.1.2010.

[8] KOM(2010) 171 endg., S. 3.

[9] VO (EU) 2016/679 des Europäischen Parlaments und des Rates v. 27.4.2016 zum Schutz natürlicher Personen bei der Verarbeitung personenbezogener Daten, zum freien Datenverkehr und zur Aufhebung der RL 95/46/EG, ABl. L 119/1 v. 4.5.2016. Sie trat am 25.5.2016 in Kraft und gilt seit dem 25.5.2018 in allen Mitgliedstaaten.

[10] RL (EU) 2016/680 zum Schutz natürlicher Personen bei der Verarbeitung personenbezogener Daten durch die zuständigen Behörden zum Zwecke der Verhütung, Ermittlung, Aufdeckung oder Verfolgung von Straftaten oder der Strafvollstreckung sowie zum freien Datenverkehr und zur Aufhebung des Rahmenbeschlusses 2008/977/JI des Rates,

EU-Datenschutzpaket wurde die Datenschutzrichtlinie 95/46/EG (DSRL)[11] aufgehoben.

Obwohl bereits das seit 1995 geltende datenschutzrechtliche Sekundärrecht im Sinne einer abschließenden, vollharmonisierenden und in Teilen unmittelbar wirkenden Richtlinie interpretiert worden ist,[12] vollzog sich die Verschiebung des Grundrechtsschutzes auf EU-Ebene zunächst relativ unbemerkt von den nationalen Gerichten und der rechtswissenschaftlichen Öffentlichkeit. Dabei avancierte der EuGH schon vor der Reform selbstbewusst zum tonangebenden „Menschenrechtsgericht" – nicht nur im Datenschutz, sondern allgemein auf dem Gebiet des Privatheitsschutzes.[13] Bereits auf Grundlage der DSRL entschied er im ersten Jahrzehnt ihrer Geltung recht geräuschlos über große grundrechtsdogmatische Fragen, wie insbesondere die Drittwirkung des Datenschutzgrundrechts im Privatrecht oder die Bindung der öffentlichen Stellen der Mitgliedstaaten an Gemeinschafts- bzw. Unionsgrundrechte bei der Wahrnehmung rein innerstaatlicher Behördentätigkeit: Dass die private Videoüberwachung eines Grundstücks,[14] die Abfrage personenbezogener Daten im Rahmen privater Verkündungstätigkeiten,[15] polizeiliche datengestützte Befugnisse im Bereich der Gefahrenabwehr oder die Speicherung personenbezogener Daten in öffentlichen Registern zum Schutz der inneren Sicherheit[16] Fragen des europäischen Grundrechtsschutzes sind, ist auf den ersten Blick nicht offenkundig. Entsprechend spielten die Unionsgrundrechte vor den Fachgerichten der Mitgliedstaaten in diesen und ähnlichen Fällen bis 2016 kaum eine Rolle.[17]

Erst vor der Folie der EU-Datenschutzreform wurde das grundrechtsschützende Sekundärrecht als maßgeblicher Beschleuniger für die Verlagerung des Schutzes der Privatsphäre und personenbezogener Daten auf die Unionsebene wahrgenommen. So waren es in jüngerer Zeit vor allem datenschutzrechtliche Fälle, die einige höchste Verfassungsgerichte der Mitgliedstaaten zu einer Erweiterung ihres grundrechtlichen Prüfungsmaßstabs um die Unionsgrundrechte veranlasst haben.[18] Den historischen Recht auf Ver-

---

ABl. L 119/89 v. 4.5.2016. Sie trat am 5.5.2016 in Kraft und war bis zum 6.5.2018 von den Mitgliedstaaten in ihr Recht umzusetzen.

[11] RL 95/46/EG des Europäischen Parlaments und des Rates v. 24.10.1995 zum Schutz natürlicher Personen bei der Verarbeitung personenbezogener Daten und zum freien Datenverkehr, ABl. L 281/31 v. 23.11.1995.

[12] EuGH, verb. Rs. C-468/10 und C-469/10, Slg. 2011, I-12181, Rn. 50 ff.

[13] *F. Fabbrini*, ECJ as a Human Rights Court, S. 282: „frontrunner in the protection of rights to data privacy in the digital age."

[14] EuGH, Rs. C-212/13, EU:C:2014:2428 – Ryneš.

[15] EuGH, Rs. C-25/17, EU:C:2018:551 – Jehovan todistajath.

[16] Zur Löschung von Daten aus dem Ausländerzentralregister EuGH, Rs. C-524/06, Slg. 2008, I-9705 – Huber.

[17] Vgl. zur privaten Videoüberwachung BGH, ZD 2013, 447.

[18] *A. Edenharter*, DÖV 2020, 349 (357).

gessen-Entscheidungen des Ersten Senats des BVerfG, welche den Prüfungsmaßstab der Verfassungsbeschwerde um die Unionsgrundrechte erweiterten sowie den maßgeblichen Entscheidungen der belgischen *Cour constitutionnelle* und der italienischen *Corte costituzionale* lagen Sachverhalte zu Grunde, die Art. 7 und 8 GRCh bzw. dem datenschutzrechtlichen Sekundärrecht unterfielen.[19]

Auch in der rechtswissenschaftlichen Debatte wurden erst anlässlich der EU-Datenschutzreform „erdrutschartige Verschiebungen"[20] im europäischen Grundrechtsgefüge und der „Abschied von den Grundrechten"[21] prognostiziert.[22] Die EU-Datenschutzreform betreffe zwar das Sekundärrecht, löse aber massive Verschiebungen im Verhältnis der Grundrechtsordnungen zueinander aus. Es geht im Kern um die dogmatisch noch immer nicht hinreichend geklärte Problematik der Reichweite der Bindung der Mitgliedstaaten an die Unionsgrundrechte – eine Frage, deren Einschätzung als „sensibles Thema"[23] noch untertrieben ist, die vielmehr als „Kardinalfrage des Grundrechtsföderalismus"[24], wenn nicht gar als „Schicksalsfrage der Integration"[25] begriffen wird. Die Europäisierung des Grundrechtsschutzes gilt „zweifelsohne [als] eines der größten Themen des Verfassungsrechts der nächsten Jahre und möglicherweise Jahrzehnte" – ja sogar „eines der drängendsten Probleme des Grundrechtsschutzes der nächsten Zeit".[26] Die EU-Datenschutzreform rückte diese Problematik wieder in den Fokus, weil sie eine Materie betrifft, die „potenziell zu einer Vereinheitlichung verschiedenster Rechtsmaterien vom Datenschutzrecht über das Versicherungsrecht bis zum Strafrecht führen [würde], die nicht durchweg mit der Kompetenzverteilung kompatibel ist und damit nicht vom Willen der Mitgliedstaaten getragen wird."[27] Angesichts des vollharmonisierenden Charakters der DSGVO würden das deutsche Zivil- und Strafrecht „zur Hülse europäischer Maßstäbe"; 30 Jahre bundesverfassungsgerichtliche Rechtsprechung zum Datenschutz und zur Meinungsfreiheit würde zur „Makulatur".[28]

---

[19] BVerfGE 152, 152; 152, 216; Corte costituzionale, Entsch. v. 23.1.2019, 20/2019, ECLI:IT:COST:2019:20; belgischer VerfGH, Entsch. v. 15.3.2018, 29/2018, B.15.3.

[20] *M. Cornils*, Grundrechtlicher Rahmen, S. 12.

[21] Diskursprägend *J. Masing*, SZ v. 9.1.2012, S. 10.

[22] *M. Kotzur*, EuGRZ 2011, 105; *F. Lange*, NVwZ 2014, 169; *K. von Lewinski*, DuD 2012, 564 (570).

[23] *J. Kühling/J. Raab*, in: Kühling/Buchner, DS-GVO/BDSG, Einf. Rn. 10.

[24] *T. Kingreen*, JZ 2013, 801 (802); *F. Schorkopf*, EnzEuR II, § 3 Rn. 17: „zentrale Frage der Grundrechtsarchitektur".

[25] *J. P. Terhechte*, Konstitutionalisierung und Normativität, S. 18.

[26] *J. Masing* et al., Strukturfragen des Grundrechtsschutzes, Vorwort, S. VIII.

[27] *A. Voßkuhle*, JZ 2016, 161 (164).

[28] *J. Masing*, SZ v. 9.1.2012, S. 10.

Dem wird entgegengehalten, dass der Schutz personenbezogener Daten „zur Seele Europas“[29] gehöre. Schon vor und ganz besonders während der Datenschutzreform trat der EuGH als „Grundrechtsgericht“[30] auf. Es wäre zu oberflächlich, die Frage des maßgeblichen Grundrechtsschutzes, insbesondere im Bereich des Datenschutzrechts, auf höchstrichterliche Eitelkeiten[31] oder nationale Befindlichkeiten[32] zu reduzieren. Eine klare Zuordnung von Verantwortungssphären im Grundrechtsschutz ist im Sinne der unionsweiten Rechtssicherheit und des effektiven Individualrechtsschutzes geboten, aber auch zur Schaffung eines durchsetzungsstarken Datenschutzes angezeigt. In der Frühzeit der Integration waren Grundrechte zunächst aus Sorge vor Kompetenzüberschreitungen der supranationalen Gewalt eher unerwünscht und auch der EuGH war zunächst nicht geneigt, Grundrechte anzuerkennen.[33] Historisch betrachtet wurde der Grundrechtsschutz in der EU nicht nur im Sinne des Individualrechtsschutzes entwickelt. Als der EuGH in den Entscheidungen *Stauder* 1969[34] und Internationale Handelsgesellschaft 1970[35] erstmals auf Gemeinschaftsgrundrechte als allgemeine Rechtsgrundsätze Bezug nahm, sah er diese auch als Instrument zur Sicherung des Vorrangs des Europarechts vor dem Recht der Mitgliedstaaten.[36]

Einen Impuls mag auch die bundesverfassungsgerichtliche Rechtsprechung gegeben haben, wonach europäische Rechtsakte am Maßstab deutscher Grundrechte überprüft werden können, solange das Gemeinschaftsrecht keinen dem Grundgesetz adäquaten Grundrechtskatalog enthält.[37]

---

[29] *E. Ehmann/M. Selmayr*, in: dies., DS-GVO, Vorwort, V.

[30] *J. Kühling*, NVwZ 2014, 681; *T. von Danwitz*, DuD 2015, 581 (585); *V. Skouris*, MMR 2011, 423 (426).

[31] In diesem Sinne auch *J. Masing*, JZ 2015, 477 (483), die Frage dürfe „nicht in einem bekenntnishaften Gegeneinander von europäisch oder national oder in dem Verständnis eines institutionellen Machtkampfes zwischen BVerfG und EuGH“ ausgetragen werden, sondern „aus der Perspektive einer guten Balance zwischen föderaler Kohäsion und Vielfalt“.

[32] In diese Richtung *K. von Lewinski*, DuD 2012, 564 (570): die nationalen „Datenschutzdialekte“ seien nichts als „Folklore“; ferner *J. Kühling*, ZÖR 68 (2013), 469.

[33] *U. Haltern*, Europarecht II, § 11 Rn. 1390; *A. von Bogdandy*, Der Staat 39 (2000), 163 (176).

[34] EuGH, Rs. 29/69, Slg. 1969, 419, Rn. 7.

[35] EuGH, Rs. 11/70, Slg. 1970, 1125, Rn. 935 f.

[36] Zu den Gründen, über die seit jeher spekuliert wird, *U. Haltern*, Europarecht II, § 11 Rn. 1393; *A. von Bogdandy*, Der Staat 39 (2000), 163 (173): Der Gedankengang der frühen Grundrechtsjudikate folgte der Logik: „Erst der Vorrang des Gemeinschaftsrechts und die europäische Einigung, dann die Menschenrechte“, a.a.O., S. 177.

[37] BVerfGE 37, 271 (285). Der Solange-I-Beschluss erging 1974 und damit erst nach der EuGH-Entscheidung in der Rs. Internationale Handelsgesellschaft (1970), weil das Ausgangsgericht, das VG Frankfurt, vor Erhebung der Normenkontrolle in demselben Verfahren den EuGH zur Vorabentscheidung angerufen hatte, der dem BVerfG insofern zuvor kam.

Noch heute erfolgt die Integration der Bundesrepublik Deutschland in die EU nur unter dem Vorbehalt, dass sie einen dem „Grundgesetz im wesentlichen vergleichbaren Grundrechtsschutz gewährleistet“ (Art. 23 Abs. 1 GG). Die Ausweitung des Grundrechtsschutzes in der Union wird aber zugleich als Gradmesser für ihre zunehmende Konstitutionalisierung[38] betrachtet. Wie die Geschichte der EU zeigt, kann die Grundrechtskonkurrenz in föderalen Strukturen einen Wettbewerb um den effektivsten Individualrechtsschutz entfachen.[39] Der Grundrechtsschutz auf Unionsebene ist die grundlegende Voraussetzung für die vertiefte Integration überhaupt – nicht nur, um der EU weg von der einseitigen „ökonomischen Rationalität“ hin zur „ethische[n] Fundierung“ zu verhelfen,[40] sondern auch, weil eine Übertragung von Hoheitsbefugnissen nicht mit dem Verlust von Freiheits- und Gleichheitsrechten einhergehen darf. Die „Rechtsunion“[41] lebt von der Bedingung, dass auch ihre Organe und die Mitgliedstaaten, soweit sie das supranationale Recht durchführen, der Bindung an Grund- und Menschenrechte unterliegen und der Schutz der Rechtsunterworfenen im Mehrebenensystem nicht von Zufälligkeiten abhängt. „Europe’s weapon is the law“, schrieb der britische Politikwissenschaftler *Mark Leonard* im Jahr 2005.[42] Wenn dieser Befund weiterhin zutreffen soll, muss innerhalb der EU der individuelle Rechtsschutz kompetenzgerecht auf allen Ebenen ausgestaltet und für die Unionsorgane das Primärrecht der geltende Rahmen sein.

---

[38] Zum einfachen Recht als Konkretisierung europäischer Verfassungsentscheidungen *P. Kunig*, VVDStRL 61 (2002), 34 (59 f.).

[39] *T. Kleinlein*, Int’l J. Cost. L. 15 (2017), 1157 (1161).

[40] *U. Haltern*, Europarecht II, § 10 Rn. 1028.

[41] EuGH, Rs. C-619/18, EU:C:2019:531, Rn. 46 – Kommission/Polen; Rs. 216/18 PPU, EU:C:2018:586, Rn. 49 – LM; Rs. C-64/16, EU:C:2018:117, Rn. 31 – Associação Sindical dos Juízes Portugueses; zur Rechtsgemeinschaft *U. Everling*, Europäische Union, S. 990 ff.; *A. von Bogdandy*, EuR 2017, 487; *M. Rossi*, Recht in der EU. Im Unterschied hierzu die Rechtsgemeinschaft im Sinne einer abendländisch-okzidentalen Wertegemeinschaft verstehend *W. Hallstein*, Die Europäische Gemeinschaft, S. 66 ff.

[42] *M. Leonard*, Europe, S. 35.

1. Kapitel

Problemstellung, Begrifflichkeiten und Grundlagen

Um die Weichen für die nachfolgende theoretisch-konzeptionelle Analyse der Grundrechtsordnungen im Anwendungsbereich des europäisierten Datenschutzrechts zu stellen, ist zunächst auf die Problemstellung und den Gang der Untersuchung einzugehen (A.), ehe im Anschluss das Verständnis grundlegender Begrifflichkeiten erläutert wird (B.). Schließlich ist der zentrale Untersuchungsgegenstand, das grundrechtskonkretisierende Sekundärrecht, einzugrenzen, zu erläutern und einzuordnen (C.).

A. Problemstellung und Gang der Untersuchung

Dieser Arbeit liegt die Frage zu Grunde, welche Funktion, Wirkweise und Bedeutung das grundrechtskonkretisierende Sekundärrecht für den europäischen Grundrechtsschutz hat. Der sekundärrechtliche Grundrechtsschutz zählt zu den „offenen Feldern“[1] in der unionsrechtlichen Grundrechtsdogmatik. Ebenso gilt die Bestimmung der maßgeblichen Grundrechtsordnung bei der Ausbalancierung des Grundrechts auf Datenschutz mit den widerstreitenden Interessen als ungelöstes Kernproblem[2] im Grundrechtsschutz. Grundrechtskonkretisierendes Sekundärrecht steht im Spannungsverhältnis mehrerer klassischer Problemkreise des Unionsrechts: Dem Problem der horizontalen Drittwirkung von Richtlinien einerseits sowie dem Verhältnis von (un)mittelbarer Drittwirkung der Grundrechte und staatlichen Schutzpflichten andererseits.[3] Im Zentrum dieser Arbeit steht die Frage, ob die sekundärrechtliche Vollharmonisierung eines Grundrechts auf Unionsebene dem betreffenden Grundrecht in allen Mitgliedstaaten ungeachtet der Voraussetzungen des Art. 51 Abs. 1 S. 1 GRCh Geltung verschaffen kann. Mit anderen Worten, ob die Begrenzung der Bindung der Mitgliedstaaten an Unionsgrundrechte nach Art. 51 Abs. 1 S. 1 GRCh keine Relevanz

[1] *F. Schoch*, Durchsetzung von Unionsgrundrechten, S. 75; ähnl. zum Verhältnis der EU-Grundrechte zum Privatrecht der Befund bei *C. Herresthal*, ZEuP 24 (2014), 238 (241).

[2] *F. Fabbrini*, ECJ as a Human Rights Court, S. 283.

[3] Zur parallelen Diskussion im Antidiskriminierungsrecht *O. Mörsdorf*, Ungleichbehandlung als Norm, S. 88; *F. Kainer*, NZA 2018, 894.

mehr für jene Grundrechte hat, die eine sekundärrechtliche Konkretisierung erfahren haben. Unabhängig vom Grad der Harmonisierung wird der individuelle Rechtsschutz nach dem derzeitigen Integrationsstand vorrangig durch das Rechtsschutzsystem auf mitgliedstaatlicher Ebene gewährleistet.[4] Der Zusammenhang zwischen Kompetenzen und Grundrechten, die Verschiebungen in der föderalen Machtverteilung in Folge einer extensiven Grundrechtsjudikatur in Mehrebenensystemen, wurde bereits vielerorts herausgearbeitet.[5] Die Asymmetrie – einerseits die materiell-rechtliche Konkretisierung eines Grundrechts auf Unionsebene und andererseits die primäre Zuständigkeit der Mitgliedstaaten für den Rechtsschutz – ließe sich politisch durch die Streichung von Art. 51 GRCh über die Bindung der Mitgliedstaaten an die GRCh nur bei Durchführung von Unionsrecht und das Verbot der Kompetenzausweitung durch Grundrechte lösen. Eine entsprechende Forderung hatte die damals für die Datenschutzreform zuständige Kommissarin *Viviane Reding* im September 2013 erhoben. Sie schlug vor, Art. 51 GRCh vollständig zu streichen, „um dadurch allen Grundrechten [der Grundrechtecharta, Anm. der Verfasserin] in den Mitgliedstaaten zur direkten Anwendbarkeit zu verhelfen".[6] Doch so lange diese politische Forderung keine vertragliche Umsetzung gefunden hat, ist für die rechtliche Beurteilung der Reichweite des Unionsgrundrechtsschutzes das geltende Primärrecht maßgebend. Die EU-Datenschutzreform gibt vor, diese Diskrepanz anhand des Sekundärrechts zu überwinden.

---

[4] EuGH, Rs. C-50/00P, Slg. 2002, I-6677, Rn. 41 – Unión de Pequeños Agricultores/Rat.

[5] Zur kompetenziellen Dimension der Grundrechtsdurchsetzung *P. M. Huber*, EuR 2008, 190. Deutlich wird dieser Zusammenhang im US-amerikanischen Kontext, denn die ersten vier Verfassungszusätze der Bill of Rights bezweckten nur nachrangig die Gewährleistung individueller Rechte und primär als „negative Kompetenzordnung" die Beschränkung der Bundesgewalt im Verhältnis zu den Gliedstaaten. Der erste Verfassungszusatz ist deshalb mit der Betonung auf dem Legislativorgan, dem Kongress, zu lesen: „*Congress* shall pass no law […]", vgl. *C. Unseld*, Horizontalwirkung, S. 36; *H. Ehmke*, VVDStRL 20 (1963), 53 (91 ff.) zum „Grundrechts-Kompetenz-Zusammenhang", jeweils m.w.N. Zu einer pluralistischen Grundrechtsjudikatur in föderalen Grundrechtssystemen *T. Kleinlein*, Int'l J. Cost. L. 15 (2017), 1157 (1157 f.); *ders.*, Grundrechtsföderalismus.

[6] Wörtlich: „A very ambitious Treaty amendment – which I would personally favour for the next round of Treaty change – would be abolishing Article 51 of our Charter of Fundamental Rights, so as to make all fundamental rights directly applicable in the Member States, including the right to effective judicial review (Article 47 of the Charter). I have raised this idea already in a speech at the FIDE Congress in Tallinn in May 2012. This would open up the possibility for the Commission to bring infringement actions for violations of fundamental rights by Member States even if they are not acting in the implementation of EU law. I admit that this would be a very big federalising step. It took the United States more than 100 years until the first ten amendments started to be applied to the states by the Supreme Court.", *V. Reding*, SPEECH/13/677, 4.9.2013.

Anliegen dieser Arbeit ist nicht darzustellen, ob überhaupt ein europäisches Datenschutzgrundrecht existiert, welchen Inhalt es hat und inwiefern dessen Schutzumfang potenziell nationalen Gewährleistungen nachsteht oder auch nicht.[7] Dass ein EU-Datenschutzgrundrecht besteht, das inhaltlich weitgehend dem Grundrecht auf informationelle Selbstbestimmung entspricht, wird vielmehr vorausgesetzt.[8] Untersucht wird die grundrechtsunitarisierende Wirkung von unionsrechtlichem Sekundärrecht. Dabei bleibt der Schutz personenbezogener Daten nach der Europäischen Menschenrechtskonvention (EMRK) weitgehend außer Betracht. Auf bisherigen Abhandlungen zum Jurisdiktionskonflikt im Grundrechtsdreieck Straßburg – Luxemburg – Karlsruhe wird aufgebaut.[9] Jenseits der Jurisdiktionskonflikte wurde das Verhältnis der Rechtsordnungen (Unionsrecht und nationales Recht) auch rechtstheoretisch analysiert.[10]

Die Arbeit betrifft zunächst die dem Anwendungsvorrang vorgelagerte Frage, inwieweit tatsächlich eine Normenkollision im grundrechtlichen Datenschutz[11] durch die sekundärrechtliche Überformung gegeben ist. Denn nur dann stellt sich in einem zweiten Schritt die Rangfrage im Mehrebenensystem. Die Analyse des grundrechtskonkretisierenden Sekundärrechts erfolgt im Lichte des Primärrechts. In einem zweiten Schritt stellt sich die Frage nach der Bindung der Mitgliedstaaten an den unionalen Grundrechtskatalog. Zu schnell wird oftmals bei der DSGVO angesichts der Rechtsform der Verordnung (Art. 288 Abs. 2 AEUV) der Anwendungsbereich des Unionsrechts bejaht und ein beim EuGH zentralisierter Grundrechtsschutz in Datenschutzfragen angenommen. Differenziert zu betrachten sind insbesondere die Bindung der öffentlichen Verwaltung an die Unionsgrundrechte sowie die Drittwirkung im Verhältnis zwischen Privaten. Letztere ist auch im nationalen Datenschutzrecht umstritten[12] und wurde durch die Europäisierung noch stärker forciert. Dabei kann auf die Diskussionen zum europäischen Antidiskriminierungsrecht Bezug genommen werden.[13] Auch dort bean-

[7] Hierzu bereits ausführlich *N. Marsch*, Das europäische Datenschutzgrundrecht; *S. Schiedermair*, Schutz des Privaten; *M. Tzanou*, Data protection; *G. González Fuster*, Emergence of Personal Data Protection; *L.-J. Wagner*, Datenschutz; *F. Burgkardt*, Grundrechtlicher Datenschutz; *S. Pötters*, Grundrechte und Beschäftigtendatenschutz; *N. Bodenschatz*, Der europäische Datenschutzstandard; *B. Siemen*, Datenschutz; speziell zur grundrechtlich gebotenen Datenschutzaufsicht jüngst *C. Kibler*, Datenschutzaufsicht.

[8] S. auch die Darstellung bei *M. Wagner*, Datenökonomie, S. 80 ff.

[9] Unter Einbeziehung der Fachgerichte von einem „Bermuda-Sechseck" ausgehend: *M. Klatt*, Praktische Konkordanz, S. 8; s. ferner *H. Sauer*, Jurisdiktionskonflikte.

[10] *D. Burchardt*, Rangfrage, passim.

[11] Zu den zuständigkeits- und kollisionsrechtlichen Fragestellungen, die sich unter der DSGVO aus der parallelen Anwendbarkeit der mitgliedstaatlichen Anpassungsgesetzgebung zum Datenschutz ergeben *M. Gömann*, EuZW 2018, 680.

[12] Eingehend *B. Buchner*, Informationelle Selbstbestimmung, passim.

[13] Statt vieler *O. Mörsdorf*, Ungleichbehandlung als Norm, S. 88 ff., 96 ff.

spruchen die Grundrechte (vorrangig Art. 21 GRCh), vermittelt durch grundrechtsschützendes Sekundärrecht, das horizontal zwischen Privaten anwendbar ist, im Recht der Mitgliedstaaten ungeachtet der konkreten Durchführung von Unionsrecht unmittelbare Wirkung. Von einer weitreichenden Verdrängung der nationalen Grundrechte im Bereich der privaten Datenverarbeitung geht mittlerweile das BVerfG aus. Mit den Recht auf Vergessen-Beschlüssen[14] erhebt es den Anspruch, weiterhin das maßgebliche Grundrechtsgericht in Datenschutzfragen zu bleiben. Materiell-rechtlich treten die nationalen Grundrechte ruhend zurück. Stattdessen wird die GRCh zum verfassungsgerichtlichen Prüfungsmaßstab erhoben, wenn das mitgliedstaatliche Recht als durch das sekundärrechtliche Datenschutzrecht hinreichend determiniert befunden wird.

Doch diese Beschlüsse bieten keine letztgültige Antwort auf alle im Rahmen dieser Arbeit aufgeworfenen Fragen. Sie lösen das Problem nur aus *verfassungs*rechtlicher – vor allem verfassungs*prozess*rechtlicher – Perspektive, insbesondere durch die kritikwürdige[15] Ausweitung des bundesverfassungsgerichtlichen Prüfungsmaßstabs in Art. 93 Abs. 1 Nr. 4a GG. Es bedarf einer genuin *unionsrechtlich* verankerten Lösung, die nicht auf die Kompromissfähigkeit der Höchstgerichte, sondern auf das erteilte Mandat der Mitgliedstaaten der EU abstellt. Zur Beantwortung dieser Fragen werden in dieser Arbeit die sekundärrechtlichen Öffnungsklauseln im Lichte der primären Kompetenzordnung in den Blick genommen. Im Gegensatz zum BVerfG wird in dieser Arbeit ein kompetenzakzessorischer Ansatz verfolgt, der Transparenz, Rechtssicherheit und nachhaltige Lösungsansätze bieten soll. Die vom BVerfG entwickelten Abgrenzungstopoi zur Anwendbarkeit der Grundrechte des Grundgesetzes bei nicht vollständig determinierten fachrechtlichen Gestaltungsspielräumen erweisen sich als zu kasuistisch, da sie nur das Sekundärrecht in den Blick nehmen. Soweit die Frage in der Literatur nicht ausdrücklich offen gelassen und der Rechtsprechung des EuGH überantwortet wird,[16] nimmt diese Arbeit vorhandene Lösungsansätze[17] zu den datenschutzrechtlichen Öffnungsklauseln der DSGVO auf und setzt sich mit diesen auseinander. Hierzu werden in diesem ersten Kapitel zunächst die Problemstellung skizziert und zentrale Begrifflichkeiten definiert. Das zweite Kapitel über das Verhältnis der Rechtsquellen rekapituliert die historische Entwicklung des europäischen Datenschutzrechts. Dieses ist

---

[14] BVerfGE 152, 152; 152, 216.

[15] Eingehend hierzu unten, 4. Kapitel, B.II., S. 216 ff.

[16] So *N. Bernsdorff*, in: Meyer/Hölscheidt, GRCh, Art. 8 GRCh Rn. 35.

[17] *N. Marsch*, Das europäische Datenschutzgrundrecht; *M. Cornils*, Grundrechtlicher Rahmen, S. 14 ff.; s. auch *S. Schiedermair*, in: Simitis/Hornung/Spiecker gen. Döhmann, Datenschutzrecht, Einl. Rn. 182.

in besonderem Maße sekundärrechtlich geprägt.[18] Auf Grund dessen und mangels einer ausdrücklichen Grundrechtsverbürgung erging die datenschutzgrundrechtliche Judikatur des EuGH im ersten Jahrzehnt der DSRL weitgehend losgelöst vom Primärrecht. Die Methodik des EuGH wird kritisch analysiert, soweit sie zur Kompetenzausweitung und Unitarisierung eines Grundrechts auf sekundärrechtlicher Basis geführt hat. Das dritte Kapitel widmet sich der Reichweite der datenschutzrechtlichen Rechtsetzungskompetenz in Art. 16 Abs. 2 S. 1 AEUV. Hierzu ist der Begriff des „Anwendungsbereichs" des Unionsrechts vor dem Hintergrund der Historie, der Systematik, der Rechtsprechung des EuGH sowie dem mitgliedstaatlichen Verständnis auszulegen. Es wird sodann ein eigenständiger, sachkompetenzakzessorischer Anwendungsbereichsbegriff im Rahmen kompetenzbegründender Tatbestände definiert. Im vierten Kapitel wird dieser mit dem Begriff der „Durchführung" von Unionsrecht im Sinne von Art. 51 Abs. 1 S. 1 GRCh kontrastiert. Ausgangspunkt bildet die dynamische Rechtsprechung der Höchstgerichte zur Bindung der Mitgliedstaaten an die Unionsgrundrechte. Die Kategorie grundrechtsschützenden Sekundärrechts muss sich in die entwickelten Bindungskonstellationen einfügen lassen. Im fünften Kapitel werden konkret vier Typen von sekundärrechtlichen Öffnungsklauseln bzw. Spielräumen i.w.S. in den Blick genommen. Erstens die expliziten und zweitens die impliziten Bereichsausnahmen, drittens die Mindestharmonisierungsklauseln in einem vollharmonisierenden Rechtsakt und viertens die Abwägungsklauseln. Schließlich werden Parameter für die unionsrechtlich zwar überlagerte, aber mitgliedstaatlich durchzuführende Verhältnismäßigkeitsprüfung aufgestellt und Maßstäbe für die gerichtliche Kontrolldichte auf Unionsebene entwickelt. Im Ergebnis wird festzustellen sein, dass den Mitgliedstaaten trotz des grundsätzlich vollharmonisierenden sekundärrechtlichen Datenschutzrechts gewichtige Spielräume zur eigenständigen Entfaltung ihrer Grundrechtsjudikatur verbleiben.

B. Begrifflichkeiten

Die in dieser Arbeit zu Grunde gelegten Begriffe der Unitarisierung und Harmonisierung bedürfen der näheren Bestimmung. Das bereits bekannte Phänomen der Unitarisierung (I.) kann auch durch grundrechtskonkretisierendes Sekundärrecht forciert werden (II.). Grundrechtschützendes Sekundärrecht birgt ein eigenständiges Unitarisierungspotenzial über die Verankerung zentralisierter Grundrechtskataloge hinaus. Dies gilt unabhängig

[18] Nach *V. Kosta*, Fundamental Rights, S. 91 ist das Datenschutzgrundrecht eines der am stärksten regulierten Grundrechte in der EU überhaupt.

von der Intensität und dem Grad der sekundärrechtlichen Harmonisierung (III.).

I. Unitarisierung

Grundrechte gelten aus nationaler Perspektive als Garant der Staatlichkeit bzw. der Staat als einziger „Garant der Grundrechte".[19] Das BVerfG erachtet den Grundrechtskatalog des Grundgesetzes als „unaufgebbares, zur Verfassungsstruktur des Grundgesetzes gehörendes Essentiale der geltenden Verfassung der Bundesrepublik Deutschland", das nicht vorbehaltslos durch die Integration in eine supranationale Ordnung relativiert werden könne.[20] Auch nach Kodifizierung der GRCh auf Unionsebene gelte das Niveau des nationalen Grundrechtsschutzes als mindestmaßstabsetzend für die europäische Integration, wie es heute in Art. 23 Abs. 1 GG ausdrücklich verankert ist.[21]

Der Begriff der Unitarisierung beschreibt die Verdrängung gliedstaatlicher Wertungen beim Grundrechtsschutz in einem föderalen System, insbesondere durch einen zentralisierten, ebenenübergreifenden Grundrechtskatalog.[22] Dass zentralisierte Grundrechtskataloge in föderalen Systemen ein gewisses Unitarisierungspotenzial aufweisen,[23] insbesondere in Bereichen, in welchen keine oder nur schwach ausgeprägte Kompetenzen bestehen, gilt als „rechtshistorische Tatsache".[24] Dies gilt für die Grundrechtskataloge auf Landesebene im Verhältnis zum Grundgesetz sowie dem Verhältnis der Bundes- zur Landesverfassungsgerichtsgewalt, aber auch für das Verhältnis des mitgliedstaatlichen zum europäischen Grundrechtsschutz.[25] So werden landesrechtliche Wertungen durch die Auslegung der Bundesgrundrechte als Ausdruck einer objektiven Wertordnung überlagert und verdrängt.[26] Auch

---

[19] *J. P. Terhechte*, Konstitutionalisierung und Normativität, S. 18.

[20] BVerfGE 37, 271, 280.

[21] Vgl. bereits BVerfGE 73, 339; 89, 155 (188 und 209 f.); 123, 267 (354); 126, 286 (353 ff.); 134, 366.

[22] Vgl. *P. M. Huber*, EuR 2008, 190 (190).

[23] Zur verringerten Maßstabfunktion des Grundgesetzes s. *F. Wollenschläger*, VVDStRL 75 (2016), 187 (222 ff.); *ders.*, EnzEuR I, § 13 Rn. 16; *D. Ehlers*, Allgemeine Lehren, § 14 Rn. 77; *P. M. Huber*, VVDStRL 60 (2001), 194 (239 f.) m.w.N.; krit. ferner *R. Streinz/W. Michl*, in: Streinz, EUV/AEUV, Art. 51 GRCh Rn. 17; *A. Knook*, CMLRev 42 (2005), 367; *E. Spaventa*, Federalisation versus centralisation, S. 360. Zur unitarisierenden Wirkung der EU-Grundrechte anlässlich Kodifizierung der grundrechtlichen Quellen im EUV bereits *T. Kingreen*, in: Calliess, EUV/EGV, Art. 6 EU-V, Rn. 18, 56 ff. und 84 ff.

[24] *F. Schorkopf*, EnzEuR II, § 3 Rn. 9.

[25] *T. Kleinlein*, Grundrechtsföderalismus, S. 18.

[26] Grundlegend BVerfGE 7, 198; zur Verdrängung der Landesgrundrechte *K. Gärditz*, HStR IX, § 189 Rn. 44 ff.; *B. Pirker*, Grundrechtsschutz im Unionsrecht, S. 24.

einige deutsche Landesverfassungen verbürgen den Schutz personenbezogener Daten als Grundrecht,[27] diese kommen jedoch neben dem Grundrecht auf informationelle Selbstbestimmung (Art. 2 Abs. 1 i.V.m. Art. 1 Abs. 1 GG) kaum eigenständig zum Tragen.

Die in der einheitlichen Bindung von Bund und Ländern (Art. 1 Abs. 3 GG) bereits angelegte Unitarisierung des Grundrechtsschutzes im Bundesstaat wurde durch die Rechtsprechung des BVerfG verstärkt und hat auf Grund der Marginalisierung der Landesverfassungen ähnliche Kritik hervorgerufen wie die Rechtsprechung des EuGH gegenüber den Mitgliedstaaten.[28] Aber auch im internationalen Vergleich gilt es als hinlänglich bekannt, dass im amerikanischen Verfassungsrecht die Durchsetzung der Menschenrechte durch den Bund erheblich dazu beitrug, die Machtstellung der Staaten zu verdrängen.[29] In der Staatstheorie beschreibt Unitarisierung den Prozess hin zum „Unitarismus", zur monolithischen Staatlichkeit im Gegenteil zum Föderalismus, der dezentralen Organisation eines Staates.[30] Doch nicht jede unitarisierende Tendenz in einem Bundesstaat führt zugleich zum monolithischen Einheitsstaat, gewisse Unitarisierungsschübe sind ihm vielmehr immanent.[31]

Eine föderale Ordnung zeichnet sich vereinfacht dargestellt dadurch aus, dass mehrere, zu einem gewissen Grad eigenständige Gliedstaaten einen Bundesstaat formen und gleichzeitig (insbesondere im Sinne der Rechts- und Wirtschaftseinheit) homogenisierenden Anforderungen unterliegen.[32] Die EU ist weder föderal im bundesdeutschen Sinne noch ein zentralistischer Einheitsstaat.[33] Sie wird gemeinhin als supranationale, also „überstaatliche" Organisation charakterisiert.[34] *Walter Hallstein* qualifizierte die damalige Gemeinschaft als bundesstaatsähnlich[35]. Das BVerfG verortete die EG und

---

[27] Art. 4 Abs. 2 LV NRW; Art. 12 Abs. 3 S. 1 LV Bremen; Art. 2 S. 2 und 3 LV Saarland.

[28] *C. Unseld*, Horizontalwirkung, S. 81 m.w.N.; *C. Möllers*, Drei Gewalten, S. 142 f.

[29] *A. von Bogdandy*, Der Staat 39 (2000), 163 (168) m.w.N.

[30] *I. Härtel*, Staatszentrierter Föderalismus, § 16 Rn. 16.

[31] So wirkt bereits die Vereinheitlichung mehrerer Gliedstaaten zu einem Bundesstaat unitarisierend, dies wird jedoch durch die föderale Machtverteilung nach innen relativiert bzw. kompensiert, *I. Härtel*, Staatszentrierter Föderalismus, § 16 Rn. 16.

[32] Eingehend *H. Hestermeyer*, Eigenständigkeit und Homogenität, S. 27 ff.

[33] Zur pluralistischen Konzeption der EU *T. Kleinlein*, Grundrechtsföderalismus, S. 13 ff.

[34] St. Rspr., BVerfGE 135, 317 (401); 2, 347 (374); so auch die h.L., statt vieler *M. Morlok/L. Michael*, Staatsorganisationsrecht, § 10 Rn. 596; ein anderer, die Föderation stärker betonender Ansatz, bei *H. Hestermeyer*, Eigenständigkeit und Homogenität, S. 135: die EU als föderaler, nichtstaatlicher Verbund von Staaten.

[35] *W. Hallstein*, Der unvollendete Bundesstaat, S. 41. Zu den Föderalismusdiskursen s. *A. von Bogdandy*, Grundprinzipien, S. 51; *S. Oeter*, Föderalismus, S. 76 ff., dort auch zur Qualifizierung als „föderatives Mischsystem", S. 81 und zur Unionsverfassung, die „hy-

spätere Union in ähnlicher Weise zwischen Föderation und Konföderation[36] und brachte dies mit dem Neologismus „Staatenverbund“[37] zum Ausdruck. Im Unterschied zum Staatenbund übt die supranationale Organisation eigenständige Hoheitsbefugnisse unmittelbar gegenüber den Bürgerinnen und Bürgern der Mitgliedstaaten aus. Weiterhin fehlt der EU die Staatsqualität, sie verfügt insbesondere über keine „Kompetenz-Kompetenz“[38]. In der Definition des BVerfG bezeichnet der Staatenverbund

> eine enge, auf Dauer angelegte Verbindung souverän bleibender Staaten, die auf vertraglicher Grundlage öffentliche Gewalt ausübt, deren Grundordnung jedoch allein der Verfügung der Mitgliedstaaten unterliegt und in der die Völker – das heißt die staatsangehörigen Bürger – der Mitgliedstaaten die Subjekte demokratischer Legitimation bleiben.[39]

Aufgrund der Vergleichbarkeit der Unitarisierungseffekte im Verbund souveräner Staaten wird in dieser Arbeit vereinzelt auch auf Harmonisierungstechniken im deutschen Bundesstaat eingegangen, ohne jedoch dadurch die fehlende Staatlichkeit der EU in Frage stellen zu wollen.[40] Viel stärker noch als im Bundesstaat deutscher Prägung ist die Eigenständigkeit der Mitgliedstaaten in der EU seit jeher konstitutiv[41] für den Prozess der fortschreitenden Integration.[42] Die Angewiesenheit der EU auf nach innen und außen souveräne Mitgliedstaaten kommt insbesondere durch die Identitätsklausel (Art. 4 Abs. 2 EUV) und durch die Pflicht zur loyalen Zusammenarbeit (Art. 4 Abs. 3 EUV) zum Ausdruck. Die föderale Kompetenzverteilung wird ganz grundlegend durch das Prinzip der begrenzten Einzelermächtigung bestimmt (Art. 5 Abs. 1 S. 1, Abs. 2 EUV). Je tiefer eine Vertragsrevision den europä-

---

bride Züge in der Grauzone zwischen Bundesstaat und Staatenbund aufweist“, a.a.O., S. 117; *B. Pirker*, Grundrechtsschutz im Unionsrecht, S. 31: „Föderalsystem“.

[36] *W. Hallstein*, Der unvollendete Bundesstaat, S. 41: „Sie ist keine Föderation, weil sie kein Staat ist. Sie ist keine Konföderation, weil sie öffentliche Gewalt unmittelbar über die Bürger ausübt.“

[37] BVerfGE 89, 155 (181); 123, 267 (348); begriffsprägend *P. Kirchhof*, HStR X, § 214 Rn. 2, der den Begriff erstmals in der 1. Aufl. 1992 (HStR VII, § 183 Rn. 83) einführte.

[38] Die Übertragung einer solchen ist unter dem geltenden Grundgesetz auch nicht möglich, vgl. die st. Rspr. BVerfGE 123, 267 (349); 146, 216 (250).

[39] BVerfGE 89, 155 (181); 123, 267 (348).

[40] Zur Vergleichbarkeit der Europäischen Union mit föderalen Verfassungen näher *H. Hestermeyer*, Eigenständigkeit und Homogenität, S. 18 ff.; die Parallelen zum unitarischen Bundesstaat darstellend *U. Hufeld/H. Rathke*, EuR-Beilage 2013, 7 (8) m.w.N.; auf das fehlende Hierarchiemoment im supranationalen Föderalismus im Unterschied zum staatlichen System hinweisend *A. von Bogdandy*, Übertragbarkeit staatsrechtlicher Figuren, S. 1041.

[41] Vgl. BVerfGE 123, 267 (349), wonach die Mitgliedstaaten „dauerhaft“ die „Herren der Verträge“ bleiben.

[42] Die Entwicklung nachzeichnend *H. Hestermeyer*, Eigenständigkeit und Homogenität, S. 83 ff.

ischen Einigungsprozess vorantrieb, desto stärker fielen die souveränitätswahrenden Abwehrmechnismen der Mitgliedstaaten aus. So sind seit dem Vertrag von Maastricht die Grundsätze der Subsidiarität und der Verhältnismäßigkeit prominent kodifiziert (Art. 5 Abs. 2 und 3 EUV).[43] Diese Kompetenzausübungsschranken gelten ausdrücklich auch für die Grundrechte. Art. 51 Abs. 1 S. 1 GRCh macht deutlich, dass die Charta für die Mitgliedstaaten „unter Wahrung des Subsidiaritätsprinzips" gilt. Auch für grundrechtschützendes Sekundärrecht muss dies weiterhin gelten.

Diese Unitarisierungstendenzen im Blick, stellt Art. 51 Abs. 2 GRCh i.V.m. Art. 6 Abs. 1 UAbs. 2 EUV klar, dass die Charta den Geltungsbereich des Unionsrechts nicht über die vertraglichen Zuständigkeiten hinaus ausdehnt. Gemäß Art. 51 Abs. 1 S. 1 GRCh sind die Mitgliedstaaten nur bei der „Durchführung von Unionsrecht" an die Unionsgrundrechte gebunden. Die Charta begründet weder neue Zuständigkeiten noch neue Aufgaben für die EU und ändert die vertraglich festgelegten Zuständigkeiten und Aufgaben auch nicht. Diese Schutzklausel, die maßgeblich auf den deutschen Vorsitzenden des Grundrechtskonvents zurückging, war im Konvent eine der Bestimmungen mit dem höchsten Zustimmungsgrad.[44] Unionsgrundrechte sollen „keine *eigene* unitarisierende Wirkung"[45] entfalten. Eine solche folgt auch nicht aus der allgemeinen Wertebindung der Mitgliedstaaten. So wird in der Literatur eine umfassende Bindung der Mitgliedstaaten an den Wesensgehalt der Unionsgrundrechte im Sinne eines Kernbestands der Grundrechte, unabhängig von Art. 51 Abs. 1 GRCh, gefordert.[46] Die Werte sind im Unterschied zu den bundesstaatlichen Homogenitätsanforderungen historisch-kulturell aus den mitgliedstaatlichen Traditionen erwachsen und werden in den europäischen Verträgen anerkennend gebündelt[47] – ohne aber einen greifbaren Maßstab zu bilden.[48] Einen solchen bilden Werte nur insofern, als

[43] *J. Bast*, in: Grabitz/Hilf/Nettesheim, EU, Art. 5 EUV Rn. 3: „demonstrative, teilweise redundante Betonung der Autonomie der Mitgliedstaaten."

[44] *M. Borowsky*, in: Meyer/Bernsdorff, GRCh, Art. 51 GRCh Rn. 15; dies als „Leitmotiv Kompetenzangst" bezeichnend *F. C. Mayer*, ZaöRV 67 (2007), 1141 (1165).

[45] Dies betonend *J. Masing*, JZ 2015, 477 (482).

[46] Zur entsprechenden Forderung *A. von Bogdandy* et al., ZaöRV 2012, 45, angelehnt an EuGH, Rs. C-34/09, EU:C:2011:124, Rn. 42 – Zambrano. Krit. *D. Thym*, JZ 2015, 53; gegen eine „Mindeststandardbindung" im Bundesstaat *J. F. Lindner*, AöR 143 (2018), 437; zur Bindung an die Werte auch *G. Britz*, NJW 2021, 1489 (1493).

[47] Vgl. zur Hochzonung der Werte auch *C. Calliess*, in: Calliess/Ruffert, EUV/AEUV/GRCh, Art. 2 EUV Rn. 14.

[48] S. zur Diskussion um eine Homogenitätsklausel in der Unionsverfassung *A. von Bogdandy*, Grundprinzipien, S. 52 ff., der auf die Vielfalt der mitgliedstaatlichen Verfassungen von Republiken bis zu Monarchien verweist und stattdessen der Werteklausel in Art. 7 EUV nur ein „Prinzip der strukturellen Kompatibilität" entnimmt, a.a.O., S. 53; anders aber mit Blick auf die Werteklausel *F. Schorkopf*, in: Grabitz/Hilf/Nettesheim, EU, Art. 7

sie in allen Mitgliedstaaten und durch das Recht der EU gehaltvoll konkretisiert worden sind und sich ein gemeineuropäischer Mindeststandard herausgebildet hat. Dies gilt in Bezug auf die grundlegenden Prinzipien der Rechtsstaatlichkeit und der Demokratie, die nicht nur Werte, sondern zugleich Strukturprinzipien der Union sind.[49]

II. Unitarisierung durch grundrechtskonkretisierendes Sekundärrecht

In der Diskussion um die Frage der Grundrechtsunitarisierung liegt der Fokus auf der primärrechtlichen GRCh als maßgebliche Rechtsquelle für den europäischen Grundrechtsschutz (Art. 6 Abs. 1 EUV).[50] Ihre Rechtsverbindlichkeit ist jedoch nur einer von vielen Unitarisierungsfaktoren.[51] Zwar ist eine verstärkte grundrechtsunitarisierende EuGH-Rechtsprechung seit der Verbindlichkeit der GRCh im Jahr 2009 zu konstatieren. Doch die GRCh hat einen weitestgehend nachvollziehend-kodifizierenden Charakter und relativiert insbesondere nicht die zu den allgemeinen Rechtsgrundsätzen (vgl. nun Art. 6 Abs. 3 EUV) ergangene sehr weitreichende ERT-Rechtsprechung zur Bindung der Mitgliedstaaten an die Unionsgrundrechte[52].[53] Der Wortlaut des Art. 51 Abs. 1 S. 2 GRCh, demgemäß die Mitgliedstaaten „ausschließlich" bei der Durchführung des Unionsrechts an die Unionsgrundrechte gebunden sind, hat sich nicht als einschränkend erwiesen. Insofern wirken die Vorkehrungen, die die Mitgliedstaaten in Art. 51 Abs. 2 GRCh i.V.m. Art. 6 Abs. 1 UAbs. 2 EUV getroffen haben, um sich gegen grundrechtliche Unitarisierungstendenzen in der Union abzusichern, etwas verspätet. Die Kodifizierung des Grundrechtskatalogs auf Unionsebene entfaltete eine erhebliche „Katalysatorwirkung"[54] für den unionsrechtlichen Grundrechtsschutz, was allerdings nicht nur an der kompetenzausweitenden Rechtsprechung des EuGH in Grundrechtsfragen lag.[55]

EUV Rn. 12; *ders.*, NJW 2019, 3418 (3422); Art. 7 i.V.m. Art. 2 EUV als „nicht mehr als einen Mindeststandard fordernden Homogenitätsanforderungen" bezeichnend *F. Wollenschläger*, VVDStRL 75 (2016), 187 (231).

[49] Bei *W. Hallstein*, Der unvollendete Bundesstaat, S. 41–43, sind die „rule of law" und die Demokratie „oberste Gestaltungsprinzipien", in deren Rahmen die hiervon zu unterscheidenden Grundwerte (Friede, Einheit, Gleichheit, Freiheit, Solidarität, Wohlstand, Fortschritt und Sicherheit) zu verwirklichen sind.

[50] Exemplarisch *D. Sarmiento*, CMLRev 50 (2013), 1267 (1270).

[51] Zu diesen *P.-C. Müller-Graff*, Unitarisierung, S. 317 ff.

[52] EuGH, Rs. C-260/89, Slg. 1991, I-2925, Rn. 43 – ERT.

[53] Zur „judikativen Unitarisierung" in Folge der ERT-Rechtsprechung s. auch *F. Schorkopf*, EnzEuR II, § 3 Rn. 22; *ders.*, in: Grabitz/Hilf/Nettesheim, EU, Art. 6 EUV Rn. 55; s. ferner *F. Kirchhof*, Kooperation; *E. Spaventa*, Federalisation versus centralisation, S. 349.

[54] *J. Kühling*, Grundrechte, S. 667.

[55] Vgl. FRA, Fundamental Rights Report, 2019, S. 47 zur Praxis der mitgliedstaatlichen

Grundrechtliche Unitarisierungstendenzen auf Unionsebene sind schließlich maßgeblich durch den sekundärrechtlich ausgestalteten bzw. konkretisierten Grundrechtsschutz bedingt. Dieser erweist sich in Bereichen wie dem Antidiskriminierungs- und dem Datenschutzrecht als entscheidender, wenn nicht gar stärkerer[56] unitarisierender Faktor als der geschriebene Grundrechtskatalog. Grundrechtliches Sekundärrecht katalysiert die Drittwirkung von Unionsgrundrechten, die nach mehr als einem Jahrzehnt EuGH-Rechtsprechung zur GRCh nicht mehr zu den „weißen Flecken“[57] auf der Landkarte der europäischen Grundrechtsdogmatik gehört, aber weiterhin umstritten ist.[58]

III. Grundrechtsharmonisierung

Der Kompetenztitel für den Datenschutz (Art. 16 Abs. 2 AEUV) bezieht sich auf den nicht näher definierten „Anwendungsbereich des Unionsrechts“. Diese sehr unscharfe Rechtsetzungskompetenz erweist sich als besonders zweischneidig. Denn je undifferenzierter und allgemeiner der Unionsgesetzgeber auf diesem Gebiet tätig wird, desto enger werden nicht nur die Handlungsfreiräume Privater, die personenbezogene Daten verarbeiten, sondern im föderalen Verbund auch die grundrechtlichen Spielräume der mitgliedstaatlichen Verfassungsgerichte. Das grundrechtskonkretisierende Datenschutzrecht ist geprägt von Öffnungsklauseln, Regelungsoptionen und Verweisen auf das mitgliedstaatliche Recht. Zwar wird die EU mit dem Wegfall der Säulenstruktur immer breiter rechtsetzend tätig, doch geht damit auch ein differenziertes Harmonisierungsniveau einher. Folglich kann ein grundrechtskonkretisierender Sekundärrechtsakt selbst in der Rechtsform der Verordnung auch mindestharmonisierende Elemente enthalten. Ungeachtet dessen ist jede mitgliedstaatliche Abweichung von sekundärrechtlich konkretisierten Grundrechten nach dem Verständnis des EuGH zugleich eine Maßnahme im Geltungsbereich des Unionsrechts. Dadurch werden die Grundrechte inhaltlich über das vorgesehene Maß hinaus harmonisiert. So konkretisiert die Datenschutzrichtlinie für elektronische Kommunikation

---

Gerichte, die dem EuGH Fälle selbst dann vorlegen, wenn sie nicht dem Anwendungsbereich des Unionsrechts unterfallen. Der Bericht zeigt, dass die Voraussetzungen des Art. 51 GRCh nur in den seltensten Fällen geprüft werden. Krit. zur Vorlage von Abwägungsfragen im Antidiskriminierungsrecht im Falle der Mindestharmonisierung *A. Sandhu*, ZESAR 2019, 172 (175 f.); zum Datenschutzrecht auch *C.-D. Classen*, JZ 2019, 1057 (1064).

[56] *F. Wollenschläger*, EnzEuR I, § 8 Rn. 43.

[57] So noch *T. von Danwitz*, Grundrechtsschutz, S. 30.

[58] Eine Übertragung der deutschen Lehre der „mittelbaren Drittwirkung“ auf die Unionsgrundrechte nimmt auch der Erste Senat nicht vor, BVerfGE 152, 216 (254 Rn. 97).

(RL 2002/58/EG, im Folgenden „ePrivacy-RL")[59] die Grundrechte aus Art. 7 und 8 GRCh und gewährleistet in ihrem Art. 5 die Vertraulichkeit elektronischer Kommunikation. Der Schutz dieser Grundrechte ist erklärtes Ziel der Richtlinie. Eine mitgliedstaatliche Abweichung hiervon bzw. ein Eingriff in diese Rechte beurteile sich „zwangsläufig" nach dem Unionsrecht, selbst dann, wenn dies zur Wahrung der nationalen Sicherheit (Art. 4 Abs. 2 S. 3 EUV) erfolgt.[60] Es bedarf einer näheren Betrachtung, inwiefern und ob sekundärrechtliche Öffnungsklauseln und Gestaltungsfreiräume den Harmonisierungsanspruch relativieren. Die verschiedenen Arten sekundärrechtlicher Spielräume, ihre Genese und ihre Bedeutung für die Ermittlung der maßgeblichen Grundrechtsordnung werden im 4. Kapitel dargestellt.

Die Folge der sekundärrechtlichen Konkretisierung von Unionsgrundrechten ist, dass der Entscheidungsmaßstab der mitgliedstaatlichen Verfassungsgerichte nicht mehr ihre Grundrechtskataloge sind, auch nicht der gemein-europäische Grundrechtskatalog, sondern das grundrechtskonkretisierende Sekundärrecht als eigenständige Rechtsquelle. Dies erscheint zunächst methodologisch fragwürdig, untergräbt es doch die Maßstabsfunktion des Primärrechts. Zum anderen widerspricht es der Struktur des europäischen Mehrebenensystems, das sich durch einen parallelen und zum Teil gleichrangigen Grundrechtsschutz der Mitgliedstaaten und der Union auszeichnet. Und schließlich erweist sich dies für den individuellen Rechtsschutz als nachteilig.[61] Denn gerade das Datenschutzrecht zeichnet sich durch eine hochgradige Verflechtung der Ebenen und eine Dichte an sekundärrechtlicher Konkretisierung aus. Der (grundrechtliche) Prüfungsmaßstab im Datenschutzrecht ergibt sich oftmals nur noch aus einer Zusammenschau der Rechtsakte im Mehrebenensystem. Der im Idealfall mit der gesetzgeberischen Verantwortung korrelierende Rechtsschutz droht unter die Räder des Mehrebenensystems zu geraten.

Deutlich wird dies am Beispiel der Vorratsdatenspeicherung. Unklar war lange Zeit, ob die nationalen Regelungen über die Pflicht öffentlich zugänglicher Telekomunikationsdienste zur Vorratsdatenspeicherung von Verkehrs- und Standortdaten zum Zwecke der Strafverfolgung und der Gefahrenabwehr überhaupt am Maßstab des Unionsrechts zu prüfen sind.[62] Nach Auffassung des EuGH bildet die Öffnungsklausel zu Gunsten der Mitglied-

---

[59] RL 2002/58/EG über die Verarbeitung personenbezogener Daten und den Schutz der Privatsphäre in der elektronischen Kommunikation, ABl. L 201/37 v. 31.7.2002.

[60] Exemplarisch EuGH, verb. Rs. C-511/18, C-512/18 und C-520/18, EU:C:2020:791, Rn. 95, 115 – La Quadrature; Rs. C-623/17, EU:C:2020:790, Rn. 38 – Privacy International.

[61] So auch *T. Kleinlein*, Grundrechtsföderalismus, S. 11.

[62] Dagegen *F. Wollenschläger*/*L. Krönke*, NJW 2016, 906; *A. Sandhu*, EuR 2017, 453; *dies.*, EuZW 2021, 221–222; anders *T. von Danwitz*, DuD 2015, 581.

staaten in Art. 15 Abs. 1 ePrivacy-RL i.V.m. Art. 7, 8 und 11 GRCh den Prüfungsmaßstab.[63] Folglich beschränkte sich der Grundrechtsschutz in Deutschland gegen die Pflicht zur Speicherung von Verkehrs- und Standortdaten auf die Fachgerichte. Nicht das Bundesverfassungsgericht,[64] sondern das OVG Münster setzte in einer einstweiligen Anordnung die in § 113b Abs. 1 und 3 TKG verankerte Speicherpflicht aus, weil diese gegen Art. 15 Abs. 1 RL ePrivacy-RL im Lichte der Grundrechte aus Art. 7, 8 und 11 i.V.m. Art. 52 Abs. 1 GRCh verstieß.[65] Diese zunächst nur für das antragstellende Internetdienstleistungsunternehmen geltende Aussetzung der Speicherpflicht erhielt bundesweit faktische Erga-omnes-Wirkung, indem die Bundesnetzagentur seither von der Durchsetzung der Speicherpflicht absieht,[66] bis über die anhängigen Vorlagefragen des BVerwG beim EuGH entschieden wird.[67] Dass das BVerfG über die seit 2016 anhängigen Rechtsatzverfassungsbeschwerden gegen die Vorratsdatenspeicherungspflicht (§§ 113a, 113b TKG) und den Abruf durch Strafverfolgungsbehörden (§ 100g Abs. 2 StPO) bis heute nicht im Hauptsacheverfahren entschieden hat, liegt nicht an der besonderen Komplexität der Rechtsfrage, sondern maßgeblich an der Unsicherheit hinsichtlich der Anwendbarkeit der GRCh und sekundären Unionsrechts.[68] Dies gilt umso mehr, als den Prüfungsmaßstab im nationalen Kontext das Grundrecht aus Art. 10 Abs. 1 GG bildet – ein Grundrecht, das im Unionsrecht in erster Linie nur ein sekundärrechtlich konkretisiertes Pendant findet (Art. 1 und Art. 5 RL ePrivacy-RL[69]) und das daneben Art. 7 GRCh über die Achtung des Privat- und Familienlebens entnommen wird.[70]

[63] Grundlegend EuGH, verb. Rs. C-203/15 und C-698/15, EU:C:2016:970, Rn. 64 ff. – Tele2; dies für nationale Regelungen, die Art. 4 Abs. 2 EUV unterfallen, bestätigend EuGH, Rs. C-511/18, C-512/18, und C-520/18, EU:C:2020:791, Rn. 81 ff. – La Quadrature und Rs. C-623/17, EU:C:2020:790, Rn. 38 ff. – Privacy International.

[64] Entsprechende Eilanträge gegen das Gesetz zur Einführung einer Speicherpflicht und einer Höchstspeicherpflicht für Verkehrsdaten (BGBl. I S. 2218) waren erfolglos, BVerfG, Beschl. v. 8.6.2016, 1 BvQ 42/15 und 1 BvR 229/16 sowie Beschl. v. 26.3.2017, 1 BvR 3156/15, 1 BvR 141/16.

[65] OVG Münster, NVwZ-RR 2018, 43 (47 f.).

[66] BNetzA, Mitteilung zur Speicherverpflichtung nach § 113b TKG, abrufbar unter https://www.bundesnetzagentur.de/DE/Sachgebiete/Telekommunikation/Unternehmen_Institutionen/Anbieterpflichten/OeffentlicheSicherheit/Umsetzung110TKG/VDS_113aTKG/VDS.html (zuletzt abgerufen am 1.2.2021).

[67] BVerwG, Beschl. v. 25.9.2019, 6 C 12.18 und EuGH, Rs. C-793/19 (anhängig).

[68] „Ob und ggf. in welcher Weise die Europäische Grundrechtecharta oder sonstiges Unionsrecht für die Beurteilung der angegriffenen Vorschriften Bedeutung entfaltet, ist im Hauptsacheverfahren zu entscheiden.", BVerfG, Beschl. v. 8.6.2016, 1 BvQ 42/15, Rn. 26.

[69] Die der EuGH jeweils im Lichte der Art. 7 und 8 GRCh auslegt, vgl. Rs. C-511/18, C-512/18 und C-520/18, EU:C:2020:791, Rn. 193 ff., 212 – La Quadrature.

[70] EuGH, Rs. C-511/18, C-512/18 und C-520/18, EU:C:2020:791, Rn. 118 – La Quadrature; Rs. C-623/17, EU:C:2020:790, Rn. 72 – Privacy International.

Die Frage der maßgeblichen Grundrechtsordnung überschattet den dringenden individuellen Grundrechtsschutz so sehr, dass seit Jahrzehnten keine Rechtssicherheit für Betroffene, Betreiber öffentlicher Telekommunikationsdienste sowie für Strafverfolgungs- und Sicherheitsbehörden herrscht. Je höher die Dichte und je stärker die Überlagerung sowie die Verzahnung der Grundrechtskataloge, desto ineffektiver ist derzeit auf dem Gebiet des Datenschutzes der Rechtsschutz in der EU gewährleistet. Während das BVerfG an der verbleibenden Maßstabsfunktion des Grundgesetzes für unionsrechtlich determinierte nationale Vorschriften feilte, schuf der EuGH durch kompetenzausdehnende Leitentscheidungen Tatsachen. Um in Fällen unionsrechtlicher Determinierung nicht durch die Fachgerichte umgangen und um nicht durch den EuGH bei der Auslegung der Grundrechte verdrängt zu werden, verblieb dem BVerfG aus seiner Perspektive nichts anderes, als die Unionsgrundrechte selbst zu seinem Kontrollmaßstab zu erklären, wie es in der Recht auf Vergessen II-Entscheidung im November 2019 erfolgt ist.[71]

Bei einer bloßen Fixierung auf den jeweiligen Harmonisierungsgrad grundrechtskonkretisierenden Sekundärrechts könnte sich die Entscheidung als nur kurzlebiger Befreiungsschlag des BVerfG zur Vermeidung seines grundrechtlichen Bedeutungsverlustes erweisen. Die Abgrenzung der Grundrechtssphären hat vielmehr auch im Fall der grundrechtlichen Konkretisierung durch Sekundärrecht in primärrechtliche Bahnen zu erfolgen. Insbesondere im Hinblick auf die formal abschließend harmonisierende DSGVO fragt sich, ob, und wenn ja, inwiefern diese die uneingeschränkte und vorrangige Anwendung des Unionsgrundrechts in den Mitgliedstaaten zur Folge haben kann. Mit anderen Worten, ob grundrechtskonkretisierendes Sekundärrecht eine Grundrechtsunitarisierung in dem Maße bewirken konnte, wie sie zunächst der EuGH beanspruchte und nun auch das BVerfG resigniert hinnimmt.

C. Grundrechtskonkretisierendes Sekundärrecht

Grundlegend ist vorab zu bestimmen, was in dieser Arbeit als grundrechtskonkretisierendes Sekundärrecht oder „Grundrechtsschutz durch Sekundärrecht“[72] bezeichnet wird. Grundrechtskonkretisierendes Sekundärrecht setzt zunächst das Bestehen einer sektoralen Rechtsetzungskompetenz der EU für das betreffende Grundrecht voraus.[73] Das Gleichheitsgebot (Art. 21 GRCh)

[71] BVerfGE 152, 152; dem schloss sich der Zweite Senat an, Beschl. v. 1.12.2020, 2 BvR 1845/18 und 2 BvR 2100/18.

[72] *B. Siemen*, EuR 2004, 306 (316).

[73] *A. Edenharter*, Grundrechtsschutz, S. 631: „sachbezogene Regelungskompetenz der Gemeinschaft im Grundrechtsbereich“; unter Heranziehung der Implied-powers-Theorie

wird durch die Kompetenz in Art. 19 AEUV flankiert, die zum Erlass gleichheitsrechtlicher Maßnahmen in einem besonderen Rechtsetzungsverfahren ermächtigt.[74] Für das Datenschutzgrundrecht (Art. 8 GRCh) ermöglicht Art. 16 Abs. 2 S. 1 AEUV den Erlass entsprechender Vorschriften durch die Unionsorgane. Diese Querschnittskompetenzen ermächtigen die EU, wie im 3. Kapitel ausgeführt werden wird, nur im Rahmen der Verträge zu einer eng umgrenzten eigenständigen Menschenrechtspolitik durch grundrechtskonkretisierendes Sekundärrecht.[75] Eine *allgemeine* Menschen- und Grundrechtskompetenz besteht auf Unionsebene indes nicht.[76] In dieser spezifisch grundrechtsschützenden Zielsetzung unterscheidet sich grundrechtskonkretisierendes Sekundärrecht auch von Sekundärrecht etwa im Bereich des Verbraucherschutzes. Insbesondere handelt es sich beim Verbraucherschutz entgegen der insofern fragwürdigen Platzierung in Art. 38 GRCh nicht um ein Grundrecht, sondern um einen Grundsatz[77] und gemäß Art. 12 AEUV um einen allgemein zu berücksichtigenden Belang, dem bei allen Unionspolitiken Rechnung zu tragen ist. Maßgebliches Sekundärrecht ergeht nicht primär grundrechtsschützend, sondern auf Grundlage des Art. 114 i.V.m. 169 AEUV zur Verwirklichung des Binnenmarkts. Abzugrenzen ist das in dieser Arbeit zu Grunde gelegte Verständnis grundrechtskonkretisierenden Sekundärrechts schließlich von allgemein privatrechtsgestaltendem Sekundärrecht.[78] Der Grundrechtsschutz darf nicht nur Reflex oder beiläufig mitverfolgtes Ziel sein, vielmehr muss er die Zweckbestimmung des Sekundärrechtsakts sein. So schützt zwar beispielsweise die Betriebsübergangsrichtlinie[79] auch die entsprechenden Grundrechte der Arbeitnehmer (insbesondere Art. 30 GRCh über den Schutz vor ungerechtfertigter Entlassung). Sie ergeht aber auf dem Gebiet der Sozialpolitik, das maßgeblich im Kompetenzbereich

---

ähnl. *Barriga*, Die Entstehung der Charta der Grundrechte der Europäischen Union – Eine Analyse der Arbeiten im Konvent und kompetenzrechtlicher Fragen 2003, S. 43.

[74] Art. 19 Abs. 1 AEUV zeigt eindrücklich, dass die Kompetenz und das konkretisierte Grundrecht nicht identisch sein müssen. Die Vorschrift ermächtigt zum Erlass von Maßnahmen zur Bekämpfung von Diskriminierungen aus bestimmten Gründen, die nur einen Teilausschnitt der im entsprechenden Grundrecht in Art. 21 GRCh genannten Gründe darstellen. So findet sich insbesondere das Verbot der Diskriminierung wegen der sozialen Herkunft, genetischer Merkmale oder des Vermögens nicht in Art. 19 Abs. 1 AEUV wieder. Die Kompetenz gegenüber den Mitgliedstaaten ist also bewusst enger gefasst, als das entsprechende Grundrecht, das primär die Union adressiert.

[75] *T. Kingreen*, JZ 2013, 801 (805); *ders.*, EuR 2010, 338 (353); zur grundrechtlichen Annexkompetenz eingehend *S. Barriga*, Entstehung der GRCh, S. 39.

[76] EuGH, Gutachten 2/94, Slg. 1996, I-1783 (1787) Rn. 27 – EMRK-Beitritt; *M. Bleckmann*, Nationale Grundrechte, S. 54 ff.

[77] *R. Streinz*, in: ders., EUV/AEUV, Art. 38 GRCh Rn. 2 m.w.N.

[78] Der Begriff ist insofern enger als bei *C. Herresthal*, ZEuP 24 (2014), 238 (260 f.).

[79] RL 2001/23/EG des Rates v. 12.3.2001, ABl. L 82/16.

der Mitgliedstaaten liegt und bezweckt als Maßnahme zur Beseitigung von Wettbewerbsverzerrung nicht genuin den Schutz sozialer Grundrechte. Entsprechend wurde als Kompetenzgrundlage auch die Rechtsangleichung im Binnenmarkt herangezogen und nicht das zu harmonisierende Grundrecht. Grundrechtskonkretisierendes Sekundärrecht ist nicht gleichzusetzen mit privatrechtsgestaltendem Sekundärrecht.

Zu unterscheiden sind die Hauptkategorien des konstitutiv (I.) und deklaratorisch konkretisierenden Sekundärrechts (II.). Grundrechtskonkretisierendes Sekundärrecht kann beide Elemente kombiniert aufweisen (III.). Diese Unterscheidung ist für die Arbeit an mehreren Stellen relevant. Zum einen für die Bestimmung des Verhältnisses zwischen Sekundärrecht und dem konkretisierten Grundrecht, das im 2. Kapitel geschildert wird. Inwiefern sekundärrechtliche Gehalte zum Schutz des Grundrechts extensiv oder im Sinne der föderalen Kompetenzordnung restriktiv und sachkompetenzakzessorisch ausgelegt werden müssen, hängt maßgeblich von der Kategorisierung als deklaratorisch oder konstitutiv konkretisierend ab. Zum anderen bildet diese Differenzierung bei der Beurteilung der anwendbaren Grundrechtsordnung im Rahmen von Öffnungsklauseln die maßgebliche Grundlage, auf die im 5. Kapitel näher eingegangen wird.

I. Konstitutiv konkretisierendes Sekundärrecht

Die Kategorie des konstitutiv konkretisierenden Sekundärrechts betrifft solche Grundrechtsgewährleistungen, deren subjektiv-rechtliche Geltendmachung mangels unmittelbarer Drittwirkung eine normative Konkretisierung durch den Rechtsetzer voraussetzt.[80] Die grundrechtliche Freiheit wird von vornherein nur in der Gestalt gewährleistet, die ihr der Gesetzgeber gegeben hat. Dieser Kategorie unterfallen die normgeprägten Grundrechte. Als Prototypen gelten die Eheschließungsfreiheit (Art. 9 Var. 1 GRCh) und das Eigentumsrecht (Art. 17 GRCh)[81] oder das Datenschutzgrundrecht in Art. 8 GRCh.[82] Bereits an dieser Stelle wird darauf hingewiesen, dass Art. 8 GRCh nicht insgesamt konstitutiv auf die sekundärrechtliche Ausgestaltung ange-

[80] *F. Michl*, Unionsgrundrechte, S. 73 f., dies in die grundrechtsdogmatische Kategorie der konstituierenden – im Unterschied zur einschränkenden – Gesetzgebung fassend. Konstitutiv zu konkretisierende Grundrechte sind insofern vergleichbar mit den Grundsätzen in der GRCh. Zur „*summa divisio* zwischen den in der Charta proklamierten Grundsätzen mit eingeschränkter und mittelbarer Justiziabilität und den in der Charta anerkannten Rechten mit voller und unmittelbarer Justiziabilität" GA *Bot*, Schlussanträge, Rs. C-569/16 und C-570/16, EU:C:2018:337, Rn. 70 – Bauer.

[81] *F. Michl*, Unionsgrundrechte, S. 80.

[82] *N. Bernsdorff*, in: Meyer/Hölscheidt, GRCh, Art. 8 GRCh Rn. 15; *N. Marsch*, Das europäische Datenschutzgrundrecht, S. 181 ff.

wiesen ist. Es sind vielmehr abwehrrechtliche und objektiv-institutionelle Gehalte zu differenzieren.[83] Konstitutiv konkretisierungsbedürftig sind ferner insbesondere solche Grundrechte, die sich vor allem an Private richten. Dies sind zum Beispiel Art. 27 GRCh (Recht auf Anhörung der Arbeitnehmer), Art. 30 GRCh (Schutz vor ungerechtfertigter Unterlassung) oder Art. 24 Abs. 2 GRCh (Kindeswohl).[84] Insofern ist auch Arbeitsschutzrecht im Einzelfall als konstitutiv grundrechtskonkretisierendes Sekundärrecht zu verstehen.

Konstitutiv konkretisierungsbedürftige Grundrechte sind nur dann im Verhältnis zwischen Privaten anwendbar, wenn sie eine wirksame sekundärrechtliche Ausgestaltung erfahren haben.[85] Die volle Wirksamkeit dieser Grundrechte im Verhältnis zwischen Privaten verlangt, dass sie durch Bestimmungen des Unionsrechts oder des nationalen Rechts konkretisiert worden sind. Konstitutiv konkretisierendes Sekundärrecht ist also kompetenzakzessorisch.[86]

Ist die Konkretisierung im Unionsrecht durch eine Richtlinie erfolgt und diese im nationalen Recht nicht, nicht rechtzeitig oder nur unzureichend umgesetzt worden, kann sich der Einzelne gegenüber dem Staat unmittelbar auf die Richtlinie berufen, wenn ihre Bestimmungen inhaltlich unbedingt und hinreichend genau sind.[87] Dies gilt aber nicht im Verhältnis Privater zueinander.[88] Denn die unmittelbare Wirkung sanktioniert die Verletzung der Umsetzungsverpflichtung durch die Mitgliedstaaten, die sich nicht rechtsmissbräuchlich auf die innerstaatliche Unanwendbarkeit der durch eine Richtlinie verliehenen Rechte berufen sollen. Privaten lässt sich indes bei fehlerhafter, nicht rechtzeitiger oder nicht erfolgter Richtlinienumsetzung kein Versäumnis entgegengehalten. Richtlinien wirken insofern nicht ähnlich wie Verordnungen, denn gemäß Art. 288 Abs. 3 AEUV sind sie an die Mitgliedstaaten und nicht unmittelbar an die Rechtsunterworfenen gerichtet.[89]

---

[83] Näher unten, 2. Kapitel, D.III. (S. 61 ff.).

[84] *H. D. Jarass*, ZEuP 25 (2017), 310 (315).

[85] EuGH, Rs. C-569/19 und C-570/16, EU:C:2018:871, Rn. 53 ff. – Bauer zum Recht auf bezahlten Jahresurlaub aus Art. 31 Abs. 2 GRCh; Rs. C-176/12, EU:C:2014:2, Rn. 45 – Association de médiation sociale zum Recht aus Art. 27 GRCh.

[86] *S. Barriga*, Entstehung der GRCh, S. 50; *B. Hüpers/B. Reese*, in: Meyer/Hölscheidt, GRCh, Vor Titel IV Rn. 29.

[87] EuGH, Rs. C-397/01–403/01, Slg. 2004, I-8835, Rn. 103 – Pfeiffer.

[88] EuGH, Rs. C-176/12, EU:C:2014:2, Rn. 36 – Association de médiation sociale zu Art. 27 GRCh; allerdings die unmittelbare Anwendung für das ausgestaltungsbedürftige Recht aus Art. 31 Abs. 2 GRCh nicht ausschließend EuGH, Rs. C-569/19 und C-570/16, EU:C:2018:871, Rn. 85 – Bauer.

[89] Zusammenfassend GA *Reischl*, Schlussanträge, Rs. 148/78, Slg. 1979, 1647 (1650 f.) – Ratti; EuGH, Rs. 70/83, Slg. 1984, 1076 (1086) – Kloppenburg; Rs. 152/84, Slg. 1986, 723 (749) Rn. 48 – Marshall I.

Das durch Sekundärrecht notwendig zu konkretisierende Grundrecht wird auch nicht dadurch unmittelbar im Verhältnis zwischen Privaten anwendbar, dass es in Kombination mit der zu konkretisierenden Bestimmung in der GRCh angewendet wird.[90] Werden grundrechtliche Position dadurch vereitelt, verweist der EuGH die Betroffenen auf den unionsrechtlichen Staatshaftungsanspruch gegen den Mitgliedstaat.[91] Somit ist im Fall des konstitutiv grundrechtskonkretisierenden Sekundärrechts für die Effektuierung des Grundrechts zwischen Privaten die Anwendbarkeit des Sekundärrechtsakts im Mitgliedstaat zwingend für die Geltendmachung. Ein subsidiärer Rückgriff auf das zu konkretisierende Grundrecht im Primärrecht scheidet aus. Anderes gilt freilich, wenn das Grundrecht gegenüber dem Staat und seinen Einrichtungen geltend gemacht wird.[92]

Ist die konstitutive Konkretisierung des Grundrechts in Gestalt einer vollharmonisierenden Verordnung erfolgt, stellt sich die Problematik nicht. Die konkretisierten Unionsgrundrechte wirken dann unmittelbar im Verhältnis zwischen Privaten, ohne dass es einer mitgliedstaatlichen Vermittlung durch entsprechende Umsetzungsgesetzgebung bedarf. Liegt indes, wie im Datenschutzrecht mit der DSGVO, keine vollharmonisierende Verordnung, sondern eine lückenhafte, auf die mitgliedstaatliche Vervollständigung, Ergänzung oder Umsetzung angewiesene „Grundverordnung" vor,[93] gelten die in Bezug auf die Richtlinien aufgestellten Grundsätze entsprechend. Eine unvollständige, verspätete oder nicht erfolgte Anpassung bzw. Ergänzung der für sich allein nicht vollziehbaren Verordnung im nationalen Recht bewirkt, dass der Einzelne sich zur Durchsetzung seines Rechts in einem Rechtsstreit zwischen Privaten auch nicht unmittelbar auf das zu konkretisierende Grundrecht (Art. 7, 8 GRCh) berufen kann.

---

[90] GA *Bot*, Schlussanträge, verb. Rs. C-569/16 und C-570/16, EU:C:2018:337, Rn. 73–74 – Bauer (zu Art. 27 GRCh): „Durch die Kombination der betreffenden Bestimmung der Charta mit einer sekundärrechtlichen Vorschrift der Union, die diese Bestimmung konkretisieren soll, lässt sich nicht erreichen, dass Letztere unmittelbar geltend gemacht werden kann. […] Die innere Logik der Argumentation des Gerichtshofs im Urteil Association de médiation sociale dürfte somit auf der Überlegung beruhen, dass eine Richtlinie, die ein durch eine Bestimmung der Charta anerkanntes Grundrecht konkretisiert, dieser Bestimmung nicht zu den Merkmalen verhelfen kann, die für eine unmittelbare Geltendmachung in einem Rechtsstreit zwischen Privatpersonen notwendig sind, wenn feststeht, dass diese Bestimmung weder aufgrund ihres Wortlauts noch nach den sie betreffenden Erläuterungen selbst über derartige Merkmale verfügt. Denn nach dieser Logik kann eine Richtlinie, die keine horizontale Direktwirkung hat, einer Bestimmung der Charta unmöglich eine solche Wirkung übertragen." S. ferner *H. D. Jarass*, ZEuP 25 (2017), 310 (318 f.).

[91] EuGH, Rs. C-176/12, EU:C:2014:2, Rn. 50 – Association de médiation sociale.

[92] Näher unten, 4. Kapitel, A.II. (S. 185 ff.).

[93] Zur gestuften Verordnung eingehend *C. Kibler/A. Sandhu*, NVwZ 2018, 528; näher zur fragmentierten Datenschutzgesetzgebung unten, 3. Kapitel, C. (S. 157 ff.).

II. Deklaratorisch konkretisiertes Sekundärrecht

Im Unterschied hierzu sind Grundrechte, die für sich allein dem Einzelnen ein subjektives Recht verleihen, nicht auf die sekundärrechtliche oder mitgliedstaatliche Konkretisierung angewiesen. Dies betrifft Grundrechte, die bereits zwingend und unbedingt Rechte garantieren, die also für ihre Geltung nicht auf konkretisierendes Sekundärrecht angewiesen sind: Ein Grundrecht ist unmittelbar anwendbar, wenn es „aus sich heraus Wirkung entfaltet und nicht durch Bestimmungen des Unionsrechts oder des nationalen Rechts konkretisiert werden muss, um dem Einzelnen ein Recht zu verleihen, das er *als solches* geltend machen kann."[94] Dem Grundrecht muss sich ein hinreichend klares Ge- oder Verbot für den Grundrechtsverpflichteten entnehmen lassen.[95] Diese Grundrechte werden nicht vorbehaltlich einer Ausgestaltung durch den Gesetzgeber verbürgt. Erfolgt die Konkretisierung im Sekundärrecht, bedarf es der genauen Prüfung, inwieweit dieses lediglich deklaratorisch ist.

Dies betrifft zunächst jene Freiheitsrechte, welche bereits aus sich heraus dem Einzelnen Abwehrrechte gewähren. Wird der freiheitssichernde Gehalt eines Grundrechts im Sekundärrecht konkretisiert, ohne dass es eine nennenswerte Ausgestaltung erfährt, ist dies als deklaratorisch grundrechtskonkretisierend zu betrachten. Zur Veranschaulichung mag eine hypothetische EU-Verordnung zur Konkretisierung der Versammlungsfreiheit dienen, die in ihrem Art. 1 lediglich festhält: „Diese Verordnung dient der Sicherstellung, dass jede Person sich insbesondere im politischen, gewerkschaftlichen und zivilgesellschaftlichen Bereich auf allen Ebenen mit anderen versammeln darf". Ein weiterer Art. 2 würde statuieren: „Jeder Einzelne hat dieses Recht im öffentlichen Raum, wenn die Versammlung frei und friedlich erfolgt sowie Rechte und Freiheiten anderer nicht beeinträchtigt". Diese fiktive Verordnung würde sich in der Wiederholung des Wortlauts von Art. 12 Abs. 1 GRCh erschöpfen. Sie trägt aber nicht zu dessen Konkretisierung bei. Der grundrechtliche Freiheitsgegenstand ist für seine Aktivierung nicht auf die gesetzliche Ausgestaltung angewiesen, sondern besteht unabhängig davon, ist also prä-existent. Eine von der primärrechtlichen Kompetenzverteilung losgelöste Anwendung dieses deklaratorisch konkretisierenden Art. 2 der Verordnung wäre ersichtlich nicht möglich. Vielmehr bedarf es trotz der se-

---

[94] EuGH, Rs. C-414/16, EU:C:2018:257, Rn. 78 – Egenberger zu Art. 21 GRCh (Hervorhebung durch die Verfasserin); Rs. C-555/07, Slg. 2010, I-365, Rn. 43 – Kücükdeveci zum Verbot der Altersdiskriminierung.

[95] Zu Art. 31 Abs. 2 GRCh: EuGH, verb. Rs. C-569/16 und C-570/16, EU:C:2018:871, Rn. 90 – Bauer; für Art. 21 Abs. 1 und Art. 47 GRCh s. Rs. C-414/16, EU:C:2018:257, Rn. 76 – Egenberger; vgl. *C.-D. Classen*, JZ 2019, 1057 (1062); *C. Unseld*, Horizontalwirkung, S. 173 ff.; *M. Ruffert*, JuS 2020, 1 (5).

kundärrechtlichen Konkretisierung der Prüfung im Einzelfall, ob ein versammlungsrechtlicher Sachverhalt im Sinne von Art. 51 Abs. 1 S. 1 GRCh hinreichend unionsrechtlich determiniert ist, so dass von einer „Durchführung" des Unionsrechts durch die Mitgliedstaaten gesprochen werden kann. Eine vom Primärrecht losgelöste Anwendung dieses grundrechtskonkretisierenden Sekundärrechts auf mitgliedstaatliche Sachverhalte hätte zur Folge, dass entgegen Art. 51 Abs. 2 GRCh der Geltungsbereich des Unionsrechts über die Zuständigkeiten der Union hinaus ausgedehnt würde.

Dies gilt aber auch für Gleichheitsrechte, wie das primärrechtliche Diskriminierungsverbot in Art. 21 Abs. 1 GRCh, das „aus sich heraus Wirkung entfaltet und nicht durch Bestimmungen des Unionsrechts oder des nationalen Rechts konkretisiert werden muss, um dem Einzelnen ein Recht zu verleihen, das er als solches geltend machen kann".[96] Wie der EuGH betont, stellt nicht erst die RL 2000/78/EG den Grundsatz der Gleichbehandlung in Beschäftigung und Beruf auf, dieses Grundrecht habe vielmehr „seinen Ursprung in verschiedenen völkerrechtlichen Verträgen und den gemeinsamen Verfassungstraditionen der Mitgliedstaaten".[97] Die Richtlinie schaffe nur den allgemeinen Rahmen für die Bekämpfung der Diskriminierung. Das Sekundärrecht stellt den Gleichbehandlungsgrundsatz gegenüber der öffentlichen Gewalt mithin nur deklaratorisch auf, effektuiert ihn aber konstitutiv zwischen Privaten. Entgegen der Rechtsprechung des EuGH ist das gleichheitsrechtliche Sekundärrecht nur im Verhältnis zum Staat oder den Organen, Einrichtungen und sonstigen Stellen der EU deklaratorisch. Um im Verhältnis zwischen Privaten zu wirken, ist die sekundärrechtliche Konkretisierung des Gleichheitsrechts konstitutiv.[98]

Deklaratorische Bestimmungen sind unter unmittelbarem Rückgriff auf das Primärrecht auszulegen. Werden sie allein im Sinne der effektiven Wirksamkeit des Sekundärrechtsakts extensiv ausgelegt, droht eine schleichende Kompetenzverschiebung durch die rechtsprechende Gewalt. Da deklaratorische Sekundärrechtsbestimmungen Primärrecht abbilden, stellt ihre Auslegung immer zugleich eine Auslegung des Primärrechts selbst dar. Es bedarf insofern bei ihrer Auslegung einer besonderen Kompetenzsensibilität und einer besonderen Rücksicht auf primärrechtliche Kompetenzausübungsschranken.

---

[96] EuGH, Rs. C-414/16, EU:C:2018:527, Rn. 78 – Egenberger.

[97] EuGH, Rs. C-414/16, EU:C:2018:527, Rn. 75 – Egenberger, bei Erlass der RL 2000/78/EG war die GRCh noch nicht rechtsverbindlich.

[98] Zur Drittwirkung im Unionsrecht unten, 4. Kapitel, A.II. (S. 187 ff.).

III. Kombination

Wird die objektiv-institutionelle Dimension eines Grundrechts ausgestaltet oder begrenzt der Rechtsetzer im Rahmen der ihm zugewiesenen Kompetenzen zur effektiven Grundrechtswahrnehmung den Freiheitsgebrauch zwischen Privaten, nimmt er also seine Schutzpflicht wahr, ist das Sekundärrecht oftmals angesichts der im Unionsrecht anerkannten Drittwirkung[99] sowohl konstitutiv als auch deklaratorisch konkretisierend. Dies ist der Fall, wenn der Rechtsetzer neue Pflichten statuiert oder der Verhaltensfreiheit Grenzen setzt. Die insofern regelnde Gesetzgebung[100] begrenzt und kanalisiert grundrechtlich geschütztes Verhalten durch die Setzung von Pflichtnormen oder die Einschränkung der Handlungsoptionen.[101]

So ist beispielsweise das zu den speziellen Diskriminierungsverboten ergangene unionsrechtliche Sekundärrecht insoweit deklaratorisch, als es den allgemeinen Gleichheitssatz für ausgewählte Diskriminierungskategorien des Art. 21 Abs. 1 GRCh nur wiederholt.[102] Soweit das Sekundärrecht differenzierte Rechtfertigungsgründe aufstellt, die über Art. 52 Abs. 1 GRCh hinausgehen, sind die Bestimmungen des antidiskriminierungsrechtlichen Sekundärrechts indes konstitutiver Natur.

Im Datenschutzsekundärrecht finden sich sowohl konstitutiv konkretisierende als auch deklaratorische sowie regelnde Elemente. Es gilt im Einzelfall den Charakter der jeweiligen grundrechtsschützenden Bestimmung des Sekundärrechtsakts zu identifizieren.[103]

IV. Zwischenergebnis

Für die nachfolgende Untersuchung der maßgeblichen Grundrechtsordnung im Anwendungsbereich der datenschutzrechtlichen Öffnungsklauseln ist die Differenzierung zwischen konstitutiv und deklaratorisch konkretisierendem Grundrechtssekundärrecht elementar. Dabei erweisen sich die konstitutiv durch den Unionsgesetzgeber im Wege des Sekundärrechts zu konkretisierenden Unionsgrundrechte als weniger problematisch. Die Ausgestaltung der Grundrechtswirkung zwischen Privaten ist auch im Unionsrecht in erster Linie Aufgabe der Legislative. Auf Unionsebene kann dies nur insoweit erfolgen, als nach dem Prinzip der begrenzten Einzelermächtigung auch tat-

---

[99] Zur Drittwirkung des Datenschutzgrundrechts unten, 5. Kapitel, E.II. (S. 309 ff.).

[100] Zu dieser *F. Michl*, Unionsgrundrechte, S. 195 f.

[101] *F. Michl*, Unionsgrundrechte, S. 199.

[102] Vgl. EuGH, Rs. C-555/07, Slg. 2010, I-365, Rn. 50 – Kücükdeveci; krit. zur „schwer begründbare[n] Vorzugstellung" bestimmter sekundärrechtlich ausgeformter Gleichheitsrechte *B. Pirker*, Grundrechtsschutz im Unionsrecht, S. 252.

[103] Siehe unten, 2. Kapitel, D.III. (S. 61 ff.).

sächlich eine grundrechtliche Schutzpflicht besteht.[104] Die Judikative nimmt die Konkretisierung des Grundrechtsschutzes im Rahmen der vom Gesetzgeber getroffenen Wertentscheidungen vor.[105]

Das konkretisierende Sekundärrecht kommt nur dann im Verhältnis zwischen Privaten zur Anwendung, wenn der Rechtsakt auch innerstaatlich Geltung entfaltet. Das Grundrecht wirkt im Verhältnis Privater dann grundsätzlich mittelbar. Dies setzt voraus, dass der Unionsrechtsetzer von seiner Schutzpflicht hinreichend konkret Gebrauch gemacht hat.

Problematischer ist die Kategorie des deklaratorisch konkretisierenden Grundrechtssekundärrechts. Diese betrifft jene primärrechtlichen Bestimmungen, die grundsätzlich (unter dem Vorbehalt des Art. 51 Abs. 1 GRCh) bereits für sich unmittelbar in den Mitgliedstaaten und im Verhältnis zwischen Privaten gelten.

Das Datenschutzsekundärrecht enthält sowohl konstitutiv als auch deklaratorisch konkretisierende Elemente. Dabei sind die deklaratorisch konkretisierenden Klauseln für die Untersuchung der mitgliedstaatlichen Regelungs- und Grundrechtsfreiräume besonders relevant, weil sie eine problematische Anwendungsbereichsausdehnung des Primärrechts bewirken. Die mitgliedstaatliche Bindung an das Grundrecht muss sich auch im Fall der sekundärrechtlichen Konkretisierung stets nach Art. 51 Abs. 1 S. 1 GRCh beurteilen und nicht danach, ob der Sekundärrechtsakt hinreichend bestimmt ist. Deklaratorisch konkretisierende Bestimmungen – so viel sei bereits an dieser Stelle vorweggenommen – determinieren die mitgliedstaatlichen Gestaltungsspielräume in der Regel nicht hinreichend.

---

[104] Zur Kompetenz kraft Schutzpflicht unten, 3. Kapitel, A.IV. (S. 112 ff.).

[105] Siehe unten, 5. Kapitel, E.II. (S. 309 ff.).

2. *Kapitel*

Das Verhältnis der Rechtsquellen im europäischen Datenschutzrecht

Historisch betrachtet entwickelte sich das Datenschutzrecht von der Länderebene als untere politische Ebene im deutschen Bundesstaat auf die supranationale Ebene der EU. Den Anfangspunkt markierten das hessische und das bayerische Datenschutzgesetz aus dem Jahr 1970.[1] 1977 folgte das Bundesdatenschutzgesetz in Deutschland[2] und in den folgenden Jahren weitere Datenschutzgesetze in den Mitgliedstaaten der damaligen EWG.[3] Als sich der europäische Rechtsetzer erstmals in den 1980er Jahren[4] mit der Regelung des Datenschutzes befasste, konnte er nicht nur auf die Erfahrungen der Mitgliedstaaten und ihrer Länder zurückgreifen, sondern auch auf völkerrechtliche Verträge, die bereits universelle Datenschutzstandards formulierten. Dies sind insbesondere die OECD-Leitlinien (1973/1974)[5] sowie die Datenschutzkonvention des Europarats (1981). Eine kurze *tour d'horizon* durch die Geschichte des europäischen Datenschutzrechts zeigt, dass es vielseitigen Einflüssen unterliegt (A.). Die völkerrechtlichen Grundlagen werden im Anschluss skizziert (B.) und sodann auf ihre Relevanz für die Datenschutzrechtsetzung auf europäischer Ebene einerseits sowie die Datenschutzrechtsprechung des EuGH andererseits analysiert (C.). Wie sich aus der historischen Rückschau ergibt, entwickelte sich auf Unionsebene das Grundrecht auf Schutz personenbezogener Daten von der sekundärrechtlichen Ebene und fand erst nachträglich seine expliziten primärrechtliche Anerkennung in Art. 8 GRCh. Dies wirft Fragen in Bezug auf das Verhältnis zwischen Datenschutzsekundär- und -primärrecht auf (D.).

---

[1] HDSG v. 7.10.1970, GVBl. I 625 („HessDSG 1970"); BayEDVG v. 12.10.1970, GVBl. 457 („BayEDVG 1970").

[2] Gesetz zum Schutz vor Mißbrauch personenbezogener Daten („BDSG 1977") v. 27.1.1977, BGBl. I S. 201.

[3] Zu dieser ersten Welle der Datenschutzgesetze von 1970–1981 *R. Ellger*, Entwicklung des Datenschutzes, S. 10 f.

[4] Die Europäische Kommission begann 1983 mit den Ausarbeitungen eines ersten Richtlinienentwurfs, erste Forderungen des Europäischen Parlaments gehen auf die 1970er Jahre zurück. Zur Historie s. *R. Ellger*, Grenzüberschreitender Datenverkehr, S. 542.

[5] Res. (73) 22 v. 26.9.1973 betreffend den Privatsektor; Res. (74) 29 v. 20.9.1974 betreffend den öffentlichen Bereich.

A. Historischer Abriss

Das europäische Datenschutzrecht wurde von internationalen und nationalen Regelungen beeinflusst. Insbesondere die Datenschutzkonvention des Europarats („DS-Konvention")[6] diente als Vorbild für die vom Europäischen Parlament schon früh formulierten konkreten Regelungsvorschläge.[7] Lange erachtete die Europäische Kommission es für ein einheitliches europäisches Datenschutzniveau für ausreichend, dass die Mitgliedstaaten die DS-Konvention innerstaatlich ratifiziert hatten.[8] Dies änderte sich mit Inkrafttreten der Einheitlichen Europäischen Akte 1987 (EEA),[9] mit der die für den späteren Erlass der DSRL maßgebliche, umfassendere Binnenmarktkompetenz in Art. 100a EWG-Vertrag als Rechtsgrundlage geschaffen worden war. Diese Kompetenzgrundlage ermächtigte den Rat zum Erlass der erforderlichen Maßnahmen zur Angleichung der Rechtsvorschriften der Mitgliedstaaten auf dem Gebiet des Binnenmarkts. Der Rat konnte danach auf Vorschlag der Kommission und in Zusammenarbeit mit dem Parlament „Maßnahmen" zur Angleichung der Rechts- und Verwaltungsvorschriften der Mitgliedstaaten erlassen. Im Unterschied zum bisherigen Art. 100 EWG-Vertrag, der die Einstimmigkeit im Rat erforderte, genügte nach der neuen Marktharmonisierungskompetenz eine qualifizierte Mehrheit im Rat. Auch war Art. 100a EWG-Vertrag nicht auf die Harmonisierung durch Richtlinien beschränkt. Erstmals bestimmte Art. 100a Abs. 3 EWG-Vertrag, dass die Kommission bei der Harmonisierung des Gemeinsamen Marktes von einem hohen Schutzniveau in den Bereichen Gesundheit, Sicherheit, Umweltschutz und Verbraucherschutz auszugehen hat. Dies ermöglichte auch die Berücksichtigung nichtmarktbezogener Werte.[10] In der EEA wurde die Schaffung

---

[6] „Übereinkommen zum Schutz des Menschen bei der automatischen Verarbeitung personenbezogener Daten" v. 28.1.1981, SEV Nr. 108, BGBl. II S. 539.

[7] S. nur Entschließung des Europäischen Parlaments „zum Schutz der Rechte des einzelnen angesichts der fortschreitenden technischen Entwicklung auf dem Gebiet der Datenverarbeitung", ABl. C 87/39 v. 3.4.1982, abgedruckt in BT-Drs. 9/1516; Europäisches Parlament, „Bericht über den Schutz der Rechte des einzelnen angesichts der fortschreitenden technischen Entwicklung auf dem Gebiet der Datenverarbeitung" (*Sieglerschmidt*-Bericht), EG-Dok. 1–548/81, PE 70.166 endg.

[8] Empfehlung der Europäischen Kommission v. 29.7.1981 betreffend ein Übereinkommen des Europarats zum Schutz des Menschen bei der automatisierten Verarbeitung personenbezogener Daten, ABl. L 246/31 v. 29.8.1981 unter I. 5; *N. Bodenschatz*, Der europäische Datenschutzstandard, S. 51. Zur Rolle der nationalen Datenschutzkontrollstellen für das Tätigwerden der zunächst zögerlichen Kommission s. *C. Kibler*, Datenschutzaufsicht, S. 43.

[9] ABl. L 169/1 v. 29.6.1987; *R. Ellger*, Grenzüberschreitender Datenverkehr, S. 532 ff.

[10] *B. de Witte*, Competence to protect, S. 30; *A. Viethen*, Datenschutz als Aufgabe, S. 108.

des „europäischen Binnenmarktes" bis zum 31.12.1992 als Gemeinschaftsziel (Art. 8a EWG-Vertrag) formuliert. Danach umfasst der europäische Binnenmarkt einen Raum, in dem der freie Waren-, Dienstleistungs-, Personen- und Kapitalverkehr gewährleistet ist. Die Notwendigkeit einer europaweiten Harmonisierung des Datenschutzrechts erkannte die Kommission im Folgejahr 1988 ausdrücklich an.[11] Ein erstes Datenschutzpaket, das den Vorschlag zweier Richtlinien und eines Beschlusses enthielt, legte die Europäische Kommission 1990 vor.[12] Das Europäische Parlament billigte diesen ersten Vorschlag, versehen mit mehr als 100 Änderungsvorschlägen.[13] Diese zielten darauf ab, den menschenrechtlichen Fokus auch rhetorisch stärker zu betonen. Ausdruck fand dies insbesondere im Vorschlag für Erwägungsgrund 24a, wonach die automatisierten Datenverarbeitungssysteme „im Dienst des Menschen" stehen.[14] Schon darin wird der Rückgriff auf die mitgliedstaatlichen Datenschutztraditionen erkennbar.[15] Auf lange Sicht setzte sich dieser Pathos unionsweit durch. Die Formulierung fand sich später im Erwägungsgrund 2 der DSRL wieder und ist heute vergleichbar in Erwägungsgrund 4 der DSGVO verankert.[16] Dieser erste Richtlinienvorschlag wurde jedoch nicht weiter verfolgt. Ein Grund mag darin gelegen haben, dass sich im Laufe des Gesetzgebungsverfahrens bereits die Revision durch den Vertrag von Maastricht abgezeichnet hatte der am 1. November 1993 in Kraft getreten ist.[17] Dies erforderte eine Anpassung der Rechtsgrundlage. Der 1992 vorgelegte, geänderte Richtlinienvorschlag[18] wurde „insbesondere" auf Art. 100a EGV gestützt.[19] Die Richtlinie konnte im Oktober 1995 verab-

---

[11] KOM(88) 172 endg.

[12] KOM(90) 314 endg. Darunter bereits der Vorschlag für eine Richtlinie des Rates zum Schutz von Personen bei der Verarbeitung personenbezogener Daten v. 13.9.1990, KOM (90) 314 endg.

[13] ABl. C 94/173 v. 13.4.1992; krit. *R. Riegel*, DÖV 1991, 311 (317): der Entwurf atme zu sehr „den Geist des Marktes".

[14] Änderung Nr. 9 (zu ErwG 24a neu) lautet wie folgt: „Die automatisierten Datenverarbeitungssysteme stehen im Dienst des Menschen. Sie müssen die Rechte und Freiheiten des einzelnen, die Identität des Menschen sowie die Privatsphäre achten und zum wirtschaftlichen und sozialen Fortschritt, zur Entwicklung des Handels sowie zum Wohlergehen des einzelnen beitragen."

[15] Art. 1er Loi n° 78–17 du 6 janvier 1978 relative à l'informatique, aux fichiers et aux libertés (französisches Datenschutzgesetz 1978) lautet: „L'informatique doit être au service de chaque citoyen." („Die Informationstechnologie muss im Dienste jedes Bürgers stehen."), JORF v. 25.1.1978.

[16] ErwG 4 DSGVO beginnt wie folgt: „Die Verarbeitung personenbezogener Daten sollte im Dienste der Menschheit stehen […]".

[17] BGBl. II S. 1947.

[18] „Vorschlag für eine Richtlinie des Rates zum Schutz natürlicher Personen bei der Verarbeitung personenbezogener Daten und zum freien Datenverkehr", KOM(92) 422, ABl. C 311/30 v. 27.11.1992.

[19] KOM(93) 570 endg. v. 10.11.1993, S. 59. Der erste Entwurf wurde auf Art. 100a und

schiedet werden[20] und war bis Oktober 1998 von den Mitgliedstaaten in ihr Recht umzusetzen. In Deutschland erfolgte die Umsetzung mit der BDSG-Novelle verspätet im Jahr 2001.[21]

Ausweislich der Zielbestimmung in Art. 1 Abs. 1 DSRL gewährleisten die Mitgliedstaaten „den Schutz der Grundrechte und Grundfreiheiten und insbesondere den Schutz der Privatsphäre natürlicher Personen bei der Verarbeitung personenbezogener Daten." Gemäß Art. 1 Abs. 2 DSRL ist die Beschränkung des freien Verkehrs personenbezogener Daten zwischen den Mitgliedstaaten aus Gründen des Grundrechtsschutzes untersagt. Die Datenschutzgesetzgebung diente nicht nur der Sicherstellung, „dass personenbezogene Daten von einem Mitgliedstaat in einen anderen Mitgliedstaat übermittelt werden können",[22] sondern auch dem Schutz der Privatsphäre und dem „Wohlergehen der Menschen".[23] Der freie Datenverkehr und der Schutz der von der Datenverarbeitung Betroffenen, also die Binnenmarkt- und die Menschenrechtskomponente, sind gleichrangige Regelungsziele. Wohl aus vorwiegend kompetenziellen Gründen wurde die Binnenmarktkomponente in den Vordergrund gerückt, während sich bald herausstellen sollte, dass faktisch die Grundrechtsdimension überwog. Aus diesem Grund bestanden von Anfang an Zweifel an Art. 100a EGV als ausreichende Kompetenzgrundlage.[24] Dieser könne nur dann herangezogen werden, wenn das

---

113 EWG-Vertrag (gemeinsame Handelspolitik) gestützt. Letztere Kompetenz zog die Kommission mit Blick auf die Übermittlung personenbezogener Daten an Drittländer heran.

[20] ABl. L 281/31 v. 23.11.1995.

[21] Gesetz zur Änderung des Bundesdatenschutzgesetzes und anderer Gesetze v. 18.5.2001, BGBl. I S. 904 („BDSG 2001"); zur Umsetzung eingehend *L. Schulte*, Qualitativer Datenschutz, S. 148 ff. Von den damals 15 Mitgliedstaaten hatten zehn die Richtlinie nicht fristgerecht (vgl. Art. 32 Abs. 1 S. 1 DSRL) umgesetzt. Gegen fünf (Frankreich, Deutschland, Irland, Luxemburg und die Niederlande) leitete die Kommission ein Vertragsverletzungsverfahren ein, Bericht der Kommission über die Durchführung der Datenschutzrichtlinie (EG 95/46), KOM (2003) 265 endg., S. 3. Mangels rechtzeitiger Umsetzung wurde Luxemburg 2001 verurteilt, EuGH, Rs. C-450/00, Slg. 2001, I-7074, Kommission/Luxemburg.

[22] ErwG 3 DSRL; vgl. zu diesen Funktionen des Datenschutzes auch *E. Ehmann/M. Helfrich*, EG-Datenschutzrichtlinie, Einl. Rn. 51: dualistische Zielsetzung; *A. Viethen*, Datenschutz als Aufgabe, S. 94 ff., der der DSRL eine subjektiv-rechtliche Funktion (Grundrechtsschutz) und eine objektiv-rechtliche Dimension (ordnende Wirkung) beimisst; *J.-P. Jacqué*, Droits de l'homme, S. 922: „la circulation des données, elle présente des aspects économiques et touche étroitement à la problématique des droits de l'homme." („Der Datenverkehr betrifft wirtschaftliche Aspekte und ist zugleich eng mit Menschenrechtsfragen verbunden." [Übersetzung der Verfasserin]).

[23] ErwG 2 DSRL.

[24] An der Kompetenz mit Blick auf die überwiegende Menschenrechtskomponente zweifelnd *M. Bergmann*, Grenzüberschreitender Datenschutz, S. 163; *P. Karpenstein*, Zu-

Ziel der Binnenmarktharmonisierung überwog.[25] Ein Überwiegen der Binnenmarktkomponente habe jedoch zugleich einen Bias zu Lasten des Grundrechtsschutzes zur Folge.[26] Befürchtungen, wonach die auf die Binnenmarktkompetenz gestützte Datenschutzgesetzgebung zu einer grundsätzlichen Liberalisierung der Datenübermittlung und materiell-rechtlich zu einem schwächeren Grundrechtsschutz führen könne, haben sich indes nicht realisiert. Eine binnenmarktharmonisierende Maßnahme auf dem Gebiet des Datenschutzes kann zugleich grundrechtsschützend sein. Insbesondere vor dem Hintergrund der zunehmenden Kommerzialisierung von Daten liegt jedoch die Annahme eines inhärenten Spannungsverhältnisses zwischen beiden Zielen nahe.

In dem folgenden Jahrzehnt nach dem Inkrafttreten der DSRL konkretisierte der EuGH ihren Anwendungsbereich, Harmonisierungsanspruch und Inhalt. Zunächst bestätigte er die Wahl der Rechtsgrundlage – trotz der von Generalanwalt *Antonio Tizziano* wiederholt geäußerten Zweifel, wonach die Binnenmarktkompetenz „völlig ungeeignet" sei, wenn die DSRL auch rein innerstaatliche Datenverarbeitung erfassen würde.[27] Dem hielt der

ständigkeit der EG, S. 899 ff.; Art. 100a EGV nicht für ausreichend erachtend *O. Lynskey*, Market-making tool, S. 63: „neither of these objectives is ‚secondary' to the other" („keines der Ziele ist gegenüber dem jeweils anderen zweitrangig" [Übersetzung der Verfasserin]); a.A. *S. Simitis*, NJW 1997, 281 (282); die im herrschenden Schrifttum angenommene duale Zielsetzung der DSRL ablehnend *N. Marsch*, Das europäische Datenschutzgrundrecht, S. 317 ff., der nur die Binnenmarktkompetenz für einschlägig erachtet und davon losgelöst den Grundrechtsschutz als das materielle Regelungsziel auf einer zweiten Ebene verortet. *S. Simitis*, in: Dammann/ders., EG-Datenschutzrichtlinie, Einl. Rn. 4: Kompetenzstreit als „Scheingefecht".

[25] Vgl. nur EuGH, Rs. C-491/01, Slg. 2002, I-11550, 11582, Rn. 94 – British American Tobacco (Investments) Ltd., wonach die Beseitigung von Markthindernissen die „wesentliche oder überwiegende" Komponente eines auf die Binnenmarktkompetenz gestützten Rechtsakts sein muss. Der Datenschutz könnte insofern als Markthindernis in diesem Sinne verstanden werden.

[26] Zum Verständnis des mitgliedstaatlichen Schutzes personenbezogener Daten als unerwünschte Begrenzung des Binnenmarkts: *C. Ritzer*, Datenschutzreformen, S. 391.

[27] GA *Tizziano*, Schlussanträge, Rs. C-101/01, Slg. 2002, I-12976 (12988) Rn. 42 – Lindqvist und verb. Rs. C-465/00, C-138/01, C-139/01, Slg. 2003, I-4994 (5010), Rn. 53 f. – ORF: „Die Wahrung der Grundrechte ist somit ein wesentlicher Wert und ein Erfordernis, dem der Gemeinschaftsgesetzgeber beim Erlass [der DSRL] Rechnung getragen hat – sie ist jedoch kein *selbstständiger* Regelungsgegenstand der Richtlinie. Andernfalls müsste man davon ausgehen, dass die Richtlinie beabsichtigt, die Einzelnen hinsichtlich der Verarbeitung personenbezogener Daten auch unabhängig vom Ziel der Förderung des freien Verkehrs dieser Daten zu schützen, mit der unangemessenen Folge, dass auch Datenverarbeitungen im Rahmen der Ausübung von Tätigkeiten, die mit der Errichtung und dem Funktionieren des Binnenmarktes nichts zu tun haben, in den Anwendungsbereich der Richtlinie fallen würden. [...] Die Rechtsgrundlage der Richtlinie würde sich dann als völlig ungeeignet erweisen." (Hervorhebung im Original).

EuGH entgegen, dass Grundrechtsschutz bei Marktharmonisierungsmaßnahmen stets mitzuberücksichtigen sei und die Anwendung eines auf Art. 100a EGV gestützten Rechtsakts nicht mehr „in jedem Einzelfall" einen Bezug zum Binnenmarkt aufweisen müsse.[28] Umstritten war auch das Harmonisierungsniveau.[29] Noch 2009 gab der Deutsche Bundestag ein Rechtsgutachten zur Klärung der Frage in Auftrag, welchen Regelungsansatz die DSRL verfolge und welchen Harmonisierungsgrad sie etabliere.[30] Der EuGH geht von einer „grundsätzlich umfassenden Harmonisierung" aus, selbst wenn die Richtlinie den Mitgliedstaaten in bestimmten Fällen „einen weiten Handlungsspielraum" eröffne.[31] Die DSRL regle die Zulässigkeit der Verarbeitung personenbezogener Daten erschöpfend und abschließend.[32] Bis zur Ablösung durch die DSGVO im Jahr 2016 war sie die allgemeine unionsrechtliche Regelung zum Datenschutz.

Die EG erließ zudem bereichsspezifisches Datenschutzsekundärrecht, insbesondere die ePrivacy-RL. Das europäische Datenschutzgrundrecht in Art. 8 GRCh wurde ebenso wie die ausdrückliche Datenschutzkompetenz in Art. 16 Abs. 2 AEUV erst mit dem Vertrag von Lissabon 2009 primärrechtlich verankert. Diese Kompetenz konsolidierte den wirtschaftlichen sowie den menschenrechtlichen Aspekt des Sekundärrechts weitgehend.

Im Jahr 2010 folgte anlässlich des vierten Tags des Europäischen Datenschutzes die Ankündigung, das EU-Datenschutzrecht zu modernisieren.[33] Im November 2010 stellte die Europäische Kommission ein erstes „Gesamtkonzept für den Datenschutz in der Europäischen Union"[34] vor. Im Januar 2012 wurden der Vorschlag für eine Datenschutz-Grundverordnung und für eine Datenschutzrichtlinie zum Schutz natürlicher Personen bei der Verarbeitung personenbezogener Daten durch die zuständigen Behörden zum Zwecke der Verhütung, Aufdeckung, Untersuchung oder Verfolgung von Straftaten oder der Strafvollstreckung sowie zum freien Datenverkehr veröffentlicht.[35] Die

---

[28] EuGH, verb. Rs. C-465/00, C-138/01, C-139/01, Slg. 2003, I-4989, Rn. 41 – ORF.

[29] Von einer Mindestharmonisierung ausgehend *H. Ehmann/H. Sutschet*, RDV 1997, 3 (4); *A. Hatje*, Datenaustausch und Datenschutz, S. 210; eine Vollharmonisierung annehmend: *G. Rüpke*, EuZW 1993, 149 (152); *U. Brühann*, AfP 1998, 345 (350): „totale Harmonisierung"; *ders.*, EuZW 2009, 639 (642); differenzierend *C. Kuner*, Data Privacy Law, S. 29: „mixture of maximum and minimum harmonization".

[30] *U. Brühann*, Vollharmonisierung oder Mindestharmonisierung.

[31] EuGH, Rs. C-101/01, Slg. 2003, I-12971, Rn. 96 f. – Lindqvist; Rs. C-524/06, Slg. 2008, I-9705, Rn. 51 – Huber; Rs. C-582/16, EU:C:2016:779, Rn. 57 – Breyer; krit. zu dieser extensiven Auslegung *H. Landau/M. Trésoret*, DVBl. 2012, 1329 (1337).

[32] EuGH, verb. Rs. C-468/10, C-469/10, Slg. 2011, I-12181, Rn. 30 – ASNEF.

[33] *V. Reding*, IP/10/63, 28.1.2010.

[34] KOM(2010) 609 endg.

[35] KOM(2012) 11 endg. und KOM(2012) 10 endg. sowie die begleitende Mitteilung KOM(2012) 9 endg, S. 3.

EU-Datenschutzreform war geprägt von intensivem Lobbying, mitgliedstaatlichen Subsidiaritätsrügen, kontroversen Verhandlungen im Rat und im informellen Trilog sowie einer Flut an Änderungsanträgen im Europäischen Parlament.[36] Wie bereits im Vorfeld der DSRL erwies sich das Europäische Parlament erneut als Verfechter einer stärker grundrechtsgeprägten Datenschutzrechtsetzung. Im Januar 2013 legte der Berichterstatter des Europäischen Parlaments die Änderungsentwürfe zum Kommissionsvorschlag vor.[37] Nach mehr als 4.000 Änderungsanträgen der mitberatenden Ausschüsse und Abgeordneten, von denen 207 endgültig in der Entschließung berücksichtigt wurden,[38] legte das Europäische Parlament im März 2014 seinen Standpunkt als Verhandlungsgrundlage für den darauf folgenden informellen Trilog fest (im Folgenden „DSGVO-ParlE").[39] Das Datenschutzpaket konnte zwar nicht mehr vor den Wahlen zum Europäischen Parlament im Mai 2014 erlassen werden, allerdings besteht auf Unionsebene kein dem deutschen Parlamentsrecht vergleichbares Prinzip der Diskontinuität, so dass die Reform auch unter der folgenden Kommission unter *Jean-Claude Juncker* fortgesetzt werden konnte. Im Juni 2015 billigte der Rat die Allgemeine Ausrichtung zum Entwurf, einigte sich auf einen gemeinsamen Standpunkt und erteilte das Mandat für die informellen Trilogverhandlungen.[40] Nach Abschluss der Trilogverhandlungen im Dezember 2015 wurden die DSGVO und die JIRL im April 2016 im Rat und im Europäischen Parlament angenommen,[41] so dass das Datenschutzpaket im Mai 2016 verabschiedet werden konnte.[42] Vier Mitgliedstaaten verbanden ihre Stimmabgabe im Rat mit Erklärungen. So wies die Republik Slowenien darauf hin, dass „die Mitgliedstaaten weiterhin die Befugnis zur Weiterentwicklung des Schutzes personenbezogener Daten haben, um im Einklang mit der Charta, der Europäischen Menschenrechtskonvention und den einzelstaatlichen Verfassungen höhere Standards zu setzen."[43] Auch müsse sich das Datenschutzsekundärrecht selbst am verfas-

---

[36] Zum Rechtsetzungsverfahren und dem „Machtkampf" zwischen der Union, den Mitgliedstaaten und Lobbyisten *A. Roßnagel*, in: ders., EU DS-GVO, § 1 Rn. 15 ff.

[37] Europäisches Parlament, Bericht *J. P. Albrecht*, 2013; *J. P. Albrecht*, DuD 2013, 655.

[38] *J. P. Albrecht/F. Jotzo*, Datenschutzrecht der EU, S. 35.

[39] Europäisches Parlament, Legislative Entschließung v. 12.3.2014 zu dem Vorschlag für eine Verordnung des Europäischen Parlaments und des Rates zum Schutz natürlicher Personen bei der Verarbeitung personenbezogener Daten und zum freien Datenverkehr (allgemeine Datenschutzverordnung).

[40] Rats-Dok. 9565/15 v. 11.6.2015.

[41] Annahme des Vorschlags nach 2. Lesung im EP, Dok. 7986/16, Billigung ohne Änderung A8–0139/2016; Legislative Entschließung des Europäischen Parlaments zum Standpunkt des Rates in 1. Lesung Annahme im Europäischen Parlament P8 TA(2016)0125; Rats-Dok. 7920/16 v. 14.4.2016.

[42] *J. P. Albrecht*, in: Simitis/Hornung/Spiecker gen. Döhmann, Datenschutzrecht, Einleitung, Rn. 199 ff.

[43] Vermerk zum Abstimmungsergebnis v. 8.4.2016, Rats-Dok. 7920/16 Anl. 2, S. 4.

sungsrechtlichen Grundrechtsschutz messen lassen. Österreich verweigerte als einziger Mitgliedstaat die Zustimmung zur DSGVO unter Verweis auf die im Rechtsetzungsverfahren wiederholt geäußerte[44] Ansicht, dass die Reform das bisherige Datenschutzniveau durch die DSRL unterschreite und aufgrund der Rechtsform der Verordnung ein Ausgleich dieser unionsrechtlichen Defizite nicht mehr möglich sei.[45] Diese Erklärungen bringen die Bedenken hinsichtlich der von der Kommission beanspruchten Harmonisierung eines Datenschutzgrundrechts auf Unionsebene und die damit einhergehende Schmälerung der nationalen Jurisdiktionshoheit in Grundrechtsfragen zum Ausdruck.[46]

Die DSGVO und die JIRL traten am 24. Mai 2016 in Kraft (Art. 99 Abs. 1 DSGVO).[47] Die DSGVO gilt seit dem 25. Mai 2018 (Art. 99 Abs. 2 DSGVO), die Umsetzungsfrist für die JIRL endete am 6. Mai 2018 (Art. 63 JIRL). Die Mitgliedstaaten passten ihr Datenschutzrecht im Zuge der Datenschutzreform weitgehend an den neuen EU-Rechtsrahmen an. Parallel hierzu wird derzeit die ePrivacy-RL in die Rechtsform der Verordnung überführt.[48]

B. Völkerrechtliche Fundierung

Das Datenschutzrecht der EU geht wesentlich auf völkerrechtliche Impulse zurück, welche die materiell-rechtliche Harmonisierung des Datenschutzrechts entscheidend geprägt haben. Zugleich bilden sie relevante Rechtsquellen für die Ermittlung allgemeiner Rechtsgrundsätze auf Unionsebene. Nachfolgend werden die für das Europarecht maßgeblichen datenschutzrechtlichen Impulse aus dem Europarat (I. und II.) sowie der OECD (III.) in den Blick genommen, ehe anschließend das Europarecht im engeren Sinne[49] nachgezeichnet wird. Außer Betracht bleiben die als unverbindliches Soft

---

[44] Erklärung Österreichs, Rats-Dok. 1384/15, Dok. 5455/16 ADD REV 1.

[45] Vermerk zum Abstimmungsergebnis v. 8.4.2016, Rats-Dok. 7920/16 Anl. 2, S. 5.

[46] Schon die Erklärungen Polens und des Vereinigten Königreichs zum Vertrag von Lissabon galten als Abwehrreaktion auf die weite ERT-Rechtsprechung des EuGH, zu diesen *F. C. Mayer*, Grundrechtsgewährleistungen, S. 109 ff.

[47] ABl. L 119/1 (DSGVO) und L 119/89 (JIRL) v. 4.5.2016.

[48] Verordnung des Europäischen Parlaments und des Rates über die Achtung des Privatlebens und den Schutz personenbezogener Daten in der elektronischen Kommunikation und zur Aufhebung der Richtlinie 2002/58/EG (Verordnung über Privatsphäre und elektronische Kommunikation), COM(2017) 10 final. Sie wird derzeit im Rat beraten, vgl. zum Stand Rats-Dok 6087/21 v. 10.2.2021.

[49] Zum Begriff *A. von Bogdandy*, JZ 2017, 589.

Law zu qualifizierenden Resolutionen der Vereinten Nationen auf dem Gebiet des Datenschutzes.[50]

I. EMRK: Schutz der Privatheit als Ausgangspunkt

Die von den Mitgliedstaaten des Europarats am 4.11.1950 unterzeichnete und in Deutschland 1952 durch das Zustimmungsgesetz ratifizierte EMRK[51] und der auf ihrer Grundlage errichtete Europäische Gerichtshof für Menschenrechte (EGMR) wirkten nachhaltig auf das damalige Gemeinschaftsrecht ein. Art. 8 Abs. 1 EMRK gewährleistet zunächst nur den Anspruch auf Achtung des Privat- und Familienlebens. Schon die für Individualbeschwerden zuständige Europäische Kommission für Menschenrechte (EKMR) und später auch der EGMR entwickelten seit den frühen 1980er Jahren aus der Gewährleistung des Art. 8 Abs. 1 EMRK auf Achtung des Privat- und Familienlebens ein Grundrecht, das vor der unzulässigen Speicherung personenbezogener Daten schützt, ohne es explizit als solches zu bezeichnen.[52] Der Wortlaut von Art. 8 EMRK lautet:

(1) Jede Person hat das Recht auf Achtung ihres Privat- und Familienlebens, ihrer Wohnung und ihrer Korrespondenz.

(2) Eine Behörde darf in die Ausübung dieses Rechts nur eingreifen, soweit der Eingriff gesetzlich vorgesehen und in einer demokratischen Gesellschaft notwendig ist für die nationale oder öffentliche Sicherheit, für das wirtschaftliche Wohl des Landes, zur Aufrechterhaltung der Ordnung, zur Verhütung von Straftaten, zum Schutz der Gesundheit oder der Moral oder zum Schutz der Rechte und Freiheiten anderer.

Art. 8 EMRK schützt auch die Vertraulichkeit der Telekommunikation bzw. den Schutz personenbezogener Daten bei fernmündlicher Korrespondenz.[53] Der Wortlaut des Konventionsgrundrechts bezieht sich zwar nur auf das „Privatleben“, jedoch legt der EGMR einen weiten Privatheitsbegriff zu Grunde, der auch personenbezogene Daten und die Kommunikation aus der beruflichen und sozialen Sphäre erfasst.[54] Maßgeblich für die Eröffnung des

---

[50] Beispielsweise die „Richtlinien zur Verarbeitung personenbezogener Daten in automatisierten Dateien“, UNGA Res. 44/132 v. 14.12.1990.

[51] BGBl. II S. 686.

[52] EGMR, Urt. v. 6.9.1978, 5029/71, EGMR-E 1, 320 – Klaas u.a./Deutschland; EKMR, Entsch. v. 6.10.1982, 9702/82 – X/VK; EGMR, Urt. v. 26.3.1987, EGMR-E 3, 430, Rn. 48 – Leander/Schweden; Entsch. v. 16.2.2000, 27798/95, ÖJZ 2001, 71, Rn. 69 – Amann/Schweiz; zur fehlenden Differenzierung zwischen Schutzbereich und Eingriff in der EGMR-Rechtsprechung *F. Paefgen*, Persönlichkeitsrechte im Internet, S. 52 ff.

[53] Zum Fernmeldegeheimnis s. EGMR, Urt. v. 13.9.2018, 58.170/13 u.a. – Big Brother Watch u.a./VK.

[54] St. Rspr., grundlegend EGMR, Urt. v. 16.12.1992, 13710/88, Rn. 29 ff. – Niemitz/Deutschland; Urt. v. 5.9.2017, 61496/08, Rn. 72 – Bărbulescu/Rumänien m.w.N.; zum Begriff eingehend *S. Schiedermair*, Schutz des Privaten, S. 230 f.

Schutzbereiches ist, ob eine Person die vernünftige Erwartung hegen darf, dass ihre Privatsphäre geachtet wird. Eine Einschränkung dieses Grundrechts muss auf einer gesetztlichen Grundlage erfolgen und „in einer demokratischen Gesellschaft notwendig" (Art. 8 Abs. 2 EMRK) sein. Aus dem Erfordernis der Notwendigkeit folgt der Verhältnismäßigkeitsvorbehalt.[55]

In erster Linie schützt Art. 8 EMRK vor Eingriffen durch Träger hoheitlicher Gewalt, indem Art. 8 Abs. 2 EMRK ausdrücklich auf die „Behörde" Bezug nimmt. Auch aus Art. 1 EMRK folgt eine strikte vertikale Wirkung der EMRK, die nur Maßnahmen staatlicher Behörden erfasst.

Die Verletzung der Privatsphäre durch Private, beispielsweise Arbeitgeber, ist deshalb nicht unmittelbar am Maßstab des Art. 8 EMRK überprüfbar. Der EGMR leitet aus dem Grundrecht jedoch nicht nur die negative Verpflichtung her, Eingriffe zu unterlassen. Vielmehr lassen sich aus Art. 8 EMRK auch positive Verpflichtungen zur Gewährleistung des Schutzes personenbezogener Daten im Verhältnis Privater untereinander entnehmen.[56] Eine nähere Konkretisierung dieser Pflicht der Vertragsstaaten, insbesondere der innerstaatlichen Gerichte, das Recht aus Art. 8 EMRK auch im Verhältnis zwischen Privaten zur Geltung zu bringen, nimmt der EGMR nicht vor:

> Allerdings lassen sich die Grenzen zwischen den auf Art. 8 EMRK beruhenden Handlungs- und Unterlassungspflichten des Staates nicht genau ziehen. Die anwendbaren Grundsätze sind aber ähnlich. In beiden Fällen ist der gerechte Ausgleich zu beachten, der zwischen den Interessen der Allgemeinheit und denen des Einzelnen hergestellt werden muss, und in beiden Fällen hat der Staat einen bestimmten Beurteilungsspielraum.[57]

Schutzmaßnahmen können einzelstaatlich im Zivil-, Arbeits- oder Strafrecht vorgesehen werden.[58] Hinsichtlich des „Ob" und „Wie" dieses gesetzlichen Rahmens besteht mangels eines europaweiten Konsenses nach Ansicht des EGMR ein weites mitgliedstaatliches Ermessen, das lediglich einer Willkürgrenze unterliegt.[59] Die Willkürgrenze ist dabei vergleichbar mit dem Wesensgehaltsschutz der Charta der Grundrechte und des Grundgesetzes, den die Staaten zu wahren haben.[60] Der Schutz durch die EMRK unterscheidet sich

---

[55] EGMR, Urt. v. 25.3.1983, 5947/72, 6205/73, 7052/75 u.a., Rn. 97 – Silver and others/VK.

[56] EGMR, Urt. v. 17.10.2019, 1874/13, 8567/13, Rn. 113 – Ribalda u.a./Spanien; Urt. v. 5.9.2017, 61496/08, Rn. 108 – Bărbulescu/Rumänien; Urt. v. 24.6.2004, 59320/00, Rn. 57 – Caroline von Hannover.

[57] EGMR, Urt. v. 24.6.2004, 59320/00, Rn. 57 – Caroline von Hannover.

[58] EGMR, Urt. v. 5.9.2017, 61496/08, Rn. 113–116 – Bărbulescu/Rumänien.

[59] EGMR, Urt. v. 4.12.2015, 47143/06, Rn. 232 – Roman Zakharov/Russland; aber auch im Beschäftigtendatenschutz: Urt. v. 5.9.2017, 61496/08, Rn. 119 f. – Bărbulescu/Rumänien, in diesem Fall lag eine Verletzung von Art. 8 EMRK indes vor, da die private Kommunikation am Arbeitsplatz in Echtzeit samt Inhalt überwacht wurde.

[60] Eine Verletzung der Willkürgrenze wurde in der Entscheidung des EGMR (GK) v. 5.9.2017, 61496/08, Rn. 119 f. – Bărbulescu/Rumänien in Bezug auf Art. 8 EMRK be-

in einzelnen Punkten von den unionsrechtlichen Gewährleistungen:[61] Zunächst entfaltet Art. 8 EMRK keine horizontale Bindungswirkung zwischen Privaten.[62] Das Menschenrecht kam bisher nicht in Drittwirkungskonstellationen zur Anwendung. Noch ist der Umgang des EGMR mit der Verarbeitung personenbezogener Daten durch mächtige private Akteure offen. Inhaltlich bleibt der Schutz insofern zurück, als nicht jede Verarbeitung personenbezogener Daten einen Eingriff darstellt. So erachtet der EGMR die Stufe der Erhebung (insbesondere in Echtzeit) von personenbezogenen Daten oftmals als unwesentlich und setzt den grundrechtlichen Schutz erst bei der Aufzeichnung oder der anschließenden Verarbeitung an.[63] Im Unterschied zur GRCh enthält der Wortlaut des Art. 8 EMRK schließlich keine Betroffenenrechte oder Kontrollansprüche unabhängiger Aufsichtsbehörden.[64] Die Rechtsprechung des EGMR ist auf nationaler Ebene bei der Auslegung der Grundrechte des Grundgesetzes als Auslegungshilfe heranzuziehen.[65] Dadurch findet die datenschutzrelevante Rechtsprechung des EGMR zu Art. 8 EGMR auch Eingang in das nationale Verfassungsrecht.[66] Trotz des ausdrücklichen Auftrags aus Art. 6 Abs. 2 EUV ist der Beitritt der EU bisher noch nicht formal erfolgt,[67] die EMRK damit kein verbindlicher Bestandteil der EU-Rechtsordnung (Art. 216 Abs. 2 AEUV), so dass sie auch innerstaatlich nicht in den Genuss des unionsrechtlichen Anwendungsvorrangs gelangt.[68]

---

jaht, da die private Kommunikation am Arbeitsplatz in Echtzeit und auch ihr Inhalt überwacht wurde.

[61] Zur EGMR-Gewährleistung eingehend *B. Siemen*, Datenschutz, S. 52 ff.; *M. Albers*, Informationelle Selbstbestimmung, S. 293 ff.; *R. Ellger*, Grenzüberschreitender Datenverkehr, S. 131 ff.

[62] *V. Kosta*, Fundamental Rights, S. 94.

[63] Zum Beispiel bei der Videoüberwachung im öffentlichen Raum, hierzu *S. Schiedermair*, Schutz des Privaten, S. 243.

[64] Das Bestehen effektiver Kontrollmechanismen ist für den EGMR jedoch maßgeblich für die Beurteilung der Verhältnismäßigkeit staatlicher Überwachungsmaßnahmen, vgl. eingehend *C. Kibler*, Datenschutzaufsicht, S. 30 ff.

[65] St. Rspr., BVerfGE 146, 71 (143); 74, 358 (370).

[66] BVerfGE 152, 216 (254 Rn. 99).

[67] EuGH, Gutachten 2/13, EU:C:2014:2454 – EMRK II; hierzu *D. Engel*, Beitritt der Europäischen Union zur EMRK, S. 313 ff.; ferner die Beiträge bei *S. Lorenzmeier/V. Sancin*, Contemporary Issues. Der Rat hat sich im Oktober 2019 für eine Wiederaufnahme der Verhandlungen mit den EMRK-Vertragsparteien ausgesprochen. Diese, für 2020 vorgesehenen Verhandlungsrunden sind zunächst pandemiebedingt ausgefallen, wurden jedoch unter dem deutschen Vorsitz im Ministerkomitee des Europarats Ende 2020 wieder aufgenommen, vgl. auch Europäische Kommission, Erklärung v. 29.9.2020: Beitritt der EU zur EMRK, STATEMENT/20/1784.

[68] EuGH, Rs. C-617/10, EU:C:2013:105, Rn. 44 – Åkerberg Fransson; Rs. C-571/10, EU:C:2012:233, Rn. 63 – Kamberaj: danach gebietet es „die in Art. 6 EUV enthaltene

II. Europaratskonvention

Inhaltlich wird das europäische Datenschutzsekundärrecht sowie das Grundrecht von der DS-Konvention des Europarats geprägt, auf die auch der EGMR bei der Auslegung von Art. 8 EMRK Bezug nimmt.[69] Die DS-Konvention des Europarats wurde nach einer langen Entwicklung, deren Ursprünge bis in das Jahr 1968 zurückreichen,[70] im September 1980 durch das Ministerkomitee des Europarats verabschiedet und am 28. Januar 1981 in Straßburg zur Unterzeichnung durch die Vertragsstaaten ausgelegt.[71] Im Jahr 2011 wurde sie parallel zur Reform des europäischen Datenschutzrechts einer umfassenden Modernisierung unterzogen (im Folgenden „DS-Konvention n.F."[72]). Der Europarat verabschiedete das Änderungsprotokoll zur Modernisierung des Übereinkommens im Mai 2018 und damit fast zeitgleich mit dem Datum der Anwendbarkeit der DSGVO. In Deutschland erfolgte die Ratifizierung des Änderungsprotokolls mit Zustimmungsgesetz vom 12. November 2020,[73] nachdem die Mitgliedstaaten vom Rat der EU hierzu ermächtigt worden waren.[74] Die Novellierung ist noch nicht in Kraft getreten. Beitreten können der DS-Konvention nicht nur die derzeit 47 Vertragsstaaten, sondern gemäß ihrem Art. 27 auch Nichtmitgliedstaaten, wovon bisher neun Staaten Gebrauch gemacht haben.[75] Mit dem jüngsten Änderungsprotokoll wurde die DS-Konvention dahingehend erweitert, dass auch internationale Organisationen im Sinne des Völkerrechts dem Vertrag beitreten können, also auch die EU, die gemäß Art. 47 EUV Rechtspersönlichkeit besitzt. Es erfolgt also auch im Interesse der EU, wenn die Mitgliedstaaten die DS-Konvention ratifizieren, da die Union selbst das Änderungsprotokoll nicht unterzeichnen kann. Nach der bisher geltenden DS-Konvention können nur Staaten Vertragsparteien sein.[76]

Verweisung auf die EMRK einem nationalen Gericht nicht […], im Fall eines Widerspruchs zwischen einer Regelung des nationalen Rechts und der EMRK deren Bestimmungen unmittelbar anzuwenden und die mit der EMRK unvereinbare nationale Regelung unangewendet zu lassen."

[69] Vgl. *S. Schiedermair*, Schutz des Privaten, S. 242 m.w.N.

[70] Zur Historie *R. Ellger*, Grenzüberschreitender Datenverkehr, S. 460 ff.; *B. Siemen*, Datenschutz, S. 41 ff.

[71] In Kraft getreten am 1.10.1985 nach fünf Ratifikationen (Art. 22 Abs. 2 DS-Konvention).

[72] Konsolidierte, noch nicht in Kraft getretene DS-Konvention in der Fassung des Änderungsprotokolls Nr. 223, abrufbar unter https://rm.coe.int/16808ade9d (zuletzt abgerufen am 11.5.2021). Geläufig ist auch die Abkürzung „Konvention 108+".

[73] BGBl. II S. 874. Das Gesetz ist am 25.11.2020 in Kraft getreten.

[74] Beschluss (EU) 2019/682 des Rates v. 9.4.2019, ABl. L 115/7.

[75] Übersicht zum derzeitigen Stand unter http://www.coe.int/de/web/conventions/full-list/-/conventions/treaty/108/signatures (zuletzt abgerufen am 8.5.2021).

[76] ErwG 7 Beschluss (EU) 2019/682 des Rates v. 9.4.2019.

1. Bedeutung

Die DS-Konvention ist das erste verbindliche völkerrechtliche Vertragsdokument zum Datenschutz und setzte den Maßstab für die darauf folgenden Rechtsakte auf der Ebene der Mitgliedstaaten und der damaligen EG.[77] Mit der Novellierung der DS-Konvention werden der Menschenwürdebezug, der Schutz der Grundrechte und das Selbstbestimmungsrecht des Einzelnen stärker in den Vordergrund gerückt. So verweist der neu eingefügte fünfte Erwägungsgrund in der Präambel der DS-Konvention auf den freien Informationsfluss einerseits sowie die Achtung der Privatsphäre auf den Schutz personenbezogener Daten als grundlegende Werte auf globaler Ebene andererseits. Die Präambel betont das Gebot der Abwägung der widerstreitenden Interessen und bezieht sich auf das Informationszugangsrecht und die Meinungsfreiheit in Art. 10 EMRK, welchem auch auf globaler Ebene Geltung verschafft werden soll.[78] Anders als das datenschutzrechtliche Sekundärrecht verfolgt die DS-Konvention nicht das Ziel, ein hohes Schutzniveau vorzugeben, sondern beschränkt sich auf ein Mindestniveau. Die Vertragsstaaten legten sich dabei auf das niedrigste denkbare Schutzniveau fest, auf dessen Grundlage eine Einigung möglich war (vgl. Art. 13 DS-Konvention). Trotz des niedrigen Schutzstandards kam der DS-Konvention eine „Wegbereiterfunktion“[79] für die europäischen Rechtsakte und die nationalen Datenschutzgesetze zu. Mit Blick auf die jüngste Änderung der DS-Konvention lässt sich eine wechselseitige Beeinflussung konstatieren, da nunmehr die DSGVO als Vorbild für zahlreiche Modifikationen der DS-Konvention diente.

2. Inhalt und Reichweite

Die DS-Konvention verleiht dem Einzelnen keine unmittelbar anwendbaren subjektiv-öffentlichen Rechte, sondern ist auf die Umsetzung durch ihre Vertragsstaaten angewiesen.[80] Diese sind zum Erlass entsprechender innerstaatlicher Rechtsvorschriften verpflichtet, um der DS-Konvention Wirksamkeit zu verleihen. Soweit auf die DS-Konvention nachfolgend eingegangen wird, erfolgt dies nur in Bezug auf jene Grundsätze, die zum Zeitpunkt der DSRL bereits galten und deshalb als Inspirationsquelle für den Europäischen Gesetzgeber betrachtet werden können. Mit der DS-Konvention sollte Defiziten im nationalen Recht der Vertragsstaaten und in der EMRK begegnet werden,[81] insbesondere der Beschränkung von Art. 8 EMRK auf staatliche

[77] Vgl. *R. Ellger*, Entwicklung des Datenschutzes, S. 13.

[78] Council of Europe, Explanatory Report 2018, Ziff. 11.

[79] *N. Bodenschatz*, Der europäische Datenschutzstandard, S. 50.

[80] *F. Henke*, Datenschutzkonvention S. 60 f.; *R. Ellger*, Grenzüberschreitender Datenverkehr, S. 463.

[81] Council of Europe, Explanatory Report 1981, Ziff. 4.

Eingriffe. Der Schutz vor Eingriffen durch Private sei auf Grund ihrer zunehmenden „information power“ geboten.[82]

Der Schutz automatisch verarbeiteter personenbezogener Daten sollte zudem ausdrücklich unabhängig davon gewährleistet sein, ob sich die Daten auf die Privatsphäre beziehen oder nicht.[83] So bezweckt die DS-Konvention n.F. ausweislich ihres Art. 1 den Schutz der Rechte und Grundfreiheiten bei der automatischen Verarbeitung personenbezogener Daten und dabei nur „insbesondere“ das Recht auf einen Persönlichkeitsbereich.[84]

Der Anwendungsbereich der DS-Konvention erfasst sowohl die öffentliche als auch die private Verarbeitung personenbezogener Daten. Dieser einheitliche Regelungsansatz diente bereits für die DSRL als Vorbild.[85] In sachlicher Hinsicht hat die DS-Konvention nachträglich einen weiteren Anwendungsbereich als das unionsrechtliche Sekundärrecht erhalten. Die DS-Konvention n.F. erfasst auch die Außen- und Sicherheitspolitik sowie die nationale Sicherheit. Die bisherige Möglichkeit der Vertragsstaaten in Art. 9 der DS-Konvention, Erklärungen und Ausnahmevorbehalte zu Gunsten der nationalen Sicherheit und Verteidigung von der DS-Konvention vorzunehmen, wurde mit der Änderung im Jahr 2011 gestrichen: Art. 29 DS-Konvention n.F. sieht keine Möglichkeit vertragsstaatlicher Vorbehalte mehr vor.[86] Mit dem jüngsten Änderungsprotokoll wurde sie stark an die DSGVO ange-

---

[82] Council of Europe, Explanatory Report 1981, Ziff. 4.

[83] S. auch die Präambel der DS-Konvention; *P. Hustinx*, EU-Datenschutzrecht, S. 5.

[84] In der verbindlichen englischen Fassung „to protect every individual […] with regard to the processing of their personal data, thereby contributing to respect for his or her human rights and fundamental freedoms, and in particular the right to privacy.“

[85] Entschließung des Europäischen Parlaments „zum Schutz der Rechte des einzelnen angesichts der fortschreitenden technischen Entwicklung auf dem Gebiet der Datenverarbeitung“, ABl. C 87/39 v. 3.4.1982, Ziff. 17. Insofern hat sich eine spezifische kontinentaleuropäische Tradition herausgebildet. Im Unterschied hierzu verfolgen bspw. die Vereinigten Staaten von Amerika einen zweigeteilten Ansatz, die Gesetzgebung fokussiert sich auf die staatliche Datenverarbeitung, hierzu eingehend *B. Buchner*, Informationelle Selbstbestimmung, S. 7 ff.; *O. Lynskey*, Foundations, S. 17 ff. Bisher scheiterten dort Vorhaben auf Bundesebene, die sich unter dem Oberbegriff „Consumer Privacy“ zusammenzufassen lassen und eine Ausdehnung des Schutzes auf private Datenverarbeiter vorsahen. Sowohl der unter der Präsidentschaft von *B. Obama* eingebrachte „Consumer Privacy Bill of Rights Act“ (2015), als auch die von den US-Demokraten vorgeschlagene „Internet Bill of Rights“ (2018) blieben erfolglos. Die Verarbeitung personenbezogener Daten durch Private bleibt in den USA im direkten Kontrast zur Europäischen Union weitgehend unreguliert.

[86] Mehrere Staaten, darunter auch EU-Mitgliedstaaten (Rumänien, Malta, Lettland und Irland) hatten die DS-Konvention für die Verarbeitung personenbezogener Daten u.a. zum Zwecke der nationalen Sicherheit innerstaatlich für unanwendbar erklärt, https://www.coe.int/en/web/conventions/full-list/-/conventions/treaty/108/declarations?p_auth=3HnXNn0F (zuletzt abgerufen am 8.5.2021).

passt. So enthält Art. 3 Abs. 2 DS-Konvention n.F. nunmehr eine Ausnahme für die Datenverarbeitung zu persönlichen und familiären Zwecken (vergleichbar mit Art. 2 Abs. 2 lit. c DSGVO). Für die Bestimmung der Reichweite dieser Ausnahme bezieht sich der Ministerrat ausdrücklich auf die EuGH-Rechtsprechung.[87] In materiell-rechtlicher Hinsicht enthält die DS-Konvention in Kapitel II Grundsätze für den Datenschutz, die in ihren Grundaussagen bis heute Geltung beanspruchen und später in der europäischen Rechtsetzung[88] und im Primärrecht Niederschlag gefunden haben. Beispielsweise ist der Katalog der Rechtfertigungsbestimmung in Art. 13 DSRL zu Gunsten der Mitgliedstaaten an Art. 9 DS-Konvention (Art. 11 DS-Konvention n.F.) angelehnt, der seinerseits an Art. 8 Abs. 2 EMRK erinnert.[89] In Erwägungsgrund 11 der späteren DSRL wird explizit darauf hingewiesen, dass die Richtlinie die Grundsätze der DS-Konvention des Europarats zu „konkretisieren und erweitern" beabsichtigt. Art. 14 Abs. 1 DS-Konvention n. F. (bisher Art. 12 Abs. 2 DS-Konvention) untersagt es den Vertragsparteien untereinander, allein zum Zwecke des Schutzes personenbezogener Daten[90] den grenzüberschreitenden Datenverkehr zu unterbinden. Der Schutz der Persönlichkeit tritt damit aber nicht prinzipiell zurück,[91] jedenfalls kommt in dieser Formulierung die allgemein bekannte Prämisse zum Ausdruck, dass der Schutz personenbezogener Daten kein Selbstzweck ist. Der Norm lässt sich auch eine grundsätzliche, aber dennoch im Einzelfall widerlegbare[92] Vermutung zu Gunsten gleichwertiger Datenschutzniveaus zwischen den Vertragsstaaten der DS-Konvention entnehmen. Ein ähnliches Postulat stellt die DSRL in ihrem Art. 1 Abs. 2 für die Mitgliedstaaten der Union auf.[93] Eine Umgehung des Schutzniveaus innerhalb der EU unter Verweis auf die DS-Konvention ist nicht möglich. Art. 14 Abs. 1 S. 3 DS-Konvention n.F. bestimmt, dass allein unter Verweis auf den Schutz personenbezogener Daten der Datentransfer dann verwehrt werden kann, wenn ein

---

[87] Council of Europe, Explanatory Report 2018, Ziff. 28.

[88] Eingehend *N. Bodenschatz*, Der europäische Datenschutzstandard, S. 52 f.

[89] *B. Siemen*, Datenschutz, S. 278 m.w.N.; *U. Dammann*, in: ders./Simitis, EG-Datenschutzrichtlinie, Art. 13 Rn. 1.

[90] In der englischen Originalfassung „for the sole purpose of the protection of personal data".

[91] So die Kritik bei *R. Riegel*, DÖV 1991, 311 (316 Fn. 19): „einer der größten Schwachpunkte der Konvention" und „Pervertierung des Datenschutzgedankens"; lediglich einen politischen Appell, die Informations- und Kommunikationstechnologie zu fördern, entnimmt der Vorschrift *M. Wächter*, Falsifikation und Fortschritt, S. 180.

[92] Beispiele im Council of Europe, Explanatory Report 2018, Ziff. 106.

[93] „Die Mitgliedstaaten beschränken oder untersagen nicht den freien Verkehr personenbezogener Daten zwischen den Mitgliedstaaten aus Gründen des gemäß 1 gewährleisteten Schutzes [der Grundrechte, insbesondere der Privatsphäre natürlicher Personen bei der Verarbeitung personenbezogener Daten, Anm. der Verfasserin]."

Staat an die harmonisierten Datenschutzvorschriften einer regionalen internationalen Organisation gebunden ist, die allgemein ein höheres Schutzniveau vorgeben.

III. Globaler Ansatz: OECD-Leitlinien

Die Richtlinien über Datenschutz und grenzüberschreitende Ströme personenbezogener Daten (OECD-Leitlinien) wurden parallel zur DS-Konvention erarbeitet und von der Organisation für wirtschaftliche Zusammenarbeit und Entwicklung (OECD) 1980 verabschiedet.[94] Dabei handelt es sich um völkerrechtlich unverbindliche Empfehlungen und Handlungsanweisungen, die als Soft Law für die Mitgliedstaaten der OECD von Relevanz sind. Die Leitlinien stellen einen internationalen Minimalkonsens in Bezug auf dic Erhebung und Verarbeitung personenbezogener Daten dar und sind deshalb flexibel und entwicklungsoffen formuliert. Sie umfassen den öffentlichen und privaten Sektor gleichermaßen (Art. 2 OECD-Leitlinien). Die dort enthaltenen Grundprinzipien in Bezug auf Datensparsamkeit, Datenqualität, Zweckbindung oder Nutzungsbegrenzung für die innerstaatliche Datenverarbeitung finden sich im europäischen Datenschutzrecht wieder. Dennoch wird den OECD-Leitlinien neben der DS-Konvention keine besondere eigenständige Bedeutung für die europäische Datenschutzgesetzgebung beigemessen.[95] Sie dienen vorrangig der Sicherstellung des internationalen freien Datenverkehrs „ohne Unterbrechungen" (Art. 16 OECD-Leitlinien) und weniger dem Schutz individueller Freiheit. Bemerkenswert ist insofern Art. 18 der OECD-Leitlinien, der die Mitgliedstaaten in Bezug auf den Schutz der Privatsphäre auffordert, „Gesetze, Maßnahmen und Vorgehensweisen [zu] vermeiden, die über den erforderlichen Schutz von Personendaten hinausgehende Hemmnisse für den grenzüberschreitenden Verkehr personenbezogener Daten darstellen". Grundrechtsschutz gilt bei der internationalen Datenverarbeitung noch eher als Handelshemmnis und hat im Zweifel zurückzustehen.

---

[94] Die Kurzfassung ist abrufbar unter http://www.oecd.org/sti/ieconomy/15589558.pdf (zuletzt abgerufen am 8.5.2021); vertiefend *N. Bodenschatz*, Der europäische Datenschutzstandard, S. 55–58.

[95] *R. Ellger*, Entwicklung des Datenschutzes, S. 29; *ders.*, Grenzüberschreitender Datenverkehr, S. 513 ff.

C. Relevanz der völkerrechtlichen Fundierung

Die dargestellten völkerrechtlichen Rechtsquellen haben auf das Europäische Datenschutzrecht nachhaltig eingewirkt. Sie sind als Rechtserkenntnisquellen für den EuGH von Bedeutung (I.), dienten aber auch als Inspirationsquelle für den Unionsgesetzgeber bei Erlass der DSRL (II.) und für den Grundrechtskonvent bei der Schaffung von Art. 8 GRCh (III.).

I. Bedeutung in der Rechtsprechung des EuGH

1. Die EMRK als Rechtserkenntnisquelle

Zur Ermittlung von Grundrechten auf Gemeinschafts- bzw. Unionsebene zieht der EuGH neben den gemeinsamen Verfassungstraditionen der Mitgliedstaaten auch die völkerrechtlichen Verträge über den Schutz der Menschenrechte, denen die Mitgliedstaaten beigetreten sind, als Rechtserkenntnisquellen heran.[96] Dabei kommt der EMRK „eine besondere Bedeutung“[97] zu. Zum Zeitpunkt des Erlasses der DSRL war das Grundrecht auf Schutz personenbezogener Daten in den Verfassungsüberlieferungen der Mitgliedstaaten überwiegend bereits verankert[98] und vom EuGH im Wege richterlicher Rechtsvergleichung auf EU-Ebene als allgemeiner Rechtsgrundsatz anerkannt.[99] Dabei orientierte sich der EuGH an der Rechtsprechung des EGMR zur EMRK.[100] Der EGMR hatte bereits in den 1970er Jahren aus Art. 8 EMRK der Schutz des Privatlebens vor staatlichen Informationseingriffen anerkannt und eine grundrechtliche Gewährleistung zum Schutz vor staatlicher Überwachung entwickelt.[101] Da das Recht auf Achtung des Privatlebens auch in den gemeinsamen Verfassungstraditionen der Mitgliedstaaten verwurzelt war, handelt es sich um ein auch von der Gemeinschaftsrechtsordnung geschütztes Grundrecht.[102] Die EGMR-Entscheidungen sind

---

[96] St. Rspr., EuGH, Rs. C-36/02, Slg. 2004, I-9609, Rn. 33 – Omega; Rs. C-11/70, Slg. 1970, 1125, Rn. 4 – Internationale Handelsgesellschaft.

[97] EuGH, Rs. C-260/89, Slg. 1991, I-2925, Rn. 41 – ERT.

[98] Rechtsvergleichend zum Grundrecht auf Schutz personenbezogener Daten in den Verfassungsordnungen der Mitgliedstaaten *C. O. Dressel*, Harmonisierung, S. 170 ff.; *R. Ellger*, Grenzüberschreitender Datenverkehr, S. 155 ff.

[99] Zur Rechtsfortbildung durch den EuGH s. *C. O. Dressel*, Harmonisierung, S. 207 ff.; *B. Siemen*, Datenschutz, S. 213 ff.

[100] EuGH, Rs. 44/79, Slg. 1979, 3727, Rn. 17 ff. – Hauer; erstmals bezog sich der EuGH auf die EMRK in Rs. 4/73, Slg. 1974, 491, Rn. 13 – Nold.

[101] EGMR, 5029/71, EGMR-E 1, 320 – Klaas u.a./Deutschland; zur EGMR-Rspr. *R. J. Schweizer*, DuD 2009, 462.

[102] EuGH, Rs. C-62/90, Slg. 1992, I-2575, Rn. 23 – Kommission/Deutschland; Rs. C-404/92 P, Slg. 1994, I-4737, 4789, Rn. 17 – X/Kommission.

keine unmittelbar bindenden Präjudize für den EuGH, entfalten aber eine „interpretative Leitfunktion".[103] Sie sind im Sinne eines kohärenten Grundrechtsschutzes (Art. 52 Abs. 3 GRCh) als Mindeststandard[104] zu berücksichtigen, ohne dass der EuGH zur Übernahme der dogmatischen Strukturen verpflichtet wäre. Soweit die EMRK zur autonomen Bestimmung der Unionsgrundrechte herangezogen wird, ist sie mehr als nur eine Rechts*erkenntnis*quelle, zugleich aber weniger als eine verbindliche Rechtsquelle.[105] Bis zur Rechtsverbindlichkeit der GRCh bildete das in Art. 8 EMRK gewährleistete Recht auf Achtung des Privatlebens in der vom EGMR weiterentwickelten Ausprägung als Schutz personenbezogener Daten in manchen Fällen vielmehr sogar den unmittelbaren grundrechtlichen Prüfungsmaßstab.[106] Es liegt nahe, dass dies vorgreiflich mit Blick auf den zu diesem Zeitpunkt bereits geschlossenen, aber mangels ausreichender Ratifikationen noch nicht in Kraft getretenen Vertrag über eine Verfassung für Europa (EVV) erfolgte.[107] Dieser sah in Art. II-68 EVV die Inkorporation von Art. 8 GRCh und in Art. II-112 Abs. 3 EVV die heute in Art. 52 Abs. 3 GRCh verankerte Konformauslegung mit Rechten vor, die den in der EMRK garantierten Rechten entsprechen. Die Bedeutung der EMRK als Rechtserkenntnisquelle ergibt sich seit dem Vertrag von Lissabon aus Art. 6 Abs. 3 EUV. Danach sind die Grundrechte, wie sie in der EMRK gewährleistet sind, „als allgemeine Grundsätze Teil des Unionsrechts" zu beachten. Art. 6 Abs. 2 S. 1 EUV statuiert darüber hinaus die Pflicht der EU zum Beitritt zur EMRK.[108] Gemäß dem seit dem Vertrag von Lissabon für das Verhältnis von EMRK und GRCh maßgeblichem Art. 52 Abs. 3 GRCh haben aber die in der GRCh

---

[103] *M. Wendel*, Präjudizienrecht, S. 132, der sie als „*ordnungsexterne* Präjudizien" qualifiziert (Hervorhebung im Original).

[104] *N. Marsch*, Das europäische Datenschutzgrundrecht, S. 42.

[105] Allgemein zur Rechtsnatur der EMRK als Rechtserkenntnisquelle *D. Engel*, Beitritt der Europäischen Union zur EMRK, S. 23; die Differenzierung zwischen Rechtsquelle und Rechtserkenntnisquelle in Bezug auf die Quellen des Unionsrechts ablehnend, die Berücksichtigung der EMRK und nationaler Verfassungsüberlieferungen vielmehr als „methodische Pflicht" begreifend: *M. Wendel*, Permeabilität, S. 541 f. und S. 543.

[106] Erstmals in EuGH, Rs. C-465/00, C-138/01 und C-139/01, Slg. 2003, I-04989, Rn. 51, 68 – ORF; GA *Léger*, Schlussanträge, Rs. C-317/04 und C-318/04, Slg. 2006, I-4721, Rn. 210 ff. – Fluggastdaten; GA *Kokott*, Schlussanträge, Rs. C-275/06, Slg. 2008, I-271, Rn. 51 ff. – Promusicae, dort auch bereits unter Verweis auf die noch unverbindliche GRCh; *B. Siemen*, Datenschutz, S. 51 ff.; *M. Ruffert*, EuGRZ 2004, 466 (470); dies wird tlw. als schlichte Inkorporation der Entscheidungsmaßstäbe des EGMR verstanden, so bspw. *N. Marsch*, Das europäische Datenschutzgrundrecht, S. 42.

[107] Vertrag über eine Verfassung von Europa v. 29.10.2004, ABl. C 310/1 v. 16.12.2004.

[108] S. auch Protokoll (Nr. 8) zu Artikel 6 Absatz 2 des Vertrags über die Europäische Union über den Beitritt der Union zur Europäischen Konvention zum Schutz der Menschenrechte und Grundfreiheiten, ABl. C 326/273 v. 26.10.2012.

verbürgten Rechte „die gleiche Bedeutung und Tragweite, wie sie ihnen in der genannten Konvention verliehen wird". Das bedeutet, dass die korrespondierenden Rechte der EMRK einen nicht zu unterschreitenden Mindestschutzstandard bilden, wobei die Eigenständigkeit des Unionsrechts und des EuGH gewahrt werden müssen.[109] Gemäß Art. 53 GRCh darf zudem keine Bestimmung der GRCh als eine Einschränkung oder Verletzung der Menschenrechte und Grundfreiheiten ausgelegt werden, „die in dem jeweiligen Anwendungsbereich durch das Recht der Union und das Völkerrecht sowie durch die internationalen Übereinkünfte, bei welchen die Union oder alle Mitgliedstaaten Vertragsparteien sind, darunter insbesondere die Europäische Konvention zum Schutz der Menschenrechte und Grundfreiheiten, sowie durch die Verfassungen der Mitgliedstaaten anerkannt werden." Dieser Schutzniveauklausel wohnt nicht nur eine den Status quo absichernde Dimension, sondern in positiver Hinsicht auch ein Optimierungsgebot[110] inne, das darauf abzielt, das völkerrechtliche Schutzniveau nicht zu unterschreiten sondern vielmehr fortzuschreiben.

2. *Die Datenschutzkonvention als Rechtserkenntnisquelle*

Die als „pionierhaft"[111] bezeichnete DS-Konvention des Europarats erweiterte den in den Verfassungen der Mitgliedstaaten seit jeher anerkannten Schutz des Privatlebens um den Schutz personenbezogener Daten und fand über die gemeinsamen Verfassungsüberlieferungen der Mitgliedstaaten auch in die Gemeinschaftsrechtsordnung Eingang. Nachdem die meisten Mitgliedstaaten die DS-Konvention ratifiziert hatten, der EMRK beigetreten waren und den Schutz personenbezogener Daten (direkt oder indirekt) in ihren Verfassungen gewährleisteten,[112] ging das Schrifttum schon vor Erlass der DSRL Anfang der 1990er davon aus, dass der Schutz personenbezogener Daten aus den gemeinsamen Verfassungstraditionen der Mitgliedstaaten zu einem ungeschriebenen Gemeinschaftsgrundrecht erstarkt sei.[113] Auch im Ministerrat erachteten die Vertreter der Mitgliedstaaten 1995 in ihrem Ge-

---

[109] EuGH, Rs. C-511/18, C-512/18 und C-520/18, EU:C:2020:791, Rn. 123 – La Quadrature; Rs. C-516/17, EU:C:2019:625, Rn. 57 – Spiegel Online; Rs. C-469/17, EU:C:2019:623, Rn. 73 – Funke Medien NRW zu Art. 11 GRCh und Art. 10 Abs. 1 EMRK (Recht auf freie Meinungsäußerung); zur EMRK als Richtschnur für den EuGH auch BVerfGE 152, 152 (303 Rn. 57); *S. Schmid*, Auslegung, S. 162.

[110] *T. von Danwitz*, EnzEuR II, § 6 Rn. 69.

[111] GA *Sharpston*, Schlussanträge, Rs. C-28/08 P, EU:C:2009:624, Rn. 100 – Bavarian Lager.

[112] Zu den Verfassungstraditionen s. *A. Viethen*, Datenschutz als Aufgabe, S. 17 f.; *R. Ellger*, Grenzüberschreitender Datenverkehr, S. 552.

[113] *R. Ellger*, Grenzüberschreitender Datenverkehr, S. 552; *M. Mähring*, EuR 1991, 369.

meinsamen Standpunkt das Recht auf Privatsphäre als ein in den allgemeinen Grundsätzen des Gemeinschaftsrechts anerkanntes Grundrecht.[114]

II. Konsolidierende Funktion der DSRL

Das Grundrecht auf Schutz personenbezogener Daten war auf Grund der dargestellten völkerrechtlichen Fundierung in seinen Grundsätzen in der EG bereits vor Kodifizierung in der DSRL zu einem allgemeinen Rechtsgrundsatz erstarkt. Der EuGH legte erstmals in der Rechtssache *Stauder* aus dem Jahr 1969 eine Kommissionsentscheidung über Abgabe verbilligter Butter auf dem Gemeinsamen Markt im Einklang mit den Grundrechten aus.[115] Dabei bezog er sich zwar noch nicht ausdrücklich auf den Schutz personenbezogener Daten oder der Privatsphäre, allerdings ging es um diese Grundrechte: Dem betroffenen Sozialhilfeempfänger, der anspruchsberechtigt für den Erhalt von Butter zu einem niedrigeren Preis war, ging es darum, auf den ausgestellten Gutscheinen nicht namentlich bezeichnet zu werden. Auch wenn der EuGH es nicht ausspricht, erkannte er in der Sache ein gemeinschaftsweites Recht auf Datenschutz in Gestalt eines allgemeinen Rechtsgrundsatzes an, das die Mitgliedstaaten dazu verpflichtet, weniger eingreifende Methoden der Individualisierung zu wählen. Die Entscheidung wird allgemein als Grundstein der europäischen Grundrechtsjudikatur bezeichnet, wenngleich sie noch höchst vage blieb und etwa den Schutzbereich des betroffenen Grundrechts offen ließ.[116] In späteren Entscheidungen konkretisierte der EuGH das Grundrecht auf Schutz personenbezogener Daten.[117]

Die DSRL hat primär grundrechtskonsolidierenden Charakter. Sie verschafft den bisherigen punktuellen Entscheidungen des EuGH zum Schutz der Persönlichkeit sowie personenbezogener Daten einen „Unterbau" und entwickelt das noch eng als Grundrecht auf Privatsphärenschutz konzipierte Datenschutzrecht unter dem Aspekt der automatischen Datenverarbeitung weiter.[118] Art. 7 DSRL über die Zulässigkeit der Verarbeitung personenbezogener Daten kodifizierte teilweise allgemeine Rechtsgrundsätze im Bereich des Datenschutzrechts, die unabhängig von ihrer sekundärrechtlichen Gewährleistung im Gemeinschaftsrecht Geltung beanspruchten.[119] Das Datenschutzgrundrecht wird auf EU-Ebene nicht erst „*durch* eine Richtlinie"[120]

---

[114] Gemeinsamer Standpunkt (EG) Nr. 1/95 vom Rat, ABl. C 93/1 v. 13.4.1995.

[115] EuGH, Rs. 29/69, Slg. 1969, 419 – Stauder/Stadt Ulm.

[116] Vgl. nur *A. von Bogdandy*, Der Staat 39 (2000), 163 (176): „nebulöses Urteil".

[117] EuGH, Rs. C-404/92, Slg. 1994, I-4737 – X/Kommission; Rs. C-369/98, Slg. 2000, I-6751 (Fisher); *C. O. Dressel*, Harmonisierung, S. 207 ff.

[118] GA *Colomer*, Schlussanträge, Rs. C-553/07, Slg. 2009, I-3889, Rn. 20–21 – Rijkeboer, dort auch zu den progressiven Komponenten der DSRL.

[119] *B. Siemen*, Datenschutz, S. 254.

[120] So aber *B. Siemen*, Datenschutz, S. 272.

vermittelt oder gewährleistet, sondern war bereits unabhängig von der sekundärrechtlichen Ausformung als ungeschriebener Rechtsgrundsatz von primärrechtlichem Rang. Die DSRL lässt sich deshalb nicht insgesamt als konstitutive Ausgestaltung des Grundrechtsschutzes begreifen,[121] sondern erweist sich in vielen Teilen als lediglich deklaratorisch.

So wandte der EuGH in der Entscheidung *Fisher*[122] die Grundsätze der DSRL auf einen Sachverhalt aus dem Jahr 1996 und damit vor Ablauf der Umsetzungsfrist an. Die DSRL war innerstaatlich auch nicht ausnahmsweise im Verhältnis zum Staat unmittelbar anwendbar.[123] Ihre Anwendung begründete der EuGH damit, dass sie auf Gemeinschaftsebene lediglich „allgemeine Grundsätze […], die in den Rechten der Mitgliedstaaten bereits anerkannt waren“[124] formuliere. Im zugrundeliegenden Fall ging es um den Erhalt von Ausgleichszahlungen für die Stilllegung von Ackerflächen nach einer EWG-Verordnung.[125] Der Kläger beantragte beim zuständigen britischen Ministerium die Informationen über die für Stilllegungsausgleichszahlungen in Betracht kommenden Gebiete und die Felddatenausdrucke der Vorjahre, um die landwirtschaftlichen Betriebsflächen zu identifizieren, für deren Stilllegung Zahlungen beantragt werden könnten. Das Ministerium verweigerte unter Verweis auf das britische Datenschutzgesetz die Weitergabe der erforderlichen Daten. Der Antrag, der auf Gewährung von Ausgleichszahlungen für die Flächenstilllegung gerichtet war, wurde daraufhin abgelehnt. Zugleich weigerte sich das Ministerium, dem Kläger über die frühere Bewirtschaftung Auskunft zu erteilen, da dies das Recht des Vorpächters auf Vertraulichkeit verletzen würde. Die Behörde sanktionierte die Antragssteller stattdessen für die Stilllegung von nichtbeihilfefähiger Landwirtschaftsfläche. Dagegen wandte sich der Kläger und machte geltend, dass bei ordnungsgemäßer Informationsgewährung durch die Behörde über die frühere Nutzung keine Stilllegung der nicht beihilfenfähigen Flächen erfolgt wäre. Der *High Court of Justice* legte dem EuGH daraufhin die Frage vor, ob die nach der einschlägigen EWG-Verordnung über das integrierte Kontroll-

[121] Allgemein zum Grundrechtsschutz durch die DSRL *B. Siemen*, EuR 2004, 306; gegen eine ex post „Vergrundrechtlichung einzelner Regelungen des Sekundärrechts“ auch *N. Marsch*, Das europäische Datenschutzgrundrecht, S. 60.

[122] EuGH, Rs. C-369/98, Slg. 2000, I-6751 – Fisher.

[123] Die Umsetzungsfrist endete erst am 24.10.1998 (s. Art. 32 Abs. 1 S. 1 DSRL).

[124] EuGH, Rs. C-369/98, Slg. 2000, I-6751 (6788) – Fisher, unter Verweis auf ErwG 10 und 11 der DSRL. In einer früheren Entscheidung hatte der Gerichtshof eine EU-Verordnung, die keine Vorschrift zur zeitlichen Geltung enthielt, dann für anwendbar vor ihrem Inkrafttreten erklärt, wenn sich diese vorzeitige Wirkung aus dem Wortlaut, der Zielsetzung oder dem Aufbau eindeutig ergibt und unter Beachtung der Grundsätze der Rechtssicherheit und des Vertrauensschutzes auch bejaht werden konnte, s. EuGH, verb. Rs. 212–217/80, Slg. 1981, 2735 (2750) – Salumi.

[125] VO (EWG) Nr. 1765/92, ABl. L 181/12 v. 1.7.1992.

system für gemeinschaftliche Beihilferegelungen in einer Datenbank zu speichernden Daten über die Bewirtschaftung für die Zwecke der Beihilfenbeantragung an den neuen Betriebsinhaber weitergegeben werden durften. Der EuGH verwies für die Beurteilung der Rechtmäßigkeit der Datenweitergabe auf die notwendige Abwägung der schutzwürdigen Interessen des Antragstellers und des Betroffenen.[126] Die Rechtmäßigkeit der begehrten Datenweitergabe beurteilte er nach dem noch nicht rechtsverbindlichen Art. 7 lit. f DSRL. Danach ist die Weitergabe erlaubt, wenn sie zur Verwirklichung des berechtigten Interesses desjenigen erforderlich ist, dem die personenbezogenen Daten übermittelt werden sollen. Dies erfordert eine Abwägung der entgegenstehenden grundrechtlich geschützten Interessen. Das Interesse des Klägers, die Daten zur Erfüllung seiner Verpflichtungen bei der Beantragung von Stilllegungsbeihilfen zu erhalten, erachtete der EuGH als wesentlich und berechtigt, während auf Seiten des Vorpächters kein berechtigtes Interesse an der Verhinderung der Weitergabe bestehe.[127] Die endgültige Abwägung der betroffenen Interessen sei jedoch Sache des nationalen Gerichts.[128] Obwohl der Eingriff in das Datenschutzgrundrecht des Vorpächters als Betroffener unmittelbar durch eine EWG-Verordnung bedingt war, hielt sich der EuGH bei der grundrechtlichen Abwägung der entgegenstehenden Interessen zurück.

Die DSRL erweist sich vor diesem Hintergrund zum Teil als deklaratorisch grundrechtskonkretisierend, wenn ihre Grundsätze unabhängig von ihrer Verbindlichkeit bereits aus dem Primärrecht abgeleitet werden können.

III. Kodifizierende Funktion von Art. 8 GRCh

Forderungen, das Grundrecht auf Datenschutz im europäischen Primärrecht zu verankern, gehen schon auf die Zeit vor Erlass der DSRL zurück.[129] Erfolgt ist die Kodifzierung des Grundrechts auf Schutz personenbezogener Daten erst nachträglich mit der Rechtsverbindlichkeit der GRCh durch den Vertrag von Lissabon 2009 (Art. 6 Abs. 1 EUV).[130] Das eigenständige Grundrecht auf Schutz personenbezogener Daten in Art. 8 GRCh hat keine Entsprechung in der EMRK. So wird auch in den Erläuterungen zu Art. 52 Abs. 3 GRCh das Grundrecht auf Datenschutz nicht aufgeführt. Der EuGH

---

[126] EuGH, Rs. C-369/98, Slg. 2000, I-6751 (6788) – Fisher.

[127] EuGH, Rs. C-369/98, Slg. 2000, I-6751 (6789) – Fisher.

[128] EuGH, Rs. C-369/98, Slg. 2000, I-6751 (6789) – Fisher.

[129] Zu Vorschlägen des Rechtsausschusses des Europäischen Parlaments, das Grundrecht primärrechtlich zu verankern vgl. *M. Bergmann*, Grenzüberschreitender Datenschutz, S. 165 m.w.N.

[130] Vgl. auch *S. Schiedermair*, Schutz des Privaten, S. 348: die Charta machte das bereits anerkannte Grundrecht nur „sichtbar".

geht jedoch davon aus, dass das Datenschutzgrundrecht „in engem Zusammenhang" mit Art. 7 GRCh über die Achtung des Privatlebens stehe.[131] Er verweist im Zusammenhang mit Art. 7 und 8 GRCh, die er gemeinsam prüft, auf Art. 52 Abs. 3 GRCh, wonach Chartagrundrechte, welche den durch die EMRK garantierten Rechten entsprechen, die gleiche Bedeutung und Tragweite wie diese haben. Entsprechend nimmt der Gerichtshof die Schutzbereichsbestimmung im Einklang mit der EGMR-Rechtsprechung zu Art. 8 EMRK vor. Art. 7 und 8 GRCh erstrecken sich danach auf jede Information über eine bestimmte oder bestimmbare natürliche Person. Auch für die Einschränkbarkeit verweist der EuGH auf die Schranken in Art. 8 EMRK.[132]

Art. 8 GRCh speist sich aus den dargestellten völkerrechtlichen Quellen und dem seinerseits durch das Völkerrecht beeinflussten Datenschutzsekundärrecht sowie der hierzu ergangenen EuGH-Rechtsprechung. Für die Bestimmung des Schutzumfangs bezog sich das Präsidium des Konvents in seinen Erläuterungen zu Art. 8 GRCh auf den damaligen Art. 286 EGV a.F., die auf dessen Grundlage ergangene Verordnung (EG) Nr. 45/2001, die DSRL, das Recht auf Achtung des Privat- und Familienlebens in Art. 8 EMRK sowie auf die DS-Konvention des Europarats.[133] Dadurch hat sich eine spezifisch europäische datenschutzrechtliche Tradition herausgebildet, wie die einheitliche Regelung des öffentlichen und privaten Bereichs, der datenschutzrechtliche Zweckbindungsgrundsatz sowie die Verarbeitung nach Treu und Glauben in Art. 8 Abs. 2 GRCh. Diese waren bereits als Grundprinzipien in den OECD-Leitlinien (Art. 2 der Leitlinien), in der DS-Konvention des Europarats (Art. 5 DS-Konvention) und in der DSRL (Art. 6 Abs. 1 lit. a und b DSRL) anerkannt. Art. 8 GRCh soll gemäß den Erläuterungen des Konventspräsidiums nach Maßgabe des bestehenden Datenschutzsekundärrechts, insbesondere der DSRL, gewährleistet werden. Verwiesen wird deshalb auf die in der DSRL und der VO (EG) Nr. 45/2001 enthaltenen „Bedingungen und Beschränkungen für die Wahrnehmung des Rechts auf den Schutz personenbezogener Daten".[134] Diese Erläuterungen haben zu unterschiedlichen Auffassungen über das Verhältnis zwischen dem primärrechtlichen Grundrecht und dem Datenschutzsekundärrecht geführt, die bis hin zur Annahme eines Anwendungsvorrangs des Sekundärrechts vor

---

[131] EuGH, verb. Rs. C-92/09 und C-93/09, Slg. 2010, I-11063, Rn. 47 – Schecke.

[132] EuGH, verb. Rs. C-92/09 und C-93/09, Slg. 2010, I-11063, Rn. 52 – Schecke.

[133] Erläuterungen zur Charta der Grundrechte, ABl. C 303/17 v. 14.12.2007 (Erläuterung zu Artikel 8); zur Maßgeblichkeit dieser Quellen *G. Britz*, EuGRZ 2009, 1 (6); die konsolidierende Funktion entsprach auch dem Auftrag des Europäischen Rats, *N. Bernsdorff*, in: Meyer/Hölscheidt, GRCh, Art. 8 GRCh Rn. 2.

[134] Erläuterungen zur Charta der Grundrechte, ABl. C 303/17 v. 14.12.2007 (Erläuterung zu Artikel 8); *N. Bernsdorff*, in: Meyer/Hölscheidt, GRCh, Art. 8 GRCh Rn. 15 m.w.N.

dem Grundrecht reichen.[135] Doch können die Konventserläuterungen als Teil der historischen Auslegung nur grundrechtsinterpretierend herangezogen werden (vgl. Art. 52 Abs. 7 GRCh), nicht aber die zukünftige Auslegung des eigenständigen Datenschutzgrundrechts endgültig determinieren.[136] Das Verhältnis zwischen den datenschutzrechtlichen Rechtsquellen ist sogleich unter D. eigenständig zu bestimmen. Angesichts der dargestellten Einflüsse, insbesondere der Rechtsprechung des EuGH und des EGMR zu Art. 8 EMRK, kommt Art. 8 GRCh nur der Form nach ein „innovativer Charakter" zu.[137]

D. Das Verhältnis zwischen dem Datenschutzsekundärrecht und dem Datenschutzgrundrecht

Die völkerrechtlichen Rechtsquellen haben das europäische Datenschutzrecht maßgeblich geformt. Es bedarf einer näheren Bestimmung des Verhältnisses zwischen dem Datenschutzgrundrecht und dem Datenschutzsekundärrecht, also vor allem der DSRL sowie der sie ersetzenden DSGVO (I.). Der EuGH legt diese Rechtsakte im Lichte des Richtlinien- bzw. Verordnungsziels aus (II.). Das sekundärrechtlich definierte Ziel ist der Schutz der Privatsphäre und der Schutz personenbezogener Daten. Maßgeblich für die Bestimmung des Rangverhältnisses ist indes die Differenzierung zwischen konstitutiv und nur deklaratorisch konkretisierenden Inhalten des Sekundärrechts (III.). Eine ungeachtet dieser Differenzierung erfolgende Auslegung des Datenschutzsekundärrechts im Sinne der hierarchisch umgekehrten Konformauslegung, wie sie der EuGH vornimmt, dehnt den sekundärrechtlichen Anwendungsbereich übermäßig aus (IV.). Dies wirft Fragen in Bezug auf die Vereinbarkeit mit den primärrechtlichen Kompetenzgrenzen auf (V.).

---

[135] So jedenfalls für das die „Strukturprinzipien" aus Art. 8 Abs. 2 S. 1 GRCh ausgestaltende Sekundärrecht *N. Marsch*, Das europäische Datenschutzgrundrecht, S. 144. Ähnlich zur RL 2000/78/EG, die im Verhältnis zum konkretisierten Grundrecht Art. 21 Abs. 1 GRCh als lex specialis Anwendungsvorrang entfalten soll *C.-H. Chen*, Spezielle Diskriminierungsverbote, S. 60.

[136] *N. Marsch*, Das europäische Datenschutzgrundrecht, S. 58; zur Frage der Verbindlichkeit der Konventserläuterungen s. *C. Ladenburger*, in: Stern/Sachs, GRCh, Art. 52 GRCh Rn. 21 ff.; *K. Lenaerts*, EuR 2012, 3 (16).

[137] *S. Schiedermair*, Schutz des Privaten, S. 341, dort auch detailliert zur Entstehungsgeschichte; *N. Bernsdorff*, in: Meyer/Hölscheidt, GRCh, Art. 8 GRCh Rn. 12: zwar „innovativ" aber „nicht wirklich neuartig".

I. Standortbestimmung

Die Verhältnisbestimmung zwischen der DSRL bzw. der DSGVO und dem Grundrecht auf Schutz personenbezogener Daten ist bei grundrechtskonkretisierendem Sekundärrecht insofern relevant, als sich darauf die Folgefrage stützt, ob schon die Anwendbarkeit des Sekundärrechts die Bindung der Mitgliedstaaten an die Unionsgrundrechte auslöst.[138] Zum Verhältnis zwischen dem Datenschutzsekundärrecht und dem Datenschutzgrundrecht lassen sich im Schrifttum vereinfacht[139] drei Grundpostitionen ausmachen, die sich innerhalb des Spektrums von strikter Hierarchie (und folglich vertikaler Determinierung) bis hin zur Wechselbezüglichkeit (und folglich Direktivwirkung in beide Richtungen) bewegen. Zum Teil wird eine Identität zwischen dem Sekundärrecht und dem konkretisierten Grundrecht angenommen.[140] Die Anwendbarkeit des Datenschutzgrundrechts (Art. 51 Abs. 1 GRCh i.V.m. Art. 7 i.V.m. 8 GRCh) bestimme sich nach dem Anwendungsbereich des Datenschutzsekundärrechts.[141] Die insbesondere von *Hans D. Jarass* vertretene Gegenansicht wendet sich gegen eine Gleichsetzung von Sekundär- und Primärrecht. Das Sekundärrecht sei vielmehr nur insoweit auslegungsrelevant, als es das Grundrecht konkretisiere.[142] Die dritte Position nimmt eine vom Sekundärrecht losgelöste, autonome Bestimmung des Grundrechts vor. Art. 8 GRCh sei die einzige Rechtsquelle für ein Datenschutzgrundrecht,[143] das Sekundärrecht sei allenfalls „grundrechtliche Interpretationshilfe"[144] und „Inspirationsquelle"[145] für die normhierarchisch korrekte Auslegung im Lichte des Grundrechts. Insbesondere *Nikolaus Marsch* wendet sich gegen eine „Vergrundrechtlichung" des Sekundärrechts und sieht in Art. 8 GRCh vielmehr „ein Recht auf eine grundrechtsadäquate Datenschutzgesetzgebung", das im geltenden Datenschutzsekundärrecht *eine* – in-

---

[138] Zu dieser näher unten, 4. Kapitel (S. 183 ff.).

[139] S. zum Meinungsbild *N. Bernsdorff*, in: Meyer/Hölscheidt, GRCh, Art. 8 GRCh Rn. 16.

[140] *H. Johlen*, in: Stern/Sachs, GRCh, Art. 8 GRCh Rn. 9; *T. Kingreen*, in: Calliess/Ruffert, EUV/AEUV/GRCh, Art. 8 GRCh Rn. 6; *S. Schiedermair*, Schutz des Privaten, S. 350; mit Blick auf die normhierarchisch problematische „Ebenenverflechtung" ablehnend *N. Marsch*, Das europäische Datenschutzgrundrecht, S. 130. Zur Identität von Richtlinie und Grundrecht im Antidiskriminierungsrecht *U. Haltern*, Eine Lanze für Mangold, S. 44.

[141] *B. Siemen*, Datenschutz, S. 272 f.

[142] *H. D. Jarass*, GRCh, Einl. Rn. 54 und Art. 8 GRCh Rn. 4a; gegen eine Gleichsetzung angesichts der Normenhierarchie auch *G. Britz*, Das Grundrecht auf Datenschutz, S. 65.

[143] *H. A. Wolff*, in: Pechstein/Nowak/Häde, EUV/GRC/AEUV, Art. 8 GRC Rn. 4.

[144] *J.-P. Schneider*, in: Wolff/Brink, BeckOK DSR, Völker- und unionsrechtliche Grundlagen, Rn. 12.1.

[145] *N. Marsch*, Das europäische Datenschutzgrundrecht, S. 60.

des nicht zwingend grundrechtlich gebotene – Ausgestaltung gefunden habe.[146] Das Sekundärrecht sei deshalb nicht mit dem grundrechtlichen Schutzgehalt identisch, sondern stelle eine einfachgesetzliche Ausfüllung innerhalb des grundrechtlichen Ausgestaltungsspielraums dar.

Entgegenzutreten ist mit Blick auf die Normenhierarchie der Ansicht, die dem Datenschutzsekundärrecht unmittelbare Grundrechtsqualität verleiht. Zwar stehen der EuGH und der Unionsrechtsetzer in einer Wechselbeziehung. Allerdings wird die legislative Ausgestaltung im Sekundärrecht dadurch nicht maßstabsetzend, sondern allenfalls auslegungsleitend.[147] Sekundärrecht entwickelt das primärrechtliche Grundrecht nicht weiter oder begründet es gar genuin. Die Gleichsetzung von sekundärrechtlicher Konkretisierung mit dem Schutzgehalt eines Grundrechts hätte die Konstitutionalisierung eines Sekundärrechtsakts zur Folge und würde der Legislative die Disposition über zukünftige Änderungen der konkreten Ausgestaltung entziehen.[148] Allerdings kann das geltende Datenschutzsekundärrecht auch nicht durchweg nur als eine Ausgestaltungsoption betrachtet werden. Vielmehr ist angesichts des konsolidierenden Charakters der DSRL davon auszugehen, dass das Sekundärrecht das in Art. 8 GRCh nachträglich kodifizierte Grundrecht teilweise nur deklaratorisch konkretisiert. Soweit das Datenschutzgrundrecht ausgestaltungsbedürftig, mithin normgeprägt ist, wirkt das Datenschutzsekundärrecht konstitutiv grundrechtsverbürgend. So ist das Sekundärrecht – maßgeblich die ehemalige DSRL, die nun geltende DSGVO und die JIRL – im Einklang mit dem höherrangigen Grundrecht auf Schutz personenbezogener Daten auszulegen. Auch wenn es urprünglich als Inspirationsquelle für das nachträglich verankerte Grundrecht herangezogen wurde, muss sich das Datenschutzsekundärrecht am primärrechtlichen Maßstab im Einzelfall messen lassen.

II. Die Auslegungsmethodik des EuGH

In der Rechtsprechung des EuGH blieb das Verhältnis zwischen dem Grundrecht und der DSRL[149] unklar. Ohne die Wechselwirkung besonders zu pro-

[146] *N. Marsch*, Das europäische Datenschutzgrundrecht S. 60 und 130 f. Das Abwehrrecht folge aus dem Kombinationsgrundrecht Art. 7 i.V.m. Art. 8 GRCh.

[147] Vgl. zu Art. 19 AEUV *F. Kainer*, NZA 2018, 894 (896), das gleichheitsrechtliche Sekundärrecht könne Grundrechte allenfalls „in deren Auslegungsgrenzen konkretisieren".

[148] Dies in der Konsequenz anerkennend: *N. Bernsdorff*, in: Meyer/Hölscheidt, GRCh, Art. 8 GRCh Rn. 37: Die Kernelemente der DSRL seien danach dem europäischen Gesetzgeber entzogen und nur noch auf primärrechtlicher Ebene abänderbar. Nach hier vertretener Ansicht ist dies jedoch vielmehr eine Frage deklaratorischer oder konstitutiver Verbürgungen.

[149] Trotz Aufhebung der DSRL durch die DSGVO wird in diesem Kontext weitestge-

blematisieren, bestimmt der EuGH den Schutz personenbezogener Daten auf Grundlage des Sekundärrechts, argumentiert also eher „einfachrechtlich" als grundrechtlich.[150] Das grundrechtskonkretisierende Sekundärrecht wird dadurch nicht nur als Instrument zur Harmonisierung des freien Datenaustausches betrachtet, sondern als Mittel für die Entfaltung unionsrechtlich vermittelten Grundrechtsschutzes selbst.[151] Zu fordern ist indes eine verstärkt historische Auslegung (1.). Die einseitige systematisch-teleologische Auslegung wird der zum Teil lediglich deklaratorisch konkretisierenden Funktion von grundrechtskonkretisierendem Sekundärrecht oftmals nicht gerecht (2.). Die vom EuGH praktizierte hierarchisch umgekehrte Konformauslegung stellt zwar einen Unterfall der systematisch-teleologischen Auslegung dar, bewirkt aber eine Konstitutionalisierung der Richtliniengehalte und erweist sich als kompetenzausweitend (3.).

1. Erfordernis historischer Auslegung

In der Rechtsprechungsmethodik des EuGH fristet die historische Auslegung eher ein Schattendasein.[152] Bei der historischen Auslegung des Primärrechts müssten beispielsweise die *travaux préparatoires* zu den Verträgen, die Dokumentationen des Grundrechtekonvents, die Erläuterungen zur Grundrechtecharta oder die Arbeiten der Regierungskonferenzen herangezogen werden. Sekundärrecht kann zudem unter Einbeziehung der Diskussionen und Änderungsvorschläge in den Institutionen, insbesondere im Rat und im Parlament, historisch ausgelegt werden. Die unverbindlichen Erwägungsgründe eines Sekundärrechtsakts, die der EuGH schon bisher stets auslegungsleitend heranzieht, spiegeln die Rechtsetzungshistorie nur unzureichend wider. Dass die historische Auslegung bisher nur sehr selten herangezogen wird, mag auf die unterschiedlichen Rechtsprechungstraditionen innerhalb der EU zurückzuführen sein.[153] In jüngerer Zeit wird aber auch auf europäischer Ebene eine stärkere Bemühung dieser Auslegungsmethode

---

hend auf die Richtlinie Bezug genommen, da die für das Grundrecht prägende Rechtsprechung des EuGH unter ihrer Geltung ergangen ist.

[150] *H.-W. Rengeling/P. Szczekalla*, Grundrechte in der Europäischen Union, § 16 Rn. 679.

[151] Eingehend zur Funktion und Wirkweise grundrechtskonkretisierenden Sekundärrechts unten, 4. Kapitel A. (S, 183 ff.); s. ferner EuGH, Rs. C-275/06, Slg. 2008, I-271, Rn. 68 ff. – Promusicae; *B. Siemen*, Datenschutz, S. 279.

[152] *C. Buck*, Auslegungsmethoden, S. 141.

[153] Während in Deutschland die historische Auslegung unter Rückgriff auf die Gesetzesmaterialien schon sehr lange praktiziert wird, war eine solche in England bis in das 20. Jahrhundert eher ungewöhnlich. Auch in Frankreich besteht keine lange Tradition der historischen Auslegung. Vgl. zu den Unterschieden in den Mitgliedstaaten *S. A. E. Martens*, Methodenlehre, S. 390 ff. m.w.N.

konstatiert, was durchaus auf die erhöhte Transparenz und Zugänglichmachung historischer Dokumente zurückzuführen ist.[154] Durch die stärkere Einbeziehung der historischen Auslegung würde die Kompromisshaftigkeit des Rechts in der EU stärker sichtbar.

2. *Primat der systematisch-teleologischen Auslegung*

Die allein an den Zielen der Verträge ausgerichtete systematisch-teleologische Auslegung hingegen droht eine integrationistische Eigendynamik zu entwickeln, die sich über bewusstes „gesetzgeberisches Schweigen"[155], über föderal bedingte Nuancierungen und Spielräume in einem Raum, in dem die politische Entscheidungsverantwortung auf mehreren Ebenen verteilt ist, hinwegsetzt. Bei der systematischen Auslegung wird der Regelungsgehalt einer Norm im Kontext des Regelungszusammenhangs ermittelt. Die teleologische Auslegung bezieht den Sinn und Zweck einer Norm mit ein. Im Unionsrecht fusionieren diese beiden Auslegungsmethoden regelmäßig, weil sämtliches Recht im Lichte der Vertragsziele auszulegen ist. Bei der Entwicklung zentraler Unionstopoi, wie dem Anwendungsvorrang des Gemeinschaftsrechts,[156] war neben der Wortlautauslegung insbesondere die systematisch-teleologische Auslegung der Verträge tragend. Auch die unmittelbare Drittwirkung von Unionsgrundrechten wurde funktional begründet. So bejahte der EuGH im Fall *Egenberger* die Geltung von Art. 21 GRCh zwischen Privaten mit dem Hinweis, dass damit der grundrechtskonkretisierenden Richtlinie innerstaatlich effektiv Wirksamkeit verliehen werde.[157] Nach der systematisch-teleologischen Auslegung ist das Recht im Geist der Verträge und im Sinne der praktischen Wirksamkeit des Unionsrechts („effet utile") auszulegen.[158] Zudem verlangt die teleologische Auslegung im Sinne der effektiven Wirksamkeit des Unionsrechts die restriktive Auslegung von Bestimmungen, die den Mitgliedstaaten Ausnahmen und Abweichungen vom Richtlinien- bzw. Verordnungsinhalt ermöglichen.[159] Der Auslegung im

---

[154] *M. Wendel*, Präjudizienrecht, S. 130.

[155] Dies kann als Ausdruck von Kompetenzgrenzen bei geteilten Kompetenzen und damit als Ausnahme vom Unionsrecht verstanden werden, vgl. die Nachweise bei *O. Mörsdorf*, Ungleichbehandlung als Norm, S. 114, der die Auffassung nicht teilt.

[156] EuGH, Rs. 6/64, Slg. 1964, 1141 (1269) – Costa/E.N.E.L. unter Bezugnahme auf den „Geist des Vertrages".

[157] EuGH, Rs. C-414/16, EU:C:2018:257, Rn. 70 ff. – Egenberger.

[158] *S. Schiedermair*, Schutz des Privaten, S. 358 f.

[159] Vgl. nur EuGH, Rs. C-399/93, Slg. 1995, I-4515, Rn. 23 – Oude Luttikhuis u.a.; Rs. C-492/08, Slg. 2010, I-5471, Rn. 35 – Kommission/Frankreich; Rs. C-581/08, Slg. 2010, I-8607, Rn. 16 ff. – Emi Group; Rs. C-441/09, Slg. 2011, I-72, Rn. 44 – Kommission/Österreich; Rs. C-44/11, EU:C:2012:484, Rn. 42 – Deutsche Bank (Steuerbefreiungen); dies gilt auch für primärrechtliche Bereichsausnahmen von den Grundfreiheiten; *S. A. E. Martens*, Methodenlehre, S. 321, 434.

Lichte der Vertragsziele wohnt eine tendenziell zu Lasten mitgliedstaatlicher Interessen gehende, integrative Dynamik inne, da die Ziele der EU unbestimmt und final ausgerichtet sind.[160] Nach ständiger EuGH-Rechtsprechung sind die Bestimmungen einer Richtlinie „mit Blick auf ihre Ziele und das mit ihr eingeführte System“[161] auszulegen. Diese Form der systematischen Auslegung ist unproblematisch, wenn der Rechtsakt ein ganz konkretes, eingrenzbares Ziel verfolgt.[162] Anders jedoch bei grundrechtskonkretisierendem Sekundärrecht, das den Schutz eines Grundrechts zum Ziel hat. Die systematisch-teleologische Auslegung schlägt dann regelmäßig in eine hierarchisch umgekehrte Konformauslegung um.

3. Die hierarchisch umgekehrte Konformauslegung

Die hierarchisch umgekehrte Konformauslegung stellt einen Sonderfall der systematischen Auslegung dar. Allgemein gilt, dass im Sinne der Widerspruchsfreiheit der Rechtsordnung von verschiedenen Auslegungsmöglichkeiten diejenige zu wählen ist, die im Einklang mit höherrangigem Recht steht.[163] Dieser Auslegungsgrundsatz wird umgekehrt, wenn Sekundärrecht als maßstabsetzend für das Primärrecht herangezogen bzw. die höherrangige Norm im Lichte der niedrigrangigeren ausgelegt wird.[164] Die sekundärrechtliche Ausgestaltung kann hinweisgebend für den Inhalt und die Reichweite einer Primärrechtsbestimmung sein, insbesondere wenn ihre Konkretisierung zeitlich früher erfolgt ist. So legt der EuGH die Grundfreiheiten unter Heranziehung ihrer sekundärrechtlichen Ausgestaltung aus, wenn sie zu-

[160] Krit. BVerfGE 89, 155 (210), das den „effet utile“ als „Vertragsauslegung im Sinne einer größtmöglichen Ausschöpfung der Gemeinschaftsbefugnisse“ bezeichnet. Zur Schwierigkeit der systematischen Auslegung angesichts der Weite der allgemeinen Integrationsziele, der „finalité des Integrationsprozesses“ und der politischen Kompromisshaftigkeit des Rechts *T. von Danwitz*, EuR 2008, 769 (781).

[161] EuGH, Rs. C-73/07, Slg. 2008, I-9831, Rn. 51 – Satamedia; Rs. C-265/07, 2008 I-7085, Rn. 14 – Caffaro; Rs. C-465/04, EU:C:2006:199, Rn. 17 – Honyvem.

[162] S. bspw. EuGH, Rs. C-361/18, EU:C:2019:473, Rn. 43 – Weil (zur Frage der Auslegung des Begriffs „ehelicher Güterstand“); Rs. C-270/17 PPU, EU:C:2017:628, Rn. 50 – Tupikas (Ausnahme von der Vollstreckung des Europäischen Haftbefehls); *S. A. E. Martens*, Methodenlehre, S. 433.

[163] EuGH, Rs. 218/82, Slg. 1983, I-4063 (4075), Rn. 15 – Kommission/Rat. Zur primärrechtskonformen Auslegung auch *M. Nettesheim*, EuR 2006, 737 (746); *S. Leible/R. Domröse*, Primärrechtskonforme Auslegung, § 9 Rn. 1.

[164] *M. Nettesheim*, EuR 2006, 737 (755): In Anlehnung an die von *Konrad Hesse* so bezeichnete „gesetzeskonforme Auslegung“ des Verfassungsrechts, *ders.*, Grundzüge des Verfassungsrechts, § 2 Rn. 85: diese bestätige die „enge Wechselbezogenheit von Verfassung und Gesetz“ und damit insgesamt die Widerspruchsfreiheit der Rechtsordnung. *F. Müller/R. Christensen*, Juristische Methodenlehre Bd. II, S. 328 und S. 444 Rn. 549; *S. Leible/R. Domröse*, Primärrechtskonforme Auslegung, § 9 Rn. 66.

nächst nur sekundärrechtlich verbürgt wurden.[165] Das Sekundärrecht kann außerdem für die historische Auslegung entscheidend sein. Die Methode kann aber auch zur Bestätigung eines bereits anderweitig erzielten Auslegungsergebnisses herangezogen werden.[166] Die hierarchisch umgekehrte Konformauslegung ist vergleichbar mit der Auslegung des Verfassungsrechts im Lichte des einfachen Gesetzes auf nationaler Ebene.[167] Bei der Heranziehung dieser Auslegungsmethode gilt es jedoch ganz grundsätzlich den Vorrang des EU-Verfassungsrechts und den *Lex superior*-Grundsatz für das Verhältnis zwischen Sekundär- und Primärrecht zu beachten.[168]

Die systematische Auslegung von grundrechtsschützendem Sekundärrecht stellt immer dann zugleich eine hierarchisch umgekehrte Konformauslegung dar, wenn der Sekundärrechtsakt den Schutz eines Grundrechts als Ziel bestimmt. So lautete Art. 1 DSRL über den Gegenstand der Richtinie wie folgt:

(1) Die Mitgliedstaaten gewährleisten nach den Bestimmungen dieser Richtlinie den Schutz der Grundrechte und Grundfreiheiten und insbesondere den Schutz der Privatsphäre natürlicher Personen bei der Verarbeitung personenbezogener Daten.

(2) Die Mitgliedstaaten beschränken oder untersagen nicht den freien Verkehr personenbezogener Daten zwischen Mitgliedstaaten aus Gründen des gemäß Absatz 1 gewährleisteten Schutzes.

Anders ist nunmehr Art. 1 DSGVO („Gegenstand und Ziel“) formuliert:

(1) Diese Verordnung enthält Vorschriften zum Schutz natürlicher Personen bei der Verarbeitung personenbezogener Daten und zum freien Verkehr solcher Daten.

(2) Diese Verordnung schützt die Grundrechte und Grundfreiheiten natürlicher Personen und insbesondere deren Recht auf Schutz personenbezogener Daten.

(3) Der freie Verkehr personenbezogener Daten in der Union darf aus Gründen des Schutzes natürlicher Personen bei der Verarbeitung personenbezogener Daten weder eingeschränkt noch verboten werden.

---

[165] Zur Kapitalverkehrsfreiheit: EuGH, verb. Rs. 286/82 u. 26/83, Slg. 1984, 377, Rn. 20 – Luisi und Carbone; Rs. C-222/97, Slg. 1999, I-1661, Rn. 21 – Trummer; Rs. C-112/05, Slg. 2007, I-8995, Rn. 18 – VW-Gesetz: Die Kapitalverkehrs-RL habe nur einen „Hinweischarakter“ für die Bestimmung des Anwendungsbereichs der Kapitalverkehrsfreiheit.

[166] S. die Beispiele bei *M. Nettesheim*, EuR 2006, 737 (754 f.).

[167] *F. Müller/R. Christensen*, Juristische Methodenlehre Bd. II, S. 140 Rn. 163; *W. Heun*, VVDStRL 61 (2002), 80 (98); *H. D. Jarass*, DÖV 2019, 457.

[168] *S. A. E. Martens*, Methodenlehre, S. 424; *F. Müller/R. Christensen*, Juristische Methodenlehre Bd. II, S. 141 Rn. 164; der Geltungsvorrang von Primär- vor dem Sekundärrecht ist zwar nicht ausdrücklich in den Verträgen verankert, folgt jedoch implizit u.a. aus dem Prüfungsmaßstab des EuGH bei der Nichtigkeitsklage nach Art. 263 AEUV. Zur Maßstabsfunktion der Unionsgrundrechte für das „normale“ Primärrecht *M. Nettesheim*, EuR 2006, 737 (745); ausdrücklich auf den „Grundsatz der Normenhierarchie“ im EU-Recht Bezug nehmend EuGH, Rs. C-335/09 P, EU:C:2012:385, Rn. 127 – Polen/Kommission (in Bezug auf Tertiärrecht); EuG, Urt. v. 28.3.2001, Rs. T-144/99, Rn. 50.

Das grundrechtskonkretisierende Sekundärrecht nimmt in seiner Zielbestimmung auf jene Grundrechte Bezug, die es ausgestaltet. Im Umkehrschluss kann dies zu der Annahme verleiten, dass dort nicht genannte Grundrechte bei der Auslegung des Sekundärrechtsakts keiner oder nur schwächerer Berücksichtigung bedürften. In Art. 1 DSGVO wird im Unterschied zur DSRL auf das Schutzgut „Privatsphäre" nicht mehr Bezug genommen. Datenschutzrecht verfolgt indes nicht den isolierten Schutz personenbezogener Daten, es dient vielmehr dem Schutz vor dem freiheitsgefährdenden Umgang mit der durch die Daten transportierten Information, insbesondere dem Schutz der Privatsphäre.[169] Die isolierte Bezugnahme auf den Schutz personenbezogener Daten in Art. 1 Abs. 2 DSGVO ist nicht als Schmälerung des Grundrechtsschutzes, sondern vielmehr als Ausdruck der zu Grunde liegenden Unionskompetenz zu sehen. Beansprucht wird damit nicht weniger als die vollständige Harmonisierung eines Grundrechts auf Unionsebene, das sekundärrechtlich ausgeformte Grundrecht tritt nach dem Willen des Unionsrechtsetzers an die Stelle nationaler Datenschutzgrundrechte.

Wie die historische Analyse zeigt, wurde das Datenschutzrecht zunächst auf sekundärrechtlicher Ebene kodifiziert. Da es sich aus den Verfassungstraditionen der Mitgliedstaaten speiste, wies Art. 1 Abs. 1 DSRL noch deklaratorisch darauf hin, dass „die Mitgliedstaaten" den Schutz der Privatsphäre und personenbezogener Daten natürlicher Personen gewährleisten. Nun beansprucht Art. 1 Abs. 2 DSGVO selbst und unmittelbar den Schutz der Grundrechte natürlicher Personen „und insbesondere deren Recht auf Schutz personenbezogener Daten". Das Sekundärrecht kompensierte über viele Jahre die fehlende ausdrückliche Gewährleistung des prä-existenten Datenschutzgrundrechts auf Primärrechtsebene. Mit der Verankerung des Grundrechts in der GRCh ist diese Kompensationsfunktion jedoch obsolet geworden. Soweit das Grundrecht aus Art. 8 GRCh gemäß Art. 51 Abs. 1 S. 1 GRCh die Mitgliedstaaten bindet, ist es unabhängig einer sekundärrechtlichen Konkretisierung auf staatliche Maßnahmen, die der Durchführung von Unionsrecht dienen, anwendbar. Das datenschutzrechtliche Sekundärrecht dient nun nicht mehr als „Grundrechtsersatz" oder der Sichtbarmachung eines ungeschriebenen gemeineuropäischen Grundrechts. Vielmehr wird der Unionsrechtsetzer mit dem grundrechtskonkretisierendem Sekundärrecht seinem Gestaltungsauftrag gerecht, soweit Grundrechte noch nicht aus sich heraus Rechte verleihen. Im Verhältnis Privater untereinander nimmt der Unionsrechtsetzer seine grundrechtliche Schutzpflicht wahr. Das Grundrecht auf Schutz personenbezogener Daten ist nicht nur gegenüber den Or-

[169] Krit. zur Zielbestimmung *J. Schneider/N. Härting*, ZD 2012, 199 (200). Die dort genannten Grundfreiheiten im Sinne von grundrechtlichen Freiheitsrechten interpretierend *H. Heberlein*, DVBl. 2020, 1225.

ganen, Einrichtungen und sonstigen Stellen der EU sowie den Mitgliedstaaten (Art. 51 Abs. 1 S. 1 GRCh), sondern auch im Verhältnis Privater untereinander im Wege der Drittwirkung anwendbar.[170]

Bei der hierarchisch umgekehrten Konformauslegung wird im Sinne des größtmöglichen, effektiven Grundrechtsschutzes der Anwendungsbereich des Sekundärrechts möglichst weit definiert. Dadurch mutiert das Grundrecht gegenüber den Mitgliedstaaten zum kompetenzausweitenden allgemeinen Beschränkungsverbot ähnlich einer Grundfreiheit. Jede Einschränkung dieses sekundärrechtlich konkretisierten Grundrechts unterfällt danach dem Anwendungsbereich des Unionsrechts. Diese Methode kehrt die Normenhierarchie um, da nicht mehr das Primärrecht maßstabsetzend ist, sondern Sekundärrecht anwendungserweiternd wirkt.[171] Bereits bei der Darstellung der völkerrechtlichen und mitgliedstaatlichen Einflüsse wurde festgestellt,[172] dass das grundrechtskonkretisierende Sekundärrecht Grundrechte nicht begründet, sondern diese allenfalls konkretisiert oder ausgestaltet. Auch grundrechtskonkretisierendes Sekundärrecht ist im Lichte des primären Grundrechts[173] auszulegen. Grundrechte allein nach Maßgabe des Sekundärrechts zu gewährleisten, widerspräche der normhierarchischen Logik.[174] Die Ausweitung des unionsrechtlichen Grundrechtsschutzes nach Maßgabe des Sekundärrechts führte zur Umkehrung, wenn nicht gar Missachtung der Normenhierarchie.[175] Es widerspricht dem Verständnis von Grundrechten als „leges superiores“, als gesetzesdeterminierend,[176] wenn sie

---

[170] *S. Schiedermair*, Schutz des Privaten, S. 354.

[171] Vgl. *J. Anweiler*, Auslegungsmethoden des EuGH, S. 417, in Bezug auf EuGH, Rs. 242/87, Slg. 1989, 1425 – Erasmus: „Zuerst wird vom Rat Sekundärrecht […] erlassen, das über Primärrecht hinausgeht, und dann wird das Primärrecht vom EuGH unter Berufung auf dieses Sekundärrecht weit ausgelegt, um noch weitergehendes Sekundärrecht kompetenzmäßig zu rechtfertigen. […], hierdurch [wird] die Normenhierarchie des Gemeinschaftsrechts auf den Kopf gestellt“.

[172] S. in diesem Kapitel unter C. II. und III.

[173] Vgl. Art. 6 Abs. 1 EUV, wonach die GRCh den Verträgen „rechtlich gleichrangig“ und Art. 6 Abs. 3 EUV, wonach die Grundrechte der EMRK und der gemeinsamen Verfassungsüberlieferungen der Mitgliedstaaten „als allgemeine Grundsätze Teil des Unionsrechts“ sind.

[174] S. auch *H. D. Jarass*, GRCh, Einl. Rn. 54; allgemein *S. A. E. Martens*, Methodenlehre, S. 435, ohne jedoch zur hier problematisierten Kategorie Stellung zu nehmen.

[175] Ähnl. zum Antidiskriminierungsrecht *O. Mörsdorf*, Ungleichbehandlung als Norm, S. 113 „faktische Aufweichung der Normhierarchie“; krit. zur „Verschmelzung von Grundrecht und Richtlinie“ im Recht der Altersdiskriminierung *A. Sagan*, EuZW 2017, 734 (735).

[176] Deutlich BVerfGE 28, 243 (260 f.): „Nicht das System von Normen, Instituten und Institutionen im Range unter der Verfassung bildet den Maßstab für die Auslegung verfassungsrechtlicher Bestimmungen; vielmehr liefern die letzteren umgekehrt die Grundlagen und den Rahmen, an den die übrigen Rechtsäußerungen und -erscheinungen sich

nach Maßgabe des Sekundärrechts Anwendung finden. Auch verfassungskonkretisierendes Gesetzesrecht teilt nicht die herausgehobene Rechtsnatur des Verfassungsrechts.[177] Sekundärrecht kann auch nicht die primärrechtliche Kompetenzordnung modifizieren.[178] Dies widerspräche der Normenhierarchie und dem Vorrang des Primärrechts.

III. Konstitutiv und deklaratorisch konkretisierende Inhalte im Datenschutzrecht

Bei der Bestimmung des Verhältnisses zwischen dem primärrechtlichen Grundrecht und der sekundärrechtlichen Ausgestaltung ist zu differenzieren, ob deklaratorische oder für die Grundrechtsgewährleistung konstitutive Bestimmungen betroffen sind.

Art. 8 GRCh enthält sowohl eine Abwehr- als auch eine Schutzdimension im Sinne einer objektiv-institutionellen Ausgestaltungsdimension.[179] Ihm wird zudem für die Verarbeitung personenbezogener Daten durch öffentliche und private Stellen ein objektiv-rechtlicher Ausgestaltungsauftrag entnommen, der in erster Linie den Rechtsetzer adressiert.[180] Nachfolgend wird erläutert, inwiefern das Datenschutzsekundärrecht Art. 8 GRCh konstitutiv

---

anzupassen haben." Im Unterschied hierzu kamen im deutschen Konstitutionalismus die Grundrechte „über einen akzessorischen Status gegenüber dem Privatrecht" nicht hinaus, *W. Heun*, VVDStRL 61 (2002), 80 (97 ff., 99); erst unter der WRV wurden die Grundrechte im Wege der mittelbaren Drittwirkung als Wertungsmaßstab für die Auslegung von Generalklauseln im Privatrecht herangezogen, a.a.O., S. 100 unter Verweis auf RGZ 128, 92 (95): „Würde die Bestimmung [des Deutschen Bühnenvereins gegenüber seinen Mitgliedern] in eines der in der Reichsverfassung gewährleisteten Grundrechte der Kläger eingreifen, so wäre wohl damit […] gegen die guten Sitten verstoßen. Denn die maßgebende sittliche Anschauung aller Recht und Sitte achtenden Volksgenossen verlangt, daß diese Grundrechte im menschlichen Verkehr geachtet werden."

[177] *M. Jestaedt*, Grundrechtsentfaltung, S. 17.

[178] Vgl. *F. Kainer*, NZA 2018, 894 (895 f.).

[179] Zu den drei Schutzdimensionen des Datenschutzrechts grundlegend *N. Marsch*, Das europäische Datenschutzgrundrecht, S. 208 ff., der dem Grundrecht eine freiheitsakzessorische, eine instrumentelle und eine objektiv-institutionelle Schutzdimension entnimmt. Die Abwehrdimension folge ausschließlich aus der Kombination mit anderen Grundrechten, beispielsweise Art. 7 i.V.m. Art. 8 GRCh, wenn privatsphärenbezogene Daten betroffen sind, a.a.O., S. 157, 203 ff. Art. 8 GRCh flankiere alle Freiheitsrechte. Die Art der Datenverarbeitung sowie die betroffenen Daten seien maßgeblich für die Bestimmung der Intensität des Eingriffs und die Abwägung im Einzelfall, a.a.O., S. 204 f.; ähnl. zum Recht auf informationelle Selbstbestimmung *H. P. Bull*, Informationelle Selbstbestimmung, S. 58 f. „Annex" zu allen Freiheitsrechten. Dagegen Art. 8 GRCh als „vollständig eigenständig" qualifizierend *J. P. Albrecht/N. Janson*, CR 2016, 500 (502).

[180] Zum Recht auf informationelle Selbstbestimmung *M. Bäcker*, Der Staat 51 (2012), 91 (98 f.).

(1.) und nur deklaratorisch konkretisiert (2.). Deklaratorische Inhalte verweisen auf das Primärrecht, konstitutiv konkretisierende Elemente ergehen im Rahmen des legislativen Ausgestaltungsermessens.

1. Konstitutiv grundrechtskonkretisierende Elemente

Schon aus dem speziellen Gesetzesvorbehalt in Art. 8 Abs. 2 S. 1 GRCh folgt das Erfordernis einer Ermächtigungsgrundlage für die Verarbeitung personenbezogener Daten durch öffentliche Stellen. Folglich sind im öffentlichen Bereich die einzelnen Erlaubnistatbestände explizit zu regeln, wohingegen im privaten Bereich gerade nicht jede Verarbeitung personenbezogener Daten punktuell geregelt werden kann. Das Datenschutzsekundärrecht zielt auf die Minimierung staatlicher Verarbeitung personenbezogener Daten, indem es eine abschließende[181] Aufzählung an Erlaubnistatbeständen statuiert.

Art. 8 Abs. 2 S. 1 GRCh bestimmt, dass personenbezogene Daten nur nach Treu und Glauben für festgelegte Zwecke und mit Einwilligung der betroffenen Person oder auf einer sonstigen gesetzlich geregelten legitimen Grundlage verarbeitet werden dürfen. Gemäß Art. 8 Abs. 2 S. 2 GRCh hat jede Person das Recht auf Auskunft über die sie betreffenden erhobenen Daten sowie auf Berichtigung der Daten. Der Anspruch hat seine sekundärrechtliche Ausgestaltung beispielsweise in Art. 15 DSGVO gefunden.

Hingegen ist das Widerspruchsrecht (Art. 14 DSRL, Art. 21 DSGVO) nicht zwingend durch die GRCh vorgegeben, stellt mithin ein überschießend konkretisierendes Element im Sekundärrecht dar.[182] Das Grundrecht statuiert im öffentlichen Bereich entweder ein generelles Verarbeitungsverbot mit Erlaubnisvorbehalt, so wie es in Art. 6 Abs. 1 DSGVO zum Ausdruck kommt.[183] Oder aber es erlaubt die Verarbeitung personenbezogener Daten grundsätzlich und ermöglicht den Widerspruch der betroffenen Person im Einzelfall. So stellte das französische Datenschutzrecht historisch ein grundsätzliches Recht auf Widerspruch gegen die Verarbeitung personenbezogener Daten auf, sofern der Verarbeitung berechtigte Interessen des Betroffenen entgegenstanden. Es enthielt im Unterschied zur deutschen Konzeption kein grundsätzliches Verbot mit Erlaubnisvorbehalt.[184] Lediglich für sensible Da-

---

[181] Zur DSRL: EuGH, verb. Rs. C-468/10, C-469/10, Slg. 2011, I-12181 – ASNEF.

[182] Vgl. *N. Bernsdorff*, in: Meyer/Hölscheidt, GRCh, Art. 8 GRCh Rn. 16; anders aber EuGH, Rs. C-131/12, EU:C:2014:317, Rn. 69 – Google Spain.

[183] Das grundsätzliche Verbot mit Erlaubnisvorbehalt im Datenschutzrecht ist in der Literatur umstritten. Einen Überblick über die Kritik sowie alternative Schutzkonzepte bietet *M. Lachenmann*, Datenübermittlung, S. 18 ff. Krit. gegenüber dem vorherrschenden abwehrrechtlichen Verständnis *N. Marsch*, Das europäische Datenschutzgrundrecht, S. 129.

[184] Art. 26 Französisches Datenschutzgesetz (1978): „Toute personne physique a le droit de s'opposer, pour des raisons légitimes, à ce que des informations normatives la concern-

ten galt im französischen Recht ein präventives Verarbeitungsverbot.[185] Dass das europäische Sekundärrecht diese unterschiedlichen Rechtstraditionen vereint, lässt nicht zwingend auf den Gehalt eines europäischen Datenschutzgrundrechts schließen. Art. 8 GRCh ist vielmehr im Sinne eines grundsätzlichen Verarbeitungsverbots konzipiert, wenn er für jede Verarbeitung personenbezogener Daten entweder die Einwilligung oder das Vorliegen einer sonstigen legitimen Grundlage verlangt. Im öffentlichen Bereich ist die Verarbeitung personenbezogener Daten schon grundrechtlich bedingt eine rechtfertigungsbedürftige Ausnahme (vgl. Art. 6 Abs. 1 UAbs. 1 DSGVO). Die Verarbeitung durch öffentliche Stellen ist nach Art. 6 Abs. 1 UAbs. 1 DSGVO nur rechtmäßig, wenn sie zur Erfüllung einer rechtlichen Verpflichtung (lit. c), zum Schutz lebenswichtiger Interessen (lit. d), für die Wahrnehmung einer Aufgabe im öffentlichen Interesse oder in Ausübung öffentlicher Gewalt (lit. e) erforderlich ist. Hierdurch wird die abwehrrechtliche Dimension des Art. 8 Abs. 1 und 2 GRCh konkretisiert und die Datenverarbeitung im öffentlichen Bereich beschränkt.

Die Rechte auf Berichtigung, Löschung oder Sperrung von Daten, wenn die Verarbeitung nicht mehr den Grundsätzen der Datenverarbeitung entspricht oder die Verarbeitungsgrundlage entfallen ist, folgen im Grundsatz aus dem Auskunftsrecht, das erst durch diese Rechte für den Betroffenen effektiv wird. Das Recht auf Auskunft ist die logische Voraussetzung für die subsequente Geltendmachung der Löschungs-, Berichtigungs- oder Sperrungsrechte. Nur wenn die betroffene Person weiß, wie und ob ihre personenbezogenen Daten verarbeitet werden, kann sie in einem zweiten Schritt auch ihre Rechte wahrnehmen. Die Pflichten der Verarbeiter und die Rechte des Betroffenen – die Pflicht zur begrenzten Aufbewahrung und das spiegelbildliche Recht auf Löschen und auf Auskunft – entspringen beide dem Grundrecht auf Schutz personenbezogener Daten. Es sind „zwei Seelen" des einen Grundrechts, wobei keinem Aspekt prinzipiell der Vorrang einzuräumen ist.[186] Sowohl das nun in Art. 15 DSGVO verankerte Auskunftsrecht als auch das neu eingeführte Berichtigungsrecht in Art. 18 DSGVO sind als konstitutive Ausgestaltung des Art. 8 Abs. 2 S. 2 GRCh zu erachten. Der EuGH legt das Auskunftsrecht in der DSRL indessen im Lichte der in Art. 1 DSRL[187] genannten Grundrechte und Grundfreiheiten, insbesondere der „Privatsphäre natürlicher Personen bei der Verarbeitung personenbezogener Daten"[188] aus.

---

ant fassent l'objet d'un traitement." („Jede natürliche Person hat das Recht, aus berechtigten Gründen der Verarbeitung sie betreffender Informationen zu widersprechen." [Übersetzung der Verfasserin]).

[185] Vgl. Art. 30 Französisches Datenschutzgesetz (1978).

[186] GA *Colomer*, Schlussanträge, Rs. C-553/07, EU:C:2008:773, Rn. 25 – Rijkeboer.

[187] Nun Art. 1 Abs. 2 DSGVO.

[188] Zu Art. 12 DSRL: EuGH, Rs. C-553/07, EU:C:2009:293, Rn. 46 – Rijkeboer, die

Die konkrete Ausgestaltung des Löschungsrechts in Art. 17 DSGVO als „Recht auf Vergessenwerden" ist nicht in Gänze durch Art. 8 Abs. 2 GRCh vorgegeben. So ist die in Art. 17 Abs. 2 DSGVO vorgesehene Pflicht des Adressaten der Löschpflicht, auch andere Verarbeiter darüber zu informieren, dass sie die Links zu personenbezogenen Daten oder Kopien auf Antrag eines Betroffenen löschen müssen, eine Entscheidung im Rahmen des Ausgestaltungsermessens des Unionsrechtsetzers. Diese, als „digitaler Radiergummi" rechtspolitisch beworbene und stark umstrittene Ausweitung der Löschungspflicht, dient der Erstreckung des Anspruchs auf Intermediäre und geht insofern über die Google Spain-Entscheidung des EuGH hinaus, als auch verlinkte Webseitenbetreiber (Originalquelle) zur Löschung verpflichtet werden.[189]

2. Deklaratorisch grundrechtskonkretisierende Elemente

Soweit das Datenschutzsekundärrecht den grundrechtlichen Gewährleistungsgehalt wiederholt, stellt es nur eine deklaratorische Konkretisierung des Grundrechts dar. Dieser steht nicht zur Disposition des Sekundärrechtsetzers. Hierzu zählen vorrangig einzelne Verarbeitungsgrundsätze [a)], die Statuierung des Verhältnismäßigkeitsgrundsatzes im vertikalen Verhältnis [b)] und die Sachbereichsausnahmen [c)].

a) Grundsätze für die Verarbeitung personenbezogener Daten

Personenbezogene Daten dürfen gemäß Art. 8 Abs. 2 S. 1 GRCh „nur nach Treu und Glauben für festgelegte Zwecke und mit Einwilligung der betroffenen Person" oder aber auf Basis „einer sonstigen gesetzlich geregelten legitimen Grundlage verarbeitet werden". Die Verankerung der allgemeinen Verarbeitungsgrundsätze, beispielsweise der Zweckbindungsgrundsatz in Art. 5 Abs. 1 lit. b DSGVO oder die Verarbeitung nach Treu und Glauben in Art. 5 Abs. 1 lit. a DSGVO, ist deklaratorisch. So rekurriert der EuGH unmittelbar auf den in der Charta verankerten Zweckbindungsgrundsatz und den Grundsatz der Verarbeitung nach Treu und Glauben.[190] Die DSRL beschränkte sich noch auf die Statuierung des Grundsatzes, dass die Weiterverarbeitung personenbezogener Daten mit der ursprünglichen Zweckbestimmung vereinbar sein muss (Art. 6 Abs. 1 lit. b DSRL). In der DSGVO

Formulierung in Art. 1 Abs. 1 DSRL deckt nur einen Teilbereich der späteren Synthese von Art. 7 i.V.m. 8 GRCh ab.

[189] *S. Stollhoff*, in: Auernhammer, Art. 17 DSGVO, Rn. 1 ff.; zur grundrechtlichen Fundierung des Löschungsrechts EuGH, Rs. C-131/12, EU:C:2014:317, Rn. 69 – Google Spain.

[190] EuGH, verb. Rs. C-92/09 und C-93/09, Slg. 2010, I-11063, Rn. 49 – Schecke; verb. Rs. C-511/18, C-512/18 und C-520/18, EU:C:2020:791, Rn. 164 – La Quadrature.

wurde die Zweckbindung in der Öffnungsklausel des Art. 6 Abs. 4 DSGVO gelockert[191] und damit zugleich der grundrechtliche Gehalt des Art. 8 GRCh in bedenklichem Maße relativiert.

b) Verhältnismäßigkeitsgrundsatz im vertikalen Verhältnis

Deklaratorisch ist der Verhältnismäßigkeitsgrundsatz im grundrechtskonkretisierenden Sekundärrecht. Dieser gilt ungeachtet seiner Kodifizierung als grundlegender Maßstab für sämtliches mitgliedstaatliches und unionsrechtliches Handeln. Er folgt bereits unmittelbar aus der Wertebindung in Art. 2 EUV und aus der neben Art. 8 Abs. 2 GRCh anwendbaren allgemeinen Grundrechtsschranke in Art. 52 Abs. 1 GRCh.[192] Durch die Einkleidung als allgemeinen Rechtsgedanken emanzipiert der EuGH die Verhältnismäßigkeitskontrolle von der Grundrechtsprüfung[193] und entfaltet sie als einen flexiblen und universellen Maßstab auf Unionsebene. Das Verhältnismäßigkeitsprinzip (vgl. auch Art. 5 Abs. 4 EUV) ist ein allgemeiner Grundsatz des Unionsrechts,[194] der aus dem elementaren Prinzip der Rechtsstaatlichkeit folgt, ein Grundwert, der Voraussetzung für das gegenseitige Vertrauen in der Rechtsunion ist und gemäß Art. 2 EUV unabhängig von der Durchführung von Unionsrecht Geltung beansprucht.[195]. Die Rechtsstaatlichkeit und damit die Verhältnismäßigkeit hoheitlichen Handelns gehört zu den Grundbedingungen der EU. Art. 2 EUV setzt diese bei den Mitgliedstaaten bereits voraus, baut auf dieser auf und formuliert diesen Wert als Funktionsbedingung

---

[191] Krit. *B. Buchner*, DuD 2016, 155 (159): „inhaltlos und dehnbar".

[192] EuGH, Gutachten 1/15, EU:C:2017:592, Rn. 138 – PNR Kanada; die Schrankendogmatik ist str., vertreten wird tlw. eine Übertragung der Schranken des Art. 8 Abs. 2 EMRK unter Verweis auf Art. 52 Abs. 3 GRCh; zum Meinungsstand s. *S. Schiedermair*, Schutz des Privaten, S. 352 f.; wie hier: *M. Cornils*, EnzEuR II, § 5 Rn. 46 f.; *H. D. Jarass*, GRCh, Art. 8 GRCh Rn. 11.

[193] Vgl. *A. Tischbirek*, Verhältnismäßigkeitsprüfung, S. 108.

[194] BVerfGE 154, 17 (99 Rn. 124); *F. G. Jacobs*, ELRev 26 (2001), 331 (338): „universally applied in Community law".

[195] Vgl. die Formulierung in der Präambel des EUV: „Schöpfend aus dem kulturellen, religiösen und humanistischen Erbe Europas, aus dem sich die unverletzlichen und unveräußerlichen Rechte des Menschen sowie Freiheit, Demokratie, Gleichheit und Rechtsstaatlichkeit als universelle Werte entwickelt haben […]." Die Mitgliedstaaten bekennen sich in der Präambel ferner „zu den Grundsätzen der Freiheit, der Demokratie und der Achtung der Menschenrechte und Grundfreiheiten und der Rechtsstaatlichkeit". Zur Europäisierung der Verhältnismäßigkeit s. *A. Tischbirek*, Verhältnismäßigkeitsprüfung, S. 89 ff.; zur Universalität des Verhältnismäßigkeitsgrundsatzes *O. Lepsius*, Verhältnismäßigkeit, S. 25; s. auch die Rspr.: EuGH, Rs. C-516/17, EU:C:2019:625, Rn. 28 – Spiegel Online; Rs. C-836/18, EU:C:2020:119, Rn. 47 – Subdelegación del Gobierno en Ciudad Real; Rs. C-206/13, EU:C:2014:126, Rn. 34 – Siragusa; Rs. 77/81, Slg. 1982, 681, Rn. 22 – Zuckerfabrik Franken.

der EU überhaupt. Allein aus dem sekundärrechtlichen Verweis auf das Gebot der Verhältnismäßigkeit, dem Erfordernis einer gesetzlichen Grundlage und der Beschränkung von Eingriffen auf das absolut Notwendige, lässt sich mithin noch keine hinreichende unionsrechtliche Determinierung mitgliedstaatlichen Handelns folgern. Diese Maßgaben gelten vielmehr ungeschrieben für sämtliches Tätigwerden der Union und ihrer Mitgliedstaaten.

Eine Maßnahme ist verhältnismäßig, wenn sie geeignet ist, die mit der fraglichen Regelung zulässigerweise verfolgten Ziele zu erreichen und nicht die Grenzen dessen überschreitet, was zur Erreichung dieser Ziele erforderlich ist.[196] Sofern also der Erlaubnistatbestand in Art. 6 Abs. 1 UAbs. 1 lit. f DSGVO auf die Verarbeitung personenbezogener Daten durch öffentliche Stellen anwendbar ist[197] (etwa im Rahmen drittbezogener Auskunftspflichten[198]), vermag er das nationale Recht nicht hinreichend zu determinieren. Die Abwägungsvorgabe beansprucht vielmehr als allgemeiner Rechtsgrundsatz, unabhängig von ihrer sekundärrechtlichen Kodifizierung in Art. 6 DSGVO bzw. Art. 7 DSRL Geltung.[199] Im Verhältnis zum Staat kommt Art. 6 Abs. 1 UAbs. 1 lit. f DSGVO oder Art. 23 Abs. 1 DSGVO insofern nur ein deklaratorisch grundrechtskonkretisierender Charakter zu.

c) *Explizite und implizite Bereichsausnahmen*

Deklaratorisch sind Bestimmungen über die Reichweite des Anwendungsbereichs des Sekundärrechtsakts sowie Öffnungsklauseln bzw. Regelungsspielräume, die föderative Spielräume zum Ausdruck bringen. Diese Bestimmungen im Sinne der Maximierung des Grundrechtsschutzes extensiv auszulegen, liefe ihrer Funktion, supranationale Hoheitsgewalt im Verhältnis zu den Mitgliedstaaten zu begrenzen, zuwider. Sie sind nicht systematisch-teleologisch im Lichte des Ziels des grundrechtskonkretisierenden Rechtsakts, sondern vielmehr im gesamtvertraglichen Kontext, insbesondere der primärrechtlichen Kompetenzordung, auszulegen.

Deklaratorisch sind die expliziten und impliziten Sachbereichsausnahmen in der DSGVO,[200] aber auch im bereichsspezifischen Datenschutzrecht. So

---

[196] EuGH, verb. Rs. C-293/12 und C-594/12, EU:C:2014:238, Rn. 46 – Digital Rights; eingehend zur Verhältnismäßigkeitsprüfung des EuGH: BVerfGE 154, 17 (100 f. Rn. 126), dort auch zur Vorstellung des EuGH, „dass eine großzügige Interpretation der Einzelermächtigung durch eine valide Verhältnismäßigkeitskontrolle bis zu einem gewissen Grad kompensiert werden kann" (103 Rn. 128).

[197] Nach Art. 6 Abs. 1 UAbs. 2 DSGVO gilt lit. f nicht „für die von Behörden in Erfüllung ihrer Aufgaben vorgenommene Verarbeitung".

[198] Vgl. zu dieser Problematik unten, 5. Kapitel, B.III. (S. 258 f.).

[199] In diese Richtung und noch etwas weitergehend: *B. Siemen*, Datenschutz, S. 254: „Zumindest die Grundsätze in Art. 7 Datenschutzrichtlinie werden auch durch das Gemeinschaftsgrundrecht gewährleistet".

[200] Zu diesen näher im 5. Kapitel unter B. (S. 248 ff.) und C. (S. 265 ff.).

sind gemäß Art. 1 Abs. 3 ePrivacy-RL (vgl. auch Art. 2 Abs. 2 lit. a und d DSGVO) Tätigkeiten betreffend die öffentliche Sicherheit, die Landesverteidigung und die Sicherheit des Staates von ihrem Geltungsbereich ausgeschlossen.[201] Gespiegelt werden diese expliziten Sachbereichsausnahmen in deklaratorischen Öffnungsklauseln, die Rückausnahmen vom Anwendungsbereich statuieren.

Dies ist insbesondere Art. 23 Abs. 1 DSGVO, auf den andere Öffnungsklauseln, insbesondere Art. 15 Abs. 1 ePrivacy-RL, verweisen (dort noch Art. 13 DSRL). Sie nehmen teilweise auf im mitgliedstaatlichen Recht verankerte Rechtfertigungsgründe zur Einschränkung von Grundrechten Bezug. Im Unterschied zu den grundfreiheitlichen Rechtfertigungstatbeständen aus Gründen der öffentlichen Sicherheit und Ordnung[202] (Art. 36, 45 Abs. 3, 52 Abs. 1, 62, 65 AEUV) betreffen die sekundärrechtlichen Anwendungsbereichsausnahmen Kompetenzreservate der Mitgliedstaaten. Handeln die Mitgliedstaaten im Rahmen dieser Beschränkungsmöglichkeiten, liegt grundsätzlich keine Konstellation im Sinne des Art. 51 Abs. 1 GRCh vor.[203]

3. Zwischenfazit

Da das datenschutzrechtliche Sekundärrecht das ursprünglich nur ungeschriebene Grundrecht im Primärrecht erst sichtbar machte, enthält es zum Teil auch nur deklaratorische Bestimmungen, die das Primärrecht abbilden. Dies gilt für die allgemeinen Verarbeitungsgrundsätze sowie für die Ausnahmen vom Anwendungsbereich des Sekundärrechts, die die primärrechtliche Kompetenzordnung widerspiegeln. Sie wiederholen unabhängig von der sekundärrechtlichen Konkretisierung geltende Grundsätze, Grenzen und Prinzipien des Primärrechts. Konstitutiv konkretisierend sind solche Bestimmungen im Sekundärrecht, die aus der Ausgestaltungs- und Schutzdimension des Grundrechts folgen.

IV. Die hierarchisch umgekehrte Auslegung des Datenschutzsekundärrechts

Prima facie erscheint die grundrechtskonforme Auslegung der DSRL als gebotene und gewöhnliche systematische Auslegung. Umgekehrt hierar-

---

[201] Vgl. zum „deklaratorischen Charakter“ von Art. 2 Abs. 2 lit. a DSGVO auch *J. Kühling/J. Raab*, in: Kühling/Buchner, DS-GVO/BDSG, Art. 2 DSGVO Rn. 21; *B. Grzeszick*, NVwZ 2018, 1505 (1506). Zur restriktiven Auslegung dieser Vorschrift, auch im Vergleich zu Art. 3 Abs. 2 DSRL s. EuGH, verb. Rs. C-511/18, C-512/18 und C-520/18, EU:C:2020:791, Rn. 100 ff. – La Quadrature.

[202] Zur engen Auslegung dieser unionsrechtlichen Rechtsbegriffe s. EuGH, Rs. C-36/02, Slg. 2004, I-9609, Rn. 30 – Omega.

[203] *C. Herresthal*, ZEuP 24 (2014), 238 (252 f.) m.w.N; 5. Kapitel, C. (S. 265 ff.).

chisch ist die systematische Auslegung aber, wenn die konkretisierende Richtlinie undifferenziert mit dem Grundrecht gleichgesetzt wird. Wenn also die Bestimmungen des Sekundärrechts unabhängig davon, ob sie lediglich deklaratorisch oder konstitutiv grundrechtskonkretisierend sind, im Sinne der effektiven Wirksamkeit des Datenschutzgrundrechts und des Privatsphärenschutzes extensiv ausgelegt werden. Dadurch wird, wie die nachfolgende Rechtsprechungsanalyse zeigt, der unionsrechtliche Grundrechtsschutz unter Umgehung der vorgelagerten Frage der Anwendbarkeit der Unionsgrundrechte (Art. 51 Abs. 1 GRCh) ausgeweitet.

Dargestellt wird nachfolgend die Rechtsprechung des EuGH zur Auslegung konstitutiv konkretisierender (1.) und deklaratorisch konkretisierender Bestimmungen des Datenschutzsekundärrechts (2). Diese Rechtsprechung wird anschließend einer kritischen Betrachtung unterzogen (3.).

1. Auslegung konstitutiv konkretisierender Gehalte

Um ein hohes Schutzniveau für das Recht auf Privatsphäre und den Schutz personenbezogener Daten zu gewährleisten, ist nach dem grundsätzlichen Verbot mit Erlaubnisvorbehalt (Art. 7 DSRL, Art. 6 Abs. 1 DSGVO) die Verarbeitung personenbezogener Daten eine rechtfertigungsbedürftige Ausnahme.[204] Ziel des Datenschutzrechts ist die Begrenzung der Verarbeitung personenbezogener Daten.[205] Dieser, die abwehrrechtliche Dimension des Grundrechts aus Art. 8 GRCh konstitutiv konkretisierende Erlaubnisvorbehalt für den öffentlichen Bereich, aber auch die Betroffenenrechte und Verarbeiterpflichten sind im Sinne der grundrechtlichen Zielverwirklichung grundrechtsschützend auszulegen. Es würde dem übergeordneten Ziel des Datenschutzsekundärrechts widersprechen, einen die staatliche Datenverarbeitung begrenzenden Erlaubnistatbestand im Sinne einer Verarbeitungs-

---

[204] Zu diesem „althergebrachte[n] Grundsatz" *B. Buchner/T.* Petri, in: Kühling/Buchner, DS-GVO/BDSG, Art. 6 DSGVO Rn. 11 ff.; er gilt, soweit die Verarbeitung ganz oder teilweise automatisiert oder eine nichtautomatisierte Verarbeitung personenbezogener Daten in Dateisystemen erfolgt (Art. 2 Abs. 1 DSGVO); zum Regel-Ausnahme-Verhältnis s. EuGH, Rs. C-468/10, C-469/10, EU:C:2011:777, Rn. 26 – ASNEF; explizit GA *Bobek*, Schlussanträge, Rs. C-13/16, EU:C:2017:43, Rn. 38 – Rīgas satiksme.

[205] Vgl. zur DSRL: GA *Bobek*, Schlussanträge, Rs. C-13/16, EU:C:2017:43, Rn. 42 – Rīgas satiksme: Die „Richtlinie [setzt] der Datenverarbeitung Grenzen und ist nicht deren Triebfeder".

pflicht auszulegen.[206] So verlangte im Fall *Rīgas satiksme* ein Busbetreiber von der Polizei die Herausgabe der Daten eines Taxifahrgasts (Name, persönliche Identifikationsnummer, Wohnsitz), weil dieser beim Ausstieg aus dem Taxi einen Unfall mit einem Oberleitungsbus verursacht hatte. Die Daten seien für die Geltendmachung deliktischer Ansprüche gegen den Taxifahrgast erforderlich. Die Polizeibehörden teilten nur den Namen des Fahrgasts mit, verweigerten die Übermittlung der Daten aber im Übrigen. Auf Klage der Busbetreiber vor dem lettischen Verwaltungsgericht hin verpflichtete dieses die Polizei unter Verweis auf das lettische Datenschutzgesetz (das Art. 7 lit. f DSRL umsetzte) zur Herausgabe auch der persönlichen Identifikationsnummer sowie der Wohnsitzanschrift des Fahrgasts. Diese Daten seien zur Rechtsverfolgung erforderlich. Die Herausgabe widersprach nach Auffassung der Polizei dem lettischen Ordnungswidrigkeitenrecht, das die Behörden zur Bekanntgabe personenbezogener Daten Betroffener nur unter bestimmten Voraussetzungen ermächtige, nicht aber verpflichte. Das Rechtsmittelgericht legte dem EuGH die Frage vor, ob die Offenlegung personenbezogener Daten durch die Polizei „erforderlich zur Verwirklichung des berechtigten Interesses" des Busbetreibers im Sinne von Art. 7 lit. f DSRL sei. Der EuGH geht zwar davon aus, dass die zivilgerichtliche Geltendmachung von Schadensersatzansprüchen ein anerkanntes berechtigtes Interesse sei.[207] Doch nur weil eine Datenverarbeitung „erforderlich" für den Erfolg einer Schadensersatzklage ist, lässt sich – wie der EuGH zu Recht argumentiert – nicht eine korrespondierende Pflicht der Polizei zur Offenlegung dieser Daten annehmen. Das Datenschutzrecht steht einer im nationalen Recht vorgesehenen Pflicht zur Datenübermittlung[208] jedoch auch nicht entgegen – verhält sich mithin neutral und determiniert einen solchen Anspruch im nationalen Recht nicht.[209] Die Ausnahmen und Einschränkungen in Bezug auf den Schutz personenbezogener Daten müssen lediglich „auf das absolut Notwendige"[210] beschränkt sein. Eine andere Auslegung würde das Datenschutzrecht in ein zivilprozessuales Mittel zur Beweiserhebung im Sinne einer *Discovery*[211] umfunktionieren und damit dem übergeordneten

[206] Zur entsprechenden systematischen Auslegung der DSRL s. EuGH, Rs. C-13/16, EU:C:2017:336, Rn. 26 ff. – Rīgas satiksme.

[207] EuGH, Rs. C-13/16, EU:C:2017:336, Rn. 29 – Rīgas satiksme.

[208] Beispielsweise die zivilprozessuale Pflicht der Urkundenvorlage, §§ 421 ff. ZPO oder § 142 ZPO.

[209] EuGH, Rs. C-13/16, EU:C:2017:336, Rn. 34 – Rīgas satiksme.

[210] EuGH, Rs. C-13/16, EU:C:2017:336, Rn. 30 – Rīgas satiksme.

[211] Die aus dem US-amerikanischen Zivilprozessrecht stammende Discovery ist ein Instrument zur Beweisermittlung nach Einleitung eines Klageverfahrens. Danach kann der Klagegegner zur Offenbarung der für die Substantiierung der Klage notwendigen Informationen verpflichtet werden, vgl. *M. F. Doughan*, Discovery, passim.

Richtlinienzweck widersprechen. In Fall *Rīgas satiksme* diente die systematische Auslegung im Lichte des Schutzes personenbezogener Daten dazu, die DSRL nicht zweck- und kompetenzwidrig als Instrument der staatlichen Informationspflicht oder als Beweiserhebungsmittel im Verhältnis Privater untereinander einzusetzen.

2. Auslegung deklaratorisch konkretisierender Gehalte

Bei deklaratorisch konkretisierenden Bestimmungen im grundrechtlichen Sekundärrecht erweist sich die systematische Auslegung im Lichte des Richtlinienziels zugleich als hierarchisch umgekehrte Konformauslegung. Dies betrifft zum einen die Auslegung des sachlichen Anwendungsbereichs, insbesondere die Frage, inwiefern die innerstaatliche Verarbeitung personenbezogener Daten durch öffentliche Stellen dem sekundärrechtlichen Grundrechtsschutz unterfällt [a)]. Die Einbeziehung auch rein innerstaatlicher Behördentätigkeiten ist eine Folge der hierarchisch umgekehrten Auslegung des sachlichen Anwendungsbereichs des Datenschutzsekundärrechts [b)]. Hinsichtlich der Verarbeitung personenbezogener Daten durch Private wirkte die restriktive Auslegung des Familienprivilegs bzw. der Haushaltsausnahme anwendungserweiternd [c)].

a) Reichweite des sachlichen Anwendungsbereichs

Bei Erlass der DSRL stellte sich die Frage, inwiefern die Verarbeitung personenbezogener Daten durch öffentliche Stellen der Mitgliedstaaten durch die EG geregelt werden könne. Der Deutsche Bundesrat ging davon aus, dass der staatliche Bereich nicht von der Kompetenzgrundlage in Art. 100a EGV über die Beseitigung von Hemmnissen für die Errichtung des Binnenmarkts erfasst sei.[212] Die Tätigkeit der Verwaltungen falle nicht in den Anwendungsbereich des Gemeinschaftsrechts. Die Mitgliedstaaten müssten sich auf diesem Gebiet selbst freiwillig verpflichten, die Schutzprinzipien der Richtlinie auch im Bereich der Verwaltung zu gewährleisten. Auch sei die Harmonisierung der innerstaatlichen Verarbeitung personenbezogener Daten nicht zur Verwirklichung des Binnenmarkts erforderlich.[213] Bei dieser Betrachtung konnte die Harmonisierung des Datenschutzes nicht weiter gehen als zur

---

[212] BR-Drs. 690/90 (Beschluss), S. 4. Eine parallele Diskussion fand in den 1970er Jahren im bundesdeutschen Kontext bei Erlass des BDSG statt. Der Bundesrat war damals der Ansicht, dass dem Bund keine Kompetenz zur Regelung des Datenschutzes im öffentlichen Bereich zustehe, soweit die Länder, Gemeinden oder Gemeindeverbände Landesrecht ausführten. Im öffentlichen Bereich sollten deshalb landesrechtliche Vorschriften Vorrang vor dem BDSG haben. Datenschutzrecht sei als Annex zum Verwaltungsverfahrensrecht zu regeln. S. zur Diskussion damals *L. Schulte*, Qualitativer Datenschutz, S. 58 f.

[213] BR-Drs. 690/90 (Beschluss), S. 5.

Gewährleistung des freien Waren-, Personen-, Dienstleistungs- und Kapital- und Zahlungsverkehrs erforderlich.[214] Europäische Wertungen im Datenschutz können danach auf Grund der mitgliedstaatlichen Verfahrensautonomie nur im Wege des Effektivitäts- und Äquivalenzprinzips im öffentlichen Bereich Berücksichtigung finden. Auch die Kommission ging in ihrem ersten Vorschlag, der sowohl den öffentlichen als auch privaten Bereich erfasste, davon aus, dass „die Dateien der Verwaltungen [der Mitgliedstaaten] nicht in den Anwendungsbereich des Gemeinschaftsrechts fallen".[215] Ausdrücklich nahm Art. 3 Abs. 1 des Entwurfs diese Tätigkeiten aus dem Anwendungsbereich der Richtlinie heraus.[216] Doch dieser Ansatz hat sich nicht durchgesetzt und fand sich im zweiten Richtlinienentwurf nicht wieder.[217] Art. 3 Abs. 2 erster Gedankenstrich DSRL nahm stattdessen allgemein Tätigkeiten aus dem Anwendungsbereich heraus, die „nicht in den Anwendungsbereich des Gemeinschaftsrechts fallen",[218] ohne auf den öffentlichen Bereich explizit Bezug zu nehmen. Allerdings konnte Erwägungsgrund 5 der DSRL so verstanden werden, dass lediglich der zwischenstaatliche Behördenaustausch dem Anwendungsbereich unterfallen soll. Danach werden die Verwaltungen der Mitgliedstaaten aufgrund des Gemeinschaftsrechts dazu angehalten, „zusammenzuarbeiten und untereinander personenbezogene Daten auszutauschen", um im Raum ohne Binnengrenzen „ihren Auftrag erfüllen oder Aufgaben anstelle der Behörden eines anderen Mitgliedstaats durchführen zu können". Die Kommission ging in ihrer Richtlinienbegründung jedoch von einem engen Verständnis der Ausnahmevorschrift aus und erwähnte nur Geheimdiensttätigkeiten.[219] Der Deutsche Bundesrat kritisierte diese Ausnahme als „außerordentlich unbestimmt", weshalb er „zur Wahrung der Kompetenzen der Mitgliedstaaten und im Interesse der Rechtsklarheit" die Ausnahme von Dateien des öffentlichen Bereichs forderte, „wenn dessen Tätigkeiten nicht gemeinschaftsrechtlich geregelt sind".[220] Insbesondere sollten die „Sicherheit des Staates, Landesverteidigung, Strafverfolgung sowie öffentliche Sicherheit und Ordnung" und die Tätigkeit der Gerichte explizit enumeriert und ausgenommen werden.[221] Die Aufzählung bezog sich ausdrücklich auf die in Art. 15 lit. a–d des ersten Entwurfs[222] ge-

---

[214] *P. Karpenstein*, Zuständigkeit der EG, S. 902 ff.; *R. Ellger*, Grenzüberschreitender Datenverkehr, S. 549.

[215] KOM(90) 314 endg., S. 8 Ziff. 16.

[216] KOM(90) 314 endg., S. 22, 55.

[217] Vgl. auch *E. Ehmann*/*M. Helfrich*, EG-Datenschutzrichtlinie, Art. 3 Rn. 2.

[218] KOM(92) 422 endg., S. 7; ErwG 12 S. 1 DSRL.

[219] KOM(92) 422 endg., S. 16.

[220] BR, Beschlussempfehlung der Ausschüsse, Drs. 690/1/90 v. 6.12.1990, Ziff. 14; angenommen durch BR-Beschluss v. 14.12.1990, BR-Drs. 690/90(B).

[221] BR, Beschlussempfehlung der Ausschüsse, Drs. 690/1/90 v. 6.12.1990, Ziff. 14.

[222] Entspricht Art. 13 Abs. 1 lit. a–g DSRL und nun Art. 23 DSGVO.

nannten Bereiche, in welchen die Mitgliedstaaten von den Pflichten und Rechten der DSRL abweichen konnten.[223] Durchgesetzt hat sich diese Forderung nicht.

Ob die innerstaatliche Datenverarbeitung durch öffentliche Stellen dem Anwendungsbereich des Sekundärrechts unterfällt, blieb auch in der Folgezeit umstritten. Während einerseits die Anwendbarkeit der DSRL auch auf rein innerstaatliche Behördentätigkeiten bejaht wurde,[224] ging eine nicht unbeachtliche Gegenansicht davon aus, dass die Datenverarbeitung durch öffentliche Stellen nur insoweit richtlinienrechtlich determiniert sein könne, als deren Teilhabe am allgemeinen Wirtschaftsleben betroffen war, mithin ein Binnenmarktbezug bestehe.[225] Eine sekundärrechtliche Harmonisierung der Verwaltungstätigkeit könne nach dieser Ansicht nur insoweit erfolgen, als wirtschaftliche Belange betroffen seien. Soweit die Verarbeitung personenbezogener Daten durch die Verwaltung im klassischen, hoheitlichen öffentlichen Bereich (Einwohnermeldeämter, Polizei, öffentliche Sozialversicherung) betroffen sei, sei die DSRL mangels Kompetenz der EG unanwendbar.[226] Die DSRL sei lediglich auf das Verwaltungsprivatrecht, die grenzüberschreitende Zusammenarbeit von Verwaltungsträgern[227] sowie die Tätigkeiten öffentlich beherrschter Unternehmen anwendbar.[228]

b) Tätigkeiten öffentlicher Stellen der Mitgliedstaaten

Obwohl es im Kern um eine Kompetenzfrage ging, lag es am EuGH, diese Frage auf Grundlage des Sekundärrechts zu beantworten. Im ersten Jahrzehnt nach Erlass der DSRL boten sich auch zahlreiche Gelegenheiten, den Anwendungsbereich der DSRL zu konturieren. Die mitgliedstaatlichen Gerichte legten dem EuGH im Wege des Vorabentscheidungsverfahrens Vorlagefragen aus dem Bereich der innerstaatlichen Verwaltungstätigkeit vor. Der EuGH entwickelte einen extensiven Anwendungsbereichsbegriff und erstreckte das Datenschutzrecht unabhängig von einem grenzüberschreitenden Bezug auf sämtliche Tätigkeiten innerstaatlicher Stellen. Die deklaratorische

[223] Dieser Forderung liegt offenbar das Verständnis von Öffnungsklauseln als den Anwendungsbereich relativierende Rückausnahmen zu Grunde.

[224] *U. Brühann*, AfP 1998, 345 (346); *B. Siemen*, EuR 2004, 306 (312); wohl auch *E. Ehmann/M. Helfrich*, EG-Datenschutzrichtlinie, Art. 3 Rn. 18 ff.

[225] *H.-H. Schild/M. A. Dauses*, EuZW 1996, 549 (550); bereits im Vorfeld mit Blick auf die Kompetenzverteilung: *P. Karpenstein*, Zuständigkeit der EG (907); *M. Bergmann*, Grenzüberschreitender Datenschutz, S. 164; a.A. *E. Ehmann/M. Helfrich*, EG-Datenschutzrichtlinie, Art. 3 Rn. 18 ff.

[226] *P. Karpenstein*, Zuständigkeit der EG, S. 906; *A. Viethen*, Datenschutz als Aufgabe, S. 110; *R. Ellger*, Grenzüberschreitender Datenverkehr, S. 551.

[227] Vgl. ErwG 5 DSRL; *P. Karpenstein*, Zuständigkeit der EG, S. 907.

[228] *A. Viethen*, Datenschutz als Aufgabe, S. 112.

Formulierung in Art. 3 Abs. 2 erster Gedankenstrich DSRL[229] lautete wie folgt:

(2) Diese Richtlinie findet keine Anwendung auf die Verarbeitung personenbezogener Daten,

– die für die Ausübung von Tätigkeiten erfolgt, die nicht in den Anwendungsbereich des Gemeinschaftsrechts fallen, beispielsweise Tätigkeiten gemäß den Titeln V und VI des Vertrags über die Europäische Union, und auf keinen Fall auf Verarbeitungen betreffend die öffentliche Sicherheit, die Landesverteidigung, die Sicherheit des Staates (einschließlich seines wirtschaftlichen Wohls, wenn die Verarbeitung die Sicherheit des Staates berührt) und die Tätigkeiten des Staates im strafrechtlichen Bereich; […].

aa) Ausdehnung des Anwendungsbereichs im Fall ORF

Grundlegend für die „Entkoppelung" der Rechtsetzungskompetenz vom materiell-rechtlichen Regelungsbereich des erlassenen Rechtsakts[230] war die Entscheidung im Fall Österreichischer Rundfunk (ORF).

(1) Sachverhalt und Vorlagefrage

In dieser Rechtssache ging es um eine österreichische Bestimmung über die Begrenzung von Bezügen öffentlicher Funktionäre (BezBegrBVG). Diese verpflichtete Einrichtungen in öffentlich-rechtlicher Trägerschaft zur Weiterleitung von Daten über die ihren Arbeitnehmern und Ruhegehaltsempfängern gezahlten Bezüge und Ruhebezüge einschließlich des Namens der Begünstigten an den Rechnungshof. Der Rechnungshof veröffentlichte diese Daten in einem Jahresbericht, der nicht nur Entscheidungsträgern in der Politik, sondern auch der Allgemeinheit öffentlich zugänglich gemacht werden sollte. Der vom Rechnungshof kontrollierte ORF und die betroffenen Arbeitnehmer weigerten sich, personenbezogene Daten an den Rechnungshof weiterzuleiten und rügten einen Verstoß gegen das Datenschutzrecht. Der österreichische Verfassungsgerichtshof legte dem EuGH die Fragen vor, ob die Grundsätze des gemeinschaftsrechtlichen Datenschutzrechts im Lichte von Art. 8 EMRK dem BezBegrBVG entgegenstehen und ob die DSRL auf die Offenlegung personenbezogener Daten durch öffentlich-rechtliche Rechtsträger und Körperschaften in sachlicher Hinsicht anwendbar war.[231]

---

[229] Vgl. nun auch Art. 2 Abs. 2 lit. a DSGVO, wonach die DSGVO nur für die Verarbeitung personenbezogener Daten im Rahmen einer Tätigkeit gilt, die „in den Anwendungsbereich des Unionsrechts fällt."

[230] Hierzu auch *N. Marsch*, Das europäische Datenschutzgrundrecht, S. 312 ff.

[231] EuGH, verb. Rs. C-465/00, C-138/01, C-139/01, Slg. 2003 I-4989, Rn. 22 – ORF.

(2) Schlussanträge

Sowohl der österreichische Rechnungshof als auch die beigetretene italienische Regierung sowie die Europäische Kommission[232] gingen von der Unanwendbarkeit der DSRL aus.[233] Auch Generalanwalt *Antonio Tizzano* erachtete in seinen Schlussanträgen die DSRL für unanwendbar, da die in Frage stehende öffentliche Kontrolltätigkeit durch österreichische Stellen nicht der Erfüllung einer gemeinschaftsrechtlichen Verpflichtung diene. Es handle sich

> um eine öffentliche Kontrolltätigkeit, die von den österreichischen Stellen aufgrund einer selbständigen politisch-institutionellen Entscheidung vorgesehen und (mit Verfassungsrang) geregelt wurde, nicht aber um eine Tätigkeit, mit der eine gemeinschaftsrechtliche Verpflichtung erfüllt werden soll. Da diese Tätigkeit keiner spezifischen Gemeinschaftsregelung unterliegt, muss sie in die Zuständigkeit der Mitgliedstaaten fallen.[234]

Bei der Kontrolltätigkeit des Rechnungshofs handele es sich um eine staatliche Tätigkeit, die zwar nicht unter die ausdrücklich in Art. 3 Abs. 2 erster Gedankenstrich genannten Ausnahmevorschriften der DSRL falle, gleichzeitig aber auch keinen grenzüberschreitenden Bezug aufweise und deshalb nicht gemeinschaftsrechtlich determiniert sei.

(3) Entscheidung des EuGH

Anders sah das jedoch der EuGH in seiner Entscheidung vom 20. Mai 2003. Die Tatsache, dass die DSRL auf der Binnenmarktharmonisierungskompetenz ergangen sei, habe nicht zur Folge, dass „in jedem Einzelfall", der von der Richtlinie erfasst werde, auch ein Bezug zum Binnenmarkt gegeben sein müsse.[235] Für Art. 100a EGV als Rechtsgrundlage komme es entscheidend darauf an, „dass der auf dieser Grundlage erlassene Rechtsakt tatsächlich die Bedingungen für die Errichtung und das Funktionieren des Binnenmarktes verbessern soll."[236] Da an der Rechtsgrundlage für die DSRL im Verfahren keinerlei Zweifel dargetan worden seien, stelle sich die Frage ihrer formellen Rechtmäßigkeit auch nicht. Die DSRL sei deshalb unabhängig davon anwendbar, ob tatsächlich „ein hinreichender Zusammenhang mit der Ausübung der durch den EG-Vertrag garantierten Grundfreiheiten" gegeben

---

[232] In der mündlichen Verhandlung schränkte sie jedoch ihre Auffassung dahingehend ein, dass die Erhebung zum Zwecke der Veröffentlichung im Jahresbericht der DSRL unterfalle, da dies die Auszahlung der Bezüge betreffe und sich damit auf die Arbeitnehmerfreizügigkeit auswirken könne, EuGH, Rs. C-465/00, C-138/01, C-139/01, Slg. 2003 I-4989, Rn. 38 – ORF.

[233] EuGH, verb. Rs. C-465/00, C-138/01, C-139/01, Slg. 2003 I-4989, Rn. 35 – ORF.

[234] GA *Tizzano*, Schlussanträge, verb. Rs. C-465/00, C-138/01, C-139/01, Slg. 2002 I-4995, 5007, Rn. 43.

[235] EuGH, verb. Rs. C-465/00, C-138/01, C-139/01, Slg. 2003 I-4989, Rn. 41 – ORF.

[236] EuGH, verb. Rs. C-465/00, C-138/01, C-139/01, Slg. 2003 I-4989, Rn. 41 – ORF.

sei.[237] Andernfalls sei der Anwendungsbereich ungewiss und von Zufälligkeiten abhängig. Diese Auslegung folge aus Art. 3 Abs. 1 DSRL, der auf das Vorliegen eines Datenverarbeitungsvorgangs unabhängig von einem grenzüberschreitenden Zusammenhang abstelle.[238] Sie stütze sich ferner auf einen Umkehrschluss aus Art. 3 Abs. 2 DSRL: Das Familienprivileg wäre nicht erforderlich, wenn die Eröffnung des Anwendungsbereichs in jedem Einzelfall einen grenzüberschreitenden Sachverhalt voraussetzen würde. Da auch keine Datenverarbeitung im Bereich der GASP oder der PJZS vorliege (Art. 3 Abs. 2 erster Gedankenstrich DSRL), stehe der Anwendung der DSRL im Ergebnis nichts entgegen.[239]

bb) Anwendbarkeit im Bereich der Steuerverwaltung

Seither legt der EuGH ein sehr weites Verständnis des Anwendungsbereichs zu Grunde, das insbesondere losgelöst von der Kompetenzgrundlage zu beurteilen ist. In zwei Fällen ging es um die Anwendbarkeit der DSRL im Bereich der mitgliedstaatlichen Steuer- und Finanzverwaltung.

(1) Die Rechtssache Bara

In der Vorlage *Bara* eines rumänischen Gerichts ging es um die Übermittlung von Steuerdaten an die Nationale Kasse der Krankenversicherungen durch die Steuerverwaltung ohne Unterrichtung der Betroffenen.[240] Es ging damit um einen Bereich, der der Öffnungsklausel des Art. 13 Abs. 1 lit. e und f DSRL (entspricht Art. 23 Abs. 1 lit. e und h DSGVO) unterfällt. Gemäß dieser können die Mitgliedstaaten, wenn es für wichtige wirtschaftliche oder finanzielle Interessen, einschließlich Währungs-, Haushalts- und Steuerangelegenheiten notwendig ist, weitgehende Ausnahmen und Beschränkungen von der DSRL vorsehen. Ohne indes die Anwendbarkeit der DSRL auf diese behördlichen Tätigkeiten zu problematisieren, erachtete der EuGH die Übermittlung der Steuerdaten unter Verletzung der Unterrichtungspflicht als unvereinbar mit der DSRL. Die Frage der Anwendbarkeit nach Art. 3 Abs. 2 DSRL stellte sich der Gerichtshof nicht, weil sie auch das Vorlagegericht nicht in Frage gestellt hatte.[241] Indes ist die Frage der Anwendbarkeit eine von Amts wegen zu prüfende Rechtsfrage. Die Möglichkeit, die Anwendbarkeit auf die rein innerstaatliche behördliche Datenverarbeitung nä-

[237] EuGH, verb. Rs. C-465/00, C-138/01, C-139/01, Slg. 2003 I-4989, Rn. 42 – ORF.

[238] EuGH, verb. Rs. C-465/00, C-138/01, C-139/01, Slg. 2003 I-4989, Rn. 43 – ORF.

[239] EuGH, verb. Rs. C-465/00, C-138/01, C-139/01, Slg. 2003 I-4989, Rn. 47 – ORF; krit. *G. Britz*, EuGRZ 2015, 275 (281).

[240] EuGH, Rs. C-201/14, EU:C:2015:638 – Bara u.a.

[241] Ebenso wenig GA *Villalón*, Schlussanträge, Rs. C-201/14, EU:C:2015:461, Rn. 62, der Anwendungsbereich sei „unstreitig" eröffnet; krit. *T. Petri*, ZD 2015, 577 (579).

her zu begründen, bot der Fall *Puškár* zwei Jahre später, in der sowohl das vorlegende Gericht als auch die beteiligte Regierung die Anwendbarkeit der DSRL in Frage stellten.

(2) Sachverhalt und Vorlagefrage in der Rechtssache Puškár

Die Rechtssache *Puškár*[242] betraf ein slowakisches Steuergesetz, das die Steuerbehörden, die Finanzdirektion und das Finanzministerium zur Verarbeitung personenbezogener Daten von Steuerpflichtigen ermächtigte. Die Finanzdirektion führt ein zentrales Register der Steuerpflichtigen mittels EDV-Systemen. Das „Amt der Finanzverwaltung für Verbrechensbekämpfung" übermittelt der Finanzdirektion Informationen über Personen, die gegen steuer- oder zollrechtliche Vorschriften verstoßen oder im Zuständigkeitsbereich der Finanzverwaltung die öffentliche Ordnung gestört haben. Die Finanzdirektion erstellt z.B. Listen über Personen, die zum Schein Führungspositionen bekleiden (Strohmänner) und ordnet diese einer oder mehreren juristischen Person zu, für die sie aufgetreten sind. Gespeichert werden zusätzlich zu den personenbezogenen Daten der jeweiligen Person die nationale Kennnummer, die Steuerkennnummer der juristischen Person und die Dauer des Mandats. Eine davon betroffene natürliche Person klagte zunächst vor den nationalen Gerichten erfolglos auf Löschung aus der Liste und rügte die Verletzung des Rechts auf Achtung des Privatlebens und auf Schutz personenbezogener Daten. Das slowakische Gericht legte dem EuGH u.a. die Frage zur Vorabentscheidung vor, ob Art. 7 und 8 GRCh in ihrer Konkretisierung durch Art. 7 lit. e DSRL (Verarbeitung im öffentlichen Interesse) sowie der Öffnungsklausel des Art. 13 Abs. 1 lit. e und f DSRL (vgl. nun Art. 23 Abs. 1 DSGVO) dahin auszulegen seien, dass die Erstellung von Listen für Zwecke der Steuerverwaltung ohne Einwilligung des Betroffenen unzulässig sei. Die slowakische Regierung hatte geltend gemacht, dass die Verarbeitung von Steuerdaten durch die Finanzverwaltung nicht dem europäischen Datenschutzrecht unterfalle, da sie zur Bekämpfung von Steuerbetrug erfolge.

(3) Schlussanträge in der Rechtssache Puškár

Generalanwältin *Juliane Kokott* führte in ihren Schlussanträgen zur Anwendbarkeit der DSRL aus, dass der Anwendungsbereich des Grundrechts auf Datenschutz nach Art. 8 GRCh von Art. 3 Abs. 2 DSRL „nicht berührt" werde.[243] Sie bejahte zwar die Anwendbarkeit der DSRL und der Charta, soweit die Verwendung personenbezogener Daten für die Erhebung von

[242] EuGH, Rs. C-73/16, EU:C:2017:725 – Puškár.

[243] GA *Kokott*, Schlussanträge, Rs. C-73/16, EU:C:2017:253, Rn. 29 – Puškár.

Steuern betroffen war.[244] Für die Verwendung der Daten im strafrechtlichen Kontext hingegen liege keine Unionskompetenz vor, weshalb der Anwendungsbereich der DSRL zu verneinen sei. Eine datenschutzrechtliche Überprüfung direkt am Maßstab von Art. 8 GRCh sei nur unter den Voraussetzungen von Art. 51 Abs. 1 GRCh möglich. Der Anwendungsbereich der DSRL sei zwar uneingeschränkt eröffnet, das konkretisierte Grundrecht gelte im strafrechtlichen Bereich jedoch nur, soweit unionsrechtlich determinierte Fragen gegenständlich seien.[245] Die Prüfung der Rechtmäßigkeit nach Art. 7 DSRL und die Vereinbarkeit mit Art. 7, 8 GRCh haben jeweils getrennt zu erfolgen. Maßnahmen, die nicht unter die DSRL fallen, unterliegen danach unmittelbar dem Prüfungsmaßstab des Art. 7 und 8 GRCh, unter dem Vorbehalt, dass die Tätigkeit eine Durchführung von Unionsrecht im Sinne von Art. 51 Abs. 1 S. 1 GRCh darstelle.[246] Zutreffend geht sie im Ergebnis davon aus, dass der Anwendungsbereich der DSRL nicht mit der mitgliedstaatlichen Bindung an die Unionsgrundrechte identisch ist.

(4) Entscheidung des EuGH in der Rechtssache Puškár

Der EuGH griff diese Differenzierung nicht auf, sondern argumentierte ergebnisorientiert: Die Ausnahme vom sachlichen Anwendungsbereich in Art. 3 Abs. 2 erster Gedankenstrich der DSRL müsse eng ausgelegt werden, da sie vom Ziel, den Schutz der Grundrechte bei der Verarbeitung personenbezogener Daten sicherzustellen, abweiche.[247] Die Rechtmäßigkeit nach der DSRL lasse zugleich auf die Vereinbarkeit mit Art. 7, 8 GRCh schließen.[248] Die streitigen EDV-Listen der Finanzverwaltung unterfallen der Ausnahme nicht, da die Verarbeitung nicht „spezifisch" zum Zweck der Strafverfolgung erfolge und auch nicht im Rahmen von strafrechtlichen Tätigkeiten erhoben würde. Die Datenverarbeitung durch die Steuerverwaltung erfolge zur Wahrnehmung einer Aufgabe im öffentlichen Interesse und sei deshalb nach Art. 7 lit. e DSRL zu beurteilen.[249]

---

[244] Dies folge im Umkehrschluss aus der Öffnungsklausel in Art. 13 Abs. 1 lit. e DSRL, die bestimmt, dass Einschränkungen der Richtlinienrechte zulässig sind, sofern sie für wichtige wirtschaftliche Interessen eines Mitgliedstaats, einschließlich Steuerangelegenheiten, notwendig sind.

[245] GA *Kokott*, Schlussanträge, Rs. C-73/16, EU:C:2017:253, Rn. 28–30 – Puškár.

[246] GA *Kokott*, Schlussanträge, Rs. C-73/16, EU:C:2017:253, Rn. 114 ff. – Puškár.

[247] EuGH, Rs. C-73/16, EU:C:2017:725, Rn. 38 – Puškár.

[248] EuGH, Rs. C-73/16, EU:C:2017:725, Rn. 102 – Puškár.

[249] EuGH, Rs. C-73/16, EU:C:2017:725, Rn. 114 – Puškár: die Aufnahme des Klägers in eine solche Liste könne rufschädigend und im Verhältnis zu den Finanzbehörden belastend sein. Sie beeinträchtige zudem die Unschuldsvermutung des Betroffenen (Art. 48 GRCh) sowie die unternehmerische Freiheit der betroffenen juristischen Personen (Art. 16 GRCh). Als solches könne der Eingriff nur dann angemessen sein, wenn der Finanzbe-

(5) Zwischenfazit

Zusammenfassend bleibt festzuhalten, dass es für den EuGH nicht darauf ankommt, ob eine mitgliedstaatliche Maßnahme Unionsrecht durchführt. Auch sei für das Sekundärrecht die Reichweite der ursprünglichen Kompetenzgrundlage nicht maßgeblich. Vielmehr bestimme sich der Anwendungsbereich des grundrechtskonkretisierenden Sekundärrechts im Lichte des Ziels, die Grundrechte bei der Verarbeitung personenbezogener Daten zu schützen. Die Tätigkeiten der mitgliedstaatlichen Behörden im Rahmen der Finanz- oder Steuerverwaltung mögen zwar nicht unionsrechtlich determiniert sein, sie unterfallen aber dennoch dem Anwendungsbereich des Sekundärrechtsakts.

cc) Anwendbarkeit auf parlamentarische Petitionsausschüsse: Rechtssache VQ/Land Hessen

Diese Rechtsprechung setzt der EuGH unter der DSGVO fort. So ist auch die Parlamentsverwaltung vom Anwendungsbereich der DSRL erfasst, wie der EuGH in einem Vorabentscheidungsersuchen des VG Wiesbaden entschied. Dem Sachverhalt lag ein Auskunftsbegehren eines Petenten nach Art. 15 DSGVO über die ihn betreffenden, beim Petitionsausschuss des Hessischen Landtags gespeicherten personenbezogenen Daten zu Grunde.[250] Der Präsident des Hessischen Landtags lehnte den Antrag mit Verweis darauf ab, dass das Petitionsverfahren eine parlamentarische Aufgabe sei, die nicht dem Anwendungsbereich der DSGVO unterfalle. Nach Auffassung des vorlegenden Gerichts müsse auch der Petitionsausschuss eines Gliedstaats „Verantwortlicher“ im Sinne der DSGVO sein. Der EuGH bestätigte diese Auffassung, auch die datenverarbeitende Tätigkeit eines Parlamentsausschusses sei vom Anwendungsbereich des Unionsrechts erfasst.[251] Die Anwendbarkeit der DSGVO setze nicht voraus, dass die betreffende konkrete Tätigkeit den freien Verkehr zwischen den Mitgliedstaaten unmittelbar beeinträchtige. Spezifische staatliche oder behördliche Tätigkeiten seien nur insoweit ausgeschlossen, als sie den in Art. 2 Abs. 2 lit. b und d DSGVO genannten Kategorien zugeordnet werden können (GASP, öffentliche Sicherheit, staatliche Tätigkeiten im Strafrecht, Landesverteidigung). Unter Umkehr des Prinzips der begrenzten Einzelermächtigung führt der EuGH zur Begründung aus,

hörde durch das nationale Recht im öffentlichen Interesse übertragen wurden und wenn die Aufnahme in die Liste geeignet und erforderlich sowie durch „hinreichende Anhaltspunkte“ für den Verdacht der Steuerstraftaten gerechtfertigt ist. Dies, sowie das Vorliegen der Einschränkungsmöglichkeiten nach Art. 13 DSRL zu beurteilen, obliege jedoch dem vorlegenden Gericht.

[250] EuGH, Rs. C-272/19, EU:C:2020:535 – VQ/Land Hessen.

[251] EuGH, Rs. C-272/19, EU:C:2020:535, Rn. 66 – VQ/Land Hessen.

dass die Tätigkeiten des Petitionsausschusses des Hessischen Landtags zwar „zweifellos behördlicher Art und spezifische dieses Landes" seien, da der Ausschuss mittelbar zur parlamentarischen Tätigkeit beitrage. Diese würden aber nicht explizit aus dem Anwendungsbereich der DSGVO ausgenommen.[252] Eine staatliche Tätigkeit, die nicht ausdrücklich im Sekundärrecht ausgeschlossen werde, unterfalle dem Anwendungsbereich des Unionsrechts. Im direkten Kontrast hierzu besagt indes das Prinzip der begrenzten Einzelermächtigung, dass Tätigkeiten im mitgliedstaatlichen Zuständigkeitsbereich verbleiben, solange sie nicht ausdrücklich der EU übertragen worden sind.

dd) Anwendbarkeit auf die nationale Vorratsdatenspeicherung

Die ePrivacy-RL stellt es den Mitgliedstaaten in Art. 15 Abs. 1 S. 1 frei, für „die nationale Sicherheit, (d. h. die Sicherheit des Staates), die Landesverteidigung, die öffentliche Sicherheit sowie die Verhütung, Ermittlung, Feststellung und Verfolgung von Straftaten oder des unzulässigen Gebrauchs von elektronischen Kommunikationssystemen" vom Grundsatz der Vertraulichkeit der elektronischen Kommunikation und der Pflicht zur Löschung von Verkehrsdaten abzuweichen, wenn dies „in einer demokratischen Gesellschaft notwendig, angemessen und verhältnismäßig ist." Satz 3 verlangt, dass die mitgliedstaatlichen Maßnahmen „den allgemeinen Grundsätzen des Gemeinschaftsrechts einschließlich den in Artikel 6 Absätze 1 und 2 des Vertrags über die Europäische Union niedergelegten Grundsätzen entsprechen." Die Öffnungsklausel bezieht sich auf Tätigkeiten, die bereits nach Art. 1 Abs. 3 ePrivacy-RL (Art. 3 Abs. 2 DSRL und Art. 2 Abs. 2 lit. a DSGVO) dem sekundärrechtlichen Anwendungsbereich nicht unterfallen.[253]

Der EuGH begründet die Anwendbarkeit des Unionsrechts auf die Vorratsdatenspeicherung im nationalen Recht mit dem durch die ePrivacy-RL „eingeführte[n] Grundsatz der Vertraulichkeit von Kommunikation"[254], schreibt also dem Sekundärrechtsakt grundrechtsbegründende Wirkung zu.[255] Ein ausdrückliches Grundrecht, das den Schutz des Post- und Fern-

[252] EuGH, Rs. C-272/19, EU:C:2020:535, Rn. 71 – VQ/Land Hessen.

[253] S. auch EuGH, verb. Rs. C-203/15 und C-698/15, EU:C:2016:970, Rn. 72 – Tele2. Zum Spannungsverhältnis zwischen der kompetenzrechtlich gebotenen souveränitätsschonenden Unionsregelung auf der einen und dem rechtstaatlichen Bestimmtheitsgebot auf der anderen Seite, s. bereits *A. Sandhu*, EuR 2017, 453 (462); krit. ferner *S. Schiedermair/A. Mrozek*, DÖV 2016, 89.

[254] EuGH, verb. Rs. C-203/15 und C-698/15, EU:C:2016:970, Rn. 77, 85 – Tele2; verb. Rs. C-511/18, C-512/18 und C-520/18, EU:C:2020:791, Rn. 105 ff. – La Quadrature.

[255] Bereits unter der Vorläuferregelung zum Schutz von Telekommunikationsdaten, der RL 97/66/EG über die Verarbeitung personenbezogener Daten und den Schutz der Privatsphäre im Bereich der Telekommunikation (ABl. L 24/1 v. 30.1.1998), war das Grund-

meldegeheimnisses sicherstellt, wie es in Art. 10 Abs. 1 GG verankert ist, enthält die Charta nicht. Der Schutz von Telekommunikationsdaten unterfällt aber Art. 7 i.V.m. Art. 8 GRCh.[256] Datenschutzrechtliches Sekundärrecht verdrängt letztlich das Grundrecht aus Art. 10 Abs. 1 GG. Aus der Öffnungsklausel in Art. 15 Abs. 1 RL ePrivacy-RL folgt nach Auffassung des Gerichtshofs die Anwendbarkeit des konkretisierten Unionsgrundrechts. Die nationalen Vorschriften über die Vorratsdatenspeicherung seien am Maßstab der Unionsgrundrechte zu prüfen,[257] weil Art. 15 Abs. 1 RL ePrivacy-RL als Ausnahme vom Grundsatz der Vertraulichkeit der Kommunikation „im Lichte der von der Charta garantierten Grundrechte ausgelegt werden" müsse.[258] Dies gelte nicht nur für die Speicherpflicht, sondern auch für nationale Rechtsvorschriften, die den Betreibern elektronischer Kommunikationsdienste vorschreiben, den Zugang zu Verkehrs- und Standortdaten für Strafverfolgungs-, Sicherheits- oder Polizeibehörden zu ermöglichen.[259] Das Unionsrecht gelte aber nicht für die spezifischen Tätigkeiten dieser staatlichen Behörden selbst,[260] so dass für das einheitliche Instrument der Vorratsdatenspeicherung letztlich ein gespaltener Grundrechtsschutz im Mehrebenensystem gilt. Die eigentlich nur „klarstellende Öffnungsklausel"[261] des Art. 15 Abs. 1 S. 3 ePrivacy-RL wird zur Eröffnung des Anwendungsbereichs des Unionsrechts herangezogen. Allerdings geht es bei der Vorratsdatenspeicherung seit der Nichtigerklärung der VDSRL[262] gerade nicht mehr darum, dass die Mitgliedstaaten von einer unionsrechtlichen Speicherpflicht unter Verweis auf ihre nationalen Verfassungsvorschriften abweichen.[263] Der

---

recht auf Schutz personenbezogener Daten als allgemeiner Rechtsgrundsatz auf Gemeinschaftsebene bereits anerkannt, s. auch *H. D. Jarass*, GRCh, Art. 8 Rn. 4a und Einl. Rn. 54; *S. Schiedermair*, Schutz des Privaten, S. 220.

[256] *N. Bernsdorff*, in: Meyer/Hölscheidt, GRCh, Art. 8 GRCh Rn. 16.

[257] Dies unter fragwürdigem Rückgriff auf ErwG 2 der ePrivacy-RL, der als Ziel „die Achtung der Grundrechte" – insbesondere der Art. 7 und 8 GRCh – formuliert, EuGH, verb. Rs. C-203/15 und C-698/15, EU:C:2016:970, Rn. 82 ff. – Tele2.

[258] EuGH, verb. Rs. C-203/15 und C-698/15, EU:C:2016:970, Rn. 91 – Tele2.

[259] EuGH, verb. Rs. C-511/18, C-512/18 und C-520/18, EU:C:2020:791, Rn. 96 – La Quadrature.

[260] EuGH, verb. Rs. C-511/18, C-512/18 und C-520/18, EU:C:2020:791, Rn. 92 – La Quadrature; Rs. C-207/16, EU:C:2018:788, Rn. 35, 37 – Ministerio Fiscal.

[261] So im Vorfeld der Entscheidung *F. Wollenschläger/L. Krönke*, NJW 2016, 906 (908); das BVerfG hatte die nationale Umsetzung noch unter Geltung der Vorratsdatenspeicherungs-RL an den nationalen Grundrechten geprüft, BVerfGE 125, 260 (307 ff.); dies stieß auf breite Kritik, da das BVerfG dadurch die Prüfung der zugrundeliegenden Richtlinie im Wege einer Gültigkeitsvorlage an den EuGH vermied, s. nur *M. Bäcker*, EuR 2011, 103 (114 ff.).

[262] EuGH, verb. Rs. C-293/12 und C-594/12, EU:C:2014:238, Rn. 54 – Digital Rights.

[263] So die Konstellation in den vom EuGH in Bezug genommenen Entscheidungen zum Umsiedlungsmechanismus für international Schutzsuchende, verb. Rs. C-715/17, C-718/17 und C-719/17, EU:C:2020:257, Rn. 143 und 170 – Kommission/Polen u.a.

einzige Anknüpfungspunkt für die Prüfung nationaler Rechtsvorschriften über die Vorratsdatenspeicherung am Maßstab der europäischen Grundrechte ist seither die deklaratorische Öffnungsklausel in Art. 15 Abs. 1 S. 1 ePrivacy-RL.

ee) Zusammenfassung

Der sachliche Anwendungsbereich der DSRL und der DSGVO erfasst zwar sowohl den öffentlichen als auch den privaten Bereich. Die Einbeziehung der rein innerstaatlichen Datenverarbeitung öffentlicher Stellen ließ der Rechtsetzer jedoch offen. Entschieden wurde diese Frage durch die kompetenzvorgreifende Rechtsprechung des EuGH. Das Gericht legte den sachlichen Anwendungsbereich der DSRL, der DSGVO oder der ePrivacy-RL extensiv im Lichte des Richtlinien- bzw. Verordnungsziels aus. Nur ein möglichst weiter Anwendungsbereich könne einem unionsweit hohen Schutzniveau gerecht werden. Dies hat zur Folge, dass die mitgliedstaatlichen Behörden immer dann, wenn sie personenbezogene Daten verarbeiten, im Anwendungsbereich des Unionsrechts tätig werden. Solange eine Tätigkeit nicht ausdrücklich einer sekundärrechtlichen Ausnahme unterfällt, ist sie ungeachtet der Grenzen der Kompetenzgrundlage vom Sekundärrecht erfasst. Die Reichweite des Sekundärrechts wird losgelöst von der Kompetenzgrundlage beurteilt, auch auf Art. 51 Abs. 1 GRCh, der die Anwendung der GRCh auf die Mitgliedstaaten bei der Durchführung von Unionsrecht beschränkt, kommt es nicht an. In den Anwendungsbereich der DSRL und der DSGVO fallen deshalb auch Tätigkeiten der Rechnungshöfe, der Finanz- und Steuerbehörden oder der Parlamentsverwaltung, nicht aber spezifische Tätigkeiten etwa der Sicherheitsbehörden. Maßgeblich ist allein die effektive Anwendung der DSRL bzw. der DSGVO und die Verwirklichung des sekundärrechtlich konkretisierten Ziels „Schutz der Privatsphäre" und der „Schutz personenbezogener Daten". Die Verschiebung grundrechtlicher Jurisdiktionskompetenzen im Datenschutzrecht vollzog sich damit maßgeblich auf Grundlage deklaratorischer Bestimmungen im grundrechtskonkretisierenden Sekundärrecht.

c) Verarbeitung personenbezogener Daten durch Private

Private Datenverarbeitung wird insgesamt dem Datenschutzrecht unterstellt, außer sie erfolgt in den durch die sogenannte Haushaltsausnahme bzw. das Familienprivileg geschützten Räumen. Die restriktive Auslegung dieser Haushaltsausnahme [aa)], gepaart mit einer schutzmaximierenden Auslegung des Anwendungsbereichs führt dazu, dass die datenverarbeitenden Tätigkeiten Privater ungeachtet eines Binnenmarktbezugs weitgehend der unionsgerichtlichen Kontrolle unterfallen. Dies wird nachfolgend anhand zweier Fallbeispiele zur privaten Grundrechtsausübung im Bereich ehrenamtlicher Tätigkeiten [bb)] und privater Videoüberwachung [cc)] dargestellt.

aa) Restriktive Auslegung der Haushaltsausnahme

Tätigkeiten „persönlicher oder familiärer“ Natur sind vom Anwendungsbereich der DSRL und der DSGVO ausgenommen (sog. Haushaltsausnahme oder Familienprivileg). Dies umfasst beispielsweise den privaten Schriftverkehr sowie die Nutzung sozialer Netzwerke, wenn sie auf den engen persönlichen oder familiären Kreis beschränkt sind und keinen Bezug zur beruflichen oder wirtschaftlichen Tätigkeit aufweisen (vgl. auch Erwägungsgrund 18 DSGVO).[264] Sobald aber personenbezogene Daten im Internet veröffentlicht und „einer unbegrenzten Zahl von Personen zur Kenntnis gebracht werden“,[265] liegt keine auf den engen Kreis beschränkte, persönliche Tätigkeit mehr vor. Auf den ersten Blick entfaltet diese Haushaltsausnahme keine vertikale Dimension, betrifft also nicht die Machtverteilung zwischen den Mitgliedstaaten und der EU, sondern den Schutz privater Räume vor einer paternalistischen Überregulierung.[266]

bb) Ehrenamtliche Tätigkeiten und private Verkündungstätigkeiten

In der analogen Welt beschränkt der EuGH die Sachbereichsausnahme auf den räumlich-gegenständlichen Bereich des Privatlebens. Sobald dieser private Raum verlassen wird, unterliegt der Sachverhalt dem Datenschutzrecht. Weder ehrenamtliche Tätigkeiten noch hobbymäßige Tür zu Tür-Besuche im Rahmen individueller Missionarstätigkeit für eine Organisation unterfallen der Haushaltsausnahme.[267] Diese Rechtsprechung birgt ein nicht zu unterschätzendes grundrechtsunitarisierendes Potenzial. Denn private Verkündungstätigkeit ist zugleich Ausdruck der in den jeweiligen Mitgliedstaaten unterschiedlich geschützten Religionsausübungsfreiheit.[268] Durch die Einbeziehung des Sachverhalts in den Anwendungsbereich der DSRL wird die grundrechtliche Abwägung eine Frage des Unionsrechts. Generalanwalt *Paolo Mengozzi* begründet die Einbeziehung der Verkündungstätigkeit mit ihrer „gemeinschaftlichen Dimension“ und damit, dass sie notwendigerweise

---

[264] EuGH, Rs. C-101/01, Slg. 2002 I-12992, Rn. 47 – Lindqvist; Rs. C-212/13, EU:C:2014:2428, Rn. 31 – Ryneš. Zur Frage, ob die Haushaltsausnahme unter der DSGVO weiter als unter der DSRL sei s. GA *Mengozzi*, Schlussanträge, Rs. C-25/17, EU:C:2018:57, Fn. 40 – Jehovan todistajat (im Ergebnis verneinend).

[265] EuGH, Rs. C-101/01, Slg. 2002 I-12992, 13013, Rn. 47 – Lindqvist; Rs. C-73/07, EU:C:2008:727, Rn. 44 – Satamedia.

[266] Skeptisch, ob damit dem Prinzip privater Freiheit ausreichend Rechnung getragen wird *J. Masing*, NJW 2012, 2305 (2310); *B. Buchner*, Informationelle Selbstbestimmung, S. 30.

[267] EuGH, Rs. C-25/17, EU:C:2018:551 – Jehovan todistajat; Rs. C-101/01, Slg. 2002 I-12992, 13013 – Lindqvist.

[268] Zur Überlegung, inwiefern die Einbeziehung der Tätigkeit mit Art. 10 Abs. 1 GRCh vereinbar ist, s. GA *Mengozzi*, Schlussanträge, Rs. C-25/17, Rn. 44 – Jehovan todistajat.

das Verlassen der privaten Sphäre voraussetze.[269] Ausschlüsse vom Anwendungsbereich haben sich auf das absolut Notwendige zu beschränken, die Verkündungstätigkeit müsse der DSRL unterfallen, um ein „hohes Niveau des Schutzes der Grundrechte und Grundfreiheiten, insbesondere der Privatsphäre, natürlicher Personen bei der Verarbeitung personenbezogener Daten zu gewährleisten."[270] Angewendet auf das Verhältnis zwischen Privaten bedeutet dies, dass die Richtlinie nicht nur den Schutz personenbezogener Daten, sondern zwangsläufig auch die kollidierenden Unionsgrundrechte harmonisiert. Der unionsrechtliche Datenschutz würde wie eine Grundfreiheit auf Unionsebene als Schranke für sämtliche Grundrechte wirken. So nimmt der Generalanwalt dann auch eine Prüfung des gegenläufigen Grundrechts auf Religionsfreiheit aus Art. 9 EMRK und Art. 10 Abs. 1 GRCh vor und kommt nach der Bejahung des Schutzbereichs zu dem Schluss, dass ein Eingriff in dieses Recht durch die Beachtung der Vorgaben DSRL endgültig festgestellt werden könne.[271] Jedenfalls aber wäre der Eingriff zum Schutz des Rechts auf Privatsphäre und des Rechts der besuchten Personen auf Schutz ihrer personenbezogenen Daten notwendig und damit gerechtfertigt. Da Art. 10 Abs. 1 GRCh im Ergebnis nicht überwiege, liege keine ausschließlich persönliche oder familiäre Tätigkeit im Sinne von Art. 3 Abs. 2 zweiter Gedankenstrich DSRL vor.[272]

Der EuGH hat zwar diese vom Generalanwalt vorgeschlagene umfassende Grundrechtsprüfung im Rahmen der Anwendungsbereichsbestimmung nicht vorgenommen. Doch begründet er die Anwendbarkeit der DSRL mit der Methode der hierarchisch umgekehrten Konformauslegung. Art. 1 Abs. 1 DSRL ziele auf die Gewährleistung eines hohen Schutzniveaus des Grundrechts der Privatsphäre bei der Verarbeitung personenbezogener Daten, Ausnahmen von ihrem Anwendungsbereich seien deshalb restriktiv auszulegen.[273] Ausgenommen würden nur spezifische Tätigkeiten staatlicher Stellen sowie ausschließlich persönliche oder familiäre Tätigkeiten. Im Übrigen nehme die Richtlinie „keine weitere Einschränkung ihres Anwendungsbereichs vor".[274] Da sich die Verkündungstätigkeit auf den öffentlichen Raum erstreckte und die Daten an Gemeindemitglieder weitergegeben werden, haben sie die private Sphäre verlassen und unterfallen der DSRL.[275] Den Ausgleich der grundrechtlichen Interessen nimmt der Gerichtshof nicht vor, er stellt nur fest, dass für die Gemeinschaft der Zeugen Jehovas als für die Ver-

[269] GA *Mengozzi*, Schlussanträge, Rs. C-25/17, EU:C:2018:57, Rn. 42.
[270] GA *Mengozzi*, Schlussanträge, Rs. C-25/17, EU:C:2018:57, Rn. 43.
[271] GA *Mengozzi*, Schlussanträge, Rs. C-25/17, EU:C:2018:57, Rn. 44–50.
[272] GA *Mengozzi*, Schlussanträge, Rs. C-25/17, EU:C:2018:57, Rn. 51.
[273] EuGH, Rs. C-25/17, EU:C:2018:551, Rn. 35 – Jehovan todistajat.
[274] EuGH, Rs. C-25/17, EU:C:2018:551, Rn. 37 – Jehovan todistajat.
[275] EuGH, Rs. C-25/17, EU:C:2018:551, Rn. 42 ff. – Jehovan todistajat.

arbeitung Verantwortliche die datenschutzrechtlichen Pflichten gelten. Inwiefern die Verkündungstätigkeit ihrerseits grundrechtlich geschützt ist und die Bindung an die DSRL einen Eingriff darstellt, wird nicht erörtert.

cc) Private Videoüberwachung

Ähnlich ließ es der EuGH in der Rechtssache *Ryneš* für die Verneinung der Haushaltsausnahme genügen, dass die private Videoüberwachung eines Einfamilienhauses auch teilweise den öffentlichen Raum miterfasste.[276] Zur Begründung der engen Auslegung zog er den Grundrechtsschutz als Zweck der DSRL heran.[277] Art. 7 GRCh verlange in ständiger Rechtsprechung, „dass sich die Ausnahmen und Einschränkungen in Bezug auf den Schutz der personenbezogenen Daten auf das absolut Notwendige beschränken müssen".[278] Dabei nahm der EuGH auf sein Präjudiz in der Rechtssache *Digital Rights* zur Vorratsdatenspeicherung Bezug. Dieses betraf jedoch die Einschränkung von Art. 7 und 8 GRCh durch die anlasslose Speicherung von Verkehrsdaten durch staatliche Stellen – mithin die abwehrrechtliche Dimension und nicht die Drittwirkung des Grundrechts. Staatliche Eingriffe müssen sich zweifelslos auf das absolut Notwendige beschränken.[279] Auf die Tätigkeit Privater lässt sich dieser strikte Verhältnismäßigkeitsgrundsatz aber gerade nicht übertragen. Die Begrenzung staatlicher Eingriffe im Lichte der Grundrechte ist im Sinne eines hohen Freiheitsschutzes geboten. Die Begrenzung privater Freiheit unter Anlegung der selben Maßstäbe läuft dem rechtsstaalichen Verteilungsprinzip[280] zuwider. Die Übertragung dieser Ratio auf die *private* Datenverarbeitung in der Sache *Ryneš* wird der notwendigen prinzipiellen Unterscheidung zwischen öffentlichem und privatem Datenschutz nicht gerecht.

Die hierarchisch umgekehrte Auslegung im Lichte der Grundrechte wirkt in diesem Fall zum einen kompetenzerweiternd und zum anderen drittwirkend. Kompetenzerweiternd wirkt sie insofern, als der EuGH unterstellt,

[276] EuGH, Rs. C-212/13, EU:C:2014:2428, Rn. 33 – Ryneš.

[277] EuGH, Rs. C-212/13, EU:C:2014:2428, Rn. 29 – Ryneš; ähnlich zirkelschlüssig argumentiert der EuGH im Freizügigkeitsrecht: Weil die Unionsbürgerschaft zentraler Status sei, dürfe die nationale Staatsangehörigkeit nicht verloren gehen, s. *Schoch*, Europäisierung des Staatsangehörigkeits- und Aufenthaltsrechts durch den „Unionsbürgerstatus", in: FS Hailbronner, 2013, S. 355 (356 f.).

[278] EuGH, Rs. C-212/13, EU:C:2014:2428, Rn. 28 – Ryneš.

[279] EuGH, Rs. C-293/12 und C-594/12, EU:C:2014:238, Rn. 52 – Digital Rights.

[280] Grundlegend *C. Schmitt*, Verfassungslehre, § 12 II. Rn. 3 (S. 126), danach ist „die Freiheit des einzelnen prinzipiell unbegrenzt, während die Befugnis des Staates zu Eingriffen in diese Sphäre prinzipiell begrenzt ist." *J. Masing*, NJW 2012, 2305 (2307): „Private stehen sich in Freiheit gegenüber. Für sie streitet der rechtsstaatliche Verteilungsgrundsatz umgekehrt wie gegenüber der Exekutive: Erlaubt ist alles, was ihnen nicht auf Grund eines Gesetzes ausnahmsweise verboten ist."

dass der notwendige Schutz personenbezogener Daten außerhalb der Anwendbarkeit der DSRL nicht sichergestellt sei. Jede Unanwendbarkeit der DSRL gefährde zugleich das Ziel, die Grundrechte aus Art. 7 und 8 GRCh sicherzustellen.[281] Dies verkennt die föderative Dimension der Haushaltsausnahme, die zugleich die Kompetenzgrenzen markiert. Die Haushaltsausnahme schafft keine grundrechtsfreien Räume. In ihrem Sachverhalt gilt vielmehr weiterhin das Recht der Mitgliedstaaten. So würde sich die Rechtmäßigkeit der privaten Videoüberwachung im Fall *Ryneš* in Deutschland entweder nach den insofern unionsrechtlich nicht determinierten § 4 Abs. 1 Nr. 2 BDSG[282] oder §§ 1004, 823 Abs. 1 und 2 BGB, Art. 2 Abs. 1 i.V.m. Art. 1 Abs. 1 GG beurteilen. Die Interessensabwägung ist dabei nicht nur am Maßstab des Rechts auf informationelle Selbstbestimmung,[283] sondern auch des Rechts am eigenen Bild vorzunehmen.[284] Tatsächlich liegt der Argumentation des EuGH die Annahme zugrunde, dass jede Ausnahme von der Richtlinie die *einheitliche* Geltung des Datenschutzgrundrechts in der EU gefährden würde. Doch die allgemeine Harmonisierung des Grundrechtsschutzes ist nicht Aufgabe des EuGH. Unionsgrundrechte gelten für die Mitgliedstaaten vielmehr primär, um die einheitliche Anwendung des Unionsrechts sicherzustellen.

dd) Zwischenfazit

Verarbeiten natürliche Personen personenbezogene Daten für andere als persönliche oder familiäre Tätigkeiten, bedarf es einer datenschutzrechtlichen Erlaubnis. Doch dieser muss nicht zwingend im Unionsrecht liegen. Vielmehr sind wohl die meisten privatrechtlichen Sachverhalte nicht unionsrechtlich determiniert. Dies gilt insbesondere für die zivilrechtlichen Abwehr- und Unterlassungsansprüche wegen der Verletzung von Persönlichkeitsrechten. Diese Eingrenzung des Datenschutzsekundärrechts folgt unmittelbar aus dem primärrechtlich zu bestimmendem Anwendungsbereich des Unionsrechts sowie dem Prinzip der begrenzten Einzelermächtigung (Art. 5 Abs. 1 S. 1, Abs. 2 EUV). Überdies gilt im Datenschutzrecht, für das eine geteilte Kompetenz der EU besteht, das Prinzip der Subsidiarität und der Verhältnismäßigkeit (Art. 5 Abs. 1 S. 2, Abs. 3 EUV). Das grundrechtskonkretisierende Sekundärrecht wirkt durch die extensive Auslegung des für dessen Anwendbarkeit maßgeblichen Begriffs des Anwendungsbereichs des Unionsrechts im Lichte des Richtlinien- bzw. Verordnungsziels kompetenzausweitend.

---

[281] So explizit auch EuGH, Rs. C-345/17, EU:C:2019:122, Rn. 41 – Buivids.

[282] Krit. hinsichtlich dessen Unionsrechtskonformität *M. Lachenmann*, ZD 2017, 407 (410 f.), weil allein Art. 6 Abs. 1 lit. f DSGVO maßgeblich sei.

[283] Vgl. BGH, ZD 2013, 447.

[284] *M. Bäcker*, Der Staat 51 (2012), 91 (110).

3. Rezeption der Rechtsprechung und Kritik

Die extensive Auslegung des EuGH ist in der Literatur überwiegend auf Kritik gestoßen. Die Analyse der Rechtsprechung zur Auslegung des sekundärrechtlichen Anwendungsbereichs macht die kompetenzielle Dimension der hierarchisch umgekehrten Konformauslegung deutlich. Der EuGH dehnte den Anwendungsbereich des Sekundärrechts unter Verweis auf den Richtlinienzweck über den Anwendungsbereich der primärrechtlichen Kompetenz hinaus aus und legte Art. 3 Abs. 2 erster Gedankenstrich DSRL, der den Anwendungsbereich auf das Gemeinschaftsrecht begrenzt, restriktiv aus.[285] Vor dem Hintergrund, dass die DSRL auf Grundlage der Kompetenz für die Binnenmarktharmonisierung ergangen ist, erscheint die Auslegung des EuGH zwar zunächst folgerichtig,[286] allerdings wird einem Grundrecht damit über das Vehikel der Binnenmarktharmonisierung eine unionsweite allgemeine Bindungswirkung verschafft, die nicht mehr zwischen unionsrechtlich determinierten und mitgliedstaatlichen Fallgestaltungen oder zwischen staatlicher und privater Grundrechtsbindung differenziert. Das Grundrecht wirkt dadurch wie die Grundfreiheiten, deren innerstaatliche Anwendbarkeit aber im Unterschied zu europäischen Grundrechten gerade nicht von einem dem Art. 51 Abs. 1 GRCh vergleichbaren Vorbehalt abhängt.

Eine Gleichsetzung des sekundärrechtlichen Datenschutzrechts mit dem konkretisierten Grundrecht ermöglicht dem EuGH die eigenmächtige Konturierung des Grundrechts selbst. Zwar nimmt er die Auslegung auf Grundlage eines Legislativakts in Gestalt des grundrechtskonkretisierenden Sekundärrechts vor. Indes hat die Konstitutionalisierung ihres Gehalts zur Folge, dass dem zukünftigen Rechtsetzer die Ausgestaltungsfreiheit des Grundrechts weitgehend genommen wird. Die Vergrundrechtlichung eines Sekundärrechtsakts ist mit dem Demokratieprinzip unvereinbar.[287] Geht der EuGH über seine vorrangige „Ausfüllungszuständigkeit“[288] hinaus, steht dies zudem im Konflikt mit dem rechtsstaatlichen Grundsatz der Gewaltenteilung. Schließlich nimmt auch die vertikale Gewaltenteilung zwischen den Mitgliedstaaten und der Union Schaden, wenn die Anwendbarkeit von Unionsgrundrechten allein sekundärrechtlich begründet und ohne Rück-

[285] *M. Ruffert*, EuGRZ 2004, 466 (469 f.); krit. auch *B. Grzeszick*, NVwZ 2018, 1505 (1507).

[286] Vgl. *C. Unseld*, Horizontalwirkung, S. 178.

[287] *C. Unseld*, Horizontalwirkung, S. 205. Krit. auch *M. Nettesheim*, EnzEuR II, § 9 Rn. 53: „Will man den spezifischen Schutzgehalt der Grundrechte nicht verspielen, darf man die Verfügung über die Schranken der Grundrechte nicht in die Hand des sekundärrechtlichen Normgebers geben.“

[288] Näher *S. Leible*/*R. Domröse*, Primärrechtskonforme Auslegung, § 9 Rn. 66; *T. Barczak*, Konstitutionalisierung.

sicht auf die Einschränkung in Art. 51 Abs. 1 S. 1 GRCh bestimmt wird.[289] Soweit das Datenschutzsekundärrecht nur deklaratorisch konkretisierend ist, wirkt eine extensive Auslegung auf das Primärrecht zurück. So konstatierte *Moritz Bleckmann* zu Recht, dass „diese Kombination zwischen einer exzeptionellen Grundrechtsgesetzgebung zur Realisierung des Binnenmarktes und deren Anwendbarkeit auf Einzelfälle ohne Binnenmarktrelevanz zu einer Ausweitung des Anwendungsbereichs der Gemeinschaftsgrundrechte führt, die weit in den nationalen Hoheitsbereich hineinreicht“[290]. Der Gemeinschaftsgesetzgeber unterwerfe mittelbar über die Sekundärrechtsgebung die Mitgliedstaaten umfassend den Gemeinschaftsgrundrechten.[291] *Birte Siemen* kam in ihrer Bewertung der ORF-Entscheidung zu dem Schluss, dass die DSRL nicht nur den grenzüberschreitenden Datenverkehr, sondern „gleichsam ein ganzes Grundrecht, nämlich das Grundrecht auf Datenschutz bzw. informationelle Selbstbestimmung harmonisiert“[292] habe. Schon in den ersten Entscheidungen des EuGH zur DSRL wurde das Potenzial erkannt, „die nationalen Grundrechte in ihrer Bedeutung zurückzudrängen“.[293] Die Entscheidungen führten zur Annahme, dass das Recht auf Schutz personenbezogener Daten „durch die Richtlinie vermittelt“ würde, der DSRL somit eine „doppelte Funktion“ zukäme: „Zum einen gibt sie Aufschluss über den Inhalt des Gemeinschaftsgrundrechts auf Datenschutz, zum anderen vermittelt sie selbst einen grundrechtlichen Schutzanspruch und bestimmt die Reichweite dieses Rechts im Verhältnis zu den nationalen Grundrechten.“[294] Die Rechtsprechung steht insofern exemplarisch für die von *Peter M. Huber* krtisierte „kompetenzielle Dimension judikativer Grundrechtsentfaltung“[295]. Im Datenschutzrecht bleibt damit unklar, „wo der EuGH den in Art. 8 GRCh (grundrechtlich) garantierten Mindeststandard ansetzt und wo er (bloß) sekundärrechtlich begründete, vom politischen Willen getragene Regelungen interpretiert.“[296] Zuzustimmen ist dem Befund von *Martin Nettesheim*, dass damit offen bleibt, „inwieweit sich die jeweiligen Erkenntnisse des EuGH als Ausdruck „grundrechtlichen Denkens“ begreifen lassen oder nur Ergebnis einer (klugen) Auslegung des Sekundärrechts

---

[289] Krit. auch *G. Britz*, Das Grundrecht auf Datenschutz, S. 61.

[290] *M. Bleckmann*, Nationale Grundrechte, S. 63 f.

[291] *M. Bleckmann*, Nationale Grundrechte, S. 63 f.

[292] *B. Siemen*, EuR 2004, 306 (316). Schon unter Geltung der Richtlinie konnte sich der Einzelne folglich bei rein nationalen Sachverhalten auf unmittelbar anwendbare Vorschriften der DSRL berufen, die ausschließlich am Maßstab der Unionsgrundrechte (damals Art. 8 EMRK) geprüft wurden.

[293] *B. Siemen*, EuR 2004, 306 (316).

[294] *B. Siemen*, Datenschutz, S. 273.

[295] *P. M. Huber*, EuR 2008, 190 (190).

[296] *M. Nettesheim*, EnzEuR II, § 9 Rn. 53.

sind. Die sekundärrechtsimmanente Interpretation und die primärrechtskonforme Auslegung verschwimmen."[297] Soweit der EuGH die DSRL auf rein innerstaatliche Datenverarbeitungsvorgänge für anwendbar erklärte, verneinte *Gabriele Britz* unter Geltung der DSRL eine innerstaatliche Rechtspflicht zur Anwendung unabhängig von einem Binnenmarktbezug, die Anwendung erfolge dann allenfalls pragmatisch „aus Praktikabilitätsgründen"[298].

Der EuGH legt zwar formal das Sekundärrecht in seinem sachlichen Anwendungsbereich erweiternd aus, dies jedoch unter Verweis auf die grundrechtliche Zielsetzung. Die extensive Sekundärrechtsauslegung erweist sich damit zugleich als Primärrechtserweiterung. Die weite Auslegung der DSRL sowohl *rationae materiae* als auch *rationae personae* wirkt sich zugleich auf die Anwendbarkeit des faktisch zu harmonisierenden Grundrechts aus. Art. 51 Abs. 1 S. 1 GRCh, der die Reichweite der Bindung der Mitgliedstaaten an Unionsgründe auf Fälle, in denen Unionsrecht durchgeführt wird, beschränkt, bleibt weitgehend außen vor. Die EuGH-Rechtsprechung legt nahe, dass diese Beschränkung für das EU-Datenschutzrecht keine Relevanz mehr entfalten soll, vielmehr aus der Anwendbarkeit des Sekundärrechtsakts zugleich auf die Geltung des europäischen Datenschutzgrundrechts geschlossen werden könne. Die dargestellte zirkelschlüssige Argumentation des EuGH lässt sich auf folgenden Satz verkürzen: Sobald personenbezogene Daten verarbeitet werden, fällt der Sachverhalt in den Anwendungsbereich der DSRL und damit des Unionsrechts, weil die Union ein hohes Datenschutzniveau gewährleisten will.[299] Die Fokussierung auf die teleologische

[297] *M. Nettesheim*, EnzEuR II, § 9 Rn. 53.

[298] *G. Britz*, Das Grundrecht auf Datenschutz, S. 61.

[299] Vgl. die Kritik bei *M. Ruffert*, EuGRZ 2004, 466 (469 f.); *G. Britz*, Das Grundrecht auf Datenschutz, S. 61; *C. Unseld*, Horizontalwirkung, S. 28 f.: „Insbesondere bei Prüfungen der Binnenmarktfreiheiten fällt oft die Eröffnung des Anwendungsbereichs mit dem Eingriff in den Schutzbereich zusammen. *Wenn und weil* eine gewerkschaftliche Blockade gegen das binnenmarktrechtliche Diskriminierungsverbot verstößt, steht dieses auf dem Prüfstand des Europarechts. Als in Deutschland sozialisierter Jurist fällt es manchmal schwer, hier die Logik des Europarechts nachzuvollziehen, da man im deutschen Verfassungsrecht gewohnt ist, den Schutzbereich und die Eingriffshandlung zu trennen. Die verkürzte europarechtliche Prüfung macht es nahezu unmöglich, sich einen zeitlich-räumlichen Bereich vorzustellen, in dem zwar grundrechtsrelevante Handlungen passieren, diese aber noch keine Schutzpflicht des Staates auslösen." (Hervorhebungen im Original); s. auch *C. Möllers*, Drei Gewalten, S. 179: „Wo der Schutz dieser Grundfreiheiten bejaht wurde, ist dem europäischen Gesetzgeber die Kompetenz zur Regelung des Binnenmarktes eröffnet. Indem der EuGH die Reichweite eines transnationalen subjektiven Rechts, etwa auf freien Handel im Raum der EU bestimmt, definiert er zugleich die Kompetenzen des europäischen Gesetzgebers im Verhältnis zu den Mitgliedstaaten. […] Die Einklagbarkeit mobiler Freiheiten vor dem EuGH erweitert mittelbar den Zugriff des europäischen Gesetzgebers."

Auslegung lässt den entstehungsgeschichtlichen Prozess des unionsrechtlichen Sekundärrechts in den Hintergrund treten. Dabei ist, wie der EuGH in der jüngeren Rechtsprechung wieder stärker betont, nicht nur der Wortlaut und das Ziel einer unionsrechtlichen Vorschrift, sondern insbesondere auch ihre Entstehungsgeschichte zu berücksichtigen.[300] Es kommt indes keiner Auslegungsmethode ein einseitiger Vorrang zu. Vielmehr ist zu berücksichtigen, ob die teleologische Auslegung des Sekundärrechts in offenkundigem Widerspruch sowohl zum entstehungsgeschichtlichen Hintergrund als auch zur primärrechtlichen Systemtatik steht. Dann kann die sekundärrechtliche Zielsetzung jedenfalls nicht allein maßgeblich sein. Auf die Entstehungsgeschichte einiger sekundärrechtlicher Öffnungsklauseln im Datenschutzrecht wird deshalb nachfolgend bei der Beurteilung ihrer Reichweite näher eingegangen.

V. Vereinbarkeit mit den Integrationsgrenzen

Die umgekehrt hierarchische Konformauslegung von deklaratorischen Sekundärrechtsbestimmungen, insbesondere wenn sie nur primärrechtliche Kompetenzgrenzen abbilden, wirkt kompetenzvorgreifend. Die Anwendung der vom BVerfG entwickelten Ultra-vires-Kontrolle (1.), die auch für die Rechtsfortbildung durch den EuGH gilt (2.), ist im europäischen Grundrechtsraum unter Berücksichtigung der divergierenden Rechtskulturen vorzunehmen (3.), da der EuGH als transnationaler Spruchkörper agiert. Soweit die rein innerstaatliche Tätigkeit öffentlicher Stellen einbezogen wird, unabhängig von der Durchführung von Unionsrecht im konkreten Fall, überschreitet diese Auslegung die Grenzen der zulässigen Rechtsfortbildung (4.).

1. Voraussetzungen der Ultra-vires-Kontrolle

Nach dem vom BVerfG in ständiger Rechtsprechung konkretisierten Ultra-vires-Vorbehalt gilt für Rechtsakte der europäischen Einrichtungen und Organe, die sich jenseits der ihnen eingeräumten Hoheitsrechte bewegen oder aus ihnen ausbrechen, der innerstaatliche Anwendungsvorrang nicht.[301] Die „eigenmächtige Inanspruchnahme hoheitlicher Befugnisse durch Organe, Einrichtungen und sonstige Stellen der Europäischen Union" jenseits der von Art. 23 Abs. 1 S. 2 und 3, Art. 79 Abs. 2 GG vorgegebenen Integrationsgrenzen verletzt Art. 38 Abs. 1 S. 1 GG i.V.m. Art. 20 Abs. 2 S. 1 GG und damit den zur Verfassungsidentität zählenden Grundsatz der Volkssouverä-

---

[300] EuGH, verb. Rs. C-511/18, C-512/18 und C-520/18, EU:C:2020:791, Rn. 105 – La Quadrature; Rs. C-414/16, EU:C:2018:257, Rn. 44 – Egenberger.

[301] BVerfGE 154, 17; 151, 202 (205); 142, 123 (173 Rn. 79 ff.); 123, 267 (353 Rn. 240): „Grenzdurchbrechung"; 89, 155 (188); 58, 1 (30 f.); 75, 223 (235, 242).

nität.[302] Die Ultra-vires-Kontrolle schütze vor „hinreichend qualifizierten" Kompetenzüberschreitungen durch Unionsorgane.[303] Dabei erkennt das BVerfG jedoch an, dass eine supranationale Organisation „eine Tendenz zur Besitzstandswahrung und zur wirksamen Kompetenzauslegung" entwickelt, wobei es explizit die *implied powers*-Doktrin sowie die *Effet-utile*-Regel als vom grundgesetzlichen Integrationsauftrag erfasst sieht.[304] Werde jedoch das Primärrecht durch die Organe „erweiternd ausgelegt", entstehe „eine verfassungsrechtlich bedeutsame Spannungslage zum Prinzip der begrenzten Einzelermächtigung und zur verfassungsrechtlichen Integrationsverantwortung des einzelnen Mitgliedstaats".[305] Die Ultra-vires-Feststellung wird auf Grund der ebenfalls verfassungsrechtlich gebotenen Europarechtsfreundlichkeit des Grundgesetzes nur zurückhaltend und in einem „Kooperationsverhältnis" zum EuGH ausgeübt.[306] Mittelbar kontrolliert das BVerfG dabei Unionssekundärrecht oder -tertiärrecht und agiert insofern als „europäisches Kompetenzgericht"[307]. In prozeduraler Hinsicht ist jedoch vor Annahme eines Ultra-vires-Akts dem EuGH im Rahmen des Vorabenscheidungsverfahrens Gelegenheit zur Vertragsauslegung zu geben.[308]

2. Grenzen der Rechtsfortbildungskompetenz

Für das Überschreiten der in Art. 23 Abs. 1 S. 2 i.V.m. Art. 20 Abs. 1 und 2, Art. 79 Abs. 3 GG markierten Grenzen muss der Verstoß offensichtlich und strukturell bedeutsam sein.[309] Die Organe der EU müssen ihre Kompetenzgrenzen „in einer das Prinzip der begrenzten Einzelermächtigung spezifisch verletzenden Art überschritten haben", der Verstoß also hinreichend qualifiziert sein.[310] Das kompetenzwidrige Handeln muss erheblich sein und das Prinzip der begrenzten Einzelermächtigung strukturwirksam verletzen.[311] Eine strukturell bedeutsame Verschiebung setzt voraus, dass eine Handlung „im Kompetenzgefüge zwischen Mitgliedstaaten und Union im Hinblick auf das Prinzp der begrenzten Einzelermächtigung und die rechtsstaatliche Ge-

---

[302] BVerfGE 142, 123 (174 Rn. 82); 151, 202 (205): „besonderer Anwendungsfall einer auf das Demokratieprinzip bezogenen Identitätskontrolle".

[303] BVerfGE 154, 17 (90 Rn. 110); 142, 123 (174 Rn. 83).

[304] BVerfGE 123, 267 (351 Rn. 237).

[305] BVerfGE 123, 267 (352 Rn. 238).

[306] BVerfGE 154, 17 (91 Rn. 112); 126, 286 (303, 307); 123, 267 (354 Rn. 241); *A. Voßkuhle*, NVwZ 2010, 1 (7).

[307] *C. Ohler*, ZG 2020, 95 (96 f.).

[308] BVerfGE 126, 286 (304); 123, 267 (353).

[309] Konsolidierend zu den Voraussetzungen der Ultra-vires-Kontrolle BVerfGE 154, 17 (89 Rn. 109).

[310] BVerfGE 154, 17 (90 Rn. 110); 151, 202 (298 Rn. 145); 126, 286 (308 Rn. 68).

[311] BVerfGE 126, 286 (308).

setzesbindung erheblich ins Gewicht" fällt.[312] Offensichtlich ist eine Kompetenzüberschreitung durch die Judikative nicht erst dann, wenn keine unterschiedlichen Rechtsauffassungen zu einer Frage vertreten werden.[313] Das BVerfG setzt bei Auslegungsfragen des Unionsrechts, die bei methodischer Gesetzesauslegung im üblichen rechtswissenschaftlichen Diskussionsrahmen zu verschiedenen Ergebnissen führen können, seine Auslegung nicht an die Stelle derjenigen des EuGH. Es nimmt deshalb solche Interpretationen des Primärrechts hin, die keine gewichtige Verschiebung im Kompetenzgefüge zur Folge haben, auf Einzelfälle beschränkt sind und belastende Wirkungen auf Grundrechte entweder nicht entstehen oder sich innerstaatlich ausgleichen lassen.[314] Das BVerfG respektiert die „unionseigenen Methoden der Rechtsfindung"[315].

Im Unionsrecht wird die Rechtsfortbildungskompetenz der Unionsgerichte durch das Prinzip der begrenzten Einzelermächtigung (Art. 5 Abs. 2 EUV), den Grundsatz der Verhältnismäßigkeit (Art. 5 Abs. 1 S. 2, Abs. 4 EUV) sowie den Grundsatz der Gewaltenteilung begrenzt.[316] Da dem EuGH nach Auffassung des BVerfG ein „Anspruch auf Fehlertoleranz" zugesprochen wird, muss für eine Kompetenzüberschreitung seine Auslegung „nicht mehr nachvollziehbar und daher objektiv willkürlich" sein.[317] Allgemein endet die Freiheit der Rechtsfortbildung dort, wo sie nach den anerkannten Methoden der Gesetzesauslegung und Verfassungsinterpretation nicht mehr vertretbar erscheint.[318] Die Rechtsfortbildungskompetenz dient insbesondere der Lückenschließung, der Auflösung von Wertungswidersprüchen oder der Berücksichtigung besonderer Umstände des Einzelfalls. Diese Grenzen überschreitet die Rechtsfortbildung, „wenn sie deutlich erkennbare, möglicherweise sogar ausdrücklich im Wortlaut dokumentierte (vertrags-)gesetzliche Entscheidungen abändert oder ohne ausreichende Rückbindung an gesetzliche Aussagen neue Regelungen schafft."[319] Dann handelt der EuGH jenseits des Mandats von Art. 19 Abs. 1 S. 2 EUV in Verbindung mit dem Zustimmungsgesetz mit der Folge, dass der Entscheidung in Deutschland

[312] BVerfGE 126, 286 (304, 309); 151, 202 (301 Rn. 153); 142, 123 (201 f. Rn. 151).
[313] BVerfGE 154, 17 (92 f. Rn. 113).
[314] BVerfGE 154, 17 (91 Rn. 112); 126, 286 (307, Rn. 66); 142, 123 (201 Rn. 149); 151, 202 (300 Rn. 151).
[315] BVerfGE 126, 286 (307).
[316] BVerfGE 126, 286 (306); zur Korrektivfunktion des Verhältnismäßigkeitsgrundsatzes BVerfGE 154, 17 (99 Rn. 124); zum Ganzen *K. Walter*, Rechtsfortbildung, S. 227 f.
[317] BVerfGE 154, 17 (91 Rn. 112); 151, 202 (300 Rn. 151); 142, 123 (201 Rn. 149); 126, 286 (307).
[318] In Bezug auf die EMRK-freundliche Auslegung BVerfGE 128, 326 (371).
[319] BVerfGE 126, 286 (306).

gemäß Art. 23 Abs. 1 S. 2 GG i.V.m. Art. 20 Abs. 1 und 2, Art. 79 Abs. 3 GG das „erforderliche Mindestmaß an demokratischer Legitimation fehlt“[320].

3. Berücksichtigung der divergierenden Rechtskulturen

Es gilt jedoch zu beachten, dass die Auslegungsmethodik des EuGH im Kontext des europäischen Verfasssungsverbunds[321] bzw. Verfassungsgerichtsverbunds[322] nicht nur vor dem Hintergrund der eigenen rechtskulturellen Prägung beurteilt werden darf, da dem Gerichtshof die anspruchsvolle Aufgabe zugewiesen ist, in einem transnationalen Rechtsraum für die einheitliche Rechtsanwendung zu sorgen (Art. 19 Abs. 1 UAbs. 1 S. 2 EUV). Mit dem Unionsrecht hat sich eine eigenständige Rechtskultur herausgebildet. Gleichwohl nimmt diese wechselseitig auf die mitgliedstaatlichen Rechtsordnungen Bezug.[323] Um dem Versprechen der Einheit in Vielfalt Rechnung zu tragen, bedarf es einer „gemeineuropäischen komparativen Grundrechtstheorie“,[324] einer Analyse des Unionsrechts ohne einseitigen Rückgriff auf ein bestimmtes staatliches Vorverständnis[325] – dies nicht nur zur Ermittlung der Existenz und des Inhalts von Unionsgrundrechten, wie es der EuGH im Wege der wertenden Verfassungsvergleichung praktiziert, sondern auch in Bezug auf die Setzung und Auslegung grundrechtskonkretisierenden Sekundärrechts. Als Hüter einer transnationalen Rechtsordnung, die unterschiedliche Rechtskulturen und -kreise vereint, bedient sich der EuGH nicht nur in seiner Begründungstechnik der unterschiedlichen Rechtsprechungstraditionen, sondern nimmt auch bei der Auslegung Rücksicht auf die unterschiedlichen Vorverständnisse in den Mitgliedstaaten.[326] Vor diesem Hintergrund ist zunächst die geschilderte extensive Auslegung der DSRL zu betrachten, die in ihrem Anwendungsbereich zwischen privater und öffentlicher Datenverarbeitung nicht trennt [a)]. Zum anderen betrifft dies die grundsätzliche Frage der Wirkung der Grundrechte im Privatrecht [b)].

---

320 BVerfGE 154, 17 (92 f. Rn. 113).

321 Zum Begriff *I. Pernice*, Bestandssicherung, S. 261 ff.

322 Prägend *A. Voßkuhle*, NVwZ 2010, 1 (7).

323 *S. A. E. Martens*, Methodenlehre, S. 451 ff.

324 Abstrakt-theoretisch hierzu *T. Wihl*, Drei formale Grundrechtstypen, S. 240; auf das Defizit einer genuinen Unionsrechtslehre hinweisend auch *M. Wendel*, Präjudizienrecht, S. 126.

325 Für die Verfassungsebene: *F. C. Mayer*, Verfassungsgerichtsbarkeit, S. 595; in diese Richtung auch *R. Bieber* et al., Die Europäische Union, § 9 Rn. 8; zum sehr deutschen Verständnis der Rechtsgemeinschaft *A. von Bogdandy*, EuR 2017, 487 (496).

326 Zum institutionellen und rechtskulturellen Selbstverständnis des EuGH *R. Weber*, Der Staat 60 (2021), 291 (303 ff.).

a) Einheitlicher versus zweigeteilter Datenschutz

Die zunehmende Verschränkung beider Rechtsgebiete wirft die Frage nach der Relevanz einer Abgrenzung auf.[327] Das Unionsrecht kennt keine nennenswerte Unterscheidung zwischen öffentlichem und privatem Recht,[328] die strikte Trennung im deutschen Sinne ist ihm fremd.[329] Den Begriffen wird im Unionsrecht weder ein kategoriales Verständnis zu Grunde gelegt, noch werden daraus vergleichbare Konsequenzen für die Grundrechtsbindung gefolgert. So nivelliert insbesondere die Rechtsprechung des EuGH zur Einwirkung der Grundrechte und Grundfreiheiten auf Privatrechtsverhältnisse die Grenzen zwischen öffentlichem und privatem Recht. Dies erklärt sich mit den divergierenden Rechtskulturen, aber mehr noch mit Blick auf die dahinterstehende übergreifende Zielsetzung der Sicherstellung der effektiven Wirksamkeit des Unionsrechts in den Mitgliedstaaten. Für die Effektivität des Unionsrechts können private und staatliche Maßnahmen gleichermaßen hinderlich sein.

Die DSRL sowie die DSGVO treffen grundsätzlich einheitliche Regelungen für den öffentlichen und den privaten Bereich. Im Unterschied hierzu differenziert das BDSG seit jeher zwischen öffentlichen und nicht-öffentlichen Stellen.[330] Auch im französischen Recht wird zwischen privatem und öffentlichem Recht unterschieden.[331] In anderen Mitgliedstaaten ist diese Trennung nicht vergleichbar stark ausgeprägt, zum Teil sogar gänzlich unbekannt.[332]

Die frühe Datenschutzgesetzgebung der Länder in Deutschland betraf im Unterschied zur europäischen DSRL primär die Verarbeitung personenbezogener Daten durch öffentliche Stellen, mithin das vertikale Verhältnis zum Staat und weniger den Schutz personenbezogener Daten im Verhältnis Privater untereinander.[333] Dies liegt vor allem an der konkurrierenden Gesetzgebungskompetenz des Bundes für das Recht der Wirtschaft (Art. 74 Abs. 1

---

[327] Zur Annäherung beider Rechtsgebiete, verschlagwortet durch die „Publifizierung des Privatrechts“ und „Privatisierung des Öffentlichen Rechts“ statt vieler *J. Krüper*, VVDStRL 79 (2019), 43 (56) m.w.N.

[328] Anderes folgt auch nicht aus Art. 272 AEUV über die Zuständigkeit des EuGH für Schiedsklauseln, vgl. *H. D. Jarass*, ZEuP 25 (2017), 310 (313).

[329] *C. Unseld*, Horizontalwirkung, S. 179; *H. D. Jarass*, ZEuP 25 (2017), 310 (313 f.).

[330] Diese werden in § 2 BDSG definiert. Eine nicht-öffentliche Stelle gilt als öffentliche Stelle im Sinne des BDSG, wenn sie hoheitliche Aufgaben wahrnimmt, § 2 Abs. 4 Satz 2 BDSG.

[331] Hierzu *A. Somek*, VVDStRL 79 (2019), 7 und *J. Krüper*, VVDStRL 79 (2019), 43 ff.

[332] *H. D. Jarass*, ZEuP 25 (2017), 310 (313).

[333] So galten das HessDSG und das BayEDVG 1970 nur für die staatliche Datenverarbeitung, vgl. *L. Schulte*, Qualitativer Datenschutz, S. 36 f.; *A. Sandhu*, Datenschutzrecht, S. 464 f.

Nr. 11 GG), die für den Datenschutz nicht-öffentlicher Stellen herangezogen wird.[334] Eine einheitliche Regelung des privaten Datenschutzes ist zur Wahrung der Rechts- und Wirtschaftseinheit im gesamtstaatlichen Interesse zwingend durch den Bund zu treffen. Die umfassende Einbeziehung Privater ist prinzipiell Ausfluss der Schutzdimension der Grundrechte.[335] Das BDSG aus dem Jahr 1977 regelte die Datenverarbeitung sowohl durch öffentliche Stellen als auch durch natürliche oder juristische Personen des Privatrechts, die geschäftsmäßig für fremde Zwecke personenbezogene Daten verarbeiten,[336] trennte jedoch die Bereiche durch unterschiedliche Regelungen. Grundlegend war das für öffentliche und nicht-öffentliche Stellen gleichermaßen geltende Verbot der Datenverarbeitung mit Erlaubnisvorbehalt. Indes galt dieses Verbotsprinzip, das primär aus der Abwehrdimension des Grundrechts auf informationelle Selbstbestimmung (Art. 2 Abs. 1 i.V.m. Art. 1 Abs. 1 GG) folgt,[337] bis zur Anpassung an die DSRL durch die Novelle im Jahr 2001 nicht für die Erhebung personenbezogener Daten durch Private.[338] Erst im Zuge der Umsetzung der DSRL wurde der Gesetzesvorbehalt auch auf die Erhebung personenbezogener Daten im privaten Bereich erstreckt.[339] Die staatliche Datenverarbeitung wurde im deutschen Recht insgesamt strenger reguliert, als die private. Dies zeigte sich insbesondere an der gelockerten Zweckbindung und der Einschränkung des Anwendungsbereichs im privaten Sektor.[340] Dies änderte sich erst mit Umsetzung der DSRL. Im Zuge dessen wurden die Bereiche weiter angeglichen, indem auch die nichtkommerzielle private Datenverarbeitung dem Datenschutz unterstellt und der Zweckbindungsgrundsatz auf den privaten Bereich ausgeweitet wurde.[341] Im Grundsatz setzt sich jedoch die Trennung bis heute im BDSG fort.[342] Allerdings hat sich das Regel-Ausnahme-Verhältnis umgekehrt: Waren früher im deutschen Recht Private an das Datenschutzrecht nur gebunden, wenn sie kommerziell Daten verarbeiteten, gilt nach dem Unionsrecht

[334] Vgl. *DJT*, Gesetzliche Regelung des Datenschutzes, S. 12; die Regelungen des BDSG im nicht-öffentlichen Bereich werden insbesondere auf Art. 74 Abs. 1 Nr. 11 und 12 GG gestützt, vgl. BT-Drs. 14/4329, S. 27.

[335] Hierzu näher unten, 3. Kapitel A.IV. (S. 112 ff.).

[336] § 1 Abs. 2 Nr. 3 i.V.m. §§ 31 ff. BDSG 1977; zu den erfolglosen Widerständen der Privatwirtschaft im Vorfeld der Gesetzgebung *B. Buchner*, Informationelle Selbstbestimmung, S. 28 f. Private Datenmacht bestand damals vor allem im Bereich der Kredit- und Versicherungswirtschaft sowie im Arbeitsbereich, a.a.O., S. 29.

[337] *M. Albers*, Informationelle Selbstbestimmung, S. 264.

[338] § 3 BDSG 1977 bezog sich nur auf die Phasen der Speicherung, Übermittlung, Veränderung und Löschung personenbezogener Daten.

[339] S. die amtliche Begründung zum BDSG 2001 in BT-Drs. 14/4329, S. 29 und 33.

[340] *U. Dammann*, NVwZ 1991, 640 (642), der ein deutliches „Schutzgefälle" konstatiert.

[341] *B. Buchner*, Informationelle Selbstbestimmung, S. 35 f.

[342] Näher zur Regelungsstruktur des neuen BDSG im 3. Kapitel C. III. (S. 176 ff.).

eine umfassende Bindung Privater, außer sie werden ausschließlich im engen privaten Umfeld tätig.

b) Einfachgesetzlicher Grundrechtsschutz

Auch die Gleichsetzung des grundrechtsschützenden Sekundärrechts mit dem Grundrecht selbst erscheint bei einer rechtsvergleichenden Betrachtung in einem anderen Licht. So unterscheiden sich die Form und Ebene der Grundrechtsverbürgung in den Mitgliedstaaten. Dies zeigt der nachfolgend skizzierte Kontrast zwischen der deutschen Grundrechtsdogmatik und dem französischen Modell des Menschenrechtsschutzes, die beide maßgeblich die europäische Rechtsprechung beeinflussten.

Im Unterschied zur deutschen Grundrechtsdogmatik werden in der französischen Verfassungstheorie Grundrechte nicht ausschließlich unmittelbar dem Verfassungstext entnommen. Erst die einfachgesetzliche Ausgestaltung der Freiheits- und Gleichheitsrechte verschafft ihnen sowohl im Verhältnis zum Staat als auch zwischen Privaten Wirkung.[343] Im Gegensatz zum Vorrang der Verfassung gilt der grundsätzliche Vorrang des Gesetzes in der französischen Tradition, das Grundrecht wird erst in der Ausgestaltung durch den Gesetzgeber gewährleistet.[344] Das einfachgesetzlich ausgestaltete Grundrecht ist nicht identisch mit der verfassungsrechtlichen Garantie, die im Unterschied zu deutschen Grundrechten umfassender als „*liberté publique*" verstanden wird.[345] Eine verfassungs- bzw. grundrechtskonforme Auslegung des einfachen Gesetzes scheidet vor diesem Hintergrund aus.[346] Das Verständnis des einfachen Gesetzes als Ausdruck der „*volonté générale*"[347] und der Vorrang der legislativen Gewalt untersagten traditionell eine Interpretation des Gesetzes im Lichte der Verfassung.[348] Die Realisierung der Grundrechte ist sowohl im vertikalen als auch im horizontalen Verhältnis vorrangig Aufgabe der Legislative. Ein Wandel setzte erst 1971 mit der Rechtsprechung des *Conseil constitutionnel* ein, die der grundrechtlichen Überprüfung von Gesetzen den Weg ebnete.[349] Die verfassungskonforme Auslegung fand im letzten Drit-

---

[343] Die gesetzlich begründete „Drittwirkung" von Grundrechten ist danach der Normalfall und nicht auf das horizontale Verhältnis beschränkt, vgl. *C. Gusy*, Grundrechtsbindung Privater, S. 99.

[344] *C. Gusy*, Grundrechtsbindung Privater, S. 97 ff.; *W. Heun*, VVDStRL 61 (2002), 80. Zum legizentristischen Grundrechtsformtypus: *T. Wihl*, Drei formale Grundrechtstypen, S. 253 f.; *A. Kulick*, Horizontalwirkung, S. 143 m.w.N.

[345] *C. Gusy*, Grundrechtsbindung Privater, S. 97.

[346] *W. Heun*, VVDStRL 61 (2002), 80 (103).

[347] Art. 6 Déclaration des Droits de l'Homme et du Citoyen (1789): „La Loi est l'expression de la volonté générale." *A. Kulick*, Horizontalwirkung, S: 144.

[348] *W. Heun*, VVDStRL 61 (2002), 80 (102).

[349] *W. Heun*, VVDStRL 61 (2002), 80 (103 f.); *A. Kulick*, Horizontalwirkung, S. 145; zur

tel des 20. Jahrhundert auch in der französischen Rechtspraxis langsam Anerkennung. Ausdruck der „*volonté générale*" ist ein Gesetz nur noch insoweit, als es auch mit der Verfassung, insbesondere den Grundrechten, im Einklang steht.[350] Erst seit 2010 können Gesetze auch nach Inkrafttreten durch den Conseil constitutionnel im Wege der „*question prioritaire de constitutionnalité*", der französischen konkreten Normenkontrolle, auch *a posteriori* auf ihre Verfassungsmäßigkeit überprüft werden.[351]

Die Grundrechtsbegründung durch Gesetz unter Rückgriff auf fragmentarische Verbürgungen in der Verfassung weist durchaus Ähnlichkeiten mit dem Phänomen grundrechtskonkretisierenden Sekundärrechts auf, zumindest als Grundrechte im Primärrecht noch das Dasein ungeschriebener allgemeiner Rechtsgrundsätze fristeten. So wird auch in Bezug auf die legislative Ausgestaltung von Grundrechten im Europarecht von einer „Primärrechtsentfaltung im Gesetz"[352] gesprochen. Doch der Schutz personenbezogener Daten ist auch im französischen Recht nicht nur im Gesetz über den Datenschutz von 1978 verankert, sondern wird unmittelbar aus Art. 2 der Erklärung der Menschen- und Bürgerrechte (1789) abgeleitet, dem der Conseil constitutionnel das Recht auf Respekt der Privatsphäre entnimmt.[353] In der einfachgesetzlichen Ausgestaltung erstreckt sich der Schutz personenbezogener Daten sowohl auf die vom Staat, von öffentlich-rechtlichen Körperschaften als auch von Privaten elektronisch oder manuell erhobenen Daten.[354]

Im Unterschied hierzu wirken Grundrechte in der deutschen Tradition in die Privatrechtsphäre nur mittelbar ein, determinieren also das einfache Recht und unterliegen dem Ausgleich im Wege der praktischen Konkordanz. Die einfachgesetzliche Grundrechtsdurchsetzung blickt im bundesdeutschen Kontext auf eine weniger stark ausgeprägte Tradition zurück.[355] Jedoch wur-

---

Bedeutung in quantitativer Hinsicht s. die empirische Analyse von *R. K. Weber*, Begründungsstil, S. 40 ff.

[350] Institutionell-verfahrensrechtlich kam der Vorrang des einfachen Rechts durch den begrenzten Zugang zum normverwerfungsbefugten Conseil constitutionnel zum Ausdruck, der im Unterschied zur abstrakten Normenkontrolle auf eine *a priori*-Kontrolle beschränkt war, wodurch das Gesetz faktisch gegen die Verfassungskontrolle abgeschirmt wurde, s. *W. Heun*, VVDStRL 61 (2002), 80 (106); *S. Geiger*, DÖV 2020, 366 (367); *R. K. Weber*, Begründungsstil, S. 36 f.

[351] *N. Marsch*, Verfassungsgerichtsbarkeit, S. 308 ff.; *R. K. Weber*, Begründungsstil, S. 48 f.

[352] *M. Wendel*, Präjudizienrecht, S. 124 in Anlehnung an *M. Jestaedt*, Grundrechtsentfaltung.

[353] *C. Grewe*, DÖV 2002, 1022 (1023) und die Rspr. des Conseil constitutionnel dort.

[354] *C. Grewe*, DÖV 2002, 1022 (1024).

[355] In Parallele zur EU-Grundrechtsgesetzgebung erfolgt die bundesgesetzliche Grundrechtsverbürgung im einfachen Recht im Wesentlichen durch Wahrnehmung der konkur-

den in vorkonstitutioneller Zeit soziale Grund- und Bürgerrechte – wenn auch nur im Rahmen der staatlich vorgesehenen Ordnung – einfachgesetzlich verbürgt.[356] Ein erster, gescheiterter Versuch den Persönlichkeitsrechtsschutz privatrechtlich zu garantieren, stellt der Entwurf eines Gesetzes zur Neuordnung des zivilrechtlichen Persönlichkeits- und Ehrenschutzes aus dem Jahr 1959 dar.[357] Erklärtes Ziel des Entwurfes war es, „die Persönlichkeit des Menschen auch im Verhältnis der Rechtsgenossen untereinander mit Hilfe des Zivilrechts zu sichern".[358] Doch dieser und spätere Entwürfe scheiterten. Im Verhältnis Privater finden Grundrechte im deutschen Recht nur mittelbar Eingang, insbesondere über Generalklauseln.[359] Nach diesem Verständnis kann „praktische Konkordanz" weniger durch detaillierte Regelungen denn durch gerichtliche Einzelfallgerechtigkeit geschaffen werden.[360] In der abwehrrechtlichen Dimension entfalten Grundrechte ihre Schutzwirkung unmittelbar über die Schranken-Schranke der Verhältnismäßigkeitsprüfung. Die starke verfassungsrechtliche Durchdringung des einfachen Rechts in Deutschland ist maßgeblich durch den spezifischen verfassungsrechtlichen Prüfungsmaßstab des BVerfG bedingt, was insbesondere bei Urteilsverfassungsbeschwerden zum Ausdruck kommt. Die Figur der mittelbaren Drittwirkung der Grundrechte ist auf Grund dessen maßgeblich durch die deutsche Verfassungsrechtsprechung geprägt.[361]

Ausdrücklich mit Drittwirkung ausgestattet ist hingegen das Grundrecht auf Schutz personenbezogener Daten in Österreich.[362] Im österreichischen

---

rierenden Bundeskompetenz für das bürgerliche Recht (Art. 74 Abs. 1 Nr. 1 GG), die öffentliche Fürsorge (Nr. 7) und die Kompetenz für das Recht der Wirtschaft (Nr. 11), von denen seit der Föderalismusreform keine mehr unter dem Erforderlichkeitsvorbehalt (Art. 72 Abs. 2 GG) steht, *C. Unseld*, Horizontalwirkung, S. 77 f. unter Zitierung von BVerfGE 50, 290 (337 f.).

[356] *M. Stolleis*, Geschichte des öffentlichen Rechts, S. 372.

[357] Gesetzesentwurf der Bundesregierung, BT-Drs. III Nr. 1237.

[358] Gesetzesentwurf der Bundesregierung, BT-Drs. III Nr. 1237, S. 6. Der Entwurf scheiterte am Druck der Medienvertreter und Presselobby, s. *M. Baston-Vogt*, Der sachliche Schutzbereich des zivilrechtlichen APR, S. 169.

[359] Grundlegend BVerfGE 7, 198 (206), dort § 826 BGB a.F.

[360] S. nur BVerfGE 89, 214 (232 f.); zu den verfassungsrechtlichen Grenzen der Rechtsfortbildung BVerfGE 138, 377 (391 Rn. 40 ff.).

[361] *W. Heun*, VVDStRL 61 (2002), 80 (110 f.). Im Vereinigten Königreich geht die Drittwirkung von Grundrechten als *leges superiores* in Privatrechtsverhältnisse bspw. auf keine lange Tradition zurück. Grundrechte wurden erstmals 1998 im „Human Rights Act" umfassend kodifiziert, im Rang eines Parlamentsgesetzes, vgl. *C. Unseld*, Horizontalwirkung, S. 139.

[362] Regierungsvorlage, Bundesgesetz über den Schutz personenbezogener Daten (Datenschutzgesetz 2000 – DSG), S. 35, abrufbar unter https://www.parlament.gv.at/PAKT/VHG/XX/I/I_01613/fname_140537.pdf (zuletzt abgerufen am 1.6.2021); *H.-W. Rengeling*/*P. Szczekalla*, Grundrechte in der Europäischen Union, § 16 Rn. 684 m.w.N.

Datenschutzgesetz ist das Grundrecht auf Datenschutz einfachgesetzlich in § 1 verankert, das den Anspruch auf Geheimhaltung personenbezogener Daten gewährleistet.

c) Zwischenfazit

Wie stark diese unterschiedlichen Rechtstraditionen für die Konzeption des europäischen Datenschutzrechts letztlich prägend waren, kann in dieser Arbeit nicht im Detail rekonstruiert werden. Jedenfalls ist die DSRL von den verschiedenen Rechtskulturen geprägt.[363] Festgehalten werden kann jedoch vor dem Hintergrund der skizzierten divergierenden Rechtstraditionen, dass die Kritik an der Auslegungsmethodik des EuGH im Datenschutzrecht genuin europarechtlich zu erfolgen hat. Die GRCh wird als „Synthese" der in den europäischen Rechtsordnungen vorherrschenden Grundrechtskulturen begriffen,[364] auch die Auslegung hat deshalb die unterschiedlichen Begründungsansätze im Blick zu behalten. Auf legislativer Ebene wirkt die datenschutzrechtliche „Grundrechtsentfaltung in Richtlinien" bei dieser Betrachtung wie eine „EU-Version" grundrechtsgewährenden einfachen Gesetzes im Sinne der französischen Tradition.[365] In der Judikative führt die starke wechselseitige Beeinflussung durch dominante Verfassungsgerichte wie dem BVerfG hingegen zu deutschen Einflüssen bei der Grundrechtsjudikatur. So überwiegen bei der Entscheidung *Digital Rights* mit der Kontrolle einer EU-Richtlinie an den Grundrechten sowie der inzidenten strikten und umfassenden Verhältnismäßigkeitsprüfung[366] die Elemente der deutschen Dogmatik. Dies führt dazu, dass im Fall Digital Rights mit der RL 2006/24/EG (VDSRL)[367] ein grundrechtskonkretisierender Rechtsakt an einer sehr deutsch geprägten strikten Grundrechtsprüfung scheiterte.[368] Wie insbeson-

[363] Vgl. *R.-B. Abel*, Geschichte des Datenschutzrechts, S. 212 Rn. 46.

[364] *T. Wihl*, Drei formale Grundrechtstypen, S. 260.

[365] *T. Wihl*, Drei formale Grundrechtstypen, S. 260.

[366] Die Verhältnismäßigkeitsprüfung stammt nach dem derzeitigen Stand der Wissenschaft „unbestritten" aus dem deutschen Recht und ist von dort in die EuGH-Rechtsprechung migriert, s. nur *A. Tischbirek*, Verhältnismäßigkeitsprüfung, S. 97 m.w.N.

[367] RL 2006/24/EG des Europäischen Parlaments und des Rates v. 15.3.2006 über die Vorratsdatenspeicherung von Daten, die bei der Bereitstellung öffentlich zugänglicher elektronischer Kommunikationsdienste oder öffentlicher Kommunikationsnetze erzeugt oder verarbeitet werden, und zur Änderung der RL 2002/58/EG, ABl. L 105/54 v. 13.4.2006.

[368] EuGH, verb. Rs. C-293/12 und C-594/12, EU:C:2014:238 – Digital Rights; verb. Rs. C-203/15 und C-698/15, EU:C:2016:970, Rn. 100 – Tele2. Einzelne Abwägungstopoi, wie insbesondere „das Gefühl [Betroffener], dass ihr Privatleben Gegenstand einer ständigen Überwachung ist" (EuGH, Digital Rights, a.a.O., Rn. 37 und Tele2, a.a.O., Rn. 100) sind eindeutig der entsprechenden BVerfG-Rechtsprechung entlehnt, vgl. nur BVerfGE 125, 260 (335 Rn. 241), wonach die anlasslose Speicherung ein „Gefühl des ständigen Überwachtwerdens" auslösen kann.

dere die Entwicklung seit der Verbindlichkeit der GRCh auf Unionsebene zeigt, lässt sich aber keine der französischen Tradition vergleichbare prinzipielle einfachrechtliche Grundrechtsgewährleistung auf europäischer Ebene ausmachen. Vielmehr gilt im europäischen Recht der Vorrang der „Verfassung" bzw. des Primärrechts. Zudem sind die Grundrechtsgarantien mittlerweile auch im Primärrecht sehr konkret gefasst und nicht als allgemeine Freiheiten im Stil der Französischen Erklärung der Menschen- und Bürgerrechte von 1789[369] der EU-Verfassung angehängt. Die sekundärrechtliche Konkretisierung des Datenschutzgrundrechts bezweckte zunächst nur die Sichtbarmachung eines ungeschriebenen allgemeinen Grundsatzes des Gemeinschaftsrechts, der seit 2009 ausdrücklich in Art. 8 GRCh verankert ist.

4. *Überschreitung dieser Grenzen*

Auch wenn ein Grundrecht sekundärrechtlich konkretisiert worden ist, kann es auf mitgliedstaatliche Tätigkeiten nur nach Maßgabe des Art. 51 Abs. 1 S. 1 GRCh Anwendung finden. Die Unionsgrundrechte bezwecken nach Art. 6 Abs. 2 EUV, Art. 51 Abs. 2 GRCh die Begrenzung unionsrechtlich determinierter Hoheitsgewalt. Der EuGH ist das für die „Wahrung des Rechts bei der Auslegung und Anwendung der Verträge" zuständige Organ (Art. 19 Abs. 1 S. 2 EUV). Die Ausweitung der Verträge ist nicht von seiner Aufgabe umfasst. Je stärker der EuGH rechtsfortbildend tätig wird, desto eher agiert er als „Schöpfer von Verfassungsrecht"[370]. Die richterliche Rechtsfortbildung dient in erster Linie der Lückenfüllung sowie der Begrenzung hoheitlicher Machtausübung.[371] Die Methodik der hierarchisch umgekehrten Konformauslegung führt bei deklaratorisch grundrechtskonkretisierendem Sekundärrecht zur Kompetenzerweiterung der EU. Deklaratorische Bestimmungen sind nicht im Sinne des sekundärrechtlichen Richtlinienziels extensiv auszulegen. Sie sind vielmehr im Einklang mit höherrangigem Recht auszulegen. Das Primärrecht bestimmt über die Reichweite deklaratorischer Sekundärrechtsbestimmungen, nicht das sekundäre Richtlinienziel, selbst wenn es den Grundrechtsschutz benennt.

Zwar bediente sich der EuGH in den dargestellten Fällen formal der üblichen unionseigenen Auslegungsmethoden. Doch die grundrechtliche Zielsetzung des Sekundärrechts ermöglicht eine Hinwegsetzung über die vom EuGH in der Rechtsprechung entwickelten begrenzten Bindungskonstellationen an die Unionsgrundrechte.[372] Die Prüfung der Anwendbarkeit des

---

[369] *T. Hochmann*, Grundrechte, S. 324 ff.

[370] Dazu *U. Haltern*, Europarecht II, § 5 Rn. 59.

[371] *M. Wendel*, Permeabilität, S. 556.

[372] Zu diesen unten, 4. Kapitel (S. 193 ff.); Art. 51 Abs. 1 S. 1 GRCh kodifiziert diese Rechtsprechung nachträglich, vgl. *J. Nusser*, Bindung der Mitgliedstaaten, S. 47 ff.

Unionsgrundrechts auf den mitgliedstaatlichen Sachverhalt wird schlicht zum „blinden Fleck“. Die Bindung der mitgliedstaatlichen öffentlichen Stellen an die Unionsgrundrechte erfolgt nicht nach Maßgabe der seit dem Vertrag von Lissabon in Art. 51 Abs. 1 S. 1 GRCh kodifizierten Grenzen.[373] Die Kompetenzschutzklauseln in der GRCh können dadurch ihre beschränkende Funktion nicht entfalten.[374]

Das BVerfG betonte im Honeywell-Beschluss, dass die Ableitung umstrittener Grundrechte oder Ausdehnung bestehender Grundrechte unter Verweis auf die gemeinsamen mitgliedstaatlichen Verfassungstraditionen nur dann zu Lasten der Mitgliedstaaten neue Kompetenzbereiche für die EU begründen könne, wenn dadurch nicht nur Rechte, sondern auch Pflichten von Bürgern begründet würden, die sich sowohl als Grundrechtseingriffe als auch als Kompetenzverschiebung erweisen.[375] Wenn also allgemeine Grundsätze „den Gestaltungsbereich des Unionsrechts über die eingeräumten Zuständigkeiten der Union hinaus ausdehnen oder gar neue Aufgaben und Zuständigkeiten berühren“.[376] Dies ist in den Fällen zu bejahen, in welchen die hierarchisch umgekehrte Richtlinienauslegung dazu führt, dass die datenverarbeitende Tätigkeit der mitgliedstaatlichen Behörden uneingeschränkt der Kontrolle durch den EuGH unterliegt. Die auf die Binnenmarktkompetenz gestützte DSRL ist kein Instrument, das das Grundrecht auf Schutz personenbezogener Daten auf europäischer Ebene allgemein harmonisieren könnte,[377] insbesondere legitimierte die Kompetenz nicht zur Harmonisierung der innerstaatlichen Datenverarbeitung durch öffentliche Stellen der Mitgliedstaaten.[378] Das Datenschutzrecht sollte ursprünglich angesichts der unterschiedlichen Datenschutzgesetze der Mitgliedstaaten zu ei-

[373] S. aber *E. Spaventa*, Federalisation versus centralisation, S. 350, die i.S.d. Freizügigkeit einer Zentralisierung zur Maximierung des Grundrechtsschutzes tendenziell bejahend gegenübersteht.

[374] Einen „Integration-durch-Interpretation-Ansatz“ unter Missachtung der Kompetenzordnung ablehnend *B. Hüpers*/*B. Reese*, in: Meyer/Hölscheidt, GRCh, Vor Titel IV.

[375] BVerfGE 126, 286 (312 f.).

[376] BVerfGE 126, 286 (313); keine offensichtliche Kompetenzüberschreitung sah das BVerfG in der Errichtung von Agenturen mit Vollzugskompetenzen, obwohl es davon ausging, dass dies auf Grundlage von Art. 114 Abs. 1 AEUV nur schwer zu rechtfertigen sei, BVerfGE 151, 202 (343 ff. Rn. 240–246, 265).

[377] Nach *M. Bergmann*, Grenzüberschreitender Datenschutz, S. 163 m.w.N. sogar „einhellige Meinung“; *P. Karpenstein*, Zuständigkeit der EG, S. 899 ff.; a.A. *A. Viethen*, Datenschutz als Aufgabe, S. 103; *A. Knook*, CMLRev 42 (2005), 367 (389); anders die Beurteilung unter dem Vertrag von Lissabon: *N. Marsch*, Das europäische Datenschutzgrundrecht, S. 319 f.; *V. Kosta*, Fundamental Rights, S. 23, wonach bereits auf Grundlage von Art. 114 AEUV eine Menschenrechtspolitik verfolgt werden könne.

[378] Vgl. auch *N. Marsch*, Das europäische Datenschutzgrundrecht, S. 328, der insoweit das Datenschutzsekundärrecht als primärrechtswidrig erachtet.

nem reibungslosen Wettbewerb zwischen den Mitgliedstaaten beitragen.[379] Datenschutz konnte nur als untrennbarer Annex der vier Grundfreiheiten mitgeregelt werden.[380]

Auch soweit dies zur fast unbegrenzten unmittelbaren Bindung Privater an Unionsgrundrechte unabhängig eines grenzüberschreitenden Bezugs der Datenverarbeitung führt, erweist sich die EuGH-Rechtsprechung als ein gegen Art. 51 Abs. 1 S. 1 GRCh verstoßender Akt ultra vires.[381]

Dies hat zur Folge, dass die entsprechenden Auslegungsurteile des EuGH innerstaatlich unbeachtlich sind. Entsprechende Sachverhalte sind ihm auch nicht zur Vorabentscheidung vorzulegen. Der Anwendungsvorrang des datenschutzrechtlichen Sekundärrechts erstreckt sich nicht auf solche Tätigkeiten.

E. Desiderate

Vor diesem Hintergrund lässt sich die in diesem Abschnitt eingangs aufgeworfene Frage nach dem Verhältnis zwischen der DSRL bzw. DSGVO zum primärrechtlichen Grundrecht (Art. 7 und 8 GRCh) beantworten. Es lassen sich allgemeine Grundsätze für das grundrechtskonkretisierende Sekundärrecht abstrahieren.

Zunächst gilt, dass das Sekundärrecht ein Grundrecht nicht verbürgen, begründen oder erstmalig schaffen kann. Grundrechtskonkretisierendes Sekundärrecht setzt vielmehr die Existenz des zu konkretisierenden Grundrechts auf der supranationalen Ebene und das Bestehen einer entsprechenden Querschnitts- oder Schutzpflichtkompetenz des Unionsgesetzgebers voraus.

Festzuhalten bleibt ferner, dass der grundrechtskonkretisierende Sekundärrechtsakt und das konkretisierte Grundrecht keine Identität bilden. Insbesondere teilt das Sekundärrecht nicht die herausgehobene Stellung des Grundrechts, das im Rang des Primärrechts steht (Art. 6 Abs. 1, 3 EUV). Es kann den grundrechtlichen Schutzgehalt im Rahmen des Primärrechts ausgestalten und konkretisieren, vermag ihn aber nicht abschließend zu determinieren.

---

[379] Zu den Interessen der grenzüberschreitend tätigen Datenverarbeitungsunternehmen s. *R. Ellger*, Grenzüberschreitender Datenverkehr, S. 76 u. S. 546 ff.

[380] Vgl. *R. Ellger*, Grenzüberschreitender Datenverkehr, S. 549: Datenschutz „als Hilfsinstrument im Waren-, Dienstleistungs-, Personen- und Kapitalverkehr".

[381] Als bisher soweit ersichtlich erstes mitgliedstaatliches Höchstgericht weigerte sich das dänische Oberste Gericht (Entsch. v. 6.12.2016, no. 15/2014) Art. 21 GRCh wie vom EuGH gefordert (Rs. C-441/14, EU:C:2016:278 – Dansk Industri) unmittelbar auf Private anzuwenden, hierzu *K. Steensgaard*, ZEuP 27 (2019), 407.

Grundrechtskonkretisierendes Sekundärrecht kann den primärrechtlichen Schutzgehalt deklaratorisch wiederholen oder konstitutiv ausgestalten. Es eröffnet zudem föderative Spielräume. Im Primärrecht ist festgehalten, dass Grundrechte die in den Verträgen festgelegten Zuständigkeiten der Union „in keiner Weise" erweitern oder ändern dürfen (Art. 6 Abs. 1 UAbs. 2 EUV). Insbesondere dehnt die Charta den Geltungsbereich des Unionsrechts nicht aus (Art. 51 Abs. 2 GRCh). Diese Bestimmungen sind auch für die Auslegung grundrechtskonkretisierenden Sekundärrechts maßgeblich. Sekundärrechtliche Bestimmungen, die eine kompetenzielle Dimension entfalten oder föderative Spielräume eröffnen, sind im Lichte der primärrechtlichen Kompetenzordnung auszulegen, nicht extensiv im Lichte des Sekundärrechtsziels.

Schließlich ist für die Anwendbarkeit grundrechtskonkretisierenden Sekundärrechts zunächst der jeweilige Kompetenztitel maßgeblich. Art. 114 AEUV über die Rechtsangleichung im Binnenmarkt ist kein für die Harmonisierung von Grundrechten tauglicher Kompetenztitel. Es bedarf vielmehr einer ausdrücklichen primärvertraglichen Ermächtigung für die Konkretisierung eines bestimmten Grundrechts. Diese ist für die Beurteilung der Reichweite des Anwendungsbereichs des Sekundärrechtsakts maßgeblich. Verweist diese wie Art. 16 Abs. 2 AEUV auf den „Anwendungsbereich der Verträge"[382], so gilt für die Beurteilung der Anwendbarkeit des entsprechenden Sekundärrechtsakts Art. 51 Abs. 1 S. 1 GRCh, wonach die Mitgliedstaaten „ausschließlich bei der Durchführung des Rechts der Union" an die Unionsgrundrechte gebunden sind.

[382] Zum Begriff s. sogleich im 3. Kapitel, B. (S. 127 ff.).

3. Kapitel

Der Anwendungsbereich der Datenschutzkompetenz

Im Zuge der einleitend bereits skizzierten Datenschutzreform wurde erstmals von der mit dem Vertrag von Lissabon neu eingefügten, ausdrücklichen Kompetenz auf dem Gebiet des Datenschutzes (Art. 16 Abs. 2 UAbs. 1 AEUV) Gebrauch gemacht. Diese ermächtigt im Verhältnis zu den Mitgliedstaaten zum Erlass von Regelungen für den freien Datenverkehr und für Tätigkeiten im Anwendungsbereich des Unionsrechts. Die Kommission geht zwar grundsätzlich von einer umfassenden Rechtsetzungszuständigkeit für das Datenschutzrecht[1] aus. Dieses Ziel lag auch der Datenschutzreform zu Grunde. Danach sollte dem Schutz personenbezogener Daten in allen Politikbereichen höchste Priorität eingeräumt werden.[2] Diese Zielvorstellung kontrastiert indes mit dem 2016 verabschiedeten Datenschutzpaket, das weiterhin zwischen bestimmten Politiken differenziert. Es gibt keinen lückenlosen EU-Datenschutz.

Zur Ermittlung der Reichweite der Kompetenz wird zunächst ihre historische Entwicklung im Primärrecht nachgezeichnet (A.). Vor diesem Hintergrund erfolgt die Auslegung des Begriffs des „Anwendungsbereichs" (B.). Als Tatbestandsmerkmal der Rechtsetzungskompetenz ist er im Einklang mit dem Prinzip der begrenzten Einzelermächtigung kompetenzakzessorisch auszulegen. Dies deckt die fortbestehenden Kompetenzlücken im Datenschutzrecht auf, die zum Teil durch die unionsrechtliche Schutzpflicht geschlossen werden, im Übrigen aber vor dem Hintergrund der geteilten Ebenenverantwortung im Mehrebenensystem hinzunehmen sind. Die Lücken der Rechtsetzungskompetenz setzen sich in der fragmentierten Datenschutzgesetzgebung auf Unionsebene fort. So ist die DSGVO trotz ihrer Rechtsform als Verordnung in vielen Teilen auf die mitgliedstaatliche Ergänzung, Umsetzung und Konkretisierung angewiesen (C.). Es bleibt ein Graubereich, der zwar legislativ überformt, aber grundrechtlich nicht determiniert wird (D.).

---

[1] *M. Selmayr/E. Ehmann*, in: dies., DS-GVO, Einf. Rn. 36 mit dem systematischen Argument der Platzierung im „Allgemeinen Teil" des AEUV; in diesem Sinne bereits KOM(2010) 609/3, S. 4: Art. 16 AEUV als „Grundlage für die Schaffung einer umfassenden, kohärenten Regelung der EU" im Datenschutzrecht.

[2] KOM(2010) 609/3, S. 5.

A. Unionskompetenz für den Datenschutz

Bis zur Verabschiedung der europäischen Datenschutzreform erging das Datenschutzsekundärrecht maßgeblich auf Grundlage der Binnenmarktkompetenz.[3] Wenige Jahre nach Verabschiedung der DSRL fand der Datenschutz im Vertrag von Amsterdam erstmals Eingang ins Primärrecht (I.). Nach dem Scheitern des Europäischen Verfassungsvertrags (II.) wurde mit dem Vertrag von Lissabon eine spezielle Kompetenz für die Harmonisierung des Schutzes personenbezogener Daten auch in den Mitgliedstaaten geschaffen (III.). Ergänzend verfügt der Unionsrechtsetzer über eine spezifische datenschutzrechtliche Schutzpflicht für die Regelung grenzüberschreitender privater Datenverarbeitung, die aus dem Grundrecht i.V.m. der Rechtsetzungskompetenz folgt (IV.). Darüber hinaus besteht indes keine allgemeine Grundrechtsschutzkompetenz im Datenschutzrecht, insbesondere ist Art. 16 Abs. 1 AEUV nicht dahingehend zu interpretieren (V.).

I. Primärrechtliche Verankerung

Erstmalige ausdrückliche Erwähnung im Primärrecht fand der Datenschutz mit der Einfügung von Art. 286 EGV durch den Vertrag von Amsterdam im Jahr 1997.[4] Art. 286 Abs. 1 EGV hatte folgenden Wortlaut:

> Ab 1. Januar 1999 finden die Rechtsakte der Gemeinschaft über den Schutz natürlicher Personen bei der Verarbeitung personenbezogener Daten und dem freien Verkehr solcher Daten auf die durch diesen Vertrag oder auf der Grundlage dieses Vertrags errichteten Organe und Einrichtungen der Gemeinschaft Anwendung.

Dadurch wurde nicht der Inhalt der DSRL in den Rang des Primärrechts erhoben, sondern vielmehr nur angeordnet, dass die für die Mitgliedstaaten geltenden Standards auch für die Unionsorgane gelten sollten.[5] Die DSRL richtete sich nur an die Mitgliedstaaten. Über Art. 286 EGV konnte ihr Gehalt auch auf die Organe und Einrichtungen der EG erstreckt werden. Es handelt sich damit nicht um die Inkorporierung der DSRL in das Primärrecht, sondern lediglich um eine geltungserweiternde Verweisung auf das sekundärrechtliche Datenschutzrecht.[6] Diese Geltungserweiterung ersetzte die bis dahin nur freiwillige datenschutzrechtliche Verpflichtungserklärung[7] der

[3] S. bereits oben, 2. Kapitel A. (S. 30 ff.).

[4] ABl. C 340/1 v. 10.11.1997.

[5] *B. Holznagel/W. Felber*, Europäischer Datenschutz, Hb EUR, § 38 Rn. 1.

[6] Wie hier *N. Marsch*, Das europäische Datenschutzgrundrecht, S. 59; *C. Kibler*, Datenschutzaufsicht, S. 47 f., dort auch zum Streitstand in Fn. 151.

[7] Diese soll bereits subjektive Rechte verliehen haben *A. Viethen*, Datenschutz als Aufgabe, S. 68 unter Verweis auf die damalige Kommentarliteratur.

EG für ihre Organe, Einrichtungen und sonstigen Stellen. Art. 286 Abs. 2 EGV[8] ermächtigte den Rat zum einen zur Errichtung einer unabhängigen Kontrollinstanz, die für die Überwachung der Anwendung des Datenschutzrechts auf die Organe und Einrichtungen der EG verantwortlich ist und zum anderen dazu, „erforderlichenfalls andere einschlägige Bestimmungen" zu erlassen. Gestützt auf diese Ermächtigung erging die Verordnung (EG) Nr. 45/2001 zum Schutz natürlicher Personen bei der Verarbeitung personenbezogener Daten durch die Organe der Einrichtungen der Gemeinschaft und zum freien Datenverkehr, mit der eine unabhängige Kontrollbehörde, der Europäische Datenschutzbeauftragte, eingerichtet wurde und der Datenschutz bei der Datenverarbeitung durch Gemeinschaftsorgane sichergestellt werden sollte.[9] Diese sollte die kohärente, homogene Anwendung des Datenschutzrechts in der gesamten Gemeinschaft – mit Ausnahme jedoch der Tätigkeiten auf dem Gebiet der ehemals zweiten und dritten Säule – gewährleisten.[10] Die ausgenommenen Tätigkeiten im Bereich der polizeilichen und justiziellen Zusammenarbeit in Strafsachen wurden erst durch den 2008 angenommenen Rahmenbeschluss geregelt.[11] Für den Erlass von Datenschutzvorschriften gegenüber den Mitgliedstaaten bestand damit weiterhin keine explizite Kompetenz im Primärrecht, sondern nur die allgemeine Binnenmarktkompetenz des Art. 95 EGV.

II. Diskussionen im Europäischen Verfassungskonvent

Eine explizite Datenschutzkompetenz zur Regelung mitgliedstaatlicher Datenverarbeitung enthielt erstmals der gescheiterte „Vertrag über eine Verfassung für Europa" (EVV).[12] Der vom Europäischen Konvent ausgearbeitete und schließlich am 25. Oktober 2004 in Rom unterzeichnete EVV sah in Art. I-51 EVV eine Bestimmung über den Schutz personenbezogener Daten vor, die Art. 286 EGV ersetzen sollte. Ergänzt wurde sie durch Erklärung

---

[8] Art. 286 Abs. 2 ex-EGV; zu dessen Geltungszeitraum *T. Kingreen*, in: Calliess, EUV/EGV, Art. 286 EG-V Rn. 4.

[9] ABl. L 8/1 v. 12.1.2001. Diese wurde mittlerweile aufgehoben und durch die Verordnung (EU) 2018/1725 des Europäischen Parlaments und des Rates vom 23.10.2018 zum Schutz natürlicher Personen bei der Verarbeitung personenbezogener Daten durch die Organe, Einrichtungen und sonstigen Stellen der Union, zum freien Datenverkehr und zur Aufhebung der Verordnung (EG) Nr. 45/2001 und des Beschlusses Nr. 1247/2002/EG ersetzt, ABl. L 295/39 v. 21.11.2018.

[10] S. die Anwendungsbereichsausnahme in Art. 3 Abs. 1 und ErwG 12, 15 VO (EG) Nr. 45/2001.

[11] Rahmenbeschluss 2008/977/JI v. 27.11.2008 über den Schutz personenbezogener Daten, die im Rahmen der polizeilichen und justiziellen Zusammenarbeit in Strafsachen verarbeitet werden, ABl. L 350/60 v. 30.12.2008.

[12] ABl. C 310/1 v. 16.12.2004.

Nr. 10 zu Art. I-51 zur Schlussakte der Regierungskonferenz.[13] Art. I-51 Abs. 1 EVV bestimmte: „Jede Person hat das Recht auf Schutz der sie betreffenden personenbezogenen Daten". Absatz 2 enthielt eine wie folgt formulierte Rechtsetzungskompetenz:

Durch Europäisches Gesetz oder Rahmengesetz werden Vorschriften über den Schutz natürlicher Personen bei der Verarbeitung personenbezogener Daten durch die Organe, Einrichtungen und sonstige Stellen der Union sowie durch die Mitgliedstaaten im Rahmen der Ausübung von Tätigkeiten, die in den Anwendungsbereich des Unionsrechts fallen, und über den freien Datenverkehr festgelegt. Die Einhaltung dieser Vorschriften wird von unabhängigen Behörden überwacht.

Nach dem Willen des Europäischen Verfassungskonvents entsprechen die Grenzen der Primärrechtskompetenz dem sachlichen Anwendungsbereich der DSRL. Weitergehend als Art. 3 Abs. 2 DSRL sollte die neue Kompetenz aber sowohl den ehemaligen Art. 286 EGV als auch das Tätigwerden im Rahmen der damaligen dritten Säule abdecken und damit als allgemeine Kompetenzgrundlage den Stand des Gemeinschaftsrechts abbilden.[14] Im EVV war noch vorgesehen, die Kompetenz ausdrücklich auf alle Bereiche, einschließlich der GASP und den Bereich Justiz und Inneres zu erstrecken.[15]

---

[13] CIG 87/04 ADD2/REV2: „Die Konferenz erklärt, dass immer dann, wenn Bestimmungen über den Schutz personenbezogener Daten, die auf der Grundlage von Artikel I-51 zu erlassen sind, direkte Auswirkungen auf die nationale Sicherheit haben könnten, dieser Umstand gebührend zu berücksichtigen ist. Sie weist darauf hin, dass die derzeit geltenden Rechtsvorschriften (siehe insbesondere Richtlinie 95/46/EG) besondere Ausnahmeregelungen hierzu enthalten."

[14] Europäischer Konvent, Das demokratische Leben der Union, CONV 650/03 v. 2.4.2003, S. 12: „Die Frage nach der Schaffung einer einheitlichen Rechtsgrundlage für den Schutz personenbezogener Daten wurde bei der Abfassung der im zweiten Teil des Vertrags enthaltenen JI-Artikel, insbesondere des Artikels 21 (Kapitel 4, Polizeiliche Zusammenarbeit), aufgeworfen. In den Anmerkungen zum Entwurf für Artikel 21 (CONV 614/03, S. 31) wird ausgeführt, dass nach Artikel 30 EUV, auf den der Wortlaut des Artikels 21 im Wesentlichen zurückgeht, beim Austausch von Informationen zwischen den nationalen Stellen sowie zwischen diesen und Europol ‚die entsprechenden Vorschriften über den Schutz personenbezogener Daten zu beachten' sind und dass auf dieser Grundlage ‚Datenschutz'-Vorschriften in die verschiedenen Instrumente der ‚dritten Säule' aufgenommen wurden. Statt in Artikel 21 speziell auf den Datenschutz hinzuweisen, um eine Rechtsgrundlage für die Beibehaltung und Weiterentwicklung derartiger Vorschriften für den Bereich der derzeitigen ‚dritten Säule' zu schaffen, scheine es logischer, nach der Abschaffung der Säulen die Schaffung einer allgemeinen Regelung zum Schutz personenbezogener Daten zu ermöglichen, die sowohl die derzeitige Gemeinschaftsregelung (d.h. die Datenschutzrichtlinie 95/46, die sich hinsichtlich des Handelns der Mitgliedstaaten auf Artikel 95 EGV und hinsichtlich des Handelns der Organe auf Artikel 286 EGV stützt) als auch das Tätigwerden im Rahmen der derzeitigen dritten Säule abdecke."

[15] S. die Anm. der Regierungskonferenz 2003 zu Art. I-50 EVV-E, Redaktionelle und juristische Anmerkungen zu dem Entwurf eines Vertrags über eine Verfassung für Europa – Basisdokument v. 6.10.2003, CIG 4/03, S. 113: „Nach der Abschaffung der ‚Säulen'

Der insofern sehr weite Anwendungsbereich von Art. I-51 EVV wurde kritisiert und vom Vereinigten Königreich im Regierungskonvent als klärungsbedürftige Rechtsfrage bezeichnet.[16] Die Rechtsexperten sahen jedoch keinen Anlass für eine Anpassung.[17] Den Bedenken in Bezug auf den äußerst weiten Anwendungsbereich der Datenschutzkompetenz wurde nach dem Scheitern des EVV durch den speziellen Art. 39 EUV für den Bereich der GASP Rechnung getragen. Klarstellend wurde der Schlussakte eine Erklärung zu Art. I-51 EVV beigefügt, wonach bei Erlass von Datenschutzbestimmungen, die Auswirkungen auf die nationale Sicherheit haben könnten, „die besonderen Charakteristika der Angelegenheit gebührend berücksichtigt werden müssen".[18] Nach der endgültigen Fassung dieser Erklärung Nr. 10 sind direkte Auswirkungen auf die nationale Sicherheit bei der Rechtsetzung zu berücksichtigen.[19]

III. Erstmalige ausdrückliche Kompetenz im Vertrag von Lissabon

Der EVV scheiterte 2007 im Ratifizierungsprozess an den Referenden in Frankreich und den Niederlanden. Inhaltlich wurde Art. I-51 EVV-E in dem am 1. Dezember 2009 in Kraft getretenen Reformvertrag von Lissabon in Art. 16 AEUV weitgehend unverändert übernommen. Die neue Rechtsgrundlage ersetzt Art. 286 EGV und bezieht sich im Unterschied zur bisherigen Bestimmung nicht mehr nur auf die Organe und Einrichtungen der Gemeinschaft, sondern auch auf die Mitgliedstaaten. Art. 16 Abs. 2 S. 1 AEUV lautet wie folgt:

> Das Europäische Parlament und der Rat erlassen im ordentlichen Gesetzgebungsverfahren Vorschriften über den Schutz natürlicher Personen bei der Verarbeitung personenbezogener Daten durch die Organe, Einrichtungen und sonstigen Stellen der Union sowie durch die Mitgliedstaaten im Rahmen der Ausübung von Tätigkeiten, die in den Anwendungsbereich des Unionsrechts fallen, und über den freien Datenverkehr.

Während die Datenverarbeitung durch die Unionsorgane nunmehr gemäß Art. 16 Abs. 2 S. 1 AEUV uneingeschränkt durch den Unionsgesetzgeber ge-

---

werden die Regeln zum Datenschutz für die Bereiche der GASP und JI sowie den Europäischen Rat und die EZB gelten, die zu Institutionen werden."

[16] Regierungskonferenz 2003, Von der Gruppe der Rechtsexperten (neues Mandat) zu behandelnde Fragen, 4.11.2003, CIG 43/04, S. 2: „Datenschutz: […] sollten JI- und GASP-Angelegenheiten aus dem Anwendungsbereich ausgenommen sein?".

[17] Regierungskonferenz 2003, Entwurf eines Vertrags über eine Verfassung von Europa (nach den redaktionellen und juristischen Anpassungen durch die Gruppe der Rechtsexperten der RK), 25.11.2003, CIG 50/03, S. 71.

[18] Regierungskonferenz 2003, Vorschlag des Vorsitzes im Anschluss an die Ministertagung v. 24.5.2004, CIG 79/04, 10.6.2004, S. 74.

[19] Erklärungen zur Schlussakte der Regierungskonferenz und Schlussakte, CIG 87/04 ADD 2 REV 2 v. 25.10.2004.

regelt werden kann, greift die Rechtsetzungskompetenz gegenüber den Mitgliedstaaten nur „im Rahmen der Ausübung von Tätigkeiten, die in den Anwendungsbereich des Unionsrechts fallen". Teilweise wird darin eine bloße Festschreibung des *status quo ante* gesehen, die im Grunde nichts am Ermächtigungsumfang im Vergleich zu vorher ändere.[20] Nach Inkrafttreten des Vertrags von Lissabon richtete die Europäische Kommission eine Einheit für Justiz, Grundrechte und Bürgerschaft ein, die fortan speziell für den Datenschutz zuständig sein sollte und das bisher im Datenschutz federführende Binnenmarktressort bzw. später das Innenressort ablösen sollte.[21] Dies vollzog institutionell nach, was primärrechtlich durch den neuen Vertragsrahmen ermöglicht werden soll: Die Emanzipation des Datenschutzes von der Binnenmarktkompetenz. Die Frage, inwiefern die Datenschutzkompetenz zur Grundrechtsharmonisierung ermächtigt, bleibt damit weiterhin relevant. Die Datenschutzkompetenz ist eine geteilte Kompetenz zwischen der Union und den Mitgliedstaaten im Sinne von Art. 2 Abs. 2, Art. 4 Abs. 1 AEUV, so dass die Kompetenzausübungsschranke des Art. 51 Abs. 1 S. 1 GRCh i.V.m. Art. 5 Abs. 3 EUV (Subsidiaritätsprinzip) zu beachten ist.[22]

1. Inhalt

Art. 16 Abs. 2 S. 1 AEUV erfasst grundsätzlich alle ehemaligen Säulen der Union mit Ausnahme der GASP (Art. 39 EUV), schließt also auch die binnenmarktfernen Kompetenzen der Union mit ein.[23]

Allerdings enthält Art. 6a des Protokolls Nr. 21 über die Position des Vereinigten Königreichs und Irlands hinsichtlich des Raums der Freiheit, der Sicherheit und des Rechts Ausnahmen von Art. 16 AEUV.[24] Ähnliche Aus-

[20] *C. Ritzer*, Datenschutzreformen, S. 390; *M. Bergmann*, Der Vertrag von Lissabon, S. 11 ff.; *N. Marsch*, Das europäische Datenschutzgrundrecht, S. 333: „Konsolidierung statt substantielle Kompetenzerweiterung", der allerdings bereits nach alter Rechtslage eine Binnenmarktakzessorietät des Datenschutzrechts ablehnt.

[21] *M. Selmayr/E. Ehmann*, in: dies., DS-GVO, Einf. Rn. 39.

[22] *T. Kingreen*, in: Calliess/Ruffert, EUV/AEUV/GRCh, Art. 16 AEUV Rn. 4; *M. Schröder*, in: Streinz, EUV/AEUV, Art. 16 AEUV Rn. 8; *N. Marsch*, Das europäische Datenschutzgrundrecht, S. 334; bereits vor dem Vertrag von Lissabon: *A. Viethen*, Datenschutz als Aufgabe, S. 124 ff.

[23] *N. Marsch*, Das europäische Datenschutzgrundrecht, S. 338, der Art. 16 AEUV insofern als „Auffangkompetenz" bezeichnet.

[24] Protokoll (Nr. 21) v. 2.10.1997, ABl. C 340/99 v. 10.11.1997, konsolidierte Fassung nach dem Vertrag von Lissabon in ABl. C 326/295 v. 26.10.2012. Das Vereinigte Königreich ist am 31.1.2020 aus der EU ausgetreten. Gem. Art. 71 Abs. 1 des Abkommens über den Austritt des Vereinigten Königreichs Großbritannien und Nordirland aus der Europäischen Union und der Europäischen Atomgemeinschaft gilt das EU-Datenschutzrecht noch für einen Übergangszeitraum, ABl. CI 384/1 v. 12.11.2019 (in Kraft seit 1.2.2020). Danach gelten die Drittstaatsregeln, insb. Art. 44–50 DSGVO.

nahmen gelten gemäß Art. 2 i.V.m. Art. 2a sowie Art. 7 des Anhangs zum Protokoll Nr. 22 über die Position Dänemarks zu Gunsten Dänemarks.[25] Das Vereinigte Königreich und Irland machten in ihrem Vorbehalt deutlich, dass auf Grundlage von Art. 16 AEUV erlassene Vorschriften im Bereich der justiziellen Zusammenarbeit in Strafsachen und der polizeilichen Zusammenarbeit für das Vereinigte Königreich und Irland nicht gelten, wenn sie nicht „durch Unionsvorschriften gebunden sind, die Formen der justiziellen Zusammenarbeit in Strafsachen oder polizeilichen Zusammenarbeit regeln, in deren Rahmen die auf Grundlage des Artikel 16 festgelegten Vorschriften eingehalten werden müssen". Dänemark erstreckt diesen Vorbehalt über Art. 2a Protokoll Nr. 22 hinaus auf das Gebiet der justiziellen Zusammenarbeit in Zivilsachen.[26]

2. *Unterschied zur Binnenmarktkompetenz*

Art. 16 Abs. 2 S. 1 AEUV unterscheidet sich von der Binnenmarktkompetenz insofern, als die Union den Datenschutz in den Mitgliedstaaten „im Anwendungsbereich des Unionsrechts" regeln kann. Es handelt sich nicht um eine horizontale Kompetenzzuweisung, die zur Verwirklichung eines Ziels (z.B. freier Wettbewerb) umfassend, in allen Bereichen zur Herstellung eines gleichwertigen Schutzniveaus ermächtigt.[27] Vielmehr stellt dies eine Querschnittskompetenz dar, die nicht allgemein, sondern abhängig von den sektorspezifischen Kompetenzzuweisungen zur Rechtsharmonisierung ermächtigt. Lediglich im Zusatz „und über den freien Datenverkehr" in Art. 16 Abs. 2 S. 1 AEUV ist ein Residuum der bisherigen Binnenmarktkompetenz erkennbar. Die eigenständige Bedeutung der Formulierung „über den freien Datenverkehr" ist umstritten. Versteht man die Formulierung „durch die Mitgliedstaaten" so eng, dass damit lediglich die Datenverarbeitung durch öffentliche Stellen, nicht aber durch Private gemeint ist, dient der Verweis auf den freien Datenverkehr der Einbeziehung der Privatwirtschaft.[28] Öffentliche Stellen unterfallen nur im Anwendungsbereich des Unionsrechts der Kompetenz.[29] Die bisher für die Verarbeitung personenbezogener Daten durch natürliche Personen herangezogene allgemeine Binnenmarktkompetenz hat dadurch eine Lex-specialis-Ausformung gefunden, geht also vollkommen in Art. 16 Abs. 2 S. 1 AEUV auf, sodass der subsidäre Rückgriff auf Art. 114

---

[25] Protokoll (Nr. 22) v. 2.10.1997, ABl. C 340/101 v. 10.11.1997, konsolidierte Fassung in ABl. C 326/299 v. 26.10.2012.

[26] Tätigkeiten im Anwendungsbereich des 3. Teils, Titel V, Kapitel 4 und 5 des AEUV.

[27] Dafür aber in Bezug auf Art. 95 EUV *U. Brühann*, EuZW 2009, 639 (640).

[28] *M. Schröder*, in: Streinz, EUV/AEUV, Art. 16 AEUV Rn. 10; *T. Schwabenbauer*, Informationsverarbeitung G Rn. 349; *J. H. Klement*, JZ 2017, 161 (164).

[29] *M. Schröder*, in: Streinz, EUV/AEUV, Art. 16 AEUV Rn. 9 f.

AEUV versperrt ist.[30] Der Passus „über den freien Datenverkehr" steht danach eigenständig neben dem Zweck „Schutz natürlicher Personen bei der Verarbeitung personenbezogener Daten". Erfasst sind nur grenzüberschreitende datenverarbeitende Tätigkeiten Privater.[31]

Die Formulierung in Art. 16 Abs. 2 S. 1 AEUV spiegelt die bisher in Art. 1 DSRL enthaltene duale Zielsetzung des Datenschutzsekundärrechts wider. Art. 1 Abs. 1 DSRL verwies auf den Grundrechtsschutz und Art. 1 Abs. 2 DSRL auf die Gewährleistung des freien Datenverkehrs innerhalb der Union.[32] Beide Zielsetzungen sind gleichrangig.[33] Die Datenschutzgesetzgebung dient nicht nur der Sicherstellung, „dass personenbezogene Daten von einem Mitgliedstaat in einen anderen Mitgliedstaat übermittelt werden können",[34] sondern auch dem Schutz der Privatsphäre und dem „Wohlergehen der Menschen".[35] Ob die Kompetenz darüber hinaus die Schaffung des „digitalen Binnenmarkts" auch für rein innerstaatliche Sachverhalte ermöglicht,[36] ist weiterhin umstritten.

Art. 114 AEUV bleibt daneben für den Schutz von Daten ohne Personenbezug[37] relevant. Teilweise wird vertreten, Art. 114 AEUV sei für den Schutz

---

[30] Einen Rückgriff auf Art. 114 AEUV für den Schutz personenbezogener Daten deshalb ausschließend: *T. Kingreen*, in: Calliess/Ruffert, EUV/AEUV/GRCh, Art. 16 AEUV Rn. 4; *N. Marsch*, Das europäische Datenschutzgrundrecht, S. 335; *J.-P. Schneider*, in: Wolff/Brink, BeckOK DSR, Völker- und unionsrechtliche Grundlagen, DSGVO Syst. B. Rn. 35; *C. Sobotta*, in: Grabitz/Hilf/Nettesheim, EU, Art. 16 AEUV Rn. 30; a.A., im Sinne einer Lückenfüllfunktion *U. Brühann*, in: von der Groeben/Schwarze/Hatje, EU-Recht, Art. 16 AEUV Rn. 36, demgemäß Regelungen zur Harmonisierung des Datenschutzes zur Beseitigung von Handelshemmnissen auf Art. 114 AEUV i.V.m. Art. 207 AEUV gestützt werden sollen.

[31] S. zur Frage, inwiefern darüber hinaus der rein innerstaatliche Datenschutz zwischen Privaten geregelt werden kann, sogleich unter IV.

[32] Zur dualen Zielsetzung oben, 2. Kapitel A. (S. 34 f.).

[33] Bericht über die Durchführung der Datenschutzrichtlinie (EG 95/46) v. 15.5.2003, KOM(2003) 265 endg., S. 3.

[34] ErwG 3 DSRL; vgl. zu diesen Funktionen des Datenschutzes auch *E. Ehmann/M. Helfrich*, EG-Datenschutzrichtlinie, Einl. Rn. 51; *A. Viethen*, Datenschutz als Aufgabe, S. 94 ff., der ihm eine subjektiv-rechtliche Funktion (Grundrechtsschutz) und eine objektiv-rechtliche Dimension (ordnende Wirkung) beimisst; *J.-P. Jacqué*, Droits de l'homme, S. 922: „la circulation des données, elle présente des aspects économiques et touche étroitement à la problématique des droits de l'homme".

[35] ErwG 2 DSRL.

[36] *M. Schröder*, in: Streinz, EUV/AEUV, Art. 16 AEUV Rn. 10.

[37] Auf Grundlage von Art. 114 AEUV erging bspw. VO (EU) 2018/1807 über einen Rahmen für den freien Verkehr nicht-personenbezogener Daten in der Europäischen Union, ABl. L 303/59 v. 28.11.2018. Die auf ihr aufbauende RL (EU) 2019/1024 über offene Daten und die Weiterverwendung von Informationen des öffentlichen Sektors („PSI-Richtlinie") ergeht „insbesondere" auf Grundlage von Art. 114 AEUV, ABl. L 172/56 v. 26.6.2019

personenbezogener Daten juristischer Personen heranzuziehen.[38] Dieser unterfällt jedoch bereits Art. 16 Abs. 2 S. 1 AEUV, soweit das Grundrecht auf Schutz personenbezogener Daten dem Wesen nach auf juristische Personen des Privatrechts anwendbar ist. In Ermangelung einer dem Art. 19 Abs. 3 GG vergleichbaren Vorschrift im Recht der EU ist die wesensgemäße Anwendbarkeit von Chartagrundrechten auf juristische Personen im Einzelfall zu bestimmen.[39] Die Frage ist auch nach der Entscheidung des EuGH in der Rechtssache *Schecke* noch umstritten.[40] In dieser bezog der EuGH eine Gesellschaft bürgerlichen Rechts in den Schutzbereich der Art. 7 i.V.m. 8 GRCh ein.[41] Für die Einbeziehung juristischer Personen des Privatrechts spricht die Rechtsetzungshistorie. So wurde die Vereinheitlichung des Datenschutzrechts ursprünglich gerade u.a. mit dem unterschiedlichen Schutz juristischer Personen in der EG begründet.[42]

Die DSGVO wurde zunächst noch auf Art. 16 i.V.m. Art. 114 AEUV gestützt.[43] Allerdings erfolgte die Inbezugnahme auf Art. 114 Abs. 1 AEUV nur insoweit, als gleichzeitig die Änderung der ePrivacy-RL vorgesehen war, die auch den Schutz der berechtigten Interessen von juristischen Personen betrifft.[44] Art. 95 DSGVO nimmt Anbieter elektronischer Kommunikationsdienste nun aber aus dem Anwendungsbereich der DSGVO heraus und verweist hierfür auf die ePrivacy-RL, die durch die „Verordnung über die Achtung des Privatlebens und den Schutz personenbezogener Daten in der elektronischen Kommunikation" (ePrivacy-VO-E)[45] ersetzt werden soll. Diese wird auf Art. 16 i.V.m. Art. 114 AUEV gestützt, da sie den Schutz der Kom-

[38] *U. Brühann*, in: von der Groeben/Schwarze/Hatje, EU-Recht, Art. 16 AEUV Rn. 61; Im Unterschied zur heutigen Fassung, aber auch zum unterzeichneten Regierungsentwurf in Art. I-51 EVV, war das Datenschutzgrundrecht in der ursprünglichen Konventsfassung ausdrücklich auf den „Mensch" bezogen und damit auf natürliche Personen beschränkt, Regierungskonferenz 2003, Redaktionelle und juristische Anmerkungen zu dem Entwurf eines Vertrags über eine Verfassung für Europa – Basisdokument, 6.10.2003, CIG 4/03, S. 136.

[39] *C. Nowak*, Hb EUGR, § 9 Rn. 16.

[40] Zum Streitstand und im Ergebnis wie hier *G. Heißl*, EuR 2017, 561; a.A. *T. Zerdick*, in: Lenz/Borchardt, EU-Verträge, Art. 16 AEUV Rn. 11, der Datenschutz juristischer Personen falle in die alleinige Kompetenz der Mitgliedstaaten.

[41] EuGH, verb. Rs. C-92/09, C-93/09, Slg. 2010, I-11063, Rn. 58 ff. – Schecke.

[42] S. KOM(90) 314 endg., Ziff. 2, wonach die Mitgliedstaaten „bisweilen unterschiedliche Lösungen, bspw. in der Frage des Anwendungsbereichs (Einbeziehung von Karteien, Schutz juristischer Personen) […] gewählt [haben]." Das BVerfG bezieht trotz des Menschenwürdebezugs des Rechts auf informationelle Selbstbestimmung auch juristische Personen mit ein, vgl. BVerfGE 67, 100 (142) zum Steuergeheimnis.

[43] KOM(2012) 11 endg., S. 6.

[44] KOM(2012) 11 endg., S. 6.

[45] S. den Entwurf COM(2017) 10 final.

munikation juristischer Personen sowie „das Ziel, einen Binnenmarkt für diese Art der elektronischen Kommunikation zu schaffen", verfolgt.[46]

IV. Kompetenzbegründende Schutzpflicht

Das europäische Datenschutzrecht hat die Vereinheitlichung der Verarbeitungsbedingungen im privaten und im öffentlichen Bereich in den Mitgliedstaaten maßgeblich geprägt. Gleichzeitig bildet die undifferenzierte Bindung Privater einen der Hauptkritikpunkte an der europäischen Regelungssystematik.[47] Im Datenschutzrecht werden die staatliche und die private Datenverarbeitung einem einheitlichen Regelungsansatz unterworfen, wobei für den staatlichen Bereich jedoch eine strikte Grundrechtsbindung gilt.[48] Zusätzlich zur Regelung des grenzüberschreitenden Datenverkehrs nach Art. 16 Abs. 2 S. 1 AEUV (s. soeben unter III. 1.) verfügt die EU über eine kompetenzbegründende Schutzpflicht für die Regelung der privaten Datenverarbeitung.[49] Da die Differenzierung zwischen öffentlichem und privatem Datenschutz grundlegend im Rechtsstaatsprinzip (Beschränkung hoheitlicher Gewalt, Vorbehalt des Gesetzes) und den Grundrechten (Betätigungsfreiheit Privater ohne Begründungszwang) wurzelt, wird auf die Gründe für die einheitliche Regelung privater und öffentlicher Datenverarbeitung zunächst näher eingegangen (1.). Angesichts dessen, dass sich im privaten Bereich jeweils Grundrechtsträger gegenüber stehen, bedarf die Beschränkung ihrer Datenverarbeitungsfreiheit einer besonderen Rechtfertigung. Im Anschluss wird die grundrechtliche Schutzpflicht der Union aus Art. 8 GRCh hergeleitet (2.). Anschließend stellt sich die Frage der Reichweite einer unionsrechtlichen Schutzpflicht (3.). Der Abschnitt rundet mit einem kurzen Fazit ab (4.).

1. Einbeziehung des privaten Sektors

Die Einbeziehung Privater in den einheitlichen Regelungsrahmen soll der zunehmenden Vernetzung von Privatem und Öffentlichem sowie der geänderten grundrechtlichen Gefährdungslage durch dominante private Datenverarbeiter besser gerecht werden.[50] Private werden in die Ausübung von

---

[46] COM(2017) 10 final, S. 4.

[47] *C. Rogall-Grothe*, ZRP 2012, 193 (196); *J. Schneider/N. Härting*, ZD 2012, 199.

[48] Vgl. auch *O. Butler*, EPL 24 (2018), 555.

[49] Auch das deutsche Grundrecht auf informationelle Selbstbestimmung entfaltet bekanntlich neben der abwehrrechtlichen auch eine objektiv-rechtliche Dimension in Gestalt der staatlichen Schutzpflicht, *B. Buchner*, Informationelle Selbstbestimmung, S. 52 ff.; *S. Schiedermair*, Schutz des Privaten, S. 354.

[50] So schon früh *W. Steinmüller* et al., Grundfragen des Datenschutzes, Juli 1971, S. 35: „Der Dualismus Staat–Gesellschaft wird den Problemen unserer Zeit nicht mehr gerecht." Krit. hinsichtlich der fehlenden Nuancierung der Bindung privater und öffentlicher Stellen *D. Grimm*, JZ 2013, 585 (587).

Staatsfunktionen in unterschiedlichster Form integriert, beispielsweise durch die Privatisierung öffentlicher Aufgaben, die Beleihung, die Indienstnahme oder im Wege kooperativer Modelle.[51] Die Vereinheitlichung des öffentlichen und des privaten Bereichs im deutschen und europäischen Datenschutzrecht will den zunehmenden Verflechtungen und den gewandelten Realitäten gerecht werden. Mächtige private Datenverarbeiter lassen die Wahrnehmung des Staates als freiheitsbedrohende Institution in den Hintergrund rücken.[52] Bei der Verarbeitung personenbezogener Daten ist der Staat in besonderer Weise auf private Akteure angewiesen. Der Staat greift auf die durch Private aggregierten Datenbestände nicht nur zu volkswirtschaftlichen, wirtschafts- oder sozialpolitischen Zwecken,[53] sondern auch zu Zwecken der Strafverfolgung und Gefahrenabwehr zu.[54] Doch auch unabhängig von der Einbindung privater Datenverarbeiter durch staatliche Stellen zu öffentlichen Zwecken ist angesichts der enormen Datenakkumulation und Machtkonzentration bei privaten Oligopolen[55] eine datenschutzrechtliche Regulierung der nicht-öffentlichen Stellen grundsätzlich geboten, insbesondere, wenn sich mächtige Datenverarbeiter ihre marktbeherrschenden Stellung zu Nutze machen. Zwischen Privaten können in Zeiten der ubiquitären und massenhaften Datenagreggation durch Gatekeeper oder Monopolunternehmen durchaus Machtungleichgewichte entstehen, die mit dem Verhältnis Privater zum Staat vergleichbar sind.[56] Das private Datenschutzrecht basiert auf der Prämisse, dass die von der Verarbeitung personenbezogener Daten betroffene Person strukturell grundsätzlich unterlegen und deshalb schutzwürdig ist oder Zwang unterliegt, der eine privatautonome Entscheidung erschwert.[57] Die Frage ist indes, ob und wie weit eine Regulierung nach dem Vorbild der Beschränkung staatlicher Datenverarbeitung für Private angemessen ist.

---

[51] Zu diesen Formen eingehend *H.-G. Dederer*, Korporative Staatsgewalt, S. 53 ff.

[52] Vgl. nur statt vieler *M. Bäcker*, Der Staat 51 (2012), 91 (91): „Gemeinplatz" m.w.N.; *B. Buchner*, Informationelle Selbstbestimmung, S. 26: „Ganz überwiegend steht nicht mehr der ‚große Bruder' Staat, sondern seine ‚kleinen Schwestern', die Privatunternehmen, im Fokus datenschutzrechtlicher Befürchtungen." Er weist indes auf das staatliche Gewalt- und Rechtsetzungsmonopol im Unterschied zu Privaten hin und spricht sich gegen einen Gleichlauf staatlicher und privater Datenverarbeitungstatbestände aus, a.a.O., S. 64 ff.

[53] Vgl. nur *A. Lobe*, SZ v. 21.11.2019, S. 9, wonach sich Zentralbanken der gespeicherten Daten des Internetkonzerns Google LLC bedienen, um das Konsumentenverhalten zu prognostizieren oder Nationalbanken anhand der Daten von Google-Analytics die Zahl der Arbeitssuchenden oder den Bedarf auf dem Wohn- und Immobilienmarkt errechnen.

[54] Genannt seien nur der Abruf von PNR- oder TK-Daten.

[55] *H. Greve*, Drittwirkung des grundrechtlichen Datenschutzes, S. 670 f.; *A. Lobe*, SZ v. 21.11.2019, S. 9.

[56] Vgl. auch *M. Bäcker*, Der Staat 51 (2012), 91 (101); für eine Begrenzung der datenschutzrechtlichen Schutzpflicht auf die Beseitigung von Machtungleichgewichten *G. Buchholtz*, AöR 140 (2015), 121 (145). S. auch 5. Kapitel E. I. (S. 298 ff.).

[57] *B. Buchner*, Informationelle Selbstbestimmung, S. 56.

2. Grundrechtliche Schutzpflichten in der Union

Grundrechte begrenzen den Entscheidungs- und Handlungsrahmen der EU im Sinne negativer Kompetenznormen.[58] Als negative Kompetenznormen beschränken sie den Rechtsetzer auf die ihm zugewiesenen Kompetenzen, so dass jede Überschreitung eine grundrechtsverletzende Handlungsoption darstellt [a)]. Für den Schutz personenbezogener Daten besteht eine kompetenzbegründende grundrechtliche Schutzpflicht der EU, nicht indes eine allgemeine Kompetenz für den Schutz der Privatsphäre [b)].

a) Grundrechte als negative Kompetenznormen

Aus der bloßen Verankerung eines Grundrechts in der GRCh folgt keine Rechtsetzungskompetenz der EU. Im Gegenteil machen Grundrechtsgewährleistungen, die weit über die sachlichen Zuständigkeiten der Union hinausgehen im Sinne negativer Kompetenznormen zugleich die Grenzen der Unionskompetenzen deutlich.[59] Kompetenzen in Gestalt positiver Verpflichtungen zum Erlass von grundrechtsschützenden Regelungen lassen sich den Unionsgrundrechten nur im Einzelfall entnehmen.[60] Eine legislative Schutzpflicht kann den Unionsgrundrechten für die EU, – im Unterschied zum souveränen Nationalstaat mit Kompetenzbegründungsmacht[61] – nur im Rahmen der begrenzten Einzelermächtigung, also der primärrechtlichen Kompetenzordnung entnommen werden.[62] Zudem gelten die Kompetenzausübungsschranken, insbesondere ist das Subsidiaritätsprinzip (Art. 5 Abs. 1 und 3 EUV) zu beachten. Deutlich wird dies in Art. 6 Abs. 1 UAbs. 2 EUV und Art. 51 Abs. 2 GRCh, wonach die Charta nicht den Geltungsbereich über die Zuständigkeiten der Union hinaus ausdehnt und auch keine neuen Zuständigkeiten und Aufgaben der Union begründet. Auch wenn die EU in Art. 51 Abs. 1 S. 2 GRCh allgemein zur „Achtung" der Grundrechte verpflichtet wird, folgt daraus keine allgemeine Schutzpflicht. Vielmehr ist

---

[58] *I. Pernice*, EuZW 2001, 673; grundlegend *H. Ehmke*, VVDStRL 20 (1963), 53 (89 ff.).

[59] *I. Pernice*, EuZW 2001, 673; *H.-W. Rengeling/P. Szczekalla*, Grundrechte in der Europäischen Union, § 4 Rn. 298; für das Verfassungsrecht grundlegend *K. Hesse*, Grundzüge des Verfassungsrechts, Rn. 291; krit. gegenüber dem Modell negativer Kompetenznormen unter Verweis auf die gewaltenübergreifende Steuerungsfunktion der Grundrechte *K. Gärditz*, HStR IX, § 189 Rn. 25 f.

[60] *A. Schwerdtfeger*, in: Meyer/Hölscheidt, GRCh, Art. 51 GRCh Rn. 73.

[61] *K. Gärditz*, HStR IX, § 189 Rn. 52; unklar insofern *A. Ngyuen*, ZEuS 2012, 277 (290), wonach sich der „Auftrag" für ein einheitliches Datenschutzniveau in den Mitgliedstaaten auch aus Art. 8 Abs. 1 GRCh ergebe; zum Datenschutzgrundrecht: *D. Heckmann*, Staatliche Schutzpflichten, S. 132; *B. de Witte*, Competence to protect.

[62] *W. Cremer*, EnzEuR II, § 1 Rn. 79; *C. Herresthal*, ZEuP 24 (2014), 238 (256); a.A., eine Schutzpflicht grundsätzlich für alle Freiheitsgewährleistungen bejahend *P. Szczekalla*, DVBl. 1998, 219 (221).

diese Bestimmung normativer Ausdruck der Achtungsdimension der Grundrechte.[63] Sie müssen bei der Wahrnehmung hoheitlicher Gewalt beachtet und dürfen insbesondere nicht verletzt werden. Auf welcher Ebene die Schutzpflicht vorrangig zu erfüllen ist, ergibt sich nicht aus den Grundrechten, sondern bestimmt sich vielmehr nach den in Art. 5 EUV verankerten allgemeinen Grundsätzen der vertikalen Komptenzverteilung zwischen der Union und ihren Mitgliedstaaten. Danach wird die Union nur innerhalb ihrer durch die Mitgliedstaaten übertragenen Zuständigkeiten tätig (Prinzip der begrenzten Einzelermächtigung nach Art. 5 Abs. 2 EUV). Soweit ihr eine geteilte Zuständigkeit übertragen wurde, wie es im Datenschutzrecht mit Art. 16 Abs. 2 AEUV erfolgt ist, übt sie diese nach Maßgabe des Subsidiaritätsprinzips (Art. 5 Abs. 3 EUV) und des Grundsatzes der Verhältnismäßigkeit (Art. 5 Abs. 4 EUV) aus. Grundrechtliche Schutzpflichten zum Erlass positiver Verpflichtungen bestehen folglich nur insoweit, als die Union über eine Rechtsetzungskompetenz verfügt, der Schutz des spezifischen Grundrechts in der Charta angelegt und das Subsidiaritätsprinzip (Art. 51 Abs. 1 S. 1 GRCh i.V.m. Art. 5 Abs. 3 EUV) gewahrt ist.[64] Selbst wenn sich eine unionsrechtliche Handlungspflicht aus einem Grundrecht ableiten lässt, ist für die EU zusätzlich zu fragen, ob der gebotene Grundrechtsschutz nicht von den Mitgliedstaaten ausreichend verwirklicht werden kann und ob die Wahrnehmung durch die Union einen konkreten Mehrwert bietet.[65] Grundrechte sind auch in ihrer Schutzpflichtdimension keine eigenständige Unionspolitik.[66] Sie können handlungsleitend und -bestimmend, nicht aber allgemein handlungsbegründend sein.

b) Schutzpflicht im EU-Datenschutzrecht

Aus der Schutzpflicht folgt für den Rechtsetzer der Auftrag, der objektivrechtlichen Gestaltungsdimension des Grundrechts auf Schutz personenbezogener Daten Rechnung zu tragen, wobei ein größtmögliches Maß an Freiheit für private Akteure zu gewährleisten ist.[67] Eine sämtliche mitgliedstaatlichen Bereiche umfassende Kompetenz folgt nicht aus der grundrechtlichen

---

[63] *B. Hüpers/B. Reese*, in: Meyer/Hölscheidt, GRCh, Vor Titel IV Rn. 38.

[64] Vgl. *C. Ladenburger/J. Vondung*, in: Stern/Sachs, GRCh, Art. 51 GRCh Rn. 71.

[65] Zurückhaltend *M. Möstl*, Staatliche Garantie, S. 622 f.; *C. Herresthal*, ZEuP 24 (2014), 238 (269); eine allgemeine Schutzpflicht der Union im Sinne einer „Schutzgemeinschaft" bejahend hingegen *P. Szczekalla*, DVBl. 1998, 219 (222 f.), der EuGH sei indes auf eine Evidenzkontrolle beschränkt.

[66] *E. Dubout*, Protection of Fundamental Rights, S. 198: „Fundamental rights in their entirety do not constitute, therefore, a specific policy area. They cannot be relied upon as a ‚policy' per se, but rather serve as justifications for political action, notably to legitimize it more than to substantialize it."

[67] *H. Greve*, Drittwirkung des grundrechtlichen Datenschutzes, S. 674 m.w.N.

Schutzpflicht.[68] Spricht bereits der Normtext von der Pflicht zur „Achtung" eines Grundrechts, wie in Art. 7 GRCh, überwiegt die Abwehrdimension und impliziert dies eine nur schwach ausgeprägte Schutzpflicht des Unionsgesetzgebers.[69] Die Formulierung „Achtung" statt „Schutz" sollte nach dem Willen des Konvents bewusst einem Zuwachs an Unionskompetenzen entgegenwirken.[70] In dieser Formulierung kommt zugleich zum Ausdruck, dass primär die Mitgliedstaaten zur Gewährleistung des Rechts auf Privatsphäre verpflichtet sind, sie also auch vorrangige Adressaten der Schutzpflichtdimension sind. So entnimmt der EuGH Art. 7 GRCh eine positive Verpflichtung der Mitgliedstaaten zum Schutz der Vertraulichkeit der elektronischen Kommunikation.[71] Auf Unionsebene wird eine Kompetenz zum Schutz des allgemeinen Persönlichkeitsrechts überwiegend abgelehnt.[72]

Art. 8 GRCh über den Schutz personenbezogener Daten wohnt demgegenüber neben der Abwehrfunktion eine grundsätzlich gleichwertige Schutzpflicht des Unionsgesetzgebers im Sinne einer Ausgestaltungspflicht inne.[73] Zum Teil wurde diese schon dem ungeschriebenen Grundrecht entnommen.[74] Überwiegend wird diese Schutzpflicht der Union zur Schaffung eines wirksamen Datenschutzkonzepts erst seit der Verankerung von Art. 16 Abs. 2 AEUV mit dem Vertrag von Lissabon bejaht.[75] Mit Art. 8 GRCh werde eine

---

[68] *G. Britz*, EuGRZ 2009, 1 (8); *J. Masing*, NJW 2012, 2305 (2307 f.).

[69] *N. Bernsdorff*, in: Meyer/Hölscheidt, GRCh, Art. 7 GRCh Rn. 12; *H. A. Wolff*, in: Pechstein/Nowak/Häde, EUV/GRC/AEUV, Art. 7 GRC Rn. 13; mit Blick auf die unterschiedlichen Teilgewährleistungen in der GRCh zutreffend auch eine Übertragung der vom EGMR aus Art. 8 EMRK entwickelten Schutzpflichten verneinend *A. Weber*, in: Stern/Sachs, GRCh, Art. 7 GRCh Rn. 9; die Bedeutung der unterschiedlichen Formulierungen relativierend *C. Ladenburger*/*J. Vondung*, in: Stern/Sachs, GRCh, Art. 51 GRCh Rn. 22.

[70] *N. Bernsdorff*, in: Meyer/Hölscheidt, GRCh, Art. 7 GRCh Rn. 8 und 12; *M. Knecht*, in: Schwarze, EU-Kommentar, Art. 7 GRCh Rn. 6.

[71] EuGH, Rs. C-511/18, C-512/18 und C-520/18, EU:C:2020:791, Rn. 126 – La Quadrature.

[72] Schon vor dessen primärrechtlichen Verankerung: *R. Ellger*, Grenzüberschreitender Datenverkehr, S. 551; *P. Karpenstein*, Zuständigkeit der EG, S. 900; anders *S. Schiedermair*, Schutz des Privaten, S. 344.

[73] *N. Marsch*, Das europäische Datenschutzgrundrecht, S. 60 und 130 f.; *R. Streinz*/*W. Michl*, EuZW 2011, 384 (387); *H. A. Wolff*, in: Pechstein/Nowak/Häde, EUV/GRC/AEUV, Art. 8 GRC Rn. 16; *C. Herresthal*, ZEuP 24 (2014), 238 (275); anders *M. Knecht*, in: Schwarze, EU-Kommentar, Art. 8 GRCh Rn. 4, der der Norm primär eine abwehrrechtliche Komponente entnimmt; zweifelnd, indes noch vor dem Vertrag von Lissabon, *G. Britz*, Das Grundrecht auf Datenschutz, S. 67.

[74] GA *Kokott*, Schlussanträge, Rs. C-275/06, Slg. 2008, I-271, Rn. 57 – Promusicae: „Damit [= mit der Bindung Privater an das Datenschutzrecht] verwirklicht und konkretisiert die Gemeinschaft ein aus dem Grundrecht auf Datenschutz resultierendes Schutzziel." *A. Viethen*, Datenschutz als Aufgabe, S. 37.

[75] *I. Spiecker gen. Döhmann*/*M. Eisenbarth*, JZ 2011, 169 (172); *M. Albers*, in: Wolff/

bereits bestehende Schutzpflicht nachträglich anerkannt, Ausdruck der Wahrnehmung dieser Schutzpflicht sei die DSRL.[76]

Art. 7 GRCh und Art. 8 GRCh wohnen mithin unterschiedliche Schutzpflichten inne. Während erstere vorrangig die Mitgliedstaaten adressiert, richtet sich letztere gleichrangig an die EU. Problematisch ist vor diesem Befund, dass der grundrechtliche Datenschutz auf Unionsebene undifferenziert in der Kombination aus Art. 7 und Art. 8 GRCh verortet wird. Ein Grund für die Kombination mag darin liegen, dass der EuGH der DSRL in den Anfangszeiten selbst grundrechtsverbürgenden Charakter zugeschrieben hatte, weil diese nach Art. 1 Abs. 1 DSRL „insbesondere den Schutz der Privatsphäre natürlicher Personen bei der Verarbeitung personenbezogener Daten" bezweckt. Jedenfalls aber erklärt sich die Kombination von Art. 7 und 8 GRCh vor dem Hintergrund der EMRK-Gewährleistung in Art. 8 EMRK: Da die EMRK kein ausdrückliches Datenschutzgrundrecht enthält, leitete der EGMR den Schutz personenbezogener Daten aus dem Schutz des Privatlebens in Art. 8 EMRK ab. Um die nach Art. 52 Abs. 3 GRCh gebotene Konformauslegung mit Art. 8 EMRK über die Achtung des Privat- und Familienlebens zu ermöglichen, bezog sich auch der EuGH zusätzlich auf den inhaltsgleichen Art. 7 GRCh. Art. 7 und 8 GRCh können insofern als Synthese der bisher über Art. 8 EMRK in Verbindung mit den gemeinsamen Verfassungsüberlieferungen und den allgemeinen Rechtsgrundsätzen des Gemeinschaftsrechts entwickelten Datenschutzgewährleistung erachtet werden.[77] Das BVerfG und der EGMR entwickelten das Grundrecht auf informationelle Selbstbestimmung bzw. den Schutz personenbezogener Daten jeweils aus dem Privatsphärenschutz.[78] Allerdings besteht auf diesen Ebenen im Unterschied zur GRCh keine ausdrückliche Gewährleistung zum Schutz personenbezogener Daten, so dass die Praxis des EuGH, zwischen den Gewährleistungen nicht zu trennen, zu Recht auf Kritik stößt.[79]

Diese Synthese mag beim materiellen Grundrechtsschutz verstärkend wirken (was bezweifelt wird), verbietet sich aber bei der kompetenzbegründenden Schutzpflicht. Denn bei der Beurteilung der Schutzpflicht wirkt die Kombination beider Grundrechte kompetenzerweiternd.[80]

Brink, BeckOK DSR, Datenschutzbestimmungen der Polizei- und Nachrichtendienstgesetze des Bundes, Syst. L Rn. 30; *C. Sobotta*, in: Grabitz/Hilf/Nettesheim, EU, Art. 16 AEUV Rn. 11; *M. Schröder*, in: Streinz, EUV/AEUV, Art. 16 AEUV Rn. 8.

[76] So *H. A. Wolff*, in: Pechstein/Nowak/Häde, EUV/GRC/AEUV, Art. 8 GRC Rn. 16, die Annahme dort, Art. 8 GRC sei vor [!] Erlass der DSRL eingeführt worden und deshalb die Schutzpflicht bei Erlass bekannt gewesen, ist wohl ein Versehen; *S. Simitis*, NJW 1997, 281 (281), der die DSRL als „Exempel genau dieser Verpflichtung der Union" bezeichnet.

[77] *B. Siemen*, Datenschutz, S. 277; *J.-P. Schneider*, Die Verwaltung 44 (2011), 499 (516).

[78] Grundlegend BVerfGE 65, 1 (16); *B. Schöndorf-Haubold*, Privatleben, S. 35 f.

[79] Hierzu eingehend unten, 5. Kapitel E.I.3. (S. 303 ff.).

[80] Die neue ePrivacy-VO wird zwar ausdrücklich auf Art. 16 und 114 AEUV gestützt.

Für den Schutz personenbezogener Daten besteht eine Rechtsetzungskompetenz der Union kraft grundrechtlicher Schutzpflicht allerdings nur im Rahmen des Art. 16 Abs. 2 AEUV i.V.m. Art. 8 GRCh. Darüber hinaus besteht auf Unionsebene mangels entsprechender Kompetenz keine zur Rechtsetzung ermächtigende Schutzpflicht zum Schutz der Privatsphäre aus Art. 7 GRCh.

3. Reichweite der Schutzpflicht

Das Recht auf Schutz personenbezogener Daten wird im Sinne eines allgemeinen Schutzes vor jeglicher Datenverarbeitung verstanden und ist nicht auf den Schutz vor missbräuchlicher Verarbeitung beschränkt.[81] Umstritten ist jedoch, wie sehr der Datenschutz im privaten und im öffentlichen Bereich gleichartig ausgestaltet sein darf.[82] Eine Angleichung der Verarbeitungsanforderungen wurde im deutschen Recht vor allem unter Verweis auf die Ausgestaltung des europäischen Sekundärrechts gefordert.[83] Doch wie weit kann das Unionsrecht eine solche gleichartige Ausgestaltung im privaten Bereich vorschreiben? Wie weit reicht die unionsgrundrechtliche im Verhältnis zur vorrangig mitgliedstaatlichen Schutzpflicht? Hinsichtlich der Schutzpflicht lassen sich dem Primärrecht keine konstitutiven Vorgaben entnehmen. Der Rechtsetzer, an den sich die Schutzpflicht in erster Linie richtet[84], hat vielmehr einen weiten Ausgestaltungsspielraum.[85] Die Schutzpflichtverwirkli-

---

Implizit geht der Rechtsetzer jedoch von der Wahrnehmung ihrer grundrechtlichen Schutzpflicht aus und begründet den Entwurf hinsichtlich des Schutzes der Kommunikation mit der „Umsetzung des in Artikel 7 der [Charta] verankerten Grundrechts auf Achtung des Privatlebens im Sekundärrecht der Union", COM(2017) 10 final, S. 2. Unionsmaßnahmen über die Achtung des Privatlebens in der elektronischen Kommunikation bezwecken vorrangig die Schaffung gleicher Wettbewerbsbedingungen für die Marktteilnehmer und den freien Verkehr elektronischer Kommunikationsdaten. Der dabei mitverfolgte Schutz des Art. 7 GRCh ist ein Reflex. Da Art. 8 GRCh auch eine Schutzpflicht zu Gunsten juristischer Personen enthält, hätte es eines kompetenzbegründenden Rückgriffs auf Art. 7 GRCh mithin nicht bedurft.

[81] Grundlegend hierfür ist die Feststellung des BVerfG im Volkszählungsurteil, wonach es unter den Bedingungen der modernen Datenverarbeitung kein „belangloses" Datum mehr gebe, BVerfGE 65, 1 (45); *B. Buchner*, Informationelle Selbstbestimmung, S. 42 f.

[82] Zur Diskussion *B. Buchner*, Informationelle Selbstbestimmung, S. 44 f.

[83] Für einen nicht nur gleichwertigen, sondern gleichartigen Datenschutz im öffentlichen und nicht-öffentlichen Bereich mit Blick auf die DSRL: *S. Simitis*, NJW 1998, 2473 (2474).

[84] *M. Bäcker*, Der Staat 51 (2012), 91 (98); *C. Gusy*, Grundrechtsbindung Privater, S. 96; *H. D. Jarass*, ZEuP 25 (2017), 310 (328); zum umstrittenen Verhältnis zwischen Schutzpflichtenlehre und Drittwirkung s. *M. Ruffert*, Vorrang der Verfassung, S. 144 ff.

[85] Vgl. *B. Buchner*, Informationelle Selbstbestimmung, S. 53 zur verfassungsrechtlichen Schutzpflicht im Datenschutzrecht.

chung verlangt im privaten Bereich jedenfalls keine umfassende Angleichung an den öffentlichen Bereich. So mag das grundsätzliche Verarbeitungsverbot gegenüber staatlichen Stellen unmittelbar aus der Abwehrdimension des Grundrechts folgen, im Verhältnis Privater untereinander ist es indes nicht zwingend.[86] Da sich zwischen Privaten in der Regel gleichrangige Freiheitsansprüche gegenüber stehen, geht jede Maßnahme zur Wahrnehmung der Schutzpflicht auf der einen zugleich mit der Beschränkung der Grundrechte auf der anderen Seite einher.[87] Während die freiheitssichernde Dimension der Grundrechte ein Übermaßverbot[88] statuiert, wird der Gesetzgeber bei der Wahrnehmung von Schutzpflichten durch das Untermaßverbot begrenzt. Die Maßnahmen zur Erfüllung der Schutzpflicht müssen einen wirksamen, angemessenen Schutz der Grundrechte schaffen, sie dürfen nicht gänzlich ungeeignet oder völlig unzulänglich sein, um das Schutzziel zu erreichen.[89] Die Schutzpflicht steht unter dem Vorbehalt der Verhältnismäßigkeit, die gesetzliche Ausgestaltung muss geeignet, erforderlich und angemessen sein, darf die Betroffenen mithin nicht übermäßig belasten.[90]

Der Gesetzgeber ist zur Schaffung gesellschaftlicher Strukturen für den gerechten Ausgleich in mehrpoligen Grundrechtsverhältnissen verpflichtet.[91] Eines hoheitlichen Eingreifens zum Schutz bedrohter Grundrechte bedarf es insbesondere dort, wo freie Selbstbestimmung auf Grund von Zwang oder Abhängigkeit nicht gewährleistet ist.[92] Jede gesetzgeberische Ausgestaltung muss verhältnismäßig sein. Das bedeutet insbesondere, dass keiner der gegenüberstehenden Rechtspositionen ein grundsätzlicher Vorrang zukommen kann. Vielmehr müssen die konfligierenden Positionen in einen schonenden Ausgleich gebracht werden. Im Unterschied zur abwehrrechtlichen Dimension ist der Gesetzgeber bei der Wahrnehmung der Schutzdimension nicht gehalten, die zulässigen Handlungen Privater detailliert und abschließend zu regulieren. Die Zulässigkeit privater Datenverarbeitung bestimmt sich vielmehr nach Maßgabe abwägungsoffener Generalklauseln.[93] Die Konkretisierung dieser Schutzpflicht ist Aufgabe der Judikative.[94]

[86] *B. Buchner*, Informationelle Selbstbestimmung, S. 54. Krit. zur „Bevormundung in Bezug auf die Preisgabe personenbezogener Daten" *C. Krönke*, Der Staat 55 (2016), 319 (324).

[87] *H. Ehmann*, AcP 188 (1988), 230 (322); *M. Kloepfer*, Datenschutz, S. 13; *B. Buchner*, Informationelle Selbstbestimmung, S. 58.

[88] Grundlegend BVerfGE 88, 203 (254); *C. W. Canaris*, AcP 184 (1984), 201 (228).

[89] BVerfGE 92, 26 (46); 88, 203 (254); 56, 54 (80 ff.); *M. Ruffert*, Vorrang der Verfassung, S. 152 ff.; *C. Gusy*, Grundrechtsbindung Privater, S. 104 f.

[90] BVerfGE 63, 131 (144) zum Recht auf Gegendarstellung im Rundfunkstaatsvertrag.

[91] *K.-H. Ladeur*, Abwägung, S. 64 f. zur notwendigen Spezifizierung der grundrechtlichen Schutzpflichten.

[92] *B. Buchner*, Informationelle Selbstbestimmung, S. 56.

[93] *M. Bäcker*, Der Staat 51 (2012), 91 (99 f.); *J. Masing*, NJW 2012, 2305 (2307).

[94] *M. Bäcker*, Der Staat 51 (2012), 91 (100); indes mit reduzierter Kontrolldichte, vgl. *H. D. Jarass*, ZEuP 25 (2017), 310 (328).

Doch nur die fehlende Selbstregulierung bei der datenverarbeitenden Tätigkeit Privater löst die Schutzpflicht des Gesetzgebers aus. Ähnlich wie die zivilrechtliche Gesetzgebung zur Erfüllung sozialer Schutzpflichten,[95] dient auch die Datenschutzgesetzgebung der Schaffung der Vorbedingungen nicht nur für die freie Persönlichkeitsentfaltung, sondern der Verhaltensfreiheit insgesamt,[96] indem die Autonomie über die Preisgabe und Verarbeitung personenbezogener Daten auch im Verhältnis zwischen Privaten sichergestellt wird. Im Unterschied zu strukturellen Ungleichgewichten im Arbeitsrecht oder bei Informationsdefiziten im Verbraucherschutzrecht, die den Schutz der schwächeren Vertragspartei durch den Gesetzgeber rechtfertigen, ist im Datenschutz weder der Betroffene noch der Verarbeitende prinzipiell besonders schutzwürdig, wenn nicht besondere Umstände hinzutreten. Es kann im Verhältnis der von der Datenverarbeitung Betroffenen und der Verarbeitenden nicht typisierend von einem Machtungleichgewicht oder einer gestörten Vertragsparität ausgegangen werden. Voraussetzung für die Schutzpflichterfüllung ist mithin, dass diese Autonomie des Einzelnen überhaupt gefährdet ist. Da Datenschutz als akzessorischer Freiheitsschutz konzipiert ist,[97] konkretisiert datenschutzrechtliches Sekundärrecht auch die betreffenden Freiheitsgrundrechte, sobald ihre Ausübung mit der Verarbeitung personenbezogener Daten einhergeht. Der Schutz personenbezogener Daten erfolgt nicht um seiner selbst willen, sondern als akzessorisches Recht zur Sicherung gegen substanzielle Freiheitsbeeinträchtigungen als „Mittel zur Sicherstellung von Verhaltensfreiheit" generell und nicht nur beschränkt auf den Privatsphärenkontext.[98] Der Schutz personenbezogener Daten dient dem „un-

---

[95] Etwa im Bereich des Kündigungsschutzes: BVerfGE 149, 126 (144 Rn. 47); im Bereich des AGB-Rechts: BVerfGE 89, 214 (233).

[96] *G. Britz*, Informationelle Selbstbestimmung, S. 570: Schutz des „unbefangenen Gebrauch[s] von Verhaltensfreiheit"; *M. Bäcker*, Der Staat 51 (2012), 91 (96): zusätzlich zum Schutz vor spezifischer Datenverarbeitung gewährleiste das Recht auf informationelle Selbstbestimmung einen subsidiären Schutz „gegen Informationshandlungen aller Art, welche die Entfaltungsfreiheit des Einzelnen gefährden." Krit. *M. Albers*, Informationelle Selbstbestimmung, S. 404 ff.

[97] Zur vorrangigen Prüfung des allgemeinen Persönlichkeitsrechts bei der Verbreitung von Äußerungen im Rahmen gesellschaftlicher Kommunikation BVerfGE 152, 152 (193 Rn. 92); zum im Verhältnis zum Recht auf informationelle Selbstbestimmung spezielleren Art. 10 Abs. 1 GG im Bereich der Telekommunikation, BVerfGE 125, 260 (307 ff.). Aus der Verankerung des Datenschutzes in Art. 7 GRCh wird z.T. ein grundsätzliches Primat des Schutzes der Persönlichkeitsinteressen abgeleitet, s. die Kritik bei *G. Buchholtz*, DÖV 2017, 837 (842); *C. Krönke*, Der Staat 55 (2016), 319 (342).

[98] *G. Britz*, Informationelle Selbstbestimmung, S. 569, dort auch zum Verständnis als Vorfeldschutz im Sinne des Schutzes vor informationsbedingt drohenden Nachteilen; *M. Albers*, Informationelle Selbstbestimmung als vielschichtiges Bündel, lehnt einen solchen Schutz vor Nachteilsvermeidung als zu weitgehend ab; *C. Rogall-Grothe*, ZRP 2012, 193 (195); *J. Schneider/N. Härting*, ZD 2012, 199 (200) weisen auf die „unverzichtbare Differenzierung zwischen Daten und persönlichkeitsrelevanten Informationen" hin.

befangenen Gebrauch von Verhaltensfreiheit"[99] durch die Unterbindung oder Kontrolle freiheitsgefährdender Datenverarbeitung durch Dritte. Zugleich beeinträchtigt er aber die freie Grundrechtsausübung auf der Seite des Verarbeiters. Als kollidierende Interessen kommen nicht nur die Medienfreiheiten in Betracht, denen auf Grund ihrer elementaren Funktion für den demokratischen Diskurs in Art. 85 DSGVO besonders Rechnung getragen wird, sondern sämtliche grundrechtlich geschützten Freiheiten, insbesondere die Berufsfreiheit, sofern die datenverarbeitende Tätigkeit etwa geschäftsmäßig erfolgt oder die aus der allgemeinen Handlungsfreiheit folgende Privatautonomie sowie die Meinungs- und Informationsfreiheit. Das schon unter dem Grundgesetz diskutierte Spannungsverhältnis eines allgemeinen Verarbeitungsverbots mit den gegenläufigen Grundrechten (auch Dritter), verschärft sich auf Unionsebene,[100] zumal weder weitreichende materiell-rechtliche Kompetenzen auf dem Gebiet des Privatrechts noch umfassende grundrechtliche Schutzpflichten des Unionsgesetzgebers bestehen. Der Unionsrechtsetzer kann mithin nicht sämtliche datenverarbeitende Tätigkeiten zwischen Privaten regeln. Das europäische Datenschutzrecht verfolgt zwischen Privaten primär die Sicherung des Wettbewerbs im Binnenmarkt und den vereinheitlichten Datenverkehr. Es ist also auf die Regelung solcher Privatrechtsverhältnisse beschränkt, die einen grenzüberschreitenden Bezug aufweisen.[101]

4. Zwischenfazit

Festzuhalten bleibt, dass die Union grundsätzlich über eine Kompetenz für die Regelung des Datenschutzes im öffentlichen Bereich verfügt, soweit Tätigkeiten im Anwendungsbereich des Unionsrechts betroffen sind. Im nichtöffentlichen Bereich verfügt die Union über eine kompetenzbegründende Schutzpflicht, die zur Ausgestaltung des Datenschutzes zwischen Privaten ermächtigt. Diese gilt für personenbezogene Daten juristischer und natürlicher Personen. Im Unterschied zur staatlichen Schutzpflicht ist die Schutzpflicht auf Unionsebene in mehrfacher Hinsicht eingeschränkt: Zunächst ist sie auf den Schutz personenbezogener Daten beschränkt. Art. 7 GRCh lässt sich im Unterschied zu Art. 8 GRCh keine kompetenzbegründende Schutz-

---

[99] *G. Britz*, Informationelle Selbstbestimmung, S. 570.

[100] Vgl. nur *M. Bäcker*, Der Staat 51 (2012), 91 (106), wonach Machtungleichgewichte zwischen Privaten nur „im Extremfall" ein staatliches Eingreifen erzwingen. Unterhalb dieser Schwelle sei die Frage staatlichen Eingreifens keine verfassungsrechtliche, sondern eine rechtspolitische.

[101] *N. Marsch*, Das europäische Datenschutzgrundrecht, S. 330–333. Inwiefern das grundrechtskonkretisierende Datenschutzsekundärrecht im Einzelnen als effektive Erfüllung der unionalen Schutzpflicht erachtet werden kann, wird Gegenstand des 5. Kapitels sein.

pflicht entnehmen. Zum anderen gelten auch für die Schutzpflicht die Kompetenzausübungsschranken des Art. 5 Abs. 1 S. 2, Abs. 3 und Abs. 4 EUV. Die Union wird nur dann in Wahrnehmung ihrer Schutzpflicht tätig, sofern und soweit die Ziele des Datenschutzes von den Mitgliedstaaten nicht ausreichend verwirklicht werden können, sondern vielmehr „wegen ihres Umfangs oder ihrer Wirkungen auf Unionsebene besser zu verwirklichen sind." Der Verhältnismäßigkeitsgrundsatz begrenzt die Datenschutzkompetenz in formaler und materieller Hinsicht. Dies betrifft die Wahl der Rechtsform und die Regelungsintensität. Inhaltlich darf die Regelung nicht über das zur Erreichung des Grundrechtsschutzes erforderliche Maß hinaus gehen. Schon aus dem Grundsatz der Subsidiarität und Verhältnismäßigkeit folgt, dass primär die Mitgliedstaaten für den Schutz der Grundrechte verantwortlich sind. Darüber hinaus darf eine Schutzpflicht der EU-Organe Art. 51 Abs. 2 GRCh und Art. 6 Abs. 1 Uabs. 1 EUV nicht unterlaufen, die unverkennbar festhalten, dass Grundrechte für die EU weder kompetenzbegründend noch -erweiternd oder -modifizierend wirken dürfen.

V. Die Bedeutung von Art. 16 Abs. 1 AEUV

Eine allgemeine Kompetenz zum Schutz personenbezogener Daten in den Mitgliedstaaten lässt sich schließlich nicht Art. 16 Abs. 1 AEUV entnehmen. Dieser wiederholt das in Art. 8 Abs. 1 GRCh verankerte Grundrecht. Art. 16 Abs. 1 AEUV ist keine Ausnahme von Art. 51 Abs. 2 GRCh, die in den vom Anwendungsbereich des Unionsrechts nicht erfassten Bereichen zur grundrechtschützenden Rechtsetzung ermächtigen würde (1.). Er ist lediglich programmatischen Charakters (2.) und verleiht keine subjektiv-öffentlichen Rechte (3.).

1. Auslegungsansätze im Sinne einer abrundenden Grundrechtskompetenz

Art. 16 Abs. 1 AEUV wird zum Teil kompetenzbegründend „in systematischer Kombination" mit Art. 16 Abs. 2 S. 1 AEUV und den Chartagrundrechten gelesen.[102] Dadurch sollen Kompetenzlücken überbrückt werden. So soll sich, soweit die Regelung der Datenverarbeitung durch Polizei und Justiz „in die Kernkompetenz eines jeden Mitgliedstaats"[103] eingreift, die Kompetenz aus der stärkeren Prägung dieser Bereiche durch den Vertrag von Lissabon sowie aus Art. 7, 8 der GRCh und Art. 16 AEUV i.V.m. der Erklärung Nr. 21 zum Vertrag von Lissabon[104] oder aber der Kompetenz aus Art. 82

[102] In diese Richtung *M. Albers*, in: Wolff/Brink, BeckOK DSR, Datenschutzbestimmungen der Polizei- und Nachrichtendienstgesetze des Bundes, Syst. L. Rn. 30.
[103] *A. Roßnagel*, in: Johannes/Weinhold, Polizei und Justiz, Geleitwort, Rn. 15.
[104] *P. Johannes/R. Weinhold*, DVBl. 2016, 1501 (1501).

Abs. 2 lit. b i.V.m. Art. 16 AEUV[105] ergeben. Art. 16 AEUV sei einer „der eher seltenen Fälle im Unionsrecht, in denen auf EU-Ebene eine Kongruenz zwischen der Grundrechtsgewährleistung und der Rechtsetzungskompetenz" bestehe.[106] Die subjektiv-rechtliche Komponente des Datenschutzes werde danach mit der vertraglichen Verankerung prominent platziert und hierdurch die Datenschutzkompetenz aus dem oben skizzierten engen Binnenmarktkorsett befreit. Dies deckt sich mit politisch geäußerten Auffassungen. Nach Auffassung der Kommission ermögliche Art. 16 AEUV einen „umfassenden Rechtsrahmen für den Datenschutz", der „sowohl für die grenzübergreifende als auch für die innerstaatliche Verarbeitung personenbezogener Daten" gelte.[107] Art. 16 Abs. 1 AEUV sei der singuläre Fall, dass ein Grundrecht als Ausnahme zu Art. 51 Abs. 2 GRCh in den Status der Unionskompetenz überführt worden sei. Vertreten wird ferner, Art. 16 Abs. 1 AEUV sei ähnlich wie Art. 21 AEUV unmittelbar anwendbar und könne dem Einzelnen einen Anspruch auf Datenschutz losgelöst von etwaigem Sekundärrecht verleihen.[108]

2. *Programmatischer Charakter des Art. 16 Abs. 1 AEUV*

Die doppelte Hervorhebung in der Charta und in den Verträgen fand sich bereits im ersten „Entwurf eines Vertrags über eine Verfassung für Europa"[109] des Präsidiums des Europäischen Konvents in Art. 36a EVV-E (der schließlich zu Art. I-50 EVV-E wurde). Dort war der Schutz personenbezogener Daten als Grundrecht in Teil II, Art. II-8 Abs. 1 EVV gewährleistet und wortgleich im ersten Konventsentwurf in Titel VI über das „Demokratische Leben der Union" in Art. I-50 Abs. 1 EVV-E verankert.[110] Schon im Konvent gab es zahlreiche Änderungsanträge zu diesem Artikel. Insgesamt forderten 25 Konventsmitglieder die Streichung von Absatz 1 mit der Begründung, dass die Bestimmung identisch mit Art. 8 in der zu inkorporierenden Grundrechtecharta sei und eine Wiederholung lediglich Unklarheiten Vorschub leiste.[111] Das Präsidium hielt an dem Absatz jedoch fest, „da sonst die Ein-

---

[105] *P. Johannes/R. Weinhold*, Polizei und Justiz, § 1 Rn. 42.

[106] *M. Selmayr/E. Ehmann*, in: dies., DS-GVO, Einf. Rn. 36 und Rn. 85: Art. 16 AEUV habe eine „Kongruenz zwischen EU-rechtlichem Grundrechtsschutz und EU-rechtlicher Rechtsetzungskompetenz" herbeigeführt.

[107] KOM(2012) 9 endg., S. 9 unter Ziff. 4. Unklar ist, wie sich dies zur älteren EuGH-Rechtsprechung verhält, wonach die innerstaatliche Datenverarbeitung bereits der DSRL unterfiel.

[108] *H. Hijmans/A. Scirocco*, CMLRev 46 (2009), 1485 (1518), die jedoch in den weiteren Ausführungen zugestehen, dass das Recht konkretisierungsbedürftig ist.

[109] Entwurf des Vertrags über eine Verfassung für Europa, ABl. C 169/1 v. 18.7.2003.

[110] Entwurf des Vertrags über eine Verfassung für Europa, ABl. C 169/1 v. 18.7.2003.

[111] Treffend die Kritik an Artikel 36a von *P. Hain*: „We question the wisdom of selec-

leitung zu Absatz 2, der auf die Annahme eines europäischen Gesetzes über den Schutz personenbezogener Daten abzielt, fehlen würde".[112] Rechte, die in Teil I des EVV unter dem Titel „Das demokratische Leben" wieder aufgegriffen werden, sollen hierdurch als „Schlüsselelemente", die eine besondere Ausprägung des demokratischen Lebens auf supranationaler Ebene sind, hervorgehoben werden.[113] Zudem würde die Rechtsgrundlage für den Datenschutz „einen unvollständigen Eindruck erwecken, wenn sie lediglich Bestimmungen über die Modalitäten, Grenzen und Rechtsgrundlagen für die Transparenz und den Datenschutz enthielten, das Recht an und für sich jedoch keine Erwähnung fände".[114] Durch die erneute Erwähnung in der Charta werde schließlich deutlich, dass es sich um ein Grundrecht handele.[115] Absatz 1 gibt nach Auffassung des Konvents lediglich Art. 8 GRCh deklaratorisch (aber unvollständig) wieder.[116] Die historische Auslegung der Bestimmung führt zu dem Schluss, dass die systematische Verankerung von Art. 16 Abs. 1 AEUV in den Verträgen lediglich die Bedeutung des Datenschutzes für die Demokratie als Ganzes hervorheben soll und keine subjektiv-rechtliche Grundrechtsverbürgung darstellt. Der „Formulierung im Grundrechtsstil"[117] ist lediglich programmatische bzw. symbolische Bedeutung zur Erinnerung an die grundrechtliche Fundierung der Kompetenz in Absatz 2 beizumessen.[118] Rechtlich ist die Vorschrift neben Art. 8 GRCh bedeutungslos.[119]

3. Kein Vertragsgrundrecht im Sinne von Art. 52 Abs. 2 GRCh

Soweit der Vorschrift hingegen Grundrechtsqualität beigemessen wird,[120] stellt sich die Folgefrage nach der Einschränkbarkeit. Art. 16 Abs. 1 AEUV

---

tively placing Charter provisions in the Treaty. This does not aid legal clarity because it divorces the substantive provisions from the horizontals – so we delete paragraph 1." Alle Änderungsvorschläge abrufbar unter http://european-convention.europa.eu/DE/amendments/amendments9788.html?content=3699&lang=DE (zuletzt abgerufen am 11.5.2021).

[112] Europäischer Konvent, CONV 724/1/03 REV 1, Anlage 2 v. 28.5.2003, S. 115.

[113] Europäischer Konvent, CONV 726/1/03 REV 1 v. 27.5.2003, S. 3.

[114] Europäischer Konvent, CONV 726/1/03 REV 1 v. 27.5.2003, S. 3.

[115] Europäischer Konvent, CONV 726/1/03 REV 1 v. 27.5.2003, S. 4.

[116] Vermerk des Präsidiums, Europäischer Konvent, CONV 650/03 v. 2.4.2003, S. 11.

[117] *G. Britz*, EuGRZ 2009, 1 (2).

[118] So auch *M. Schröder*, in: Streinz, EUV/AEUV, Art. 16 AEUV Rn. 4 f.; *U. Brühann*, in: von der Groeben/Schwarze/Hatje, EU-Recht, Art. 16 AEUV Rn. 28; *I. Spiecker gen. Döhmann/M. Eisenbarth*, JZ 2011, 169 (172); *C. Sobotta*, in: Grabitz/Hilf/Nettesheim, EU, Art. 16 AEUV Rn. 8.

[119] *J. Kühling/J. Raab*, in: Kühling/Buchner, DS-GVO/BDSG, Einf. Rn. 35.

[120] Die Auffassungen reichen von konkretisierungsbedürftiger Grundrechtsverbürgung, Doppelung des Grundrechts bis hin zur Annahme einer eigenständigen individualrechtlichen Gewährleistung, s. *M. Kotzur*, in: Geiger/Khan/Kotzur, EUV/AEUV, Art. 16 AEUV Rn. 2; *N. Bernsdorff*, in: Meyer/Hölscheidt, GRCh, Art. 8 GRCh Rn. 24: „Verdop-

übernimmt nicht die Schrankenregelung des Art. 8 Abs. 2 und 3 GRCh. Gemäß der Transferklausel des Art. 52 Abs. 2 GRCh können aber Chartagrundrechte, die in den Verträgen geregelt sind, nur „im Rahmen der in den Verträgen festgelegten Bedingungen und Grenzen“ ausgeübt werden. Sowohl der Schutzbereich als auch die Einschränkbarkeit sind vertragskonform auszulegen.[121]

In den Konvents-Erläuterungen fehlt eine Aufzählung der Vertragsgrundrechte im Sinne von Art. 52 Abs. 2 GRCh. Auch in den Erläuterungen zu den einzelnen Grundrechtsgewährleistungen wird Art. 16 Abs. 1 AEUV nicht erwähnt.[122] Aus den Erläuterungen zur Diskussion über die Einbeziehung der Grundrechtecharta als Teil II der Verfassung im Konvent ergibt sich jedoch, dass der vertraglich gewährleistete Datenschutz von Art. 52 Abs. 2 GRCh erfasst sein sollte. Soweit die GRCh Rechte lediglich umformuliert, die im EG-Vertrag verankert waren, sollen diese den bisher im EGV festgelegten Bedingungen und Beschränkungen unterliegen. Dabei verweist die Erläuterung auf Art. I-50 EVV über den Datenschutz.[123] Allerdings wird zu Recht darauf hingewiesen, dass der EGV noch keine dem Art. 16 Abs. 1 AEUV vergleichbare Vorschrift enthielt, so dass der Anwendungsbereich der Transferklausel nicht eröffnet ist.[124] Nach dieser Ansicht derogiert stattdessen die speziellere Schrankenregel des Art. 8 Abs. 2 GRCh den allgemeinen Art. 16 Abs. 1 AEUV.[125]

Dem Verständnis von Art. 16 Abs. 1 AEUV als vertragliche Grundrechtsgewährleistung stehen mehrere Argumente entgegen. Zum einen die bereits dargestellte Historie des Art. 16 Abs. 1 AEUV, die darauf schließen lässt, dass es sich nicht um eine spezielle Grundrechtsverbürgung handeln soll, insbesondere da der Schrankenvorbehalt fehlt und Art. 8 Abs. 2 und 3 GRCh dadurch unterlaufen würden. Zum anderen, weil sich das Datenschutzgrundrecht, nicht allein aus Art. 7 GRCh, sondern auch auf Unionsebene aus mehreren Grundrechtsverbürgungen ergibt. Es stellt sich dann die Frage, inwiefern auch Art. 7 GRCh nach Maßgabe des Art. 16 Abs. 1 AEUV gewährleis-

---

pelung“; *T. Kingreen*, in: Calliess/Ruffert, EUV/AEUV/GRCh, Art. 16 AEUV Rn. 3: „grundrechtliche Doppelung“; *U. Brühann*, in: von der Groeben/Schwarze/Hatje, EU-Recht, Art. 16 AEUV Rn. 35: „systemische Doppelung“, allerdings akzessorisch zu Art. 8 GRCh; *G. Sydow*, in: ders., DSGVO, Einl. Rn. 7–9; *A. Jung*, Grundrechtsschutz, S. 74; *T. Zerdick*, in: Lenz/Borchardt, EU-Verträge, Art. 16 AEUV Rn. 7; für ein unmittelbar anwendbares Recht *H. Hijmans*/*A. Scirocco*, CMLRev 46 (2009), 1485 (1518).

[121] *A. Hatje*, in: Schwarze, EU-Kommentar, Art. 52 GRCh Rn. 12.

[122] *C. Ladenburger*/*H. Krämer*, in: Stern/Sachs, GRCh, Art. 52 GRCh Rn. 61.

[123] Europäischer Konvent, CONV 726/1/03 REV 1 v. 27.5.2003, S. 2 Fn. 1.

[124] *U. Brühann*, in: von der Groeben/Schwarze/Hatje, EU-Recht, Art. 16 AEUV Rn. 31 Fn. 53, wonach sich der Verweis auf die bisher im EGV anerkannten Rechte beschränkt; *N. Marsch*, Das europäische Datenschutzgrundrecht, S. 67.

[125] *N. Marsch*, Das europäische Datenschutzgrundrecht, S. 67.

tet werden müsste, behandelt doch der EuGH Art. 7 und 8 GRCh als Kombinationsgrundrecht.

Eine Qualifizierung als Vertragsgrundrecht ist zudem aus systematischen Erwägungen abzulehnen, da Art. 16 Abs. 1 AEUV keine Schrankenregelung enthält. Dies würde bei konsequenter Anwendung des Art. 52 Abs. 2 GRCh dazu führen, dass die schrankenlose Gewährleistung in Art. 16 Abs. 1 AEUV den identischen, aber unter Schrankenvorbehalt stehenden Art. 8 GRCh verdrängt.[126] Es ist jedoch einhellig anerkannt, dass der Schutz personenbezogener Daten auf Unionsebene nicht schrankenlos gilt. Soweit ein Vertragsgrundrecht angenommen wird, behilft sich die Literatur überwiegend mit der Methode der teleologischen Reduktion des Anwendungsbereichs von Art. 52 Abs. 2 GRCh dahingehend, dass er nicht auf schrankenlose Vertragsgewährleistungen anzuwenden sei.[127] Zum Teil geht sie von einer Verdrängung der allgemeinen Schranke in Art. 52 Abs. 1 GRCh durch den speziellen Art. 52 Abs. 2 GRCh aus. Die Schranken des Datenschutzgrundrechts sollen sich dann – im Unterschied zu Art. 8 GRCh – aus dem datenschutzrechtlichen Sekundärrecht ergeben.[128] Gestützt wird dies auf die Erklärung Nr. 20 zur Schlussakte der Regierungskonferenz, die auf das Sekundärrecht Bezug nimmt.[129] Allerdings verweist die Erklärung lediglich auf das geltende Recht, ohne es in den Rang des Primärrechts zu erheben. Eine solche Auslegung widerspricht der normhierarchischen Logik und konstitutionalisiert einmal gesetztes Sekundärrecht.[130] Sie ist deshalb abzulehnen. Dies würde für Art. 8 GRCh eine Gewährleistung nach dem jeweils geltenden Datenschutzsekundärrecht bedeuten. Eine Einbeziehung des grundrechtlichen Sekundärrechts würde Art. 52 Abs. 2 GRCh zum „Einfallstor für eine Grundrechtsgeltung nach Maßgabe des Unionsgesetzgebers“ machen.[131] Die GRCh bezweckt aber gerade die Stärkung des Grundrechtsschutzes auf Primärrechtsebene. Auch der EuGH zieht Art. 16 Abs. 1 AEUV nicht als Grundrecht heran. Im PNR-Gutachten stellte er ausdrücklich nicht auf Art. 16 Abs. 1 AEUV ab,

---

[126] In diesem Sinne, jedoch ohne Begründung: *T. Lock*, in: Kellerbauer/Klamert/Tomkin, EU Treaties, Art. 8 CFR Rn. 2.

[127] *I. Spiecker gen. Döhmann/M. Eisenbarth*, JZ 2011, 169 (172); *M. Cornils*, Grundrechtlicher Rahmen, S. 27: keine Anwendung von Art. 52 Abs. 2 GRCh auf vorvertragliche Grundrechte, die von der GRCh nur übernommen wurden.

[128] *N. Bernsdorff*, in: Meyer/Hölscheidt, GRCh, Art. 8 GRCh Rn. 24.

[129] Der Inhalt der Erklärung lautet: „Die Konferenz erklärt, dass immer dann, wenn Bestimmungen über den Schutz personenbezogener Daten, die auf der Grundlage von Artikel 16 zu erlassen sind, direkte Auswirkungen auf die nationale Sicherheit haben könnten, dieser Umstand gebührend zu berücksichtigen ist. Sie weist darauf hin, dass die derzeit geltenden Rechtsvorschriften (siehe insbesondere Richtlinie 95/46/EG) besondere Ausnahmeregelungen hierzu enthalten.“, ABl. C 326/347 v. 26.10.2012.

[130] So auch *J.-P. Schneider*, Die Verwaltung 44 (2011), 499 (503).

[131] *C. Ladenburger/H. Krämer*, in: Stern/Sachs, GRCh, Art. 52 GRCh Rn. 64.

die grundrechtlichen Voraussetzungen der zulässigen Verarbeitung personenbezogener Daten ergäben sich allein aus Art. 8 GRCh.[132]

Die Probleme der Schrankenübertragung und des Verhältnisses zu Art. 8 GRCh stellen sich jedoch schon nicht, wenn – wie hier – Art. 16 Abs. 1 AEUV vor dem Hintergrund seiner Historie nicht als subjektives Recht verstanden wird, da er ausschließlich programmatischen Charakters ist. Noch weniger kann ihm eine kompetenzbegründende Wirkung beigemessen werden. Dieser Befund wird durch die Ausführungen des Präsidiums des Europäischen Konvents bestätigt, das für die Beibehaltung aus eher kosmetischen Gründen plädierte.

B. Kompetenzakzessorischer Anwendungsbereichsbegriff

Art. 16 Abs. 2 UAbs. 1 AEUV ermächtigt zum Erlass von Vorschriften über den Schutz personenbezogener Daten von natürlichen Personen gegenüber den Mitgliedstaaten nur „im Rahmen der Ausübung von Tätigkeiten, die in den Anwendungsbereich des Unionsrechts fallen". Die Reichweite der Tätigkeiten im „Anwendungsbereich des Unionsrechts" ist nicht näher bestimmt und ungeklärt.[133] Obwohl die Formel von zentraler Bedeutung ist, gilt sie in der Literatur als „nebulös"[134], „unspezifische Generalklausel"[135], „offene Suchformel"[136] oder als durch die Rechtsprechung „weitgehend unkonturiert"[137]. Dennoch nimmt das Sekundärrecht für die Bestimmung des sachlichen Anwendungsbereichs auf diese wiederholenden Bezug. Der Bundesrat kritisierte die Definition des sachlichen Anwendungsbereichs in der DSGVO als nur „formelhafte Formulierung", die über die faktische primärrechtswidrige Ausdehnung des Anwendungsbereichs durch das Sekundärrecht sowie den darin „angelegten Kompetenztransfer" hinwegtäusche.[138] Zur Konkre-

[132] EuGH, Gutachten, 1/15, EU:C:2017:592, Rn. 120 – PNR Kanada

[133] *M. Schröder*, in: Streinz, EUV/AEUV, Art. 16 AEUV Rn. 9; *A. Ngyuen*, ZEuS 2012, 277 (286): „auf den ersten Blick zirkelschlüssig"; krit. angesichts der fehlenden Auseinandersetzung *J. H. Klement*, JZ 2017, 161 (165).

[134] *E. Dubout*, Protection of Fundamental Rights (194): „nebolous ‚scope of Community law' formula".

[135] *M. Ruffert*, EuGRZ 2004, 466 (467).

[136] *D. H. Scheuing*, EuR 2005, 162 (163).

[137] *T. von Danwitz*, Grundrechtsschutz, S. 25, dabei sei dies „eine echte Grundsatzfrage"; *B. Grzeszick*, NVwZ 2018, 1505 (1506): „nicht umfassend geklärt".

[138] BR-Drs. 51/12 (Beschluss), Ziff. 4 und 5: „Die nur formelhafte Formulierung des Artikels 2 Absatz 3 Buchstabe a des Richtlinienvorschlags ist nicht geeignet, die in besonderem Maße zu Lasten der Polizeihoheit der Länder gehende sachliche Kompetenzausweitung zu vermeiden." Von einem Ultra-vires-Akt ausgehend *M. Ronellenfitsch*, DuD 2016, 357 (359).

tisierung wird teilweise auf die primärrechtliche Kompetenzverteilung verwiesen, andererseits auf die Unionsziele in Art. 3 EUV.[139] Doch die Kompetenzverteilung zwischen der EU und ihren Mitgliedstaaten folgt nicht der bundesstaatlichen Logik einer strikten Abgrenzung nach Sachbereichen, auch wenn mit der ausdrücklichen Normierung in Art. 2 ff. AEUV seit dem Vertrag von Lissabon der Eindruck entstanden sein mag. Stattdessen werden die Kompetenzen der EU zielorientiert, sachbereichsübergreifend und funktional ausgelegt, so dass eine scharfe Abgrenzung im Verhältnis zu den Mitgliedstaaten hohen Schwierigkeiten begegnet.[140] Die Ziele sind offen und ausfüllungsbedürftig formuliert („Frieden, Werte, Wohlergehen der Völker, Binnenmarkt"). Gemäß Art. 3 Abs. 6 EUV verfolgt die Union ihre Ziele „mit geeigneten Mitteln entsprechend den Zuständigkeiten, die ihr in den Verträgen übertragen sind". Angesichts des Charakters der EU-Verträge als „Planverfassung"[141] wird ihnen ein dynamischer Charakter beigemessen.[142] Eine Auslegung im Lichte der Unionsziele erweist sich als unbrauchbar und würde die Unionskompetenzen unbestimmt weit ausdehnen.

Der Begriff wird in dieser Untersuchung eigenständig ausgelegt. Dazu werden die Historie und Systematik der Verträge in den Blick genommen (I.). Die ebenfalls zu analysierende Rechtsprechung des EuGH erweist sich hingegen als weniger aufschlussreich (II.). Dieser konturiert den Begriff nur einzelfallbezogen und – wie bereits in Kapitel 2 ausführlich analysiert – in einem problematischen Wechselspiel zum Sekundärrecht. Das Sekundärrecht kann allenfalls zur Bestätigung des primärrechtlichen Befundes herangezogen werden, nicht aber dessen Reichweite determinieren. Im Schrifttum werden deshalb restriktive Auslegungsansätze vertreten (III.). In dieser Untersuchung wird ein streng sachkompetenzakzessorischer Begriff des Anwendungsbereichs vertreten, um zum einen dem Datenschutzrecht als Querschnittsmaterie gerecht zu werden, zum anderen aber auch das in manchen Politikbereichen verfolgte kompetenzschonende Harmonisierungsniveau zu berücksichtigen (IV.). Schließlich verbleiben Kompetenzlücken, die auch nicht durch Art. 16 Abs. 1 AEUV geschlossen werden. Auf diese ist abschließend näher einzugehen (V.).

---

[139] S. die Darstellung des Meinungsbildes bei *A. Ngyuen*, ZEuS 2012, 277 (286), der selbst den Anwendungsbereich „auf die in den Verträgen festgelegten Politikbereiche" beschränkt.

[140] Krit. bereits BVerfGE 142, 123 (219 Rn. 185): „Insbesondere darf die Finalität des Integrationsprogramms nicht dazu führen, dass das Prinzip der begrenzten Einzelermächtigung als eines der Fundamentalprinzipien der Union faktisch außer Kraft gesetzt wird"; s. ferner *A. Edenharter*, Grundrechtsschutz, S. 614–619.

[141] *J. Kühling*, Grundrechte, S. 660 Fn. 14.

[142] *R. Bieber* et al., Die Europäische Union, § 9 Rn. 7.

I. Historisch-systematische Auslegung

Die Ermittlung der Reichweite der Kompetenz bedarf zunächst der historisch-systematischen Auslegung. Keine unmittelbare Bedeutung für die Kompetenzbestimmung haben die Protokolle zum Vertrag von Lissabon. Nach Auffassung des EuGH können diese Protokolle „keine wie auch immer gearteten Auswirkungen auf die Frage der geeigneten Rechtsgrundlage" haben.[143] Diese seien nur für das Verfahren im Rat von Bedeutung.[144] Auslegungsleitend mag die Reichweite des Sekundärrechts (1.) sein, das aber nur Indiziencharakter hat. Maßgeblich für die Frage der Einbeziehung der innerstaatlichen Datenverarbeitung insbesondere der Polizei und Justiz (2.) sowie der nationalen Sicherheit (3.). ist das Primärrecht. Die GASP nimmt auch nach Aufgabe der Säulenstruktur eine Sonderrolle ein (4.).

1. Reichweite des Sekundärrechts

Die Formulierung in Art. 16 Abs. 2 S. 1 AEUV „im Rahmen der Ausübung von Tätigkeiten, die in den Anwendungsbereich des Unionsrechts fallen" entspricht Art. 3 Abs. 2 erster Gedankenstrich DSRL über den sachlichen Anwendungsbereich, der in Art. 2 Abs. 2 lit. a DSGVO und Art. 2 Abs. 3 lit. a JIRL übernommen worden ist.[145] Es erscheint regelungstechnisch tau-

---

[143] EuGH, Gutachten 1/15, EU:C:2017:592, Rn. 108 – PNR Kanada. Beim Ratsbeschluss zum völkerrechtichen Vertrag mit Kanada über die Übermittlung von Fluggastdaten waren für Irland, das Vereinigte Königreich und Dänemark Art. 6a des Protokolls Nr. 21 und Art. 2a des Protokolls Nr. 22 sowie die Erklärung zum Schutz personenbezogener Daten im Bereich der justiziellen Zusammenarbeit in Strafsachen und der polizeilichen Zusammenarbeit im Anhang der Schlussakte der Regierungskonferenz zum Vertrag von Lissabon zu beachten. Da der Ratsbeschluss auch auf Art. 87 AEUV zu stützen war, wäre er nach Art. 2 und 2a Protokoll Nr. 22 für Dänemark nicht bindend. Für Irland und das Vereinigte Königreich wäre er nur bindend, wenn sie sich gemäß Protokoll Nr. 21 an dem Beschluss beteiligen würden, a.a.O. Rn. 96.

[144] EuGH, Gutachten 1/15, EU:C:2017:592, Rn. 116 – PNR Kanada; GA *Mengozzi*, Schlussanträge, EU:C:2016:656, Rn. 132 – PNR Kanada. Das Königreich Dänemark darf sich danach am Erlass eines Unionsrechtsakts bei der Abstimmung im Rat nicht beteiligen, wenn dieser Art. 16 AEUV und zugleich die Datenverarbeitung im Bereich der polizeilichen und justiziellen Zusammenarbeit in Strafsachen betrifft.

[145] Sprachlich ist ein Wechsel von „Geltungsbereich" zu „Anwendungsbereich" des Unionsrechts festzustellen. Dies könnte dahingehend zu verstehen sein, dass die weiter gefasste Formulierung dem engeren „Anwendungsbereich" weichen musste. Auch in Art. 51 Abs. 1 GRCh war zunächst die weite Formulierung „im Geltungsbereich des Rechts der Union" vorgesehen, die dann jedoch vom Konvent durch „ausschließlich bei der Durchführung des Rechts der Union" ersetzt wurde, s. *S. Barriga*, Entstehung der GRCh, S. 61 und S. 150 ff. m.w.N. Allerdings verwendet der EuGH die Begriffe „Geltungsbereich" und „Anwendungsbereich" synonym, so dass nicht davon auszugehen ist, dass mit der Änderung auch eine materiell-rechtliche Eingrenzung intendiert ist.

tologisch, im Sekundärrechtsakt zugleich die primärrechtlichen Grenzen der vertraglichen Zuständigkeiten zu wiederholen, unterfallen die Ausnahmen vom Anwendungsbereich doch bereits nicht der Regelungskompetenz der Union. Viele Mitgliedstaaten wiesen auf das Bedürfnis der näheren Klärung des Anwendungsbereichs hin. Zur Bestimmung des Anwendungsbereichs der JIRL schlug Italien die Auflistung der ausgeschlossenen Tätigkeiten im Wege einer „indicative list" vor.[146] Dagegen wandte jedoch der Ratsvorsitz ein, dass sich die Grenzen aus den Verträgen ergeben würden.[147] Die eigenständige Bedeutung der Formel des Anwendungsbereichs des Unionsrechts im Sekundärrecht wurde teilweise darin gesehen, dass dadurch eine Ausweitung des Anwendungsbereichs der Richtlinie akzessorisch zur Ausweitung des Anwendungsbereichs des Gemeinschaftsrechts verhindert werde, der sekundärrechtliche Anwendungsbereich mit einer Vertragsrevision also nicht „anwachsen" solle.[148] Dem widerspricht jedoch ausdrücklich die Kommission:

> Der Anwendungsbereich der Richtlinie ist im Verhältnis zu dem Anwendungsbereich des Gemeinschaftsrechts definiert, um ihm zu ermöglichen, sich mit diesem zu entwickeln.[149]

Tatsächlich sollte der Anwendungsbereich des Sekundärrechtsakts also mit dem Vertragsrecht mitwachsen. Der Anwendungsbereich beschreibt dynamisch den Stand des geltenden Primär- und Sekundärrechts, wobei das Primärrecht den äußersten Rahmen bestimmt. Es bedarf einer autonomen Konturierung des primärrechtlichen Begriffs „Anwendungsbereich des Unionsrechts" im Sinne von Art. 16 Abs. 2 S. 1 AEUV.

Strittig ist insbesondere die Einbeziehung der innerstaatlichen Datenverarbeitung der Verwaltung. Zum Teil wird Art. 16 Abs. 2 S. 1 AEUV als einschränkende Regelung im Vergleich zu Art. 114 AEUV betrachtet, weil sie die Regelung der Datenverarbeitung öffentlicher Stellen nur noch in grenzüberschreitenden Fällen ermögliche.[150] Der Bundesrat rügte in seiner begründeten Stellungnahme die Einbeziehung der Datenverarbeitung im Bereich der öffentlichen Verwaltung, der Gefahrenabwehr, im Sozialrecht oder im Bildungsbereich, da die EU in diesen Gebieten über keine Harmonisierungskompetenz verfüge.[151] Die Schaffung eines unionsweit hohen Datenschutzniveaus sei in Bereichen ohne Binnenmarktrelevanz nicht erforderlich. Auch

---

[146] Rats-Dok. 13260/14 ANNEX, S. 23 Fn. 58.

[147] Rats-Dok. 13260/14 ANNEX, S. 23 Fn. 58.

[148] *U. Dammann*, in: ders./Simitis, EG-Datenschutzrichtlinie, Art. 3 Rn. 4.6.

[149] KOM(92) 422 endg., S. 12.

[150] So *M. Schröder*, in: Streinz, EUV/AEUV, Art. 16 AEUV Rn. 9.

[151] BR-Drs. 51/12, BR-Beschl. v. 30.3.2012 (JIRL); BR-Drs. 52/12, BR-Beschluss v. 30.3.2012 (DSGVO), Ziff. 2–5; Rügen erhoben mehrere Landtage und auch nationale Parlamente anderer Mitgliedstaaten. Alle Stellungnahmen der nationalen Parlamente zum Kommissionsentwurf sind abrufbar unter http://www.ipex.eu/IPEXL-WEB/dossier/document/COM20160213.do#dossier-COD20120010 (zuletzt abgerufen am 9.5.2021).

seien lokal beschränkte Verarbeitungstätigkeiten von der Rechtsetzungskompetenz nicht umfasst. Den Subsidiaritätsrügen des Bundesrats gemäß Art. 12 lit. b EUV[152] schlossen sich vier weitere Mitgliedstaaten (Schweden, Italien, Frankreich, Belgien) an.[153] In der Sache teilten Abgeordnete der Regierungsfraktion im Deutschen Bundestag die Kritik. Insbesondere ging auch sie davon aus, dass die EU den Datenaustausch innerhalb der mitgliedstaatlichen Behörden nicht regeln könne.[154] Der Bundestag schloss sich der Rüge zwar nicht an, nahm aber mehrheitlich eine Stellungnahme[155] an, in der er die Bundesregierung dazu aufforderte, auf „eine klare Differenzierung zwischen der Datenverarbeitung im öffentlichen Bereich einerseits und im nicht-öffentlichen Bereich andererseits“ hinzuwirken, die der Grundrechtsverpflichtung des Staates und der Grundrechtsberechtigung der Bürgerinnen und Bürger Rechnung trage.[156] Im nicht-öffentlichen Bereich sei eine stärkere Harmonisierung anzustreben, die gleiche Wettbewerbsbedingungen in der EU schaffe, während im öffentlichen Bereich nationale Regelungsspielräume erhalten werden müssen.[157]

2. *Einbeziehung der PJZS*

a) *Sonderstellung trotz säulenübergreifenden Ansatzes*

Kritisch wird die Ausdehnung des Datenschutzsekundärrechts auf den Bereich Polizei und Justiz durch die JIRL betrachtet und eine Beschränkung des Anwendungsbereichs im Einklang mit dem Prinzip der begrenzten Einzelermächtigung angemahnt.[158] Art. 16 Abs. 2 S. 1 AEUV erfasst grundsätzlich alle Politiken der EU, auch die mit dem Vertrag von Lissabon in das supranationale Recht überführte polizeiliche und justizielle Zusammenarbeit in

---

[152] BR-Drs. 51/12 (Richtlinie im Bereich polizeiliche und justizielle Zusammenarbeit) und BR-Drs. 52/12 (DSGVO); hierzu *A. Ngyuen*, ZEuS 2012, 277; *M. Selmayr/E. Ehmann*, in: dies., DS-GVO, Einf. Rn. 48 ff.

[153] *M. Selmayr/E. Ehmann*, in: dies., DS-GVO, Einf. Rn. 51.

[154] 173. Sitzung v. 30.3.2012, Pl.Prot. 17/173, S. 20493 (20497 (B)).

[155] BT-Drs. 17/11325 v. 6.11.2012.

[156] BT-Drs. 17/11325 v. 6.11.2012, II. 2.

[157] BT-Drs. 17/11325 v. 6.11.2012, II. 4. und 5.; nicht angenommen wurde der in der Stoßrichtung ähnliche Antrag „Europäische Harmonisierung im Datenschutz auf hohem Niveau sicherstellen“ (SPD-Fraktion) v. 23.10.2012, BT-Drs. 17/11144, in welchem die Einfügung einer Öffnungsklausel in Art. 6 DSGVO gefordert wurde, damit „ein in einem Mitgliedstaat im öffentlichen Bereich darüberhinausgehendes Datenschutzrecht erhalten bleiben kann“, S. 4 Ziff. 6.

[158] *D. Kugelmann*, DuD 2012, 581 (581 f.); *J.-P. Schneider*, Die Verwaltung 44 (2011), 499 (506); s. ferner die Stellungnahmen der Sachverständigen *M. Bäcker*, BT-Ausschussdrs. 17(4)585 (B), S. 3; *G. Hornung*, BT-Ausschussdrs. 17(4)584(E), S. 13 f. und des damaligen BfDI *P. Schaar*, BT-Ausschussdrs. 17(4)469, S. 5.

Strafsachen (PJZS).[159] Die Kriminalitätsbekämpfung im Rahmen der PJZS nimmt jedoch weiterhin auch im Datenschutzrecht eine Sonderstellung ein. Auf dem Gebiet des Strafrechts ist der EU-Gesetzgeber nicht zum Erlass vollharmonisierender Rechtsvorschriften ermächtigt.[160] Deutlich wird dies schon aus den Erklärungen zur Schlussakte der Regierungskonferenz bei der Annahme des Vertrags von Lissabon. Nach Erklärung Nr. 21 über den Schutz personenbezogener Daten im Bereich der PJZS erkennt die Regierungskonferenz an, „dass es sich aufgrund des spezifischen Charakters der Bereiche justizielle Zusammenarbeit in Strafsachen und polizeiliche Zusammenarbeit als erforderlich erweisen könnte, in diesen Bereichen spezifische, auf Artikel 16 [AEUV] gestützte Vorschriften über den Schutz personenbezogener Daten und den freien Datenverkehr zu erlassen."[161] Das BVerfG erachtet „die für die Grundrechtsverwirklichung maßgeblichen Eingriffstatbestände, vor allem bei intensiven Grundrechtseingriffen wie dem Freiheitsentzug in der Strafrechtspflege oder bei Unterbringungsmaßnahmen" als wesentliche Bereiche demokratischer Gestaltung, die nicht supranationalisiert werden können, ohne die staatliche Souveränität preiszugeben.[162] Das materielle und formelle Strafrecht sowie die Verfügung über das Gewaltmonopol polizeilich nach innen und militärisch nach außen zählen nach der Lissabon-Entscheidung als besonders sensible Bereiche für die demokratische Selbstgestaltungsfähigkeit eines Verfassungsstaats zum verfassungsrechtlichen Kernbestand.[163] Die Übertragung von Hoheitsrechten im Bereich der Strafrechtspflege sei deshalb „nur für bestimmte grenzüberschreitende

---

[159] *T. Zerdick*, in: Lenz/Borchardt, EU-Verträge, Art. 16 AEUV Rn. 5 f.; dies folgt auch im Umkehrschluss aus dem Protokoll Nr. 21 über die Position des Vereinigten Königreichs und Irlands hinsichtlich des Raums der Freiheit, der Sicherheit und des Rechts, das im Zuge des Vertrags von Lissabon um Art. 6a „Keine Bindung in Hinblick auf Datenschutzvorschriften" ergänzt wurde. Ferner aus Protokoll Nr. 22 über die Position Dänemarks, das einen ähnlichen Vorbehalt in Art. 2a bezüglich der Datenschutzvorschriften im Bereich der justiziellen Zusammenarbeit in Strafsachen und polizeilichen Zusammenarbeit enthält. Auf Art. 16 AEUV gestützte Rechtsakte zum Datenschutz im Bereich der justiziellen Zusammenarbeit in Strafsachen und der polizeilichen Zusammenarbeit sind für diese Mitgliedstaaten nicht bindend.

[160] *S. Schwichtenberg*, in: Kühling/Buchner, DS-GVO/BDSG, Vor §§ 45–84 BDSG Rn. 5; krit. zur Kompetenz für die JIRL *D. Kugelmann*, DuD 2012, 581 (583).

[161] ABl. C 115/345 v. 9.5.2008.

[162] BVerfGE 123, 267 (358).

[163] BVerfGE 123, 267 (359); die Auswahl bestimmter Bereiche als besonders integrationssensitiv durch das BVerfG lässt sich insgesamt zu Recht kritisieren und entbehrt einer dogmatischen Grundlage (vgl. die insofern zutreffende Kritik bei *U. Haltern*, Europarecht II, § 10 Rn. 1149: „Verblueprintung eines bestimmten Zustandes von Staatlichkeit in einem vollkommen kontingenten Augenblick") – dies gilt aber nicht für den hier relevanten Bereich des polizeilichen Gewaltmonopols, der auch im Primärrecht weitgehend ausgeklammert wird.

Sachverhalte unter restriktiven Voraussetzungen“ möglich, wobei „grundsätzlich substantielle mitgliedstaatliche Handlungsfreiräume erhalten bleiben“ müssen.[164]

Ein eigenständiger unionsverfassungsrechtlicher Auftrag der Sicherheitsgewährleistung besteht nur soweit wie die parzellierten Sicherheitskompetenzen der Union reichen.[165] Gemäß Art. 67 Abs. 3 AEUV wirkt die EU durch Maßnahmen zur Verhütung und Bekämpfung von Kriminalität, zur Koordinierung und Zusammenarbeit von Polizeibehörden und Organen der Strafrechtspflege sowie durch die gegenseitige Anerkennung strafrechtlicher Entscheidungen und erforderlichenfalls durch die Angleichung der strafrechtlichen Rechtsvorschriften auf die Gewährleistung eines hohen Maßes an Sicherheit hin. Für die justizielle Zusammenarbeit in Strafsachen sind die Kompetenzen in Art. 82–86 AEUV und für die polizeiliche Zusammenarbeit in Art. 87–89 AEUV verankert. Die Kompetenz für materiell-rechtliche Vorschriften im Strafrecht ist nach Art. 83 Abs. 1 AEUV nur für die dort aufgeführten Kriminalitätsbereiche von grenzüberschreitender Dimension vorgesehen und auf eine Mindestharmonisierung beschränkt. Dies betrifft insbesondere die Bekämpfung schwerwiegender und grenzüberschreitender Kriminalität.[166] Lediglich die grenzüberschreitende Zusammenarbeit der Justiz- und Polizeibehörden kann unionsrechtlich geregelt werden. Eingriffsbefugnisse, Verfahren und Organisation unterliegen im Übrigen weiterhin vorwiegend der staatlichen Verantwortung.[167]

Eine weitergehende Kompetenz auf dem Gebiet der öffentlichen Sicherheit folgt auch nicht aus Art. 114 Abs. 3 AEUV, wonach die Union bei der Binnenmarktharmonisierung von einem „hohen Schutzniveau“ im Bereich Sicherheit ausgeht. Wie sich aus der Systematik im Vergleich zu den in Art. 114 Abs. 3 AEUV ebenfalls genannten Bereichen Gesundheit, Umwelt und Verbraucherschutz ergibt, wird das Bestehen einer Querschnittskompetenz der Union bereits vorausgesetzt. Eine sicherheitsrechtliche Querschnittskompetenz besteht im Unterschied zum Umwelt- (Art. 11, 168 Abs. 1 AEUV), Gesundheits- (Art. 168 Abs. 1 AEUV) oder Verbraucherschutz (Art. 169 Abs. 1 AEUV) nicht. „Sicherheit“ bezieht sich lediglich auf die Wahrung vorhandener hoher Produktstandards in den Mitgliedstaaten im Sinne einer „Schutzniveauklausel“.[168]

---

164 BVerfGE 123, 267 (360).

165 *M. Möstl*, Staatliche Garantie, S. 618 ff. spricht von Teilgarantie, a.a.O., S. 627.

166 *W. Weiß/H. Satzger*, in: Streinz, EUV/AEUV, Art. 67 AEUV Rn. 33 unter Verweis auf Art. 83 Abs. 1, Art. 85 Abs. 1 und Art. 86 Abs. 4 AEUV.

167 Zur lediglich ergänzenden Funktion des Unionsrechts *M. Bäcker*, Kriminalpräventionsrecht, S. 17 f.

168 *S. Korte*, in: Calliess/Ruffert, EUV/AEUV/GRCh, Art. 114 AEUV Rn. 53, auch unter Verweis auf die unterschiedlichen Sprachfassungen („safety“ im Englischen als Be-

Erfolgt im Rahmen der polizeilichen Zusammenarbeit die Übermittlung personenbezogener Daten an die zuständigen Behörden zur Verhütung oder Aufdeckung von Straftaten, ist zusätzlich Art. 87 Abs. 2 lit. a AEUV als Rechtsgrundlage heranzuziehen. Danach können das Europäische Parlament und der Rat für die Zwecke von Art. 87 Abs. 1 AEUV über die polizeiliche Zusammenarbeit zwischen allen zuständigen Behörden der Mitgliedstaaten Maßnahmen erlassen, die das „Einholen, Speichern, Verarbeiten, Analysieren und Austauschen sachdienlicher Informationen" betreffen. Sachdienliche Informationen in diesem Sinne können auch ermittlungsrelevante personenbezogene Daten sein.[169] So betraf das PNR-Abkommen zwischen der EU und Kanada u.a. die Übermittlung der PNR-Daten an die zuständige kanadische Behörde und die Verwendung der Daten durch diese Behörde zum Zweck der Verhinderung, Aufdeckung, Untersuchung und strafrechtlichen Verfolgung von terroristischen Straftaten und grenzübergreifender schwerer Kriminalität. Es dient aber zugleich der Sicherstellung, dass die kanadischen Behörden das nach dem EU-Recht gebotene angemessene Schutzniveau in Bezug auf den Schutz personenbezogener Daten wahren. Beide Zielsetzungen erachtet der EuGH als gleichwertig.[170] Die Kombination mehrerer Rechtsgrundlagen setzt jedoch voraus, dass sich die jeweils vorgesehenen Rechtsetzungsverfahren miteinander vereinbaren lassen.[171] Sowohl auf Art. 16 Abs. 2 AEUV als auch auf Art. 87 Abs. 2 lit. a AEUV gestützte Rechtsakte ergehen im Wege des ordentlichen Gesetzgebungsverfahrens. Im Ergebnis unterfällt die Verarbeitung personenbezogener Daten bei der Polizei und Strafverfolgungsbehörden nur insoweit dem Unionsrecht, als sie im Rahmen grenzüberschreitender Tätigkeiten oder im Bereich grenzüberschreitender Kriminalität erfolgt.

b) Subsidiaritätsrügen

Dieses Verständnis lag auch den mitgliedstaatlichen Subsidiaritätsrügen gegen den Entwurf der DSGVO und der JIRL zu Grunde. Anlässlich der Vorstellung des Kommissionsentwurfs für eine DSGVO und die JIRL machten mehrere nationale Parlamente von ihrem primärvertraglichen Kontrollrecht im Rahmen des Frühwarnsystems Gebrauch (Art. 12 lit. b EUV i.V.m. Art. 6 Subsidiaritätsprotokoll[172]) und erhoben Subsidiaritätsrügen.

---

griff für technische Sicherheitsstandards); dies hingegen im Sinne einer Sicherheitsgewährleistung interpretierend *M. Möstl*, Staatliche Garantie, S. 524 f.

[169] EuGH, Gutachten 1/15, EU:C:2017:592, Rn. 99 – PNR Kanada.

[170] EuGH, Gutachten 1/15, EU:C:2017:592, Rn. 90–94 – PNR Kanada.

[171] EuGH, Gutachten 1/15, EU:C:2017:592, Rn. 78 – PNR Kanada; Rs. C-155/07, Slg. 2008, I-8103, Rn. 37 – Parlament/Rat.

[172] Protokoll (Nr. 2) über die Anwendung der Grundsätze der Subsidiarität und Verhältnismäßigkeit, ABl. C 306/150 v. 17.12.2007.

So sprach sich der Bundesrat gegen die JIRL und für ein enges Verständnis des Anwendungsbereichs aus, das innerstaatliche Strafverfahren und den rein innerstaatlichen Informationsverkehr der Polizeibehörden nicht bzw. nur „innerhalb enger Grenzen" umfasse.[173] Auf dem Gebiet der Strafverfolgung und der Gefahrenabwehr verfüge die Union weiterhin nur insoweit über Regelungskompetenzen, als die grenzüberschreitende Zusammenarbeit betroffen sei (Art. 82 ff. AEUV). Eine Unionsregelung sei „nicht erforderlich" und abzulehnen, soweit die innerstaatliche polizeiliche Datenverarbeitung geregelt werde. Da die Verarbeitung personenbezogener Daten im Strafverfahren ein maßgeblicher Bestandteil ist, führe die JIRL zu „weitreichenden Eingriffen" in das innerstaatliche Strafverfahrensrecht.[174] Auch stehe der EU keine Kompetenz für die Informationsverarbeitung im Bereich der nicht straftatbezogenen Gefahrenabwehr zu.[175] Art. 16 Abs. 2 S. 1 AEUV sei danach im Einklang mit den Kompetenzvorschriften (Art. 2 ff. AEUV) auszulegen. Da gemäß Art. 2 Abs. 6 i. V. m. Art. 87 Abs. 1 AEUV im polizeilichen Bereich lediglich die Zusammenarbeit zwischen den mitgliedstaatlichen Polizei- und Strafverfolgungsbehörden betreffe, könne auch die Datenverarbeitung in diesem Bereich nur insoweit unionsrechtlich harmonisiert werden, als der grenzüberschreitende Informationsaustausch betroffen sei.[176] Auch einzelne Abgeordnete der Regierungsfraktion im Deutschen Bundestag teilten diese Kritik und äußerten Zweifel an der Kompetenz der EU im Bereich der innerstaatlichen Datenverarbeitung durch die Polizei und Justiz.[177]

Der Schwedische Riksdag sah ebenfalls keine EU-Kompetenz für den Bereich der Strafverfolgung und äußerte die Befürchtung, dass die JIRL zu tief in die mitgliedstaatlichen Reservate auf dem Bereich der Gefahrenabwehr und des Strafverfahrensrechts eingreife. In der begründeten Stellungnahme (Art. 3 Protokoll Nr. 1) brachte das Schwedische Parlament vor, dass der Entwurf, soweit er die ausschließlich innerstaatliche Datenverarbeitung durch nationale Strafverfolgungs- oder Gefahrenabwehrbehörden sowie die Strafvollstreckung betreffe, gegen das Subsidiaritätsprinzip verstoße.[178] Das

---

[173] BR-Drs. 51/12 (Beschluss) v. 30.3.2012, Ziff. 2.

[174] BR-Drs. 51/12 (Beschluss) v. 30.3.2012, Ziff. 3.

[175] BR-Drs. 51/12 (Beschluss) v. 30.3.2012, Ziff. 5.

[176] BR-Drs. 51/12 (Beschluss) v. 30.3.2012, Ziff. 4; BR-Drs. 707/10 (Beschluss) v. 4.11.2010, Ziff. 8.

[177] S. nur die Aussage von *O. Schröder*, parl. Staatssekretär beim Bundesministerium des Inneren: „Die EU hat hierfür keine Kompetenz, und es ist auch nicht sinnvoll, dass die EU den Datenschutz im Bereich von Polizei und Justiz regelt. Das ist völlig in Ordnung, wenn es um den Datenaustausch zwischen den Mitgliedstaaten geht. Aber es gibt keine Notwendigkeit dafür, wenn es um den Datenaustausch innerhalb der Mitgliedstaaten geht.", BT, 173. Sitzung v. 30.3.2012, Pl.Prot. 17/173, S. 20493 (20497 (B)).

[178] Schwedischer Riksdag, Subsidiaritetsprövning av kommissionens förslag till direktiv om skydd av personuppgifter på det brottsbekämpande området, 2011/12:JuU31

estnische Parlament lehnte in seiner Stellungnahme eine Richtlinie auf dem Gebiet der Strafverfolgung ab, da dies zu einer Ultra-vires-Harmonisierung des nationalen Strafprozessrechts führen würde.[179] Ähnlich äußerte sich der tschechische Senat, der vorbrachte, dass die Kompetenz des Art. 16 Abs. 2 S. 1 AEUV nur auf grenzüberschreitende Sachverhalte anwendbar sei. Soweit die JIRL innerstaatliche Datenverarbeitungsvorgänge im Bereich der Strafverfolgung erfasse, verstoße sie gegen Art. 5 Abs. 2 EUV.[180] Die Subsidiaritätsrügen erreichten das erforderliche Quorum nicht und blieben deshalb erfolglos. Die geäußerte Kritik setzte sich jedoch im Gesetzgebungsverfahren in den Ratsverhandlungen fort, auf die noch bei der Beurteilung der Öffnungsklauseln einzugehen sein wird.

c) Zusammenfassung

Die Mitgliedstaaten sind im Bereich der Verarbeitung personenbezogener Daten zu polizeilichen, justiziellen oder strafrechtlichen Zwecken folglich nur insoweit an materielle Maßstäbe des Unionsrechts gebunden, als eine positive Kompetenz auf Unionsebene besteht. Art. 16 Abs. 2 S. 1 AEUV ermöglicht bei sachkompetenzakzessorischer Auslegung nur die Harmonisierung des grenzüberschreitenden Daten- und Informationsaustausches in der justiziellen und polizeilichen Zusammenarbeit.[181] Jedenfalls aber verbietet das Subsidiaritätsprinzip (Art. 51 Abs. 1 S. 1 GRCh i.V.m. Art. 5 Abs. 3 EUV) eine abschließend harmonisierende Unionsregelung. Für die polizeiliche und justizielle Datenverarbeitung ergibt sich das primärrechtlich zulässige Harmonisierungsniveau nicht allein aus Art. 16 Abs. 2 AEUV. Maßgeblich ist zusätzlich das Harmonisierungsniveau der Art. 82–86 AEUV und Art. 87–89 AEUV, so dass allenfalls Mindeststandards aufgestellt werden können.

---

v. 20.3.2012, übersetzte begründete Stellungnahme des Riksdag abrufbar unter http://www.ipex.eu/IPEXL-WEB/scrutiny/COD20120010/serik.do (zuletzt abgerufen am 9.5.2021).

[179] Parliament of Estonia, EU Affairs Committee, Position on the data protection reform, 3rd May 2012, No. 1–2/12–36/4, S. 2: „Its [= the Directive's] implementation might lead to the harmonisation of criminal procedure law in certain issues, which for now remains outside the competence of the European Union. Establishment of rules might lead to the establishment of categories of parties in criminal procedure and to the establishment of the relevant data processing rules. The Directive would stipulate the obligation to distinguish between the personal data of different data subjects."

[180] Resolution of the Senate of the Parliament of the Czech Republic v. 24.5.2012 on the new framework for data protection (Senate Presses no. N 144/08 and N 145/08), S. 2.

[181] Die Kompetenz für die Regelung innerstaatlicher Sachverhalte in diesem Bereich deshalb auch verneinend *P. Schantz/H. A. Wolff*, Das neue Datenschutzrecht, Rn. 235; *H. A. Wolff*, Polizei und Justiz; *M. Albers*, in: Wolff/Brink, BeckOK DSR, Datenschutzbestimmungen der Polizei- und Nachrichtendienstgesetze des Bundes, Syst. L. Rn. 30.

3. Die nationale Sicherheit

Der Schutz der nationalen Sicherheit fällt gemäß Art. 4 Abs. 2 S. 3 EUV „weiterhin in die alleinige Verantwortung der einzelnen Mitgliedstaaten". Dies umfasst die „grundlegenden Funktionen des Staates, insbesondere die Wahrung der territorialen Unversehrtheit, die Aufrechterhaltung der öffentlichen Ordnung und den Schutz der nationalen Sicherheit" (Art. 4 Abs. 2 S. 3 EUV). Das datenschutzrechtliche Sekundärrecht nimmt diesen Bereich in der Regel deklaratorisch aus dem Anwendungsbereich heraus.

Die Regierungskonferenz hielt in Erklärung Nr. 20 zur Schlussakte fest, dass bei Erlass datenschutzrechtlicher Bestimmungen auf Grundlage von Art. 16 AEUV immer dann, wenn diese „direkte Auswirkungen auf die nationale Sicherheit haben könnten", diesem Umstand gebührend Rechnung zu tragen ist. Dabei verweist die Konferenz auf die sekundärrechtlichen Ausnahmeregelungen der DSRL.[182] Die nationale Sicherheit als Bestandteil der nationalen Identität begrenzt nicht nur den Anwendungsvorrang, sondern ist bereits eine Kompetenzschranke.[183]

Diese ausschließliche mitgliedstaatliche Kompetenz wird, wie Art. 72 AEUV klarstellt, auch nicht durch die Überführung der dritten Säule in das supranationale Unionsrecht berührt. Die Schaffung einer von der Staatszentriertheit losgelösten, eigenständigen, „überstaatlichen, unionsverfassungsrechtlichen"[184] Sicherheitsgarantie hat sich mit dem Vertrag von Lissabon mithin nicht realisiert. Der Begriff der „nationalen Sicherheit" wird teilweise unter Verweis auf die unionsrechtlichen Begriffe der öffentliche Sicherheit und Ordnung in Art. 36, Art. 45 Abs. 3, Art. 52 Abs. 1, Art. 62 AEUV ausgelegt, die den Mitgliedstaaten die Beschränkung von Grundfreiheiten ermöglichen.[185] Jedoch bedarf der Begriff der nationalen bzw. inneren Sicherheit in Art. 4 Abs. 2 S. 2 EUV, Art. 72 AEUV einer von den Grundfreiheiten unabhängigen Bestimmung. Während die grundfreiheitlichen Rechtfertigungsgründe ein Abweichen von Unionsrecht ermöglichen, betreffen Art. 4 Abs. 2 EUV und Art. 72 AEUV Bereiche, die kompetenzrechtlich schon gar nicht

---

[182] CIG 15/07 Schlussakte der Konferenz der Vertreter der Regierungen der Mitgliedstaaten vom 3.12.2007, s. auch ABl. C 115/345 v. 9.5.2008.

[183] *T. Kruis*, Anwendungsvorrang, S. 202, der aber von „Kompetenzausübungsschranke" spricht.

[184] S. hierzu anlässlich der Verankerung des „Raums der Freiheit, der Sicherheit und des Rechts" mit dem Vertrag von Amsterdam und mit Blick auf die eigenständige Sicherheitsgewährleistung im EU-Rahmen *M. Möstl*, Staatliche Garantie, S. 512, 516.

[185] *S. Schill*/*C. Krenn*, in: Grabitz/Hilf/Nettesheim, EU, Art. 4 EUV Rn. 42; *A. Hatje*, in: Schwarze, EU-Kommentar, Art. 4 EUV Rn. 19; gegen eine Übertragung *M. Rossi*, in: Calliess/Ruffert, EUV/AEUV/GRCh, Art. 72 AEUV Rn. 7.

überlagert sind, stellen also eine Kompetenzgrenze dar.[186] Der Begriff „nationale Sicherheit" wird in den einzelnen Mitgliedstaaten unterschiedlich ausgelegt.[187] Er wird gleichbedeutend mit der „inneren Sicherheit", der „Sicherheit des Staates", der „öffentlichen Sicherheit" und der „Verteidigung" verwendet.[188] Als unionsautonomer Begriff können bei der Begriffsbestimmung nicht die unterschiedlichen mitgliedstaatlichen Vorstellungen der öffentlichen Ordnung und des Schutzes der nationalen Sicherheit zu Grunde gelegt werden. Wohl aber steht den Mitgliedstaaten im Einzelfall ein weiter Beurteilungsspielraum bei der Bestimmung dessen zu, was in den Schutzbereich fällt.[189]

Art. 4 Abs. 2 EUV erfasst als „Staatsfunktionengarantie"[190] nur Sicherheitsinteressen von fundamentaler Bedeutung sowie die Sicherheit des Staates und seiner Einrichtungen selbst.[191] Der Begriff ist insofern enger als das im deutschen Polizei- und Sicherheitsrecht geläufige Begriffspaar der „öffentlichen Sicherheit und Ordnung", das die Unversehrtheit der Rechtsordnung und den Schutz individueller Rechtsgüter einschließt. Die öffentliche Sicherheit bezieht sich im Unionsrecht nur auf die innere und äußere Sicherheit eines Staates und umfasst den Schutz des Staates und seiner Einrichtungen vor existenziellen Bedrohungen.[192] Die Art. 29-Datenschutzgruppe hatte sich im Zuge der Datenschutzreform in einem eigenen Arbeitspapier der Datenverarbeitung zum Zweck der nationalen Sicherheit gewidmet und darin auf den EuGH als maßgeblichen Akteur zur Definition der Ausnahme verwiesen.[193] Dieser hat im Kontext der Vorratsdatenspeicherung eine Begriffskonkretisierung vorgenommen. Danach umfasst Art. 4 Abs. 2 EUV „die wesentlichen Funktionen des Staates und die grundlegenden Interessen der Gesellschaft", einschließlich der Verhütung und Verfolgung sol-

---

[186] Gegen eine Qualifizierung als Ausweichklausel auch *M. Möstl*, Staatliche Garantie, S. 602, der aber eine Kompetenzausübungsschranke annimmt.

[187] Kritik des *EDSB*, Stellungnahme, Ziff. 88 und 324; den Versuch der Konturierung unternahm die Art. 29-Datenschutzgruppe, WP 228.

[188] Art. 29-Datenschutzgruppe, WP 228, S. 24.

[189] *M. Rossi*, in: Calliess/Ruffert, EUV/AEUV/GRCh, Art. 72 AEUV Rn. 7; *W. Weiß*, in: Streinz, EUV/AEUV, Art. 72 AEUV Rn. 6; *V. Röben*, in: Grabitz/Hilf/Nettesheim, EU, Art. 72 AEUV Rn. 12.

[190] Zum Begriff *S. Schill/C. Krenn*, in: Grabitz/Hilf/Nettesheim, EU, Art. 4 EUV Rn. 1.

[191] *S. Leible/T. Streinz*, in: Grabitz/Hilf/Nettesheim, EU, Art. 36 AEUV Rn. 20 m.w.N.; *U. Becker*, in: Schwarze, EU-Kommentar, Art. 36 AEUV Rn. 11.

[192] *A. Hatje*, in: Schwarze, EU-Kommentar, Art. 4 EUV Rn. 19; *U. Becker*, ebd., Art. 36 AEUV Rn. 11. Im Kontext von Art. 72 AEUV für Titel V (RFSR) ein etwas weiteres Verständnis der öffentlichen Sicherheit zu Grunde legend, das auch polizei- und ordnungsrechtliche Aspekte umfasst: *M. Rossi*, in: Calliess/Ruffert, EUV/AEUV/GRCh, Art. 72 AEUV Rn. 7.

[193] Art. 29-Datenschutzgruppe, WP 228, S. 24.

cher Tätigkeiten, die „die tragenden Strukturen eines Landes im Bereich der Verfassung, Politik oder Wirtschaft oder im sozialen Bereich in schwerwiegender Weise zu destabilisieren und insbesondere die Gesellschaft, die Bevölkerung oder den Staat als solchen unmittelbar zu bedrohen" geeignet sind.[194] Dies meint nicht die Verfolgung allgemeiner Straftaten oder die Bekämpfung allgemeiner Gefahren für die öffentliche Sicherheit, sondern nur die Abwehr besonders schwerwiegender Bedrohungen, wie insbesondere Terrorismus.[195] Der Europarat legt der DS-Konvention eine eigene Definition zu Grunde, um zu vermeiden, dass die Vertragsstaaten einen unangemessen weiten Beurteilungsspielraum haben.[196] So umfasst „staatliche Sicherheit" den Schutz der nationalen Souveränität gegen äußere und innere Bedrohungen, einschließlich des Schutzes der internationalen Beziehungen.[197]

4. *Ausnahme der GASP*

Art. 16 Abs. 2 S. 1 AEUV ist im Vergleich zu Art. I-51 EVV von geringerem Umfang, da die ehemalige zweite Säule (GASP) ausgenommen wurde. Nach Art. 16 Abs. 2 UAbs. 2 AEUV bleiben „die spezifischen Bestimmungen des Artikels 39 [EUV] unberührt".[198] Dieser Passus war im EVV noch nicht enthalten. Für die GASP besteht in Art. 39 EUV eine spezielle Rechtsgrundlage mit einem abweichenden besonderen Gesetzgebungsverfahren.[199] Im Bereich der überwiegend intergouvernemental ausgestalteten GASP kann der Datenschutz nicht in Form von Richtlinien oder Verordnungen geregelt werden, sondern nur durch Ratsbeschluss.

5. *Fazit*

Die historisch-systematische Auslegung ergibt, dass grundsätzlich alle Politikbereiche gemäß Art. 16 Abs. 2 AEUV datenschutzrechtlich geregelt werden können. Allerdings wird aus der Regierungskonferenz deutlich, dass die Kompetenz kein einheitliches, sondern nur ein abgestuftes Harmonisie-

---

[194] EuGH, Rs. C-511/18, C-512/18 und C-520/18, EU:C:2020:791, Rn. 135 – La Quadrature.

[195] EuGH, Rs. C-511/18, C-512/18 und C-520/18, EU:C:2020:791, Rn. 136 – La Quadrature.

[196] Council of Europe, Explanatory Report 1981, Rn. 56 (im Original: „unduly wide leeway").

[197] Council of Europe, Explanatory Report 1981, Rn. 56 (im Original: „state security").

[198] Für die Datenverarbeitung durch den Europäischen Auswärtigen Dienst (EAD) gilt die Verordnung (EG) Nr. 45/2001 zum Schutz natürlicher Personen bei der Verarbeitung personenbezogener Daten durch die Organe und Einrichtungen der Gemeinschaft, Art. 11 Abs. 3 Beschluss des Rates vom 26.7.2010 über die Organisation und die Arbeitsweise des Europäischen Auswärtigen Dienstes (2010/427/EU), ABl. L 201/30 v. 3.8.2010.

[199] Art. 29-Datenschutzgruppe, WP 168, S. 8 Fn. 9.

rungsniveau ermöglicht. Kompetenzsensitive Bereiche wie die Datenverarbeitung durch Polizei- und Strafverfolgungsbehörden können danach nur unter gebührender Berücksichtigung mitgliedstaatlicher Interessen unionsrechtlich überlagert werden. Die innere Sicherheit sowie der Bereich der Landesverteidigung sind von der Rechtsetzungskompetenz nicht erfasst.

II. Auslegung durch den EuGH

Die Formulierung des Anwendungsbereichs in Art. 16 Abs. 2 S. 1 AEUV wird als „primärrechtliche Legitimation“[200] der sehr weitreichenden EuGH-Judikatur zum Anwendungsbereich der DSRL verstanden. Doch dessen Auslegung kann nicht unbesehen für die Bestimmung des primärrechtlichen Anwendungsbereichsbegriffs herangezogen werden. Der EuGH nimmt in anderen Zusammenhängen eine einzelfallbezogene Bestimmung des Begriffs vor, ausreichend ist eine unionsrechtlich geregelte Situation[201] oder – noch viel weitgehender – dass eine Materie „nicht außerhalb des Gemeinschaftsrechts“[202] steht. Eine Tätigkeit fällt danach nur dann nicht in den Anwendungsbereich des Unionsrechts, wenn sie einen rein internen Sachverhalt betrifft, der „keinerlei Bezug zum Gemeinschaftsrecht“ aufweist.[203] Die für die Anwendbarkeit des Diskriminierungsverbots aus Gründen der Staatsangehörigkeit (Art. 18 Abs. 1 AEUV) maßgeblichen „Situationen, die in den sachlichen Anwendungsbereich des Unionsrechts fallen“, sind denkbar weit und liegen auch dann vor, wenn die Ausübung der Grundfreiheiten oder der Freizügigkeit betroffen ist.[204] Die Tatsache, dass für ein Rechtsgebiet ausschließlich die Mitgliedstaaten zuständig sind, schließt den Anwendungsbereich des Unionsrechts nicht aus.[205] Die Tätigkeiten oder Situationen im

---

[200] *J.-P. Schneider*, Die Verwaltung 44 (2011), 499 (506); für den öffentlichen Bereich auch *A. Ngyuen*, ZEuS 2012, 277 (288).

[201] EuGH, Rs. 186/87, Slg. 1989, 195, Rn. 10 – Cowan.

[202] EuGH, Rs. 293/83, Slg. 1985, 593, Rn. 19 – Gravier zur Organisation des Bildungswesens.

[203] EuGH, Rs. C-148/02, EU:C:2003:539, Rn. 26 – Garcia Avello; Rs. C-64/96 u. C-65/96, Slg. 1997, I-3171 (3189) Rn. 23 – Uecker und Jacquet; Rs- C-35/82, C-36/82, Slg. 1982, I-3725 (3736) Rn. 15 f. – Morson.

[204] EuGH, Rs. C-46/12, EU:C:2013:97, Rn. 28 – L.N.; Rs. C-209/03, Slg. 2005, I-2119, Rn. 32 – Bidar; Rs. C-184/99, Slg. 2001, I-6193, Rn. 32 – Grzelczyk.

[205] Vgl. EuGH, Rs. C-274/96, Slg. 1998, I-7637, Rn. 17 – Bickel und Franz zum Straf- und Strafverfahrensrecht; Rs. C-285/98, Slg. 2000, I-69, Rn. 18 – Kreil zu den mitgliedstaatlichen Streitkräften. In diesem Fall war die Erweiterung des Anwendungsbereichs des Unionsrechts schon in der RL 76/207/EWG (Gleichbehandlung von Männern und Frauen im Beruf) angelegt. Diese enthielt weder Bereichsausnahmen bzw. Öffnungsklauseln für den Bereich der Ausübung von hoheitlicher Gewalt noch war sie auf Tätigkeiten im Anwendungsbereich des Gemeinschaftsrechts beschränkt.

„Anwendungsbereich des Unionsrechts" werden für die Anwendung der Grundfreiheiten, des Diskriminierungsverbots aus Gründen der Staatsangehörigkeit oder den Unionsgrundrechten nicht im Rahmen der Unionskompetenzen, sondern final bzw. in dynamischer Wechselwirkung zu den jeweils zu gewährleistenden Rechten ausgelegt.[206] So werden die aus der Unionsbürgerschaft folgenden Rechte der Bürgerinnen und Bürger der Mitgliedstaaten vom Begriff des Anwendungsbereichs der Verträge entkoppelt, um die Beschränkungs- und Diskriminierungsverbote zur größtmöglichen effektiven Wirksamkeit in den Mitgliedstaaten zu verhelfen. Die Anwendbarkeit von Art. 18 Abs. 1 AEUV beispielsweise setzt weder eine grenzüberschreitende Konstellation noch einen binnenmarktrelevanten Sachverhalt voraus.[207] Es geht gerade darum, dass die unionsrechtlich verbürgten Freizügigkeits- und Aufenthaltsrechte in einem anderen Mitgliedstaat vewirklicht werden können. Die vom EuGH stattdessen entwickelten Anknüpfungspunkte orientieren sich nicht am Vorliegen einer EU-Rechtsetzungskompetenz für die konkrete Materie, ausreichend ist vielmehr ein Bezug zu einem unionsrechtlich geregelten Sachverhalt.[208] Jede Tätigkeit, die sich auch nur mittelbar auf die Grundfreiheiten auswirken kann, unterfällt dem Anwendungsbereich der Verträge.[209] Es genügt, wenn unionsbürgerliche Freizügigkeitsrechte berührt sind,[210] so dass Bereiche, für die keine Rechtsetzungskompetenz besteht, die formal ausschließlich der *domaine réservé* der Mitgliedstaaten unterfallen, wie das Staatsangehörigkeitsrecht,[211] das Recht über die Zulassung zum Hochschulstudium[212] oder das Namensrecht[213] im Einzelfall in den Anwendungsbereich der Verträge fallen können.[214] Für die vergleichbare Formulierung in Art. 19 Abs. 1 UAbs. 2 EUV[215], der auf die

[206] *U. Haltern*, Europarecht II, § 12 Rn. 1991 ff. und 2115 ff.; *S. Griller*, EuR Beiheft 2015, 7 (11 f.); *S. Schmahl*, EnzEuR II, § 15 Rn. 69.

[207] S. nur EuGH, Rs. C-34/09, EU:C:2011:124, Rn. 42 ff. – Zambrano; krit. zur Anwendung auf rein innerstaatliche Sachverhalte *F. Wollenschläger*, Grundfreiheit ohne Markt, S. 157; *B. Pirker*, Grundrechtsschutz im Unionsrecht, S. 212 f.; für einen Rückgriff auf diese Rspr. *B. Grzeszick*, NVwZ 2018, 1505 (1507).

[208] *A. von Bogdandy*, in: Grabitz/Hilf/Nettesheim, EU, Art. 18 AEUV Rn. 34 ff.; *S. Schmahl*, EnzEuR II, § 15 Rn. 69.

[209] EuGH, verb. Rs. C-92/92 u. C-326/92, Slg. 1993, I-5145, Rn. 27 – Phil Collins; Rs. C-291/09, Slg. 2011, I-2685, Rn. 16 ff. – Francesco Guarnieri & Cie.

[210] EuGH, Rs. C-184/99, Slg. 2001, I-6193, Rn. 30 ff. – Grzelczyk; Rs. C-140/12, EU:C:2013:565, Rn. 44 – Brey.

[211] EuGH, Rs. C-135/08, Slg. 2010, I-01449 – Rottmann.

[212] EuGH, Rs. 293/83, Slg. 1985, 593, Rn. 19 – Gravier; Rs. C-147/03, Slg. 2005, I-5969, Rn. 32 ff. – Kommission/Österreich.

[213] EuGH, Rs. C-148/02, Slg. 2003, I-11613, Rn. 25 – Garcia Avello.

[214] Krit. *D. Thym*, NVwZ 2013, 889 (893); *S. Schmahl*, EnzEuR II, § 15 Rn. 70.

[215] „Die Mitgliedstaaten schaffen die erforderlichen Rechtsbehelfe, damit ein wirksamer Rechtsschutz in den vom Unionsrecht erfassten Bereichen gewährleistet ist."

„vom Unionsrecht erfassten Bereiche" Bezug nimmt, stellte der EuGH mit Blick auf die Ausgestaltung der innerstaatlichen Justiz ausdrücklich klar, dass dabei die vertikale Zuständigkeitsverteilung unbeachtlich ist, die Mitgliedstaaten vielmehr unionsrechtliche Verpflichtungen auch effektiv in ihnen verbliebenen Zuständigkeitsbereichen einhalten müssen.[216] Als Rechtsunion ist die EU darauf angewiesen, dass die Mitgliedstaaten in den vom Unionsrecht erfassten Bereichen wirksamen gerichtlichen Rechtsschutz gewähren.[217] Denn Rechtsstaatlichkeit ist als grundsätzlicher Wert i.S.v. Art. 2 EUV, auf welchem die Union gründet, nicht nur eine Beitrittsvoraussetzung, sondern gilt für die Mitgliedstaaten in allen Bereichen und im Unterschied zu den Grundrechten unabhängig von der „Durchführung" von Unionsrecht (Art. 51 Abs. 1 GRCh). Zwar unterfalle die Organisation der Justiz in den Mitgliedstaaten ihrer Zuständigkeit. Allerdings müssen die Mitgliedstaaten auch in dem Bereich der internen Gerichtsorganisation unionsrechtliche Maßstäbe einhalten, weil das Unionsrecht darauf angewiesen sei, dass es von unabhängigen Gerichten ausgelegt und angewendet werde.[218] Der EuGH hat in den betreffenden Entscheidungen gleichzeitig darauf hingewiesen, dass Art. 19 Abs. 1 UAbs. 2 EUV in den „vom Unionsrecht erfassten Bereichen" anwendbar sei, „ohne dass es insoweit darauf ankäme, in welchem Kontext die Mitgliedstaaten Unionsrecht im Sinne von Art. 51 Abs. 1 der Charta durchführen".[219] Die Republik Polen hatte in den Verfahren wiederholt geltend gemacht, dass die Bestimmungen über die Angleichung des Ruhestandsalters für Richter nicht am Maßstab von Art. 19 Abs. 1 UAbs. 2 AEUV und Art. 47 GRCh überprüft werden können, da in diesem Bereich kein Unionsrecht im Sinne von Art. 51 Abs. 1 GRCh durchgeführt werde. Der EuGH judiziert über die mitgliedstaatliche Gerichtsorganisation jedoch unter Verweis auf seine Zuständigkeit für die Auslegung des Unionsrechts, die sich aus Art. 267 AEUV i.V.m. Art. 47 GRCh ergibt.[220] Die Frage, ob eine mitgliedstaatliche Maßnahme in den Anwendungsbereich des Unionsrechts fällt, bestimmt sich je nach inhaltlicher Tragweite des Falls und den beteiligten Personen.[221] Der nationale Gesetzgeber kann sich dem Anwendungsbereich des

---

[216] EuGH, Rs. C-619/18, EU:C:2019:531, Rn. 52 – Kommission/Polen; Rs. C-64/16, EU:C:2018:117, Rn. 34 ff. – Associação Sindical; zur konstitutionellen Dimension dieser Rechtsprechungslinie *F. Schorkopf*, NJW 2019, 3418.

[217] EuGH, Rs. C-64/16, EU:C:2018:117, Rn. 37 – Associação Sindical.

[218] EuGH, verb. Rs. C-585/18, C-624/18, C-625/18, EU:C:2019:982, Rn. 75 – A.K. u.a.; Rs. C-192/18, EU:C:2019:924, Rn. 102 ff. und Rn. 118– Kommission/Polen.

[219] EuGH, verb. Rs. C-585/18, C-624/18, C-625/18, EU:C:2019:982, Rn. 82 – A.K. u.a.; Rs. C-192/18, EU:C:2019:924, Rn. 101 – Kommission/Polen; Rs. C-619/18, EU:C:2019:531, Rn. 50 – Kommission/Polen; Rs. C-64/16, EU:C:2018:117, Rn. 29 – Associação Sindical dos Juízes Portugueses.

[220] EuGH, Rs. C-272/19, EU:C:2020:535, Rn. 40 f. – VQ/Land Hessen.

[221] *T. von Danwitz*, JZ 2007, 697 (704).

Unionsrechts nicht dadurch entziehen, dass er vorgibt Ziele zu verfolgen, die nicht der Regelungskompetenz der Union unterfallen.[222]

Von der Anwendbarkeit des Unionsrechts schließt der EuGH in der Regel auf die Anwendbarkeit der GRCh und umgekehrt. Die Formel des EuGH lautet: „Die Anwendbarkeit des Unionsrechts umfasst die Anwendbarkeit der durch die Charta garantierten Grundrechte."[223] Zwischen der „Durchführung", dem „Anwendungsbereich" und dem „Geltungsbereich" wird nicht weiter differenziert. Die Unionsgrundrechte gelten danach für die Mitgliedstaaten stets, „wenn sie im Geltungsbereich" oder „im Anwendungsbereich des Unionsrechts handeln",[224] mithin „akzessorisch" zum Anwendungsbereich des Unionsrechts.[225] Angesichts dessen werden Versuche, die Anwendungsbereiche zu trennen, als „anachronistisch"[226] bezeichnet.

Indes erweist sich die Gleichsetzung des Anwendungsbereichs des Unionsrechts mit der Anwendbarkeit der Unionsgrundrechte als zirkelschlüssige *petitio principii*. Denn die für die Anwendbarkeit der Unionsgrundrechte maßgebliche Frage der „Durchführung" von Unionsrecht setzt ihrerseits voraus, dass im Anwendungsbereich der Verträge gehandelt wird.[227] Ein grenzüberschreitender Bezug wird nicht vorausgesetzt. Danach kann, wie in Kapitel 2 bereits dargelegt, die Union auch auf dem Gebiet der innerstaatlichen Datenverarbeitung durch öffentliche Stellen rechtsetzend tätig werden. Allerdings überschreitet diese Rechtsprechung die Grenzen der zulässigen hierarchisch umgekehrten Konformauslegung, weshalb sie nicht zur Determinierung des Primärrechts herangezogen werden kann. Für das Bejahen der Kompetenz würde sonst irgendein Bezug zum Unionsrecht ausreichen, wie ihn der EuGH bei der Auslegung des Geltungsbereichs des Unionsrechts genügen lässt.[228]

---

[222] S. zur Beschäftigungspolitik BVerfGE 126, 286 (313).

[223] EuGH, Rs. C-617/10, EU:C:2013:105, Rn. 21 – Fransson; krit. zur überschneidenden Begriffsverwendung *B. Pirker*, Grundrechtsschutz im Unionsrecht, S. 64 f.

[224] EuGH, Rs. C-198/13, EU:C:2014:2055, Rn. 33 – Hernández; Rs. C-617/10, EU:C:2013:105, Rn. 19 – Fransson; *J. Kokott/C. Sobotta*, EuGRZ 2010, 265 (268).

[225] *W. Frenz*, DVBl. 2015, 741.

[226] *S. Griller*, EuR Beiheft 2015, 7 (17).

[227] Hierzu näher in Kapitel 4. Differenzierend auch *U. Brühann*, in: von der Groeben/Schwarze/Hatje, EU-Recht, Art. 16 AEUV Rn. 65: „Deshalb sind alle Tätigkeiten der Mitgliedstaaten im Anwendungsbereich des Unionsrechts erfasst, unabhängig davon, ob sie in den Rahmen der Durchführung des Unionsrechts fallen oder nicht. Insoweit ist festzustellen, dass der Umfang der Gesetzgebungskompetenz weiter ist als der der Grundrechtsgewährung nach Abs. 1"; *N. Marsch*, Das europäische Datenschutzgrundrecht, S. 337; im Ansatz auch *J.-P. Schneider*, Die Verwaltung 44 (2011), 499 (506).

[228] In diese Richtung aber *A. Ngyuen*, ZEuS 2012, 277 (290), der im öffentlichen Bereich u.a. die potenzielle Verarbeitung personenbezogener Daten von Unionsbürgern für ausreichend erachtet.

Das BVerfG hat bisher keine Kompetenzüberschreitung bei der Auslegung des Anwendungsbereichs feststellen können. Allerdings legt es offenbar ein engeres Verständnis zu Grunde. Der Anwendungsbereich der Verträge richte sich „nach dem jeweiligen Stand des Primär- und Sekundärrechts der EU und damit nach den ihr in den europäischen Verträgen übertragenen Hoheitsrechten“.[229] Dabei verweist es auf die Reichweite der Zustimmungsgesetzgebung (Art. 23 Abs. 1 S. 2 GG) sowie das Prinzip der begrenzten Einzelermächtigung (Art. 5 Abs. 1 S. 1, Abs. 2 EUV).

III. Alternative Anwendungsbereichsbegriffe im Schrifttum

Die Problematik erkennend, dass ein ungeklärter Anwendungsbereich des Unionsrechts zu Schwierigkeiten bei der Bestimmung des sekundärrechtlichen Anwendungsbereichs führt, haben sich in der Literatur unterschiedliche Ansätze zur Einhegung des Begriffs herausgebildet. Ausgangspunkt ist die Erkenntnis, dass ein unbegrenzter Anwendungsbereichsbegriff eine unvorhersehbare Bindung an die Unionsgrundrechte zur Folge hat. Grundrechtskonkretisierendes Sekundärrecht macht diese Spannungslage besonders deutlich. Differenziert werden kann dabei zwischen allgemeinen Ansätzen, die sich mit dem Anwendungsbereichs- und Durchführungsbegriff auseinandersetzen (1.) und das Datenschutzrecht im Spezielleren betreffenden Lösungsvorschlägen (2.).

1. Allgemeiner Ansatz

Von den allgemeinen Ansätzen ist die von *Clemens Latzel* getroffene Differenzierung zwischen dem formellen und materiellen Anwendungsbereich des Unionsrechts zu erwähnen. Danach sei der formelle Anwendungsbereich des Unionsrechts äußerst weit und umfasse alle unionsrechtlich geregelten Fallgestaltungen im Sinne der Fransson-Rechtsprechung.[230] Im formellen Anwendungsbereich seien nur die universellen Grundsätze und Grundrechte des Unionsrechts anwendbar. Hierzu gehören nach *Clemens Latzel* die klassischen Menschenrechte (Art. 1 bis 20 GRCh), die Justizgrundrechte (Art. 47 bis 50 GRCh) und die allgemeinen rechtsstaatlichen Grundsätze der Verhältnismäßigkeit und Rechtssicherheit.[231] Der materielle Anwendungsbereich sei demgegenüber abhängig von der sekundärrechtlichen Harmonisierung des Grundrechts. In diesem Anwendungsbereich seien nicht-universelle Grundrechte nur kraft ihrer sekundärrechtlichen Harmonisierung anwendbar.[232]

---

229 BVerfGE 129, 78 (98); 126, 286 (302); 123, 267 (349 ff.).
230 *C. Latzel*, EuZW 2015, 658 (659).
231 *C. Latzel*, EuZW 2015, 658 (661).
232 *C. Latzel*, EuZW 2015, 658 (662).

Dies betreffe Grundrechte, die „materiell aktivierungsbedürftig“ oder „sekundärrechtsakzessorisch“ seien, insbesondere die Grundsätze (Art. 52 Abs. 5 GRCh) und sozialen Grundrechte.[233]

Doch dieser Ansatz bietet keine Antwort auf fakultativ oder nur deklaratorisch grundrechtskonkretisierendes Sekundärrecht. Zudem beantwortet er lediglich die Frage des anwendbaren Grundrechtsschutzes, lässt aber die Frage des kompetenzbegründenden Anwendungsbereichs außer Betracht.

2. Restriktive Ansätze für den Datenschutz

Neben den abzulehnenden Vorschlägen, den Begriff an Art. 51 Abs. 1 GRCh zu koppeln,[234] werden für das Datenschutzrecht unterschiedliche Ansätze zur restriktiven Auslegung von Art. 16 Abs. 2 S. 1 AEUV vertreten. Bereits anlässlich der extensiven Auslegung der DSRL, aber noch mehr im Zuge der Vollharmonisierung durch die DSGVO, wurde angesichts der befürchteten Zentralisierung des Datenschutzes Kritik am weiten Anwendungsbereich laut.[235] Zum Teil soll etwas in Anlehnung an Art. 18 AEUV der „Anwendungsbereich des Unionsrechts“ im datenschutzrechtlichen Sinne „alle unionsrechtlich geregelten Sachverhalte umfassen […] und damit auch Sachbereiche außerhalb der Legislativkompetenz der Union, sofern die Mitgliedstaaten bei der Ausübung ihrer Kompetenzen in diesem Bereich unionsrechtliche Vorgaben zu beachten haben.“[236] Maßgeblich sei danach, ob „die Verwirklichung eines unionsrechtlich gewährten Rechts oder Grundsatzes betroffen ist.“[237] Etwas enger wurde angesichts des Querschnittscharakters des Datenschutzes unter der DSRL „ein besonderer Bezug des Sachverhalts zum Gemeinschaftsrecht“ gefordert.[238] In Bezug auf das Grundrecht soll der Anwendungsbereich nur eröffnet sein, wenn die Datenverarbeitung „im konkreten Fall durch Unionsrecht vorgeschrieben, veranlasst oder mindestens beschränkt“[239] werde. Dieser Einschränkung bedürfe es, weil die DSGVO sonst einen „nahezu flächendeckend wirkenden Grundrechtsmindeststandard“[240] für die Mitgliedstaaten statuieren würde, unabhängig von einem sachlichen Regelungsinteresse der Union. Es wird deshalb eine Koppelung an den vom EuGH interpretierten Begriff der Durchführung der Unions-

---

[233] *C. Latzel*, EuZW 2015, 658 (662).

[234] Zu diesen *B. Grzeszick*, NVwZ 2018, 1505 (1506).

[235] *G. Britz*, Das Grundrecht auf Datenschutz, S. 61; *C. Rogall-Grothe*, ZRP 2012, 193; *D. Grimm*, JZ 2013, 585; *W. D'Avis/T. Giesen*, CR 2019, 24; *W. Rudolf*, Datenschutz und Europa, S. 638 f.; zuvor schon *H. P. Bull*, Informationelle Selbstbestimmung, S. 59.

[236] *B. Grzeszick*, NVwZ 2018, 1505 (1507).

[237] *B. Grzeszick*, NVwZ 2018, 1505 (1507).

[238] *G. Britz*, Das Grundrecht auf Datenschutz, S. 61.

[239] *J. H. Klement*, JZ 2017, 161 (165).

[240] *J. H. Klement*, JZ 2017, 161 (165).

grundrechte gefordert. Danach soll genügen, dass mitgliedstaatliches Handeln in irgendeiner Weise durch eine unionsrechtliche Norm determiniert ist und der datenschutzrechtliche Anwendungsbereich nur dann nicht eröffnet sein, wenn die Mitgliedstaaten „ohne jeden Bezug zu existierendem Unionsrecht handeln".[241] An diese Ansicht anschließend soll eine Datenverarbeitung dann in den Anwendungsbereich des Unionsrechts fallen, „wenn diese unionsrechtlich vorgeschrieben, beschränkt oder zumindest in dem Sinne veranlasst ist, dass die Verarbeitung für einen unionsrechtlich gesetzten Zweck förderlich ist".[242] Vorgeschlagen wird an anderer Stelle, die Rechtsetzungskompetenz des Art. 16 Abs. 2 S. 1 AEUV auf die Kerngrundsätze des Datenschutzrechts zu beschränken, um einem unionsweiten „Chaos von Rechtsregimen" vorzubeugen.[243] Die datenschutzrechtliche Sekundärrechtsetzung wirke mit Blick auf den weiten Anwendungsbereich wie ein „Kompetenzstaubsauger"[244].

3. Auslegung im Lichte der Kompetenzen

Herrschte zunächst noch zum Teil die Vorstellung, dass der Anwendungsbereich der DSGVO nicht über die Regelungszuständigkeiten der EU hinausgehen könne,[245] ist mittlerweile überwiegend anerkannt, dass den Kompetenzvorschriften angesichts der „integrationsfreundlichen Auslegung" durch den EuGH kaum eine eingrenzende Bedeutung für die Ermittlung der Reichweite des sekundärrechtlichen Anwendungsbereichs beigemessen werden kann.[246]

Ein großer Teil der Kommentarliteratur legt den Begriff des Anwendungsbereichs unter Verweis auf den Kompetenzkatalog im AEUV aus.[247] Danach sei der Anwendungsbereich des Unionsrechts nur im Bereich der Unionskompetenzen eröffnet und die sekundärrechtliche Begrenzung des sachlichen Anwendungsbereichs in Art. 2 Abs. 2 lit. a DSGVO und Art. 2 Abs. 3 lit. a JIRL mit Blick auf das Prinzip der begrenzten Einzelermächtigung eine „juristische Selbstverständlichkeit"[248]. Die „äußerste Grenze" des Anwendungs-

[241] *J. H. Klement*, JZ 2017, 161 (166).

[242] *T. Schwabenbauer*, Informationsverarbeitung, G. Rn. 359.

[243] *M. Bäcker*, BT-Ausschussdrs. 17(4)585 (B), S. 5.

[244] *M. Bäcker*, BT-Ausschussdrs. 17(4)585 (B), S. 5.

[245] So noch *K. von Lewinski*, in: Auernhammer, Art. 2 DSGVO, Rn. 14 (6. Aufl. 2019); *ders.*, DuD 2012, 564 (565); *J. Kühling* et al., DS-GVO und nationales Recht, S. 5: „Hinweis auf die Grenzen der Kompetenzen für die Gesetzgebung".

[246] So nun *K. von Lewinski*, in: Auernhammer, Art. 2 DSGVO, Rn. 17 (7. Aufl. 2020).

[247] *J. Kühling/J. Raab*, in: Kühling/Buchner, DS-GVO/BDSG, Art. 2 DSGVO Rn. 21; *M. von Grafenstein*, in: Gierschmann et al., DS-GVO, Art. 2 DSGVO Rn. 31; *T. Schwabenbauer*, Informationsverarbeitung, G. Rn. 347 ff.

[248] So zur DSRL *U. Dammann*, in: ders./Simitis, EG-Datenschutzrichtlinie, Art. 3 Rn. 4.6 und Fn. 1.

bereichs bildeten die in den Verträgen festgelegten Politikbereiche.[249] Art. 16 Abs. 2 S. 1 AEUV ermächtige die Union zur Regelung des Datenschutzes sobald ihr eine Kompetenz zustehe, so dass auch der Bereich der Beschäftigung, des Gesundheitswesens, der Kultur oder des Sports grundsätzlich erfasst seien.[250] Ungeachtet von Spezialregelungen wie Art. 153 Abs. 1 lit. b AEUV (Beschäftigung), die für diese Materie eine Vollharmonisierung ausschließen, könne der Beschäftigtendatenschutz über Art. 16 Abs. 2 S. 1 AEUV umfassend geregelt werden. Als Querschnittsmaterie solle der Datenschutz in allen Politikbereichen unabhängig vom jeweils vorgesehenen Harmonisierungsniveau oder besonderer -verbote maximalschützend geregelt werden können.[251]

An anderer Stelle wird ein grenzüberschreitender Bezug gefordert. Der „Anwendungsbereich des Unionsrechts" in Art. 16 Abs. 2 S. 1 AEUV erfasse grundsätzlich unter Fortführung der bisher auf Grundlage von Art. 114 AEUV erfolgten Auslegung durch den EuGH zwar auch nicht-binnenmarktrelevante Tätigkeiten und damit die Verarbeitung personenbezogener Daten durch öffentliche Stellen.[252] Allerdings enthalte die Formulierung in Art. 16 Abs. 2 S. 1 a.E. AEUV „und über den freien Datenverkehr" eine Beschränkung dahingehend, dass zwingend ein grenzüberschreitender Bezug vorliegen müsse. Danach seien rein innerstaatliche Datenverarbeitungsvorgänge – insbesondere im Bereich der öffentlichen Verwaltung – nicht von der Kompetenz erfasst. Die nicht grenzüberschreitende mitgliedstaatliche Behördentätigkeit könne nur auf einem Mindestniveau harmonisiert werden.[253]

Teilweise findet sich eine kasuistische Annäherung durch Aufzählung der dem Anwendungsbereich nicht unterfallenden Tätigkeiten versucht. So wird davon ausgegangen, dass von der Datenschutzkompetenz nur noch der genuin-hoheitliche Bereich, etwa die Datenverarbeitung im exekutiven Kernbereich, im Parlamentsbetrieb sowie im Begandigungs- und Ordensrecht ausgenommen seien.[254] An anderer Stelle werden beispielhaft die datenverarbeitenden Tätigkeiten der Einwohnermeldeämter, Standesämter, Grundbuchämter oder deutschen Kommunen im Rahmen der Daseinsvorsorge (Müllabfuhr) als Ausnahmen des Anwendungsbereichs aufgezählt.[255] Ein Vergleich

---

[249] *A. Ngyuen*, ZEuS 2012, 277 (286).

[250] *J. Kühling/J. Raab*, in: Kühling/Buchner, DS-GVO/BDSG, Einf. Rn. 8.

[251] *A. Ngyuen*, ZEuS 2012, 277 (287); *J. Kühling/J. Raab*, in: Kühling/Buchner, DS-GVO/BDSG, Einf. Rn. 8.

[252] *N. Marsch*, Das europäische Datenschutzgrundrecht, S. 338, wenngleich unter dem Vorbehalt der Kompetenzausübungsschranken.

[253] *N. Marsch*, Das europäische Datenschutzgrundrecht, S. 330–333.

[254] So die Aufzählung bei *K. von Lewinski*, in: Auernhammer, Art. 2 DSGVO, Rn. 18–20, in der Vorauflage auch noch der Strafvollzug. Dieser wird nach h.L. aber von der JIRL erfasst, s. unten, 3. Kapitel, C.I.3.a) (S. 166).

[255] *A. Roßnagel*, in: Simitis/Hornung/Spiecker gen. Döhmann, Datenschutzrecht, Art. 2 DSGVO Rn. 21.

mit der geschilderten EuGH-Rechtsprechung zur Tätigkeit des Rechnungshofs, der Finanzverwaltung, des parlamentarischen Petitionsausschusses oder der Erfassung im Ausländerzentralregister,[256] lässt diese Beispiele jedoch willkürlich erscheinen. Auch wenn entsprechende Versuche von einem ersichtlichen Bemühen getragen sind, der Kompetenzordnung gerecht zu werden, erscheint die Auswahl der ausgenommenen Bereiche eher intuitiv als dogmatisch fundiert.

IV. Kompetenzakzessorischer Begriff des Anwendungsbereichs

Es bleibt festzuhalten, dass kein einheitliches Verständnis des kompetenzbegründenden Anwendungsbereichsbegriffs im Unionsrecht besteht, dessen Konturierung vielmehr der Rechtsfortbildung durch den EuGH überlassen wird. Die vertraglich vorgesehene Kompetenzverteilung erweist sich dadurch als wenig verlässlich und kaum voraussehbar.[257] In dieser Arbeit wird grundlegend zwischen dem Begriff im Kontext der Bindung der Mitgliedstaaten an die Unionsgrundrechte, an das Diskriminierungsverbot aus Gründen der Staatsangehörigkeit oder die Freizügigkeit, in welchem das Unionsrecht als Schranke mitgliedstaatlichen Handelns wirkt, einerseits und dem Begriff als Tatbestandsmerkmal einer Rechtsetzungskompetenz andererseits differenziert. Es werden mithin unterschiedliche Definitionen zu Grunde gelegt je nachdem, ob der Anwendungsbereich der Verträge kompetenzeröffnend oder kompetenzbeschränkend wirkt.

Bei Zugrundelegung der in diesem Kapitel unter B. II. geschilderten EuGH-Rechtsprechung erscheint ein Kompetenztitel, der auf den „Anwendungsbereich des Unionsrechts" rekurriert, nahezu grenzenlos. Angewendet auf Art. 16 Abs. 2 S. 1 AEUV gäbe es keinen Grund, die Rechtsetzungskompetenz im Sinne des effektiven Schutzes personenbezogener Daten nicht auch auf die Verarbeitung personenbezogener Daten im Bereich der inneren Sicherheit oder der Parlamentsverwaltung der Mitgliedstaaten auszudehnen. Sekundärrechtliche Bereichsausnahmen, wie Art. 2 Abs. 2 lit. a DSGVO, der Tätigkeiten, „die nicht in den Anwendungsbereich des Unionsrechts" fallen, vom Sekundärrecht ausnimmt, wären weitgehend inhaltsleer. Bei der kompetenzbegründenden Verwendung ist der Anwendungsbereich nicht im Sinne des *Effet utile* extensiv, sondern im Einklang mit dem Prinzip der begrenzten Einzelermächtigung akzessorisch zu den Sachkompetenzen auszulegen. Denn die von der primärrechtlichen Rechtsgrundlage losgelöste, finale Aus-

[256] EuGH, Rs. C-465/00, C-138/01 und C-139/01, Slg. 2003, I-04989, Rn. 51, 68 – ORF; Rs. C-272/19, EU:C:2020:535 – VQ/Land Hessen; Rs. C-524/06, Slg. 2008, I-9705, Rn. 51 – Huber; Rs. C-201/14, EU:C:2015:638 – Bara u.a.

[257] Krit. auch *M. Rossi*, Recht in der EU, S. 460 f.

legung der Kompetenzvorschriften durch den EuGH relativiert sekundärrechtliche Ausnahmevorschriften langfristig.

1. Die Differenzierung zwischen positiver und negativer Integration

Hierfür wird zunächst begrifflich zwischen der positiven und der negativen Integration unterschieden. Die Methode der „Integration durch Recht" bedeutet nicht nur die positive Integration in Gestalt harmonisierender, bindender supranationaler Regelungen, sondern umfasst auch die rechtsvereinheitlichende Rechtsprechung des EuGH in nicht harmonisierten Bereichen im Wege der extensiven Auslegung des Unionsrechts.

a) Funktionaler Anwendungsbereichsbegriff im Kontext der negativen Integration

Begrifflich kann an die von *Fritz W. Scharpf* aus der Theorie der Wirtschaftspolitik entlehnte Differenzierung zwischen positiver und negativer Integration angeknüpft werden.[258] Positive Integration bezeichnet die Harmonisierung nationaler Regelungen sowie die Schaffung unionsweiter Standards und einheitlicher Schutzvorschriften durch Ausübung der wirtschaftspolitischen und regulativen Kompetenzen der EU. Negative Integration steht für die Abschaffung von Handelshemmnissen und Marktbehinderungen. Diese hindern die Mitgliedstaaten weitgehend am Erlass marktkorrigierender Regelungen, zugleich wird aber das entstandene Regulierungsdefizit aufgrund der schwierigen Kompromissfindung auf EU-Ebene nicht durch unionsweite Regelungen kompensiert. *Scharpf* konstatiert eine aus der Deregulierung entstehende Asymmetrie zwischen negativer und positiver Integration, die die Balance zu Gunsten des Marktes und zu Lasten staatlicher Regulierung verschiebe.[259] Die negative Integration vollziehe sich auf Basis der primärrechtlichen Beschränkungsverbote, deren Verletzung durch die Mitgliedstaaten im Wege des Vertragsverletzungsverfahrens oder der gerichtlichen Vorlage im Vorabentscheidungsverfahren durch den EuGH sanktioniert werden könne. Maßgebliche Akteure im Kontext der negativen Integration seien damit die Kommission als Hüterin der Verträge, der EuGH im Rahmen

[258] *F. W. Scharpf*, Regieren in Europa, S. 50; *ders.*, Negative und positive Integration; grundlegend zur judikativen Rechtsvereinheitlichung *M. Cappelletti/D. Golay*, The Judicial Branch.

[259] *F. W. Scharpf*, Negative und positive Integration, S. 54; *ders.*, Regieren in Europa, S. 69: „Aus interventionistischer Sicht müßte deswegen auch der Spielraum für die marktkorrigierenden Maßnahmen der positiven Integration auf europäischer Ebene wenigstens in dem Maße vergrößert werden, wie die rechtlichen Zwänge der negativen Integration und die wirtschaftlichen Zwänge des Wettbewerbs im Binnenmarkt die Spielräume der nationalen Politik verringern."

seines Mandats gemäß Art. 19 Abs. 1 S. 2 EUV sowie Private, beispielsweise durch strategische Prozessführung.[260] Die Deregulierung sowie die wirtschaftliche und soziale Integration erfolgte maßgeblich nicht im Wege des demokratischen Rechtsetzungsverfahrens, sondern durch eine extensive EuGH-Rechtsprechung.[261] Entscheidende Weichenstellungen waren die unmittelbare innerstaatliche Anwendbarkeit primärrechtlicher Beschränkungsverbote und ihre Subjektivierung, mithin die Möglichkeit jedes Einzelnen, sich vor den nationalen Gerichten auf diese zu berufen.[262] Im Verhältnis zu entgegenstehendem Recht kommt dem Unionsrecht seit der Grundsatzentscheidung Costa/E.N.E.L. ein Anwendungsvorrang zu.[263] Auch Sekundärrecht ist im Verhältnis Privater untereinander unmittelbar anwendbar, wenn es hinreichend bestimmt und genau formuliert ist. Ausnahmebestimmungen und Ordre-public-Vorbehalte zu Gunsten der Mitgliedstaaten (Art. 36, Art. 45 Abs. 3, Art. 52 AEUV) legt der EuGH restriktiv aus. Mitgliedstaatlicher Grundrechtsschutz kann im Einzelfall der negativen Integration entgegenstehen, wenngleich der EuGH in jüngerer Zeit zunehmend deutlich macht, dass die Wirtschaftsfreiheiten und finanziellen Interessen der EU diesen grundsätzlich gleichrangig gegenüber stehen und Beschränkungen der marktbezogenen Grundfreiheiten oder von Unionsinteressen zum Schutz der Grundrechte gerechtfertigt sein können.[264] Unionsgrundrechten und Grundfreiheiten kommt hierdurch eine „negative Maßstabswirkung im Sinne eines Nichtwiderspruchsvorbehalts" zu.[265] Dieser gilt weitreichend. Bei der Bestimmung des Anwendungsbereichs des Unionsrechts hat das einschränkende Erfordernis eines „grenzüberschreitenden Elements" seine Bedeutung weitgehend verloren.[266] Die „negative Integration" vollzieht sich nicht im Rahmen der primärrechtlichen Kompetenzordnung und im Wege des demokratisch legitimierten Rechtsetzungsverfahrens (vgl. Art. 294 ff. AEUV). Anders als die „positive Integration" durch Rechtsetzung auf Grundlage begrenzter Einzelermächtigung ist die „negative Integration" nicht das Produkt eines oftmals mühsam errungenen Kompro-

[260] *F. W. Scharpf*, Negative und positive Integration, S. 54 f. Zur strategischen Prozessführung Privater s. den Hintergrund der Mangold-Entscheidung bei *U. Haltern*, Eine Lanze für Mangold, S. 25.

[261] Überspitzt *F. W. Scharpf*, Regieren in Europa, S. 70: „hinter dem Rücken der politisch legitimierten Akteure".

[262] EuGH, Rs. 26/62, Slg. 1963, 3 (25) – Van Gend und Loos.

[263] EuGH, Rs. C-6/64, Slg. 1964, 1141 (1270) – Costa/E.N.E.L.; Rs. 106/77, Slg. 1978, 629 – Simmenthal.

[264] S. nur EuGH, Rs. C-42/17, EU:C:2017:936, Rn. 59 – Taricco II; Rs. C-36/02, EU:C:2004:614, Rn. 31 f. – Omega.

[265] *J. F. Lindner*, EuZW 2007, 71 (72).

[266] *T. Kingreen*, in: Calliess/Ruffert, EUV/AEUV/GRCh, Art. 36 AEUV Rn. 39; „Leerformel" bei *A. Kerkemeyer*, In- oder Desintegration, S. 151.

misses zwischen den rechtsetzenden Unionsorganen und den Mitgliedstaaten.[267] Negative Integration lässt sich zusammenfassen als Liberalisierung durch expansive Auslegung des Primär- und Sekundärrechts mit umfassender Vorrangwirkung im Unterschied zur aktiven Politikgestaltung bei der positiven Integration durch Rechtsetzung im Rahmen des Prinzips der begrenzten Einzelermächtigung.

Diese Asymmetrie lässt darauf schließen, dass es unterschiedliche Verständnisse des Anwendungsbereichs des Unionsrechts geben muss. Insbesondere die sekundärrechtlich definierten Ausnahmen des sachlichen Anwendungsbereichs zeigen, dass im Rechtsetzungsprozess ein engeres Verständnis vorherrschen muss, das sich strikt an den Kompetenzgrenzen orientiert. Ein enges Verständnis ist für den kompetenzbegründenden Tatbestand des Art. 16 Abs. 2 S. 1 AEUV maßgeblich, der auf den Anwendungsbereich des Unionsrechts rekurriert. Während im Kontext der negativen Integration ein funktionaler Anwendungsbereichsbegriff gilt, ist für die positive Integration ein sachkompetenzakzessorischer Begriff zu Grunde zu legen.

b) Sachkompetenzakzessorisches Verständnis im Kontext der positiven Integration

Die EU leitet ihre Legitimation tragend von den Mitgliedstaaten ab und ermangelt einer dem Staat vergleichbaren Aufgabenfülle. Ihre Aufgaben sind durch das Prinzip der begrenzten Einzelermächtigung und das Subsidiaritätsprinzip begrenzt.[268] Soweit der „Anwendungsbereich des Unionsrechts" kompetenzbegründend verwendet wird, ist für seine Bestimmung primär der Wille der Mitgliedstaaten maßgeblich. Dieser drückt sich in der primärrechtlichen Kompetenzordnung aus. Die primärrechtliche Verankerung von Kompetenzkategorien war maßgeblich von der Motivation getragen, die Verantwortungssphären klarer abzugrenzen.[269] Im Kontext der positiven Integration ist darauf abzustellen, ob eine Tätigkeit in die Kompetenzbereiche nach Art. 2–6 AEUV fällt.[270] Dabei kommt es nicht darauf an, ob die Union

[267] Vgl. auch *A. Kerkemeyer*, In- oder Desintegration, S. 161 und die dortige Feststellung „‚Negative Integration' führt zu mehr ‚positiver Integration'"; krit. *D. Grimm*, ZSE 2017, 3 (9) zu den hohen Konsenshürden im Rechtsetzungsprozess.

[268] Im Unterschied hierzu leitet der Bund im deutschen Bundesstaat seine Aufgaben nicht von den Ländern ab. Die Kompetenzordnung des Bundesstaats ist deshalb nicht „von den Ländern her zu denken", *M. Möstl*, Staatliche Garantie, S. 614.

[269] Vgl. zu entsprechenden Forderungen *A. Wallrab*, Verpflichtete, S. 81.

[270] Dies unterscheidet sich von dem Vorschlag bei *A. Edenharter*, Grundrechtsschutz, S. 866 f., die Rechtsetzungskompetenzen de lege ferenda anhand von Sachmaterien abzugrenzen. Vielmehr knüpft der Vorschlag an die bestehenden Aufgabenbereiche der Union an.

von ihrer Aufgabe bereits Gebrauch gemacht hat. Es genügt vielmehr für die Eröffnung der Datenschutzkompetenz auf Unionsebene in einem Bereich abstrakt das Vorliegen einer entsprechenden Sachbereichskompetenz, die der Union gewisse Tätigkeitsspielräume eröffnet (z.B. Art. 165 AEUV für den Datenschutz im Bildungswesen und im Sozialrecht[271]). Wenn jede Regelung des Datenschutzes als Querschnittsmaterie sogleich das Fachrecht mitregelt,[272] kann die EU im Einklang mit dem Prinzip der begrenzten Einzelermächtigung den Datenschutz nur akzessorisch zur jeweiligen Sachkompetenz harmonisieren.[273] Das bedeutet, dass sich das Harmonisierungsniveau maßgeblich nach dem jeweiligen Politikbereich bestimmt, so dass sich beispielsweise für den Beschäftigtendatenschutz das im Bereich der Beschäftigungspolitik verankerte Verbot der Maximalharmonisierung in Art. 153 Abs. 1 lit. a–i und Abs. 2 lit. b AEUV auch im akzessorischen Datenschutzrecht fortsetzt.

Das Primärrecht enthält vereinzelt die Möglichkeit der Schutzintensivierung oder -verstärkung durch die Mitgliedstaaten. Solche finden sich beispielsweise in Art. 114 Abs. 4–6 AEUV für den Bereich des Binnenmarkts, in Art. 153 Abs. 4 AEUV für die Sozialpolitik, in Art. 169 Abs. 4 AEUV für das Verbraucherschutzrecht und in Art. 193 AEUV für das Umweltrecht.[274] Diese Abweichungsmöglichkeiten markieren Bereiche, in welchen die Mitgliedstaaten originäre Staatsgewalt ausüben und ihre eigene Grundrechtsstandards unter Einhaltung eines unionsrechtlichen Mindeststandards wahren können.[275] Abweichungen der Mitgliedstaaten auf Grund der genannten Schutzverstärkungsklauseln erfolgen nach einer Ansicht nicht im Anwendungsbereich des Unionsrechts, da die Grundfreiheiten bereits tatbestandlich nicht einschlägig seien.[276] Bereichsausnahmen, wie beispielsweise in Art. 45 Abs. 4 oder Art. 51 AEUV für Beschäftigte im Bereich der öffentlichen Verwaltung und Tätigkeiten, die mit der Ausübung hoheitlicher Gewalt verbunden sind, werden als Tatbestandsausnahmen von den Grundfreiheiten qualifiziert. Sie machen deutlich, dass der Anwendungsbereich des Unionsrechts nicht eröffnet ist.[277] Diese im Primärrecht angelegte Differenzierung

---

[271] EuGH, Rs. C-456–02, Slg. 2004, I-7573, Rn. 45 – Trojani.

[272] Zutreffend die Feststellung bei *W. Rudolf*, Datenschutz und Europa, S. 639: „wer den Datenschutz zentral regelt, regelt das Fachrecht."

[273] Dagegen *A. Ngyuen*, ZEuS 2012, 277 (287) mit Verweis auf Art. 352 Abs. 3 AEUV, der im Unterschied zu Art. 16 AEUV ein solches akzessorisches Harmonisierungsverbot ausdrücklich statuiere.

[274] Vgl. dazu *A. Wallrab*, Verpflichtete, S. 96 ff.

[275] S. *A. Wallrab*, Verpflichtete, S. 91 m.w.N.

[276] *A. Wallrab*, Verpflichtete, S. 93, anders jedoch für Einschränkungen von Grundfreiheiten auf Rechtfertigungsebene.

[277] So *A. Wallrab*, Verpflichtete, S. 92.

kann sich auch im Sekundärrecht fortsetzen. So stellen Öffnungsklauseln im Sekundärrecht oftmals nur deklaratorische Bereichsausnahmen dar, die das Primärrecht abbilden (beispielsweise die Ausnahmen zu Gunsten der nationalen Sicherheit) oder sie sind Ausdruck einer lediglich mindestharmonisierenden oder nur koordinierenden Kompetenz im Unionsrecht (beispielsweise im Bereich der Kultur oder der Gesundheitspolitik).

c) Vergleich mit der bundesstaatlichen Kompetenzordnung

Die sachkompetenzakzessorische Auslegung ist zudem mit Blick auf die föderale Kompetenzstruktur im deutschen Bundesstaat geboten. Eine bundesgesetzliche Zuständigkeit besteht im Datenschutzrecht nur kraft Sachzusammenhangs insoweit, als dem Bund eine ausdrückliche Materie zur Gesetzgebung zugewiesen ist und er diese „verständigerweise nicht regeln kann, ohne dass die datenschutzrechtlichen Bestimmungen mitgeregelt werden".[278] Der Bund kann auf der Grundlage der Sachkompetenz diejenigen Regelungen zum jeweiligen bereichsspezifischen Datenschutz treffen, die zu einer grundrechtskonformen Regelung der Datenverwendung erforderlich sind.[279] Die Gesetzgebungskompetenz reicht „nur so weit, wie dies nach datenschutzrechtlichen Gesichtspunkten und den hiermit verbundenen verfassungsrechtlichen Anforderungen geboten ist."[280] Diese Maßstäbe sind auf die supranational organisierte EU, die sich durch das grundlegende Prinzip der begrenzten Einzelermächtigung auszeichnet, *a fortiori* übertragbar. Die Querschnittsmaterie „Datenschutz" ist keiner Ebene abschließend oder prinzipiell vorrangig zugewiesen. Die Formulierung der Datenschutzkompetenz (Art. 16 Abs. 2 S. 1 AEUV) weist vielmehr auf den erforderlichen Sachzusammenhang hin. Zusätzlich steht die Kompetenz unter dem Vorbehalt der Subsidiarität und der Verhältnismäßigkeit.

2. Fachrechtsakzessorische Auslegung des Geltungsbereichs durch den Ersten Senat

Im Unterschied zur hier vertretenen Differenzierung legt der Erste Senat des BVerfG in seinem Recht-auf-Vergessen-I-Beschluss dem Begriff des Geltungsbereichs der GRCh ein fachrechtsakzessorisches Verständnis zu Grunde. Etwas zirkelschlüssig bestimme danach „das unionsrechtliche Fachrecht […] den Grad der unmittelbar fachrechtlichen Vereinheitlichung".[281] Bestehen im Fachrecht mitgliedstaatliche Gestaltungsspielräume,

[278] St. Rspr., BVerfGE 3, 407 (421); 98, 265 (299); 106, 62 (115); 110, 33 (48); 125, 260 (314).

[279] BVerfGE 125, 260 (314).

[280] BVerfGE 125, 260 (315).

[281] BVerfGE 152, 152 (173 Rn. 53, 181 Rn. 68).

sei nach dem Subsidiaritätsgrundsatz regelmäßig Grundrechtsvielfalt zuzulassen. Dabei verweist der Senat auf den Unterschied zur deutschen Verfassung, in der das Fachrecht einer strikten Kompetenzordnung folge, während „das Verhältnis zwischen Fachrecht und Grundrechten im Unionsrecht weniger statisch" sei.[282] Dies ergebe sich aus dem „dynamischen Anwendungsbereich der Charta, der nach Art. 51 Abs. 1 S. 1 GRCh vom Grad der fachrechtlichen Vereinheitlichung abhängig ist".[283] Den Rahmen für die Anwendung der mitgliedstaatlichen Grundrechte lege der Unionsgesetzgeber „in einer föderativen Balance" fest: „Dieser Rahmen hat damit seine Grundlage in politisch verantworteten Entscheidungen, die dem Subsidiaritätsprinzip genügen müssen."[284] Eine eigenständige Bestimmung des Anwendungsbereichs des Unionsrechts nimmt das BVerfG nicht vor. Gleichwohl lässt es nicht jegliche fachrechtliche Determinierung genügen. Es bedürfe vielmehr „genauerer Anhaltspunkte"[285] aus dem Wortlaut und dem Regelungszusammenhang des Fachrechts, aus welchen sich ergebe, dass keine grundrechtliche Vielfalt zugelassen werde. Ausdrücklich erachtet es der Erste Senat als nicht ausreichend, „dass im unionsrechtlichen Fachrecht auf die uneingeschränkte Achtung der Grundrechtecharta oder einzelner ihrer Bestimmungen verwiesen wird, wie dies nach derzeitiger Praxis regelmäßig etwa in den Erwägungsgründen der Richtlinien geschieht."[286]

Der Erste Senat akzeptiert damit den weitreichenden Begriff des EuGH und schließt sich implizit auch der Gleichsetzung des Anwendungsbereichs des Unionsrechts mit dem Geltungsbereich der Grundrechtecharta an. Ohne, dass an dieser Stelle bereits eine abschließende Bewertung dieser Rechtsprechung erfolgen soll,[287] sind mit Blick auf die Bestimmung des Anwendungsbereichs zwei Kritikpunkte angebracht. Zum einen legt diese Rechtsprechung die Reichweite des Grundrechtsschutzes einseitig in die Hand des Unionsrechtsetzers, dem es durch die sekundärrechtliche Bestimmung „genauerer Anhaltspunkte" unbenommen bleibt, spezifische grundrechtliche Maßgaben für die Mitgliedstaaten aufzustellen. Entsprechend appellieren auch erste Reaktionen der Fachwelt an den Unionsrechtsetzer sowie an die Bundesregierung, den Bundestag und den Bundesrat, mehr Spielräume zu schaffen, um dafür zu sorgen, dass das Sekundärrecht das mitgliedstaatliche Recht weniger determiniere.[288] Dies widerspricht aber dem in Art. 51 Abs. 2

[282] BVerfGE 152, 152 (173 Rn. 53).

[283] BVerfGE 152, 152 (173 f. Rn. 53, 54): Auf Grundlage des Art. 51 Abs. 1 S. 1 GRCh habe der EuGH eine dynamische, fachrechtsakzessorische Anlage der Unionsgrundrechte entwickelt.

[284] BVerfGE 152, 152 (173 f. Rn. 53).

[285] BVerfGE 152, 152 (181 Rn. 68).

[286] BVerfGE 152, 152 (181 Rn. 68).

[287] Hierzu sogleich im 4. Kapitel.

[288] *F. Schorkopf*, FAZ v. 5.12.2019, S. 7; vgl. auch: *M. Schramm*, Grundrechtsvielfalt:

GRCh verankerten Prinzip, wonach Grundrechte für sich nicht kompetenzbegründend sein können. Sekundärrechtlich konkretisiertes Grundrecht ist auf Unionsebene in Ermangelung einer allgemeinen Menschenrechtskompetenz kein Selbstzweck, sondern stets akzessorisch zum Bestehen einer Sachkompetenz. Zum anderen differenziert das BVerfG nicht zwischen der im Einzelfall konstitutiven grundrechtlichen Konkretisierung durch Sekundärrecht einerseits und dem lediglich deklaratorischen grundrechtskonkretisierenden Sekundärrecht, das unter Verstoß gegen das Subsidiaritätsprinzip kompetenzaushöhlend wirken kann. Es ermutigt vielmehr zur undifferenzierten grundrechtlichen Sekundärrechtsetzung auf Unionsebene, ohne an die Kompetenzordnung zu erinnern.[289]

V. Graubereich

Bei der strikt sachkompetenzakzessorischen Auslegung des Anwendungsbereichs entsteht ein Graubereich, der zwar nicht von der Kompetenz erfasst, wohl aber nach der EuGH-Rechtsprechung unionsgrundrechtlich determiniert sein kann. Von der Existenz eines solchen Graubereichs geht auch der EuGH in ständiger Rechtsprechung aus. Danach ist es

> zwar Sache der Mitgliedstaaten, die geeigneten Maßnahmen zur Gewährleistung ihrer inneren und äußeren Sicherheit zu ergreifen, doch bedeutet dies nicht, dass solche Maßnahmen der Anwendung des Gemeinschaftsrechts völlig entzogen wären. Der Vertrag sieht nämlich, wie der Gerichtshof bereits festgestellt hat, ausdrückliche Abweichungen aus Gründen der öffentlichen Sicherheit nur in den Artikeln 30 EG, 39 EG, 46 EG, 58 EG, 64 EG, 296 EG und 297 EG vor, die ganz bestimmte außergewöhnliche Fälle betreffen. Aus ihnen lässt sich kein allgemeiner, dem Vertrag immanenter Vorbehalt ableiten, der jede Maßnahme, die im Interesse der öffentlichen Sicherheit getroffen wird, vom Anwendungsbereich des Gemeinschaftsrechts ausnähme.[290]

Die Diskrepanz zwischen dem engen Anwendungsbereichs- und dem weiten Durchführungsbegriff wird als Graubereich definiert. Der an den Sachkompetenzen orientierte Anwendungsbereich ist enger als die vom EuGH zu Grunde gelegte Definition für den Begriff der „Durchführung von Unionsrecht“[291]. Die Auslegung des Anwendungsbereichs im Einklang mit den Sachkompetenzen führt dazu, dass nicht alle mitgliedstaatlichen Tätigkeiten von

---

„letztlich obliegt es nun dem unionalen Gesetzgeber, welche Grundrechte deutsche Gerichte zu prüfen haben“.

[289] Zum Vorrang der Kompetenzordnung vor dem Grundrechtsschutz s. *C.-D. Classen*, JZ 2019, 1057 (1065).

[290] EuGH, Rs. C-387/05, Slg. 2009 I-11831, Rn. 45 – Komission/Italien; Rs. C-273/97, Slg. 1999, I-7403, Rn. 15 – Sirdar; Rs. C-285/98, Slg. 2000, I-69, Rn. 15 – Kreil Rs. C-186/01, Slg. 2003, I-2479, Rn. 31 – Dory.

[291] Zu diesem in Kapitel 4.

der Kompetenz des Art. 16 Abs. 2 AEUV erfasst werden. Gleichwohl kann im Einzelfall im Sinne der einheitlichen Anwendung und Verbindlichkeit des Unionsrechts dieser Bereich unionsrechtlich überlagert werden. Dies betrifft insbesondere datenverarbeitende Tätigkeiten der öffentlichen Stellen. Ihre Tätigkeit fällt in den Graubereich, wenn sie zwar vom engen Anwendungsbereichsbegriff nicht erfasst wird, jedoch im Einzelfall als Durchführung von Unionsrecht zu qualifizieren ist. Dies ist beispielsweise der Fall, wenn die Verarbeitung personenbezogener Daten durch öffentliche Stellen zugleich mit den Grundfreiheiten, der unionsrechtlichen Freizügigkeit oder dem unionsrechtlichen Diskriminierungsverbot aus Gründen der Staatsangehörigkeit kollidiert. Dies war in der Rechtssache *Huber* der Fall. Er betraf die unionsrechtlich nicht geregelte Verarbeitung personenbezogener Daten im Ausländerzentralregister (AZR) durch öffentliche Stellen.[292] Der unionsrechtliche Bezug ergab sich daraus, dass die Verarbeitung personenbezogener Daten von Unionsbürgern mit dem unionsrechtlichen Diskriminierungsverbot kollidierte.[293] Im Unterschied zur Rechtssache ORF lag ein grenzüberschreitender Bezug vor, da der Kläger *Huber* als österreichischer Staatsangehöriger gegen die Speicherung seiner personenbezogenen Daten zusätzlich zum gemeindlichen Melderegister im AZR klagte. Er berief sich auch nicht auf die datenschutzrechtliche Unzulässigkeit der Datenverarbeitung, sondern auf das unionsrechtliche Diskriminierungsverbot aus Gründen der Staatsangehörigkeit, weil deutsche Staatsangehörige im Unterschied zu EU-Ausländern nicht im AZR erfasst werden. Die Bundesregierung hatte im Verfahren geltend gemacht, dass die im AZR gespeicherten Daten zu statistischen Zwecken und für die Aufgaben der Sicherheits-, Polizei- und Justizbehörden im Rahmen der Strafverfolgung genutzt werden. Die datenschutzrechtliche „Erforderlichkeit" verneinte der EuGH, soweit die Speicherung allein zu statistischen Zwecken erfolgte. Soweit sie die Bekämpfung der Kriminalität bezweckte, stellte sich die Speicherung als Diskriminierung aus Gründen der Staatsangehörigkeit dar.[294] In unionsrechtlich nicht geregelten Rechtsbereichen ist das Unionsrecht auf die Mitgestaltung durch die mitgliedstaatlichen Gesetzgeber im Einklang mit den Unionsgrundrechten angewiesen.[295] Sie sind dann an die allgemeine Loyalitätspflicht aus Art. 4 Abs. 3 EUV gebunden, wonach auch nicht determiniertes nationales Recht die Wirksamkeit und Effektiv von Unionsrecht innerstaatlich nicht unmöglich machen oder wesentlich erschweren darf.

Im Bereich der allgemeinen Gefahrenabwehr zum Schutz der öffentlichen Sicherheit und Ordnung sind die Mitgliedstaaten allein rechtsetzungsbefugt.

---

[292] EuGH, Rs. C-524/06, Slg. 2008, I-9705, Rn. 45 – Huber.

[293] EuGH, Rs. C-524/06, Slg. 2008, I-9705, Rn. 80 – Huber.

[294] EuGH, Rs. C-524/06, Slg. 2008, I-9705, Rn. 68, 80 – Huber.

[295] *J. P. Albrecht/N. Janson*, CR 2016, 500 (501).

Die Verarbeitung personenbezogener Daten durch die zuständigen Behörden kann insofern nicht direkt, sondern allenfalls indirekt durch unionsweite Mindestabsicherungen geregelt werden.

Der Unionsrechtsetzer ging davon aus, dass Art. 16 Abs. 2 S. 1 AEUV eine – im Verhältnis zu den bestehenden Kompetenztiteln – eigenständige, kompetenzerweiternde Dimension innewohne.[296] Bei der Beurteilung der maßgeblichen Grundrechtsordnung in datenschutzrechtlichen Fällen ist diese Diskrepanz im Blick zu behalten. Regelungstechnisch wird sie insbesondere in Gestalt sekundärrechtlicher Bereichsausnahmen und Öffnungsklauseln sichtbar.[297] Würde die GRCh im Bereich sekundärrechtlich eröffneter Spielräume oder Dispensermächtigungen zum Maßstab mitgliedstaatlichen Handelns erhoben, liefe dies der mit den Öffnungsklauseln zugleich „intendierte[n] Selbstbeschränkung der unionalen Regelungsverantwortung" zuwider.[298] Deshalb kann in Bereichen, die schon regelungstechnisch keine Einheitlichkeit forcieren, nicht über den Umweg der GRCh ein Vorranganspruch etabliert werden.[299] Folge der Differenzierung ist ein Auseinanderfallen von Gesetzgebungskompetenz und Grundrechtsgewährung im Datenschutzrecht. Die mitgliedstaatliche Bindung an die Unionsgrundrechte ist auch bei Vorliegen konkretisierenden Fachrechts im Einzelfall zu bestimmen. Nicht jede mitgliedstaatliche Datenverarbeitung ist zugleich eine „Durchführung" von Unionsrecht im Sinne von Art. 51 Abs. 1 S. 1 GRC.

C. Fragmentierte Datenschutzgesetzgebung

Der Querschnittscharakter von Art. 16 Abs. 2 S. 1 AEUV schlägt sich im fragmentierten Datenschutzsekundärrecht nieder. Die Datenschutzreform zielte insbesondere darauf ab, die entstandene Schieflage – einer nur begrenzt sachlich anwendbaren Richtlinie bei zugleich ausgeweiteter primärrechtlicher Kompetenzgrundlage – zu beseitigen. Ziel der Reform war zum einen die Entfaltung der „Binnenmarktdimension des Datenschutzes",[300] zum anderen die Überwindung der Säulenstruktur durch Einbeziehung der Tätigkeit von Polizei- und Strafverfolgungsbehörden „auch bei einer rein innerstaatlichen Verarbeitung" in den allgemeinen Datenschutzrahmen.[301] Dazu

---

[296] Krit. *M. Albers*, in: Wolff/Brink, BeckOK DSR, Datenschutzbestimmungen der Polizei- und Nachrichtendienstgesetze des Bundes, Syst. L Rn. 30.

[297] Näher zu den Öffnungsklauseln unten, 5. Kapitel (S. 237 ff.).

[298] *M. Cornils*, Medienprivileg, S. 90.

[299] So zutreffend *M. Cornils*, Medienprivileg, S. 90.

[300] KOM(2010) 609 endg., S. 4.

[301] KOM(2010) 609 endg., S. 17.

sollte eine einheitliche Regelung zum Schutz personenbezogener Daten für den Bereich der polizeilichen und justiziellen Zusammenarbeit in Strafsachen sowie der Strafverfolgung und der Kriminalitätsprävention geschaffen werden.[302]

Ein Blick auf den verabschiedeten Formenkompromiss (I.) offenbart jedoch die Diskrepanz zwischen Anspruch und Wirklichkeit. Ausdruck der begrenzten Rechtsetzungskompetenz sind Öffnungsklauseln, die implizit oder explizit Bereichsausnahmen statuieren (II.). Ein Vergleich mit der Abweichungsgesetzgebung im Bundesstaat, wonach eine lückenhafte Bundesgesetzgebung auf die fehlende Erforderlichkeit einer bundeseinheitlichen Regelung schließen lässt, kann für die Beurteilung der Subsidiarität und der Verhältnismäßigkeit der DSGVO und der JIRL fruchtbar gemacht werden (III.). Schließlich wirkt sich die Lückenhaftigkeit des Datenschutzsekundärrechts auf die Umsetzungs- und Anpassungsgesetzgebung in den Mitgliedstaaten aus (IV.).

I. DSGVO und JIRL als Formenkompromiss

Schon die Erwägungsgründe lassen teilweise erkennen, dass die DSGVO nicht insgesamt als vollharmonisierende Gesamtregelung zu qualifizieren ist. So bestimmt Erwägungsgrund 10 Satz 1 der DSGVO, dass das Schutzniveau für die Rechte und Freiheiten von natürlichen Personen bei der Verarbeitung personenbezogener Daten in allen Mitgliedstaaten gleichwertig sein „soll", um ein gleichmäßiges und hohes Datenschutzniveau zu gewährleisten und um die Hemmnisse für den freien Verkehr personenbezogener Daten in der EU zu beseitigen. Hierdurch wird die Zielvorstellung eines einheitlichen Datenschutzes relativiert, weil er nicht allein durch den Unionsgesetzgeber realisiert werden kann. Einschränkend lauten Satz 3–6 dieses Erwägungsgrundes:

> Hinsichtlich der Verarbeitung personenbezogener Daten zur Erfüllung einer rechtlichen Verpflichtung oder zur Wahrnehmung einer Aufgabe, die im öffentlichen Interesse liegt oder in Ausübung öffentlicher Gewalt erfolgt, die dem Verantwortlichen übertragen wurde, sollten die Mitgliedstaaten die Möglichkeit haben, nationale Bestimmungen, mit denen die Anwendung der Vorschriften dieser Verordnung genauer festgelegt wird, beizubehalten oder einzuführen. In Verbindung mit den allgemeinen und horizontalen Rechtsvorschriften über den Datenschutz zur Umsetzung der Richtlinie 95/46/EG gibt es in den Mitgliedstaaten mehrere sektorspezifische Rechtsvorschriften in Bereichen, die spezifischere Bestimmungen erfordern. […] Diesbezüglich schließt diese Verordnung nicht Rechtsvorschriften der Mitgliedstaaten aus, in denen die Umstände besonderer Verarbeitungssituationen festgelegt werden, einschließlich einer genaueren Bestimmung der Voraussetzungen, unter denen die Verarbeitung personenbezogener Daten rechtmäßig ist.

[302] KOM(2010) 609 endg., S. 21; KOM(2009) 292 endg., S. 9.

1. Aufgabe des einheitlichen Regelungsansatzes

Die Kommission legte sich anfangs noch nicht auf eine Handlungsform fest, sondern kündigte vielmehr allgemein an, „Rechtsvorschriften" vorzuschlagen, um den Schutz personenbezogener Daten in allen Politikbereichen, auch der Strafverfolgung und Kriminalitätsprävention, deren Besonderheiten zu berücksichtigen sind, zu gewährleisten.[303] Der von der Kommission im Januar 2012 vorgestellte Entwurf verfolgte den ursprünglichen Ansatz einer einheitlichen Regelung nicht mehr. Er bestand aus einer Datenschutz-Grundverordnung[304] und einer mindestharmonisierenden Richtlinie im Bereich Justiz und Inneres.[305] Die Hoffnungen auf eine einheitliche Regelung bis hin gar zu einem „Europäischen Datenschutzbuch"[306] haben sich nicht realisiert.

Nur oberflächlich betrachtet erfüllt das Datenschutzpaket den ganzheitlichen Ansatz.[307] Zunächst setzt sich auch im Datenschutzrecht die unterschiedliche Harmonisierung je nach „Säule" fort. Außerdem werden aus Kompetenzgründen der private und der öffentliche Sektor nur formal in einem Rechtsakt einheitlich geregelt, da die DSGVO auf mitgliedstaatliche Regelungen im öffentlichen Bereich zwingend angewiesen ist. Ferner enthalten die DSGVO und die JIRL jeweils Ausnahmen von ihrem sachlichen Anwendungsbereich. Und nicht zuletzt nimmt die EU ihre Organe trotz der einheitlichen Rechtsgrundlage aus dem Regelwerk aus (Art. 2 Abs. 3 S. 1 DSGVO) und setzt die aus der Zeit von Nizza stammende eigene Datenschutzverordnung für die Verarbeitung durch Unionsorgane fort.[308] Dabei umfasst Art. 16 Abs. 2 S. 1 AEUV die Datenverarbeitung durch die Organe, Einrichtungen, Ämter und Agenturen der Union.[309]

---

[303] KOM(2010) 609 endg., S. 21. Zunächst noch vage auch *V. Reding*, IP/10/63, 28.1.2010 und KOM(2010) 609, S. 10

[304] KOM(2012) 11 endg.

[305] KOM(2012) 11 endg.; KOM(2012) 10 endg.

[306] *I. Spiecker gen. Döhmann/M. Eisenbarth*, JZ 2011, 169 (173).

[307] Krit. *EDSB*, Stellungnahme, Ziff. 87 ff., wonach trotz Bestehen einer horizontal umfassenden Kompetenzgrundlage „paradoxerweise die Liste der Ausnahmen im Vorschlag länger als in der Richtlinie 95/46/EG" ist; ferner *O. Lynskey*, Foundations, S. 22 f.; *A. Roßnagel*, in: ders., EU DS-GVO, § 1 Rn. 30.

[308] Für diese gilt die VO (EU) 2018/1725, ABl. L 295/39 v. 21.11.2018. Sie gilt gemäß ihrem Art. 2 Abs. 1 „für die Verarbeitung personenbezogener Daten durch alle Organe und Einrichtungen der Union", jedoch nur eingeschränkt für Unionstätigkeiten im Rahmen der justiziellen Zusammenarbeit in Strafsachen sowie der polizeilichen Zusammenarbeit (Art. 2 Abs. 2) und für die Verarbeitung personenbezogener Daten durch Europol und die Europäische Staatsanwaltschaft (Art. 2 Abs. 3). ErwG 5 besagt, dass die Datenschutzbestimmungen für die Unionsorgane „so weit wie möglich an die in den Mitgliedstaaten für den öffentlichen Dienst erlassenen Datenschutzbestimmungen angeglichen werden".

[309] S. die Kritik des *EDSB*, Stellungnahme, Ziff. 29 und 89, im Sinne der Rechtssicher-

2. Rechtsformwechsel

Die Wahl der Rechtsform war umstritten, da die Befürchtung im Raum stand, dass eine unmittelbar in den Mitgliedstaaten geltende Verordnung nach Art. 288 Abs. 2 AEUV diesen keinen Regelungsspielraum mehr bei der Ausgestaltung des Datenschutzrechts belassen würde.[310] Ein grundsätzlicher Paradigmenwechsel geht mit dem Rechtsformwechsel jedoch nicht einher.[311] Nach der Rechtsprechung des EuGH kam bereits den Erlaubnistatbeständen in der DSRL innerstaatlich unmittelbare Wirkung zu.[312] Die DSGVO vollzieht diese Rechtsprechung durch den Rechtsformwechsel formal nach, löst aber keinen nennenswerten materiell-rechtlichen Harmonisierungsschub aus.[313]

a) Grundverordnung als Rechtsformhybrid

Übrig bleibt eine – schon dem Namen nach unvollständige – „Grundverordnung", die mit der aufgehobenen DSRL hinsichtlich des Harmonisierungsniveaus vergleichbar ist und den Mitgliedstaaten erheblichen Regelungsspielraum gewährt. Aufgrund dessen wird sie nicht als klassische Verordnung im Sinne von Art. 288 Abs. 2 AEUV betrachtet, sondern als Rechtsform-Hybrid,[314] als „Handlungsformen-Hybrid"[315], als „Rechtskonstrukt zwischen Richtlinie und Verordnung"[316], „Richtlinie im Gewand einer Verordnung"[317] oder gar eine Wortneuschöpfung aus „Regulation" und „Directive" geschaffen: Die „Diregulation".[318] Der DSGVO wird aufgrund ihrer oftmals nur vagen und zielverbindlichen Vorgaben die Wirkung einer Richtlinie zu-

---

heit und Kohärenz seien die Vorschriften der VO (EG) Nr. 45/2001 in den Datenschutzrahmen zu integrieren und Council, „Note from the Presidency to Working Party on Data Protection and Exchange of Information", Interinstitutional File 2012/0011 (COD), 1136/12, 32, Fn. 29; Europäisches Parlament: Änderungsantrag 7 zu ErwG 14, PE501.927v04–00, Dok. P7 TA(2014)0212.

310 Krit. *J. Masing*, Süddeutsche Zeitung v. 9.1.2012, 10.

311 Vgl. *V. Reding*, ZD 2012, 195 (196): „keine Revolution, sondern eine natürliche Evolution".

312 EuGH, verb. Rs. C-468/10, C-469/10, Slg. 2011, I-12181, Rn. 52 – ASNEF; verb. Rs. C-465/00, C-138/01, C-139/01, Slg. 2003 I-4989, Rn. 100 f. – ORF.

313 *K. von Lewinski*, DuD 2012, 564 (565); *N. Marsch*, Das europäische Datenschutzgrundrecht, S. 355.

314 *H. Greve*, NVwZ 2017, 737 (743); *J. Kühling*/*M. Martini*, EuZW 2016, 448 (449).

315 *J. Kühling*/*M. Martini*, EuZW 2016, 448 (449); bzw. „hybrider Zwischenschritt" bei *J. Kühling*/*J. Raab*, in: Kühling/Buchner, DS-GVO/BDSG, Einf. Rn. 2; ihnen folgend *S. Simitis*, in: ders./Hornung/Spiecker gen. Döhmann, Datenschutzrecht, Einl. Rn. 226.

316 *S. Kraska*, ZD 2016, 153.

317 BR-Drs. 110/17, S. 68; *A. Roßnagel*, DuD 2017, 277 (278); ähnl. *J. Kühling* et al., DS-GVO und nationales Recht, S. 1 „Richtlinie im Verordnungsgewand".

318 *J. Marosi*, One Size, S. 446.

geschrieben.[319] Sie wird auch als „hinkende“ Verordnung[320] bezeichnet, da sie weitgehend auf ergänzendes mitgliedstaatliches Recht angewiesen ist.[321] Selbst von „Rahmengesetz“[322] ist die Rede, eine Rechtsaktsform, die unter dem EVV einst vorgesehen war, die aber in den Vertrag von Lissabon übernommen wurde.[323]

Eine Vollharmonisierung erreicht die DSGVO auch aus Sicht der Bundesregierung „nicht vollumfänglich“, vielmehr sei sie als Grund-Verordnung ergänzungsbedürftig und „nur im Grundsatz“ abschließend.[324] Sie eröffne dem nationalen Gesetzgeber „Spielräume durch sogenannte Öffnungsklauseln“ in mindestens 70 Fällen.[325] Legislative Spielräume in diesem Umfang sind für den Bundesgesetzgeber ein „Novum“, da die DSGVO „in wesentlichen Teile einer Richtlinie“ gleiche.[326] Der Umsetzungsgesetzgeber geht davon aus, dass der Unionsgesetzgeber durch die zahlreichen Ausgestaltungsspielräume für den nationalen Gesetzgeber bereits selbst „die unmittelbare Wirkung beschränke“.[327]

b) Keine Handlungsform sui generis

Der Typus „Grundverordnung“ ist in den Verträgen nicht unmittelbar vorgesehen und findet auch keinen vergleichbaren Vorläufer. Zwar sind die Handlungsformen der Unionsorgane nicht abschließend in Art. 288 Abs. 1 AEUV benannt und sind atypische Handlungsformen nicht ausgeschlos-

---

[319] *A. Voßhoff/S. Hermerschmidt*, PinG 2016, 56 (59).

[320] *M. Selmayr/E. Ehmann*, in: dies., DS-GVO, Einf. Rn. 88; *M. Ruffert*, in: Calliess/ders., EUV/AEUV/GRCh, Art. 288 AEUV Rn. 21.

[321] Vgl. zur Ergänzungsbedürftigkeit auch BR-Drs. 110/17, S. 68.

[322] *V. Reding*, ZD 2012, 195 (198): „Die Rechtsinstrumente konzentrieren sich auf Grundprinzipien und allgemeine Vorgaben des Datenschutzes. In einigen Teilen ist die DS-GVO daher wie ein Rahmengesetz formuliert.“

[323] Europäische Rahmengesetze sollten nach Art. I-33 Abs. 1 EVV ähnlich wie die Richtlinie an die Mitgliedstaaten gerichtete Rechtsakte sein, die nur hinsichtlich der Zielbestimmung verbindlich sind, den Mitgliedstaaten bei der Umsetzung aber die freie Wahl der Form und Mittel überlassen. Es handelte sich um eine souveränitätsschonende zweistufige Rechtsetzung, bei der die Union nur den Rahmen vorgibt.

[324] S. die Gesetzesbegründung des 1. DSAnpUG-EU, BT-Drs. 18/11325, S. 73 und des 2. DSAnpUG-EU, BT-Drs. 19/4674, S. 191.

[325] BT-Drs. 18/11325, S. 73; BT-Drs. 19/4674, S. 191; vgl. auch die Zahl bei *M. Nebel*, in: Roßnagel, EU DS-GVO, § 2 Rn. 130.

[326] BT-Drs. 18/11325, S. 73; BT-Drs. 19/4674, S. 191.

[327] BT-Drs. 18/11325, S. 73, mit Verweis insbesondere auf Art. 6 Abs. 3 DSGVO, demgemäß die Mitgliedstaaten im öffentlichen Bereich überhaupt erst die Rechtsgrundlagen zu schaffen haben; s. auch die identische Formulierung in der Begründung des 2. DSAnpUG-EU, BT-Drs. 19/4674, S. 191.

sen,[328] allerdings gilt diese Kreationsfreiheit nur innerhalb der Kompetenzschranken und lediglich in Bezug auf unverbindliche Rechtsakte (Soft Law) oder Rechtsakte im Bereich der Koordinierung, nicht jedoch für die Schaffung neuer, atypischer verbindlicher Rechtsakte mit unmittelbarer Geltung in allen Mitgliedstaaten. Vereinzelt wird die „Grundverordnung" als eigener „Rechtsakttypus" ohne weitere Folgen für ihre Rechtswirkungen gesehen.[329] Allerdings kann aus der Terminologie „Grundverordnung" allenfalls auf einen erheblichen mitgliedstaatlichen Regelungsspielraum geschlossen werden.[330]

c) „Grundverordnung" als Ausdruck der Komplementierungsbedürftigkeit

Die Bezeichnung als „Grundverordnung" ist vielmehr nur vor dem Hintergrund der Rechtsetzungstechnik und des uneinheitlichen Harmonisierungsniveaus relevant. Der Zusatz „Grund-" bezog sich ursprünglich noch auf die Ergänzungsbedürftigkeit durch die Kommission[331] und verweist nunmehr auf die notwendige mitgliedstaatliche Komplementierung.[332] Die Komissionsbefugnisse zum Erlass von Durchführungsrechtsakten oder delegierten Rechtsakten sind in der endgültigen Fassung nur noch vereinzelt enthalten. Nun weist die Bezeichnung als „Grundverordnung" auf ihre Komplementierungsbedürftigkeit durch den nationalen Gesetzgeber hin, der im Unterschied zur Verordnung im Sinne von Art. 288 Abs. 2 AEUV keinem strikten Wiederholungs- bzw. Umsetzungsverbot im nationalen Recht unterliegt. Insofern wird die Bezeichnung durchaus zutreffend auf „machtpolitische Auseinandersetzungen" sowohl interinstitutionell auf europäischer Ebene als auch vertikal im Verhältnis zwischen den Mitgliedstaaten und der EU zurückgeführt.[333] Damit ergeht das Datenschutzrecht in einem gestuften Rechtsetzungsverfahren ähnlich der Richtlinie, die zur unmittelbaren Wirksamkeit

---

[328] *M. Rossi*, ZG 2020, 1 (3); *M. Ruffert*, in: Calliess/ders., EUV/AEUV/GRCh, Art. 288 AEUV Rn. 98.

[329] *L.-J. Wagner*, Datenschutz, S. 183.

[330] Dies ablehnend *A. Benecke/J. Wagner*, DVBl. 2016, 600 (606).

[331] So angesichts der ursprünglich enthaltenen 26 Ermächtigungen zu Gunsten der Kommission *A. Benecke/J. Wagner*, DVBl. 2016, 600 (606) unter Bezugnahme auf EuGH, Rs. C-374/96, Slg. 1998 I-8385, Rn. 36: „In diesen Grenzen kann der Rat, sobald er in seiner Grundverordnung die wesentlichen Vorschriften für die zu regelnde Materie festgelegt hat, der Kommission die allgemeine Befugnis übertragen, die Modalitäten der Anwendung dieser Vorschriften zu regeln; dabei braucht er die Hauptbestandteile der übertragenen Befugnisse nicht genau festzulegen, vielmehr gibt eine allgemein gefaßte Bestimmung insoweit eine hinreichende Ermächtigungsgrundlage ab."

[332] *A. Benecke/J. Wagner*, DVBl. 2016, 600 (606); *J. Kühling/J. Raab*, in: Kühling/Buchner, DS-GVO/BDSG, Einf. Rn. 98.

[333] *G. Sydow*, in: ders., DSGVO, Einl. Rn. 29.

in den Mitgliedstaaten der Umsetzung durch mitgliedstaatliches Recht bedarf.[334]

3. Eigenständige Regelung für den Bereich Polizei und Justiz

Eine bedeutende Neuerung der Datenschutzreform war die erstmalige Regelung der Verarbeitung personenbezogener Daten durch die mitgliedstaatlichen Behörden im Bereich Polizei und Justiz durch die JIRL. Die Vorgängerregelung der JIRL, der noch auf Art. 30, 31 und Art. 34 Abs. 2 lit. b EU-V gestützte Rahmenbeschluss 2008/977/JI[335] über den Schutz personenbezogener Daten, die im Rahmen der polizeilichen und justiziellen Zusammenarbeit in Strafsachen verarbeitet werden[336] (JI-Rahmenbeschluss), war gemäß Art. 1 Abs. 2 auf die grenzüberschreitende Datenverarbeitung beschränkt. Gemäß Art. 1 Abs. 5 JI-Rahmenbeschluss konnten die Mitgliedstaaten in Bezug auf personenbezogene Daten, die auf nationaler Ebene erhoben oder verarbeitet werden, strengere Bestimmungen erlassen.[337] Während der Datenschutz beim grenzüberschreitenden Informationsaustausch (Übermittlung zwischen den Mitgliedstaaten, Zugriff auf EU-Informationssysteme im Bereich der inneren Sicherheit) vollharmonisiert wurde, blieb er innerstaatlich – entsprechend der Kompetenzverteilung – außen vor.

a) Rechtsetzungsgenese

Der Rat wies in seinen Schlussfolgerungen zum Gesamtkonzept der Kommission auf den beschränkten Anwendungsbereich des Art. 16 Abs. 2 S. 1 AEUV zur Regelung des Datenschutzes der Mitgliedstaaten hin.[338] Auch müssen die Datenschutzvorschriften für den Bereich der PJZS spezifisch fest-

---

[334] Zu diesem Sonderfall der „gestuften Verordnung" auch *C. Kibler/A. Sandhu*, NVwZ 2018, 528 (531 f.).

[335] Gem. Art. 30 Abs. 1 lit. b EU-V (Vertrag von Nizza) umfasste das gemeinsame Vorgehen im Bereich der polizeilichen Zusammenarbeit auch das „Einholen, Speichern, Verarbeiten, Analysieren und Austauschen sachdienlicher Informationen […] wobei die entsprechenden Vorschriften über den Schutz personenbezogener Daten zu beachten sind."

[336] ABl. L 350/60 v. 30.12.2008.

[337] Das nationale Recht mussten die Mitgliedstaaten gem. Art. 29 Abs. 1 JI-Rahmenbeschluss bis zum 27.11.2010 anpassen. Erst 2015 lag der Entwurf eines Gesetzes zur Umsetzung des Rahmenbeschlusses 2008/977/JI des Rates über den Schutz personenbezogener Daten, die im Rahmen der polizeilichen und justiziellen Zusammenarbeit in Strafsachen verarbeitet werden, vor (BT-Drs. 18/6285). Er wurde zwar noch in 1. Lesung im Bundestag beraten und an den federführenden Ausschuss überwiesen, erledigte sich dann jedoch infolge der Diskontinuität mit Beginn der nächsten Legislaturperiode.

[338] Schlussfolgerungen des Rats zur Mitteilung der Kommission an das Europäische Parlament und den Rat „Gesamtkonzept für den Datenschutz", Rats-Dok. 5980/4/11 REV 4, Anlage, ErwG 3.

gelegt und die dort geltenden Besonderheiten berücksichtigen, da die nationale Sicherheit (Art. 4 Abs. 2 EUV) Sache der Mitgliedstaaten ist.[339] Er forderte deshalb die Kommission auf, für den Bereich der PJZS „einen neuen Rechtsrahmen vorzuschlagen, der den Besonderheiten dieses Bereichs gebührend Rechnung trägt".[340] Die Kommission war der Auffassung, dass die Trennung zwischen grenzüberschreitender und rein innerstaatlicher polizeilicher Datenverarbeitung schwierig sei[341] und auch in der DS-Konvention und den dazu gehörigen Protokollen betreffend die polizeiliche Datenverarbeitung nicht vorgenommen werde.[342] Allerdings ist darauf hinzuweisen, dass diese Vorgaben für die Mitgliedstaaten im Unterschied zu EU-Sekundärrecht der innerstaatlichen Transformation bedürfen. In Deutschland stehen sie im Rang eines Bundesgesetzes ohne Anwendungsvorrang (vgl. Art. 59 Abs. 2 GG). Das Bestehen mitgliedstaatlicher Bindungen kraft völkerrechtlicher Verpflichtungen gibt gerade keinen Aufschluss über die Reichweite unionsrechtlicher Kompetenzen, die bewusst nur begrenzt übertragen wurden (Art. 5 Abs. 2 EUV). Aus völkerrechtlichen Verträgen lässt sich kein Rückschluss auf die Reichweite von EU-Rechtsetzungskompetenzen ziehen. Dass sich das Kommissionsvorhaben eines einheitlichen Rechtsrahmens für alle harmonisierten Politikbereiche nicht durchsetzen würde, zeichnete sich bereits frühzeitig ab. Mehrere Mitgliedstaaten erachteten die Einbeziehung der Bereiche der Strafverfolgung und des -prozessrechts als nicht mehr vom Subsidiaritätsprinzip gedeckt.[343] Insgesamt aber brachte der Rat seine Unterstützung für das Vorhaben zum Ausdruck.

Auch das Europäische Parlament unterstützte das Gesamtkonzept der Kommission.[344] Im Unterschied zum Rat forderte das Europäische Parlament, „den Anwendungsbereich der allgemeinen Datenschutzbestimmungen auf die Bereiche der polizeilichen und justiziellen Zusammenarbeit auszudehnen, und zwar auch bei innerstaatlicher Datenverarbeitung".[345] Der Rat setzte sich mit der Forderung zweier getrennter Rechtsakte letztlich durch.

---

[339] Schlussfolgerungen der 3071. Ratstagung v. 24./25.2.2011, Rats-Dok. 7012/11, S. 3.

[340] Rats-Dok. 7012/11, Ziff. 4.

[341] KOM(2010) 609 endg., S. 15.

[342] SEV Nr. 108 und das ZP zu diesem Übereinkommen betreffend Kontrollstellen und grenzüberschreitenden Datenverkehr, SEV Nr. 181 sowie die Empfehlung R (87) 15 des Ministerkomitees des Europarats an die Mitgliedstaaten zur Regelung der Benutzung personenbezogener Daten durch die Polizei v. 17 9.1987. Vgl. auch Art. 29-Datenschutzgruppe, WP 228, S. 21.

[343] Rats-Dok. 13260/14 ANNEX, S. 18–19 Fn. 38 ff. und S. 22 Fn. 55.

[344] Bericht zum Gesamtkonzept für den Datenschutz in der Europäischen Union (2011/2025(INI)) v. 22.6.2011 Berichterstatter *A. Voss*, angenommen durch Entschließung, P7_TA(2011)0323 v. 6.7.2011.

[345] Entschließung des Europäischen Parlaments vom 6.7.2011 zum Gesamtkonzept für den Datenschutz in der Europäischen Union (2011/2025(INI)), Ziff. 6.

Diese Aufspaltung stieß beim Europäischen Datenschutzbeauftragten auf Kritik, da dadurch im Bereich der Strafverfolgung schon auf Grund der Rechtsform ein niedrigeres Schutzniveau vorgegeben werde.[346] Die DSGVO und die JIRL wurden jedoch parallel verhandelt, um einen kohärenten Rechtsrahmen zu schaffen.[347] Vor dem Hintergrund, dass die Aufspaltung in eine Verordnung und eine Richtlinie maßgeblich auf die Mitgliedstaaten zurückzuführen ist, wirkt es befremdlich, wenn die Bundesregierung in ihrem Gesetzesentwurf für die Anpassung an die DSGVO und die Umsetzung der JIRL bemängelt, dass sich die Anwendungsbereiche nicht trennscharf auseinanderhalten lassen und die Trennung „nicht der Praxis" entspräche, weil in Deutschland einzelne Behörden bei ihrer Aufgabenerfüllung sowohl Zwecke nach der DSGVO als auch der JIRL verfolgen.[348]

b) Sachlicher Anwendungsbereich der JIRL und Verhältnis zur DSGVO

Für die innerstaatliche Datenverarbeitung bei Polizei und Justiz besteht nun ein verflochtener „Flickenteppich"[349] an Spezialregelungen. Kontrovers diskutiert wurden der Gegenstand und die Ziele der JIRL. Im Kommissionsentwurf war die Einbeziehung der öffentlichen Sicherheit noch nicht vorgesehen. Sie geht maßgeblich auf die deutsche Delegation im Rat zurück, die eine einheitliche Regelung für sämtliche polizeilichen Tätigkeiten befürwortete.[350] So werden Tätigkeiten im Bereich der Strafverfolgung, Strafvollstreckung, einschließlich des Schutzes vor und der Abwehr von Gefahren für die öffentliche Sicherheit gemäß Art. 2 Abs. 2 lit. d DSGVO vom sachlichen Anwendungsbereich der DSGVO ausgenommen (s. auch Erwägungsgründe 16 und 19).[351] In diesen Bereichen unterliegt der Schutz natürlicher Personen bei der Verarbeitung personenbezogener Daten der JIRL. Diese ist im Unterschied

---

[346] *EDSB*, Stellungnahme, Ziff. 19 f.

[347] *J. P. Albrecht/F. Jotzo*, Datenschutzrecht der EU, Teil 10, Rn. 8.

[348] BT-Drs. 18/11325 v. 24.2.2017, S. 73 f.

[349] *EDSB*, Stellungnahme, Ziff. 32.

[350] Als Beispiel nannte der deutsche Vertreter Fälle natürlich Verstorbener oder Vermisster, in welchen die Polizei nicht straftatbezogen tätig wird, Rats-Dok. 13260/14 ANNEX, S. 19 Fn. 42.

[351] Dieser Ausschluss entspricht Art. 3 Abs. 2 erster Gedankenstrich DSRL. Im Unterschied zur DSGVO zählte die DSRL die Verarbeitung „betreffend die öffentliche Sicherheit, die Landesverteidigung, die Sicherheit des Staates (einschließlich seines wirtschaftlichen Wohls, wenn die Verarbeitung die Sicherheit des Staates berührt) und die Tätigkeiten des Staates im strafrechtlichen Bereich" noch *beispielhaft* als Tätigkeiten außerhalb des Anwendungsbereichs des Gemeinschaftsrechts auf. Die eigenständige Aufzählung als Ausnahme in lit. d, und damit *neben* Tätigkeiten außerhalb des Anwendungsbereichs des Unionsrechts (lit. a) lässt darauf schließen, dass die Behördentätigkeit im Strafrechtsbereich grundsätzlich in den Anwendungsbereich des Unionsrechts fällt und deshalb nun von der JIRL geregelt werden kann.

zur DSGVO insgesamt nur mindestharmonisierend.[352] Das europäische Datenschutzsekundärrecht erbringt bei der innerstaatlichen Datenverarbeitung angesichts des nur mindestharmonisierenden Charakters der JIRL keinen Mehrwert, durch die fehlende Harmonisierung wird auch der grenzüberschreitenden Datenverkehr nicht beeinträchtigt.[353] Die JIRL regelt die Verarbeitung personenbezogener Daten durch Polizei und Justiz unabhängig davon, ob sie grenzüberschreitend oder nur innerstaatlich erfolgt.[354] Sie gilt für die Verarbeitung personenbezogener Daten zum Zwecke der Verhütung, Ermittlung, Aufdeckung, Verfolgung von Straftaten sowie zum Schutz vor und der Abwehr von Gefahren für die öffentliche Sicherheit durch die hierfür spezifisch zuständigen staatlichen Behörden (vgl. Art. 2 Abs. 1 JIRL). Dies schließt die für den Strafvollzug zuständigen Stellen grundsätzlich mit ein,[355] allerdings nur soweit sie zu den in Art. 1 Abs. 1 DSRL genannten Zwecken tätig werden.

Hingegen gilt die DSGVO bei der Verarbeitung für entsprechende Zwecke durch staatliche „Erfüllungsgehilfen" der Privatwirtschaft. Die Verarbeitung erfolgt dann zur Erfüllung einer rechtlichen Verpflichtung nach Art. 6 Abs. 1 UAbs. 1 lit. c DSGVO[356] oder zur Wahrnehmung einer Aufgabe im öffentlichen Interesse bzw. in Ausübung öffentlicher Gewalt, die dem Verantwortlichen nach Art. 6 Abs. 1 UAbs. 1 lit. d DSGVO übertragen wurde.[357] Die Verarbeitung personenbezogener Daten in der Gerichtsbarkeit oder Justizverwaltung im Allgemeinen unterliegt grundsätzlich der DSGVO (vgl. Erwägungsgrund 20).[358] Dies ergibt sich aus Art. 9 Abs. 2 lit. f, Art. 37 Abs. 1 lit. a oder Art. 55 Abs. 3 DSGVO, die lediglich eine Freistellung der justiziellen Tätigkeit von der Datenschutzaufsicht vorsehen.[359]

Umstritten ist die Einbeziehung des nicht straftatbezogenen Gefahrenabwehrrechts. Vertreten wird, dass der Schutz vor und die Abwehr von „Gefahren für die öffentliche Sicherheit" im Sinne des Art. 2 Abs. 2 lit. d DSGVO die nicht straftatenbezogene Gefahrenabwehr durch Polizei und kommunale Sicherheitsbehörden umfasse und damit der JIRL unterfalle.[360] Nach anderer

---

[352] *P. Schantz/H. A. Wolff*, Das neue Datenschutzrecht, Rn. 230.

[353] S. auch *P. Schantz/H. A. Wolff*, Das neue Datenschutzrecht, Rn. 235; *M. Ronellenfitsch*, DuD 2012, 561 (562 f.); a.A. *H. Hijmans/A. Scirocco*, CMLRev 46 (2009), 1485 (1519) unter Verweis auf die Abschaffung der Säulenstruktur.

[354] KOM(2012) 9, S. 9 f.

[355] *T. Herbst*, in: Auernhammer, RL (EU) 2016/680 Rn. 6.

[356] *T. Zerdick*, in: Ehmann/Selmayr, DS-GVO, Art. 2 DSGVO Rn. 13

[357] Für die Beleihung ist die JIRL maßgeblich, *M.* von *Grafenstein*, in: Gierschmann et al., DS-GVO, Art. 2 DSGVO Rn. 58.

[358] *S. Ory/S. Weth*, NJW 2018, 2829 (2830).

[359] ErwG 20 der DSGVO: die Aufsicht wird den besonderen Stellen im Justizsystem des jeweiligen Mitgliedstaats überlassen.

[360] Für eine Einbeziehung der Verfolgung von Ordnungswidrigkeiten in die JIRL:

Ansicht nehme Art. 2 Abs. 2 lit. d DSGVO nur die repressiven Tätigkeiten der Strafverfolgungsbehörden auf Grundlage der StPO sowie der Polizeigesetze aus dem Anwendungsbereich der DSGVO aus.[361] Der Anwendungsbereich der JIRL umfasst nach Art. 1 Abs. 1 und Art. 2 Abs. 1 die Verarbeitung personenbezogener Daten zum Zwecke der Verfolgung von „Straftaten". Dies meint repressive Sanktionen zum Schuldausgleich, nicht aber polizeiliche Tätigkeiten zur allgemeinen Gefahrenabwehr oder das Ordnungswidrigkeitsrecht. Die Abwehr von Gefahren für die öffentliche Sicherheit ist von der JIRL nur insoweit erfasst, als nicht auszuschließen ist, dass im Rahmen der Tätigkeit auch Straftaten verfolgt werden. Nur die „offensichtlich straftatunabhängige Gefahrenabwehr" unterfällt der JIRL danach nicht.[362] Die Regelung des Art. 2 Abs. 2 DSGVO ist widersprüchlich und kritikwürdig, denn zwischen lit. a und lit. d bestehen weitgehende Überschneidungen.[363]

II. Öffnungsklauseln

Das sachkompetenzakzessorische Verständnis des Anwendungsbereichs des Unionsrechts drückt sich regelungstechnisch in den Öffnungsklauseln aus. Sie sind primär kompetenzieller Dimension und bringen die schwierige Kompromissfindung und Verhandlungsführung im Rechtsetzungsverfahren zum Ausdruck.[364] Sie sind damit Ausdruck des Prinzips der begrenzten Einzelermächtigung und dienen der schonenden Überbrückung der Kompetenzgrenzen des Unionsgesetzgebers bei gleichzeitiger Wahrung einer kohärenten Gesamtregelung. Das Harmonisierungsziel wird angesichts der Öffnungsklauseln in der DSGVO in vielen Bereichen relativiert.[365] Als „supranationales Basisrecht"[366] bleibt die DSGVO in weiten Teilen auf die Ergänzung oder Komplementierung durch mitgliedstaatliches Recht angewiesen. Den grundrechtlichen Spielräumen sowie den verschiedenen Typen von Öffnungsklauseln widmet sich ausführlich das 5. Kapitel. In diesem Abschnitt wird ihr

---

M. von Grafenstein, in: Gierschmann et al., DS-GVO, Art. 2 DSGVO Rn. 56; *T. Herbst*, in: Auernhammer, Richtlinie (EU) 2016/680 Rn. 8.

[361] *R. Weinhold*, in: Roßnagel, EU DS-GVO, § 3 Rn. 42; *T. Zerdick*, in: Ehmann/Selmayr, DS-GVO, Art. 2 DSGVO Rn. 12; *J. Kühling/J. Raab*, in: Kühling/Buchner, DS-GVO/BDSG, Art. 2 DSGVO Rn. 29.

[362] *T. Herbst*, in: Auernhammer, Richtlinie (EU) 2016/680 Rn. 9.

[363] S. auch *J. Kühling/J. Raab*, in: Kühling/Buchner, DS-GVO/BDSG, Art. 2 DSGVO Rn. 21; *M. Bäcker*, in: Kühling/Buchner, DS-GVO/BDSG, Art. 23 DSGVO Rn. 20.

[364] *J. P. Albrecht/N. Janson*, CR 2016, 500 (501).

[365] *J. Kühling/J. Raab*, in: Kühling/Buchner, DS-GVO/BDSG, Einf. Rn. 2; aus Sicht von *A. Roßnagel*, in: ders., EU DS-GVO, § 1 Rn. 30, gar „verfehlt".

[366] *J. H. Klement*, JZ 2017, 161 (162).

regelungstechnischer Hintergrund näher erläutert. Hierzu wird die Regelungstechnik der DSGVO mit der bisherigen DSRL kontrastiert.

1. Prinzipielle Offenheit der DSRL

Bereits die DSRL enthielt vielfältige Öffnungsklauseln zu Gunsten der Mitgliedstaaten,[367] diese wurden jedoch nicht vergleichbar problematisiert. Regelungshistorisch gehen die in der Richtlinie getroffenen Abstufungen (präzise, abschließende, abstrakte und offene Regelungen) auf die unterschiedlichen Rechtskulturen sowie die Kontroverse um Grenzen und Inhalt der Unionskompetenz zurück.[368] Die DSRL enthielt zum Teil Regelungsaufträge an die Mitgliedstaaten sowie Ausnahmen und Optionen, die den Mitgliedstaaten die Wahl zwischen mehreren mit Blick auf den Schutz der Privatsphäre gleichwertigen Möglichkeiten überließen.[369] Optionen sind dabei oft das Ergebnis schwieriger Kompromissfindung zwischen den Mitgliedstaaten im Gesetzgebungsverfahren. Exemplarisch hierfür ist die Option des Art. 18 Abs. 2 DSRL, der es den Mitgliedstaaten ermöglichte, einen Dispens von der aus dem französischen und schwedischen Recht stammenden Meldepflicht vorzusehen und dem Verantwortlichen stattdessen die Bestellung des aus der deutschen Rechtstradition stammenden betrieblichen Datenschutzbeauftragten zu ermöglichen.[370]

Erwägungsgrund 9 der DSRL wies auf den Spielraum der Mitgliedstaaten „im Rahmen der Durchführung der Richtlinie von den Wirtschafts- und Sozialpartnern“ hin. Auch wurde im selben Erwägungsgrund festgehalten, dass innerhalb des Spielraums „unter Beachtung des Gemeinschaftsrechts Unterschiede bei der Durchführung der Richtlinie auftreten [können], was Auswirkungen für den Datenschutz sowohl innerhalb eines Mitgliedstaats als auch in der Gemeinschaft haben kann.“[371] Entsprechend sah Art. 5 DSRL vor, dass die Mitgliedstaaten die Voraussetzungen unter denen die Verarbeitung personenbezogener Daten rechtmäßig ist, nach Maßgabe der DSRL näher bestimmen. Hierin wurde zu Recht ein Bekenntnis zur „Vielfalt von Lösungsformen und zu differenzierten Wertungen, mit denen die Mitgliedstaaten ihrer unterschiedlichen Rechtskultur und -tradition Rechnung tra-

---

[367] Zu diesen bereits *U. Brühann*, AfP 1998, 345 (350).

[368] *A. Roßnagel*, in: ders., EU DS-GVO, § 2 Rn. 15; zur DSRL *S. Simitis*, NJW 1997, 281 (282).

[369] S. zu Art. 13 Abs. 1, Art. 8 Abs. 4 und Art. 11 Abs. 2 DSRL *U. Brühann*, AfP 1998, 345 (350); *U. Brühann*, Vollharmonisierung oder Mindestharmonisierung, S. 20 f.

[370] *S. Simitis*, in: Dammann/ders., EG-Datenschutzrichtlinie, Einl. Rn. 12; *ders.*, NJW 1997, 281 (282): „kunstvolle Collage nationaler Regelungen“; s. ferner zu den Einflüssen der Mitgliedstaaten *U. Brühann*, Europarechtliche Grundlagen, S. 136 Rn. 16 mit Fn. 12.

[371] S. ferner ErwG 22, 30 und 37.

gen können"[372] gesehen. Trotz dieser bewussten Offenheit legte der EuGH Art. 6 und 7 DSRL über die Verarbeitungsbedingungen im Sinne einer inhaltlich unbedingten, abschließenden Vollharmonisierung aus.[373] Der Erste Senat des BVerfG ließ an dieser Rechtsprechung fast zwei Jahrzehnte später vage Zweifel anklingen, führte diese aber aufgrund der mit der DSGVO nachträglich erfolgten formalen Vollharmonisierung nicht weiter aus: Ob die Rechtsprechung des EuGH zur Annahme einer vollständig vereinheitlichten Rechtslage auf gesicherter Grundlage erfolgt sei, „oder ob sie im Hinblick auf gegenläufige Anhaltspunkte in der Richtlinie (vgl. Erwägungsgrund 9 sowie Art. 5 DSRL) weiterer Absicherung bedürfte", könne dahinstehen.[374] Denn jedenfalls sei „diese Auslegung der Richtlinie durch die Datenschutz-Grundverordnung inzwischen auch durch den Unionsgesetzgeber in politischer Verantwortung bestätigt und rechtlich abgesichert" worden.[375] Obwohl die DSGVO in dem durch das BVerfG zu entscheidenden Verfahren noch gar nicht anwendbar war, legitimiere sie die damalige EuGH-Rechtsprechung und entfalte eine Vorwirkung, da zum Zeitpunkt der Entscheidungen des Ausgangsverfahrens die DSGVO bereits in Kraft getreten war.[376] Der Senat überging etwaige Zweifel an der Auslegungsmethode des EuGH und erachtete vielmehr dessen Auslegung im Lichte der DSGVO „als hinreichend abgesichert".[377] Unter der DSGVO sei „erst recht" von einer vollständigen Vereinheitlichung auszugehen.[378] Das geänderte Sekundärrecht entfaltet danach einen die sehr weitgehende EuGH-Rechtsprechung nachträglich legitimierenden Charakter.

---

[372] *U. Dammann*, in: ders./Simitis, EG-Datenschutzrichtlinie, Art. 5 Rn. 1.

[373] St. Rspr., EuGH, verb. Rs. C-465/00, C-138/01, C-139/01, Slg. 2003 I-4989, Rn. 100 – ORF; Rs. C-524/06, Slg. 2008, I-9705, Rn. 51 ff. – Huber, verb. Rs. C-468/10, C-469/10, Slg. 2011, I-12181, Rn. 28 ff. – ASNEF.

[374] BVerfGE 152, 216 (232 Rn. 40).

[375] BVerfGE 152, 216 (232 Rn. 40).

[376] BVerfGE 152, 216 (232 Rn. 40); zur fehlenden Vorwirkung von Verordnungen am Beispiel der DSGVO s. *C. Kibler/A. Sandhu*, NVwZ 2018, 528.

[377] BVerfGE 152, 216 (232 Rn. 40).

[378] BVerfGE 152, 216 (232 Rn. 41): „Mit ihr hat die Europäische Union in der Rechtsform der Verordnung in allen Mitgliedstaaten unmittelbar anwendbares Recht geschaffen, um so der verbliebenen unterschiedlichen Handhabung des Datenschutzrechts in den Mitgliedstaaten wirksamer entgegenzutreten und dem Anspruch eines unionsweit gleichwertigen Datenschutzes größeren Nachdruck zu verleihen (vgl. Erwägungsgründe 9, 10 DSGVO)." Es sind insofern vorrangig prozessökonomische Erwägungen, die einer näheren Auseinandersetzung mit der Auslegung durch den EuGH entgegenstanden, weil bei einer Aufhebung und Zurückweisung der angegriffenen Entscheidungen das OLG die DSGVO hätte anwenden müssen.

2. Partielle Offenheit der DSGVO

Während der Rechtsformwechsel die vom EuGH kompetenzvorgreifend angenommene Vollharmonisierung weitestgehend nachvollzieht, bleibt die DSGVO gleichzeitig in vielen Punkten offen oder im Sinne einer mindestharmonisierenden Richtlinie formuliert. Auf die in der DSGVO eröffneten punktuellen Abweichungen durch die Mitgliedstaaten weist auch der Erste Senat in seinem Beschluss hin. Solche Öffnungen können „den Anspruch der Verordnung als Gewährleistung eines materiell vollständig vereinheitlichten Datenschutzniveaus durchbrechen".[379]

Über den Rat setzten die Mitgliedstaaten zunächst in der allgemeinen Ausrichtung und anschließend im informellen Trilog ihre Forderung nach Relativierung des sachlichen Anwendungsbereichs der DSGVO durch weite Öffnungsklauseln durch. Von den ursprünglich 26 Ermächtigungen zur tertiären Rechtsetzung der Kommission blieben nur noch wenige übrig.[380] Durchführungsbefugnisse für die Kommission (Art. 291 Abs. 2–4 AEUV) finden sich nur noch in Art. 40 Abs. 9, Art. 43 Abs. 9, Art. 45 Abs. 3 und 5, Art. 61 Abs. 9, Art. 47 Abs. 3 DSGVO und Art. 67 AEUV. Stattdessen finden sich nun bis zu 70 an die Mitgliedstaaten gerichtete Öffnungsklauseln[381] zur Regelung des bereichsspezifischen Datenschutzes, Lückenfüllung, Konkretisierung oder zur Abweichung von Bestimmungen der DSGVO. Öffnungsklauseln ersetzen damit zu einem großen Teil die gestrichenen delegierten Rechtsetzungsakte oder Durchführungsrechtsakte der Kommission.[382] Die Zugeständnisse in Gestalt von Öffnungsklauseln konnten den Widerstand der Mitgliedstaaten gegen den Wechsel in die Rechtsform der Verordnung überwinden.[383] Im Bundestag forderten Abgeordnete in einer Stellungnahme nach Art. 23 Abs. 3 GG i.V.m. § 9 EUZBBG die Bundesregierung dazu auf, im Rat auf die Schaffung von Öffnungsklauseln hinzuwirken. In Kapitel IX

---

[379] BVerfGE 152, 216 (233 Rn. 41); zu Art. 85 DSGVO s. BVerfGE 152, 152 (172 Rn. 50 f.).

[380] *G. Sydow*, in: ders., DSGVO, Einl. Rn. 30; *P. Gola*, in: ders., DS-GVO, Einl. Rn. 45; *A. Roßnagel*, in: ders., EU DS-GVO, § 1 Rn. 21.

[381] *M. Nebel*, in: Roßnagel, EU DS-GVO, § 2 Rn. 130; je nach Zählweise auch weniger: *P. Gola*, in: ders., DS-GVO, Einl. Rn. 46 zählt 50–60 Öffnungsklauseln.

[382] Rats-Dok. 16525/12, Ziff. 9 v. 26.11.2012: „Außerdem wurde ausgeführt, dass die Mitgliedstaaten bestimmte Einzelheiten im innerstaatlichen Recht weiter regeln könnten. Daraus ergibt sich die Frage, ob und inwieweit die Mitgliedstaaten in der Lage sein werden, im Anschluss an die Annahme der Verordnung Datenschutzbestimmungen anzunehmen oder beizubehalten. Obwohl es derzeit schwierig sein dürfte, zu jedem Artikel eine ausführliche Aussage über den eventuellen Geltungsbereich von Rechtsvorschriften der Mitgliedstaaten zu machen, mit denen die Anwendung der Verordnung spezifiziert wird, liegt auf der Hand, dass nationales Recht in der Regel der Verordnung entsprechen muss."

[383] *G. Sydow*, in: ders., DSGVO, Einl. Rn. 33.

des Verordnungsentwurfs sollten für besondere Datenverarbeitungssituationen im Sinne der Art. 80 ff. DSGVO-KommE Öffnungsklauseln geschaffen werden, die besondere bereichsspezifische und besonders schützenswerte Daten von der Verordnung ausnehmen wie z.B. Sozialdaten, Meldedaten oder Daten des Ausländerzentralregisters.[384] Bereiche wie die Presse, der Rundfunk und die Medien (Art. 85 DSGVO), der Beschäftigtendatenschutz (Art. 88 DSGVO)[385] oder der kirchliche Datenschutz (Art. 91 DSGVO) werden inhaltlich nicht oder nur schwach determiniert. Diese Bereiche unterfallen zwar einem weit verstandenen Anwendungsbereich des Unionsrechts, jedoch bestehen keine Unionskompetenzen im positiven Sinne.

III. Vergleich mit der Abweichungsgesetzgebung

Es bietet sich auch an dieser Stelle zur Beurteilung der Erforderlichkeit einer unionsrechtlichen Regelung ein Vergleich mit der Abweichungsgesetzgebung im Bundesstaat an. Aus der Reichweite und Anzahl von Öffnungsklauseln lässt sich auf die Erforderlichkeit einer bundeseinheitlichen Regelung schließen. So erachtete das BVerfG eine bundesstaatliche Rechtsetzung über die Ladenschlusszeiten unter anderem deshalb als nicht erforderlich für die Erhaltung der Funktionsfähigkeit des deutschen Wirtschaftsraums oder die Vermeidung der Rechtszersplitterung im Sinne von Art. 72 Abs. 2 GG, weil der Bundesgesetzgeber

> durch weit reichende Ermächtigungen an die Bundesländer zur Schaffung von Ausnahmen selbst zum Ausdruck gebracht [hat], dass er einheitliche rechtliche Regelungen für das gesamte Bundesgebiet nicht für geboten erachtet. […] Vielmehr sind die Ausnahmemöglichkeiten mit der erneuten Novellierung im Jahre 2003 noch erweitert worden.[386]

Für den Nachweis der Erforderlichkeit einer bundesgesetzlichen Regelung zur Wahrung der Rechtseinheit (Art. 72 Abs. 2 GG) erachtet das BVerfG es als entscheidend, inwieweit den Ländern Abweichungen vom erzielten Qualitätsstandard ermöglicht werden. Um tatsächlich zur Rechtsvereinheitlichung beizutragen, müssen Ausnahmeregelungen und Abweichungsmöglichkeiten der Länder im Bundesgesetz nicht nur quantitativ beschränkt werden, sondern dürfen auch in qualitativer Hinsicht nicht zu einer Ausgestaltung ermächtigen, die vom Niveau der Bundesvorgabe deutlich nach unten abweicht.[387] Solange unterschiedliche Länderregelungen nicht zu einer pro-

[384] Antrag „Europäische Harmonisierung im Datenschutz auf hohem Niveau sicherstellen", 23.10.2012, BT-Drs. 17/11144, S. 3 Ziff. 10.

[385] Krit. zur Bindung Privater auf Grundlage von Art. 16 Abs. 2 AEUV: *M. Franzen*, DuD 2012, 322 (325).

[386] BVerfGE 111, 10 (28 f.).

[387] S. BVerfGE 106, 62 (155 f. Rn. 356 f.).

blematischen Rechtszersplitterung führen, die weder im Interesse des Bundes noch der Länder hinnehmbar ist, da sie erhebliche Rechtsunsicherheiten erzeugen, sind unterschiedliche Länderreglungen Ausdruck der föderalen Vielfalt.[388] Dieser für das Erforderlichkeitskriterium definierte Maßstab lässt sich bei der Bestimmung des Positiv- und Negativkriteriums des Subsidiaritätsprinzips nach Art. 51 Abs. 1 S. 1 GRCh i.V.m. Art. 5 Abs. 3 EUV fruchtbar machen.[389]

IV. Faktische Zweiteilung des Rechtsrahmens

Wie schon bei Erlass der DSRL[390] kritisierten der Bundesrat und nationale Parlamente der anderen Mitgliedstaaten in Subsidiaritätsrügen gegen den Entwurf der DSGVO und der JIRL die Erstreckung des Anwendungsbereichs auf die innerstaatliche Datenverarbeitung der öffentlichen Stellen. Zwar erreichten die nationalen Parlamente nicht das notwendige Quorum für eine zwingende Überprüfung der Entwürfe durch die Kommission, doch blieb ihre Kritik nicht unberücksichtigt (1.). Die Umsetzung der DSGVO im deutschen Recht macht die Trennung zwischen der Datenverarbeitung im öffentlichen und privaten Bereich sichtbar (2.).

1. Flexibilisierung des Rechtsrahmens im Rat

Die Mitgliedstaaten waren sich weitestgehend darin einig, „dass die Frage der Flexibilität für den öffentlichen Sektor mit der Frage der Rechtsform des Instruments verknüpft ist.“[391] Im Rat hatten Vertreter der Mitgliedstaaten zunächst den Versuch unternommen, die Datenverarbeitung im öffentlichen Bereich gänzlich aus der Verordnung herauszunehmen. In ihrer allgemeinen Ausrichtung befürworteten die Ratsvertreter die Einfügung eines Art. 1 Abs. 2a DSGVO-RatsE über „Gegenstand und Ziele“ der DSGVO:

> Die Mitgliedstaaten können spezifischere Bestimmungen zur Anpassung der Anwendung der Vorschriften dieser Verordnung in Bezug auf die Verarbeitung personenbezogener Daten zur Erfüllung einer rechtlichen Verpflichtung oder zur Wahrnehmung einer Aufgabe, die im öffentlichen Interesse liegt oder in Ausübung öffentlicher Gewalt erfolgt, die dem für die Verarbeitung Verantwortlichen übertragen wurde, oder für andere spezifische Verarbeitungssituationen gemäß Artikel 6 Absatz 1 Buchstaben c und e beibehalten oder einführen, indem sie spezifische Anforderungen für die Verarbeitung sowie sonstige Maß-

---

[388] BVerfGE 106, 62 (156 Rn. 359); *C. Calliess*, EuGRZ 2003, 181 (191).

[389] Dafür *C. Calliess*, EuGRZ 2003, 181 (196 f.).

[390] S. hierzu bereits oben, 2. Kapitel, A. (S. 30 ff.).

[391] Vermerk des Vorsitzes für den Rat, Datenschutzpaket – Bericht über die unter zyprischem Vorsitz erzielten Fortschritte, Rats-Dok. 16525/1/12 REV 1 v. 3./4.12.2012, Ziff. 24.

nahmen präziser bestimmen, um eine Verarbeitung nach Recht und Gesetz zu gewährleisten, einschließlich für andere besondere Verarbeitungssituationen gemäß Kapitel IX.[392]

Andere Mitgliedstaaten unterstützten den Vorschlag einer expliziten Mindestharmonisierungsklausel.[393]

Diese Vorschläge setzten sich zwar nicht im Text durch,[394] die Trennung des öffentlichen und des privaten Bereichs ist jedoch in den Öffnungsklauseln für den öffentlichen Bereich u.a. in Art. 6 Abs. 2 und 3 DSGVO weiterhin angelegt.[395] In den Trilog-Verhandlungen wurde Art. 1 Abs. 2a DSGVO-RatsE gestrichen, dessen Inhalt jedoch im Wesentlichen in Art. 6 Abs. 2a DSGVO-TrilogE eingefügt.[396] Danach können die Mitgliedstaaten bei der Verarbeitung personenbezogener Daten zur Erfüllung einer rechtlichen Verpflichtung oder Wahrnehmung einer öffentlichen Aufgabe spezifischere Bestimmungen vorsehen. Die Öffnungsklausel in Art. 6 Abs. 2 DSGVO ist das Ergebnis der Verhandlungen und geht maßgeblich auf den deutschen Vertreter im Rat zurück,[397] insbesondere zur Wahrung der Länderinteressen.[398] Dadurch soll den Mitgliedstaaten die „Befugnis zur Bewahrung und Fortentwicklung" des Datenschutzes im öffentlichen Bereich verbleiben.[399] Die Mitgliedstaaten

---

[392] Rat der EU, Vorbereitung einer allgemeinen Ausrichtung, Rats-Dok. 9565/15 v. 11.6.2015; BT-Drs. 17/11144, Ziff. 6 lit. b): Art. 6 sei dahingehend zu überarbeiten, dass „ein in einem Mitgliedstaat im öffentlichen Bereich darüberhinausgehendes Datenschutzrecht erhalten bleiben kann"; *B. Buchner*, DuD 2016, 155 (155).

[393] Der alternative Vorschlag lautete: „Member States may maintain or introduce more stringent national provisions ensuring a higher level of protection of the rights and freedoms of the data subject, than those provided for in this Regulation, with regard to the processing of personal data by public authorities for the performance of a task carried out in the public interest or in the exercise of official authority vested in the controller", Partial General approach, Public sector, 13.11.2014. Rats-Dok. 15389/14, S. 15.

[394] Rats-Dok. 16525/12, Ziff. 22: „[...] diese Delegationen sprachen sich dafür aus, den Datenschutz im öffentlichen Sektor in einem gesonderten Rechtsakt zu regeln. Mehrere andere Delegationen sprachen sich jedoch gegen diese Möglichkeit aus und befürworteten stattdessen die Regelung sowohl des öffentlichen als auch des privaten Sektors in einem einzigen Rechtsakt, wenngleich unter Einplanung einer gewissen Flexibilität für den öffentlichen Sektor, über die im Einzelfall zu entscheiden wäre." Dazu *B. Buchner/T. Petri*, in: Kühling/Buchner, DS-GVO/BDSG, Art. 6 DSGVO Rn. 6.

[395] *J. Kühling/J. Raab*, in: Kühling/Buchner, DS-GVO/BDSG, Art. 2 DSGVO Rn. 34.

[396] *A. Benecke/J. Wagner*, DVBl. 2016, 600 (601); *B. Buchner*, DuD 2016, 155 (155).

[397] Rats-Dok. 14609/3/12 REV 3 ANNEX v. 30.10.2012, S. 4: „Germany prefers a clear distinction in the legislative act between data processing in the public sector on the one hand and in the non-public (private) sector on the other. The aim is to preserve margins for national legislatures in the public sector and to create a level playing field across Europe in the non-public sector through stronger harmonization. This also affects the paragraphs concerning delegated and implementing acts and is not differentiated in every case."

[398] Vgl. BR-Drs. 290/15 v. 29.6.2012, S. 2.

[399] BR-Drs. 290/15 v. 29.6.2012, S. 2; *B. Buchner*, DuD 2016, 155 (159).

drängten auf größere Flexibilität für den öffentlichen Sektor, „damit für die innerstaatliche Verarbeitung durch die Behörden der Mitgliedstaaten ein angemessener Spielraum bleibt“.[400] Auch wiesen sie darauf hin, „dass spezielle innerstaatliche Regeln für die Verarbeitung durch Behörden gemäß dem nationalen Recht beibehalten und zugleich die Grundrechte der Bürger gestärkt werden müssten.“[401] Demgegenüber erachtete die Kommission in den Ratsverhandlungen die Harmonisierung auch im öffentlichen Bereich für notwendig,

> da in Schlüsselbereichen wie Besteuerung, soziale Sicherheit und Gesundheit sowie Banken- und Finanzmarktaufsicht der grenzüberschreitende Datenaustausch auch zwischen Behörden zwangsläufig zunehmen wird und generell natürliche Personen in der Europäischen Union auch im öffentlichen Sektor der Mitgliedstaaten ähnliche Datenschutzniveaus erwarten können sollten, da beim Grundrecht auf Datenschutz nicht zwischen dem privaten und dem öffentlichen Sektor unterschieden wird.[402]

Art. 6 Abs. 1 UAbs. 1 lit. c und e, Abs. 3 DSGVO sind ein Kompromiss und Ergebnis dessen, dass sich die Mitgliedstaaten im Rat mit der Forderung eigenständiger Regelungsbefugnisse für den öffentlichen Bereich weitgehend durchsetzten. Gleichwohl bezweifelten die Mitgliedstaaten, dass diese Klauseln ausreichend präzise sind, um „auf angemessene Weise und mit Sicherheit ausreichende Flexibilität“ zu bieten.[403] Durch die den Mitgliedstaaten eröffneten Regelungsoptionen in Art. 6 Abs. 2 und Abs. 3 DSGVO i.V.m. Art. 6 Abs. 1 UAbs. 1 lit. c und e DSGVO wird die Unterscheidung zwischen der Datenverarbeitung durch öffentliche und nicht-öffentliche Stellen faktisch aufrecht erhalten (vgl. auch Erwägungsgrund 10 der DSGVO).[404]

2. Umsetzung im deutschen Recht

Die Umsetzung der JIRL und die Anpassungen an die DSGVO erfolgten unter anderem[405] durch das Erste und Zweite Datenschutzanpassungs- und

[400] Rats-Dok. 16525/12 v. 25.11.2012, Ziff. 23 und 21: „In einem frühen Stadium der Beratungen haben mehrere Mitgliedstaaten bereits klargestellt, dass sie mehr Flexibilität bei den Datenschutzregeln für den öffentlichen Sektor benötigen, damit sie diese Regeln an ihre verfassungsmäßigen, rechtlichen und institutionellen Gegebenheiten anpassen können. Die bisherigen fachlichen und politischen Beratungen über diese Frage haben deutlich gemacht, dass diese Frage für die Delegationen besonders heikel und wichtig ist.“

[401] Rats-Dok. 16525/12 v. 25.11.2012, Ziff. 23.

[402] Rats-Dok. 16525/12 v. 25.11.2012, Ziff. 20.

[403] Rats-Dok. 16525/12 v. 25.11.2012, Ziff. 24.

[404] *J. Kühling* et al., DS-GVO und nationales Recht, S. 13. Von einer „einheitlichen Fassade“ spricht *J. H. Klement*, JZ 2017, 161 (166).

[405] Weitere Anpassungen erfolgten durch das Gesetz zur Änderung des Bundesversorgungsgesetzes und anderer Vorschriften vom 17.7.2017 u.a. in der AO, im HGB, im Bereich des geistigen Eigentums (UrhG, PatG, DesignG, VerwertungsgesellschaftsG, MarkG) sowie im Sozialrecht (insb. SGB X), s. das als Artikelgesetz ergangene „Gesetz zur Änderung des Bundesversorgungsgesetzes und anderer Vorschriften“ v. 17.7.2017, BGBl. I S. 2541.

-umsetzungsgesetz EU (1. und 2. DSAnpUG-EU). Anders als sonst bei Verordnungen üblich, die keiner Umsetzung im nationalen Recht bedürfen und auch nicht deklaratorisch wiederholt werden dürfen, stand das Normwiederholungsverbot bei der DSGVO einer Wiedergabe im innerstaatlichen Recht nicht entgegen [a)]. Zudem verblieben den Mitgliedstaaten mit den Öffnungsklauseln, Regelungsoptionen und -aufträgen wesentliche Entscheidungsfreiräume bei der Anpassung ihrer Rechtslage an die DSGVO. Die deutsche Umsetzung unternimmt den Versuch einer Abgrenzung unionsrechtlich determinierter und rein nationaler Datenschutzregelungen [b)]. Weitere Anpassungen wurden im bereichsspezifischen Datenschutzrecht erforderlich [c)].

a) Ausnahme vom Wiederholungsverbot

Da Verordnungen unmittelbar in den Mitgliedstaaten gelten, besteht für diese ein grundsätzliches Normwiederholungsverbot im innerstaatlichen Recht.[406] Dadurch soll die aus Art. 288 Abs. 2 AEUV folgende, unmittelbare Geltung der Verordnung transparent und sichtbar bleiben, für den Normadressaten mithin der wahre Urheber eines Rechtsakts offenkundig sein.[407] Dies wurde für die DSGVO jedoch gelockert.[408] Für den innerstaatlichen Vollzug der DSGVO bedurfte es jedoch angesichts ihrer Unvollständigkeit umfassender mitgliedstaatlicher Anpassungs- und Umsetzungsregelungen.[409] Die skizzierten Besonderheiten rechtfertigen eine Aufweichung des Wiederholungsverbots. Der EuGH erachtet die Wiederholung dann als zulässig, wenn dadurch ein zusammenhängendes Gesetzeswerk entstehen soll und dies im Interesse der Kohärenz des Gesamtsystems und der Verständlichkeit für die Adressaten notwendig ist.[410] Erwägungsgrund 8 der DSGVO lässt deshalb die Wiederholung von Verordnungsinhalt im mitgliedstaatlichen Recht ausnahmsweise zu.

---

[406] EuGH, Rs. 39/72, Slg. 1973, 101 – Kommission/Italien; Rs. 34/73, Slg. 1973, 981 – Fratelli Variola Spa.

[407] EuGH, Rs. 34/73, Slg. 1973, 981, Rn. 9 ff. – Fratelli Variola Spa; 94/77, Slg. *1978/99*, Rn. 22 und 27 – Zerbone; *A. Benecke/J. Wagner*, DVBl. 2016, 600 (605).

[408] Gem. ErwG 8 DSGVO sind ausnahmsweise weitgehende Wiederholungen der Verordnung im nationalen Recht zulässig, soweit dies erforderlich ist, um Kohärenz zu wahren und die nationalen Vorschriften für die Betroffenen verständlicher zu gestalten.

[409] Anders *T. Wybitul*, in ZD 2016, 457 (458).

[410] EuGH, Rs. C-272/83, Slg. 1985, 1057, Rn. 27 – Kommission/Italien; Rs. C-162/99, Slg. 2001, I-558 – Kommission/Italien; Rs. C-72/85, Slg. 1996, I-5403, Leitsatz 2 – Kommission/Niederlande; s. auch BT-Drs. 19/4674, S. 191.

b) Regelungsstruktur des 1. DSAnpUG-EU

Das zur Anpassung an die DSGVO und Umsetzung der JIRL verabschiedete 1. DSAnpUG-EU erging als Artikelgesetz und nahm zunächst nur punktuelle Anpassungen in zahlreichen bereichsspezifischen Gesetzen sowie im BDSG vor. Es trat rechtzeitig mit Geltung der DSGVO am 25. Mai 2018 in Kraft.[411] Der deutsche Umsetzungs- und Anpassungsgesetzgeber verfolgt durch die einheitliche Regelung einen „integrativen Ansatz" und weist in der Begründung für das 1. DSAnpUG-EU darauf hin, dass das BDSG einzelne Passagen der DSGVO und der JIRL im Interesse der Kohärenz wiederholt.[412] Das dadurch entstandene Regelungswerk erweist sich als komplexe „Mehrebenenkodifikation".[413]

Das neue BDSG ist in vier Teile gegliedert, die den Grad der unionsrechtlichen Determinierung abbilden sollen. Die Teile sind ihrerseits in Kapitel untergliedert.

Teil 1 definiert den Anwendungsbereich und zentrale Begriffe (§§ 1–2 BDSG). Jenseits unionsrechtlicher Vorgaben finden sich in §§ 3–4 BDSG eigenständige Rechtsgrundlagen für die Verarbeitung personenbezogener Daten durch öffentliche Stellen und im Bereich der Videoüberwachung. Da Art. 6 Abs. 1 UAbs. 1 lit. c und e DSGVO keine eigenständigen Rechtsgrundlagen für die Verarbeitung personenbezogener Daten durch die mitgliedstaatliche öffentliche Gewalt darstellen, bedarf es eigenständiger Rechtsgrundlagen im mitgliedstaatlichen Recht.[414] Die Verarbeitung personenbezogener Daten zur Erfüllung einer rechtlichen Verpflichtung (Art. 6 Abs. 1 UAbs. 1 lit. c DSGVO) und zur Wahrnehmung einer öffentlichen Aufgabe (Art. 6 Abs. 1 UAbs. 1 lit. e DSGVO) bestimmt sich gemäß Art. 6 Abs. 3 S. 1 DSGVO nach der Rechtsgrundlage im Recht der Mitgliedstaaten, die gewisse Mindestanforderungen erfüllen muss. Für öffentliche Stellen des Bundes gilt die allgemeine Rechtsgrundlage in § 3 BDSG.[415] Danach ist die Verarbeitung personenbezogener Daten durch eine öffentliche Stelle und Beliehene zulässig, wenn sie zur Erfüllung der in der Zuständigkeit des Verantwortlichen liegenden Aufgabe erforderlich ist (Art. 6 Abs. 1 UAbs. 1 lit. e DSGVO). In den von der DSGVO ausgeschlossenen bzw. nicht erfassten Bereichen stellt § 3 BDSG eine eigenständige Auffangrechtsgrundlage für Datenverarbeitungen mit geringer Eingriffsintensität dar. Fällt eine Tätigkeit in den sachlichen Anwendungsbereich der DSGVO, ist § 3 BDSG in

[411] BGBl. I S. 2097.

[412] BT-Drs. 18/11325 v. 24.2.2017, S. 74.

[413] *K. von Lewinski*, in: Auernhammer, Einl. BDSG Rn. 53.

[414] BT-Drs. 18/11325 v. 24.2.2017, S. 81.

[415] Vorbehaltlich bereichsspezifischer Regelungen, s. BT-Drs. 18/11325 v. 24.2.2017, S. 81.

Ergänzung zu Art. 6 Abs. 1 UAbs. 1 lit. c oder e, Abs. 3 S. 1 DSGVO heranzuziehen.[416] Teil 1 enthält ferner Regelungen zu den Datenschutzbeauftragten öffentlicher Stellen (§§ 5–7 BDSG), zur Ausgestaltung der unabhängigen Datenschutzaufsichtsbehörde (§§ 8–16 BDSG), über die Festlegung der deutschen Vertretung im Europäischen Datenschutzausschuss (§§ 17–19 BDSG) und zu Rechtsbehelfen (§§ 20, 21 BDSG).

Teil 2 ist in sechs Kapitel untergliedert und enthält Durchführungsbestimmungen für die Verarbeitung zu Zwecken gemäß Art. 2 der DSGVO. Kapitel 1 enthält Rechtsgrundlagen für die zweckändernde Verarbeitung personenbezogener Daten durch öffentliche und nicht-öffentliche Stellen. § 22 BDSG enthält eine Verarbeitungsgrundlage für besondere Kategorien personenbezogener Daten i.S.v. Art. 9 DSGVO. §§ 23–25 BDSG konkretisieren die Verarbeitung zu anderen Zwecken durch öffentliche und nicht-öffentliche Stellen. Sie ergehen in Ausfüllung der Öffnungsklausel des Art. 6 Abs. 4 DSGVO. Der Beschäftigtendatenschutz (Art. 88 DSGVO) wird in § 26 BDSG geregelt. §§ 27, 28 BDSG betreffen die von Art. 89 DSGVO erfasste Datenverarbeitung zu wissenschaftlichen oder historischen Forschungszwecken und zu statistischen Zwecken sowie zu Archivzwecken. Kapitel 2 regelt die Rechte der betroffenen Personen und konkretisiert insbesondere das Recht auf Löschung in § 35 BDSG. Kapitel 3 enthält Vorschriften über die Pflichten der Verantwortlichen und Auftragsverarbeiter und trifft ergänzende Vorgaben zu den Datenschutzbeauftragten nicht-öffentlicher Stellen (§ 38 BDSG). Kapitel 5 regelt die Sanktionen und Kapitel 6 die Rechtsbehelfe gegen den Verantwortlichen oder Auftragsverarbeiter (§ 44 BDSG).

Teil 3 dient der Umsetzung der JIRL und enthält Bestimmungen für Verarbeitungen zu Zwecken gemäß Art. 1 Abs. 1 der JIRL. In Kapitel 1 werden zunächst der Anwendungsbereich und Begriffsbestimmungen sowie allgemeine Grundsätze für die Verarbeitung personenbezogener Daten umgesetzt. Kapitel 2 enthält allgemeine Vorschriften über die Rechtsgrundlagen der Verarbeitung personenbezogener Daten. Kapitel 3 regelt die Rechte der betroffenen Personen und Kapitel 4 die Pflichten der Verantwortlichen und Auftragsverarbeiter. Die Datenübermittlung an Drittstaaten und an internationale Organisationen wird in Kapitel 5 geregelt. Kapitel 6 betrifft die Zusammenarbeit der Aufsichtsbehörden und Kapitel 7 Sanktionen sowie Haftungsregeln. Der Umsetzungsgesetzgeber geht davon aus, dass die JIRL auch für rein innerstaatliche Sachverhalte gilt. Der 3. Teil des BDSG ist als „Auffanggesetz“[417] konzipiert. Die vorrangigen spezielleren Regelungen werden im bereichsspezifischen Recht umgesetzt. So wurden durch das „Gesetz zur Umsetzung der Richtlinie (EU) 2016/680 im Strafverfahren sowie zur

[416] BT-Drs. 18/11325 v. 24.2.2017, S. 81.

[417] BT-Drs. 433/18, S. 44.

Anpassung datenschutzrechtlicher Bestimmungen an die Verordnung (EU) 2016/679“[418] vom 20. November 2019 weitere datenschutzrechtliche Anpassungen und Modifikationen unter anderem in der StPO, im Strafvollzugsgesetz und im BKAG vorgenommen.

Teil 4 enthält Regelungen für Bereiche, die weder in den Anwendungsbereich der DSGVO noch der JIRL fallen. Dies betrifft die Befugnisse von Behörden für die innere Sicherheit, die beispielsweise im MAD-G und BVerfSchG geregelt sind. Aber auch ungewöhnliche Verarbeitungen wurden in Teil 4 aus dem Umsetzungsrecht ausgegliedert: So findet sich in § 86 BDSG eine spezielle Verarbeitungsgrundlage für staatliche Auszeichnungen und Ehrungen, weil der Gesetzgeber davon ausgeht, dass dieser spezielle Bereich nicht dem Anwendungsbereich des Unionsrechts unterfalle (Art. 2 Abs. lit. a DSGVO) und die DSGVO deshalb nur entsprechend anwendbar sei (§ 1 Abs. 8 BDSG).[419] Dies zeigt die Tendenz, im Datenschutzrecht das Prinzip der begrenzten Einzelermächtigung in sein Gegenteil zu verkehren: Gilt doch eigentlich das Prinzip, dass alle nicht ausdrücklich der EU zugewiesenen Materien in der Kompetenz der Mitgliedstaaten verbleiben, wird im Datenschutz umgekehrt jede Materie, die nicht dem Sekundärrecht unterfallen soll, ausdrücklich ihrem Anwendungsbereich ausgegliedert und im nationalen Recht geregelt.

Soweit Tätigkeiten, die der DSGVO oder der JIRL nicht unterfallen, in Teil 4 nicht geregelt sind, gelten für diese gemäß § 1 Abs. 8 BDSG Teile 1 und 2 des BDSG vorbehaltlich bereichsspezifischer Regelungen entsprechend. Dies betrifft solche Datenverarbeitungen durch öffentliche Stellen des Bundes, die zwar dem sehr weiten § 1 Abs. 1 BDSG, nicht aber dem wesentlich engeren Art. 2 DSGVO unterfallen. Für öffentliche Stellen soll dadurch weiterhin ein „datenschutzrechtliches Vollregime im Geltungsbereich des Grundgesetzes“[420] bestehen.

Das neue BDSG besteht aus der Wiederholung unmittelbar geltender DSGVO-Inhalte sowie aus Vorschriften, die den Umsetzungsspielraum der JIRL ausfüllen und die Öffnungsklauseln der DSGVO wahrnehmen. Zudem regelt es gänzlich nicht-determinierte Bereiche. Dadurch entsteht ein Geflecht aus vollständig determinierten und nicht-determinierten Regelungen.[421] So wie der mitgliedstaatliche Umsetzungsakt und die Unionsrichtlinie

---

[418] BGBl. I S. 1724. Dieses Gesetz diente auch der Anpassung an die DSGVO, s. zu den entsprechenden Modifikationen sogleich unter 3.

[419] BT-Drs. 19/4674, S. 211.

[420] BT-Drs. 18/11325, S. 80.

[421] Krit. *P. Johannes/R. Weinhold*, Polizei und Justiz, § 1 Rn. 57; die Regelung befürwortend: *J. Kühling*, NJW 2017, 1985; *A. Benecke/J. Wagner*, DVBl. 2016, 600 (600): „sinnvolle Arbeitsteilung zwischen Union und Mitgliedstaaten“; *G. Sydow*, in: ders., DSGVO, Einl. Rn. 34.

„eine funktionelle Wirkungseinheit"[422] darstellen, gilt dies auch für die ausfüllungsbedürftigen Bereiche der DSGVO und das mitgliedstaatliche Recht. Doch die Beurteilung, für welche Bereiche unter Geltung der DSGVO ein substantieller nationaler Regelungsspielraum für die Schaffung von Verarbeitungsgrundlagen bleibt, erscheint eher dem Zufall überlassen, als einer klaren Kompetenzabgrenzungslogik zu folgen.

c) Sonstige Anpassungen nationalen Rechts

Während sich die Zulässigkeit der Datenverarbeitung im privaten Bereich nunmehr vorrangig aus der DSGVO und ergänzend dem BDSG ergeben soll (vgl. § 1 Abs. 1 S. 2 BDSG), bedurfte es für den öffentlichen Bereich der Anpassung und Schaffung zahlreicher bereichsspezifischer Erlaubnistatbestände. Zur Erfüllung der durch die DSGVO und die JIRL angeordneten Regelungsaufträge und Ausfüllung der Öffnungsklauseln erging im November 2019 das 2. DSAnpUG-EU.[423] Das Artikelgesetz nimmt punktuelle Anpassungen in insgesamt 155 Fachgesetzen vor und ergänzt das BDSG um spezielle Rechtsgrundlagen für die Verarbeitung personenbezogener Daten, soweit dies unionsrechtlich zulässig ist.

Mit dem Gesetz zur Umsetzung der Richtlinie (EU) 2016/680 im Strafverfahren sowie zur Anpassung datenschutzrechtlicher Bestimmungen an die Verordnung (EU) 2016/679 vom November 2019 wurden überdies datenschutzrechtliche Anpassungen im justiziellen Bereich, insbesondere der ZPO, dem BVerfGG, der Grundbuchordnung oder im BGB vorgenommen.

Die Änderungen sind insgesamt überwiegend redaktioneller und sprachlicher Natur. Die Umsetzungs- und Anpassungsgesetze nahm der Gesetzgeber jedoch auch zum Anlass, um beiläufig die Ausweitung von Verarbeitungsbefugnissen, die nicht mit der Umsetzung der DSGVO oder JIRL in Zusammenhang stehen, vorzunehmen.[424]

Zur Anpassung des Datenschutzrechts im Bereich der öffentlichen Verwaltung sowie im Rundfunk- und Medienrecht und zur Umsetzung der JIRL

---

[422] *N. Matz-Lück*, Nationaler Grundrechtsschutz, S. 174.

[423] BGBl. I S. 1626, in Kraft seit dem 26.11.2019. Einen gegen dieses Gesetz gegen den Bundespräsidenten angebrachter Eilantrag auf Unterlassung der Ausfertigung lehnte das BVerfG ab, Beschl. v. 17.9.2019, 2 BvQ 59/19. Die Antragsteller hatten die Beschlussfähigkeit des Bundestags und die Verletzung organschaftlicher Mitwirkungs- und Beteiligungsrechte gerügt.

[424] So wurden mit Art. 13 des 2. DSAnpUG-EU die Verarbeitungsbefugnisse des Bundesamts für Sicherheit in der Informationstechnik im BSI-Gesetz ausgeweitet, BT-Drs. 19/11181, S. 18; mit dem Gesetz zur Umsetzung der JIRL sowie zur Anpassung datenschutzrechtlicher Bestimmungen an die DSGVO vom November 2019 wurde eine Rechtsgrundlage zur Erhebung geschäftlich gespeicherter Standortdaten in § 100g Abs. 2 StPO geschaffen, BT-Drs. 19/4671, S. 46.

im allgemeinen Ordnungs-, im Polizei- und Sicherheitsrecht ergingen in den Ländern entsprechende Anpassungs- und Umsetzungsgesetze.[425] Inwiefern diese Umsetzungs- und Anpassungsgesetzgebung auch eine unionsgrundrechtliche Überformung mit sich bringt, wird in den nachfolgenden Kapiteln näher beleuchtet.

D. Fazit

Die Kompetenz zum Erlass von Datenschutzvorschriften in Art. 16 Abs. 2 S. 1 AEUV ist gegenüber den Mitgliedstaaten auf „Tätigkeiten im Anwendungsbereich der Union" beschränkt. Der Anwendungsbereich ist sachbereichsakzessorisch auszulegen. Die Union kann den Datenschutz in grundsätzlich allen Politikbereichen (mit Ausnahme der GASP) durch die Rechtsform der Verordnung und der Richtlinie regeln, allerdings nur unter Wahrung des jeweils für den Sachbereich vorgesehenen Harmonisierungsniveaus. Einen einheitlichen unionsweiten Datenschutz für alle Bereiche mitgliedstaatlichen Handelns unabhängig vom Bestehen einer unionsrechtlichen Sachkompetenz ermöglicht die auf den „Anwendungsbereich des Unionsrecht" begrenzte Querschnittskompetenz nicht. Die Lücken der Primärrechtskompetenz werden auch nicht durch eine allgemeine Grundrechtskompetenz der EU auf dem Gebiet des Datenschutzes kompensiert. Insbesondere ist der lediglich programmatische Art. 16 Abs. 1 AEUV nicht dahingehend zu interpretieren. Dem steht auch Art. 52 Abs. 2 GRCh entgegen. Das Bestehen einer Grundrechtskompetenz im Bereich des Datenschutzes würde die nachgelagerte Frage der maßgeblichen Grundrechtsordnung weithin obsolet machen. Anderes folgt auch nicht aus der Rechtsprechung des EuGH zur extensiven Auslegung der DSRL im Lichte des Grundrechtsschutzes. Auch unter dem Vertrag von Lissabon besteht weiterhin keine Kompetenz für den Bereich der rein innerstaatlichen Datenverarbeitung durch öffentliche Stellen der Mitgliedstaaten. Nicht von der Kompetenz erfasste Bereiche wurden gleichwohl aus Gründen der Kohärenz und Einheitlichkeit in die DSGVO und die JIRL integriert, da sie im Einzelfall in den weiten Anwendungsbereich des Unionsrechts fallen können, wie ihn der EuGH für die negative Integration zu Grunde legt. Auf Grund der begrenzten Datenschutzkompetenz ist das erlassene Sekundärrecht fragmentarischen Charakters. Die DSGVO ist zwar der Rechtsform nach eine Verordnung, allerdings nicht in

[425] Z.B. das Bayerische Datenschutzgesetz (BayDSG) v. 15.5.2018, BayGVBl. Nr. 8/2018, S. 230. Zu den unterschiedlichen Ansätzen in den Ländern *J. Horstmann*, ZD-Aktuell 2017, 05822; ausführlicher Überblick bei *G. Hornung/I. Spiecker gen. Döhmann*, in: Simitis/dies., Datenschutzrecht, Einl. Rn. 285 ff.

allen Bereichen vollharmonisierend und abschließend. Sie verweist im Rahmen von Bereichsausnahmen und Öffnungsklauseln auf die in den Rechtsordnungen der Mitgliedstaaten zu schaffenden oder bereits bestehenden Rechtsgrundlagen. Dadurch ist das bisherige datenschutzrechtliche Normgeflecht auf den verschiedenen Ebenen in der EU vertieft worden. Der deutsche Gesetzgeber versucht diese Verflechtungen durch die verschiedenen Teile im BDSG zum Ausdruck zu bringen. Durch die enge Bestimmung des Anwendungsbereichs in Art. 16 Abs. 2 S. 1 AEUV, der sich nur teilweise mit dem vom EuGH im Kontext der negativen Integration entwickelten weiten Anwendungsbereichs- und Durchführungsbegriff deckt, entsteht ein Graubereich, den der Unionsrechtsetzer in das Datenschutzsekundärrecht einbezieht, ohne für diesen über entsprechende EU-Sachkompetenzen zu verfügen. Was der weite sekundärrechtliche Anwendungsbereich bei zugleich nur begrenzter primärrechtlicher Unionskompetenz für die Reichweite des europäischen Grundrechtsschutzes im Datenschutz bedeutet, wird Gegenstand der nächsten Kapitel sein.

4. Kapitel

Der Begriff der „Durchführung" von Unionsrecht

Der im vorherigen Kapitel analysierte Begriff des „Anwendungsbereichs des Unionsrechts" ist mit dem Begriff der „Durchführung" von Unionsrecht zu kontrastieren. Dabei wird zunächst auf die Anwendbarkeit des Art. 51 Abs. 1 S. 1 GRCh bei grundrechtskonkretisierendem Sekundärrecht eingegangen (A.). Sodann wird der Rechtsprechungsdialog zwischen dem BVerfG und dem EuGH zur Bindung der Mitgliedstaaten an die Unionsgrundrechte dargestellt (B.). Für das Datenschutzrecht kann an die entwickelten Fallgruppen angeknüpft werden. Relevant bleibt daneben auf Grund des in der Menschenwürdegarantie wurzelnden Rechts auf informationelle Selbstbestimmung der vom BVerfG als Integrationsschranke markierte Kontrollvorbehalt in Bezug auf die Grundrechte bzw. die Verfassungsidentität (C.).

A. Dem Primärrecht entrückt?

Nicht nur die politischen Äußerungen im Zuge der Datenschutzreform auf Unionsebene lassen darauf schließen, auch das rechtswissenschaftliche Schrifttum geht zum Teil davon aus, dass die Beschränkung des Anwendungsbereichs nach Art. 51 Abs. 1 S. 1 GRCh für das Datenschutzgrundrecht „obsolet" geworden sei,[1] oder durch den weiten Anwendungsbereich

[1] *T. Kingreen*, EuR 2010, 338 (354): „Die in Art. 51 Abs. 1 GRC angeordnete Subsidiarität des unionalen Grundrechtsschutzes gegenüber den Grundrechten der Mitgliedstaaten, die noch den alten funktionalistischen Ansatz widerspiegelt, hat sich insoweit erledigt und wird überall dort obsolet werden, wo die Union eigene menschenrechtliche Aktivitäten entfalten wird, neben dem Antidiskriminierungsrecht etwa im Datenschutzrecht, wo die Datenschutzrichtlinien ebenfalls zu einer Unitarisierung des Grundrechtsschutzes führen […]."; ebenso zum sekundärrechtlichen Diskriminierungsverbot *T. Kingreen*, EuR 2013, 446 (449); *N. Marsch*, Das europäische Datenschutzgrundrecht, S. 5, der zwar grundsätzlich von der Bedeutungslosigkeit des Art. 51 Abs. 1 S. 1 GRCh ausgeht, dennoch aber verbleibende Spielräume für die Jurisdiktionsgewalt des BVerfG ausmacht, a.a.O., S. 346 ff.; zu pauschal *K. von Lewinski*, DuD 2012, 564 (570): „Über den deutschen Datenschutz entscheiden nicht mehr wir Deutsche, sondern Europäer entscheiden über den Datenschutz in Europa. […] Die Europäisierung des Datenschutzes findet auch vor dem Hintergrund der europäischen, nicht mehr der deutschen Grundrechte statt. Hinsichtlich der einschlägigen Grundrechtsnormen ist dies eher ein Fortschritt."

des Art. 16 Abs. 2 AEUV verdrängt werde.[2] Die DSGVO sei gar ein „Trojaner" der Kommission,[3] eine weit verstandene Datenschutzkompetenz stelle den „verdeckten Einstieg in den Bundesstaat"[4] dar. Allgemein lautet der Befund, die DSGVO werde „den grundrechtlichen Datenschutz weitgehend von den nationalen Verfassungsgerichten auf den EuGH verlagern", da die Mitgliedstaaten Unionsrecht i.S.v. Art. 51 Abs. 1 S. 1 GRCh durchführen, soweit der Anwendungsbereich der DSGVO reiche.[5] Exemplarisch steht auch die Diskussion zur Bindung privater sozialer Netzwerke an die Meinungsäußerungsfreiheit. Diese wurde nahezu ausschließlich sekundärrechtlich anhand des als „Rechts auf Vergessen" geframten Löschungsanspruchs geführt, betrifft aber in der Sache die Kollision jeweils verfassungsrechtlich geschützter Grundrechtspositionen Privater.[6]

Diesen Annahmen wird nachfolgend entgegengetreten. Dazu wird die Funktion und Wirkung von grundrechtskonkretisierendem Datenschutzsekundärrecht dargestellt. Im Anwendungsbereich von Art. 16 AEUV ist der Grundrechtsschutz selbst zur Aufgabe der Union erklärt worden.[7] Doch nicht der Grundrechtsschutz ist das Ziel und die Kompetenz der Union nur akzessorisch,[8] es verhält sich vielmehr umgekehrt: Der Grundrechtsschutz folgt der Kompetenz und damit der Rechtsetzungsverantwortung. Wird diese kompetenzielle Bedingtheit übergangen und dem grundrechtskonkretisierenden Sekundärrecht Primärrechtsrang zugeschrieben, kann dieses als Instrument der Kompetenzerweiterung (I.), der unmittelbaren Drittwirkung von Grundrechten (II.) sowie allgemein der Grundrechtsunitarisierung (III.) wirken. Im Ergebnis ist auf die strikte Primärrechtsakzessorietät grundrechtskonkretisierenden Sekundärrechts hinzuweisen (IV.).

---

[2] *T. Zerdick*, in: Ehmann/Selmayr, DS-GVO, Art. 2 DSGVO Rn. 5: „Erfasst werden sämtliche Tätigkeiten der Mitgliedstaaten (im Anwendungsbereich des Unionsrechts), unabhängig davon, ob sie der Durchführung des Rechts der Union dienen oder nicht: Art. 16 Abs. 2 AEUV enthält nicht die Einschränkung des Art. 51 Abs. 1 GRCh, wonach die GRCh für die Mitgliedstaaten nur ‚bei der Durchführung des Rechts der Union gilt'. Der Anwendungsbereich des Unionsrechts ergibt sich daher aus den Verträgen zur Europäischen Union, insbesondere aus Art. 5 EUV, der die Zuständigkeitsabgrenzung zwischen dem Tätigkeitwerden [sic!] der Union nach dem Grundsatz der begrenzten Einzelermächtigung festlegt. Die Anwendbarkeit des Unionsrechts umfasst dabei die Anwendbarkeit der durch die GRCh garantierten Grundrechte."

[3] *M. Ronellenfitsch*, DuD 2012, 561 (563).

[4] *T. Schwabenbauer*, Informationsverarbeitung, G. Rn. 356.

[5] *T. Kingreen*, in: Calliess/Ruffert, EUV/AEUV/GRCh, Art. 16 AEUV Rn. 4.

[6] Zur Diskussion krit. *G. Buchholtz*, AöR 140 (2015), 121 (135 f.); monographisch *M. Diesterhöft*, Recht auf medialen Neubeginn, S. 178 ff.

[7] *C.-D. Classen*, JZ 2019, 1057 (1065).

[8] Zu diesem Verständnis *C.-D. Classen*, JZ 2019, 1057 (1065).

I. Instrument der Kompetenzerweiterung

Der EuGH legt grundrechtskonkretisierendes Sekundärrecht nicht im „Rahmen der auf die Gemeinschaft übertragenen Zuständigkeiten“ aus, sondern definiert den Anwendungsbereich final „in Anbetracht ihres Gegenstands und der Natur der Rechte, die sie schützen soll“.[9] Es lässt sich bei der Bestimmung des Anwendungsbereichs durch den EuGH eine Umkehr des Regel-Ausnahme-Verhältnisses feststellen, die dem Prinzip der begrenzten Einzelermächtigung widerspricht.[10] Die teleologische Auslegung eines Sekundärrechtsakts, der die Grundrechtsverwirklichung als Zielbestimmung formuliert, bewirkt, dass sich die Anwendbarkeit des konkretisierten Grundrechts in den Mitgliedstaaten nicht mehr nach Art. 51 Abs. 1 S. 1 GRCh bestimmt.[11] Diese Wirkung wurde anhand der Rechtsprechung des EuGH zur Wahl der Binnenmarktkompetenz als Rechtsgrundlage für die DSRL exemplifiziert. Bestätigt wird dies durch die allgemeine Annahme, dass die bisher von der DSRL nicht erfassten, aber vom EuGH in ständiger Rechtsprechung einbezogenen Bereiche nachträglich durch Art. 16 Abs. 2 AEUV legitimiert worden seien. Das Primärrecht wird nach Maßgabe der EuGH-Rechtsprechung zu grundrechtskonkretisierendem Sekundärrecht ausgelegt. Die Annahme einer nachträglichen Kodifizierung bedeutet implizit auch die Anerkennung einer jahrzehntelangen kompetenzvorgreifenden Rechtsprechung.

II. Instrument der Drittwirkung

Grundrechtskonkretisierendes Sekundärrecht umgeht die primärrechtlich zu führende Diskussion der Drittwirkung von Grundrechten. Das grundrechtliche Sekundärrecht erweist sich als Vehikel zur Überwindung der fehlenden horizontalen Wirkung im Fall von Richtlinien und der fehlenden unmittelbaren Drittwirkung von Grundrechten zwischen Privaten.[12] Folgt die unmit-

[9] EuGH, Rs. C-83/14, EU:C:2015:480, Rn. 38 ff. – CHEZ Razpredelenie Bugaria AD zur RL 2000/43/EG.

[10] Ähnl. zur Auslegung von Art. 3 Abs. 2 DSRL in der Rs. ORF *M. Ruffert*, EuGRZ 2004, 466 (469): „gemeinschaftsrechtswidrige Umkehrung des Grundsatzes der begrenzten Einzelermächtigung“.

[11] Vgl. nur EuGH, Rs. C-207/16, EU:C:2018:788, Rn. 46 – Ministerio Fiscal: „Den Angaben des vorlegenden Gerichts zufolge fällt diese nationale Regelung in den Geltungsbereich der Richtlinie 2002/58, so dass die Charta in der Ausgangsrechtssache anwendbar ist“; vgl. ferner *H. D. Jarass*, ZEuP 25 (2017), 310 (321).

[12] So zeichnet sich in antidiskriminierungsrechtlichen Fällen die Tendenz des EuGH ab, Private unmittelbar an Art. 21 und 47 GRCh zu binden, vgl. EuGH, Rs. C-414/16, EU:C:2018:257, Rn. 77 f. – Egenberger zu Art. 21 GRCh; EuGH, Rs. 43/75, Slg. 1976, 455 (476) Rn. 39 – Defrenne II zum primärrechtlichen Diskriminierungsverbot zwischen den Geschlechtern, Art. 157 AEUV.

telbare Anwendbarkeit auf Private bereits aus der Rechtsform der Verordnung, wie im Fall der DSGVO, wird die Drittwirkung von Grundrechten besonders sichtbar.

1. Nur mittelbare Drittwirkung der Grundrechte des Grundgesetzes

Grundrechte verpflichten nach Art. 1 Abs. 3 GG unmittelbar Träger staatlicher Gewalt, nicht aber Privatpersonen.[13] In ihrer objektiven Dimension als verfassungsrechtliche Wertentscheidungen entfalten Grundrechte eine Ausstrahlungswirkung, wirken also mittelbar, insbesondere über zivilrechtliche Generalklauseln und unbestimmte Rechtsbegriffe in privatrechtlichen Rechtsbeziehungen ein.[14] Bei der mittelbaren Drittwirkung effektuiert die Legislative in Wahrnehmung staatlicher Schutzpflichten die Grundrechte zwischen Privatpersonen.[15] Im Unterschied zur mittelbaren Drittwirkung bezeichnet die unmittelbare Drittwirkung den Umstand, dass Private und nicht (nur) der Staat die Normadresssaten im Privatrechtsverhältnis sind – Grundrechte also direkte Eingriffsverbote und Abwehrrechte zwischen Privatrechtssubjekten statuieren.[16] In seiner objektiv-rechtlichen Ausprägung strahlt das Grundrecht auf informationelle Selbstbestimmung (Art. 1 Abs. 1 i.V.m. Art. 2 Abs. 1 GG) mittelbar über zivilrechtliche Generalklauseln oder datenschutzrechtliche Regelungen in das Privatrechtsverhältnis ein.[17] Eine unmittelbare Bindung Privater an das Grundrecht auf informationelle Selbstbestimmung wird bisher überwiegend abgelehnt.[18] Nur der Privatrechtsetzer ist unmittelbar an die Grundrechte gebunden, nicht aber die Privatrechtssubjekte.[19]

---

[13] Eingehend zur Drittwirkung im Grundgesetz bei staatsgleicher Mächtigkeit Privater im 5. Kapitel, E.I. (S. 297 ff.).

[14] Grundlegend BVerfGE 7, 198 (205); BVerfG, NJW 2019, 3769 (3770 Rn. 6); BVerfGE 152, 152 (185); 7, 198 (204 ff.). *K. Hesse*, Grundzüge des Verfassungsrechts, § 11 Rn. 351 ff.; *M. Ruffert*, Vorrang der Verfassung, S. 63 ff.; *ders.*, JuS 2020, 1; *B. Buchner*, Informationelle Selbstbestimmung, S. 47 f.; *J. Isensee*, HStR IX, § 191 Rn. 7; krit. *J. Neuner*, NJW 2020, 1851.

[15] *C.-W. Canaris*, AcP 184 (1984), 201 (210 ff.).

[16] Grundlegend *H. C. Nipperdey*, Grundrechte und Privatrecht.

[17] *H. Greve*, Drittwirkung des grundrechtlichen Datenschutzes, S. 672.

[18] *B. Buchner*, Informationelle Selbstbestimmung, S. 48 m.w.N.; *H. Greve*, Drittwirkung des grundrechtlichen Datenschutzes, S. 672. Für eine umfassende Geltung der Freiheitsgrundrechte zwischen Privaten *A. Kulick*, Horizontalwirkung, S. 413 f.

[19] *M. Ruffert*, Vorrang der Verfassung, S. 91 f. m.w.N.

2. Drittwirkung in der europäischen Grundrechtsdogmatik

Während in Deutschland die Lehre von der mittelbaren Drittwirkung vorherrschend ist, lässt sich in der europäischen Grundrechtsdogmatik kein entsprechender Konsens entnehmen. Aus deutscher Sicht wird jedoch eine der mittelbaren Drittwirkung „ähnliche Wirkung" der Unionsgrundrechte im Privatrechtsverhältnis angenommen.[20] Art. 51 Abs. 1 S. 1 GRCh bindet unmittelbar nur die Organe, Einrichtungen und sonstigen Stellen der Union sowie unter dem Vorbehalt des Subsidiaritätsprinzips die Mitgliedstaaten bei der Durchführung von Unionsrecht. Eine allgemeine unmittelbare Drittwirkung von Unionsgrundrechten in Privatrechtsverhältnissen wird überwiegend abgelehnt.[21] Dies würde den beschränkten Anwendungsbereich der GRCh im Verhältnis zu den Mitgliedstaaten unterlaufen.[22] Dem steht auch die allgemeine unmittelbare Anwendbarkeit grundrechtskonkretisierender Richtlinien zwischen Privaten entgegen.[23] Die Bindung Privater kommt grundsätzlich nur in Betracht, wenn das Grundrecht eine entsprechende sekundärrechtliche Ausgestaltung erfahren hat, erfolgt also nur vermittelt durch grundrechtskonkretisierendes Sekundärrecht, das an die Mitgliedstaaten gerichtet ist[24] und vom Unionsrechtsetzer im Rahmen seiner Kompetenzen erlassen wird.[25] Zwar bestehen grundrechtsschützende Querschnittskompetenzen für die EU, nicht aber umfassende materiell-rechtliche Kompetenzen für das Privatrecht. Grundrechtskonkretisierende Verordnungen sind insofern besonders problematisch, denn ihre unmittelbare Anwendbarkeit auf Private folgt bereits aus der Rechtsform (Art. 288 Abs. 2 AEUV). Dies führt zur allgemeinen unmittelbaren Bindung Privater an die konkretisierten Grundrechte, soweit die Verordnung auch auf diese anwendbar ist.

Der Rechtsprechung des EuGH lässt sich entnehmen, dass die Kombination von deklaratorisch grundrechtskonkretisierendem Sekundärrecht mit

---

[20] BVerfGE 152, 216 (254 Rn. 97). Zur Drittwirkungsproblematik im europäischen Datenschutzrecht eingehend unten, 5. Kapitel, E.II. (S. 309 ff.):

[21] Allgemein *A. Schwerdtfeger*, in: Meyer/Hölscheidt, GRCh, Art. 51 GRCh Rn. 57; *B. Pirker*, Grundrechtsschutz im Unionsrecht, S. 241 ff.; *F. Schoch*, Durchsetzung von Unionsgrundrechten, S. 76; *H. D. Jarass*, ZEuP 25 (2017), 310 (315); *C. Herresthal*, ZEuP 24 (2014), 238 (254); speziell zu Art. 8 GRCh: *H. Greve*, Drittwirkung des grundrechtlichen Datenschutzes, S. 676; *R. Streinz/W. Michl*, EuZW 2011, 384 (384); a.A. *C. Unseld*, Horizontalwirkung, S. 139. Den Streitstand konsolidierend *M. Ruffert*, JuS 2020, 1 (5).

[22] *T. von Danwitz*, Grundrechtsschutz, S. 30: „Spannungsverhältnis" zum beschränkten Anwendungsbereich; s. das Bsp. bei *S. Schmahl*, JZ 2014, 220 (224); zur parallelen Problematik bei grundfreiheitskonkretisierendem Sekundärrecht s. die Nachweise bei *F. Wollenschläger*, VVDStRL 75 (2016), 187 (222).

[23] Dagegen auch *C. Herresthal*, ZEuP 24 (2014), 238 (272).

[24] *F. Kainer*, NZA 2018, 894 (895). *F. Schoch*, Durchsetzung von Unionsgrundrechten, S. 76; *C.-D. Classen*, JZ 2019, 1057 (1063).

[25] Zum Vorrang der Schutzpflicht *F. Wollenschläger*, EnzEuR I, § 13 Rn. 70 m.w.N.

dem primärrechtlichen Grundrecht zur unmittelbaren Anwendbarkeit des betreffenden Unionsgrundrechts selbst führt. So wendet er im Datenschutzrecht formal das Sekundärrecht an, legt dabei jedoch zugleich die konkretisierten Chartagrundrechte aus.[26] Der sachlich-personelle Anwendungsbereich des Sekundärrechts und des konkretisierten Grundrechts der GRCh sind danach deckungsgleich.[27] Zwischen Privatpersonen werden ohne nähere Begründung vermittelt durch das Sekundärrecht die Grundrechte in Anwendung gebracht.[28] Es genügt, dass die grundrechtskonkretisierende Richtlinie auf den Fall anwendbar ist, die ihrerseits nicht zwischen staatlicher und privater Datenverarbeitung differenziert.

Auch im Antidiskriminierungsrecht wirkt das Sekundärrecht als Vehikel der unmittelbaren Drittwirkung.[29] Zwar wirken Art. 21 GRCh oder Art. 23 GRCh nach der Rechtsprechung des EuGH bereits aus sich heraus im Verhältnis zwischen Privatpersonen, unabhängig von grundrechtlichem Sekundärrecht.[30] Ausdrücklich nimmt der EuGH dabei auf die Rechtsprechung zu den Grundfreiheiten[31] Bezug, soweit sie auf Private unmittelbar anwendbar sind. Doch tatsächlich fußt die unmittelbare Anwendung der Gleichheitsgrundrechte auf dem grundrechtskonkretisierenden Antidiskriminierungsrecht. Denn nur bei dessen Geltung stellt sich aus Sicht der Mitgliedstaaten

---

[26] Vgl. auch *M. Brkan*, Privacy and data protection, S. 19.

[27] Dies gilt auch für die nicht in der GRCh explizit gewährleisteten Rechte, wie der Schutz der Vertraulichkeit der elektronischen Kommunikation, der nur in Art. 5 RL 2000/58 verankert ist und als grundrechtlicher Prüfungsmaßstab i.V.m. Art. 7 GRCh herangezogen wird, EuGH, verb. Rs. C-511/18, C-512/18 und C-520/18, EU:C:2020:791, Rn. 111 – La Quadrature; Rs. C-623/17, EU:C:2020:790, Rn. 57 – Privacy International.

[28] EuGH, Rs. C-101/01, Slg. 2003, I-12971 – Lindqvist; Rs. C-275/06, Slg. 2008, I-271 – Promusicae; Rs. C-212/13, EU:C:2014:2428, Rn. 33 – Ryneš; Rs. C-131/12, EU:C:2014:317 – Google Spain; Rs. C-25/17, EU:C:2018:551– Jehovan Todistajat; krit. schon *G. Britz*, Das Grundrecht auf Datenschutz, S. 67.

[29] Hierzu *O. Mörsdorf*, NJW 2010, 1046; *C.-D. Classen*, JZ 2019, 1057; *C. Unseld*, Horizontalwirkung; *F. Kainer*, NZA 2018, 894.

[30] EuGH, Rs. C-414/16, EU:C:2018:257, Rn. 77 – Egenberger: „Art. 21 der Charta unterscheidet sich in seiner Bindungswirkung grundsätzlich nicht von den verschiedenen Bestimmungen der Gründungsverträge, die verschiedene Formen der Diskriminierung auch dann verbieten, wenn sie aus Verträgen zwischen Privatpersonen resultieren“; Rs. C-555/07, Slg. 2010, I-365, Rn. 50 – Kücükdeveci: Das Verbot der Altersdiskriminierung gelte als allgemeiner Rechtsgrundsatz des Unionsrecht und werde in der RL 2000/78/EG „nicht verankert […], sondern dort nur konkretisiert“; Rs. C-441/14, ECLI:EU:C:2016:278, Rn. 35 ff. – Dansk Industri. Im deutschen Recht wird eine unmittelbare Geltung von Art. 3 GG zwischen Privaten überwiegend abgelehnt, vgl. nur *F. Wollenschläger*, in: von Mangoldt/Klein/Starck, GG, Art. 3 Abs. 1 Rn. 62 m.w.N.

[31] EuGH, Rs. C-438/05, Slg. 2007, I-10806, Rn. 58 – Viking; die Parallelisierung der Dogmatik zu Grundfreiheiten und Grundrechten ist indes abzulehnen, vgl. in diesem Kapitel B.IV. 3. (S. 227).

überhaupt erst die Frage einer Normenkollision im Privatrecht, das den unionsrechtlichen Anwendungsvorrang auslöst. Entscheidend war in der maßgeblichen Rechtssache *Mangold* das in der RL 2000/78/EG verankerte Verbot der Altersdiskriminierung.[32] Das vorlegende Arbeitsgericht München stellte dem EuGH die Frage, ob die sachgrundlose Befristung der Arbeitsverträge für Arbeitnehmer ab dem 52. Lebensjahr im TzBfG mit der RL 2000/78/EG vereinbar sei.[33] Zwar war die Umsetzungsfrist noch nicht abgelaufen, doch stellte sich dem Arbeitsgericht die Frage der Vorwirkung der Richtlinie im Sinne des Frustrationsverbots[34]. Die RL 2000/78/EG ist also das Vehikel, das – ungeachtet ihrer Geltung – die Anwendbarkeit des Unionsrechts und damit auch der Unionsgrundrechte auf den Sachverhalt erst ermöglichte. Der EuGH entnahm das Verbot der Altersdiskriminierung dann zwar nicht dem insofern unanwendbaren Sekundärrecht, sondern stattdessen inhaltsgleich den gemeinsamen Verfassungstraditionen der Mitgliedstaaten. Doch als ungeschriebenen allgemeinen Grundsatz des Gemeinschaftsrechts konnte er das Verbot der Altersdiskriminierung dem mitgliedstaatlichen Recht unabhängig von der Frage der Durchführung von Unionsrecht entgegen halten.[35] Die unmittelbare Wirkung des Grundrechts zwischen Privaten erscheint bei erfolgter sekundärrechtlicher Konkretisierung keiner weiteren Begründung zu bedürfen. Der EuGH wendet das Grundrecht einerseits unmittelbar, andererseits „in seiner Konkretisierung durch die Richtlinie“[36] auf Privatrechtsverhältnisse an. Hierdurch kommt einem Unionsgrundrecht auch dann innerstaatliche Geltung und Anwendungsvorrang vor dem nationalen Grundrecht zu, wenn die konkretisierende Richtlinie entweder mangels Ablaufs der Umsetzungsfrist (*Mangold*[37]) oder mangels rechtzeitiger nationaler Umsetzung (*Kücükdeveci*[38]) keine horizontale

[32] EuGH, Rs. C-144/04, Slg. 2005, I-9981 – Mangold; im Schrifttum gilt diese Entscheidung als Ausgangspunkt der unmittelbaren Drittwirkung, statt vieler *F. Kainer*, NZA 2018, 894 (894).

[33] EuGH, Rs. C-144/04, Slg. 2005, I-9981, Rn. 27 – Mangold.

[34] Zu dessen dogmatischen Herleitung *C. Kibler/A. Sandhu*, NVwZ 2018, 528 (531).

[35] EuGH, Rs. C-144/04, Slg. 2005, I-9981, Rn. 74 ff. – Mangold. Krit. *U. Haltern*, Eine Lanze für Mangold, S. 45, diese Methodik sei „eine Manipulation […], die den Gewährleistungsgehalt der Richtlinienbestimmung in ein Grundrecht umfunktioniert“.

[36] EuGH, Rs. C-555/07, Slg. 2010, I-365, Rn. 43 – Kücükdeveci; Rs. C-441/14, EU:C:2016:278, Rn. 27 – Dansk Industri; krit.: *H. D. Jarass*, ZEuP 25 (2017), 310 (322): „problematische Vermischung der Ebene des primären und des sekundären Rechts“.

[37] EuGH, Rs. C-144/04, Slg. 2005, I-9981, Rn. 28 – Mangold. Im Ergebnis verstieß die im Fall streitige Rechtsnorm des TzBfG gegen die Richtlinie. Ausgesprochen wird dies mangels Anwendbarkeit der Richtlinie jedoch nicht, weil ein inhaltsgleiches Grundrecht auf der Ebene des Primärrechts ermittelt wurde.

[38] EuGH, Rs. C-555/07, Slg. 2010, I-365, Rn. 23 – Kücükdeveci, dort führte das Gebot der unionsrechtskonformen Auslegung mit der RL 2000/78/EG zur Unanwendbarkeit na-

Wirkung zwischen Privaten entfalten kann.[39] Die unmittelbare horizontale Geltung des Grundrechts erfolgt in den Worten des Generalanwalts *Yves Bot* als „Ausgleich für die fehlende horizontale Direktwirkung der Richtlinien" – er fasst die Entwicklung wie folgt zusammen:

> Das Urteil Association de médiation sociale hat folglich die Unklarheit beendet, die mit der Formulierung im Urteil vom 19. Januar 2010, Kücükdeveci, zusammenhing, wonach es möglich erschien, das ‚Verbot der Diskriminierung wegen des Alters in seiner Konkretisierung durch die Richtlinie 2000/78/EG' geltend zu machen. Stellte diese Formulierung nicht letztlich die gefestigte Rechtsprechung zur fehlenden unmittelbaren Direktwirkung der Richtlinien, ja sogar zur Normenhierarchie in Frage? Insoweit ergibt sich aus dem Urteil Association de médiation sociale eindeutig, dass die mit dem Urteil vom 19. Januar 2010, Kücükdeveci, begründete Rechtsprechung aufrechterhalten wird und dass nur eine Bestimmung mit primärrechtlichem Rang gegebenenfalls im Rahmen eines Rechtsstreits zwischen Privatleuten geltend gemacht werden kann. Es lässt sich mithin sagen, dass dieses Urteil, soweit es anerkennt, dass Bestimmungen der Charta im Rahmen horizontaler Rechtsstreitigkeiten unmittelbar geltend gemacht werden können, einen zusätzlichen Ausgleich für die fehlende horizontale Direktwirkung der Richtlinien begründet.[40]

Genügt das betreffende Unionsgrundrecht für sich allein, dem Einzelnen ein Recht zu verleihen und wird es nur deklaratorisch sekundärrechtlich konkretisiert, dann führt die Kombination von (unanwendbarem, da nicht oder nur unvollständig umgesetzten) Sekundärrecht und GRCh dazu, dass das Recht zwischen Privaten unmittelbar geltend gemacht werden kann. Der EuGH schließt eine unmittelbare Drittwirkung Privater nicht kategorisch aus.[41] Doch folgt die unmittelbare Drittwirkung aus der Anwendung des Grundrechts selbst[42] oder aus der ausnahmsweisen unmittelbaren Wirkung von Richtlinien zwischen Privaten? Das Verhältnis ist komplementär: Um das Maß, in dem grundrechtskonkretisierendes Sekundärrecht den Anwendungsbereich des Unionsrechts ausdehnt (und damit in der Rechtsprechung des EuGH den Geltungsbereich der Unionsgrundrechte), wirkt ein nicht konstitutiv zu konkretisierendes Grundrecht unvermittelt in das Privatrecht ein. So bewirkte auch im Datenschutzrecht die für den öffentlichen und privaten Bereich gleichermaßen geltende DSRL mit ihrem weiten Anwendungs-

---

tionalen Rechts (§ 622 Abs. 2 BGB). Krit. *C. Herresthal*, ZEuP 24 (2014), 238 (272), der darin eine Überschreitung zulässiger richterlicher Rechtsfortbildung sieht.

[39] Die parallele Problematik stellt sich bei der unmittelbaren Anwendung des Freizügigkeitsrechts, vgl. nur EuGH, Rs. C-391/09, EU:C:2011:291, Rn. 47, 49 – Vardyn und Wardyn zu Art. 18, 21 AEUV; Rs. C-34/09, EU:C:2011:124, Rn. 39, 42 – Zambrano zu Art. 20 AEUV; *F. Schoch*, Durchsetzung von Unionsgrundrechten, S. 69 f.

[40] GA *Bot*, Schlussanträge, Rs. C-569/16 und C-570/16, EU:C:2018:337, Rn. 75 – Bauer; s. ferner die Abgrenzung zur Kücückdeveci-Konstellation in EuGH, Rs. C-176/12, EU:C:2014:2, Rn. 41 – Association de médiation sociale.

[41] Zur Wirkung von Art. 31 Abs. 2 GRCh im privaten Arbeitsverhältnis: EuGH, verb. Rs. C-569/16 und C-570/16, EU:C:2018:871, Rn. 87 – Bauer.

[42] In diese Richtung wohl *M. Ruffert*, JuS 2020, 1 (5).

bereich die weitreichende unmittelbare Bindung Privater an Art. 7 und 8 GRCh.[43] Die unmittelbare Anwendung von Richtlinien zwischen Privaten bleibt weiterhin ausgeschlossen, wenn dadurch Verpflichtungen für Private begründet werden.[44]

Letztlich ist das grundrechtskonkretisierende Sekundärrecht nur das Vehikel, um das Grundrecht im Sekundärrecht zwischen Privaten möglichst weitreichend unmittelbar anzuwenden. Dies führt zum nächsten Punkt, der Grundrechtsunitarisierung durch grundrechtskonkretisierendes Sekundärrecht.

III. Instrument der Grundrechtsunitarisierung

Die Gleichsetzung des Anwendungsbereichs grundrechtsschützenden Sekundärrechts mit der Bindung an die konkretisierten Unionsgrundrechte führt zur umfassenden Unitarisierung eines Grundrechts unabhängig von Art. 51 Abs. 1 GRCh.[45] Der EuGH prüft im Datenschutzrecht nur äußerst selten die Voraussetzungen des Art. 51 Abs. 1 S. 1 GRCh,[46] selbst wenn die Anwendbarkeit der Unionsgrundrechte von den Mitgliedstaaten bestritten worden ist.[47] Stattdessen wird der Geltungsbereich des Unionsrechts sekundärrechtlich anhand der Vorschriften über den sachlichen Anwendungsbereich bestimmt und ausgedehnt. Im Vordergrund steht die Prüfung deklaratorischer Anwendungsbereichsausnahmen, die – selbst wenn sie die explizit in der Kompetenz der Mitgliedstaaten verbliebenen Materien betreffen –

---

[43] Krit. *P. M. Huber*, NJW 2011, 2385 (2389); *H. D. Jarass*, GRCh, Art. 51 GRCh Rn. 32.

[44] St. Rspr., grundlegend EuGH, Rs. C-91/92, Slg. 1994, I-3325 – Faccini Doro; Rs. C-413/15, EU:C:2017:745, Rn. 31 – Farrel; Rs. C-176/12, EU:C:2014:2, Rn. 36 – Association de médiation sociale; Rs. 91/92, Slg. 1994, I-3325 (3355) Rn. 20 – Faccini Dori; Rs. 148/78, Slg. 1979, 1629 (1642 Rn. 22 f.) – Ratti; Rs. C-2/92, Slg. 1994, I-955 (985) Rn. 22 – Bostock (gegen die horizontale Wirkung allgemeiner Rechtsgrundsätze); Rs. C-60/92, Slg. 1993, I-5683 (5712) Rn. 16 – Otto.

[45] Vgl. *C. Sobotta*, in: Grabitz/Hilf/Nettesheim, EU, Art. 16 AEUV Rn. 29; *J.-P. Schneider*, in: Wolff/Brink, BeckOK DSR, Völker- und unionsrechtliche Grundlagen, Syst. B Rn. 36; *T. Schwabenbauer*, Informationsverarbeitung, G. Rn. 346 Fn. 923.

[46] Bzw. die vor Geltung der Charta richterrechtlich entwickelten Kriterien, EuGH, Rs. C-260/89, Slg. 1991, I-2915 – ERT.

[47] EuGH, verb. Rs. C-465/00, C-138/01, C-139/01, Slg. 2003 I-4989 – ORF; Rs. C-73/16, EU:C:2017:725 – Puškar; zum bereichsspezifischen Datenschutzrecht: EuGH, verb. Rs. C-203/15 und C-698/15, EU:C:2016:970 – Tele2; die Generalanwälte haben dieses Problem durchaus thematisiert und differenzierte Ergebnisse vorgeschlagen. Allgemein fällt auf, dass der EuGH im Datenschutzrecht den Schlussanträgen der Generalanwälte vergleichsweise häufig keine Folge leistet, s. EuGH, Rs. C-101/01, Slg. 2003, I-12971 – Lindqvist; verb. Rs. C-465/00, C-138/01 und C-139/01, Slg. 2003, I-04989 – ORF; verb. Rs. C-293/12 und C-594/12, EU:C:2014:238 – Digital Rights.

zum Teil auch je nach Rechtsakt unterschiedlich weit ausgelegt werden.[48] Sekundärrechtlicher Grundrechtsschutz fungiert danach als eigenständige Rechtsquelle für den europäischen Grundrechtsschutz, die den Anwendungsbereich der Unionsgrundrechte von dem Durchführungsbegriff entkoppelt. Das grundrechtliche Sekundärrecht entwickelte sich zu einem „Instrument, das auch zur Herleitung der Gemeinschaftsgrundrechte dienen kann“ und das „die nationalen Grundrechte auf Datenschutz bis zu einem gewissen Grade ebenfalls harmonisiert“.[49] Selbst Öffnungsklauseln, die den mitgliedstaatlichen Regelungsspielraum betreffende Materien aus dem Sekundärrechtsakt eigentlich ausklammern, werden als Argument für die Eröffnung des Anwendungsbereichs des Unionsrechts herangezogen, wenn sie nur gewisse Mindestanforderungen an die Verarbeitung aufstellen. Die Bindung der Mitgliedstaaten an die Unionsgrundrechte erfasst nach der *Mangold*-Doktrin solche nationalen Maßnahmen, „die die Erreichung des mit der Richtlinie verfolgen Zieles gewährleisten sollen“.[50] Je unbestimmter also das Ziel einer Richtlinie definiert ist, desto weiter wird die Anwendung der Unionsgrundrechte auf mitgliedstaatliche Rechtsakte ausgedehnt. Die gebotene Prüfung, ob tatsächlich eine Situation vorliegt, in der die Mitgliedstaaten Unionsrecht durchführen, wird dadurch für alle Fälle, die unter das Ziel der Richtlinie fallen, nicht mehr vorgenommen.

IV. Primärrechtsakzessorietät trotz Grundrechtskonkretisierung

Zusammenfassend bleibt festzustellen, dass die geschilderten Wirkungen Folge einer vom Primärrecht losgelösten Interpretation grundrechtskonkretisierenden Sekundärrechts sind. Grundrechtskonkretisierendes Sekundärrecht kann jedoch angesichts der primärrechtlichen Normenhierarchie keine Eigendynamik dergestalt entfalten, dass es den Anwendungsbereich der Verträge selbstständig erweitert und Private weitergehend den Unionsgrundrechten unterwirft.[51] Zur Vermeidung einer von den Mitgliedstaaten nicht intendierten Kompetenzerweiterung, unmittelbaren Drittwirkung und umfassenden Grundrechtszentralisierung in der EU, muss grundrechtskonkretisierendes Sekundärrecht strikt primärrechtsakzessorisch ausgelegt wer-

[48] Vgl. die unterschiedliche Auslegung der im Kern identischen Anwendungsbereichsausnahmen zu Gunsten der öffentlichen Sicherheit in Art. 1 Abs. 3 ePrivacy-RL und Art. 3 Abs. 2 DSRL durch EuGH, Rs. C-511/18, C-512/18 und C-520/18, EU:C:2020:791, Rn. 100 – La Quadrature; krit. hierzu *A. Sandhu*, EuZW 2021, 221 f.

[49] *B. Siemen*, Datenschutz, S. 243; *C.-D. Classen*, JZ 2019, 1057 (1065); zur sekundärrechtlichen Grundrechtskonstitutionalisierung im Datenschutzrecht ferner *U. Hufeld*, Binnenverwirklichung, S. 285.

[50] EuGH, Rs. C-144/04, Slg. 2005, I-9981, Rn. 51 – Mangold.

[51] So auch *H. D. Jarass*, ZEuP 25 (2017), 310 (333).

den. Dies bedeutet, dass vor allem Art. 51 Abs. 1 S. 1 GRCh über die begrenzte Bindung der Mitgliedstaaten bei Durchführung von Unionsrecht bei der Ermittlung des Anwendungsbereichs des grundrechtskonkretisierenden Sekundärrechts zu beachten ist.

B. Konsolidierung des Rechtsprechungsdialogs

Nachdem festgestellt worden ist, dass sich auch im Anwendungsbereich des grundrechtsschützenden Sekundärrechts die maßgebliche Grundrechtsordnung primär nach Art. 51 Abs. 1 S. 1 GRCh bestimmt, ist auf das Verhältnis der Grundrechtsordnungen in der Union näher einzugehen. Die Thematik ist Gegenstand eines lebhaften Diskurses in der Rechtswissenschaft, der mit der Rechtsverbindlichkeit der GRCh im Dezember 2009 keineswegs abgeebbt ist.[52] Für diese Untersuchung wird zunächst die EuGH-Rechtsprechung zur Bindung der Mitgliedstaaten an die Unionsgrundrechte zusammenfassend dargestellt (I.) und auf den gegenläufigen Ansatz des BVerfG eingegangen (II.). In der jüngeren Vergangenheit wurde aus einem zunächst sehr defensiven Verständnis des BVerfG zunehmend ein kooperatives. Der sehr kasuistische Rechtsprechungsdialog verdient jedoch eine kritische Würdigung (III.). Die daraus gewonnenen Erkenntnisse werden schließlich auf ihre Relevanz für die Beurteilung der Grundrechtsordnung speziell im Datenschutzrecht hin untersucht (IV.).

I. Entwicklung der EuGH-Rechtsprechung

In der Rechtsprechung des EuGH haben sich zusammengefasst drei Fallgruppen herausgebildet, in welchen die Mitgliedstaaten an die Unionsgrundrechte gebunden sind. Dies sind zunächst die unstreitigen *Agency*-Konstellationen, in welchen die Mitgliedstaaten zwingendes Unionsrecht vollziehen oder umsetzen (1.). Des Weiteren sind die Mitgliedstaaten bei der Beschränkung von Grundfreiheiten an Unionsgrundrechte gebunden (2.). Schließlich besteht eine grundsätzliche Bindung bei mitgliedstaatlichen Gestaltungs-

---

[52] *J. P. Terhechte*, Konstitutionalisierung und Normativität, S. 22 f. spricht angesichts der Unübersehbarkeit der Publikationen im Zusammenhang mit „der unübersichtlichen Mehrebenenlage" gar von einem „Grundrechtsarmageddon". Vgl. die monographischen Abhandlungen von *T. Kleinlein*, Grundrechtsföderalismus; *A. Edenharter*, Grundrechtsschutz; *B. Pirker*, Grundrechtsschutz im Unionsrecht; *B. Maier*, Grundrechtsschutz; *J. Heuer*, Bindung der Mitgliedstaaten; *M. Bleckmann*, Nationale Grundrechte; *J. Nusser*, Bindung der Mitgliedstaaten; *J. Mall*, Bindung der Mitgliedstaaten; vor dem Vertrag von Lissabon: *H.-W. Rengeling*, Grundrechtsschutz in der EG; *A. Wallrab*, Verpflichtete; allgemein *S. Oeter*, VVDStRL 66 (2007), 361.

und Ermessensspielräumen, wenn eine unionsrechtliche Fallgestaltung vorliegt (3.). Gesondert zu betrachten ist die Bindung im Rahmen von Öffnungsklauseln (4.). Angesichts der weiten Rechtsprechung des EuGH werden abschließend im Sinne einer negativen Abgrenzung Anknüpfungspunkte dargestellt, die in jedem Fall für sich nicht genügen, um eine Bindung der Mitgliedstaaten an Unionsgrundrechte auszulösen (5.). Das grundrechtskonkretisierende Sekundärrecht bildet keine eigenständige Bindungskategorie.

1. Agency-Konstellation als Ausgangspunkt

Bei der Durchführung von Verordnungen haben die Mitgliedstaaten die Erfordernisse des unionsrechtlichen Grundrechtsschutzes „zu beachten" und diese innerstaatlich in Übereinstimmung mit den europäischen Grundrechten anzuwenden.[53] Die in der *Wachauf*-Entscheidung aufgestellten Parameter führten noch nicht zu einer unmittelbaren Bindung der Mitgliedstaaten an Unionsgrundrechte. Vielmehr entschied der EuGH, dass die im streitigen Fall maßgebliche Verordnung den nationalen Behörden „einen Ermessenspielraum [belässt], der weit genug ist, um ihnen die Anwendung dieser Regelung in einer mit den Erfordernissen des Grundrechtsschutzes im Einklang stehende Weise zu ermöglichen".[54] Handeln die Mitgliedstaaten als „verlängerter Arm", also als Agenten der Union, die zwingendes Unionsrecht umsetzen oder vollziehen, folgt die Bindung an die Unionsgrundrechte schon aus den Grundsätzen des Anwendungsvorrangs sowie der einheitlichen Anwendung des Unionsrechts.[55]

2. Bindung bei der Beschränkung von Grundfreiheiten

Nach der Inkorporation der Charta wurde anfänglich diskutiert, ob die in Art. 51 Abs. 1 S. 1 GRCh gewählte Formulierung, wonach die Mitgliedstaaten „ausschließlich bei der Durchführung" von Unionsrecht gebunden sind, auf eine Einschränkung der bisherigen EuGH-Rechtsprechung hindeute.[56] Eine Bindung bestand nach der älteren ERT-Konstellation auch dann,[57] wenn sich ein Mitgliedstaat auf die Schranken der Dienstleistungsfreiheit berief, um eine diese beschränkende nationale Regelung zu rechtfertigen. Die Berufung auf die Ausnahmeregelungen ist den Mitgliedstaaten nur möglich,

---

[53] EuGH, Rs. 5/88, Slg. 1989, 2609 (2639 f. Rn. 19) – Wachauf.

[54] EuGH, Rs. 5/88, Slg. 1989, 2609 (2640 Rn. 22) – Wachauf.

[55] *F. Wollenschläger*, EnzEuR I, § 13 Rn. 20 m.w.N.

[56] Eingehend *M. Bleckmann*, Nationale Grundrechte, S. 136 f.; *T. Kingreen*, in: Calliess/Ruffert, EUV/AEUV/GRCh, Art. 51 GRCh Rn. 14; zu den Diskussionen im Grundrechtskonvent s. *A. Schwerdtfeger*, in: Meyer/Hölscheidt, GRCh, Art. 51 GRCh Rn. 9 ff., 38 und 41.

[57] EuGH, Rs. C-260/89, Slg. 1991, I-2925, Rn. 42 – ERT.

wenn die nationale Regelung „im Einklang mit den Grundrechten steht, deren Wahrung der Gerichtshof zu sichern hat."[58] Diese Bindungskonstellation wurde zwar stark kritisiert,[59] der EuGH bezieht sich jedoch auch nach Inkrafttreten der Charta in ständiger Rechtsprechung auf die ERT-Entscheidung und erachtet es für die Anwendbarkeit der Unionsgrundrechte als ausreichend, dass eine mitgliedstaatliche Regelung „in den Geltungsbereich des Unionsrechts" fällt.[60] Macht ein Mitgliedstaat von der Möglichkeit der Beschränkung der Grundfreiheiten Gebrauch, so muss die nationale Regelung bzw. das staatlich zurechenbare Tun oder Unterlassen mit den Unionsgrundrechten vereinbar sein, um die Beschränkung zu rechtfertigen.[61] Die ungeschriebenen „zwingenden Gründe des Allgemeininteresses" sind im Einklang mit den Unionsgrundrechten auszulegen.[62] Dies gilt unabhängig davon, ob es sich um eine unionsrechtlich determinierten Materie handelt oder nicht. Als ungeschriebene Schranken der Grundfreiheiten obliegt die unionsautonome Auslegung dieser Grenzen genauso wie der geschriebenen Rechtfertigungsgründe dem EuGH.[63] Da der Unionsgrundrechtsschutz nur akzessorisch zu den Unionspolitiken greift, ist dessen Anwendungsbereich nicht bei jeder Beeinträchtigung der bisher sehr weit verstandenen Grundfreiheiten eröffnet, sondern nur dann zu bejahen, wenn auch „ein hinreichend enger Zusammenhang" zwischen der beschränkten Grundfreiheit und der geltend gemachten Grundrechtsposition besteht.[64]

---

[58] EuGH, Rs. C-260/89, Slg. 1991, I-2925, Rn. 43 – ERT; anders noch verb. Rs. 60/84 u. 61/84, Slg. 1985, 2605, Rn. 26 – Cinéthèque: „Der Gerichtshof hat zwar für die Einhaltung der Grundrechte auf dem Gebiet des Gemeinschaftsrechts zu sorgen; er kann jedoch nicht prüfen, ob ein nationales Gesetz, das wie im vorliegenden Fall zu einem Bereich gehört, der in das Ermessen des nationalen Gesetzgebers fällt, mit der Europäischen Menschenrechtskonvention vereinbar ist."

[59] *P. M. Huber*, EuR 2008, 190 (194 ff.); *J. Masing*, JZ 2015, 477 (482); *H. Sauer*, Grundrechtskollisionsrecht, S. 28 ff.

[60] EuGH, Rs. C-390/12, EU:C:2014:281, Rn. 35–36 – Pfleger; Rs. C-201/15, EU:C:2016:972, Rn. 64 – AGET Iraklis; Rs. C-235/17, EU:C:2019:432, Rn. 64 – Kommission/Ungarn; *F. Wollenschläger*, EuZW 2014, 577; krit., noch für einen unionsrechtlichen Mindeststandard in diesem Fall plädierend *A. Wallrab*, Verpflichtete, S. 148.

[61] EuGH, Rs. C-390/12, EU:C:2014:281, Rn. 35 f.– Pfleger: „Nimmt ein Mitgliedstaat im Unionsrecht vorgesehene Ausnahmen in Anspruch, um eine Beschränkung einer durch den Vertrag garantierten Grundfreiheit zu rechtfertigen, muss dies daher […] als „Durchführung des Rechts der Union" im Sinne von Art. 51 Abs. 1 der Charta angesehen werden."

[62] EuGH, Rs. C-390/12, EU:C:2014:281, Rn. 35–36 – Pfleger: unverhältnismäßige Beschränkung der Art. 15–17 GRCh.

[63] *F. Wollenschläger*, EnzEuR I, § 13 Rn. 26.

[64] So *F. Wollenschläger*, EnzEuR I, § 13 Rn. 29.

3. Bindung in sonstigen unionsrechtlichen Fallgestaltungen

a) Kriterien im Sinne der Fransson-Rechtsprechung

In der Rechtssache *Åkerberg Fransson* entschied der EuGH, dass „keine Fallgestaltungen denkbar [sind], die vom Unionsrecht erfasst würden, ohne dass diese Grundrechte anwendbar wären. Die Anwendbarkeit des Unionsrechts umfasst die Anwendbarkeit der durch die Charta garantierten Grundrechte."[65] Dem Sachverhalt des Ausgangsgerichts lag die Anwendung des schwedischen Steuerstrafrechts im Falle des Mehrwertsteuerbetrugs zu Grunde, das der EuGH deshalb als Durchführung von Unionsrecht erachtete, weil mittelbar die Finanzinteressen der Union betroffen waren. Seither formuliert der EuGH in ständiger Rechtsprechung, dass die Unionsgrundrechte „in allen unionsrechtlich geregelten Fallgestaltungen, aber nicht außerhalb derselben Anwendung finden"[66]. Die „Durchführung" von Unionsrecht verlange „einen hinreichenden Zusammenhang von einem gewissen Grad […], der darüber hinausgeht, dass die fraglichen Sachbereiche benachbart sind oder der eine von ihnen mittelbare Auswirkungen auf den anderen haben kann"[67]. Ob eine solche Fallgestaltung vorliegt, beurteile sich unter anderem danach, „ob mit der fraglichen nationalen Regelung die Durchführung einer Bestimmung des Unionsrechts bezweckt wird, welchen Charakter diese Regelung hat und ob mit ihr andere als die unter das Unionsrecht fallenden Ziele verfolgt werden, selbst wenn sie das Unionsrecht mittelbar beeinflussen kann, sowie ferner, ob es eine Regelung des Unionsrechts gibt, die für diesen Bereich spezifisch ist oder ihn beeinflussen kann"[68]. Der EuGH stellte jedoch klar, dass „allein der Umstand, dass eine nationale Maßnahme in einen Bereich fällt, in dem die Union über Zuständigkeiten verfügt, diese Maßnahme nicht in den Anwendungsbereich des Unionsrechts bringen und somit zur Anwendbarkeit der Charta führen"[69] kann.

---

[65] EuGH, Rs. C-617/10, EU:C:2013:105, Rn. 18 – Åkerberg Fransson.

[66] EuGH, Rs. C-205/15, EU:C:2016:499, Rn. 23 – Toma; ähnl. Rs. C-569/19 und C-570/16, EU:C:2018:871, Rn. 52 – Bauer; Rs. C-650/13, EU:C:2015:648, Rn. 25 f. – Delvigne; Rs. C-176/12, EU:C:2014:2, Rn. 42 – Association de médiation sociale. Zu den Kriterien *D. Thym*, DÖV 2014, 941 (944); krit. *F. Lange*, NVwZ 2014, 169 (170).

[67] EuGH, Rs. C-206/13, EU:C:2014:126, Rn. 24 f. – Siragusa; Rs. C-177/17 und 178/17, EU:C:2017:656, Rn. 20 – Demarchi Gino.

[68] EuGH, Rs. C-198/13, EU:C:2014:2055, Rn. 36 f. – Hernández; Rs. C-206/13, EU:C:2014:126, Rn. 25 – Siragusa; Rs. C-399/11, EU:C:2013:107, Rn. 60 – Melloni; Rs. C-87/12, EU:C:2013:291, Rn. 41 – Ymeraga u.a.; Rs. C-40/11, EU:C:2012:691, Rn. 79 – Iida; Rs. C-309/96, EU:C:1997:631, Rn. 21 ff. – Annibaldi; krit. *M. Bäcker*, EuR 2015, 389 (393): „offenes Kriterienbündel"; *C. Herresthal*, ZEuP 24 (2014), 238 (251) mit Blick auf die Grenzen der Rechtsfortbildung.

[69] EuGH, Rs. C-198/13, EU:C:2014:2055, Rn. 36 – Hernández.

Je stärker die einheitliche Durchsetzung der Marktfreiheiten betroffen ist, desto eher bejaht der EuGH die Bindung der Mitgliedstaaten an die Unionsgrundrechte. Zusätzlich verweist er auf den Grund des europäischen Grundrechtsschutzes, der zugleich seine Grenze ist: Dieser liege in der Notwendigkeit begründet zu verhindern, dass der Grundrechtsschutz je nach dem betreffenden nationalen Recht unterschiedlich gewährleistet werde und „die Einheit, den Vorrang und die Wirksamkeit des Unionsrechts" beeinträchtige.[70]

Ausreichend für die Bejahung von Art. 51 Abs. 1 S. 1 GRCh in der Rechtssache *Åkerberg Fransson* war, dass die steuerrechtlichen Sanktionen und das Strafverfahren gegen den Kläger im Zusammenhang mit der Nichteinhaltung von Mitteilungspflichten auf dem Gebiet der Mehrwertsteuer standen. Das Unionsrecht verpflichtet die Mitgliedstaaten zum Erlass von Rechtsvorschriften, die die Erhebung der Mehrwertsteuer in ihrem Hoheitsgebiet gewährleisten. Gemäß Art. 325 AEUV müssen die Mitgliedstaaten abschreckende und wirksame Maßnahmen ergreifen, um rechtswidrige Handlungen gegen die finanziellen Interessen der Union zu bekämpfen.[71] Maßgeblich ist für den EuGH mithin nicht die Tatsache, dass auf dem Gebiet des Steuerstrafrechts keine Kompetenz der Union vorliegt. Doch weil die unionsrechtliche Determinierung nur schwach ist, weist er auch darauf hin, dass es den Mitgliedstaaten weiterhin frei stehe, nationale Grundrechtsstandards anzuwenden.[72]

In der Entscheidung *Toma* über die Ungleichbehandlung von natürlichen Personen und juristischen Personen des öffentlichen Rechts bei der Entrichtung von Gerichtsgebühren genügte, dass das betreffende Zwangsvollstreckungsverfahren eine Umweltsteuer zum Gegenstand hatte, die gegen Art. 110 AEUV verstieß.[73] Auch strafrechtliche Sanktionen zur Erfüllung von sekundärrechtlichen Pflichten erfolgen zur Durchsetzung von unionsrechtlichen Bestimmungen und damit nach dem sehr weiten Verständnis des EuGH zur Durchführung des Unionsrechts.[74] Um eine Mehrwertsteuerstraftat ging es auch in der Taricco II-Entscheidung: Das Strafverfahren lag nur insofern im Anwendungsbereich des Unionsrechts, als es um den Schutz der finanziellen Interessen der Union durch die effektive Bekämpfung von Mehrwertsteuerbetrug ging.[75] Ein enges Verständnis legt der EuGH in Ent-

---

[70] EuGH, Rs. C-206/13, EU:C:2014:126, Rn. 32 – Siragusa; Rs. C-198/13, EU:C:2014:2055, Rn. 47 – Hernández; Rs. C-617/10, EU:C:2013:105, Rn. 29 – Åkerberg Fransson.

[71] EuGH, Rs. C-617/10, EU:C:2013:105, Rn. 24–26 – Åkerberg Fransson.

[72] EuGH, Rs. C-617/10, EU:C:2013:105, Rn. 29 – Åkerberg Fransson.

[73] EuGH, Rs. C-205/15, EU:C:2016:499, Rn. 26 ff. – Toma.

[74] EuGH, Rs. C-418/11, EU:C:2013:588, Rn. 74 f. – Textdata.

[75] EuGH, Rs. C-42/17, EU:C:2017:936, Rn. 29 f. – Taricco II; Rs. C-105/14, EU:C:2015:555, Rn. 39 – Taricco I; hierzu *M. Lochmann*, EuR 2019, 61 (78).

scheidungen zu Grunde, die Bereiche betreffen, für die keine oder nur schwache Unionskompetenzen bestehen, wie im Fall McB[76] auf dem Gebiet des elterlichen Sorgerechts. Dabei betonte der EuGH, dass er wegen Art. 51 Abs. 2 GRCh „das Unionsrecht in den Grenzen der der Union übertragenen Zuständigkeiten zu prüfen"[77] habe. Angesichts der sehr weiten Formel des EuGH ist in den meisten Fällen jedenfalls von einer kumulativen Anwendbarkeit des jeweiligen nationalen Grundrechtskatalogs und der GRCh auszugehen.[78]

b) Bindung im weit verstandenen Anwendungsbereich

Der EuGH nimmt eine Bindung an Unionsgrundrechte auch dann an, wenn das mitgliedstaatliche Handeln zwar nicht unionsrechtlich durch Sekundärrecht determiniert ist, aber im Anwendungsbereich des Unionsrechts liegt. Alleiniger Anknüpfungspunkt ist dabei der weite Anwendungsbereich der Verträge. Diese Fallgruppe ist in der Literatur auf sehr viel Kritik gestoßen.[79] So schließt der EuGH im Zusammenhang mit der Auslieferung von Staatsangehörigen eines anderen Mitgliedstaats an Drittstaaten vom Anwendungsbereich der Art. 18 und 21 AEUV auf die Anwendbarkeit der Unionsgrundrechte i.S.v. Art. 51 Abs. 1 EuGH.[80] Im Unterschied hierzu erachtet das BVerfG jedoch den Auslieferungsverkehr mit Drittstaaten auch dann nicht als Materie, die in den sachlichen Anwendungsbereich des Unionsrechts fällt, wenn Unionsbürger betroffen sind und das Diskriminierungsverbot zu berücksichtigen ist.[81]

Wie bereits im 3. Kapitel dargestellt, sind der „Anwendungsbereich des Unionsrechts" und die Grundrechtsbindung bei „Durchführung des Unionsrechts" im Sinne von Art. 51 Abs. 1 S. 1 GRCh nicht deckungsgleich.[82] Ein abstrakter Bezug zum Unionsrecht oder zu den offen formulierten Zielen der Union genügt nicht für eine Bindung an die Unionsgrundrechte. Es bedarf vielmehr konkreter Anknüpfungspunkte im Recht der Union.[83] Dies gilt auch für deklaratorisch konkretisierendes Sekundärrecht: Wenn also formal eine sekundärrechtliche Überlagerung vorliegt, diese jedoch sehr offen formuliert ist und weite Gestaltungsspielräume, Anwendungsbereichsausnah-

---

[76] EuGH, Rs. C-400/10 PPU, EU:C:2010:582, Rn. 51 ff. – McB.

[77] EuGH, Rs. C-400/10 PPU, EU:C:2010:582, Rn. 51 – McB.

[78] EuGH, Rs. C-399/11, EU:C:2013:107 – Melloni; Rs. C-617/10, EU:C:2013:105, Rn. 21 – Fransson.

[79] *F. Wollenschläger*, EnzEuR I, § 13 Rn. 30 m.w.N.

[80] EuGH, Rs. C-182/15, EU:C:2016:630, Rn. 52 – Petruhhin.

[81] BVerfG, NJW 2014, 1945 (1946 Rn. 21).

[82] Vgl. bereits *D. Thym*, NVwZ 2013, 889 (893); *J. H. Klement*, JZ 2017, 161 (167).

[83] *F. Wollenschläger*, EnzEuR I, § 13 Rn. 30, der auch auf „erhebliches Unitarisierungspotential" dieser Fallgruppe hinweist.

men oder Abwägungsklauseln enthält. Dieser Bindungsgruppe unterfällt der im vorherigen Kapitel definierte Graubereich des Unionsrechts,[84] für den auch das Sekundärrecht oftmals Rückausnahmen statuiert. Es genügt für die Bindung an die Unionsgrundrechte nicht, dass die Mitgliedstaaten im diffusen Anwendungsbereich der DSGVO handeln. Eine Bindung setzt vielmehr voraus, dass sie kraft Unionsrechts positiv zur Datenverarbeitung ermächtigt oder dabei begrenzt bzw. gesteuert werden.[85] Die Anwendbarkeit der DSGVO lässt danach nicht automatisch auf die Geltung des Art. 8 Abs. 1 GRCh in den Mitgliedstaaten schließen, vielmehr besteht ein Graubereich, in welchem die Mitgliedstaaten im weiten Rahmen der DSGVO handeln, nicht aber an die GRCh gebunden sind – mithin im Anwendungsbereich des Unionsrechts im Sinne der negativen Integration[86] handeln ohne Unionsrecht durchzuführen.

4. *Grundrechtsbindung im Rahmen von Öffnungsklauseln*

Eine Richtlinie, die Öffnungsklauseln zu Gunsten der Mitgliedstaaten enthält, ist ihrerseits insgesamt am Maßstab der Unionsgrundrechte zu prüfen.[87] Dies ist mit Blick auf die Verantwortung nach Hoheitsbereichen zutreffend und konsequent. Die Grundrechtskonformität einer spielraumeröffnenden Richtlinie setzt voraus, dass diese „den Mitgliedstaaten einen Ermessensspielraum belässt, [der] weit genug ist, um ihnen die Anwendung der Vorschriften der Richtlinie in einer mit den Erfordernissen des Grundrechtsschutzes im Einklang stehenden Weise zu ermöglichen".[88] Der Unionsrechtsetzer kann sich nicht durch weitreichende Öffnungsklauseln der Bindung an die Unionsgrundrechte entziehen. Eröffnet er den Mitgliedstaaten durch eine Öffnungsklausel auch oder gar *nur* grundrechtswidrige Abweichungen, stellt sich bereits das eröffnende Sekundärrecht als unionsgrundrechtswidrig dar.[89]

---

[84] Zu diesem oben, 3. Kapitel, B.V. (S. 155).

[85] *J. H. Klement*, JZ 2017, 161 (167), der bspw. Art. 58 DSGVO erwähnt; vgl. auch BVerfGE 152, 152 (169 Rn. 42), wonach nationale Grundrechte auf einen Sachverhalt anzuwenden sind, der „im Anwendungsbreich des Unionsrechts liegt, dabei aber durch dieses nicht vollständig determiniert ist"; differenzierend *G. Britz*, EuGRZ 2009, 1 (4).

[86] Zum Begriff oben, 3. Kapitel, B.IV. 1. (S. 148 ff.).

[87] EuGH, Rs. C-540/03, Slg. 2006, I-5769, Rn. 22 – Parlament/Rat: In der Nichtigkeitsklage gegen die Familiennachzugs-Richtlinie rügte das Europäische Parlament die zahlreichen darin zu Gunsten der Mitgliedstaaten enthaltenen Öffnungsklauseln und brachte vor, dass die Richtlinie durch das Zulassen dieser Ausnahmen selbst gegen die Grundrechte verstoße; s. hierzu auch *J. F. Lindner*, EuZW 2007, 71; *N. Matz-Lück*, Nationaler Grundrechtsschutz, S. 175.

[88] EuGH, Rs. C-540/03, Slg. 2006, I-5769, Rn. 104 – Parlament/Rat.

[89] So bspw. die Öffnungsklausel des Art. 15 Abs. 1 ePrivacy-RL, da diese eine sehr weitgehende Ausnahme vom Grundsatz der Vertraulichkeit der Kommunikation ermöglicht, der EuGH vermied aber bisher eine Prüfung der Öffnungsklausel selbst, hierzu krit.

Die Durchführung einer Richtlinie unterliegt der Kontrolle der mitgliedstaatlichen Gerichte, Auslegungs- und Gültigkeitsfragen sind aber im Rahmen der Öffnungsklauseln dem EuGH vorzulegen.[90] Die grundrechtsschützende Ausfüllung nationalen Spielraums ist Sache der Mitgliedstaaten.[91] Dabei sind aber nicht nur allein die nationalen Grundrechte maßgeblich,[92] es besteht vielmehr auch für unionsrechtlich eröffnete Ausnahme- und Rechtfertigungstatbestände sowie bei Regelungsoptionen zumindest eine parallele Bindung an die Unionsgrundrechte.[93] Die Mitgliedstaaten müssen auch ihr legislatives Ermessen im Einklang mit dem unionsrechtlichen Grundrechtsschutz ausüben und es so wahrnehmen, dass die Erfordernisse der Unionsgrundrechte „nicht verkannt werden"[94]. Insbesondere für Regelungsspielräume der DSRL bejahte der EuGH eine weitreichende Bindung der Mitgliedstaaten an die Unionsgrundrechte, auch wenn diese eine mitgliedstaatliche Flexibilität zum Ausdruck bringen sollten.[95] Damit gilt ein doppelter Grundrechtsschutz bei der Ausfüllung von Ermessensspielräumen.[96] Richtlinienspielräume sind keine Rückübertragung von Unionskompetenzen an die Mitgliedstaaten, sondern Ausdruck einer entweder nicht vollständig

A. Sandhu, EuR 2017, 453 (464). Ähnlich auch im Fall der für nichtig erklärten RL 2006/24/EG, die zu weitreichenden Eingriffen in Art. 7 und 8 GRCh ermächtigte, EuGH, verb. Rs. C-293/12 und C-594/12, EU:C:2014:238, Rn. 60 ff. – Digital Rights; vgl. ferner zur Unvereinbarkeit einer Ausnahmebestimmung mit Art. 21 und 23 GRCh: EuGH, Rs. C-236/09, Slg. 2011, I-773, Rn. 32 – Test Achats; hierzu *O. Mörsdorf*, Ungleichbehandlung als Norm, S. 115 f.

[90] EuGH, Rs. C-540/03, Slg. 2006, I-5769, Rn. 106 – Parlament/Rat.

[91] Die Bundesrepublik konnte im Fall *Wachauf* innerstaatlich die Gewährung der Milchaufgabevergütung im Falle eines Antrags durch einen Pächter davon abhängig machen, dass der Verpächter schriftlich einwilligt. Dieses – im Rahmen des gemeinschaftlichen Ermessensspielraums zulässige – zusätzliche Erfordernis musste sich folgerichtig an nationalen Grundrechten messen lassen. Der abschließend entscheidende VGH Hessen erkannte schließlich in der Verweigerung der Milchaufgabevergütung gegenüber dem Landwirt *Wachauf* keine Verletzung von Art. 3 Abs. 1 GG, Art. 14 Abs. 1 GG, da der Pächter ohne Einwilligung des Verpächters diesen an der zukünftigen Milcherzeugung hindern würde, VGH Hessen, Urt. v. 9.3.1994, 8 UE 715/90, Rn. 35 f.

[92] Überblick bei *H.-W. Rengeling/P. Szczekalla*, Grundrechte in der Europäischen Union, § 4 Rn. 277 ff.; *P. Szczekalla*, NVwZ 2006, 1019 (1020): dort auch zum Problem der unvollständigen, unionsrechtswidrigen oder zu vagen Richtlinie; allgemein hierzu *S. Bucher*, ZEuS 2016, 203.

[93] *O. Mörsdorf*, Ungleichbehandlung als Norm, S. 115; ferner *F. Wollenschläger*, EnzEuR I, § 13 Rn. 19 m.w.N.; *C. Ohler*, NVwZ 2013, 1433 (1437); *C. Herresthal*, ZEuP 24 (2014), 238 (252).

[94] EuGH, Rs. C-540/03, Slg. 2006, I-5769, Rn. 105 f. – Parlament/Rat; vgl. ferner Rs. C-2/92, Slg. 1994, I-955 – Bostock; Rs. C-63/93, Slg. 1996, I-569, Rn. 29 – Duff u.a.; Rs. C-94/00, Slg. 2002, I-9011 – Roquette Frères SA.

[95] Rs. C-101/01, Slg. 2003, I-12971, Rn. 83 – Lindqvist.

[96] *P. Szczekalla*, NVwZ 2006, 1019 (1021).

wahrgenommenen oder nicht bestehenden Kompetenz auf Unionsebene.[97] Regelungstechnisch sind Verordnungsspielräume mit Umsetzungsspielräumen vergleichbar,[98] so dass die Rechtsprechung auch für Verordnungen gilt. Voraussetzung für die Anwendbarkeit der Unionsgrundrechte auf einen nationalen Sachverhalt ist, dass das Unionsrecht in dem betreffenden Sachbereich bestimmte Verpflichtungen für die Mitgliedstaaten schafft.[99] Inwieweit nationale Schutzstandards weiterhin anwendbar sind, hängt von den verbleibenden Umsetzungsspielräumen im nationalen Recht ab.[100] Allerdings ist nach Auffassung des EuGH das „in der Charta vorgesehene grundrechtliche Schutzniveau unabhängig von dem Umsetzungsspielraum der Mitgliedstaaten"[101] maßgeblich. Im Unterschied hierzu geht das BVerfG bei Maßnahmen, die unter Wahrnehmung mitgliedstaatlichen Gestaltungsspielraums ergangen sind, von einer vorrangigen Bindung an die nationalen Grundrechte aus.[102]

Unabhängig von der Frage des Spielraums ist mitgliedstaatliches Umsetzungsrecht jedenfalls dann nicht mehr am Maßstab der Unionsgrundrechte zu prüfen, wenn der umzusetzende Rechtsakt für nichtig erklärt worden ist. Sofern das nationale Umsetzungsrecht als vollzugsfähige Norm fortbestehen kann, ist es unabhängig vom Bestand des Unionsrechts als gewöhnliches nationales Recht allein am Maßstab der nationalen Grundrechte zu prüfen.[103] Es bedarf keiner zusätzlichen Kontrolle des diesen umsetzenden mitgliedstaatlichen Rechtsakts am Maßstab der Unionsgrundrechte.

5. Nicht ausreichende Anknüpfungspunkte

Die Unionsgrundrechte sind auf mitgliedstaatliche Maßnahmen nur anwendbar, wenn eine Maßnahme der europäischen Regelungsverantwortung entspringt oder einen gewissen Bezug zu den Sachkompetenzen der Union aufweist.[104] Die bloße Betroffenheit in Unionsbürgerrechten, wie dem allge-

---

[97] *A. Funke*, Umsetzungsrecht, S. 204; vgl. auch *U. Karpenstein*, EuZW 2010, 885 (885): Ausdruck der „Nicht-Harmonisierung".

[98] Zur strukturellen Vergleichbarkeit detaillierter Richtlinien und Verordnungen: *S. Augsberg*, DÖV 2010, 153 (158); zur DSGVO: *J. P. Albrecht/N. Janson*, CR 2016, 500 (504); differenzierend *N. Matz-Lück*, Nationaler Grundrechtsschutz, S. 170.

[99] EuGH, Rs. C-198/13, EU:C:2014:2055, Rn. 35 – Hernández; Rs. C-206/13, EU:C:2014:126, Rn. 26 – Siragusa: keine EU-Verpflichtungen im Hinblick auf den Landschaftsschutz, wie ihn das italienische Recht im Ausgangsverfahren vorsah; Rs. C-144/95, Slg. 1996, I-2909, Rn. 11 – Maurin; vgl. ferner *D. Thym*, NVwZ 2013, 889 (894), der „eine messbare Verpflichtung kraft Unionsrechts" verlangt.

[100] EuGH, Rs. C-516/17, EU:C:2019:625, Rn. 22 – Spiegel Online.

[101] EuGH, Rs. C-516/17, EU:C:2019:625, Rn. 20 – Spiegel Online.

[102] BVerfGE 152, 216 (233 Rn. 42). Näher hierzu sogleich unter B.II. (S. 204).

[103] So auch *A. Funke*, Umsetzungsrecht, S. 205.

[104] *P. Alston/J. H. H. Weiler*, EJIL 9 (1998), 658 (680 f.) „all those areas which are

meinen Freizügigkeitsrecht [a)] oder in Grundrechten beispielsweise beim Aufenthalt eines Unionsbürgers in einem anderen Mitgliedstaat [b)], genügen jeweils nicht für eine Bindung an die GRCh.

a) Unionsbürgerschaft

Nicht durchgesetzt hat sich eine generelle Bindung der Mitgliedstaaten an die Unionsgrundrechte im Sinne einer Koppelung an die Unionsbürgerschaft. Auch der Ansatz der Generalanwältin *Eleanor Sharpston* setzte sich nicht durch. Dieser sah vor, dass der Unionsgrundrechtsschutz „weder von der unmittelbaren Anwendbarkeit einer Vertragsbestimmung noch von dem Bestehen abgeleiteter Rechtsakte, sondern von *Existenz und Umfang einer sachlichen Unionszuständigkeit* abhängig" sein solle, die Regel vielmehr lauten solle: „Wenn die Union die (ausschließliche oder geteilte) Zuständigkeit in einem bestimmten Rechtsbereich besitzt, sollten die Unionsgrundrechte den Unionsbürgern Schutz bieten, *selbst wenn diese Zuständigkeit noch nicht wahrgenommen wurde*."[105] Es sollte also unabhängig vom Bestehen hypothetischer oder realer Bezüge zum Unionsrecht und unabhängig vom jeweiligen Harmonisierungsgrad der Unionsgrundrechtsschutz maßgeblich sein. Nur für die Bestimmung des grundrechtlichen Schutzumfangs auf Unionsebene käme es danach auf die Art der Zuständigkeit an, bei einer geteilten Zuständigkeit sei der unionsrechtliche Grundrechtsschutz nur komplementär.[106] Insbesondere sollte dieser Vorschlag die Unionsbürgerschaft als grundlegenden Status der Angehörigen der Mitgliedstaaten um einen unionsweit lückenlosen Grundrechtsschutz stärken. Allerdings wäre dieses Verständnis nach Ansicht von *Sharpston* „ein eindeutiges föderalistisches Element" in der Union, das nicht ohne den ausdrücklichen politischen Willen der Mitgliedstaaten eingeführt werden könne.[107] So weit ist auch der EuGH bisher nicht gegangen. Im Zusammenhang mit Art. 19 AEUV, der Kompetenz zum Erlass von Antidiskriminierungsmaßnahmen, entschied der EuGH, dass es für die Anwendbarkeit der Unionsgrundrechte gegenüber den Mitgliedstaaten nicht genüge, dass die nationale Maßnahme in einen Bereich falle, in dem die Union über Zuständigkeiten verfüge.[108]

---

regulated by the Community or come within the reach of Community law can and should also be subject to its human rights policy"; *V. Kosta*, Fundamental Rights, S. 17 f.; s. ferner *A. Edenharter*, Grundrechtsschutz, S. 631: „sachbezogene Regelungskompetenz der Gemeinschaft im Grundrechtsbereich"; *M. Cornils*, Grundrechtlicher Rahmen, S. 15.

[105] GA *Sharpston*, Schlussanträge, Rs. C-34/09, Slg. 2011, I-1177, Rn. 163 – Zambrano (Hervorhebungen im Original).

[106] GA *Sharpston*, Schlussanträge, Rs. C-34/09, Slg. 2011, I-1177, Rn. 168 – Zambrano; krit. *J. Masing*, JZ 2015, 477 (483).

[107] GA *Sharpston*, Schlussanträge, Rs. C-34/09, Slg. 2011, I-1177, Rn. 172 – Zambrano.

[108] EuGH, Rs. C-198/13, EU:C:2014:2055, Rn. 36 – Hernandez.

b) Grundrechtsbetroffenheit

Ausreichend ist auch nicht die bloße, gar nur potenzielle Grundrechtsbetroffenheit eines Unionsbürgers in einem Mitgliedstaat.[109] In einzelnen Fällen hat der EuGH die Anwendung der Charta dann verneint, wenn die Vorlagefrage kein konkretes Element enthielt, das die Anwendbarkeit der Charta eröffnet hätte.[110] Der EuGH verlangt für Art. 51 Abs. 1 GRCh „einen hinreichenden Zusammenhang von einem gewissen Grad [...], der darüber hinausgeht, dass die fraglichen Sachbereiche benachbart sind oder der eine von ihnen mittelbare Auswirkungen auf den anderen haben kann."[111] Unanwendbar sind die Unionsgrundrechte, „wenn die unionsrechtlichen Vorschriften in dem betreffenden Sachbereich keine bestimmten Verpflichtungen der Mitgliedstaaten im Hinblick auf den im Ausgangsverfahren fraglichen Sachverhalt schaffen"[112]. Es genügt auch nicht, dass Unionsgrundrechte allgemein betroffen sind. In einem Vorlageverfahren über die Übermittlung von Kfz-Zulassungsdaten eines falschparkenden Fahrzeughalters durch die Kommunalverwaltung an einen privaten Konzessionär, der für die Erhebung von Parkgebühren auf kommunalen Straßen von der Gemeinde beauftragt worden war, verneinte der EuGH seine Zuständigkeit. Für die Prüfung der Vereinbarkeit mit den Unionsgrundrechten aus Art. 7 und 8 GRCh genügte die allgemeine Betroffenheit dieser Grundrechte nicht, da nicht zugleich ein Bezug zu einer konkreten Norm des Datenschutzsekundärrechts vorlag.[113] Im Fall *Grogan* maß der EuGH das einer Studentenvereinigung durch den irischen High Court erteilte Verbot, über legale Schwangerschaftsabbrüche im EU-Ausland zu informieren, nicht am Maßstab des Art. 10 Abs. 1 EMRK (Meinungs- und Informationsfreiheit), weil der Anwendungsbereich des Gemeinschaftsrechts nicht eröffnet war.[114] Als Anknüpfungspunkt genügte danach auch nicht die Information über eine Tätigkeit, die grundfreiheitlich geschützt ist, selbst wenn sie dadurch mittelbar beeinträchtigt wird.

---

[109] Vgl. nur EuGH, Rs. C-299/95, Slg. 1997, I-2629, Rn. 16 – Kremzow; Rs. C-168/91, Slg. 1993 I-1191 – Konstantinidis, entgegen GA *Jacobs*, Schlussanträge, Rs. C-168/91, Rn. 46 – Konstantinidis; *E. Spaventa*, CMLRev 55 (2018), 997 (1008).

[110] EuGH, Rs. C-508/16, EU:C:2017:6, Rn. 17 f. – Boudjellal; Rs. C-282/14, EU:C:2014:2486, Rn. 16 – Stylinart.

[111] EuGH, Rs. C-177/17 und C-178/17, EU:C:2017:656, Rn. 19 – Demarchi Gino; Rs. C-218/15, EU:C:2016:748, Rn. 14 – Paoletti; Rs. C-198/13, EU:C:2014:2055, Rn. 35 – Hernandez.

[112] EuGH, Rs. C-198/13, EU:C:2014:2055, Rn. 35 – Hernandez; Rs. C-144/95, Slg. 1996, I-2909, Rn. 11 f. – Maurin; Rs. C-206/13, EU:C:2014:126, Rn. 26 f. – Siragusa.

[113] EuGH, Rs. C-508/16, EU:C:2017:6, Rn. 29 – Boudjellal: „elle ne mentionne aucune disposition de cette directive [DSRL, Anm. d. Verfasserin] qui pourrait être pertinente pour la solution du litige au principal". Die Vorlagefrage war überdies allgemeiner und hypothetischer Natur und deshalb unzulässig.

[114] EuGH, Rs. C–159/90, Slg. 1991, I–4685 (4739) Rn. 31 f. – Grogan.

6. Zwischenfazit

Im Ergebnis kommt die EuGH-Rechtsprechung zu einer weitreichenden parallelen Anwendbarkeit der nationalen Grundrechte und der Unionsgrundrechte. Nuancierungen nimmt der EuGH erst auf der zweiten Stufe, der Bestimmung des Schutzniveaus vor. Eine abgeschwächte Kontrolldichte erfolgt insbesondere in Fällen, in denen der Anknüpfungspunkt zum Unionsrecht nur mittelbar oder reflexhaft besteht. Seine Zuständigkeit verneint der EuGH bei Vorliegen grundrechtskonkretisierenden Sekundärrechts in der jüngeren Rechtsprechung nur, „wenn die erbetene Auslegung des Unionsrechts offensichtlich in keinem Zusammenhang mit der Realität oder dem Gegenstand des Ausgangsrechtsstreits steht, wenn das Problem hypothetischer Natur ist oder wenn der Gerichtshof nicht über die tatsächlichen und rechtlichen Angaben verfügt, die für eine zweckdienliche Beantwortung der ihm vorgelegten Fragen erforderlich sind“[115].

II. Der Ansatz des BVerfG

Während die Linie des EuGH bis zur *Melloni*-Entscheidung im Sinne einer Ebenenhierarchie gelesen werden kann, lehnt das BVerfG eine strikte Hierarchie ab und drückt dies insbesondere durch die Relativierung des unionsrechtlichen Anwendungsvorrangs aus, die mit der Europafreundlichkeit des Grundgesetzes im Einklang steht.[116] Das BVerfG geht bei der EU von „nicht strikt hierarchisch gegliederten politischen Ordnungszusammenhängen“ aus.[117] Die hermetische Trennung der Grundrechtsräume (1.) gab das BVerfG sukzessive auf, indem es zunächst die weitreichende Überlappung der Geltungsbereiche der GRCh und des Grundgesetzes anerkannte, die seiner Prüfungskompetenz nicht entgegenstehen (2.) und schließlich die Unionsgrundrechte selbst zum verfassungsgerichtlichen Prüfungsmaßstab erhob (3.). Diese Rechtsprechung bedarf einer kritischen Würdigung (4.).

1. Von der defensiven Alternativitätsthese …

Ausgehend von der Solange I- und II-Rechtsprechung des BVerfG[118] herrschte die Vorstellung von zwei getrennten Grundrechtssphären vor. Danach übt das BVerfG seine Prüfungskompetenz gegenüber unmittelbar anwendbarem Unionsrecht nicht aus, solange auf Unionsebene ein im Wesentlich vergleichbarer Grundrechtsstandard gewährleistet ist.[119] Auch die inner-

[115] EuGH, Rs. C-207/16, EU:C:2018:788, Rn. 45 – Ministerio Fiscal zur ePrivacy-RL; Rs. C-25/17, EU:C:2018:551, Rn. 31 – Jehovan Todistajat.

[116] Grundlegend BVerfGE 123, 267 (401).

[117] BVerfGE 123, 367 (401).

[118] BVerfGE 37, 271; 73, 339.

[119] Zum Ganzen *D. Thym*, NVwZ 2013, 889; *ders.*, JZ 2015, 53; *T. Kingreen*, JZ 2013, 801 (803).

staatliche Umsetzung von Richtlinien könne insoweit nicht am Maßstab des Grundgesetzes geprüft werden, wenn sie zwingende Vorgaben umsetze und keine Umsetzungsspielräume ausfülle.[120] Besteht jedoch ein weiter mitgliedstaatlicher Entscheidungsspielraum im umzusetzenden Unionsrechtsakt, seien allein die Grundrechte des Grundgesetzes maßgeblich.[121] Diese Trennung ließ sich bis zu einem gewissen Grad aufrecht erhalten, erwies sich jedoch mit dem extensiven Verständnis der „Durchführung" von Unionsrecht durch den EuGH als zunehmend schwer vereinbar.

Als Reaktion auf die dargestellten extensiven Anknüpfungspunkte des EuGH begab sich das BVerfG zunächst in die Defensive und brachte den Ultra-vires-Vorbehalt als Drohkulisse in Stellung: In dem nur wenige Monate nach der *Fransson*-Entscheidung ergangenen Urteil zum Antiterrordateigesetz (ATDG) zeigte das BVerfG die Grenzen der Chartabindung aus Sicht des Grundgesetzes auf und legte der EuGH-Judikatur eine integrationsfreundliche Auslegung zu Grunde: Dieser dürfe

> [i]m Sinne eines kooperativen Miteinanders zwischen dem Bundesverfassungsgericht und dem Europäischen Gerichtshof […] keine Lesart unterlegt werden, nach der diese offensichtlich als Ultra-vires-Akt zu beurteilen wäre oder Schutz und Durchsetzung der mitgliedstaatlichen Grundrechte in einer Weise gefährdete (Art. 23 Abs. 1 Satz 1 GG), dass dies die Identität der durch das Grundgesetz errichteten Verfassungsordnung in Frage stellte. Insofern darf die Entscheidung nicht in einer Weise verstanden und angewendet werden, nach der für eine Bindung der Mitgliedstaaten durch die in der Grundrechtecharta niedergelegten Grundrechte der Europäischen Union jeder sachliche Bezug einer Regelung zum bloß abstrakten Anwendungsbereich des Unionsrechts oder rein tatsächliche Auswirkungen auf dieses ausreiche.[122]

Die Unionsgrundrechte dürfen selbst nach der Rechtsprechung des EuGH nur in „unionsrechtlich geregelten Fallgestaltungen, aber nicht außerhalb derselben Anwendung finden".[123] Das BVerfG ging von einer klaren Abgrenzbarkeit der Grundrechtsräume aus und schloss Überschneidungen implizit aus.[124] In der ersten ATDG-Entscheidung ging es zwar um Vorschriften zum Datenaustausch im Zusammenhang mit der Bekämpfung des internationalen Terrorismus und damit um Fragen, „die zum Teil auch Regelungsbereiche des Unionsrechts berühren"[125]. Doch stellen die Tätigkeit

[120] BVerfGE 118, 79 (95 Rn. 69); 122, 1 (20).

[121] Dabei ist die Handlungsform des Unionsrechtsakts nicht allein entscheidend, maßgeblich ist der materiell-rechtliche Spielraum, vgl. BVerfGE 143, 38 (52) zum Spielraum einer Verordnung und BVerfGE 125, 260 (308) zum Spielraum einer Richtlinie.

[122] BVerfGE 133, 277 (316).

[123] EuGH, Rs. C-617/10, EU:C:2013:105, Rn. 19 – Åkerberg Fransson, zitiert in BVerfGE 133, 277 (316).

[124] Krit. insofern *C. Ohler*, NVwZ 2013, 1433 (1437 f.).

[125] BVerfGE 133, 277 (314); bestätigt in BVerfG, NVwZ 2021, 226 (228 Rn. 63 ff.) zum ATDG.

der Sicherheitsbehörden und Nachrichtendienste „unzweifelhaft“[126] keine Durchführung des Unionsrechts im Sinne des Art. 51 Abs. 1 S. 1 GRCh dar. Auch nehme Art. 3 Abs. 2 DSRL den Bereich der öffentlichen Sicherheit, der Sicherheit des Staates und Tätigkeiten im strafrechtlichen Bereich ausdrücklich aus dem Anwendungsbereich heraus. Ferner weist das BVerfG darauf hin, dass keine unionsrechtliche Bestimmung die Einrichtung der Antiterrordatei vorschreibe, untersage oder diesbezüglich inhaltliche Vorgaben mache. Dass das ATDG das Funktionieren unionsrechtlicher Rechtsbeziehungen „mittelbar beeinflussen“ könne, genüge für die Anwendbarkeit der GRCh nicht.[127]

Ähnlich strikt trennte es bei den Regelungen zur Vorratsdatenspeicherung. Die Verfassungsbeschwerde gegen das Umsetzungsgesetz der VDSRL erachtete es deshalb insoweit als zulässig, „als die angegriffenen Vorschriften auf Richtlinienbestimmungen beruhen, die einen zwingenden Inhalt haben“.[128] Soweit „der Gesetzgeber bei der Umsetzung von Unionsrecht Gestaltungsfreiheit hat, das heißt durch das Unionsrecht nicht determiniert ist“[129], seien die Grundrechte des Grundgesetzes allein anwendbar. Für den unionsrechtlich determinierten Teil der Vorratsdatenspeicherung war das BVerfG unzuständig. Eine umfassende Grundrechtskontrolle nahm das BVerfG nur noch bei solchen nationalen Rechtsakten vor, die einen unionsrechtlichen Umsetzungsspielraum ausfüllten bzw. von unionsrechtlichen Ausnahmen Gebrauch machten.[130] Nach dieser Alternativitätsthese ist der Grund für die Anwendung der Unionsgrundrechte die einheitliche Anwendung des von den Mitgliedstaaten durchgeführten unmittelbar geltenden Unionsrechts, findet aber hierin zugleich auch seine Grenze.[131] Verkennt ein Fachgericht diesen mitgliedstaatlichen Umsetzungsspielraum, kann dies im Wege der Verfassungsbeschwerde gerügt werden.[132] Vor den Fachgerichten kann sich der Einzelne in den meisten Fällen parallel auf die Unionsgrund-

---

[126] BVerfGE 133, 277 (314).

[127] BVerfGE 133, 277 (314); *F. Wollenschläger*, in: Dreier, GG Bd. II, Art. 23 GG Rn. 103 m.w.N.

[128] BVerfGE 125, 260 (307).

[129] BVerfGE 121, 1 (15); 125, 260 (306 f.); BVerfG, NVwZ 2016, 1171 (1172 Rn. 30); anders die Fachgerichte zu §§ 113a f. TKG wegen Verstoßes gegen Art. 16 GRCh. Sie gehen von der kumulativen Anwendbarkeit der GRCh und des GG im Bereich der Vorratsdatenspeicherung aus: „Das Unionsrecht steht ungeachtet der Anwendbarkeit der Unionsgrundrechte seinerseits einer Anwendung mitgliedstaatlicher Grundrechte innerhalb dieses Spielraums nicht entgegen, soweit dadurch keine unionsrechtlichen Vorgaben verletzt werden“, OVG NRW, NVwZ-RR 2018, 43 (50 Rn. 47).

[130] Exemplarisch BVerfGE 125, 260 (306).

[131] *T. Kingreen*, JZ 2013, 801 (803); *J. Nusser*, Bindung der Mitgliedstaaten, S. 62 ff.

[132] BVerfGE 129, 78 (91).

rechte und die Grundrechte des Grundgesetzes berufen.[133] Der Raum für die spezifische Grundrechtskontrolle des BVerfG wurde damit im Vergleich zur fachgerichtlichen Kontrolle stetig enger. Mit zunehmender Harmonisierungsdichte auf Unionsebene verlieren in unionsrechtlichen Sachverhalten die Grundrechte des Grundgesetzes an Bedeutung und tritt die Jurisdiktionsgewalt des BVerfG zurück.[134]

2. … zur Überlappung der Grundrechtssphären …

Diese strikte Trennung der Grundrechtsräume lockerte das BVerfG zunehmend in Reaktion auf die extensive Rechtsprechung des EuGH, die zur weitgehenden parallelen Anwendbarkeit der Grundrechte des Grundgesetzes und der GRCh geführt hatte.[135] Der EuGH ist dem Ultra-vires-Vorbehalt mit einem Dialogangebot entgegengetreten. In seinem Honeywell-Beschluss ging das BVerfG dann auf dieses Kooperationsangebot auch näher ein:

> Die nach dieser Konstruktion im Grundsatz unvermeidlichen Spannungslagen sind im Einklang mit der europäischen Integrationsidee kooperativ auszugleichen und durch wechselseitige Rücksichtnahme zu entschärfen.[136]

Dem kam der EuGH in der jüngeren Rechtsprechung entgegen. In der Taricco II-Entscheidung effektuiert er das Vorabentscheidungsverfahren auch auf Verfassungsebene als einen Mechanismus, der zwischen dem EuGH und den Gerichten der Mitgliedstaaten „einen Dialog von Gericht zu Gericht" einführe.[137] Der EuGH beansprucht damit nicht, letztgültig Entscheidungen und Maßstäbe in Grundrechtsfragen vorzugeben, sondern sah sich mangels unionsrechtlicher Determinierung im konkreten Fall nur in der Lage, dem vorlegenden Gericht Hinweise zur Auslegung des Unionsrechts zu geben, die diese zur Lösung des Rechtsstreits benötigen.[138]

---

[133] *M. Bäcker*, EuR 2015, 389 (404); zur Differenzierung zwischen den Grenzen der Spielraumeröffnung und -ausfüllung *G. Britz*, EuGRZ 2015, 275.

[134] Einen entsprechenden Bedeutungsverlust langfristig prognostizierend *A. Edenharter*, Grundrechtsschutz, S. 736; *S. Augsberg*, DÖV 2010, 153 (154).

[135] S. bereits *C. Franzius*, EuGRZ 2015, 139 (149), die saubere Trennung der Grundrechtssphären als „illusorisch" bezeichnend; nach *D. Thym*, JZ 2015, 53 (56) sind „die Grundannahmen dieser Konstruktion brüchig geworden".

[136] BVerfGE 126, 286 (303).

[137] EuGH, Rs. C-42/17, EU:C:2017:936, Rn. 22 – Taricco II; s. bereits Gutachten 2/13, EU:C:2014:2454, Rn. 176 – Beitritt zur EMRK.

[138] EuGH, Rs. C-42/17, EU:C:2017:936, Rn. 23 – Taricco II; Rs. C-614/14, EU:C:2016:514, Rn. 16 – Ognyanov.

a) Theoretische Ansätze

Im Umgang mit der zunehmenden unionsgrundrechtlichen Überlagerung des nationalen Rechts boten sich unterschiedliche Lösungsansätze an. Ein Vorschlag setzt beim materiellen Gehalt der Unionsgrundrechte an, der in die grundrechtliche Rechtsprechung des BVerfG integriert werden müsse.[139] Der konservative Ansatz sieht vor, dass die Grundrechte des Grundgesetzes allein angewendet, aber „materielle europäisiert" werden, indem die GRCh ähnlich wie die EMRK wertend als Auslegungshilfe herangezogen werde.[140] Die Grundrechte des Grundgesetzes sollen danach unabhängig vom Harmonisierungsgrad auch auf zwingendes Unionsrecht angewendet werden, wobei inzident die überstaatlichen Gewährleistungsgehalte mitgeprüft würden.[141] Dadurch soll langfristig eine inhaltliche Annäherung der Auslegung der Grundrechte des Grundgesetzes an die EMRK und die GRCh bewirkt bzw. die nationalen und europäischen Grundrechte zu einem einheitlichen Prüfungsmaßstab „verschmolzen" werden.[142] So wie die EMRK auf Grund der Völkerrechtsfreundlichkeit des Grundgesetzes als „Auslegungshilfe"[143] heranzuziehen ist, bestünde im Sinne der Europarechtsfreundlichkeit des Grundgesetzes eine Berücksichtigungspflicht der GRCh. Nimmt das BVerfG seine Prüfungskompetenz auch bei unionsrechtlich determinierten Maßnahmen vor, könnte es grundrechtliche Fragen des Unionsrechts im Wege des Vorabentscheidungsverfahrens dem EuGH vorlegen, so dass ein „Grundrechtsdialog" entstünde.[144]

Kritikwürdig an diesem Vorschlag ist jedoch, dass dadurch eine Auslegung und Anwendung der Unionsgrundrechte nach dem Vorbild der deutschen Grundrechtsdogmatik droht.

Daneben wurde der als „radikal"[145] bezeichnete Ansatz vertreten. Nach diesem sollen die Unionsgrundrechte selbst zum Prüfungsmaßstab des BVerfG erhoben werden.[146] Das BVerfG könnte dann jede grundrechtliche

[139] *M. Bäcker*, EuR 2015, 389 (405 ff.).

[140] *M. Bäcker*, EuR 2015, 389 (408); *D. Thym*, JZ 2015, 53 (57): „Fusionsmodell"; *J. Hofmann*, Grundrechtsschutz (581 ff.); *G. Buchholtz*, DÖV 2017, 837 (844): „Europäisierung des bundesverfassungsgerichtlichen Prüfungsprogramms"; ablehnend *G. Britz*, EuGRZ 2015, 275 (276).

[141] *D. Thym*, JZ 2015, 53.

[142] *D. Thym*, JZ 2015, 53 (57); hierzu *C.-D. Classen*, EuR 2016, 304 (310 f.).

[143] Grundlegend zur EMRK als BVerfGE 111, 307 (329 Rn. 68); 128, 326 (367 Rn. 88).

[144] *M. Bäcker*, EuR 2015, 389 (409); *J. Hofmann*, Grundrechtsschutz, S. 573.

[145] So die Bezeichnung bei *M. Bäcker*, EuR 2015, 389 (410).

[146] *E. M. Frenzel*, Der Staat 53 (2014), 1 (14); *J. Griebel*, Der Staat 52 (2013), 371; *ders.*, DVBl. 2014, 204 (207); krit. mit Blick auf die „Verdoppelung des Prüfungsmaßstabs" und die Schwächung des EuGH, wenn die Vorlagen nicht erfolgen: *C. Franzius*, ZaöRV 75 (2015), 383 (392 Fn. 38); ablehnend *G. Buchholtz*, DÖV 2017, 837 (844).

Frage unabhängig vom Grad unionsrechtlichen Determinierung dem EuGH vorlegen. Diesem Vorschlag steht jedoch der eindeutige Wortlaut des Grundgesetzes, insbesondere in Art. 93 Abs. 1 Nr. 4a GG entgegen, demgemäß die Grundrechte des Grundgesetzes den Prüfungsmaßstab einer Verfassungsbeschwerde bilden.[147]

b) Vorrangige Anwendung des Grundgesetzes bei schwacher Determinierung

Einen ersten Schritt in Richtung einer einheitlichen Prüfungskompetenz über unionsrechtlich geprägtes Recht ging der Erste Senat des BVerfG in der Entscheidung zur Verfassungskonformität der aktiven Verbraucherinformation nach §40 Abs. 1a LFGB.[148] In diesem Beschluss prüfte er erstmals eine innerstaatliche Regelung, die unter dem Einfluss der EG-BasisVO[149] und der EG-KontrollVO[150] stand, insgesamt an den Grundrechten des Grundgesetzes. Der Kontrollbefugnis stand nicht entgegen, dass das LFGB „auch der Umsetzung und Durchführung“[151] von Unionsrecht diente. Im dritten Leitsatz hält der Beschluss fest, dass nationale Grundrechte auch dann maßgeblich seien, „wenn zugleich Zweifel an der Vereinbarkeit des Gesetzes mit Sekundärrecht der Europäischen Union bestehen“.[152] Es ging dabei im Unterschied zur Bananenmarkt-Konstellation[153] nicht um die unmittelbare Kontrolle einer zu Grunde liegenden EU-Verordnung. Eine solche nimmt das BVerfG nach dem Solange II-Vorbehalt weiterhin nicht vor, wenn nicht dargelegt wird, dass die europäische Rechtsentwicklung einschließlich der EuGH-Rechtsprechung generell unter den erforderlichen Grundrechtsstandard abgesunken ist.[154] Gegenstand der konkreten Normenkontrolle war allein §40 Abs. 1a LFGB, der über die in der EG-BasisVO sowie EG-Kon-

[147] Eine Verfassungsänderung fordernd *M. Bäcker*, EuR 2015, 389 (411); dagegen *M. Wendel*, JZ 2020, 157 (162), der mit dem Ersten Senat eine materielle Verfassungsänderung im Zuge der Übertragung von Hoheitsrechten gem. Art. 23 Abs. 1 S. 3 i.V.m. Art. 79 Abs. 2 GG annimmt; ablehnend auch *E. Klein*, DÖV 2020, 341 (344), der schon die Annahme einer „Schutzlücke“ verneint.

[148] BVerfGE 148, 40.

[149] VO (EG) Nr. 178/2002 des Europäischen Parlamentes und des Rates v. 28.1.2002 zur Festlegung der allgemeinen Grundsätze und Anforderungen des Lebensmittelrechts, zur Errichtung der Europäischen Behörde für Lebensmittelsicherheit und zur Festlegung von Verfahren zur Lebensmittelsicherheit, ABl. L 31/1 v. 1.2.2002 (EG-BasisVO).

[150] VO (EG) Nr. 882/2004 des Europäischen Parlamentes und des Rates v. 29.4.2004 über amtliche Kontrollen zur Überprüfung der Einhaltung des Lebensmittel- und Futtermittelrechts sowie der Bestimmungen über Tiergesundheit und Tierschutz, ABl. L 165/1 v. 30.4.2004 (EG-KontrollVO).

[151] BVerfGE 148, 40 (48 Rn. 20).

[152] BVerfGE 148, 40 (3. Leitsatz und 49 Rn. 22); 116, 202 (214); 129, 186 (203).

[153] BVerfGE 102, 147 (161).

[154] BVerfGE 102, 147 (164).

trollVO getroffenen Vorgaben inhaltlich hinausging, da er zur öffentlichen Aufklärung von Verstößen gegen lebens- und futtermittelrechtlichen Verstößen verpflichtete, ohne ein Gesundheitsrisiko vorauszusetzen.[155] Art. 10 EG-BasisVO verlangt nur, dass die mitgliedstaatlichen Behörden „geeignete Schritte“ zur Aufklärung der Öffentlichkeit unternehmen. Die Maßnahmen stehen gemäß Art. 17 Abs. 2 UAbs. 3 EG-BasisVO unter einem allgemeinen Verhältnismäßigkeitsvorbehalt, sie müssen „wirksam, verhältnismäßig und abschreckend sein“. Nach den Maßstäben des EuGH wären dies ausreichende Anknüpfungspunkte für eine Prüfung von §40 Abs. 1a LFGB am Maßstab der Unionsgrundrechte.[156] Nach dem BVerfG sind dies jedoch lediglich allgemeine „grundrechtskonkretisierende Anforderungen“[157], welche die Mitgliedstaaten nicht determinieren, so dass jedenfalls *auch* die Grundrechte des Grundgesetzes maßgeblich waren. Dies steht im Einklang mit der *Melloni*-Doktrin des EuGH. Danach sind die mitgliedstaatlichen Grundrechte parallel anwendbar, wenn dadurch das unionsweite Schutzniveau nicht beeinträchtigt wird und die Verwerfung der mitgliedstaatlichen Regelung wegen Verstoßes gegen die Grundrechte des Grundgesetzes der effektiven Wirksamkeit der unionsrechtlichen Verbraucherinformation nicht entgegensteht.[158] Das BVerfG sichert sich in diesem Bereich der parallelen Anwendbarkeit proaktiv „das *erste* Wort gegenüber Luxemburg“ in Fragen des Grundrechtsschutzes – im Unterschied zu den Integrationsschranken, mit denen es sich defensiv „das *letzte Wort* hinsichtlich der Anwendbarkeit von Unionsrecht innerhalb der deutschen Rechtsordnung zuspricht“.[159] Auch wenn die Unionsgrundrechte nach dem extensiven Verständnis des EuGH parallel anwendbar sind, nimmt das BVerfG seine Prüfungskompetenz nicht mehr zurück, sondern behält sich eine parallele Letztentscheidungskompetenz in Grundrechtsfragen vor und prüft die Vereinbarkeit von §40 Abs. 1a LFGB mit dem Grundgesetz unabhängig davon, ob zugleich Zweifel an der Vereinbarkeit mit europäischem Sekundärrecht bestehen. Darin liegt noch kein Verstoß gegen Art. 267 AEUV. Denn weiterhin erachtet das BVerfG das unionsrechtliche Vorlageverfahren als vorrangig im Verhältnis zur Normenkontrolle nach Art. 100 Abs. 1 GG, wenn die in Frage stehende Norm evident unionsrechtswidrig und damit mangels Anwendungsvorrangs nicht mehr entscheidungserheblich im Sinne von Art. 100 Abs. 1 S. 1 GG sein kann.[160]

---

[155] BVerfGE 148, 40 (48); zur Diskussion s. *M. Rossi*, in: BeckOK MedienR, §1 VIG Rn. 2 m.w.N.

[156] S. nur EuGH, Rs. C-276/01, Slg. 2003, I-3735, Rn. 71 – Steffensen.

[157] *F. Wollenschläger*, JZ 2018, 980 (985).

[158] EuGH, Rs. C-399/11, EU:C:2013:107, Rn. 60 – Melloni.

[159] *F. Wollenschläger*, JZ 2018, 980 (985 f.) (Hervorhebung im Original); *ders.*, EuZW 2018, 657 (658).

[160] BVerfGE 148, 40 (49); 116, 202 (214 f.).

Diese Entscheidung wurde zunächst noch als Absage an eine Ausweitung des bundesverfassungsgerichtlichen Prüfungsmaßstabs auf EU-Grundrechte in Fällen mit Unionsbezug gedeutet,[161] sollte sich jedoch tatsächlich als ein erster Schritt in diese Richtung erweisen, wie die nachfolgenden Entscheidungen zeigen.

3. … hin zu einer eigenständigen Anwendung der Charta der Grundrechte.

Von dieser strikten Trennung verabschiedete sich der Erste Senat mit den Beschlüssen Recht auf Vergessen I und II vom November 2019. Zwar geht er weiterhin von einem jeweiligen „Eigenstand" der unionsrechtlichen und nationalen Grundrechte aus, wendet sich also gegen eine Fusionierung der Grundrechtsordnungen.[162] Die Grundrechte des Grundgesetzes finden keine Anwendung auf vollständig determiniertes Unionsrecht.[163] Eine Verfassungsbeschwerde wird dadurch aber nicht unzulässig, vielmehr sind in einer unionsrechtlich vollständig vereinheitlichten Materie die Grundrechte der GRCh vor dem BVerfG geltend zu machen.[164] Die Grundrechte des Grundgesetzes blieben „dahinterliegend ruhend in Kraft".[165] Die Prüfungskompetenz des BVerfG erstreckt sich damit auch auf Bereiche, in welchen die Grundrechtsordnungen zwar parallel Geltung beanspruchen, dem Unionsrecht jedoch abschließende Vorgaben zu entnehmen sind. In dem Recht-auf-Vergessen-I-Beschluss vom selben Tag wendet der Erste Senat bei unionsrechtlichen Gestaltungsspielräumen hingegen primär die Grundrechte des Grundgesetzes an.[166]

a) Gestaltungsoffenes Fachrecht: Maßgeblichkeit des Grundgesetzes

Der Recht-auf-Vergessen-I-Beschluss des Ersten Senats betraf mit dem sogenannten „Medienprivileg" in Art. 9 DSRL (Art. 85 DSGVO) einen Bereich, in welchem den Mitgliedstaaten sekundärrechtlich ein Gestaltungsspielraum zusteht.[167] Einen eigenständigen Durchführungsbegriff im Sinne von Art. 51 Abs. 1 S. 1 GRCh stellt das Gericht nicht auf. Vielmehr prüft es seither innerstaatliche Normen am Maßstab der Grundrechte des Grundgesetzes, wenn sie im nicht oder nicht vollständig vereinheitlichten Bereich ergangen sind. Dies gilt ausdrücklich „unabhängig davon, ob und wieweit die

---

[161] So *F. Wollenschläger*, EuZW 2018, 657 (658).

[162] BVerfGE 152, 216 (235 Rn. 46).

[163] BVerfGE 73, 339 (387); 126, 286 (299); nach *J. Hofmann*, Grundrechtsschutz, S. 586 sei dies nicht nur eine prozessuale Aussage i.S.e. Rücknahme der Prüfungskompetenz.

[164] BVerfGE 152, 216 (229 Rn. 32).

[165] BVerfGE 152, 216 (235 Rn. 47).

[166] BVerfGE 152, 152 (171 Rn. 49).

[167] Zu dieser Öffnungsklausel unten, 5. Kapitel, C.II. (S. 268 ff.).

angegriffenen Vorschriften nach der Rechtsprechung des EuGH zugleich als Durchführung des Unionsrechts [Art. 51 Abs. 1 Satz 1 GRCh] angesehen werden könnten und deshalb daneben auch die Unionsgrundrechte Geltung beanspruchen könnten."[168] Art. 51 Abs. 1 Satz 1 GRCh dürfe nicht durch eine „übermäßig weite Auslegung" der Vorschrift unterlaufen werden.[169] Eine Auseinandersetzung mit dem weiten Durchführungsbegriff des EuGH wird dadurch vermieden. Innerstaatliches Recht könne vielmehr auch dann am Maßstab der Grundrechte des Grundgesetzes geprüft werden, „wenn es im Anwendungsbereich des Unionsrecht liegt, dabei aber durch dieses nicht vollständig determiniert ist".[170] Entscheidend sei, ob das Unionsrecht den Mitgliedstaaten „einen hinreichend gehaltvollen Rahmen setzt, der unter Beachtung der Unionsgrundrechte konkretisiert werden soll".[171] Gibt das Fachrecht „nur einen weiten Rahmen" vor, seien die Grundrechte des Grundgesetzes anwendbar.[172] Je enger die Vorgaben im Fachrecht, desto eher werde die Reichweite der Grundrechte des Grundgesetzes als nationaler Schutzstandard beschränkt. Das Fachrecht könne für die Umsetzung mitgliedstaatlicher Gestaltungsspielräume grundrechtliche Maßgaben enthalten, nach dem Subsidiaritätsgrundsatz lassen diese jedoch regelmäßig Grundrechtsvielfalt zu.[173] Der Grad der fachrechtlichen Vereinheitlichung bestimmt danach über die Reichweite des Unionsgrundrechtsschutzes. Der Erste Senat geht davon aus, dass Art. 51 Abs. 1 S. 1 GRCh eine „dynamische, fachrechtsakzessorische Anlage der Unionsgrundrechte" innewohne.[174]

Wann die Regel der grundrechtlichen Vielfalt im gestaltungsoffenen Fachrecht ausnahmsweise nicht gelte, ergebe sich aus dem Wortlaut und Regelungszusammenhang des Fachrechts selbst. Hierfür bedürfe es „genauerer Anhaltspunkte", es genüge insbesondere nicht, dass im Unionsrecht auf die uneingeschränkte Achtung der GRCh verwiesen werde, „wie dies nach derzeitiger Praxis regelmäßig in den Erwägungsgründen der Richtlinien geschieht".[175]

---

[168] BVerfG, NVwZ 2021, 226 (228 Rn. 65); NJW 2020, 2699 (2703 Rn. 87); BVerfGE 152, 152 (168 Rn. 41). In der ersten ATDG-Entscheidung ging das BVerfG noch davon aus, dass die Voraussetzungen von Art. 51 Abs. 1 S. 1 GRCh „unzweifelhaft" nicht vorliegen: BVerfGE 133, 277 (315 Rn. 90).

[169] BVerfGE 152, 152 (169 Rn. 43), dabei wird ausdrücklich auf die in der ersten ATDG-Entscheidung gezogene Linie Bezug genommen, BVerfGE 133, 277 (316 Rn. 91).

[170] BVerfGE 152, 152 (169 Rn. 42).

[171] BVerfGE 152, 152 (170 Rn. 44).

[172] BVerfGE 152, 152 (172 Rn. 51).

[173] BVerfGE 152, 152 (173 f. Rn. 53).

[174] BVerfGE 152, 152 (174 Rn. 54).

[175] BVerfGE 152, 152 (181 Rn. 68).

Bei Gestaltungsspielräumen träten die Unionsgrundrechte zu den Gewährleistungen des Grundgesetzes „hinzu“[176] – tatsächlich aber treten sie zurück, denn das BVerfG übt seine Prüfungskompetenz primär am Maßstab der Grundrechte des Grundgesetzes aus. Insofern stellt der Beschluss keinen Rechtsprechungswandel dar, sondern fügt sich in die Entscheidung zur Verbraucherinformation ein, denn auch § 40 Abs. 1a LFGB konnte mangels hinreichender Determinierung durch das Sekundärrecht an den Grundrechten des Grundgesetzes überprüft werden. Die Bindung an die Grundrechte müsse als „Korollar der politischen Entscheidungsverantwortung“ der jeweiligen legislativen und exekutiven Verantwortung entsprechen.[177] Eine parallele Geltung der GRCh neben den Grundrechten des Grundgesetzes bestehe

> nur im Rahmen der unionsrechtlichen Verträge und damit dann, wenn nach Art. 51 Abs. 1 Satz 1 GRCh die ‚Durchführung von Unionsrecht‘ in Frage steht. […] Die Charta errichtet so keinen umfassenden Grundrechtsschutz für die gesamte EU, sondern erkennt schon mit der Begrenzung ihres Anwendungsbereichs föderative Vielfalt für die grundrechtlichen Gewährleistungen an.[178]

Der Senat greift die vom EuGH in der Rechtssache *Melloni* aufgestellten Bindungskriterien auf und führt aus, dass der EuGH „auch im Anwendungsbereich der Charta die Anwendung nationaler Schutzstandards anerkennt, wenn Vorrang, Einheit und Wirksamkeit des Unionsrechts nicht beeinträchtigt werden“.[179] Dort, wo das Unionsrecht Gestaltungsspielräume eröffnet und somit selbst Vielfalt vorsieht, halte es den Mitgliedstaaten die Möglichkeit offen, ihre eigenen grundrechtlichen Standards zur Geltung zu bringen – unter dem Vorbehalt, dass sie nicht das vom EuGH aufgestellte Schutzniveau beeinträchtigen.[180] Die primäre Anwendung der Grundrechte des Grundgesetzes erfolgt dort, wo das Unionsrecht selbst mitgliedstaatliche Gestaltungsspielräume eröffne. In diesen Bereichen gelte die widerlegbare[181] „Vermutung“, dass die Grundrechte des Grundgesetzes ein auf Vielfalt gerichtetes grundrechtliches Schutzniveau des Unionsrechts mitgewährleisten.[182] Ge-

[176] BVerfGE 152, 152 (170 Rn. 45).

[177] BVerfGE 152, 152 (169 Rn. 42); s. bereits *J. Masing*, JZ 2015, 477 (482): Grundrechtsschutz als „Annex zur politischen Entscheidungsverantwortung“.

[178] BVerfGE 152, 152 (169 Rn. 43).

[179] BVerfGE 152, 152 (171 Rn. 48).

[180] BVerfGE 152, 152 (171 Rn. 48) unter Verweis auf EuGH, Rs. C-617/10, EU:C:2013:105 – Fransson; Rs. C-399/11, EU:C:2013:107 – Melloni; Rs. C-476/17, EU:C:2019:624 – Pelham u.a.

[181] BVerfGE 152, 152 (175 und 180 Rn. 66, 55 ff.).

[182] BVerfGE 152, 152 (171 Rn. 49). Die Vermutung stützt der Erste Senat auf die „übergreifende Verbundenheit des Grundgesetzes und der Charta in einer gemeinsamen europäischen Grundrechtstradition“ und verweist auf Art. 52 Abs. 4 GRCh über die gemeinsamen Verfassungsüberlieferungen der Mitgliedstaaten sowie auf Art. 6 Abs. 3 EUV,

staltungsspielräume ließen auf Vielfalt bei der grundrechtlichen Wertung schließen und ermöglichten innerhalb eines unionsrechtlichen Rahmens die Anwendung nationaler Grundrechte.[183]

Die Grundrechte des Grundgesetzes seien zwar trotz bestehender Wechselwirkungen „autonom“[184], aber dennoch „im Lichte der Charta auszulegen“, die GRCh mithin „als Auslegungshilfe“ heranzuziehen.[185] Dies folge aus den Grundsätzen der Völker- und Europarechtsfreundlichkeit des Grundgesetzes (Präambel, Art. 1 Abs. 2, Art. 23 Abs. 1, Art. 24, Art. 25, Art. 26, Art. 59 Abs. 2 GG), wonach das Grundgesetz die Auslegung der Grundrechte „in die Entwicklung des internationalen Menschenrechtsschutzes und insbesondere in die europäische Grundrechtstradition“ stelle.[186] Da sich die GRCh in ihrer Stellung maßgeblich von der EMRK unterscheide, seien bei einer Auslegung der Grundrechte im Lichte der GRCh andere Gesichtspunkte und Verhältnisbestimmungen maßgeblich, als bei einer Auslegung im Lichte der EMRK. Denn die Charta habe schon nach Art. 51 Abs. 1 S. 1 GRCh einen nur beschränkten Anwendungsbereich, der „außerhalb dessen Raum belässt für unterschiedliche Grundrechtstraditionen der verschiedenen Mitgliedstaaten“ – dagegen statuiere die EMRK ein europaweit übergreifendes rechtsstaatliches Fundament, über das sich die Mitgliedstaaten „jedenfalls im Ergebnis auch innerstaatlich nicht hinwegsetzen dürfen“.[187]

Grundsätzlich geht das BVerfG also bei gestaltungsoffenem Unionsrecht, das innerstaatlich durchgeführt wird, von der alleinigen Heranziehung der Grundrechte des Grundgesetzes aus. Eine weitergehende Prüfung am Maßstab der GRCh kann geboten sein, wenn das unionsrechtliche Fachrecht für seine Durchführung trotz seiner Gestaltungsoffenheit „ausnahmsweise engere grundrechtliche Maßgaben enthält“ oder wenn die Vermutung der Mitgewährleistung widerlegt sei.[188]

Art. 52 Abs. 3 und Art. 53 GRCh, welche die Garantien der EMRK in die GRCh inkorporieren (Rn. 55 ff.).

[183] BVerfGE 152, 152 (172 und 179 Rn. 50, 65). Der „Respekt vor der Vielgestaltigkeit des Grundrechtsschutzes“ drücke sich in Art. 51 Abs. 1, 2, Art. 52 Abs. 4, 6 und Art. 53 GRCh aus und sei ein „Strukturprinzip“ der Union (171, 174 Rn. 48, 54).

[184] BVerfGE 152, 152 (180 Rn. 66).

[185] BVerfGE 152, 152 (177 Rn. 60 f.); krit. mit Blick auf die nationale Vorprägung bei der Auslegung der Chartarechte *E. Klein*, DÖV 2020, 341 (346).

[186] BVerfGE 152, 152 (177 Rn. 61).

[187] BVerfGE 152, 152 (178 Rn. 62); hierzu *A. Nußberger*, JZ 2019, 421.

[188] BVerfGE 152, 152 (180 f. Rn. 67).

b) Unionsrechtlich determinierter Bereich: GRCh als Prüfungsmaßstab

Mit dem Recht-auf-Vergessen-II-Beschluss akzeptiert der Erste Senat das vom EuGH zu Grunde gelegte weite Verständnis des Anwendungsbereichs der Unionsgrundrechte im Datenschutzrecht zu einem gewissen Grad. Unter Fortführung des Solange-Vorbehalts[189] nimmt das BVerfG seine Prüfungskompetenz zurück, wenn das Unionsrecht zwingende Vorgaben aufstellt. Diese werden vom BVerfG und den Fachgerichten nicht am Maßstab der Grundrechte des Grundgesetzes gemessen, „solange die Rechtsprechung des EuGH einen wirksamen Schutz der Grundrechte gegenüber der Hoheitsgewalt der Gemeinschaften generell gewährleistet, der dem vom Grundgesetz jeweils als unabdingbar gebotenen Grundrechtsschutz im Wesentlichen gleich zu achten ist“.[190] In der Folge erachtete es entsprechende Verfassungsbeschwerden bereits als unzulässig. Hiervon weicht der Erste Senat im Recht-auf-Vergessen-II-Beschluss ab und nimmt eine grundlegende Neuausrichtung des Verhältnisses zum EuGH vor. Er geht nicht mehr von der strikten Trennung der Grundrechtsräume aus, sondern erachtet eine Verfassungsbeschwerde auch dann als zulässig, wenn sie vollständig harmonisiertes Unionsrecht zum Gegenstand hat. Der Beschwerdeführer könne dann unmittelbar die Verletzung von Unionsgrundrechten rügen.[191]

Materiell-rechtlich sei allein die GRCh maßstabbildend, wenn innerstaatliche Gerichte und Behörden vollvereinheitlichtes Unionsrecht anwenden.[192] Die Grundrechte des Grundgesetzes blieben in diesen Konstellationen „dahinterliegend ruhend in Kraft“[193]. Der Anwendungsvorrang gelte in Fortführung der Solange II-Rechtsprechung weiterhin nur unter dem Vorbehalt, dass der Grundrechtsschutz der Union „hinreichend wirksam“ sei.[194] Solange davon auszugehen sei, komme den Grundrechten des Grundgesetzes lediglich eine „Reservefunktion“ zu. Diese können weiterhin in einer Verfassungsbeschwerde gerügt werden, die vollständig vereinheitlichtes Unionsrecht zum Gegenstand habe, allerdings nur unter „hohen Substantiierungsanforderungen“.[195] Der Anwendung der GRCh stehe nicht der Wortlaut des

---

[189] BVerfGE 73, 339; 102, 147 (164).

[190] BVerfGE 118, 79 (Leitsatz); zuvor bereits BVerfGK 3, 331.

[191] BVerfGE 152, 216 (Leitsatz 1 und 229 f. Rn. 32 ff.).

[192] BVerfGE 152, 216 (235 Rn. 46).

[193] BVerfGE 152, 216 (235 Rn. 47).

[194] BVerfGE 152, 216 (235 Rn. 47): Die „Garantien der Grundrechte [können] nur insoweit durch das Unionsrecht überlagert werden, als deren Schutzversprechen in der Substanz erhalten bleiben. Erforderlich ist deshalb, dass der Schutz der Charta dem vom Grundgesetz jeweils als unabdingbar gebotenen Grundrechtsschutz im Wesentlichen gleich zu achten ist, zumal den Wesensgehalt der Grundrechte generell verbürgt“, unter Verweis auf BVerfGE 73, 339 (376, 387); 102, 147 (162 ff.); 118, 79 (95); 129, 186 (199).

[195] BVerfGE 152, 216 (236 Rn. 48); 102, 147 (164).

Art. 93 Abs. 1 Nr. 4a GG entgegen. Soweit dieser so ausgelegt werde, dass er nur die Grundrechte des Grundgesetzes erfasse,[196] sei unter Verweis auf die aus Art. 23 Abs. 1 GG folgende Integrationsverantwortung eine entsprechende Anwendung auf Unionsgrundrechte vorzunehmen.[197]

4. Kritische Bewertung und Ausblick

Der Erste Senat legte im Recht-auf-Vergessen-II-Beschluss ausführlich dar, weshalb dieser Rechtsprechungswandel keine Abweichung von der tragenden Auffassung des Zweiten Senats darstelle und deshalb eine Anrufung des Plenums nicht erforderlich gewesen sei. Insbesondere sei der bisherigen Rechtsprechung keine explizite negative oder positive Aussage über die Anwendbarkeit der Unionsgrundrechte zu entnehmen. Soweit Verfassungsbeschwerden in der Vergangenheit als unzulässig abgewiesen worden seien, sei dies nicht wegen der Unanwendbarkeit der Unionsgrundrechte erfolgt, sondern lediglich ein Reflex der Unanwendbarkeit des Grundgesetzes gewesen.[198]

Kritisch ist die Überschreitung der Wortlautgrenze des Art. 93 Abs. 1 Nr. 4a GG zu betrachten. Der Erste Senat schafft sich dadurch eine Zuständigkeit, die der verfassungsändernde Gesetzgeber ihm nicht zugewiesen hat. Es überzeugt nicht, die Ausweitung des Prüfungsmaßstabs mit der allgemeinen Integrationsverantwortung aus Art. 23 Abs. 1 GG zu begründen. Die Integrationsverantwortung des Grundgesetzes ist ein Topos bzw. ein Auslegungsgrundsatz, der unter Wahrung der verfassungsrechtlichen Identität (Art. 79 Abs. 3 GG) allgemein zur innerstaatlichen Berücksichtigung von Unionsrecht verpflichtet. Sie bildet insofern eine allgemeine grundgesetzliche Grenze des europarechtlichen *Effet utile* (Art. 4 Abs. 3 EUV) als Ausdruck der ebenso unionsrechtlich geschützten nationalen Identität (Art. 4 Abs. 2

[196] Im Vorfeld schon skeptisch *M. Bäcker*, EuR 2015, 389 (411), der stattdessen auf den unionsrechtlichen Äquivalenzgrundsatz rekurriert; eine Ausdehnung des Wortlauts hingegen als „teleologische Verfassungsauslegung" befürwortend *J. Kühling*, NJW 2020, 275 (277).

[197] BVerfGE 152, 216 (243 Rn. 67); zur erweiternden Auslegung des Art. 19 Abs. 3 GG in BVerfGE 129, 78 (94 ff.), um auch europäische juristische Personen einzuschließen; für eine solche Auslegung schon *M. Bäcker*, EuR 2015, 389 (411), allerdings unter Heranziehung des unionsrechtlichen Äquivalenzgrundsatzes; *J. Griebel*, DVBl. 2014, 204 (209); auch der österreichische Verfassungsgerichtshof begründet die Anwendung der GRCh mit dem Äquivalenzgebot, ÖstVerfGH, Erkenntnis v. 14.3.2012, U 466/11–18, U 1836/11–13, Rn. 25.

[198] BVerfGE 152, 216 (250 Rn. 89); krit. zu dieser Annahme *M. Wendel*, JZ 2020, 157 (167) mit dem zutreffenden Hinweis, dass die Nichtanwendung der GRCh kein „Reflex" auf die Unzulässigkeit der Beschwerden war, vielmehr „fußte [diese] auf der Prämisse, dass die Unionsgrundrechte schon *prima facie* im Rahmen der Verfassungsbeschwerde nicht prüfungsmaßstäblich sind."

EUV). Als solche ist die Integrationsverantwortung nicht kompetenzbegründend,[199] sondern allenfalls kompetenzausübungsleitend. Während dem *Effet utile* durch den Grundsatz der Europafreundlichkeit innerstaatlich Rechnung getragen wird, bezweckt die Integrationsverantwortung den gleichzeitigen Schutz verfassungsrechtlicher Kerngrundsätze. In der Lissabon-Entscheidung bezeichnet das BVerfG diese als „besondere Verantwortung" der gesetzgebenden Körperschaften sowie der Bundesregierung, im Rahmen der Mitwirkung bei der europäischen Integration auf die innerstaatliche Einhaltung der Anforderungen des Art. 23 Abs. 1 GG zu achten.[200] Die Zielrichtung des Grundsatzes der Europafreundlichkeit ist mithin defensiv. Die Ausweitung der Grundrechtskontrolle durch den Ersten Senat unter Verweis auf diesen Topos erweist sich nur vordergründig als positive Geste der Kooperation.[201] Tatsächlich ermöglicht er dadurch die eigenständige Anwendung der Unionsgrundrechte und sichert sich die Deutungshoheit in Grundrechtsfragen auch in unionsrechtlich determinierten Fällen.[202] Die Einschätzung der Hinwendung des Ersten Senats an die GRCh als „Danaergeschenk"[203] für den EuGH ist insofern nicht unbegründet.

Der Erste Senat hat diese Linie in presserechtlichen Kammerentscheidungen seither vertieft.[204] Noch im Januar 2020 betonte der Zweite Senat unter Bezugnahme auf die Recht auf Vergessen I-Entscheidung, dass die Grundrechte des Grundgesetzes auch dann maßgeblicher Prüfungsmaßstab seien, wenn das innerstaatliche Recht im Anwendungsbereich des Unionsrechts liege, durch dieses aber nicht vollständig determiniert werde.[205] Keine Aussage traf der Zweite Senat über die Kontrolle von unionsrechtlich vollständig determiniertem innerstaatlichem Recht, das der Erste Senat seit der Recht auf Vergessen II-Entscheidung ausschließlich am Maßstab der Unionsgrundrechte messen will.[206] In der Verfassungsbeschwerde gegen unionsrechtlich

---

[199] Krit. auch *E. Klein*, DÖV 2020, 341 (343): keine „kompetenzschaffende Kapazität" der Integrationsverantwortung.

[200] BVerfGE 123, 267 (351).

[201] So aber *U. Karpenstein/M. Kottmann*, EuZW 2020, 185 (188): „eher kooperative" Grundhaltung.

[202] S. zum entsprechenden Vorgehen des Ersten Senats im Rahmen der Abwägung im Fall Recht auf Vergessen II durch selektives *Distinguishing* eingehend 5. Kapitel D. III.; ähnl. nun auch *E. Klein*, DÖV 2020, 341 (345): das BVerfG könne sich „ohne Nachprüfungsmöglichkeit durch mehr oder weniger feinsinniges ‚distinguishing' der Vorlagepflicht faktisch entziehen und so die Auslegung der Charta erst einmal in die eigene Hand nehmen".

[203] So *E. Klein*, DÖV 2020, 341 (345).

[204] BVerfGK, NJW 2020, 2873, Rn. 9 (Bericht über vergangene wahre Tatsachen) sowie den Nichtannahmebeschluss BVerfGK, NJW 2020, 3302, Rn. 10 (zulässige Verdachtsberichterstattung).

[205] BVerfG, NJW 2020, 1282, Rn. 32.

[206] *A. Brade*, Im „Kreuzfeuer" des Zweiten Senats, 2020/4/13, VerfBlog.

determinierte lebens- und futtermittelrechtliche Blankettstrafvorschriften entschied der Zweite Senat im März 2020, dass die innerstaatlichen Vorschriften „vollumfänglich – und ausschließlich – am Maßstab des Grundgesetzes überprüfbar" seien.[207] Dies steht im Kontrast zum Recht-auf-Vergessen-I-Beschluss, der ebenfalls innerstaatliches Recht in unionsrechtlichen Gestaltungsspielräumen betraf. Dort geht der Erste Senat davon aus, dass das unionsrechtlich determinierte innerstaatliche Recht „primär am Maßstab des Grundgesetzes" zu prüfen sei[208] – und damit gerade nicht ausschließlich. Mit der Europäischen Haftbefehls-Entscheidung schloss sich der Zweite Senat im Dezember 2020 schließlich dem Ersten Senat vollumfänglich an und wandte Art. 4 GRCh im Rahmen der Identitätskontrolle an.[209]

III. Grundsätzliche Kritik am dialogischen Aushandlungsprozess

In einer Union des Rechts können grundlegende verfassungsrechtliche bzw. legislative Entscheidungen nicht allein den Gerichten überantwortet werden. Sowohl die Mitgliedstaaten als „Herren" der Verträge auf Unionsebene als auch Bundestag und Bundesrat bleiben bei der Frage, wie weit eine Verlagerung der Grundrechtskompetenz auf die supranationale Ebene erfolgt oder auch nicht, gerade im Datenschutzrecht oftmals nur Zaungäste. Dabei übergehen das BVerfG und der EuGH ihr durch den Gesetzgeber bzw. die Mitgliedstaaten definiertes Mandat, wenn sie wechselseitig ihre Prüfungskompetenz ausweiten. In Erinnerung zu rufen ist deshalb zum einen die Maßstabsfunktion des Primärrechts (1.) und der dem widersprechende radikal pluralistische Ansatz der Höchstgerichte in der EU (2.). Die wechselseitige Verabsolutierung einzelner Judikate übergeht die in jedem Einzelfall zu ermittelnde Präjudizienwirkung von Auslegungsentscheidungen des EuGH (3.).

1. Maßstabsfunktion des Primärrechts

Wie eingangs in diesem Kapitel ausgeführt, bleibt das Primärrecht – insbesondere Art. 51 Abs. 1 S. 1 GRCh – auch dann maßstabsetzend, wenn eine sekundärrechtliche Ausformung des Grundrechtsschutzes erfolgt ist. Zwar geht das BVerfG mit den Recht auf Vergessen I und II-Entscheidungen von einem restriktiveren Verständnis des Art. 51 Abs. 1 S. 1 GRCh aus und verlangt für die Anwendbarkeit der Charta die innerstaatliche Durchführung von Unionsrecht im engeren Sinne.[210] Doch widerspricht das Vorgehen des

---

[207] BVerfGE 153, 310 (570 Rn. 66).

[208] BVerfGE 152, 152 (169 Rn. 43).

[209] BVerfG, NJW 2021, 1518 (1519 Rn. 35 ff.).

[210] Zur „Unionsrechtsakzessorietät" der GRCh auch *G. Britz*, NJW 2021, 1489 (1492 f.).

Ersten Senats der Maßstabsfunktion des europäischen Primärrechts, wenn er den Anwendungsbereich der nationalen bzw. der Unionsgrundrechte nach der Detailtiefe des Sekundärrechts bestimmt. Selbst das detaillierteste Sekundärrecht vermag nationale Grundrechte dann nicht zu verdrängen, wenn es jenseits der primärrechtlichen Kompetenzen ergangen ist. Denn Art. 51 Abs. 2 GRCh, wonach die Charta nicht kompetenzerweiternd wirken darf, gilt zum einen auch für grundrechtskonkretisierendes Sekundärrecht. Zum anderen folgt daraus im Umkehrschluss, dass die Anwendbarkeit der Charta innerhalb der Kompetenzgrenzen zu erfolgen hat.

Die sekundärrechtliche Regelungsdichte ist nicht für die Frage des „Ob", sondern für die Frage des „Wie" der grundrechtlichen Prüfung, also für die Beurteilung der Prüfungsdichte relevant. Im Unterschied zum BVerfG ist vielmehr zunächst zu prüfen, ob die Mitgliedstaaten in der dem Rechtsstreit zu Grunde liegenden Materie konkret Unionsrecht durchführen. Dies bestimmt sich nach dem anzuwendenden Sekundärrecht, das seinerseits primärrechtskonform sein muss. In einem zweiten Schritt ist zu prüfen, wie weit die unionsrechtliche Kompetenz auf diesem Gebiet (beispielsweise dem Äußerungsrecht und den Medienfreiheiten) reicht. In einem dritten Schritt ist die Öffnungsklausel bzw. der sekundärrechtliche Gestaltungsspielraum im Lichte dieser Kompetenz zu beurteilen: Wird der mitgliedstaatliche Gestaltungsspielraum kompetenzwidrig beschränkt, liegt ein primärrechtswidriger Rechtsakt nahe und ist dieser – mangels Verwerfungskompetenz des BVerfG in Bezug auf Unionsrecht – gemäß Art. 267 AEUV im Wege der Gültigkeitsvorlage dem EuGH vorzulegen. Enthält das Sekundärrecht hingegen einen weiten Gestaltungsspielraum bzw. keinen positiven Regelungsgehalt, sondern verweist es vornehmlich auf das Recht der Mitgliedstaaten, kann das BVerfG den innerstaatlichen Rechtsakt vollumfänglich am Maßstab der Grundrechte prüfen und gegebenenfalls verwerfen. Die Vorgehensweise des Ersten Senats löst die Problematik umgekehrt, stellt also maßgeblich auf den Gestaltungsspielraum im Sekundärrecht ab, ohne vorab die Reichweite oder das Bestehen einer Unionskompetenz zu überprüfen.

2. Supranationaler Gerichtsdialog als Ausdruck des radikalen Pluralismus

Die primärrechtsausweitende Auslegung des EuGH ist ebenso kritikwürdig wie die sehr kasuistische Reaktion des BVerfG. Die Judikative nähert sich dem radikalen Pluralismus, demgemäß die Auflösung von Jurisdiktionskonflikten im Mehrebenensystem eher dem informellen Dialog der Gerichte überlassen wird und das Verhältnis der Rechtsordnungen bewusst offen bleibt.[211] Der Jurisdiktionskonflikt wird hierbei schlicht zur Machtfrage de-

---

[211] *N. Krisch*, Ratio Juris 24 (2011), 386; rechtssoziologisch auf die Koordination zwischen den Richterpersönlichkeiten auf informellem Wege verweisend *M. Knauff*, DVBl. 2010, 533 (539 f.).

klariert, eine Lösung im Recht für unmöglich gehalten und stattdessen die Bedeutung „außerrechtlicher Faktoren" hervorgehoben.[212] Der dialogische Pluralismus setzt auf die Kooperation zwischen den Gerichten, wodurch eine „gemeineuropäische Grundrechtsentwicklung"[213] schonend ermöglicht werden soll.[214] Als Mittelweg[215] beansprucht der konstitutionelle Pluralismus die Schaffung rechtlich verbindlicher Maßstäbe zur Auflösung von Jurisdiktionskonflikten unter Verneinung absoluter Vorranganspruche.[216] Ihm liegt die Vorstellung eines „pluralen Grundrechtsverbunds"[217] zu Grunde, in dem der „weiche, flexible Vorrang, als bedingter Vorrang"[218] und nicht die starre Hierarchie vorherrscht.[219] Die daraus resultierende komplementäre Verfassungsgerichtsbarkeit führt zu kleinteiligen Abgrenzungsfragen.[220] Nach hier vertretener Auffassung bildet das Verständnis grundsätzlich gleichrangiger Letztentscheidungsansprüche unter der Bedingung des Anwendungsvorrangs den gegenwärtigen unvollkommenen Integrationsstand ab und ist deshalb vorzugswürdig.

Dem radikalen Pluralismus sind hingegen mehrere Argumente entgegenzuhalten: Zunächst ist festzuhalten, dass EuGH-Entscheidungen keine Gesetzeskraft entfalten können. Gerade für den datenschutzrechtlichen Grundrechtsschutz wird mit Blick auf den Jurisdiktionskonflikt die Erwartung an den EuGH gestellt, „eine verantwortungsvolle Rechtsprechung" zu tätigen.[221] Durch diesen Dialog haben sich in gewissem Maße die Gerichte – der EuGH und einzelne mitgliedstaatliche Verfassungsgerichte – der Verträge bemächtigt. Als „Motor" der Integration wird der EuGH schon länger wahrgenommen.[222] Das Primärrecht wird auf eine die kompetenzvorgreifende Rechtsprechung nachvollziehende Funktion reduziert. Dieses Verständnis bringt der ehemalige Vize-Präsident des EuGH, *Antonio Tizziano,* der die Kooperation der Hierarchie vorzieht und die Konfliktlösung maßgeblich in

---

[212] *M. Knauff*, DVBl. 2010, 533 (540); nach *M. Klatt*, Praktische Konkordanz, S. 14, ist dieser radikal pluralistische Ansatz eine „Bankrotterklärung der Rechtswissenschaft als normativer Wissenschaft", m.w.N. auf S. 381.

[213] BVerfGE 111, 307 (329 Rn. 62).

[214] *C. Franzius*, Transnationale Konstellationen, S. 98 ff.; *C. Franzius*, ZaöRV 75 (2015), 383 (410).

[215] *M. Kumm*, Constitutional Authority, S. 40.

[216] *M. P. Maduro*, WPLS08–02 5.2.2008, 1137.

[217] *C. Franzius*, ZaöRV 75 (2015), 383 (403).

[218] *M. Klatt*, Praktische Konkordanz, S. 386.

[219] *M. Klatt*, Praktische Konkordanz, S. 385.

[220] Zu den Einwänden im Einzelnen *F. C. Mayer*, Verfassungsgerichtsbarkeit, S. 598 ff.

[221] *N. Bernsdorff*, in: Meyer/Hölscheidt, GRCh, Art. 8 GRCh Rn. 36.

[222] Vgl. *C. Calliess*, EuGRZ 2003, 181 (194); *R. Streinz*, AöR 135 (2010), 1 (27); ferner die Nachweise bei *B. Schindler*, VVDStRL 77 (2019), 168 (173); krit. *M. Rossi*, Recht in der EU, S. 458.

der gerichtlichen Grundrechtsinterpretation sieht, wie folgt auf den Punkt: „Without wishing to be iconoclastic, it could be said that in this respect courts are actually more important … than the charters themselves".[223] Maßgeblich sei nicht der Wortlaut der Grundrechtecharta, sondern der Inhalt, den ihm die Gerichte beimessen.[224]

Das in Schrifttum und auch bei den Höchstgerichten vorherrschende Verständnis des „Dialogs der Gerichte"[225] hat sich von seiner ursprünglichen, prozessrechtlichen Bedeutung gelöst und fast schon als Unionsdogma verselbstständigt. Der „Dialog" zwischen dem EuGH und dem BVerfG in Grundrechtsfragen verlief nicht über das Vorlageverfahren, das eigentlich hierfür konzipiert ist, sondern im Wege voneinander losgelöster und unabhängiger Leitentscheidungen. Das Vorabentscheidungsverfahren (und nur dieses, insbesondere nicht die Nichtigkeitsklage) wird ursprünglich deshalb als „ein Gespräch zwischen Gerichten"[226] bezeichnet, um darauf hinzuweisen, dass sich die Wirkung der Entscheidung im Vorabentscheidungsverfahren auf „den jeweils entschiedenen Fall" beschränkt.[227] Die Bezeichnung diente der Betonung des Unterschieds zur *Inter-partes*-Wirkung der abschließenden Entscheidung des vorlegenden Ausgangsgerichts in einem Vorabentscheidungsverfahren, das den Rechtsstreit zwischen den Parteien rechtskräftig entscheidet. Aus diesem Kontext hat sich der Topos verselbstständigt.

3. Nur begrenzte Präjudizienwirkung im Unionsrecht

Der Begriff des Präjudizes wird definiert als „in Präzedenzfällen durch den erkennenden Richter gefundene und verallgemeinerungsfähige Rechtsauffassungen."[228] Die Entwicklung von auf die Zukunft gerichteten Rechtsregeln aus den tragenden Gründen von Präzedenzfällen entstammt zwar vor-

---

[223] „Ohne bilderstürmend sein zu wollen, kann gesagt werden, dass insofern Gerichte tatsächlich wichtiger … als die Chartas selbst sind." [Übersetzung der Verfasserin; die Auslassung entstammt dem Original], *A. Tizziano*, European Courts, S. 30.

[224] Die Auslegung der Grundrechte durch die Gerichte habe zur Folge „that the texts risk being worth less in terms of what they say than for the way the competent courts interpret and apply them over time", *A. Tizziano*, European Courts, S. 29.

[225] Zur „dialogischen Logik" *G. Buchholtz*, DÖV 2017, 837 (845).

[226] Soweit ersichtlich erstmals in Bezug auf Art. 177 EGV (Art. 267 AEUV) GA *Warner*, Schlussanträge, Rs. 112/76, Slg. 1977, 1658 (1662) – Manzoni.

[227] GA *Warner*, Schlussanträge, Rs. 112/76, Slg. 1977, 1658 (1662) – Manzoni.

[228] *P. Badura*, Präjudizien, S. 50; ihm folgend *M. Payandeh*, Judikative Rechtserzeugung, S. 46, der den Begriff um das Konzept der judikativen Rechtserzeugung ergänzt, indem er auch die institutionellen und prozessualen Bedingungen der Präjudizienentstehung mit in den Blick nimmt. Das Verhältnis zwischen Präjudiz und judikativer Rechtserzeugung beschreibt *Payandeh* mit dem Vergleich zum Begriffspaar Gesetz und Gesetzgebung, ohne eine inhaltliche Gleichsetzung von Präjudiz und Gesetz bewirken zu wollen, a.a.O., S. 48.

wiegend der Tradition des Common law,[229] indes ist auch die kontinentaleuropäischen Rechtsordnungen von Präjudizien geprägt.[230] Dies gilt umso mehr für das europäische Verfassungsrecht, das maßgeblich das Produkt von Richterrecht ist. Vereinfacht gesprochen entstehen im kontinentaleuropäischen Rechtsraum Präjudizien im Wege der konkreten gerichtlichen Streitbeilegung und akzessorisch zu bestehenden Rechtsnormen.[231] Anders jedoch im Common law, wo Präjudizien der „Schaffung von Recht“ dienen, also selbst Rechtsquelle sind.[232] Raum für judikative Rechtserzeugung kann in einer Rechtsunion schon mit Blick auf die Bindung der Judikative an Gesetz und Recht[233] zunächst nur insoweit bestehen, als keine oder nur eine unzureichende normative Regelung in Gestalt von Rechtsnormen vorzufinden ist bzw. soweit diese einen judikativen Entscheidungsspielraum einräumen.[234] Gleichzeitig ist jedoch ein gewisses Maß an Rechtsschöpfung und -fortbildung im Rechtsanwendungsprozess angesichts der Konkretisierungs- und Auslegungsbedürftigkeit von Rechtsnormen sowie etwaiger Lücken in der Rechtsordnung der judikativen Tätigkeit wesenseigen.[235]

Doch der zwischen dem BVerfG und EuGH praktizierte Gerichtsdialog geht über die vorgesehene Präjudizienwirkung von EuGH-Entscheidungen weit hinaus. Obwohl das europäische Verfassungsrecht vom mitgliedstaatlichen und europäischen Richterrecht geprägt ist,[236] fehlt es bisher an einem adäquaten Umgang mit Richterrecht. Die Entscheidungen des EuGH insbesondere zum Grundrechtsschutz werden oft vorschnell generalisiert. Ihnen werden abstrakt-generelle Aussagen zugeschrieben, unabhängig von der Form und dem Kontext, von der Bindungswirkung und der Verfahrensart. Präjudizien sind aber nicht einfach nur verallgemeinerungswürdige Rechtssätze, sie bedürfen vielmehr einer Begrenzung auf das tatsächlich Entschiedene.[237] Doch gerade EuGH-Entscheidungen zum Grundrechtsschutz werden oftmals losgelöst vom zu Grunde liegenden Sachverhalt, von der Verfah-

[229] *R. Cross/J. W. Harris*, Precedent, S. 39 ff.; *C. F. Germelmann*, Rechtskraft, S. 406.

[230] So wie umgekehrt das Common law durchaus von Gesetzesrecht geprägt ist *J. Fowkes*, Something in Common, S. 153 ff.; zum Bedeutungszuwachs von Rechtsprechungsrecht im europäischen Recht *O. Lepsius*, JZ 2019, 793 (796).

[231] *M. Payandeh*, Judikative Rechtserzeugung, S. 51.

[232] *C. F. Germelmann*, Rechtskraft, S. 405.

[233] Zur Bindung der Verwaltung und Gerichte an Recht und Gesetz als gemeineuropäisches Verfassungsprinzip *C.-D. Classen*, in: von Mangoldt/Klein/Starck, GG, Art. 23 GG Rn. 30.

[234] Vgl. *M. Albers*, VVDStRL 71 (2012), 257 (261); zum Spannungsverhältnis zwischen Streitentscheidung und Normbindung s. *C. Schönberger*, VVDStRL 71 (2012), 296 (305).

[235] *M. Payandeh*, Judikative Rechtserzeugung, S. 36.

[236] *T. von Danwitz*, EuR 2008, 769.

[237] Zur notwendigen Kontextualisierung von Richterrecht und krit. zum Umgang mit Präjudizien in Deutschland *O. Lepsius*, JZ 2019, 793 (797 f.).

renskonstellation, der betroffenen mitgliedstaatlichen Rechtsordnung und den gestellten Rechtsfragen übergeneralisiert, entkontextualisiert und „übergriffig interpretiert“[238].

Auf der Ebene des Grundgesetzes ist die Präjudizienwirkung von Entscheidungen des BVerfG in § 31 Abs. 1 BVerfGG ausdrücklich anerkannt. Dieser ordnet eine Bindung an die Entscheidungen des BVerfG nicht nur innerhalb der rechtsprechenden Gewalt, sondern gegenüber allen Verfassungsorganen an. Eine vergleichbare Vorschrift existiert auf Unionsebene für die Entscheidungen des EuGH nicht. Präjudizienwirkung im engeren Sinne bezieht sich auf die rechtsprechungsinterne Bindung, also vornehmlich die Bindung der Fachgerichte an obergerichtliche Entscheidungen innerhalb einer Rechtsordnung.[239] EuGH-Entscheidungen bilden für die mitgliedstaatlichen Gerichte ordnungsexterne Präjudizien, die zunächst nur in unionsrechtlich geregelten Fallgestaltungen maßstabsetzend sein können. Präjudizienwirkung können nur abstrakt-generelle Rechtsausführungen in den Entscheidungsgründen entfalten, nicht aber tatsächliche Feststellungen.[240] Der Sachverhalt einer Entscheidung ist insofern für die Präjudizienwirkung maßgeblich, als anhand diesem im anglo-amerikanischen Recht das *Distinguishing* zur Ermittlung der Vergleichbarkeit der zu entscheidenden Fälle in tatsächlicher Hinsicht erfolgt, um anschließend die Übertragbarkeit rechtlicher Argumente zu begründen.[241] Bei der Übertragung der Rechtsausführungen ist schließlich zwischen den tragenden Entscheidungsgründen (Ratio decidendi) und den vom Fall losgelösten Rechtsausführungen (Obiter dicta) zu unterscheiden.[242] Nur die tragenden Entscheidungsgründe sind für die Präjudizienbindung maßgeblich.

Bei der Berücksichtigung der Verfahrensart ist zwischen der Erga-omnes-Bindungswirkung von Gültigkeitsentscheidungen und der grundsätzlichen Inter-partes-Wirkung von Auslegungsentscheidungen sowie zwischen rechtsgestaltenden und feststellenden Entscheidungen zu differenzieren: Eine Erga-omnes-Wirkung entfalten Präjudizien, wenn sie die Nichtigkeit eines Rechtsakts betreffen. Im deutschen Recht folgt dies aus § 31 Abs. 2 BVerfGG für Entscheidungen des BVerfG und aus § 47 Abs. 5 S. 2 Hs. 2 VwGO für die Verwerfung untergesetzlicher Rechtsnormen durch die Oberverwaltungsgerichte bzw. den Verwaltungsgerichtshof. Vergleichbares gilt im Unionsrecht,

---

238 *O. Lepsius*, JZ 2019, 793 (798) in Bezug auf die Rs. *Åkerberg Fransson*.

239 *R. Cross/J. W. Harris*, Precedent, S. 3 f.; ein umfassenderes Verständnis zu Grunde legend, dass alle staatlichen Akteure, Rechtsanwender sowie Rechtsunterworfene miteinbezieht *M. Payandeh*, Judikative Rechtserzeugung, S. 12, 47.

240 *M. Payandeh*, Judikative Rechtserzeugung, S. 15, 39.

241 *M. Payandeh*, Judikative Rechtserzeugung, S. 15.

242 Zur Differenzierung *M. Payandeh*, Judikative Rechtserzeugung, S. 16; *M. Rossi*, Recht in der EU, S. 476 f.

auch wenn es an expliziten Vorschriften hierzu fehlt. Die Nichtigerklärung von Sekundärrecht durch den EuGH ist für jedes mitgliedstaatliche Gericht und jede Behörde verbindlich.[243] Dies gilt in erster Linie für die Nichtigerklärung einer Norm im Wege der Nichtigkeitsklage (Art. 264 Abs. 1 AEUV).[244] Die Erga-omnes-Wirkung greift aber auch dann, wenn die Nichtigkeit in einem grundsätzlich nur inter partes wirkenden Vorabentscheidungsverfahren im Rahmen einer Gültigkeitsvorlage erklärt worden ist.[245] EuGH-Entscheidungen über Auslegungsfragen entfalten hingegen nur relative Präjudizienwirkung im Verhältnis zum vorlegenden Gericht.[246] Ihnen kommt keine allgemeine rechtsfortbildende Bindungswirkung zu, vielmehr ist ihre Wirkung auf das vorlegende Gericht beschränkt.[247] Eine Erga-omnes-Wirkung der Urteile im Vorabentscheidungsverfahren folgt auch nicht aus der Loyalitätspflicht der Mitgliedstaaten gemäß Art. 4 Abs. 3 EUV.[248]

Eine Stare-decisis-Wirkung wird jedoch hinsichtlich der tragenden Gründe der Auslegungsentscheidungen angenommen. An diese sind alle Gerichte in der EU mit Ausnahme des EuGH selbst gebunden.[249] Diese Wirkung ist auf tragende Urteilsgründe beschränkt und gilt nicht für Ausführungen, die beiläufig zur Vorlagefrage ergangen oder für den zu entscheidenden Fall nicht relevant sind.[250] Für die Beurteilung, ob ein EuGH-Präjudiz bindend ist und ein *Distinguishing* der Sachverhalte vorgenommen werden muss, ist die Reichweite des Entscheidungstenors maßgeblich.[251] Im Übrigen binden Aus-

[243] EuGH, Rs. 66/80, Slg. 1981, 1191 – International Chemical Corporation.

[244] *U. Ehricke*, in: Streinz, EUV/AEUV, Art. 264 AEUV Rn. 3; *W. Cremer*, in: Calliess/Ruffert, EUV/AEUV/GRCh, Art. 264 AEUV Rn. 2.

[245] Eine nur faktische absolute Rechtskraft annehmend *C. F. Germelmann*, Rechtskraft, S. 408; dagegen *B. W. Wegener*, in: Calliess/Ruffert, EUV/AEUV/GRCh, Art. 267 AEUV Rn. 50 unter Verweis auf Art. 266 AEUV.

[246] *C. F. Germelmann*, Rechtskraft, S. 412; GA *Warner*, Schlussanträge, Rs. 112/76, Slg. 1977, 1658 (662) – Manzoni; gegen eine *rechtliche*, aber für eine *faktische* Erga-omnes-Wirkung *A. Proelß*, Überstaatliche Gerichtsbarkeit, S. 137 ff.; *H. H. Fredriksen*, Europäische Vorlageverfahren, S. 232; dagegen eine Erga-omnes-Wirkung bejahend *K. Lenaerts*, CMLRev 44 (2007), 1625 (1642): „binding on all national courts outside the specific dispute, […] i.e. it has ‚erga omnes' effects", der jedoch die Bindungswirkung des Urteils und der auszulegenden Vorschriften gleichsetzt und auf die einheitliche Anwendung des Unionsrechts verweist; GA *Warner*, Schlussanträge, Rs. 112/76, Slg. 1977, 1658 (1663) – Manzoni; *F. Wollenschläger*, NJW 2018, 2532 (2535): beschränkt auf die sachliche Reichweite der Rechtskraft.

[247] GA *Warner*, Schlussanträge, Rs. 112/76, Slg. 1977, 1658 (1662) – Manzoni.

[248] Dies ablehnend nur für Obiter dicta ablehnend *F. Wollenschläger*, NJW 2018, 2532 (2534).

[249] GA *Warner*, Schlussanträge, Rs. 112/76, Slg. 1977, 1658 (1663) – Manzoni.

[250] *F. Wollenschläger*, NJW 2018, 2532 (2535); zur strategischen Vorwirkung von Obiter Dicta s. *M. Wendel*, Präjudizienrecht, S. 132 f.

[251] Zur Gefahr, dass nationale Gerichte die EuGH-Entscheidungen im Vorabentschei-

legungsentscheidungen die anderen Gerichte mittelbar faktisch, indem diese im Falle eines Abweichens trotz vergleichbarer Sach- und Rechtslage zur Vorlage nach Art. 267 Abs. 2 AEUV verpflichtet sind.[252] Im als Zwischenverfahren ausgestalteten Vorabentscheidungsverfahren bleibt die Rechtskonkretisierung dem Ausgangsgericht auf nationaler Ebene vorbehalten. Die gebotene Rücksicht auf mitgliedstaatliche Kompetenzen und föderative Spielräume ist einer EuGH-Entscheidung im Vorabentscheidungsverfahren insofern immanent.

Diese für die Beurteilung der Präjudizienwirkung im Einzelfall notwendige Kontextualisierung geht bei einer im Wege des gerichtlichen Aushandlungsprozesses vorgenommenen Kompetenzabgrenzung, wie sie zwischen dem BVerfG und dem EuGH praktiziert wird, unter.[253] Letztlich ist der Recht-auf-Vergessen-II-Beschluss nur am Rande vom Gedanken der Europarechtsfreundlichkeit getragen und vielmehr Ausdruck eines spezifisch deutschen, verfassungsprozessualen Dilemmas in Gestalt des begrenzten Prüfungsmaßstabs im Rahmen der Verfassungsbeschwerde nach Art. 93 Abs. 1 Nr. 4a GG und dem befürchteten Bedeutungsverlust im europäischen Grundrechtsraum. Mit zunehmender Verdichtung des Unionsrechts könne die Anwendung der Unionsgrundrechte nicht mehr nur den Fachgerichten vorbehalten werden, der Grundrechtsschutz gegenüber der fachgerichtlichen Grundrechtsanwendung bliebe sonst „unvollständig".[254] Die Ausweitung des bundesverfassungsgerichtlichen Kontrollmaßstabs obliegt aber dem verfassungsändernden Gesetzgeber. Ein allzu weiter Rückzug aus der Grundrechtskontrolle ist auch im harmonisierten Datenschutzrecht nicht zwingend in dem befürchteten Umfang angezeigt, wie im 5. Kapitel dargelegt wird. Schließlich vermag auch die höchstrichterliche Einbeziehung von Unionsgrundrechten nicht das tieferliegende Problem zu lösen, dass maßgebliche grundrechtliche Unitarisierungsschübe im Unionsrecht auch durch die Vorlagefreudigkeit der Fachgerichte bedingt sind, die dem EuGH Fragen vor-

---

dungsverfahren durch *Distinguishing* unterlaufen, s. *C. F. Germelmann*, Rechtskraft, S. 413 Fn. 351; darauf läuft auch eine Europäisierung des grundrechtlichen Prüfungsmaßstabs hinaus, vgl. nur *G. Buchholtz*, DÖV 2017, 837 (844) zur „Garantenstellung" Karlsruhes für den europäischen Grundrechtsschutz und die Pflicht „Unterschiede der Grundrechtsordnungen […] deutlich herauszuarbeiten und Abweichungen detailliert zu begründen." Das kann aber nicht das Ziel einer europäischen Grundrechtsordnung sein, die gerade kein Souveränitätszentrum in Gestalt eines Luxemburger Obersten Gerichts kreiert, dessen Urteile grundsätzliche europaweite Präjudizwirkung entfalten würden.

[252] *F. Wollenschläger*, NJW 2018, 2532; *B. W. Wegener*, in: Calliess/Ruffert, EUV/AEUV/GRCh, Art. 267 AEUV Rn. 51 m.w.N.; *A. Proelß*, Überstaatliche Gerichtsbarkeit, S. 138.

[253] Auf das dahinterliegende Eigeninteresse der Gerichte hinweisend, ihre jeweiligen Kompetenzen möglichst günstig zuzuschneiden, *O. Lepsius*, JZ 2019, 793 (799).

[254] Ziemlich explizit BVerfGE 152, 216 (240 Rn. 60).

legen, die nicht oder nur höchst marginal in den Anwendungsbereich des Unionsrechts fallen.

IV. Maßgeblichkeit der Bindungstypologien für das Datenschutzrecht

Im sekundärrechtlich harmonisierten Datenschutzrecht kommen im Einzelfall unterschiedliche Bindungskonstellationen in Betracht. So handeln die Mitgliedstaaten stets als „verlängerter Arm“ der EU, wenn sie mit der DSGVO eine Rechtsverordnung vollziehen. Tatsächlich ist in vielen datenschutzrechtlichen Konstellationen das Grundgesetz weiterhin allein maßgeblich (1.), in den meisten Fällen wird es zur parallelen Geltung der GRCh und des Grundgesetzes kommen (2.). Jedenfalls kann nicht pauschal davon ausgegangen werden, dass jede Verarbeitung personenbezogener Daten in den Mitgliedstaaten die Anwendbarkeit der Unionsgrundrechte (insbesondere Art. 8 GRCh) auslöst (3.).

1. Alleinige Maßgeblichkeit der Grundrechte des Grundgesetzes

Nehmen die Mitgliedstaaten keine *spezifisch* unionsrechtlichen Verpflichtungen wahr, die ihnen konkrete inhaltliche und verbindliche[255] Vorgaben machen, bleibt es bei der alleinigen Maßgeblichkeit der nationalen Grundrechte. Ausreichend für die Bindung an die GRCh ist nicht, dass eine Materie sekundärrechtlich abstrakt überformt wurde. Eröffnet das Sekundärrecht den Mitgliedstaaten weitgehenden Spielraum oder nimmt es sich in bestimmten Sachbereichen inhaltlich zurück, ist davon auszugehen, dass bei der Anwendung mitgliedstaatlicher Grundrechtsstandards grundsätzlich auch keine Gefährdung der Einheit und Wirksamkeit des Unionsrechts zu befürchten ist. Auch muss das Sekundärrecht einen Vorranganspruch erkennen lassen. Diesen erfüllt es nicht bereits durch die Aufstellung allgemeiner Kriterien. Die Bindung an Unionsgrundrechte kann danach nur so weit reichen wie der inhaltliche Regelungsanspruch unionaler Vorgaben.[256]

2. Parallele Anwendbarkeit der Charta der Grundrechte

Der Übergang zu dem Bereich, in dem der EuGH von einer grundsätzlich kumulativen Anwendbarkeit der Grundrechtsordnungen ausgeht, ist fließend. Bestehen zwar unionsrechtliche Vorgaben, die jedoch den Mitgliedstaaten einen Spielraum überlassen, ist grundsätzlich von einer parallelen

---

[255] *M. Bäcker*, EuR 2015, 389 (393); *A. Schwerdtfeger*, in: Meyer/Hölscheidt, GRCh, Art. 51 GRCh Rn. 52.

[256] Zur konkret begrenzenden Funktion des Rechtsstaatsprinzips: *B. Pirker*, Grundrechtsschutz im Unionsrecht, S. 50; *J. Nusser*, Bindung der Mitgliedstaaten, S. 94.

Geltung der Grundrechtsordnungen auszugehen, wobei der mitgliedstaatlichen im Sinne des Subsidiaritätsprinzips der grundsätzliche Vorrang zukommt. In diesem Überschneidungsbereich kommen die Grundrechte der GRCh und des Grundgesetzes grundsätzlich parallel zum Tragen.[257] Die Unionsgrundrechte sind zwar anwendbar, aber nicht primär maßgeblich sobald das Unionsrecht bindende Vorgaben für einen Bereich aufstellt. Dies gilt insbesondere, wenn es sich lediglich um „rahmenartige Anforderungen“[258] oder unionsrechtliche Mindeststandards handelt. Soweit sich dem datenschutzrechtlichen Sekundärrecht konkrete Regelungsvorgaben bei gleichzeitigem mitgliedstaatlichem Spielraum entnehmen lassen, sind die Unionsgrundrechte und die nationalen Grundrechte in der Regel parallel anwendbar.[259]

3. *Beschränkung des Datenflusses kein ausreichender Anknüpfungspunkt*

Keine Bindung an die Unionsgrundrechte gilt für mitgliedstaatliche Vorschriften, die keinerlei „Bezug zu einer der von den Bestimmungen der Verträge in Betracht gezogenen Situationen aufweisen“.[260] Im Datenschutzrecht könnte beispielsweise die Pflicht privater Diensteanbieter zur Speicherung personenbezogener Daten auf Servern im Inland eines Mitgliedstaats zugleich eine Beschränkung der Grundfreiheiten, vor allem der Dienstleistungsfreiheit des Telekommunikationsunternehmens darstellen.[261] Eine solche Inlandsspeicherungspflicht ist unionsrechtlich weder vorgesehen noch ausgeschlossen, kann aber nach Ansicht des BVerfG im Sinne der Datensicherheit geboten sein. Würde jede Beschränkung der Datenverkehrsfreiheit stets zu einer Grundrechtsbindung nach Art. 51 Abs. 1 S. 1 GRCh führen, würde dies auf eine umfassende Bindung an Unionsgrundrechte im Datenschutzrecht hinauslaufen.[262] Besteht kein unionsweiter hoher und gleichwertiger Schutzstandard, können die Mitgliedstaaten weiterhin den freien Datenverkehr innerhalb der EU aus Gründen der Datensicherheit beschränken. Im horizontalen Verhältnis der Mitgliedstaaten untereinander greift dann auch nicht der Solange II-Vorbehalt,[263] mitgliedstaatliche höhere Gewährleis-

[257] *T. Kingreen*, JZ 2013, 801 (806); *J. Masing*, JZ 2015, 477 (483).

[258] *M. Bäcker*, EuR 2015, 389 (393).

[259] So auch *N. Marsch*, Das europäische Datenschutzgrundrecht, S. 345.

[260] EuGH, Rs. C-299/95, Slg. 1997, I-2629, Rn. 15–16 – Kremzow; Rs. C-328/04, Slg. 2005, I-8577, Rn. 14 – Attila Vjanai.

[261] So zur Grundrechtsbindung bei der Speicherpflicht nach § 113b Abs. 1 S. 1 TKG a.F. (nun § 113b Abs. 1 TKG) *F. Wollenschläger/L. Krönke*, NJW 2016, 906 (908); zu entsprechenden Aufbewahrungsanforderungen, die der Wahrung eines „besonders hohen Sicherheitsstandards“ bei der Speicherung von Telekommunikationsdaten dienen, s. BVerfGE 125, 260 (327).

[262] So *F. Wollenschläger/L. Krönke*, NJW 2016, 906 (908).

[263] Dafür aber *F. Wollenschläger/L. Krönke*, NJW 2016, 906 (909).

tungen müssen in Ermangelung unionsweiter Standards nicht zu Gunsten eines niedrigeren Schutzniveaus eines anderen Mitgliedstaats zurücktreten.

Würde man den Datenschutz als eigenständige Grundfreiheit qualifizieren, so wäre eine Differenzierung nach Gestaltungsspielräumen obsolet. Vielmehr müsste sich jede, auch nur mittelbare oder potentielle Behinderung[264] des freien Datenverkehrs an den Unionsgrundrechten messen lassen. Zwar bezieht sich Art. 16 Abs. 2 S. 1 a.E. AEUV auf den freien Verkehr der personenbezogenen Daten. Allerdings ist dies wie gezeigt ein Desiderat der Binnenmarktkompetenz und kein Indiz für einen grundfreiheitlichen Charakter. Die Forderung nach Einführung einer „Freizügigkeit für Daten"[265] geht auf die estnische Ratspräsidentschaft zurück. Die Bezeichnung als „fünfte Grundfreiheit" fiel ferner im politischen Prozess im Zuge des Erlasses der Verordnung über den freien Verkehr nicht-personenbezogener Daten[266] („Free-flow"-Verordnung) und dort in Bezug auf den freien Verkehr nicht-personenbezogener Daten.[267] Im Zusammenhang mit dem Verkehr personenbezogener Daten ist die Annahme einer fünften Grundfreiheit abzulehnen. Sie ist bereits nicht in den Verträgen verankert. Die Datenverkehrsfreiheit ist vielmehr nur ein Annex zu den bestehenden Grundfreiheiten.[268] Zudem ist der Schutz personenbezogener Daten ausdrücklich ein anerkanntes Grundrecht auf Unionsebene und keine Grundfreiheit. Zwischen den auf die Marktintegration ausgerichteten Grundfreiheiten und auf den Schutz der Menschenwürde ausgerichteten Grundrechten bestehen erhebliche konzeptuelle und funktionale Unterschiede, die einer Verschmelzung der Kategorien entgegenstehen.[269] Grundfreiheiten richten sich primär an die Mitgliedstaaten, Grundrechte hingegen adressieren primär die Union und nur im Fall der Durchführung von Unionsrecht die Mitgliedstaaten.[270] Grundfreiheiten sind

[264] Vgl. EuGH, Rs. 8/74, Slg. 1974, 837 (852 Rn. 5) – Dassonville.

[265] *K. von Lewinski*, in: Auernhammer, Einl. DSGVO Rn. 18.

[266] VO (EU) 2018/1807 des Europäischen Parlaments und des Rates v. 14.11.2018 über einen Rahmen für den freien Verkehr nicht-personenbezogener Daten in der Europäischen Union, ABl. L 303/59 v. 28.11.2018.

[267] Berichterstatterin des Europäischen Parlaments, *A. M. Corazza Bildt*, Report on the proposal for a regulation of the European Parliament and of the Council on a framework for the free flow of non-personal data in the European Union, A8–0201/2018, 6.6.2018, S. 29: „This Regulation on the Free flow of non-personal data de facto establishes data as the fifth freedom in the Single Market".

[268] Vgl. *K. von Lewinski*, in: Auernhammer, Einl. DSGVO Rn. 18, wonach die Datenfreizügigkeit von der Dienstleistungsfreiheit umfasst ist.

[269] Eingehend *B. Pirker*, Grundrechtsschutz im Unionsrecht, S. 189 ff., dort auch zur unterschiedlichen Konzeptualisierung (Schutz des „Marktbürgers" versus des „Unionsbürgers" als *citoyen*), den unterschiedlichen Funktionen (Nivellierung der Binnengrenzen versus Schutz von Freiheitsräumen).

[270] *B. Pirker*, Grundrechtsschutz im Unionsrecht, S. 225.

ferner im Unterschied zu Grundrechten nur auf Unionsebene gewährleistet, so dass sich keine Anwendungskonkurrenz im Verhältnis zu etwaigen nationalen Grundfreiheiten stellen kann. Jede mitgliedstaatliche Einschränkung dieser unionsweit harmonisierten Grundfreiheiten ist eine zu rechtfertigende Ausnahme im Geltungsbereich des Unionsrechts. Im Unterschied hierzu unterfallen mitgliedstaatliche Beschränkungen von (Unions-)Grundrechten nur dann der GRCh, wenn die betreffenden nationalen Maßnahmen Unionsrecht durchführen (Art. 51 Abs. 1 S. 1 GRCh). Grundrechte, insbesondere der Schutz personenbezogener Daten, dienen vorrangig der Abwehr hoheitlicher Freiheits- und Gleichheitsverletzungen, Grundfreiheiten bezwecken primär die Angleichung der Märkte im Binnenmarkt.[271] Unionsgrundrechte sollen bewusst nicht unmittelbar in den Mitgliedstaaten wie die Grundfreiheiten des Binnenmarkts gelten. Grundfreiheiten gelten anders als Grundrechte unmittelbar in den Mitgliedstaaten unabhängig von der Frage, ob im Einzelfall Unionsrecht durchgeführt wird. Schließlich ist die Kategorie der Grundrechtsbindung bei der Beschränkung von Grundfreiheiten deshalb im Datenschutzrecht nicht pauschal zu bejahen, weil dies die expliziten Ausnahmen des Sekundärrechts unterlaufen würde.[272]

C. Die Aktualität des Grundrechtskontrollvorbehalts

Unabhängig von der unionsrechtlichen Determinierung einer innerstaatlichen Maßnahme bleibt der bundesverfassungsgerichtliche Reservevorbehalt über die unmittelbare Überprüfung von Unionsrecht am Maßstab der Grundrechte des Grundgesetzes im Einzelfall aktuell. Ausgangspunkt bildet die Tatsache, dass ein dem Grundgesetz im Wesentlich gleich zu achtender Grundrechtsschutz auf Unionsebene die Voraussetzung für die Integration der Bundesrepublik Deutschland in die EU und damit unabdingbar ist. Zwar war der Solange II-Vorbehalt angesichts des in der Union bei generalisierender Betrachtung erreichten Schutzniveaus bislang in der Rechtsprechung des BVerfG nicht von praktischer Relevanz.[273] Allerdings behält sich das BVerfG die Grundrechtskontrolle im Einzelfall vor, soweit der Menschenwürdegehalt eines Grundrechts und damit die Verfassungsidentität (Art. 1 Abs. 1[274] i.V.m. Art. 79 Abs. 3 GG) betroffen ist (I.). Für das Datenschutzgrundrecht bleibt der Kontrollvorbehalt auch unter dem geltenden Rechtsrahmen von Relevanz (II.).

---

[271] Vgl. auch *C. Herresthal*, ZEuP 24 (2014), 238 (255).

[272] So i. E. auch *N. Marsch*, Das europäische Datenschutzgrundrecht, S. 308 f.

[273] *G. Britz*, NJW 2021, 1489 (1490); S. *Oeter*, VVDStRL 66 (2007), 361 (377).

[274] Vgl. zur Anwendung von Art. 4 GRCh im Rahmen der Identitätskontrolle BVerfG, NJW 2021, 1518 (1523 Rn. 57).

I. Abkehr vom generalisierenden Ansatz hin zur exzeptionellen Einzelprüfung

Bei der individuellen Grundrechtskontrolle von Unionsrechtsakten im Einzelfall verlangt das BVerfG seit der Solange II-Entscheidung in ständiger Rechtsprechung für die Zulässigkeit des Rechtsbehelfs die Darlegung, dass auf Unionsebene „der jeweils unabdingbar gebotene Grundrechtsschutz *generell* nicht gewährleistet ist"[275]. Es nimmt seinen Kontrollanspruch im Bereich der Grundrechte dann zurück, wenn auf europäischer Ebene generell ein dem Grundgesetz im Wesentlichen gleich zu achtender Grundrechtsschutz gewährleistet wird, „zumal den Wesensgehalt der Grundrechte generell verbürgt"[276]. Diese sehr weitgehende Zurücknahme bei der Grundrechtskontrolle wurde indes durch eine intensivere Identitätskontrolle in der Folgezeit relativiert. In der Recht auf Vergessen II-Entscheidung konkretisierte der Erste Senat den Vorbehalt unter Betonung des in der jüngeren Rechtsprechung verstärkt einzelfallbezogenen Ansatzes: Maßgeblich ist nicht mehr ein generalisierender, struktureller Vergleich mit den Unionsgrundrechten, sondern vielmehr „eine auf das jeweilige Grundrecht bezogene generelle Betrachtung".[277]

In den letzten Jahren kam es dadurch zu einer zunehmenden Verschmelzung der Grundrechts- mit der Identitätskontrolle.[278] Denn die grundrechtliche Einzellfallbetrachtung nahm ihren Ausgangspunkt in Art. 1 Abs. 1 GG, der zugleich zur Verfassungsidentität zählt. Erstmals deutlich wird der schon früh angedeutete Zusammenhang zwischen Verfassungsidentität und Menschenwürde in der Entscheidung zum Europäischen Haftbefehl aus dem Jahr 2015, die im Leitsatz festhält, dass „im Wege der Identitätskontrolle gemäß Art. 23 Abs. 1 S. 3 i.V.m. Art. 79 Abs. 3 und Art. 1 Abs. 1 GG der unabdingbar gebotene Grundrechtsschutz uneingeschränkt und *im Einzelfall*" gewährleistet wird.[279] In den Haftbefehls-Entscheidungen geht es um erhebliche

---

[275] BVerfGE 102, 147 (164) (Hervorhebung durch die Verfasserin); 73, 339 (387): „Solange die Europäischen Gemeinschaften […] einen wirksamen Schutz der Grundrechte gegenüber der Hoheitsgewalt der Gemeinschaften generell gewährleisten, […]".

[276] BVerfGE 73, 339 (387).

[277] BVerfGE 152, 216 (235 Rn. 47); dies kommt der Bosphorus-Rechtsprechung des EGMR nahe, in der die grundsätzliche Vermutung aufgestellt wurde, dass die Union einen der EMRK gleichwertigen Grundrechtsschutz gewährleiste. Diese könne nur widerlegt werden, „wenn unter den Umständen des Einzelfalls die Konventionsrechte offensichtlich unzureichend geschützt wurden", EGMR, Entsch. v. 30.6.2005, 45036/98 – Bosphorus Airways/Ireland.

[278] Vgl. auch *G. Britz*, NJW 2021, 1489 (1490), wonach der Identitätsvorbehalt seinen dogmatisch-konstruktiven Ursprung im Solange-Vorbehalt habe.

[279] BVerfGE 140, 317 (341 Rn. 49) (Hervorhebung durch die Verfasserin). In der Literatur auch als Solange III-Entscheidung bezeichnet, *M. Hong*, Menschenwürdegehalt,

Grundrechtsverletzungen eines anderen Mitgliedstaates und nicht der Union selbst.[280] Der Menschenwürdeschutz fungiert im Einzelfall als beschränkte Rückausnahme vom generellen Kontrollverzicht im Sinne der Solange II-Entscheidung. Dadurch behält sich das BVerfG die Wahrung des integrationsfesten Grundrechtskerns vor, der sich insbesondere aus Art. 1 Abs. 1 GG ergibt.[281] Als Ausnahme von der Bananenmarktordnungs-Entscheidung[282] kontrolliert das BVerfG Unionsrechtsakte auf die Vereinbarkeit mit bestimmten Grundrechten die der Verfassungsidentität unterfallen auch dann, wenn der europäische Grundrechtsschutz dem grundgesetzlich geforderten Niveau generell entspricht.[283] Zwar bezieht sich diese Rechtsprechung nur auf die Menschenwürdegarantie des Art. 1 Abs. 1 GG. Doch angesichts dessen, dass fast allen Grundrechten ein Menschenwürdekern innewohnt,[284] ergeben sich denkbar viele Anwendungsfälle der grundrechtlichen Identitätskontrolle. So spricht das BVerfG im OMT-Urteil im Rahmen der Identitätskontrolle erstmals von der „Wahrung des Menschenwürdekerns der *Grundrechte*“[285] im Plural. Das Gericht macht bei der Zulässigkeit der Verfassungsbeschwerde deutlich, dass es „ungeachtet der bisherigen Rechtsprechung zur

---

S. 485: „*Solange* die deutsche Verfassung gilt, wird das Bundesverfassungsgericht in Deutschland dem Grundrecht auf Menschenwürde gerichtlich zur Geltung verhelfen, parallel zum Gerichtshof der Europäischen Union, notfalls aber auch gegen ihn.“

[280] BVerfGE 140, 317 (356 Rn. 85): „Das Vertrauen zwischen den Mitgliedstaaten […] kann erschüttert werden; erhebliche Grundrechtsverletzungen im Einzelfall sind selbst dann nicht ausgeschlossen, wenn die jeweiligen nationalen Rechtsordnungen grundsätzlich in der Lage sind, einen dem Grundgesetz gleichwertigen und wirksamen Schutz der Grundrechte zu bieten.“

[281] Darin ist keine Aufgabe des Solange II-Vorbehalts, sondern vielmehr eine Konkretisierung des Identitätsvorbehalts, der den unabdingbaren Menschenwürdeschutz im Einzelfall mitumfasst, zu sehen, vgl. auch *C. Langenfeld*, Multipolarität, S. 94 und 98; teilweise wird darin aber auch eine Abkehr gesehen: *A. Edenharter*, Grundrechtsschutz; *dies.*, JZ 2018, 313 (314), die Haftbefehls-Rechtsprechung als „partielle Abkehr von der über 40 Jahre lang geltenden Solange II-Doktrin“ qualifizierend; ähnlich auch *H. Sauer*, NJW 2016, 1134 (1135): „Nach über 40 Jahren wird der Solange-Ansatz partiell verabschiedet“.

[282] BVerfGE 102, 147 (162 ff.).

[283] *A. Edenharter*, JZ 2018, 313 (314) sieht darin einen Widerspruch. Erachtet man jedoch – wie hier – bestimmte Grundrechte von vornherein als der Identitätskontrolle immanent, fügt sich dies in die bisherige Rechtsprechung. In BVerfGE 152, 216 (251, Rn. 91) geht der Erste Senat ausdrücklich davon aus, dass eine Prüfung am Maßstab der Unionsgrundrechte an der Europäischen Haftbefehls-Entscheidung im Ergebnis nichts geändert hätte.

[284] Zum Menschenwürdegehalt einzelner Grundrechte *M. Hong*, Menschenwürdegehalt, S. 656 ff. Der Wesensgehalt eines Grundrechts umfasst danach mindestens auch seinen Menschenwürdegehalt, a.a.O., S. 630.

[285] BVerfGE 142, 123 (195 Rn. 138) (Hervorhebung der Verfasserin); die in Bezug genommene Haftbefehls-Entscheidung betraf den unmittelbar aus Art. 1 Abs. 1 GG abgeleiteten Schuldgrundsatz, BVerfGE 140, 317 (341 Rn. 48).

Unzulässigkeit von Verfassungsbeschwerden und Vorlagen, mit denen die Verletzung in Grundrechten des Grundgesetzes durch sekundäres Gemeinschafts- beziehungsweise Unionsrecht gerügt wurde – einen solchen schwerwiegenden Grundrechtsverstoß im Rahmen der Identitätskontrolle" prüfe.[286] Für die Begründetheit muss der Beschwerdeführer substantiiert darlegen, dass die Menschenwürde „im konkreten Fall" tatsächlich verletzt worden sei.[287]

Das BVerfG behält sich also auch in unionsrechtlich determinierten Sachverhalten die Grundrechts*prüfung* im Einzelfall vor, ermöglicht dann aber im Wege der Gültigkeitsvorlage an den EuGH diesem die Verwerfung des zugrundeliegenden Unionsrechtsakts. Erst wenn der EuGH zu einer divergierenden Einschätzung kommt, wird der Solange II-Vorbehalt effektuiert.[288] In der Lissabon-Entscheidung stellt das BVerfG etwas abgeschwächter nur noch darauf ab, dass „die Europäische Union eine Grundrechtsgeltung gewährleistet, die nach Inhalt und Wirksamkeit dem Grundrechtsschutz, wie er nach dem Grundgesetz unabdingbar ist, im Wesentlichen gleichkommt."[289] Es genügt also nicht, dass der Grundrechtsschutz auf Unionsebene generell vergleichbar gewährleistet wird, die Grundrechte – und nicht nur ihr Wesensgehalt – müssen vielmehr tatsächlich auch effektuiert werden.[290] In jüngerer Zeit stellt das BVerfG nur noch darauf ab, dass auf Unionsebene das Schutzversprechen der Grundrechte „in der Substanz erhalten bleiben" müsse und formuliert unter Bezugnahme auf die Solange-Rechtsprechung, „dass der Schutz der Charta dem vom Grundgesetz jeweils als unabdingbar gebotenen Grundrechtsschutz im Wesentlichen gleich zu achten ist, zumal den Wesensgehalt der Grundrechte generell verbürgt".[291] Nach der jüngsten Haftbefehls-Entscheidung (2020) können bei der Verletzung der Verfassungsidentität auch die Unionsgrundrechte zur Anwendung kommen.[292]

Werden die Grundrechte oder auch nur ihr Wesensgehalt als Teil der Verfassungsidentität qualifiziert, kommt es für ihre Geltendmachung gegenüber vereinheitlichtem Unionsrecht auf das Bestehen eines unionsweiten äquivalenten Schutzniveaus nicht mehr an. Die verfassungsgerichtliche Grund-

---

[286] BVerfGE 140, 317 (334 Rn. 34) unter Bezugnahme auf BVerfGE 73, 339 (378 ff.) und 102, 147 (161 ff.).

[287] BVerfG, NStZ-RR 2021, 86, Rn. 32; BVerfGE 140, 317 (334 f. Rn. 36).

[288] BVerfGE 73, 339 (376); *M. Bäcker*, EuR 2011, 103 (108 f.).

[289] BVerfGE 123, 267 (335).

[290] *M. Hong*, Menschenwürdegehalt, S. 483.

[291] BVerfGE 152, 216 (235 Rn. 47).

[292] BVerfG, NStZ-RR 2021, 86. Fragen wirft die Kombination der Identitätskontrolle mit der Anwendung der Unionsgrundrechte (Art. 4 GRCh) auf: Wenn nationale Grundrechte im Rahmen der Identitätskontrolle nicht mehr zur Anwendung kommen, dann verteidigt das BVerfG nicht mehr (nur) die nationale Verfassungsidentität, sondern eine genuin unionsrechtliche Identität.

rechtskontrolle ist dann vielmehr unabhängig von einem strukturellen Grundrechtsdefizit in der EU im Einzelfall eröffnet. Dass nicht jede Grundrechtsbetroffenheit die Verfassungsidentität berührt, ist offensichtlich. Es bedarf der näheren Konturierung der im Rahmen der Identitätskontrolle im Einzelfall in Betracht kommenden Menschenwürdeverletzungen.

II. Relevanz der exzeptionellen Grundrechtskontrolle im Datenschutzrecht

Art. 1 Abs. 1 GG wirkt, teilweise durch sichtbare Anknüpfung, in zahlreiche Grundrechtsgarantien ein, insbesondere auch in das Recht auf informationelle Selbstbestimmung aus Art. 2 Abs. 1 i.V.m. Art. 1 Abs. 1 GG. Die Menschenwürdegarantie dient dabei der Absicherung des bereits in der analogen Welt[293] absolut geschützten Kernbereichs privater Lebensgestaltung bei der automatisiert oder digitalisiert erfolgenden Verarbeitung personenbezogener Daten.[294] Auch für das Grundrecht auf Gewährleistung der Vertraulichkeit und Integrität informationstechnischer Systeme (sog. „Computergrundrecht") ergibt sich der Menschenwürdebezug bereits aus der Normkette.[295] Im Gewährleistungsbereich des Fernmeldegeheimnisses nach Art. 10 Abs. 1 GG gebietet Art. 1 Abs. 1 GG den Schutz „individueller Entfaltung im Kernbereich privater Lebensgestaltung" und damit den Schutz von Kommunikationsinhalten, die „den Kernbereich höchstpersönlicher privater Lebensgestaltung" betreffen.[296] Jeglicher staatliche Überwachungseingriff findet im von Art. 1 Abs. 1 GG geschützten Kernbereichsschutz eine absolute Schranke, die nicht der Abwägung zugänglich ist.[297] Dies gilt für „spezifisch breitenwirksame Grundrechtsgefährdungspotenziale, insbesondere solche der elektronischen Datenverarbeitung".[298] In ständiger Rechtsprechung ver-

[293] BVerfGE 80, 367 (373 f.).

[294] BVerfGE 120, 274 (335).

[295] BVerfGE 141, 220 (264 ff.).

[296] BVerfGE 124, 42 (69); 113, 348 (391): „Art. 10 Abs. 1 GG gewährleistet die freie Entfaltung der Persönlichkeit durch einen privaten, vor der Öffentlichkeit verborgenen Austausch von Kommunikation und schützt damit zugleich die Würde des Menschen".

[297] Vgl. BVerfGE 141, 220 (277 f.): „Dies bedeutet jedoch nicht, dass jede tatsächliche Erfassung von höchstpersönlichen Informationen stets einen Verfassungsverstoß oder eine Menschenwürdeverletzung begründet. Angesichts der Handlungs- und Prognoseunsicherheiten, unter denen Sicherheitsbehörden ihre Aufgaben wahrnehmen, kann ein unbeabsichtigtes Eindringen in den Kernbereich privater Lebensgestaltung im Rahmen von Überwachungsmaßnahmen nicht für jeden Fall von vornherein ausgeschlossen werden. Die Verfassung verlangt jedoch für die Ausgestaltung der Überwachungsbefugnisse die Achtung des Kernbereichs als eine strikte, nicht frei durch Einzelfallerwägungen überwindbare Grenze."

[298] BVerfGE 141, 220 (268); 125, 260 (316 ff.).

weist das BVerfG darauf, dass der absolut geschützte Kernbereich privater Lebensgestaltung dem Einzelnen einen Bereich höchstpersönlicher Sphäre gegenüber Überwachung gewährleiste, der selbst zum Schutz überragender Interessen der Allgemeinheit nicht berührt werden darf:

> Er wurzelt in den von den jeweiligen Überwachungsmaßnahmen betroffenen Grundrechten in Verbindung mit Art. 1 Abs. 1 GG und sichert einen dem Staat nicht verfügbaren Menschenwürdekern grundrechtlichen Schutzes gegenüber solchen Maßnahmen.[299]

Dies umfasst innere Vorgänge, Empfindungen, Gefühle, Überlegungen, Ansichten oder Erlebnisse höchstpersönlicher Art sowie die vertraulich geführte, nicht-öffentliche Kommunikation mit Personen höchstpersönlichen Vertrauens.[300] Die Menschenwürdegarantie ist für jedes Grundrecht durch Auslegung eigenständig zu bestimmen.[301] Im Bereich des Datenschutzrechts verlangt der Kernbereichsschutz auf der Ebene der Datenerhebung die Schaffung von Vorfeldvorkehrungen, die sicherstellen, dass kernbereichsrelevante Informationen nicht erfasst werden. Da oftmals nicht schon bei der Erhebung personenbezogener Daten erkennbar ist, ob kernbereichsrelevante Daten betroffen sind, greift der absolute Schutz erst auf der zweiten Ebene – solange keine Anhaltspunkte für die Betroffenheit des Kernbereichs tatsächlich vorgelegen haben (sog. zweistufiges Schutzkonzept).[302] Ein Zugriff auf informationstechnische Systeme ist auch dann zulässig, wenn dabei die Wahrscheinlichkeit besteht, „dass am Rande auch höchstpersönliche Daten miterfasst werden".[303] Auf der Ebene der Auswertung und Verwertung bedarf es der Sichtung der Daten durch eine unabhängige Stelle, die die kernbereichsrelevanten Informationen herausfiltert und damit einer Verwendung durch die Sicherheitsbehörden vorbeugt. Schließlich ist auf der letzten Stufe die sofortige Löschung von versehentlich erfassten höchstpersönlichen Daten vorzusehen sowie zu protokollieren und die Verwendung (auch durch Verwertungsverbote) auszuschließen.[304] Somit folgen aus dem Menschenwürdegehalt im Fall der (elektronischen) Datenverarbeitung unmittelbar verfahrensrechtliche Sicherungsmechanismen, die der Gesetzgeber zu schaffen hat. Der Menschenwürdegehalt verbietet die Überwachung über einen

---

[299] BVerfGE 141, 220 (276); 109, 279 (313).

[300] BVerfGE 141, 220 (276); s. zu höchstpersönlichen Inhalten zusammenfassend *M. Hong*, Menschenwürdegehalt, S. 502 ff.

[301] BVerfGE 109, 279 (310).

[302] Andernfalls hat die Datenerhebung „grundsätzlich zu unterbleiben", BVerfGE 120, 274 (338). Das Erhebungsverbot ist nicht absolut („grundsätzlich"), damit die gezielte Verknüpfung von Kommunikationsinhalten mit kernbereichsrelevanten Inhalten nicht zu einer Vereitelung der Überwachungsmaßnahme führen kann, a.a.O.

[303] BVerfGE 141, 220 (307 f.).

[304] Zu diesen verfahrensrechtlichen Anforderungen BVerfGE 141, 220 (279 f.); 120, 274 (338 f.).

längeren Zeitraum und die nahezu lückenlose Registrierung von Bewegungen, wodurch die Erstellung von Persönlichkeitsprofilen droht.[305] Diese Vorgaben gelten auch unter dem europäischen Datenschutzrecht fort und werden nicht durch zwingendes Unionsrecht verdrängt, das hiervon nach unten abweichen sollte.

D. Fazit

Die Bindung der Mitgliedstaaten an die im Sekundärrecht konkretisierten Unionsgrundrechte folgt nicht bereits automatisch daraus, dass sie im weiten Anwendungsbereich dieses Sekundärrechts handeln. Der für die Datenschutzrechtsetzung maßgebliche Begriff des Anwendungsbereichs des Unionsrechts (Art. 16 Abs. 2 S. 1 AEUV) ist enger als der Begriff der Durchführung des Unionsrechts im Sinne von Art. 51 Abs. 1 S. 1 GRCh. Letzterer ist im Einklang mit dem vom EuGH im Kontext der negativen Integration weit ausgelegten Anwendungsbereichsbegriff auszulegen. Grundrechtskonkretisierendes Sekundärrecht verdrängt auch nicht Art. 51 Abs. 1 S. 1 GRCh, dessen Voraussetzung bleiben bei der innerstaatlichen Anwendung des Sekundärrechtsakts vielmehr in jedem Einzelfall maßgeblich. Dies gilt insbesondere für deklaratorisch grundrechtskonkretisierende Bestimmungen im Sekundärrecht. Hingegen kann im Anwendungsbereich des konstitutiv konkretisierenden Sekundärrechts in der Regel von der Durchführung von Unionsrecht im Sinne von Art. 51 Abs. 1 S. 1 GRCh ausgegangen werden. Dabei sind trotz der grundsätzlichen Kritik am dialogischen Aushandlungsprozess die vom EuGH und BVerfG entwickelten Bindungstypologien maßgeblich. Die Union und ihre Mitgliedstaaten stehen dabei grundsätzlich in einer geteilten Verantwortung. Die grundsätzlich parallele Bindung der Mitgliedstaaten an die GRCh bei der Wahrnehmung von unionsrechtlichen Gestaltungsspielräumen ist Folge der geteilten Verantwortung in einem supranationalen Verbund, wenn das Tätigwerden durch das Unionsrecht veranlasst wird.[306] Entscheidend ist jedoch, dass das „Zugriffsrecht" der Gerichte konkretisiert wird: Die Frage, welches Gericht das erste oder auch das letzte Wort bei der Grundrechtsauslegung im Fall der parallelen Anwendbarkeit haben soll. Gegenwärtig behalten sich dies sowohl der EuGH als auch das BVerfG je nach sekundärrechtlicher Harmonisierungsdichte vor. Unabhängig vom Grad der sekundärrechtlichen Harmonisierung gelten die vom

---

[305] BVerfGE 141, 220 (280); 109, 279 (323). Das BVerfG legt eine gesamtheitliche Betrachtung zu Grunde und nimmt nicht nur isoliert einzelne Ermittlungsmaßnahmen in den Blick. Es berücksichtigt, dass niedrigschwellige, aber additive Grundrechtseingriffe ein besonderes Gefährdungspotenzial entfalten können.

[306] *M. Bäcker*, EuR 2015, 389 (403); *M. Ludwigs*, EuGRZ 2014, 273 (281).

BVerfG aus dem Menschenwürdegehalt der datenschutzrechtlichen Gewährleistungen entwickelten Vorgaben für den Schutz des Kernbereichs persönlicher Lebensgestaltung.

5. Kapitel

Grundrechtsschutz im Rahmen von Öffnungsklauseln

Wie im 3. Kapitel gezeigt, ist das europäische Datenschutzsekundärrecht stark fragmentiert. Zurückgeführt wird dies insbesondere auf den streng sachkompetenzakzessorisch auszulegenden Anwendungsbereich des Unionsrechts im Rahmen des Art. 16 Abs. 2 S. 1 AEUV. Nachdem eingangs im 1. Kapitel die Differenzierung zwischen konstitutiv und deklaratorisch konkretisierendem Sekundärrecht und im 4. Kapitel die fortbestehende Relevanz von Art. 51 Abs. 1 S. 1 GRCh insbesondere im Rahmen deklaratorischer Bestimmungen im grundrechtskonkretisierenden Sekundärrecht aufgezeigt worden sind, bedarf es nun abschließend einer genaueren Analyse der maßgeblichen Grundrechtsordnung. Diese ist für die Öffnungsklauseln im Sekundärrecht nicht einheitlich zu beantworten. Das 5. Kapitel ist eine Synthese der vorhergehenden Kapitel: Sekundärrechtliche Spielräume oder Öffnungsklauseln (zur Terminologie sogleich unter A.) sind oftmals nicht nur Ausdruck eines legislativen Gestaltungsspielraums, sondern der vertikalen Machtabgrenzung. Deshalb ist im Unterschied zu den Recht auf Vergessen-Entscheidungen des BVerfG bei der Frage der maßgeblich anwendbaren Grundrechtsordnung im Rahmen von Öffnungsklauseln nicht allein auf den verbleibenden mitgliedstaatlichen Gestaltungsspielraum abzustellen. Soweit Öffnungsklauseln Kompetenzgrenzen im föderal strukturierten Mehrebenensystem abbilden, werden sie als explizite (B.) und implizite Bereichsausnahmen (C.) in den Blick genommen. Im Anwendungsbereich dieser Öffnungsklauseln droht in der Regel keine Kollision der nationalen und der EU-Rechtsordnung, so dass auch der Anwendungsvorrang nicht zum Tragen kommt. Da sich der Begriff des Anwendungsbereichs des Unionsrechts auf alle Sachkompetenzen der Union akzessorisch zum jeweils vorgesehenen Harmonisierungsniveau bezieht, enthält das Datenschutzsekundärrecht auch mindestharmonisierende Klauseln (D.). Bei der Beschränkung privater Verarbeitung personenbezogener Daten nimmt der Unionsrechtsetzer eine qualifizierte Schutzpflicht wahr (E.). Die maßgebliche Grundrechtsordnung variiert je nach Öffnungsklausel. Soweit die Unionsgrundrechte primär maßgeblich sind, stellt sich die Frage der grundrechtlichen Kontrolldichte des EuGH (F.). Sind die Grundrechte des Grundgesetzes und die GRCh parallel anwendbar, ist auf das maßgebliche grundrechtliche Schutzniveau im Datenschutzrecht näher einzugehen (G.).

A. Öffnungsklauseln im Datenschutzrecht

Den verschränkten Rechtsordnungen im Mehrebenensystem sind Spielräume wesenseigen.[1] Ein lückenhafter und im mehrstufigen Rechtsetzungsverfahren[2] auf Konkretisierung angewiesener Rechtsakt zieht die Frage nach der Ausfüllungszuständigkeit für Spielräume nach sich. Hierzu müssen zunächst die Spielräume identifiziert und systematisiert werden. Öffnungsklauseln bestehen auch im Primärrecht sowie im bereichsspezifischen Sekundärrecht, beispielsweise in der ePrivacy-RL,[3] der eCommerce-RL[4] oder der Richtlinie zur Harmonisierung bestimmter Aspekte des Urheberrechts in der Informationsgesellschaft.[5] Die Problematik der maßgeblichen Grundrechtsordnung wird auch im Zusammenhang mit dem antidiskriminierungsrechtlichen Sekundärrecht diskutiert.[6] Zunächst wird auf die unterschiedlichen Begrifflichkeiten und Typen von Öffnungsklauseln eingegangen (I.), ehe eine Systematisierung im Hinblick auf ihre Funktion erfolgt (II.).

I. Terminologie und Typologien

Der Begriff der „Öffnungsklausel“ ist mit Blick auf die Kompetenzverteilung in föderalen Systemen umstritten. Im deutschen Bundesstaat impliziert er eine nur abgeleitete Regelungsbefugnis der Länder vom Bund. Im Unionsrecht wird ihm das Verständnis einer dem sekundärrechtlichen Anwendungsbereich zuwiderlaufenden Abweichungsbefugnis unterlegt.

1. Terminologische Differenzen

Auf politischer Ebene in der Union wird dem Begriff angesichts der den Anwendungsbereich relativierenden Konnotation mit Ablehnung begegnet.[7]

---

[1] Allgemein *M. Klatt/J. Schmidt*, Spielräume.

[2] Dieser Terminus stammt aus dem Kontext der Richtlinien-Umsetzung, ist aber auf Grund des dargestellten hybriden Charakters der DSGVO auch auf diese anwendbar. Zu den Begrifflichkeiten bei der Richtlinie s. *A. Funke*, Umsetzungsrecht, S. 359 f.

[3] Z.B. Art. 15 Abs. 1 ePrivacy-RL, hierzu EuGH, Rs. C-275/06, Slg. 2008, I-271, Rn. 66–68 – Promusicae; verb. Rs. C-203/15 und C-698/15, EU:C:2016:970 – Tele2.

[4] S. insbesondere Art. 15 Abs. 2 eCommerce-RL, umgesetzt in § 14 Abs. 2 TMG; diese bundesrechtliche Öffnungsklausel und ihre landesrechtliche Ausgestaltung durch das BayZwEWG am Maßstab des Grundrechts auf informationelle Selbstbestimmung prüfend: VGH München, ZD 2019, 515, Rn. 55 ff.

[5] Z.B. Art. 5 Abs. 3 RL 2001/29/EG v. 22.5.2001, ABl. L 167/10 über Ausnahmen und Beschränkungen durch die Mitgliedstaaten vom grds. ausschließlichen Vervielfältigungsrecht des Urhebers.

[6] Zur Diskussion um Art. 5 Abs. 2 RL 2004/113/EG: *U. Karpenstein*, EuZW 2010, 885.

[7] Polemisch *M. Selmayr*, ZD 2018, 197 (197): „Öffnungsklauseln kommen im Tarifrecht vor, nicht aber in der DS-GVO“.

Bevorzugt wird die Umschreibung dieser Klauseln als „obligatorische" und „fakultative Spezifizierungsklauseln"[8], „Verstärkungs-" oder „Abschwächungsklauseln".[9] Dem liegt die Vorstellung eines einheitlich hohen Schutzniveaus der DSGVO zu Grunde, das nicht zur Disposition der nationalen Gesetzgeber stehe. Der Europäische Datenschutzbeauftragte unterscheidet vier Kategorien.[10] Zum einen Verordnungsbestimmungen, die auf nationalem Recht aufbauen. Dies betrifft die Datenverarbeitung durch öffentliche Stellen nach Art. 6 Abs. 1 UAbs. 1 lit. c oder e DSGVO, die keine eigenständigen Rechtsgrundlagen für mitgliedstaatliche Datenverarbeitungen darstellen. In die zweite Kategorie fällt nationales Recht, das auf der Verordnung aufbaut, insbesondere ergänzende mitgliedstaatliche Vorschriften zur Organisation und Arbeitsweise der Aufsichtsbehörden. Die dritte Kategorie betrifft nationales Recht, das die DSGVO spezifiziert oder weiterentwickelt. Die vierte Kategorie betrifft nationales Recht, das von der DSGVO abweicht. Hierzu zählt insbesondere Art. 23 DSGVO, der im Vergleich zu seinem Vorgänger in Art. 13 DSRL erheblich ausgeweitet worden ist. Daneben bestehen die in Kapitel IX DSGVO ausgegliederten besonderen Datenverarbeitungssituationen nach Art. 85–91 DSGVO betreffend die Meinungs- und Informationsfreiheit, Beschäftigungsverhältnisse, Berufsgeheimnisse sowie den kirchlichen Datenschutz. Diese Typologisierungen sind jedoch rein begrifflich und deskripitiv, ohne dass daraus rechtlich Konsequenzen gezogen werden.[11]

Der Terminus „Öffnungsklausel" wird im deutschen Schrifttum und in der Rechtspraxis überwiegend eher unkritisch verwendet.[12] „Öffnungsklauseln" stehen synonym für „gestaltungsoffene Regelungen", „Spielräume" oder „Gestaltungsspielräume".[13] Allgemein stehen Öffnungsklauseln für jegliche Konkretisierungsbedürftigkeit von Unionsrechtsnormen, für Verweise in das mitgliedstaatliche Recht, für Interessenabwägungen sowie für explizite Abweichungsmöglichkeiten.[14] Öffnungsklauseln können fakultativ Regelungs-

---

[8] So die bevorzugte Terminologie bei *M. Selmayr*, ZD 2018, 197 (197); *M. Selmayr/E. Ehmann*, in: dies., DS-GVO, Einf. Rn. 84–85.

[9] *M. Selmayr/E. Ehmann*, in: dies., DS-GVO, Einf. Rn. 86–87.

[10] *EDSB*, Stellungnahme, Ziff. 51–55. Die DSGVO enthält lediglich Bedingungen in Bezug auf die „Qualität des Rechts" in Art. 6 Abs. 3 DSGVO.

[11] Vgl. die Übersicht bei *B. Buchner*, DuD 2016, 155 (160); ferner die systematische Untersuchung der einzelnen Bereiche der Datenverarbeitung bei *F. Schaller*, in: Roßnagel, EU DS-GVO, § 4; differenzierter zu Art. 6 Abs. 2 und Abs. 3 S. 3, Art. 23 und Art. 85 DSGVO *N. Marsch*, Das europäische Datenschutzgrundrecht, S. 343 ff.

[12] *B. Buchner*, DuD 2016, 155 (160); *P. Laue*, ZD 2016, 463; *P. Gola*, in: ders., DS-GVO, Einl. Rn. 46 „Regelungsmöglichkeiten". Auch in der Rechtsprechung: s. nur BVerwG, NJW 2019, 2556 (zu Art. 6 Abs. 2 und 3 DSGVO); BVerfGE 152, 216 (233 Rn. 41, 247 Rn. 79); OLG Köln, ZD 2018, 434 zu Art. 85 Abs. 2 DSGVO.

[13] BVerfGE 152, 152 (170 f. Rn. 44 ff.).

[14] Dies erklärt die unterschiedliche Anzahl an ermittelten Öffnungsklauseln von min-

möglichkeiten eröffnen, aber auch zur obligatorischen Ausfüllung durch die Mitgliedstaaten verpflichten.[15] Sie können eingriffseröffnend oder begünstigend[16] ausgestaltet sein.

Ein Gutachten, das im Auftrag des Bundesministeriums des Inneren entstanden ist und den innerstaatlichen Regelungsbedarf im Einzelnen ermittelt,[17] befasst sich vorrangig mit dem einfachgesetzlichen Ausgestaltungsspielraum und nicht mit der Frage der maßgeblichen Grundrechtsordnung. Bei den dort ermittelten circa 48 Öffnungsklauseln unterschieden die Autoren zunächst zwischen (fakultativen) Gestaltungsspielräumen und obligatorischen Ausfüllungspflichten.[18] Allgemeine Öffnungsklauseln eröffnen weitgehende Abweichungsmöglichkeiten oder enthalten einen sehr weiten Regelungsauftrag. Spezifische Öffnungsklauseln hingegen überlassen den Mitgliedstaaten einen sehr beschränkten Spielraum. Genannt wird exemplarisch Art. 8 Abs. 1 DSGVO, der das einwilligungsfähige Alter bei Kindern betrifft (zwischen 13 und 16 Jahren).[19] Bei den durch Öffnungsklauseln zugewiesenen Handlungsoptionen unterscheiden die Autoren zwischen Konkretisierungen, Ergänzungen im Sinne einer Vervollständigung und Modifikationen von DSGVO-Bestimmungen. Schließlich bestehen Regelungsgebote bzw. „Ausgestaltungsnotwendigkeiten", die in obligatorische und fakultative Öffnungsklauseln unterteilt werden.[20] Unterschieden wird ferner zwischen echten und unechten Öffnungsklauseln.[21] Echte Öffnungsklauseln ermächtigen die Mitgliedstaaten zu selbstständigem Tätigwerden (z.B. Art. 37 Abs. 4 Hs. 2 DSGVO über die Benennung eines Datenschutzbeauftragten), während unechte Öffnungsklauseln lediglich auf eine in der Verordnung angelegte mitgliedstaatliche Handlungsbefugnis verweisen, ohne ihrerseits eine Ermächtigung zu enthalten (z.B. Art. 6 Abs. 1 UAbs. 1 lit. c und e DSGVO).

---

destens 70 bei *Roßnagel*, in: ders., EU DS-GVO, § 2 Rn. 18 bis circa 45 bei *J. Kühling* et al., DS-GVO und nationales Recht, S. 1; *ders./M. Martini*, EuZW 2016, 448. *U. Brühann*, EuZW 2009, 639 (643) fasst unter Spielräume allgemeine Rechtsbegriffe, Interessenabwägungen, Optionen, Regelungsaufträge, Abweichungen und Ausnahmen zu Gunsten der Mitgliedstaaten (zur DSRL).

[15] *J. P. Albrecht/N. Janson*, CR 2016, 500 (501).

[16] Allgemein zu dieser Differenzierung *J. F. Lindner*, EuZW 2007, 71 (73).

[17] *J. Kühling* et al., DS-GVO und nationales Recht.

[18] *J. Kühling* et al., DS-GVO und nationales Recht, S. 1; *ders./J. Raab*, in: Kühling/Buchner, DS-GVO/BDSG, Einf. Rn. 98.

[19] *J. Kühling* et al., DS-GVO und nationales Recht, S. 10.

[20] *J. Kühling* et al., DS-GVO und nationales Recht, S. 10.

[21] *J. Kühling* et al., DS-GVO und nationales Recht, S. 11.

2. *Typologisierende Ansätze*

Es bestehen aber auch Ansätze einer systematischen Typologie der Öffnungsklauseln. Dabei stehen die Regelungsbefugnisse der Mitgliedstaaten nach Art. 6 Abs. 1 UAbs. 1 lit. c und e, Abs. 2 und 3, Art. 23 und Art. 85 DSGVO im Fokus.[22]

Zum Teil wird pauschal von einer Verdrängung nationaler Grundrechte und der Bindung an die Unionsgrundrechte unter dem geltenden Datenschutzrecht ausgegangen.[23] Im Rahmen der durch das BDSG konkretisierten Öffnungsklauseln sollen die deutschen Grundrechte gelten.[24] Es bestehen aber auch differenzierende Ansätze.[25] Unterschieden werden bei *Matthias Bäcker* deklaratorische Klarstellungen, in welchen ausschließlich die Grundrechte des Grundgesetzes zum Tragen kommen (insbesondere die Anwendungsbereichsausnahmen), eigenständige Gestaltungsspielräume der Mitgliedstaaten, bei deren Ausfüllung die GRCh neben dem Grundgesetz anwendbar ist sowie „normhierarchisch-funktionale" Spielräume, die die Konkretisierungsbefugnis zwischen der Union und den Mitgliedstaaten verteilen, nicht aber in der föderalen Ordnung der EU den Mitgliedstaaten eigene Gestaltungsspielräume eröffnen.[26] Bei der Konkretisierung normhierarchisch-funktionaler Spielräume durch die Mitgliedstaaten seien ausschließlich die Grundrechte der GRCh maßgeblich. Insbesondere generalklauselartig formulierte Normen des Unionsrechts wie Art. 6 Abs. 1 UAbs. 1 lit. f DSGVO eröffneten trotz ihrer tatbestandlichen Weite keinen mitgliedstaatlichen Spielraum.[27] Unterschieden wird ferner zwischen absolut geschützten Sachbereichen, die allein in die mitgliedstaatliche Grundrechtskompetenz fallen, Bereichen mit Umsetzungsspielraum und Bereichen, in welchen die GRCh und die nationalen Grundrechte parallel anwendbar sind.[28]

An diese Differenzierung kann angeknüpft werden. So werden nachfolgend Öffnungsklauseln auf ihre Funktion hin untersucht.

---

[22] Hervorzuheben sind *M. Bäcker*, EuR 2015, 389; *N. Marsch*, Das europäische Datenschutzgrundrecht, S. 343 ff.; *A. Benecke/J. Wagner*, DVBl. 2016, 600; *G. Buchholtz*, DÖV 2017, 837 (838).

[23] *J. P. Albrecht/N. Janson*, CR 2016, 500; *J. P. Albrecht/F. Jotzo*, Datenschutzrecht der EU, S. 47 Rn. 25; *G. Buchholtz*, DÖV 2017, 837 (841) kommt ohne Begründung zu „einer umfassenden Verdrängung nationaler Grundrechte" selbst bei Öffnungsklauseln; *P. Johannes/R. Weinhold*, Polizei und Justiz, § 1 Rn. 31; *M. Bäcker/G. Hornung*, ZD 2012, 147.

[24] *A. Roßnagel*, NJW 2019, 1 (1); anders noch *ders./S. Kroschwald*, ZD 2014, 495 (496), wonach zukünftig das „gesamte Datenschutzrecht" an Unionsgrundrechten zu messen sei.

[25] *D. Hoidn*, in: Roßnagel, EU DS-GVO, § 2 Rn. 106 ff.; *M. Bäcker*, EuR 2015, 389.

[26] *M. Bäcker*, EuR 2015, 389 (391, 394, 396).

[27] *M. Bäcker*, EuR 2015, 389 (396).

[28] *K. von Lewinski*, DuD 2012, 564 (568).

II. Öffnungsklauseln als Ausdruck horizontaler und vertikaler Spielräume

Sekundärrechtliche Öffnungsklauseln, die Spielräume im Mehrebenensystem betreffen, sind als Ausdruck der Verbundstruktur in der Verwaltung sowie der Anerkennung mitgliedstaatlicher Autonomie zu verstehen. Sie sind im Sinne der Subsidiarität und der Verhältnismäßigkeit (Art. 5 Abs. 1 S. 2, Abs. 3 und 4 EUV) bereits primärrechtlich geboten. Vertikal, im Verhältnis der Regelungsebenen, entfalten sie Spielräume zur Rechtskonkretisierung durch die Mitgliedstaaten. Eine solche föderativ bedingte Zurückhaltung des Unionsrechtsetzers schlägt auch auf die Reichweite der Rechtskonkretisierung durch den EuGH durch.[29] Zum Teil betreffen Spielräume aber auch nur horizontal das Verhältnis der Judikative zur (mitgliedstaatlichen) Legislative. Doch wann implizieren Öffnungsklauseln föderative Spielräume und wann drücken sie eine – ggf. auch nur politisch motivierte – Zurückhaltung des Unionsrechtsetzers aus und wie weit reichen die durch sie eröffneten Spielräume? Für die Beurteilung ist zwischen deklaratorischen Öffnungsklauseln (1.), funktionalen Spielräumen (2.), mindestharmonisierenden Öffnungsklauseln (3.) und normstrukturellen Spielräumen (4.) zu differenzieren. Unionsrechtlich eröffnete Regelungsoptionen sind hingegen kein Ausdruck signifikanter Spielräume der Mitgliedstaaten (5.).

1. Deklaratorische Öffnungsklauseln als Ausdruck föderaler Spielräume

Im Anwendungsbereich deklaratorischer Öffnungsklauseln bestehen originäre, nicht determinierte mitgliedstaatliche Ausgestaltungs- und Konkretisierungsspielräume. Agieren Mitgliedstaaten innerhalb deklaratorischer Öffnungsklauseln, ist ihr Handeln kein „Renationalisieren"[30] einer unionsweit harmonisierten Materie, sie nehmen vielmehr die bei ihnen verbliebenen, genuinen Rechtsetzungskompetenzen (Art. 5 Abs. 2 S. 2 EUV) wahr.

Deklaratorische Öffnungsklauseln verweisen in vertikaler Hinsicht auf föderale Spielräume, sind also akzessorisch zur primärrechtlichen Kompetenzordnung auszulegen.[31] Sie sind sowohl im Primärrecht als auch im Sekundärrecht vorhanden. Deklaratorisch sind beispielsweise die Bereichsausnahmen in Art. 45 Abs. 4, Art. 51 Abs. 1 AEUV zu Gunsten von Tätigkeiten in einem Mitgliedstaat, die mit der Beschäftigung in der öffentlichen Verwaltung bzw. der Ausübung öffentlicher Gewalt verbunden sind.

---

[29] *M. Wendel*, Präjudizienrecht, S. 125.

[30] So in Bezug auf die extensive Auslegung von Öffnungsklauseln in der DSRL die Befürchtung bei *S. Simitis*, NJW 1997, 281 (283).

[31] Vgl. bereits oben, 1. Kapitel, C.II. (S. 25).

Im Sekundärrecht bringt typischerweise die kompetenzschonende Richtlinie föderative Spielräume zum Ausdruck. Doch auch die Rechtsform der Verordnung kann vergleichbar schonend ausgestaltet sein. Regelungstechnisch drückt sich dies in Bereichsausnahmen aus. Dabei können explizite [a)] und implizite Bereichsausnahmen [b)] unterschieden werden. Explizite und implizite Bereichsausnahmen eröffnen nicht kraft unionsrechtlicher Anordnung mitgliedstaatliche Regelungsspielräume, sondern erkennen bestehende primärrechtliche Kompetenzgrenzen an und bilden diese deklaratorisch im Sekundärrecht ab. Sie verweisen auf den eigenständigen Regelungs- und Wertungsspielraum der Mitgliedstaaten oder ermöglichen einen weitgehenden Dispens von grundrechtskonkretisierendem Sekundärrecht. Eine abgeschwächte Regelungsdichte im Sekundärrecht kann Ausdruck der fehlenden Rechtsetzungskompetenz sein (Art. 5 Abs. 1 S. 1, Abs. 2 EUV) oder aber bei Vorliegen einer Unionskompetenz Ausdruck der Kompetenzausübungsgrenzen (Verhältnismäßigkeit und Subsidiarität, Art. 5 Abs. 1 S. 2, Abs. 3 und 4 EUV). Es folgt der Logik der Gewaltenteilung sowie dem Verständnis der Mitgliedstaaten als „Herren der Verträge", dass Bereiche, die sekundärrechtlich mangels Kompromissfindung und aufgrund rudimentärer Unionskompetenzen „offen" bleiben mussten, auch nicht unionsgrundrechtlich „ausgefüllt" werden können. Öffnungsklauseln, die föderative Bereichsausnahmen darstellen oder den sachlichen Anwendungsbereich des Sekundärrechts betreffen, führen nicht zur Bindung der Mitgliedstaaten an die Unionsgrundrechte.

a) Explizite Bereichsausnahmen

Explizite Bereichsausnahmen sind Öffnungsklauseln, die den Anwendungsbereich des Sekundärrechts unter Spiegelung der primärrechtlichen Kompetenzordnung eingrenzen. Sie weisen auf die Kongruenz des primärrechtlichen und sekundärrechtlichen Anwendungsbereich hin, werden also im Sinne der Einheitlichkeit der Unionsrechtsordnung deklaratorisch verankert. Sie machen deutlich, dass eine Materie, die originär der Verantwortungssphäre der Mitgliedstaaten unterliegt, nicht oder nur rudimentär unionsrechtlich geregelt wird.

Explizit wird spiegelbildlich zu Art. 4 Abs. 2 EUV bzw. der Verfassungsidentität[32] der Bereich der nationalen Sicherheit aus dem sekundärrechtlichen Anwendungsbereich herausgenommen.[33] Auch unterfallen spezifische Berei-

---

[32] Soweit staatskirchenrechtliche Vorbehalte betroffen sind: *K. von Lewinski*, DuD 2012, 564 (568). Zur Frage, inwiefern das kirchliche Selbstbestimmungsrecht der Verfassungsidentität unterfällt s. die derzeit beim BVerfG anhängige Verfassungsbeschwerde des Evangelischen Werks für Diakonie und Entwicklungim Fall *Egenberger* zu EuGH, Rs. C-414/16, EU:C:2018:527.

[33] Art. 2 Abs. 2 lit. a DSGVO i.V.m. ErwG 16.

che der Verwaltung der expliziten Bereichsausnahme. Dies betrifft die Informationszugangsfreiheit (Art. 86 DSGVO) sowie bestimmte Tätigkeiten öffentlicher Stellen im Anwendungsbereich des Art. 23 Abs. 1 DSGVO.

b) Implizite Bereichsausnahmen

Implizite Bereichsausnahmen betreffen den im 3. Kapitel definierten Graubereich zwischen dem weit verstandenen Anwendungsbereich des Unionsrechts bzw. dem deckungsgleichen Geltungsbereich der GRCh und dem eng sachkompetenzakzessorischen Anwendungsbereichsbegriff.[34] Dies sind Bereiche, die vom positiven Anwendungsbereichsbegriff nicht erfasst sind, da sie vorrangig in den mitgliedstaatlichen Kompetenzbereich fallen, die aber im Einzelfall unionsrechtlich überlagert werden *können.* Im Unterschied hierzu verweisen explizite Bereichsausnahmen auf mitgliedstaatliche Tätigkeitsbereiche, die prinzipiell der unionsrechtlichen Hoheitsgewalt entzogen sind. In diesen Bereichen bestehen zwar keine ausdrücklichen Kompetenzen auf Unionebene, sie werden aber im Sekundärrechtsakt aus Gründen der Widerspruchsfreiheit, der Vollständigkeit und der Einheitlichkeit mitverankert. Diese Materien werden kompetenzsensitiv lediglich punktuell in den vollharmonisierenden Sekundärrechtsakt integriert und tatbestandlich vom zwingenden Verordnungsinhalt weitestgehend freigestellt. Eine Vollharmonisierung dieser Bereiche über den Umweg der Grundrechtsharmonisierung ist deshalb unzulässig. Die hier gewählte Terminologie der impliziten Bereichsausnahmen tritt der Vorstellung[35] entgegen, wonach jede mitgliedstaatliche Wahrnehmung von Regelungsspielräumen als rechtfertigungsbedürftiger Dispens von der Unionsregelung anzusehen sei und an der DSGVO bzw. den Unionsgrundrechten überprüft werden müsse. Eine mitgliedstaatliche Regelung im Rahmen impliziter Bereichsausnahmen weicht aber nicht automatisch vom Unionsrecht ab,[36] es kommt vielmehr mangels einer das nationale Recht verdrängenden Unionsregelung schon nicht zur Normenkollision, die Raum für die unionsrechtliche Kollisionsregel bieten würde.

Die hier als impliziten Bereichsausnahmen bezeichneten Öffnungsklauseln werden zuweilen als „Selbstbeschränkung der unionalen Regelungsver-

---

[34] Zu diesem oben, 3. Kapitel, B.V. (S. 155).

[35] Zu dieser *M. Cornils*, Medienprivileg, S. 88: „In der Sache dürfte diese Sicht des EuGH daher so zu verstehen sein, dass jede mitgliedstaatliche Wahrnehmung einer unionsrechtlichen Dispensermächtigung immer auch an den Unionsgrundrechten zu messen ist. Diese Deutung fügt sich ein in die umstrittene weite Erstreckung des Anwendungsbereichs der Unionsgrundrechte auch auf mitgliedstaatliches Handeln durch den EuGH im Sinne seiner Melloni- und Åkerberg Fransson-Rechtsprechung.“; s. z.B. *C. Barlag*, in: Roßnagel, EU DS-GVO, § 3 Rn. 14: Art. 85 ff. DSGVO seien „keinesfalls“ Ausnahmen vom Anwendungsbereich.

[36] So aber wohl *K. von Lewinski*, DuD 2012, 564 (568).

antwortung“ zu Gunsten „mitgliedstaatlich zu verantwortende[r] Hoheitsgewalt“[37] oder als „Zugeständnis an mitgliedstaatliche Sonderwege und Sonderinteressen“[38] umschrieben. Diese Beschreibungen implizieren eine freiwillige Zurückhaltung des Unionsrechtsetzers. Es handelt sich aber um Bereiche, in welchen das Primärrecht einer weitergehenden Harmonisierung entgegensteht. Implizite Bereichsausnahmen dispensieren nicht vom Unionssekundärrecht, sondern erkennen vielmehr primärrechtliche Grenzen an und bilden diese ab. Dieser Kategorie unterfallen bestimmte besondere Verarbeitungssituationen der Art. 85 ff. DSGVO, soweit sie Ausdruck fehlender Unionskompetenzen sind.[39] Näher in den Blick genommen werden nachfolgend Art. 85 DSGVO über das Medienprivileg und das zivilrechtliche Äußerungsrecht sowie sonstige Tätigkeiten öffentlicher Stellen, soweit sie nicht schon den expliziten Bereichsausnahmen unterfallen. Dies sind insbesondere die Vorschriften über die Verarbeitung personenbezogener Daten durch mitgliedstaatliche öffentliche Stellen nach Art. 6 Abs. 2 und 3, Art. 9 Abs. 2, 3 und Abs. 4 DSGVO.

2. *Funktionale Spielräume*

Funktionale Spielräume betreffen Abwägungsvorgaben im horizontalen Verhältnis der Gewalten.[40] Sie betreffen die Frage, auf welcher Ebene von der kompetenzbegründenden grundrechtlichen Schutzpflicht Gebrauch gemacht werden soll. Die funktionalen Spielräume beim Interessensausgleich im Rahmen von Abwägungsklauseln[41] sind entsprechend von den mitgliedstaatlichen Behörden und Gerichten auszufüllen. Diese werden nur dann unionsrechtlich überlagert, wenn die Union im Rahmen ihrer Kompetenzen hinreichend konkrete Vorgaben gemacht und ihre Schutzpflicht qualifiziert erfüllt hat.

---

[37] *M. Cornils*, Medienprivileg, S. 90.

[38] *G. Hornung/I. Spiecker gen. Döhmann*, in: Simitis/dies. Döhmann, Datenschutzrecht, Einl. Rn. 227; zu Art. 3 Abs. 2 DSRL *M. Bäcker*, EuR 2015, 389 (394).

[39] Dies für Art. 85 DSGVO anerkennend: *M. Selmayr/E. Ehmann*, in: dies., DS-GVO, Einf. Rn. 85: „Die obligatorische Spezifizierungsklausel des Art. 85 DS-GVO erklärt sich dadurch, dass anders als im Datenschutzrecht, wo es seit dem Vertrag von Lissabon eine Kongruenz zwischen EU-rechtlichem Grundrechtsschutz und EU-rechtlicher Rechtsetzungskompetenz gibt, die Grundrechte der Meinungs-, Presse-, Informations-, Wissenschafts- und Kunstfreiheit nach wie vor im Wesentlichen vom Gesetzgeber auf nationaler Ebene zu schützen sind; daher müssen spezifizierende Vorschriften auch vom nationalen Gesetzgeber erlassen werden.“ Vgl. auch *G. Hornung/I. Spiecker gen. Döhmann*, in: Simitis/dies, Datenschutzrecht, Einl. Rn. 229.

[40] Diese nicht als Öffnungsklauseln qualifizierend: *N. Marsch*, Das europäische Datenschutzgrundrecht, S. 354.

[41] *J. H. Klement*, JZ 2017, 161 (162); *D. Grimm*, JZ 2013, 585 (586 f.): „politische Spielräume“.

3. Mindestharmonisierung

Nur einer Mindestharmonisierung unterliegen in der DSGVO jene Bereiche, für welche auch die primärrechtliche Kompetenz keine Vollharmonisierung vorsieht. Dies betrifft beispielsweise die Bereiche der Beschäftigungspolitik (Art. 145 ff. AEUV), den Gesundheitsschutz (Art. 168 AEUV) oder die Forschung (Art. 179 ff. AEUV). Für die Beschäftigungspolitik und den Gesundheitsschutz besteht nur eine ergänzende bzw. koordinierende Unionskompetenz (Art. 5 Abs. 2 AEUV), unter explizitem Ausschluss jeglicher Harmonisierung der mitgliedstaatlichen Rechtsvorschriften (Art. 149 UAbs. 1, Art. 168 Abs. 5 AEUV). Für diese Bereiche statuiert das Datenschutzsekundärrecht spiegelbildlich keine vollharmonisierenden Vorgaben. Entsprechend sind beispielsweise Art. 88 DSGVO über die Verarbeitung personenbezogener Daten im Beschäftigungskontext oder Art. 9 Abs. 4 DSGVO über die Beibehaltung oder Einführung zusätzlicher Bedingungen und Beschränkungen für die Verarbeitung von Gesundheitsdaten als mindestharmonisierende Öffnungsklauseln zu definieren.

4. Normstrukturelle Spielräume

Bei offenen normativen Vorgaben können mit *Robert Alexy* normstrukturelle und epistemische Spielräume differenziert werden.[42] Normstrukturelle Spielräume drücken sich in unbestimmten, wertungsoffenen Rechtsbegriffen oder Ermessensvorschriften aus. Epistemische Spielräume zeichnen sich durch empirische Erkenntnisdefizite aus und finden sich insbesondere im Risiko- und Regulierungsrecht. Diese Unterscheidung ist für die Bestimmung der horizontalen Spielräume relevant. Im Datenschutzrecht betrifft dies vor allem das Verhältnis zwischen der Kommission und dem EuGH sowie der Verwaltung und dem Gesetzgeber des Mitgliedstaats, aber auch den Aufsichtsbehörden sowie dem Europäischen Datenschutzausschuss. Ausdruck normstruktureller Spielräume sind insbesondere Ermessensvorschriften im Datenschutzsekundärrecht sowie die Auslegung unbestimmter Rechtsbegriffe. Auf diese, insbesondere das Verhältnis der Legislative zur Judikative betreffenden Spielräume, wird unter E. zur gerichtlichen Kontrolldichte näher eingegangen. Je fragmentarischer eine Rechtsnorm ist, desto eher wird die Entscheidungsfindung auf die Ebene der Normanwendung verlagert. Sowohl auf der Ebene der Normsetzung als auch des Normvollzugs ist das Prinzip der praktischen Konkordanz zu beachten.[43] Die Ausfüllung dieser normstrukturellen Spielräume folgt der Vollzugskompetenz. Das Datenschutzrecht findet maßgeblich im Wege des indirekten Vollzugs in den Mitgliedstaaten Anwendung.

---

[42] *R. Alexy*, Theorie der Grundrechte, S. 420 ff.; *M. Klatt/J. Schmidt*, Spielräume, S. 5.
[43] *W. Hoffmann-Riem*, AöR 144 (2019), 467 (480).

5. Ausschluss von determinierten Optionen

Öffnungsklauseln können den Mitgliedstaaten die Wahl zwischen mehreren Optionen ermöglichen. Dann gilt es wie folgt zu differenzieren: Keine Spielräume werden eröffnet, wenn das Unionsrecht die Optionen abschließend vorgibt – den Mitgliedstaaten also hinsichtlich des „Ob" keinerlei Entscheidungsfreiheit und hinsichtlich des „Wie" nur ein Ermessen innerhalb unionsrechtlicher Direktiven zusteht. So wird beispielsweise in Art. 51 Abs. 1 DSGVO über die Einrichtung von Aufsichtsbehörden den Mitgliedstaaten keine Option hinsichtlich des „Ob" überlassen und selbst das „Wie" ist durch Art. 4 Nr. 21 DSGVO über die Legaldefinition der Aufsichtsbehörde sowie durch Art. 52–54 DSGVO über die Unabhängigkeit, das Verfahren der Ernennung sowie die persönlichen Voraussetzungen der Mitglieder der Aufsichtsbehörden und die Ausgestaltung des Amtes abschließend vorgegeben. Solche institutionell-verfahrensrechtlichen Spielräume werden in dieser Arbeit nicht als Öffnungsklauseln problematisiert.

Nach Auffassung des Ersten Senats des BVerfG werden Regelungen nicht schon dadurch gestaltungsoffen, „dass sie für eng eingegrenzte Sonderkonstellationen die Möglichkeit abweichender Regelungen schaffen. Solche Öffnungsklauseln lassen Gestaltungsmöglichkeiten nur in dem jeweils freigegebenen Umfang, erlauben aber nicht, die Anwendung der Regelung insgesamt an den Grundrechten des Grundgesetzes zu messen."[44] Für jede Option innerhalb dieser Öffnungsklauseln sind die Unionsgrundrechte maßgeblich. Anders hingegen, wenn die Optionen offen formuliert sind, den Mitgliedstaaten tatsächlich Raum für eine eigenständige Regelung eröffnet wird. Hierzu gehört beispielsweise die Möglichkeit der Einführung eines Verbandsklagerechts nach Art. 80 Abs. 2 DSGVO. Dabei gibt das Unionsrecht lediglich eine Option vor, die aber nicht innerstaatlich realisiert werden muss. Diese belassen als „vielfaltswahrende Optionenräume"[45] Raum für mitgliedstaatliche Wertungen. Es handelt sich bei der Wahrnehmung solcher echter Optionen um eine eigenständige Entscheidungskompetenz der Mitgliedstaaten, die dann originär und überschießend rechtsetzend tätig werden.[46]

[44] BVerfGE 152, 216 (247, Rn. 79).

[45] *M. Klatt*, Verwaltungsermessen, S. 75.

[46] *A. Benecke*/*J. Wagner*, DVBl. 2016, 600 (602).

B. Explizite Bereichsausnahmen

Bereiche wie die nationale Sicherheit[47] werden entsprechend der Kompetenzordnung einerseits aus dem Anwendungsbereich der DSGVO explizit ausgenommen, gleichzeitig aber in Art. 23 Abs. 1 DSGVO von den Verpflichtungen der DSGVO weitgehend freigestellt. Die Aufzählung in Art. 23 Abs. 1 DSGVO (Art. 13 Abs. 1 DSRL) suggeriert, dass die im Sekundärrecht statuierten Pflichten aus Art. 12–22 DSGVO grundsätzlich auch auf die Bereiche der nationalen Sicherheit (lit. a), der Landesverteidigung (lit. b), der öffentlichen Sicherheit (lit. c) sowie der Strafverfolgung und der öffentlichen Sicherheit (lit. d) anwendbar seien, die Mitgliedstaaten von ihnen jedoch im Rahmen der Verhältnismäßigkeit dispensieren könnten. Dabei fallen die nationale Sicherheit und die Verteidigung schon nach dem Willen des Rechtsetzers ausdrücklich nicht in den Anwendungsbereich der DSGVO (I.). Für die öffentliche Sicherheit sowie die Strafverfolgung gilt zwar die JIRL, allerdings ist ihr Anwendungsbereich geltungserhaltend im Einklang mit den Kompetenzgrenzen dahingehend auszulegen, dass ihr die rein innerstaatliche Behördentätigkeit der zuständigen Behörden nicht unterfällt (II.). Mit Blick auf das Primärrecht ist auch das Informationszugangsrecht explizit aus dem Anwendungsbereich ausgenommen (III.). Gleichwohl setzt das europäische Recht diesen Tätigkeiten mit dem Verhältnismäßigkeitsgrundsatz gewisse Grenzen und statuiert fakultative Mindestvorgaben (IV.). Dabei stellt sich die Frage, inwiefern diese Vorgaben das mitgliedstaatliche Recht determinieren. Der Abschnitt rundet mit einem Fazit ab (V.).

I. Nationale Sicherheit

Die Ausnahme von Tätigkeiten, die „nicht in den Anwendungsbereich des Unionsrechts“ fallen (Art. 2 Abs. 2 lit. a DSGVO und Art. 2 Abs. 3 lit. a JIRL), konkretisiert zunächst die ausschließlichen Zuständigkeiten der Mitgliedstaaten auf dem Gebiet der nationalen Sicherheit nach Art. 4 Abs. 2 S. 3 EUV (vgl. Erwägungsgründe 16 DSGVO und 14 JIRL). Der EuGH nimmt Tätigkeiten zum Schutz der nationalen Sicherheit jedoch nicht pauschal aus dem Anwendungsbereich des Datenschutzsekundärrechts aus, sondern nur dann, wenn eine spezifisch für die innere Sicherheit zuständige nationale Stelle tätig wird (1.). Die nationale Identität von Drittstaaten unterfällt nicht der Bereichsausnahme (2.). Insgesamt unterfallen die Tätigkeiten der Mitgliedstaaten zum Zweck der nationalen Sicherheit dem nationalen Grundrechtsschutz (3.).

---

[47] Art. 2 Abs. 2 lit. a DSGVO, ErwG 16 DSGVO; Art. 2 Abs. 3 lit. a JIRL, ErwG 14 JIRL.

1. Ausschluss spezifisch behördlicher Tätigkeiten

Die Anwendungsbereichsausnahme für die nationale Sicherheit findet sich regelmäßig im grundrechtsschützenden Sekundärrecht.[48] In Art. 2 Abs. 2 lit. a und lit. d DSGVO wird sie zwar im Unterschied zur DSRL nicht mehr explizit erwähnt. Nach der Fassung im DSGVO-KommE sollte die Verordnung keine Anwendung auf die Verarbeitung personenbezogener Daten finden, wenn sie „im Rahmen einer Tätigkeit, die nicht in den Geltungsbereich des Unionsrechts fällt, etwa im Bereich der nationalen Sicherheit" erfolgt.[49] Die Bezugnahme auf die nationale Sicherheit wurde im Verlauf des DSGVO-Rechtsetzungsverfahrens gestrichen. Mehrere Ratsvertreter, insbesondere die deutsche Delegation, forderten im Rat erfolglos die Wiedereinfügung in den Verordnungstext[50] und die ausdrückliche Ergänzung der Ausnahme um die Verteidigung und die Sicherheit des Staates.[51] Übrig blieb der Hinweis in Erwägungsgrund 16 DSGVO, wonach Tätigkeiten, die nicht in den Anwendungsbereich des Unionsrechts fallen, beispielhaft „die nationale Sicherheit betreffende Tätigkeiten" sind. Auch die Landesverteidigung unterfällt der Ausnahme.[52]

Der EuGH wendet die Bereichsausnahme zu Gunsten der nationalen Sicherheit nur auf Datenverarbeitungsvorgänge an, die unmittelbar von den zuständigen staatlichen Stellen der nationalen Sicherheit (insb. Geheimdiensten) selbst vorgenommen werden. Die Ausnahme greift nicht, wenn die Tätigkeiten durch Private erfolgen, die sie anschließend jenseits ihrer kommerziellen Tätigkeit staatlichen Stellen zum Zwecke der nationalen Sicherheit zur Verfügung stellen.[53] Unter Rekurs auf den Grundsatz des *Effet utile* bejaht der EuGH die Anwendbarkeit ePrivacy-RL auf nationale Vorschriften über die Vorratsdatenspeicherungspflicht und den Abruf zum Zweck der Strafverfolgung oder dem Schutz der öffentlichen Sicherheit.[54] Abzustellen sei nicht auf den Zweck einer datenverarbeitenden Tätigkeit, so dass Tätigkeiten zum Schutz der nationalen Sicherheit dem unionsrechtlichen Anwendungsbereich unterfallen, wenn sie nicht von den spezifisch hierfür zustän-

---

[48] Art. 1 Abs. 3, ErwG 11 ePrivacy-RL; Art. 25 Abs. 1 lit. a VO (EU) 2018/1725; s. auch *S. Schmahl*, JZ 2014, 220 (224).

[49] Art. 2 Abs. 2 lit. a DSGVO KOM-E, KOM (2012) 11, S. 46; ausdrücklich noch Art. 3 Abs. 2 erster Gedankenstrich DSRL.

[50] S. Rats-Dok. 13260/14 ANNEX, S. 23 Fn. 59, unterstützt von Österreich, Finnland, Norwegen, das Vereinigte Königreich und Estland.

[51] Rats-Dok. 9897/12 v. 21.5.2012, S. 58.

[52] *M. Bäcker*, in: Kühling/Buchner, DS-GVO/BDSG, Art. 23 DSGVO Rn. 17.

[53] EuGH, verb. Rs. C-203/15 und C-698/15, EU:C:2016:970, Rn. 69, 81 – Tele2.

[54] Art. 15 ePrivacy-RL würde sonst „jede praktische Wirksamkeit genommen", EuGH, verb. Rs. C-203/15 und C-698/15, EU:C:2016:970, Rn. 73 – Tele2; verb. Rs. C-511/18, C-512/18 und C-520/18, EU:C:2020:791, Rn. 97 – La Quadrature.

digen Behörden wahrgenommen werden. Tätigkeiten Privater zum Schutz der nationalen Sicherheit werden von Art. 1 Abs. 3 ePrivacy-RL nicht ausgenommen. Der unionsrechtlichen Kontrolle solcher Maßnahmen stehe auch Art. 4 Abs. 2 S. 3 EUV nicht entgegen. Die „bloße Tatsache, dass eine nationale Maßnahme zum Schutz der nationalen Sicherheit getroffen wurde", führe nicht zur Unanwendbarkeit des Unionsrechts.[55] Spezifische behördliche Tätigkeiten ohne Inpflichtnahme privater Betreiber elektronischer Kommunikationsdienste fallen „allein unter das nationale Recht" und müssen insbesondere mit nationalem Verfassungsrecht und der EMRK im Einklang stehen – allerdings vorbehaltlich etwaiger Bestimmungen der JIRL, wie der EuGH betont.[56] Während Art. 3 Abs. 2 erster Gedankenstrich der DSRL

[55] EuGH, verb. Rs. C-511/18, C-512/18 und C-520/18, EU:C:2020:791, Rn. 99 – La Quadrature; krit. hierzu *A. Sandhu*, EuZW 2021, 221 f. Der PNR-Entscheidung lässt sich diese Differenzierung noch nicht entnehmen, EuGH, verb. Rs. C-317/04 und C-318/04, Slg. 2006, I-4721 – Parlament/Rat und Kommission. Der EuGH verwarf die Angemessenheitsentscheidung der Kommission über die Weitergabe von Fluggastdaten (PNR-Daten) zur Terrorismusbekämpfung an US-Behörden wegen des Verstoßes gegen die europäische Kompetenzordnung. Die Angemessenheitsentscheidung der Kommission erging auf Grundlage von Art. 25 Abs. 6 DSRL und konnte deshalb als Tertiärrecht am Maßstab des Sekundärrechts gemessen werden. Es folgte der Durchführungsbeschluss (EU) 2016/1250 v. 12.7.2016 „über die Angemessenheit des vom EU-US-Datenschutzschild gebotenen Schutzes", ABl. L 207/1 v. 1.8.2016. Da die Übermittlung der von privaten Fluggesellschaften erhobenen personenbezogenen Daten dem Schutz der öffentlichen Sicherheit diene und in einem von staatlichen Stellen geschaffenen Rahmen, also nicht im Rahmen ihrer wirtschaftlichen Tätigkeit erfolge, falle die anschließende Übermittlung an Sicherheits- und Strafverfolgungsbehörden in den Anwendungsausschluss des Art. 3 Abs. 2 erster Gedankenstrich der DSRL (Art. 2 Abs. 2 lit. a und d DSGVO). Der Ratsbeschluss 2004/496 und die Angemessenheitsentscheidung der Kommission konnten deshalb nicht auf Grundlage der Binnenmarktkompetenz erlassen werden, EuGH, verb. Rs. C-317/04 und C-318/04, Slg. 2006, I-4721 (4831) Rn. 67–68 – Parlament/Rat und Kommission; zur Kompetenzfrage eingehend GA *Léger*, Schlussanträge, Rs. C-317/04 und C-318/04, Slg. 2006, I-4724 (4755 ff.); krit. *M. Rossi*, ZJS 2009, 298; *D. Westphal*, EuZW 2006, 406 (406 f.); *C.-D. Classen*, EuR 2017, 347 (354). Im Unterschied hierzu stellte der EuGH bei der Vorratsdatenspeicherung auf die spezifische Tätigkeit des für die Datenverarbeitung Verantwortlichen ab. In der Entscheidung über die Gültigkeit der VDSRL argumentierte der EuGH noch 2009, dass die Richtlinie private Betreiber elektronischer Kommunikationsdienste zur Speicherung personenbezogener Daten zum Zwecke der Strafverfolgung zur Speicherung verpflichtete und deshalb auf Grundlage der Binnenmarktkompetenz erlassen werden konnte (EuGH, Rs. C-301/06, Slg. 2009, I-593 – Vorratsdatenspeicherung). Dem stünde die Pflicht zur Weitergabe an die für die Strafverfolgung und innere Sicherheit zuständigen nationalen Behörden nicht entgegen. Die Divergenz zur PNR-Entscheidung hatte der EuGH im Blick, nahm aber damals nur eine wenig überzeugende Abgrenzung vor: Im Unterschied zum PNR-Beschluss enthalte die VDSRL keine Regelungen über den Umgang mit den zu Strafverfolgungszwecken erhobenen Daten durch die staatlichen Stellen.

[56] EuGH, verb. Rs. C-511/18, C-512/18 und C-520/18, EU:C:2020:791, Rn. 103 – La Quadrature.

generell „Verarbeitungen" zum Zweck der nationalen Sicherheit ausschließe, unterscheide Art. 1 Abs. 3 ePrivacy-RL zwischen den „Urhebern" der betreffenden Verarbeitung personenbezogener Daten.[57] Die DSGVO stelle ebenfalls in Art. 2 Abs. 2 lit. d auf die Verarbeitung „durch die zuständigen Behörden" ab.[58] Art. 15 Abs. 1 ePrivacy-RL unterfallen deshalb nationale Rechtsvorschriften auch dann, „wenn sie sich auf spezifische Tätigkeiten der Staaten oder der staatlichen Stellen beziehen, die mit den Tätigkeitsbereichen von Einzelpersonen nichts zu tun haben" und wenn die Tätigkeiten die in Art. 1 Abs. 3 ePrivacy-RL genannten Ziele verfolgen.[59] Nicht nur Vorschriften über die Speicherpflicht von Betreibern elektronischer Kommunikationsdienste, sondern auch die Vorschriften über den Zugang der nationalen Behörden zu den von diesen Betreibern gespeicherten Daten unterfallen danach der ePrivacy-RL und damit dem unionsrechtlichen Grundrechtsschutz.[60]

Diese Differenzierung ist abzulehnen. Die vom Primärrecht losgelöste Definition der nationalen Sicherheit ist rechtsdogmatisch nicht überzeugend und erweist sich als Verstoß gegen Art. 51 Abs. 1 S. 1 GRCh,[61] gegen die Zuständigkeitsordnung sowie den Grundsatz der mitgliedstaatlichen Verfahrensautonomie. Wie die mitgliedstaatlichen Gerichte in ihren Vorlagefragen deutlich machen, ist die Frage der Vorratsdatenspeicherung eng mit dem Schutz der öffentlichen Sicherheit verknüpft. Sie verweisen in ihren Vorlagen auf das Recht auf Sicherheit in Art. 6 GRCh und den Schutz der nationalen Sicherheit in Art. 4 Abs. 2 S. 3 EUV.[62] Betroffen sind aber auch das strafrechtliche Ermittlungsverfahren und die strafprozessuale Thematik der Beweisverwertung von Vorratsdaten im Strafverfahren.[63] Aus dem grundsätzlichen Verbot der unterschiedslosen Vorratsdatenspeicherung folgt für nationale Strafgerichte unter gewissen Umständen ein Beweisverwertungsverbot

---

[57] EuGH, verb. Rs. C-511/18, C-512/18 und C-520/18, EU:C:2020:791, Rn. 101 – La Quadrature.

[58] EuGH, verb. Rs. C-511/18, C-512/18 und C-520/18, EU:C:2020:791, Rn. 102 – La Quadrature.

[59] EuGH, Rs. C-207/16, EU:C:2018:788, Rn. 34 – Ministerio Fiscal.

[60] EuGH, verb. Rs. C-511/18, C-512/18 und C-520/18, EU:C:2020:791, Rn. 96 – La Quadrature; Rs. C-207/16, EU:C:2018:788, Rn. 35 – Ministerio Fiscal; verb. Rs. C-203/15 und C-698/15, EU:C:2016:970, Rn. 75 f. – Tele2; dagegen *A. Sandhu*, EuZW 2021, 222; krit. *F. Wollenschläger*, NJW 2018, 2532; *ders./L. Krönke*, NJW 2016, 906 (908).

[61] Krit. bereits im Vorfeld der Tele2-Entscheidung *F. Wollenschläger/L. Krönke*, NJW 2016, 906 (908); gegen eine Bindung der Mitgliedstaaten im Fall der Nichtigkeit der umzusetzenden Richtlinie *A. Funke*, Umsetzungsrecht, S. 205.

[62] S. nur die noch offene Vorlage des BVerwG, NVwZ 2020, 1108 (1114 Rn. 35 ff.), die insofern auf die Vorlagen der anderen mitgliedstaatlichen Gerichte verweist.

[63] Dies grundsätzlich anerkennend EuGH, verb. Rs. C-511/18, C-512/18 und C-520/18, EU:C:2020:791, Rn. 222 – La Quadrature.

im Rahmen eines Strafverfahrens gegen die betroffenen Personen.[64] Dem wird die Differenzierung zwischen den sekundärrechtlichen Anwendungsbereichsausnahmen in der ePrivacy-RL, der DSGVO und der ehemaligen DSRL durch den EuGH nicht gerecht. Zudem kann die Reichweite des Sekundärrechts nicht unter Missachtung der primärrechtlichen Grenzen bestimmt werden. Vielmehr ergibt das Verständnis der Art. 1 Abs. 3 ePrivacy-RL, Art. 3 Abs. 2 DSRL und Art. 2 Abs. 2 lit. a DSGVO als deklaratorische, mithin das Primärrecht abbildende, explizite Bereichsausnahmen, dass ihre Auslegung einheitlich im Lichte der Kompetenzordnung zu erfolgen hat.[65]

Die Differenzierung des EuGH führt zu erheblicher Rechtsunsicherheit. So bezieht sich auch die Vorlage des BVerwG nur auf die in §§ 113a Abs. 1 S. 1 i.V.m. 113b TKG geregelte Speicherpflicht, nicht aber auf die in der StPO, den Landespolizei- und -verfassungsschutzgesetzen vorgesehenen Abrufermächtigungen.[66] Damit wird die Kontrolle eines eingriffsintensiven Instruments, das nur gesamtheitlich interessengerecht beurteilt werden kann, im Mehrebenensystem künstlich entzerrt.[67]

Hinsichtlich der Tätigkeiten privater Betreiber elektronischer Kommunikationsdienste ist der Anwendungsbereich des Unionsrechts eröffnet, soweit die Harmonisierung in der ePrivacy-RL erfolgt ist. Allerdings betreffen Maßnahmen zur Strafverfolgung unabhängig von der Einbindung Privater den Kern der nationalen Sicherheit. Sie sind einheitlich – sowohl hinsichtlich der Speicherung als auch des nachträglichen Zugriffs durch die Sicherheitsbehörden – am Maßstab der nationalen Grundrechte zu prüfen.

---

[64] EuGH, verb. Rs. C-511/18, C-512/18 und C-520/18, EU:C:2020:791, Rn. 226 f. – La Quadrature.

[65] So auch das Vorbringen der Regierungen der Mitgliedstaaten in EuGH, Rs. C-623/17, EU:C:2020:790, Rn. 33 – Privacy International: „Diese Bestimmungen [gemeint sind Art. 1 Abs. 3 ePrivacy-RL und Art. 3 Abs. 2 DSRL] spiegelten die in Art. 4 Abs. 2 EUV vorgesehene Zuständigkeitsverteilung wider und verlören ihre praktische Wirksamkeit, wenn bei Maßnahmen, die zum Bereich der nationalen Sicherheit gehörten, die Anforderungen der Richtlinie 2002/58 eingehalten werden müssten."

[66] S. nur die noch offene Vorlage des BVerwG, Beschl. v. 25.9.2019, 6 C 12.18, Rn. 35, 38, die insofern auf die Vorlagen der anderen mitgliedstaatlichen Gerichte verweist.

[67] Die VDSRL wurde u.a. auf Grund der mangelnden Bestimmtheit bei der Frage des Zugangs und der Nutzung der personenbezogenen Daten durch die nationalen Strafverfolgungsbehörden für unvereinbar mit Art. 7 und 8 GRCh erklärt. Diese Frage ist also durchaus maßgeblich für die Beurteilung der Speicherpflicht selbst. Krit. hierzu *A. Sandhu*, EuR 2017, 453 (462); ferner *C. D. Classen*, JZ 2019, 1057 (1062); *N. Marsch*, Das europäische Datenschutzgrundrecht, S. 324; GA *Villalón*, Schlussanträge, verb. Rs. C-293/12 und C-594/12, Rn. 100 – Digital Rights.

2. Nationale Identität von Drittstaaten

Im Fall des irischen Datenschutzbeauftragten gegen Facebook Ireland und *Max Schrems*[68] stützte sich Facebook auf Art. 4 Abs. 2 S. 2 EUV und Art. 3 Abs. 2 der DSRL, um die Unanwendbarkeit des Europäischen Datenschutzrechts auf die Datenverarbeitungsvorgänge des Unternehmens zu begründen und verwies auf Art. 51 Abs. 2 GRCh, wonach die Charta nicht kompetenzerweiternd wirken dürfe.[69] Die von Facebook Ireland Ltd. an die Muttergesellschaft in den Vereinigten Staaten übermittelten Daten können dort an die staatlichen Geheimdienstbehörden zum Zwecke der nationalen Sicherheit weitergegeben werden. Allerdings erfolgt der Datentransfer in die USA aus kommerziellen Gründen und unterliegt dort nur potenziell und punktuell dem Abruf durch Behörden der nationalen Sicherheit.[70] Unter dem Vorwand der nationalen Sicherheit könnten sich alle Unternehmen dem europäischen Datenschutzrecht entziehen, die potenziell staatlichen Abrufanfragen unterliegen.[71] Der Irish High Court legte deshalb u.a. die Frage vor, ob das Unionsrecht in dem Fall Anwendung findet, in dem ein in der EU ansässiger Wirtschaftsteilnehmer personenbezogene Daten zu einem gewerblichen Zweck in einem Drittstaat übermittelt, wo sie durch staatliche Behörden für Zwecke der nationalen Sicherheit verwendet werden können, oder ob dem Art. 4 Abs. 2 EUV sowie die Ausschlusstatbestände[72] über die öffentliche Sicherheit, die Landesverteidigung und die Sicherheit des Staates entgegenstehen.[73] Der EuGH bejahte die Anwendbarkeit der DSGVO. Die Übermitt-

---

[68] EuGH, Vorlagefrage des Irish High Court, Rs. C-311/18 – Data Protection Commissioner/Facebook Ireland.

[69] Irish High Court, 2016 No. 4809P [2017] IEHC 545, Rn. 50 ff. – The Data Protection Commissioner/Facebook Ireland Limited and Maximilian Schrems.

[70] S. das Vorbringen des irischen Datenschutzbeauftragten, Irish High Court, 2016 No. 4809P [2017] IEHC 545, Rn. 59.

[71] S. auch Irish High Court, 2016 No. 4809 P., [2017] IEHC 545, Rn. 61 – The Data Protection Commissioner/Facebook Ireland Limited and Maximilian Schrems: „The argument of Facebook would entirely hollow out EU data protection law"; die Ausnahme gilt nicht zu Gunsten von Drittstaaten, Art. 29-Datenschutzgruppe, WP 228, S. 25 f.

[72] Art. 2 Abs. 1, Abs. 2 lit. a, b und d DSGVO.

[73] EuGH, Rs. C-311/18, EU:C:2020:559 – Facebook Ireland und Schrems. Die Übermittlung erfolgt auf Grundlage des Beschlusses 2010/87/EU der Kommission v. 5.2.2010 über Standardvertragsklauseln für die Übermittlung personenbezogener Daten an Auftragsverarbeiter in Drittländern nach der Richtlinie 95/46/EG des Europäischen Parlaments und des Rates, ABl. L 39/5 v. 12.2.2010, geändert durch den Durchführungsbeschluss (EU) 2016/2297 der Kommission v. 16.12.2016 zur Änderung der Entscheidung 2001/497/EG und des Beschlusses 2010/87/EU über Standardvertragsklauseln für die Übermittlung personenbezogener Daten in Drittländer sowie an Auftragsverarbeiter in Drittländern nach der Richtlinie 95/46/EG des Europäischen Parlaments und des Rates, ABl. L 344/100 v. 17.12.2016.

lung personenbezogener Daten zwischen zwei Wirtschaftsteilnehmern zu gewerblichen Zwecken könne nicht deshalb aus dem Anwendungsbereich der DSGVO ausgenommen werden, weil sie im Anschluss daran von Behörden des Drittstaats für Zwecke der öffentlichen Sicherheit verarbeitet werden.[74] Zur Begründung veweist er auf Art. 45 Abs. 2 lit. a DSGVO, demgemäß die Kommission bei der Prüfung der Angemessenheit des Schutzniveaus eines Drittstaats u.a. die einschlägigen Rechtsvorschriften in Bezug auf die öffentliche Sicherheit berücksichtigen muss.[75]

3. Maßstab der Umsetzungsgesetzgebung

Die nationale Sicherheit wird auch im deutschen Umsetzungsrecht deutlich aus dem unionsrechtlich determinierten Bereich des BDSG ausgeklammert. Das BDSG gilt gemäß § 1 Abs. 8 DSGVO für die Verarbeitung personenbezogener Daten außerhalb des Anwendungsbereich der DSGVO und der JIRL entsprechend, soweit nichts Abweichendes geregelt ist. Für die Verarbeitung personenbezogener Daten zum Zweck der nationalen Sicherheit sieht § 85 BDSG spezifische Regelungen für öffentliche Stellen des Bundes vor. Dieser steht in Teil 4 des BDSG über „[b]esondere Bestimmungen für Verarbeitungen im Rahmen von nicht in die Anwendungsbereiche der Verordnung (EU) 2016/679 und der Richtlinie (EU) 2016/680 fallenden Tätigkeiten". Dies betrifft insbesondere Tätigkeiten im Bereich der Verteidigung, des Bundesamts für Verfassungsschutz, des Bundesnachrichtendienstes und des Militärischen Abschirmdienstes.[76] Datenverarbeitende Tätigkeiten nach dem BVerfSchG, dem MAD-Gesetz, dem Sicherheitsüberprüfungsgesetz, dem Art. 10-Gesetz oder dem BND-Gesetz sind ausdrücklich nicht unionsrechtlich determiniert und allein am Maßstab der Grundrechte des Grundgesetzes zu überprüfen.[77]

II. Strafverfolgung und öffentliche Sicherheit

Nicht dem unionsrechtlichen Anwendungsbereich unterfallen bei sachkompetenzakzessorischer Auslegung ferner die Verarbeitung personenbezogener Daten im Bereich der Strafverfolgung sowie der Abwehr von Gefahren für die öffentliche Sicherheit (bspw. gemäß der StPO oder der Polizeigesetze). Diese Tätigkeiten werden aus der DSGVO zwar gemäß Art. 2 Abs. 2 lit. d DSGVO[78] ausgeklammert, unterfallen aber der JIRL. Der Verweis in Art. 2

[74] EuGH, Rs. C-311/18, EU:C:2020:559, Rn. 86 ff. – Facebook Ireland und Schrems.

[75] EuGH, Rs. C-311/18, EU:C:2020:559, Rn. 87 – Facebook Ireland und Schrems.

[76] BT-Drs. 18/11325, S. 121.

[77] BT-Drs. 18/11325, S. 125 ff.

[78] Die Bestimmung lautet wie folgt: „Verarbeitung personenbezogener Daten durch die

Abs. 3 lit. a JIRL auf den „Anwendungsbereich des Unionsrechts" ist jedoch unionsrechtskonform dahingehend auszulegen, dass er nur grenzüberschreitende oder solche Tätigkeiten umfasst, die einen unionsrechtlichen Bezug aufweisen.

Sofern Art. 23 Abs. 1 DSGVO auf Tätigkeiten der Strafverfolgungsbehörden oder der Behörden im Bereich der Abwehr von Gefahren für die öffentliche Sicherheit Bezug nimmt, ist er als explizite Bereichsausnahmen zu qualifzieren.[79] Die fehlende Differenzierung zwischen den Begriffen „nationale Sicherheit" (Art. 2 Abs. 2 lit. a DSGVO-KOM-E) und „öffentliche Sicherheit" (Art. 21 Abs. 1 lit. a DSGVO-KOM-E, nun Art. 23 Abs. 1 lit. c DSGVO) wurde im Rat kritisiert und eine einheitliche Terminologie angeregt, sofern kein materieller Unterschied aus den unterschiedlichen Begrifflichkeiten folgen soll.[80] Dazu ist es jedoch nicht gekommen. Der unionsrechtlich autonom auszulegende Begriff der öffentlichen Sicherheit bezieht sich nur auf besonders bedeutsame Rechtsgüter, nicht auf das allgemeine Polizei- und Sicherheitsrecht im deutschen Sinne.[81] Art. 23 Abs. 1 DSGVO nimmt gleich dreifach auf die öffentliche Sicherheit Bezug, indem in lit. a die nationale Sicherheit, in lit. c die öffentliche Sicherheit und in lit. d unter Wiederholung von Art. 2 Abs. 2 lit. d DSGVO die „Abwehr von Gefahren für die öffentliche Sicherheit" als Bereiche genannt werden, in welchen die DSGVO weitgehend für unanwendbar erklärt werden kann. Die verschiedenen Sicherheitsbegriffe der DSGVO sowie der JIRL spiegeln nicht die Kompetenzordnung wieder. Sofern in Art. 23 Abs. 1 DSGVO genannte Tätigkeiten auch nicht in den Anwendungsbereich der JIRL fallen, ist die Einbeziehung kompetenzüberschreitend. Die mindestharmonisierenden Vorgaben der JIRL vermögen den Bereich der nationalen Strafverfolgung und der öffentlichen Sicherheit nicht insgesamt zu determinieren.[82] Tätigkeiten im Bereich der

---

zuständigen Behörden zum Zwecke der Verhütung, Ermittlung, Aufdeckung oder Verfolgung von Straftaten oder der Strafvollstreckung, einschließlich des Schutzes vor und der Abwehr von Gefahren für die öffentliche Sicherheit."

[79] Zwar nicht in der Terminologie, aber i.E. ähnlich in Bezug auf lit. a, b und d *M. Bäcker*, in: Kühling/Buchner, DS-GVO/BDSG, Art. 23 DSGVO Rn. 13: „Für Datenverarbeitungen, die diesen Aufgaben dienen, ist der sachliche Anwendungsbereich der Verordnung nicht eröffnet. Hinsichtlich solcher Datenverarbeitungen begründet die Verordnung dementsprechend keine Betroffenenrechte, sodass sich die Frage einer Beschränkung dieser Rechte nicht stellt."

[80] Rats-Dok. 9897/12 v. 21.5.2012, S. 93; s. auch die entsprechende Anregung zur Konkretisierung der „sonstigen öffentlichen Interessen" in Art. 21 DSGVO-KOM-E (Art. 23 DSGVO) um „nationale Sicherheit" und „Verteidigung" mit der Bemerkung: „As the Regulation is already three times longer than the Directive, it surely does not harm to be little bit more explicit here", Rats-Dok. 14147/1/12 REV 1, S. 27 f.

[81] *M. Bäcker*, in: Kühling/Buchner, DS-GVO/BDSG, Art. 23 DSGVO Rn. 19.

[82] S. in diesem Kapitel, D.III. (S. 294 ff.).

präventiven, straftatunabhängigen Gefahrenabwehr und das Ordnungswidrigkeitenrecht sollen der JIRL nicht unterfallen,[83] sondern nur der DSGVO. Für die explizite Bereichsausnahme ist diese Differenzierung hinfällig: Sämtliche genannten Bereiche wurden ausdrücklich nicht der Kompetenz der EU übertragen, dies betrifft die Bereiche der Strafverfolgung, der repressiven sowie der präventiven Gefahrenabwehr unabhängig davon, ob sie der DSGVO oder der JIRL unterfallen.

Die Mitgliedstaaten können in diesem Bereich weiterhin ein höheres Schutzniveau gewährleisten. Eine harmonisierende Wirkung entfalten weder die DSGVO noch die JIRL. Es lässt sich damit auch nicht unter Verweis auf den *Effet utile* eine Bindung an die Unionsgrundrechte rechtfertigen. Auch bestehen keine inhaltlichen Determinanten im Sinne der *Hernández*-Rechtsprechung des EuGH, so dass die nationalen Grundrechte maßgeblich bleiben.[84]

Art. 23 Abs. 1 DSGVO weist auf die Bereichsausnahme der öffentlichen Sicherheit und Ordnung jenseits des sehr eng umgrenzten Bereichs der nationalen Sicherheit hin, indem diese Bereiche weitgehend von den datenschutzrechtlichen Pflichten frei gestellt werden können. Danach kann von den Datenverarbeitungsgrundsätzen des Art. 5 DSGVO, insbesondere der dort verankerten Zweckbindung (Art. 5 Abs. 1 lit. b DSGVO) weitgehend abgewichen werden. Insofern offenbart Art. 23 DSGVO die faktisch weiterhin bestehende Differenzierung zwischen öffentlichen und nicht-öffentlichen Stellen im Unionsrecht. So sind für die in dieser Öffnungsklausel abschließend aufgezählten öffentlichen Zwecke weitergehende Einschränkungen der Betroffenenrechte möglich, als für sonstige Verarbeitungen. Art. 23 DSGVO bezweckt „den Fortbestand spezifischen nationalen Datenschutzrechts in besonderen Bereichen"[85] und war eine zentrale Bedingung der Mitgliedstaaten für die Akzeptanz der Verordnung. Diese „Sonderstellung" des öffentlichen Sektors widersprach den ursprünglichen Reformbestrebungen und zog entsprechende Kritik auf sich, da die Ausnahmen für den öffentlichen Sektor dem ganzheitlichen Rechtsrahmen entgegenstehen.[86] Das Europäische Parlament hatte in seinem ersten Standpunkt noch den aus dem Kommissionsentwurf stammenden Verweis auf Art. 5 DSGVO gestrichen, um sicherzustellen, dass von den fundamentalen Grundsätzen auch im öffentlichen Interesse nicht abgewichen werden kann.[87] Der Rat fügte den ursprünglichen Verweis jedoch wieder ein.[88] Diese weitgehende Ausnahme ist Ausdruck des-

[83] Zur Abgrenzung bereits oben, 3. Kapitel, C.I.3.b) (S. 165 f.).

[84] *M. Bäcker*, in: Kühling/Buchner, DS-GVO/BDSG, Art. 23 DSGVO Rn. 7.

[85] BR-Drs. 290/15, S. 2.

[86] Art. 29-Datenschutzgruppe, WP 191, S. 14.

[87] S. die Änderungen zu Art. 21 DSGVO-E (KOM) in EP, legislative Entschließung v. 12.3.2014 nach erster Lesung, P7 TA(2014)0212, S. 154.

[88] Rats-Dok 9565/15 v. 11.6.2015.

sen, dass die Vertreter im Rat ursprünglich auf die formale Anwendungsbereichsausnahme für den öffentlichen Bereich bestanden hatten.

Im Unterschied zur hier vertretenen Interpretation der Öffnungsklausel zieht der EuGH die Ausnahmen des Art. 23 DSGVO[89] anwendungseröffnend heran. Die Verarbeitung personenbezogener Daten durch zuständige Behörden auf dem Gebiet der Strafverfolgung und der öffentlichen Sicherheit unterfallen nach der Rechtsprechung grundsätzlich dem Anwendungsbereich der DSGVO, weil Art. 23 Abs. 1 lit. d und h DSGVO auf diese Bereiche Bezug nehmen.[90] Doch Art. 23 Abs. 1 DSGVO ist eine deklaratorische Bereichsausnahme wie Art. 15 Abs. 1 ePrivacy-RL, die lediglich die Grenzen der unionsrechtlichen Regelungskompetenz markiert und für die dort aufgeführten Bereiche (insb. die Strafverfolgung und öffentliche Sicherheit) weitreichende Abweichungen von der DSGVO durch die Mitgliedstaaten ermöglicht, obwohl sie dem Anwendungsbereich schon gar nicht unterfallen.

Der EuGH geht überdies von einer unionsgrundrechtlichen Überlagerung des strafrechtlichen Ermittlungsverfahrens aus. So gelten die Unionsgrundrechte für den Zugriff der Kriminalpolizei auf SIM-Karten-Daten im strafrechtlichen Ermittlungsverfahren.[91] Ein spanischer Ermittlungsrichter hatte den Antrag der Kriminalpolizei auf eine Übermittlungsanordnung gegenüber den Betreibern elektronischer Kommunikationsdienste zur Feststellung der Identität des SIM-Karten-Inhabers zurückgewiesen. Zur Beurteilung der Rechtmäßigkeit fragte das vorlegende Gericht den EuGH, ob ein Raub eine hinreichend schwere Straftat sei, die einen Eingriff in Art. 7 und 8 GRCh durch Ermittlung der Mobilfunkgerätedaten rechtfertigen könne und wie hoch die Mindeststrafe für ein Delikt sein müsse, damit ein Eingriff gerechtfertigt wäre.[92] Dem grundsätzlichen Einwand der spanischen Regierung gegen die Zuständigkeit des EuGH begegnete dieser mit der kompetenzausdehnenden Auslegung des Art. 15 Abs. 1 ePrivacy-RL. Der Zugang der Kriminalpolizei zu den von Betreibern elektronischer Kommunikationsdaten gespeicherten Daten durch gerichtlichen Antrag bestimme sich zwar nach der spanischen Strafprozessordnung. Doch das Begehren richte sich gegen die Verarbeitung Privater, die Bereitstellung sei mithin als Verarbeitung personenbezogener Daten durch Private zu qualifizieren.[93] Allerdings stellt die Abfrage durch das Ermittlungsgericht im strafrechtlichen Ermittlungsverfahren gleichzeitig eine „Verarbeitung“ (Art. 4 Nr. 2 DSGVO) und damit eine spezifische Tätigkeit des Staates bzw. staatlicher Stellen dar. Bei der Diffe-

[89] Art. 15 Abs. 1 ePrivacy-RL verweist auf den entsprechenden Art. 13 Abs. 1 DSRL.

[90] EuGH, verb. Rs. C-511/18, C-512/18 und C-520/18, EU:C:2020:791, Rn. 102 – La Quadrature.

[91] EuGH, Rs. C-207/16, EU:C:2018:788, Rn. 49 ff. – Ministerio Fiscal.

[92] EuGH, Rs. C-207/16, EU:C:2018:788, Rn. 26 – Ministerio Fiscal.

[93] EuGH, Rs. C-207/16, EU:C:2018:788, Rn. 38 – Ministerio Fiscal.

renzierung nach datenverarbeitender Stelle kann also je nach Blickwinkel fast jede Tätigkeit den Unionsgrundrechten unterfallen.

III. Informationszugangsrecht

Explizit aus dem Anwendungsbereich der DSGVO herausgenommen wird die Informationszugangsfreiheit zwar nicht, sie unterfällt aber bei gebotener sachkompetenzakzessorischer Auslegung des Art. 2 Abs. 2 lit. a DSGVO nicht der Unionskompetenz. Erwähnung findet das Recht auf Informationszugang in der Bereichsausnahme des Art. 86 DSGVO über den Zugang der Öffentlichkeit zu amtlichen Dokumenten. Dieser betrifft einen Spezialfall der Datenverarbeitung durch öffentliche Stellen der Mitgliedstaaten. Angesichts der fehlenden Kompetenz der EU für das allgemeine Informationszugangsrecht der Mitgliedstaaten,[94] ist Art. 86 DSGVO primärrechtskonform nur dahingehend auszulegen, dass er die primärrechtlichen Kompetenzgrenzen auf dem Gebiet der Informationszugangsfreiheit deklaratorisch konkretisiert.

Die Öffnungsklausel bestimmt, dass personenbezogene Daten in amtlichen Dokumenten, die sich im Besitz einer Behörde oder einer öffentlichen Einrichtung oder einer privaten Einrichtung zur Erfüllung einer im öffentlichen Interesse liegenden Aufgabe befinden, gemäß dem Recht des jeweiligen Mitgliedstaats offengelegt werden können, um den Zugang der Öffentlichkeit zu amtlichen Informationen mit dem Recht auf Schutz personenbezogener Daten „gemäß dieser Verordnung in Einklang zu bringen". Bei der Gewährung von Informationszugang durch Behörden nach dem IFG, dem VIG oder dem UIG handelt es sich in der Regel um die behördliche Verarbeitung personenbezogener Daten entweder zur Erfüllung einer rechtlichen Verpflichtung (Art. 6 Abs. 1 UAbs. 1 lit. c DSGVO) oder zur Wahrnehmung einer öffentlichen Aufgabe (Art. 6 Abs. 1 UAbs. 1 lit. e DSGVO). Die Öffnungsklausel bringt lediglich positiv zum Ausdruck, dass sich der Unionsrechtsetzer einer Regelung des Informationsfreiheitsrechts der Mitgliedstaaten enthält, diese aber die Gebote der Transparenz und Öffentlichkeit mit dem Datenschutz in Ausgleich bringen müssen. Diese Pflicht folgt indes bereits aus der allgemeinen Pflicht zur loyalen Zusammenarbeit (Art. 4 Abs. 3 EUV). Danach müssen die Mitgliedstaaten auch in den Bereichen, die in ihrer Kompetenz verblieben sind, alle Maßnahmen unterlassen, die die Verwirklichung der Ziele der Union gefährden oder in ihrer Wirksamkeit beeinträchtigen.[95] Das Unionsrecht nimmt den Ausgleich zwischen Transpa-

---

[94] An der Primärrechtskonformität des Art. 86 DSGVO zweifelnd *C. Schnabel,* in: Simitis/Hornung/Spiecker gen. Döhmann, Datenschutzrecht, Art. 86 DSGVO Rn. 11.

[95] *R. Streinz,* in: ders., EUV/AEUV, Art. 4 EUV Rn. 25 m.w.N.

renz und dem Schutz personenbezogener Daten in den Mitgliedstaaten mangels Unionskompetenz selbst nicht vor, es determiniert ihn auch nicht. Art. 15 Abs. 3 AEUV ermächtigt zur unionsweiten Regelung des Informationszugangs nur gegenüber der EU und ihren Organen und Einrichtungen. Gegenüber mitgliedstaatlichen Stellen ist dies allein eine Sache des nationalen Rechts. Dies hat zur Folge, dass das Verhältnis zwischen Informationsfreiheit und Datenschutz allein mitgliedstaatlich geregelt ist. Entsprechend vorsichtig ist Art. 86 DSGVO auch formuliert. Im Entwurf der Kommission war diese Öffnungsklausel noch nicht vorgesehen.[96] Der ursprüngliche Vorschlag eines Art. 80a DSGVO im Parl-E enthielt in Absatz 1 nur den Hinweis, dass die Mitgliedstaaten in ihrem nationalen Recht Vorschriften vorsehen können, um das Recht auf Zugang zu öffentlichen Dokumenten mit den Grundsätzen des Datenschutzes in Einklang zu bringen.[97] Über entsprechende Gesetze sollte nach Absatz 2 die Kommission notifiziert werden. Diese Notifizierungspflicht wurde im Rat gestrichen. Dort erhielt die Vorschrift ihre heutige Fassung.[98]

Es handelt es sich um einen Bereich, der der Ausgestaltungshoheit des nationalen Gesetzgebers im Rahmen seiner Verfassungsordnung unterliegt. Maßgeblich für die Gewährung und Grenzen des Zugangsanspruchs sind allein die grundrechtlichen Wertungen der Mitgliedstaaten. Dies gilt auch bei Zugrundelegung der vom BVerfG in den Beschlüssen zum Recht auf Vergessen aufgestellten Maßstäbe, die primär auf die Gestaltungsoffenheit des Sekundärrechts abstellen. Doch schon mit Blick auf die primärrechtliche Kompetenzordnung ist davon auszugehen, dass bei Regelungen im Sinne von Art. 86 DSGVO das Unionsrecht Raum für Vielfalt vorsieht und deshalb das Gebot der Einheitlichkeit der Anwendung mitgliedstaatlicher Grundrechte nicht entgegensteht.

Auch wenn Behörden in mehrpoligen Rechtsverhältnissen tätig werden, also insbesondere im Falle drittbezogener Auskunftspflichten oder Informationszugangsansprüchen,[99] ist die Abwägung nicht zwingend unionsrechtlich determiniert, kann aber im Einzelfall durch unionsrechtliche Topoi flankiert werden. Insbesondere der Abwägungsvorgabe in Art. 6 Abs. 1 UAbs. 1 lit. f DSGVO ist keine das mitgliedstaatliche Informationszugangsrecht verdrängende Wirkung zu entnehmen. In der frühesten Entscheidung zum eu-

---

[96] S. aber ErwG 18 DSGVO-KOM-E: „Diese Verordnung ermöglicht es, dass bei der Anwendung ihrer Vorschriften der Grundsatz des Zugangs der Öffentlichkeit zu amtlichen Dokumenten berücksichtigt wird." Vgl. ferner bereits ErwG 72 der DSRL.

[97] *C. Schnabel,* in: Simitis/Hornung/Spiecker gen. Döhmann, Datenschutzrecht, Art. 86 DSGVO Rn. 5.

[98] *T. Herbst,* in: Kühling/Buchner, DS-GVO/BDSG, Art. 86 DSGVO Rn. 9.

[99] Vgl. hierzu *M. Will,* ZD 2019, 233 (234). Eine solche Konstellation lag bereits der Rechtssache *Fisher* zu Grunde EuGH, Rs. C-369/98, Slg. 2000, I-6751, 6788.

ropäischen Datenschutz im engeren Sinne, der Rechtssache *Fisher* im Jahr 2000, prüfte der EuGH die in einer EWG-Verordnung angeordnete Datenweitergabe durch die staatliche Behörde auf die Vereinbarkeit mit Art. 7 lit. f DSRL (Art. 6 Abs. 1 UAbs. 1 lit. f DSGVO), obwohl die Richtlinie zeitlich noch nicht anwendbar war.[100] Der EuGH begründete dies damit, dass dieser Zulässigkeitstatbestand das bereits auf Gemeinschaftsebene anerkannte Grundrecht auf Schutz personenbezogener Daten sowie allgemeine Rechtsgrundsätze, die in den Rechten der Mitgliedstaaten bereits anerkannt waren, lediglich konkretisiere.[101]

Im Rahmen von allgemeinen Informationszugangs- und Auskunftsansprüchen, wie insbesondere § 5 Abs. 1 IFG sowie den landesrechtlichen Informationsfreiheitsgesetzen, wonach der Schutz personenbezogener Daten eine Schranke der grundsätzlich voraussetzungslosen Informationsfreiheit ist, bestimmt sich die Abwägung mithin vorrangig nach nationalem Recht bzw. den verfassungsrechtlichen Determinanten des Grundgesetzes.[102] Soweit Ansprüche nach dem Umweltinformationsgesetz oder im Bereich der Verbraucherinformation (§ 9 Abs. 1 Nr. 1 UIG und § 3 Nr. 2 lit. a VIG) mit dem Schutz personenbezogener Daten kollidieren, ist im Einzelfall die Determinierung durch Unionsrecht möglich. Indes bleibt die Abwägung eine Frage des Grundrechtsschutzes nach dem Grundgesetz. Einen positiven Regelungsgehalt, der die Kollisionsregel des Anwendungsvorrangs auslösen könnte, lässt sich der DSGVO im Bereich der Informationszugangsfreiheit nicht entnehmen.[103] Lediglich einzelne Begriffe, auf deren autonome Definition das neue BDSG verzichtet, bestimmen sich unmittelbar nach Art. 4 DSGVO. Dies betrifft beispielsweise den Verweis in § 5 Abs. 1 S. 2 IFG auf Art. 9 Abs. 1 DSGVO für die besonderen Kategorien personenbezogener Daten. Dabei trifft das Unionsrecht eine unionsautonome Definition, die das mitgliedstaatliche Recht zu Grunde legen muss.[104] Der Bundesgesetzgeber hat für das IFG die entsprechenden punktuellen Anpassungen mit dem 2. DSAnpUG-EU vorgenommen.[105]

---

[100] EuGH, Rs. C-369/98, Slg. 2000, I-6751, 6788, Rn. 33 f. – Fisher.

[101] EuGH, Rs. C-369/98, Slg. 2000, I-6751, 6788, Rn. 34 – Fisher.

[102] Weitere Beispiele bei *C. Schnabel,* in: Simitis/Hornung/Spiecker gen. Döhmann, Datenschutzrecht, Art. 86 DSGVO Rn. 59. Im Ergebnis zutreffend BVerwG, NVwZ 2019, 473 (476 Rn. 28), allerdings unter fragwürdiger Heranziehung des Rechtsgedankens des Art. 6 Abs. 1 UAbs. 1 lit. f DSGVO. Angesichts der fehlenden Normenkollision nicht nachvollziehbar ist die Annahme des BVerwG, Art. 6 Abs. 1 UAbs. 1 lit. f DSGVO verdränge den spezielleren Übermittlungstatbestand für öffentliche Stellen in Art. 5 Abs. 1 S. 1 Nr. 2 BayDSG, der die Berücksichtigung schutzwürdiger Belange betroffener Dritter vorsieht, im Wege des Anwendungsvorrangs, a.a.O. 476 Rn. 27 f.; krit. auch *M. Will*, ZD 2019, 233. Zur Anwendung der nationalen Grundrechte *H. A. Wolff*, LMuR 2020, 1 (8).

[103] So auch *D. Hoidn*, in: Roßnagel, EU DS-GVO, § 4 Rn. 196 f.

[104] *D. Hoidn*, in: Roßnagel, EU DS-GVO, § 4 Rn. 199.

[105] S. die Anpassung von § 5 IFG durch Art. 9 des 2. DSAnpUG-EU v. 20.11.2019, BGBl. I S. 1626 (1631).

IV. Keine Determinierung durch allgemeine Anforderungen

Die als explizite Bereichsausnahmen markierten Bereiche unterliegen gemäß Art. 6 Abs. 3 S. 4 DSGVO und Art. 23 Abs. 1 DSGVO einem allgemeinen Verhältnismäßigkeitsgrundsatz. So können die Pflichten und Rechte der DSGVO nur beschränkt werden, „sofern eine solche Beschränkung den Wesensgehalt der Grundrechte und Grundfreiheiten achtet und in einer demokratischen Gesellschaft eine notwendige und verhältnismäßige Maßnahme darstellt." Angesichts dessen wird vertreten, dass die mitgliedstaatlichen Tätigkeiten öffentlicher Stellen im Rahmen von Art. 23 Abs. 1 DSGVO unionsrechtlich determiniert und folglich am Maßstab der Unionsgrundrechte zu prüfen seien.[106] Dem ist jedoch entgegenzutreten. Weder die zwingenden Inhalte von Art. 6 Abs. 3 DSGVO (1.) noch Art. 23 Abs. 1 DSGVO (3.) determinieren das Recht der Mitgliedstaaten hinreichend. Auch die fakultativen Vorgaben in Art. 6 Abs. 3 S. 3 DSGVO (2.) sowie die Mindestinhalte nach Art. 23 Abs. 2 DSGVO (4.) sind zu allgemein, als dass aus ihnen eine mitgliedstaatliche Determinierung folgen könnte.

1. Allgemeine Vorgaben des Art. 6 Abs. 3 DSGVO

Die Rechtsgrundlage im Recht der Mitgliedstaaten unterliegt dem Grundsatz der Verhältnismäßigkeit (Art. 6 Abs. 3 S. 4 DSGVO).[107] Das für die Datenverabeitung verfolgte Ziel muss im öffentlichen Interesse liegen und in einem angemessenen Verhältnis zum verfolgten Zweck stehen. Die zwingenden Inhalte des Art. 6 Abs. 3 S. 2 und 4 DSGVO beschränken sich damit auf allgemeine rechtsstaatliche Anforderungen an mitgliedstaatliche Rechtsgrundlagen, die sich bereits unmittelbar aus dem Primärrecht ergeben (Zweckbindung und legitime Grundlage nach Art. 8 Abs. 2 S. 1 GRCh; Verhältnismäßigkeit nach Art. 52 Abs. 1 GRCh). Es kommt also für die Anwendung dieser allgemeinen Vorgaben[108] darauf an, ob Unionsrecht im Sinne von

---

[106] Für eine parallele Bindung an die GRCh bei Beschränkung der Betroffenenrechte nach Art. 23 Abs. 1 DSGVO *N. Marsch*, Das europäische Datenschutzgrundrecht, S. 353; *M. Bäcker*, EuR 2015, 389 (394), differenzierend nunmehr *ders.*, in: Kühling/Buchner, DS-GVO/BDSG, Art. 23 DSGVO Rn. 7. Vgl. auch EuGH, verb. Rs. C-511/18, C-512/18 und 520/18, EU:C:2020:791, Rn. 95 – La Quadrature, wonach aus dem Gebot der Verhältnismäßigkeit „zwangsläufig" folge, dass eine Vorschrift dem Unionsrecht unterfallen müsse.

[107] Zur Wiederholung des Verhältnismäßigkeitsgrundsatzes s. auch *P. Schantz/H. A. Wolff*, Das neue Datenschutzrecht, Rn. 600.

[108] Art. 7 DSRL enthielt noch keine vergleichbar detaillierten rechtsstaatlichen Anforderungen für die mitgliedstaatlichen Rechtsgrundlagen bei der Verarbeitung auf Grundlage von Art. 7 lit. c und e DSRL. Der EuGH entwickelte diese aus dem allgemeinen Erforderlichkeitsvorbehalt. „Erforderlich" ist in ständiger Rechtsprechung eine Verarbeitung, wenn sie geeignet ist, „die mit der fraglichen Regelung zulässigerweise verfolgten Ziele zu erreichen, und nicht die Grenzen dessen überschreitet, was zur Erreichung dieser

Art. 51 Abs. 1 S. 1 GRCh durchgeführt wird. Dies ist im Bereich der expliziten Bereichsausnahmen in der Regel ausgeschlossen, bedarf aber einer Überprüfung im Einzelfall. In jedem Fall aber determinieren die im Sekundärrecht deklaratorisch wiedergegebenen rechtsstaatlichen Prinzipien nicht das nationale Recht. Die sekundärrechtliche Wiederholung dieses Grundsatzes führt nicht dazu, dass die auf Grund der mitgliedstaatlichen Rechtsgrundlage erfolgende Datenverarbeitung in jedem Fall eine „Durchführung" von Unionsrecht darstellt.[109]

2. Fakultative Vorgaben des Art. 6 Abs. 3 S. 3 DSGVO

Art. 6 Abs. 3 S. 3 DSGVO enthält darüber hinaus fakultative Vorgaben: Das Recht „kann" spezifische Bestimmungen über die Bedingungen der Datenverarbeitung, über die zu verarbeitenden Arten von Daten, über die betroffenen Personen sowie darüber treffen, welche Einrichtungen die Offenlegung von Daten verlangen können, und über die Dauer der Speicherung, die Zweckbindung sowie Verarbeitungsvorgänge und -verfahren. Dies ist insofern ein Rückschritt, als der EuGH im Fall der Vorratsdatenspeicherung das Fehlen einer geografischen und zeitlichen Begrenzung der Speicherung sowie den unbeschränkten betroffenen Personenkreis in den mitgliedstaatlichen Vorschriften als besonders gravierend für die Beurteilung der Eingriffsintensität und der Verhältnismäßigkeit erachtete und deshalb zu dem Schluss kam, dass diese Regelungen die Grenzen „des absolut Notwendigen" im Sinne von Art. 52 Abs. 1, Art. 7 und 8 GRCh überschritten haben.[110] Werden diese Vorgaben zu „Kann"-Inhalten erklärt, hat zukünftig auch der EuGH den mitgliedstaatlichen Spielraum zu respektieren.

Ziele geeignet und erforderlich ist." Die mitgliedstaatliche Rechtsgrundlage müsse so genau formuliert sein, „dass die Adressaten des Gesetzes ihr Verhalten einrichten können, und damit dem Erfordernis der Vorhersehbarkeit genügt" werde, EuGH, verb. Rs. C-465/00, C-138/01, C-139/01, Slg. 2003 I-4989, Rn. 76 f. und 83 – ORF; verb. Rs. C-293/12 und C-594/12, EU:C:2014:238, Rn. 46 – Digital Rights; s. schon EGMR, Urt. v. 26. 3.1987, Serie A Nr. 116, Rn. 59 – Leander/Schweden; vgl. ferner *U. Dammann*, in: ders./Simitis, EG-Datenschutzrichtlinie, Art. 7 Rn. 25 (zu Art. 7 lit. e DSRL). In ständiger Rechtsprechung verlangt der EuGH unabhängig entsprechender sekundärrechtlicher Vorgaben, dass Gesetze „klare und präzise Regeln für die Tragweite und die Anwendung der fraglichen Maßnahme vorsehen", also hinreichend bestimmt sein müssen, EuGH, verb. Rs. C-293/12 und C-594/12, EU:C:2014:238, Rn. 54 – Digital Rights; verb. Rs. C-203/15 und C-698/15, EU:C:2016:970, Rn. 109 – Tele2.

[109] So im Ergebnis auch *N. Marsch*, Das europäische Datenschutzgrundrecht, S. 347.

[110] EuGH, verb. Rs. C-203/15 und C-698/15, EU:C:2016:970, Rn. 106 und 107 – Tele2.

3. Allgemeine Vorgaben des Art. 23 Abs. 1 DSGVO

Art. 23 Abs. 1 DSGVO statuiert lediglich, dass die Mitgliedstaaten in ihrem Recht transparent zum Ausdruck bringen, dass für die in Abs. 1 lit. a–j genannten Bereiche die Rechte der betroffenen Personen gemäß Art. 12–22 DSGVO[111] und Art. 34 DSGVO (Benachrichtigung) und die Verarbeitungsgrundsätze des Art. 5 DSGVO nicht oder nur eingeschränkt gelten. Auch die Regelung der Zweckänderung der für die in Art. 23 Abs. 1 DSGVO genannten Ziele erhobenen Daten ist den Mitgliedstaaten nach Art. 6 Abs. 4 DSGVO weitestgehend frei überlassen. Damit ermöglicht die Vorschrift den Mitgliedstaaten nicht nur eine „Abweichung von Kerninhalten"[112] der DSGVO, sie erklärt diese Kerngrundsätze schon prinzipiell nur für fakultativ anwendbar, vergleichbar einer freiwilligen Selbstverpflichtung. Setzen die Mitgliedstaaten die Betroffenenrechte gleichwohl innerstaatlich auch in den in Art. 23 Abs. 1 DSGVO genannten Bereichen um, ist dies als unionsrechtlich nicht determinierte, überschießende „Umsetzung" anzusehen, entsprechende innerstaatliche Vorschriften sind an den Grundrechten des Grundgesetzes zu messen.

Gemäß Art. 23 Abs. 1 DSGVO müssen die mitgliedstaatlichen Regelungen den Wesensgehalt der Grundrechte wahren und verhältnismäßig sein. Der Verhältnismäßigkeitsgrundsatz war in Art. 13 Abs. 1 DSRL noch nicht verankert. Dennoch entnahm der EuGH dem allgemeinen Notwendigkeitsvorbehalt in Art. 13 Abs. 1 DSRL („sofern eine solche Beschränkung notwendig ist"), dass – angelehnt an die EGMR-Judikatur zu Art. 8 Abs. 2 EMRK – ein „zwingendes gesellschaftliches Bedürfnis" für die Verarbeitung vorliegen und die Maßnahme auch verhältnismäßig im engeren Sinne sein müsse.[113] Diese Rechtsprechung wird in Art. 23 Abs. 1 DSGVO also lediglich nachträglich kodifiziert. Der EuGH ist auf die Überprüfung der formalen

---

[111] Dies sind das Recht auf transparente Information über die Ausübung der Betroffenenrechte, die Informationspflicht bei Erhebung personenbezogener Daten, Auskunfts-, Berichtigungs-, Löschungsrechte, Mitteilungspflichten der datenverarbeitenden Stelle, das Recht auf Datenübertragbarkeit, das Widerspruchsrecht, die automatische Entscheidung im Einzelfall einschließlich Profiling.

[112] *A. Benecke/J. Wagner*, DVBl. 2016, 600 (604); s. auch die Kritik der Regierung Österreichs bei der Verabschiedung der DSGVO im Rat, wonach die Einschränkung allgemeiner Grundprinzipien „nicht vertretbar" sei, Rats-Dok. 7920/16 v. 14.4.2016, S. 6.

[113] EuGH, verb. Rs. C-465/00, C-138/01, C-139/01, Slg. 2003 I-4989, Rn. 83, 91 – ORF zu Art. 13 Abs. 1 lit. e und f DSRL (Art. 23 Abs. 1 lit. e und h DSGVO). Danach können die Mitgliedstaaten von den Verarbeitungsgrundsätzen abweichen, wenn dies erforderlich ist für „ein wichtiges wirtschaftliches oder finanzielles Interesse eines Mitgliedstaats" oder für „Kontroll-, Überwachungs- und Ordnungsfunktionen, die dauernd oder zeitweise mit der Ausübung öffentlicher Gewalt für die unter den Buchstaben c), d) und e) genannten Zwecke verbunden sind".

rechtsstaatlichen Kriterien beschränkt, er nimmt insbesondere keine eigenständige Abwägung vor, wenn Bereiche im Sinne von Art. 23 Abs. 1 DSGVO betroffen sind.[114] Es handelt sich um allgemeine grundrechtskonkretisierende Anforderungen[115], die für sich genommen das mitgliedstaatliche Recht nicht zu determinieren geeignet sind. Der EuGH entschied in Bezug auf die entsprechende Vorläuferregelung in Art. 13 Abs. 1 DSRL, dass diese bewusst allgemein gehalten und durch eine gewisse Flexibilität gekennzeichnet ist, um es in vielen Fällen den Mitgliedstaaten zu überlassen, die Einzelheiten zu regeln, oder zwischen Optionen zu wählen.[116] Die Mitgliedstaaten sind danach nicht verpflichtet, Ausnahmen zu den in Art. 13 Abs. 1 DSRL (Art. 23 Abs. 1 DSGVO) genannten Zwecken vorzusehen, es steht ihnen vielmehr frei, „ob und gegebenenfalls zu welchen Zwecken sie Rechtsvorschriften zur Beschränkung der Pflichten zur Unterrichtung der betroffenen Person erlassen“.[117] Aus der Vorgabe in Art. 13 Abs. 1 DSRL, wonach die mitgliedstaatlichen Maßnahmen „notwendig“ sein müssen, folge nicht, dass die Mitgliedstaaten verpflichtet sind, „die fraglichen Ausnahmen in all den Fällen zu erlassen in denen diese Voraussetzungen erfüllt [sind].“[118] Inwiefern in den in Art. 23 Abs. 1 DSGVO genannten Bereichen die Rechte der Betroffenen gelten, ist allein Sache der Mitgliedstaaten.[119]

4. Mindestinhalte nach Art. 23 Abs. 2 DSGVO

Im Unterschied zur DSRL enthält Art. 23 Abs. 2 DSGVO Mindestanforderungen an die gesetzliche Grundlage der Mitgliedstaaten, wenn diese von der in Art. 23 Abs. 1 DSGVO vorgesehenen Beschränkung Gebrauch machen. Auf diese Änderung hatte der EDSB im Rechtsetzungsverfahren hingewirkt.[120] Sie ist jedoch relativierend formuliert. Eine Gesetzgebungsmaßnahme nach Art. 23 Abs. 1 DSGVO muss „insbesondere gegebenenfalls“ die in Abs. 2 lit. a–h DSGVO genannten spezifischen Vorschriften enthalten. Die Betroffenenrechte dürfen danach nicht für einen Bereich gänzlich ausgeschlossen werden, vielmehr muss das Gesetz die Zwecke der Verarbeitung,

[114] Abzuwägen waren im Fall ORF das staatliche Interesse an sparsamer Mittelverwendung mit dem Betroffeneninteresse auf Achtung des Privatlebens: EuGH, verb. Rs. C-465/00, C-138/01, C-139/01, Slg. 2003 I-4989, Rn. 84 – ORF.

[115] *F. Wollenschläger*, JZ 2018, 980 (985).

[116] EuGH, Rs. C-473/12, EU:C:2013:715, Rn. 31 – IPI

[117] EuGH, Rs. C-473/12, EU:C:2013:715, Rn. 32 – IPI.

[118] EuGH, Rs. C-473/12, EU:C:2013:715, Rn. 32 – IPI. Dort auch zur Vergleichbarkeit mit Art. 15 Abs. 1 ePrivacy-RL.

[119] EuGH, Rs. C-473/12, EU:C:2013:715, Rn. 48 – IPI zur Ausnahme zu Gunsten reglementierter Berufe nach Art. 13 Abs. 1 lit. d DSRL (entspricht Art. 23 Abs. 1 lit. g DSGVO).

[120] S. *EDSB*, Stellungnahme, Ziff. 64.

die Kategorien personenbezogener Daten, den Umfang der Beschränkungen, die Garantien gegen Missbrauch, die Angaben über den Verantwortlichen, Speicherfristen, Risiken für die Rechte und Freiheiten und das Recht der Betroffenen auf Unterrichtung über die Beschränkung enthalten. Es handelt sich um einen so unspezifischen und „weiten Rahmen" im Sinne des Recht-auf-Vergessen-I-Beschlusses, der keinen den mitgliedstaatlichen Gestaltungsspielraum determinierenden Gehalt aufweist.[121]

V. Fazit

Tätigkeiten der nationalen Behörden im Bereich der nationalen Sicherheit und Landesverteidigung sowie der Strafverfolgung und der öffentlichen Sicherheit und Ordnung unterfallen nicht der unionsrechtlichen Datenschutzkompetenz. Dies gilt auch für präventiv polizeiliche Tätigkeiten im Bereich der öffentlichen Sicherheit, die nicht straftatbezogen erfolgen. Soweit diese Tätigkeiten in Art. 23 Abs. 1 lit. d DSGVO i.V.m. Art. 2 Abs. 2 lit. a DSGVO Erwähnung finden, stellt sich die Öffnungsklausel als deklaratorische Bereichsausnahme dar.

C. Implizite Bereichsausnahmen

Als implizite Bereichsausnahme werden die sonstigen Tätigkeiten öffentlicher Stellen (I.) sowie die in der DSGVO nicht näher geregelten besonderen Verarbeitungssituationen nach Art. 85 DSGVO (II.) näher dargestellt. Die Wirkung impliziter Bereichsausnahmen ist mit der Abweichungsgesetzgebung im deutschen Bundesstaat insofern vergleichbar, als sie die bei Zugrundelegung des weiten Anwendungsbereichsbegriffs eintretenden mitgliedstaatlichen Kompetenzverluste kompensieren (III.). Vergleichbar sind sie zudem insofern, als implizite Bereichsausnahmen bereits den Eintritt einer Normenkollision zwischen nationalem Recht und Unionsrecht verhindern. Mitgliedstaatliches Recht und Unionsrecht sind im Anwendungsbereich der impliziten Bereichsausnahmen grundsätzlich parallel anwendbar. Dadurch wird der Raum für den Anwendungsvorrang des Datenschutzsekundärrechts erheblich relativiert (IV.).

I. Sonstige Tätigkeiten öffentlicher Stellen

Zwar gilt die DSGVO, wie auch bereits die DSRL, formal einheitlich für die Datenverarbeitung durch private und öffentliche Stellen. Allerdings ermäch-

---

[121] BVerfGE 152, 152 (172 Rn. 51).

tigt die Datenschutzkompetenz in Art. 16 Abs. 2 S. 1 AEUV nicht zur Regelung sämtlicher innerstaatlicher Datenverarbeitungsvorgänge durch öffentliche Stellen. Diese Tätigkeiten sind nicht von einer Sachkompetenz der Union gedeckt. Damit fallen sie in den dargestellten „Graubereich". Zum Teil wird hinter diesem formal einheitlichen Regelungsansatz eine „politische Strategie"[122] vermutet, da die DSGVO im öffentlichen Bereich gerade nicht vollharmonisierend ist.

1. Indiziencharakter von Art. 23 Abs. 1 DSGVO

Generell bedarf es für die Verarbeitung personenbezogener Daten zur Erfüllung einer rechtlichen Verpflichtung (Art. 6 Abs. 1 UAbs. 1 lit. c DSGVO) sowie zur Erfüllung einer Aufgabe im öffentlichen Interesse oder in Ausübung öffentlicher Gewalt (Art. 6 Abs. 1 UAbs. 1 lit. e DSGVO) gemäß Art. 6 Abs. 3 S. 2 DSGVO einer Rechtsgrundlage im Recht der Mitgliedstaaten oder der EU, die den Verarbeitungszweck festlegt. Gemäß Art. 6 Abs. 1 UAbs. 1 lit. e DSGVO muss die Verarbeitung für die Wahrnehmung einer Aufgabe, die im öffentlichen Interesse liegt oder in Ausübung öffentlicher Gewalt erfolgt, erforderlich sein. Diese Tätigkeiten unterliegen zwar formal dem sekundärrechtlichen Anwendungsbereich, die Grundrechtskompetenz verbleibt indes maßgeblich bei den Mitgliedstaaten.

Art. 23 DSGVO kommt ein Indiziencharakter dafür zu, dass bestimmte Tätigkeiten im öffentlichen Bereich nicht dem Anwendungsbereich des Unionsrechts unterfallen. So begründet der EuGH die Einbeziehung parlamentarischer Tätigkeiten eines Landtags in den Anwendungsbereich der DSGVO u.a. damit, dass Art. 23 DSGVO keine Ausnahme in Bezug auf diese Tätigkeiten vorsehe.[123] Es handelt sich um Bereiche, die nicht der Unionskompetenz unterstehen und deshalb allenfalls im Einzelfall (etwa bei Vorliegen eines grenzüberschreitenden Bezugs wie im Fall *Huber*) partiell und punktuell unionsrechtlich überformt werden können.

Der Katalog der Ausnahmevorschriften in Art. 23 Abs. 1 DSGVO wurde im Vergleich zur DSRL um neue Tatbestände erweitert: Im Unterschied zu Art. 13 DSRL können die Mitgliedstaaten Beschränkungen auch „zum Schutz sonstiger wichtiger Ziele des allgemeinen öffentlichen Interesses der Union oder eines Mitgliedstaats, insbesondere eines wichtigen wirtschaftlichen oder finanziellen Interesses der Union oder eines Mitgliedstaats, etwa im Währungs-, Haushalts- und Steuerbereich sowie im Bereich der öffentlichen Gesundheit und der sozialen Sicherheit" (Art. 23 Abs. 1 lit. e DSGVO) vornehmen. Solche, durch das nationale Recht näher zu regelnde Tätigkeiten

---

[122] So *N. Marsch*, Das europäische Datenschutzgrundrecht, S. 341.

[123] EuGH, Rs. C-272/19, ECLI:EU:C:2020:535, Rn. 72 – VQ/Land Hessen zum Petitionsausschuss.

öffentlicher Stellen, werden von der DSGVO nur sehr schwach determiniert. Dies betrifft die in Art. 23 Abs. 1 DSGVO erwähnten Tätigkeiten im Steuerbereich sowie im Bereich der öffentlichen Gesundheit und sozialen Sicherheit (lit. e), den Schutz der Unabhängigkeit der Justiz und den Schutz von Gerichtsverfahren (lit. f),[124] die reglementierten Berufe (lit. g) sowie Kontroll-, Überwachungs- und Ordnungsfunktionen im Sinne von lit. h. Die Regelungsstruktur impliziert, dass die DSGVO auf diese Bereiche grundsätzlich anwendbar sei. Tatsächlich ist sie im Sinne eines freiwilligen Opt-in zu lesen. Die Mitgliedstaaten weichen entgegen der Auffassung des EuGH nicht von einer unionsrechtlichen Regel ab, wenn sie die in Art. 23 Abs. 1 DSGVO enthaltene Hinweispflicht wahrnehmen, sie erklären vielmehr Unionsrecht innerstaatlich überschießend für anwendbar.

2. Maßgebliche Grundrechtsordnung bei überschießender Umsetzung

Für öffentliche Stellen gilt die allgemeine Verarbeitungsgrundlage in § 3 BDSG als Auffangregel im Verhältnis zu den bereichsspezifischen Rechtsgrundlagen im Fachrecht. Der generalklauselartig formulierte § 3 BDSG[125] entspricht inhaltlich den Erlaubnistatbeständen in Art. 6 Abs. 1 UAbs. 1 lit. c und e DSGVO. § 32 Abs. 1 Nr. 2 BDSG (im Falle der Direkterhebung) und § 33 Abs. 1 BDSG (im Falle der Dritterhebung) schließen die Informationspflichten (Art. 13 DSGVO) gegenüber Betroffenen aus, wenn dies die ordnungsgemäße Erfüllung der Aufgaben einer öffentlichen Stelle im Sinne von Art. 23 Abs. 1 lit. a–e DSGVO „gefährden würde" und auf Seiten der verantwortlichen öffentlichen Stelle das Interesse an der Nichterteilung der Information überwiegt. Die verantwortliche Stelle muss gemäß § 32 Abs. 2 und § 33 Abs. 2 BDSG als Kompensation „geeignete Maßnahmen zum Schutz der berechtigten Interessen der betroffenen Person" treffen und schriftlich die Gründe für das Absehen von der Information festhalten. Hierdurch sollen die in Art. 23 Abs. 2 DSGVO aufgestellten Mindestanforderungen gewahrt werden. Die Informations- (Art. 14 DSGVO), Auskunfts- (Art. 15 DSGVO), Löschungs- (Art. 17 DSGVO) und Widerspruchsrechte (Art. 21 Abs. 1 DSGVO) sind gemäß §§ 33–36 BDSG gegenüber öffentlichen Stellen weitgehend ausgeschlossen.

---

[124] Der Bundesrat hatte auf diese „Abweichungsbefugnisse zum Schutz der Unabhängigkeit der Justiz und zum Schutz der Gerichtsverfahren" bestanden, BR-Drs. 290/15, S. 2 f.

[125] Die Bestimmung lautet wie folgt: „Die Verarbeitung personenbezogener Daten durch eine öffentliche Stelle ist zulässig, wenn sie zur Erfüllung der in der Zuständigkeit des Verantwortlichen liegenden Aufgabe oder in Ausübung öffentlicher Gewalt, die dem Verantwortlichen übertragen wurde, erforderlich ist."

Mit dem Gesetz zur Umsetzung der Richtlinie (EU) 2016/680 im Strafverfahren sowie zur Anpassung datenschutzrechtlicher Bestimmungen an die Verordnung (EU) 2016/679[126] vom 20. November 2019 machte der deutsche Gesetzgeber von der Öffnungsklausel des Art. 23 Abs. 1 DSGVO Gebrauch und beschränkte die datenschutzrechtlichen Betroffenenrechte und Verarbeiterpflichten im Anwendungsbereich der gerichtlichen Verfahrensordnungen für die Gerichte und Justizbehörden (einschließlich der GBO) und den gerichtsverfassungsrechtlichen Regelungen. Im justiziellen Bereich werden für am Gerichtsverfahren nicht beteiligte Personen die Informationspflichten des Gerichts regelmäßig ausgeschlossen.[127] Weitestgehend entfallen die Informationspflichten der Gerichte jedoch schon nach den Vorgaben der Art. 12 f. DSGVO. Die in den Verfahrensordnungen enthaltenen Vorschriften zur Akteneinsicht oder zur Offenlegung von Daten sind nicht unionsrechtlich determiniert. Ebenso sind Vorschriften über die Berichtigung von gerichtlichen Entscheidungen oder Protokollen nicht etwa durch Art. 16 DSGVO determiniert.[128] Soweit der Ausschluss in dem von Art. 23 DSGVO abgesteckten, sehr weiten Rahmen erfolgt,[129] lässt sich der DSGVO keine Schutzwirkung entnehmen. Der Grundrechtsschutz für die Verarbeitung personenbezogener Daten im Gerichtsverfahren beurteilt sich trotz Art. 23 DSGVO vielmehr allein nach den Grundrechten des Grundgesetzes.[130]

II. Datenschutz und Kommunikationsfreiheiten

Nur implizit von der DSGVO erfasst sind schließlich journalistische, wissenschaftliche, literarische und künstlerische Tätigkeiten sowie allgemein die Meinungsäußerungsfreiheit. Art. 85 Abs. 1 DSGVO betrifft das Verhältnis zwischen Persönlichkeitsschutz, informationeller Selbstbestimmung und Meinungs-, Presse- sowie Informationsfreiheit, während Abs. 2 speziell für die Verarbeitung zu journalistischen, wissenschaftlichen, literarischen oder künstlerischen Zwecken gilt, also das sogenannte „Medienprivileg“ regelt. Im Schrifttum wird einerseits die Harmonisierung des materiellen Äußerungsrechts in der EU „durch die ‚Hintertür‘ des Datenschutzes“[131] befürchtet, andererseits aber in Art. 85 DSGVO ein „Einfallstor für eine praktisch grenzenlose Rechtszersplitterung im europäischen Datenschutzrecht“, das

[126] BGBl. I S. 1724.

[127] BT-Drs. 19/4671, S. 49.

[128] Zu diesen BT-Drs. 19/4671, S. 50.

[129] Zur Kritik an der weitreichenden Freistellung s. *S. Stollhoff*, in: Auernhammer, § 35 BDSG Rn. 4 f. m.w.N.; *M. Eßer*, in: Auernhammer, § 32 BDSG Rn. 12.

[130] So auch *P. Kramer*, in: Auernhammer, Art. 23 DSGVO Rn. 25.

[131] *W. Schulz/S. Heilmann*, in: Gierschmann et al., DS-GVO, Art. 85 DSGVO Rn. 10; *M. Desens*, Auslegungskonkurrenzen, S. 582.

die Harmonisierungsbestrebungen „ad absurdum führen würde“, gesehen.[132] Diese divergierenden Sichtweisen geben Anlass für eine nähere Betrachtung der Öffnungsklausel.[133]

1. Kompetenz

Auf dem Gebiet der Medien, Presse und Rundfunk kann die Union gemäß Art. 167 AEUV lediglich punktuell unterstützend, fördernd oder ergänzend tätig werden. Die Kulturpolitik ist Sache der Mitgliedstaaten.[134] Dies umfasst den Rundfunk als „kulturelles Phänomen“.[135] Auch die Kommunikationsfreiheiten unterfallen der mitgliedstaatlichen Regelungskompetenz. Art. 167 AEUV ist eine „allgemeingültige Vorschrift mit Leitcharakter“ für Unionshandlungen mit Bezug zur Kultur und verbietet die Vollharmonisierung der Rechtsvorschriften in diesem Bereich.[136] Der Begriff der Kommunikationsfreiheit umfasst die dem Schutzbereich des Art. 5 Abs. 1 GG unterfallenden Formen der individuellen und der massenmedialen Kommunikation.[137] Die kommunikativen Freiheiten finden ihre Schranken in den allgemeinen Gesetzen (Art. 5 Abs. 2 GG) sowie der verfassungsmäßigen Ordnung, insbesondere dem Persönlichkeitsrecht. Gemäß den Ausführungen des BVerfG in der Lissabon-Entscheidung sind für die Verfassungsidentität der Bundesrepublik jene Sachbereiche von Bedeutung, „die die Lebensumstände der Bürger, vor allem ihren von den Grundrechten geschützten privaten Raum der Eigenverantwortung und der persönlichen und sozialen Sicherheit prägen, sowie für solche politischen Entscheidungen, die in besonderer Weise auf kulturelle, historische und sprachliche Vorverständnisse angewiesen sind, und die sich im parteipolitisch und parlamentarisch organisierten Raum einer politischen Öffentlichkeit diskursiv entfalten“.[138] Dazu zählen insbesondere „kulturelle

---

[132] *B. Buchner/M.-T. Tinnefeld*, in: Kühling/Buchner, DS-GVO/BDSG, Art. 85 DSGVO Rn. 12.

[133] Anknüpfend an das in einem anderen Kontext formulierte Beispiel bei *J. F. Lindner*, EuZW 2007, 71 (75) könnte erwogen werden, die Öffnungsklausel des Art. 85 DSGVO als eine die Betroffenen begünstigende Öffnungsklausel zu qualifizieren, die erst die Verhältnismäßigkeit der Gesamtregelung der DSGVO und damit ihre GRCh-Konformität bewirkt. Dann wären die Mitgliedstaaten verpflichtet, von dieser insofern geltungserhaltenden Öffnungsklausel Gebrauch zu machen, ihr Handeln oder Nichthandeln ist in jedem Falle unionsrechtlich determiniert. Art. 85 DSGVO ist jedoch weitestgehend deklaratorischer Natur und erkennt lediglich die in den Mitgliedstaaten bereits geltende günstigere Rechtslage an.

[134] Vgl. nur LT-Drs. (Nds.) 18/278, S. 18; zur fehlenden Kompetenz auch *J. P. Albrecht/N. Janson*, CR 2016, 500 (503).

[135] BVerfGE 92, 203 (238).

[136] GA *Szpunar*, Schlussanträge, Rs. C-516/17, EU:C:2019:16, Rn. 23 – Spiegel Online.

[137] *K.-E. Hain*, AfP 2012, 313 (317).

[138] BVerfGE 123, 267 (358).

Fragen wie die Verfügung über die Sprache, die Gestaltung der Familien- und Bildungsverhältnisse, die Ordnung der Meinungs-, Presse- und Versammlungsfreiheit oder der Umgang mit dem religiösen oder weltanschaulichen Bekenntnis."[139] Presse, Rundfunk und elektronische Medien ermöglichen die politische Kommunikation, die öffentliche Kontrolle und die Herstellung von demokratischer Öffentlichkeit. Im deutschen Bundesstaat liegt die Gesetzgebungskompetenz im Bereich des Rundfunk- und Medienrechts bei den Ländern, der Bund ist auf die Anpassung des Deutsche-Welle-Gesetzes beschränkt (Kompetenz aus Art. 32, 73 Abs. 1 Nr. 1 GG).[140]

2. Genese

Ein Blick auf die Rechtsetzungsgenese von Art. 85 DSGVO macht dessen kompromisshaften Charakter sowie die kompetenziellen Bedenken der Vertreter im Rat deutlich. Den Bereich der journalistischen, künstlerischen und literarischen Tätigkeiten (Presse und audiovisuelle Medien) betraf bereits Art. 9 DSRL.[141]

a) Vorschläge der Kommission und des Europäischen Parlaments

In der ersten Entwurfsfassung der Kommission bestimmte Art. 80 Abs. 1 DSGVO-E (KOM), dass die „Mitgliedstaaten für die Verarbeitung personenbezogener Daten, die allein zu journalistischen, künstlerischen oder literarischen Zwecken erfolgt, Abweichungen oder Ausnahmen" von bestimmten Kapiteln der DSGVO vorsehen (insbesondere von den allgemeinen Grundsätzen und den Betroffenenrechten), „um das Recht auf Schutz der Privatsphäre mit den für die Freiheit der Meinungsäußerung geltenden Vorschriften in Einklang zu bringen".[142] Die Vorschrift betraf zunächst nur das Medienprivileg, also den Schutz von Presse (einschließlich der elektronischen Presse), Rundfunk und Telemedien mit journalistisch-redaktionellen Inhalten.[143] Das Europäische Parlament weitete in seinem nach erster Lesung angenommenen Standpunkt den Tatbestand dahingehend aus, dass die Mitgliedstaaten nicht nur im Falle der Verarbeitung zu journalistischen, künst-

[139] BVerfGE 123, 267 (358).

[140] Zur Rundfunkfreiheit s. BVerfGE 92, 203 (283 ff.); BT-Drs. 18/11325, S. 79.

[141] Der Bundesrat hatte dessen Aufnahme 1990 erfolglos kritisiert, da die Gemeinschaft dadurch „kompetenzwidrig eine Regelungszuständigkeit" beanspruche und forderte die generelle Ausnahme von Presse und audiovisuellen Medien aus dem Anwendungsbereich der DSRL, s. BR, Beschlussempfehlung der Ausschüsse, Drs. 690/1/90 v. 6.12.1990, Ziff. 30; angenommen durch Beschluss des Bundesrats v. 14.12.1990, BR-Drs. 690/90(B); BR-Pl.Prot. 625, S. 683D–684B.

[142] KOM(2012) 11 endg., S. 107 und ErwG 139 des KOM-E.

[143] *M. Hennemann*, Datenschutz in Presse, Hb DSR, § 19 Rn. 26–30.

lerischen oder literarischen Zwecken Ausnahmen von der DSGVO vorsehen, sondern „wann immer dies notwendig ist", um einen Ausgleich zwischen dem Recht auf Schutz der Privatsphäre und der Meinungsfreiheit „nach Maßgabe der Charta" zu erzielen.[144] Damit sollte die Meinungsfreiheit umfassend, also „alle Tätigkeiten, die auf die Weitergabe von Informationen, Meinungen und Vorstellungen an die Öffentlichkeit abzielen" und nicht nur die Medienfreiheiten von Journalisten, Künstlern oder Schriftstellern von den datenschutzrechtlichen Pflichten weitestgehend freigestellt werden.[145] Dies zielte auch auf den Schutz von Bloggern, Hobbyjournalisten auf YouTube oder sonstigen Nutzern sozialer Medien, die die öffentliche Meinungsbildung bezwecken, ab. Weder in der DSRL noch im ursprünglichen Kommissionsentwurf war dieser allgemeine Art. 85 Abs. 1 DSGVO vorgesehen.

b) Änderungen im Rat

Seine heutige Gestalt erhielt Art. 85 DSGVO maßgeblich im Verlauf der Ratsverhandlungen. Besonders gerungen wurde dabei um den vom Europäischen Parlament vorgeschlagenen Absatz 1 über den Ausgleich des Grundrechts auf Datenschutzes mit den Medien-, Kommunikations- und Äußerungsfreiheiten. Um dem Eindruck entgegenzuwirken, dass der Schutz personenbezogener Daten grundsätzlich überwiege, die Wahrnehmung der Meinungsäußerungsfreiheit hingegen stets rechtfertigungsbedürftig sei,[146] erwirkten die Vertreter im Rat eine umfassende Neuformulierung des Art. 80 DSGVO-E (EP), aus dem sich die grundsätzliche Abwägungsoffenheit ergibt. Der Vorschlag für einen neuen Art. 80 Abs. 1 DSGVO-E (Rat) lautete zunächst wie folgt:

> Member State law shall provide for rules in order to reconcile the right to the protection of personal data pursuant to this Regulation with the rules governing freedom of expression, including artistic and or literary expression.[147]

---

[144] Europäisches Parlament, Legislative Entschließung v. 12.3.2014 zu dem Vorschlag für eine Verordnung des Europäischen Parlaments und des Rates zum Schutz natürlicher Personen bei der Verarbeitung personenbezogener Daten und zum freien Datenverkehr (allgemeine Datenschutzverordnung).

[145] S. ErwG 121 DSGVO-ParlE. Dieser geht zurück auf Europäisches Parlament, Bericht *J. P. Albrecht*, 2013, Änderungsantrag 83, S. 60.

[146] Vgl. Rats-Dok. 8825/13 v. 24.4.2013, S. 11: „many Member States consider that the references to exemptions or derogations from data protection rules in this article may give a false impression that freedom of expression ranks lower than protection of personal data."

[147] „Im Recht der Mitgliedstaaten sollen Vorschriften über den Ausgleich des Rechts auf Schutz personenbezogener Daten gemäß dieser Verordnung mit den Bestimmungen über die Freiheit der Meinungsäußerung, einschließlich künstlerischer oder literarischer Freiheiten vorgesehen werden." (Übersetzung der Verfasserin), Rats-Dok. 8825/13 ANNEX v. 24.4.2013, S. 22.

Auffällig ist, dass im Rat der noch vom Europäischen Parlament eingefügte Verweis „nach Maßgabe der Charta" gestrichen wurde. Die Ratspräsidentschaft begründete dies damit, dass das Recht auf Schutz personenbezogener Daten neben anderen Grundrechten, insbesondere dem Recht auf freie Meinungsäußerung koexistiere. Die Neuformulierung bezweckt die Klarstellung, dass Bestimmungen zum Ausgleich dieser Freiheiten im Recht der Mitgliedstaaten bereits vorausgesetzt werden.[148] Im gemeinsamen Standpunkt des Rates, der die Grundlage für die anschließenden Verhandlungen im informellen Trilog mit dem Europäischen Parlament und der Kommission bildete, entfiel der Verweis auf mitgliedstaatliche Vorschriften (statt „shall provide for rules" nur noch „shall reconcile"). Die deutsche Fassung von Art. 80 Abs. 1 DSGVO-E (Rat) lautete schließlich wie folgt:

Im nationalen Recht der Mitgliedstaaten wird das Recht auf den Schutz personenbezogener Daten gemäß dieser Verordnung mit dem Recht auf Freiheit der Meinungsäußerung und Informationsfreiheit, einschließlich der Verarbeitung personenbezogener Daten zu journalistischen Zwecken und zu wissenschaftlichen, künstlerischen oder literarischen Zwecken, in Einklang gebracht.[149]

Dieser vom Rat favorisierte Verweis auf das „nationale Recht der Mitgliedstaaten", im Unterschied zu „Rechtsvorschriften", macht zum einen deutlich, dass das Austarieren der Grundrechte in diesem Bereich die genuine Verantwortung der Mitgliedstaaten ist. Zum anderen wird betont, dass die Mitgliedstaaten auch ihr richterrechtlich geprägtes Recht sowie Verfassungsrecht miteinbezogen wissen wollten.[150] Die Mitgliedstaaten wollten bewusst keinen Umsetzungs- oder Anpassungsbedarf im nationalen Recht auslösen und erteilten durch die Formulierung einer speziellen Verordnungsregelung eine Absage. So gingen Belgien und das Vereinigte Königreich davon aus, dass der Ausgleich der widerstreitenden Grundrechte Aufgabe der Judikative und nicht der Legislative sei.[151] Schweden verwies auf das Bedürfnis einer weiten *Margin of appreciation* und der slowakische, der tschechische sowie der portugiesische Vertreter betonten, dass der Ausgleich im Einzelfall Auf-

[148] Rats-Dok. 8825/13 ANNEX v. 24.4.2013, Ziff. 33 und 35; Rats-Dok. 10227/13 v. 31.5.2013, Ziff. 18 sowie Rats-Dok. 9398/1/13 REV 1 v. 27.5.2013, Ziff. 19: „This article clarifies that the law of Member States shall reconcile the right to protection of personal data with the right to freedom of expression."

[149] Vorbereitung einer allgemeinen Ausrichtung, Rats-Dok. 9565/15 ANLAGE v. 11.6.2015, S. 192.

[150] Ausdrücklich der Kommentar der irischen Delegation, die aber stattdessen die Formulierung „The national law of the Member State" favorisierte, mit der Begründung: „it recognises more clearly the role of case law as well as Member State legislation", Comments on Chapter IX-X, Rats-Dok. 5406/1/14 REV 1 v. 17.1.2014, S. 56.

[151] Public sector and Chapter IX, Rats-Dok. 13355/14 ANNEX v. 22.9.2014, S. 22 Fn. 28.

gabe der mitgliedstaatlichen Gerichte sei.[152] Der deutsche Ratsvertreter deutete auf die Problematik hin, wenn eines der kollidierenden Grundrechte auf Unionsebene und das andere (Meinungsfreiheit) auf Ebene der Mitgliedstaaten reguliert würde. Stattdessen solle sich die Verordnung auf Ausnahmen zum Schutz der Meinungsfreiheit beschränken.[153] Nach Auffassung des Königreichs Spanien sollte der Wortlaut so allgemein und unbestimmt wie möglich gehalten werden („as general and unspecific as possible"). Der Verweis auf das nationale Recht dürfe nicht so verstanden werden, dass nur Gesetze im materiellen Sinne erfasst („not only […] laws in strict sense"), sondern auch Entscheidungen der Gerichte einbezogen werden.[154] Dies sei für Spanien von höchster Wichtigkeit, da dort keine Gesetze bestünden, die das Recht auf freie Meinungsäußerungen mit anderen Rechten in Ausgleich bringen, dies vielmehr Aufgabe der Judikative sei. Auf Grundlage der dargestellten mitgliedstaatlichen Einwände schlug die Ratspräsidentschaft verschiedene Optionen im Umgang mit der Meinungsfreiheit in der Verordnung vor: Zum einen könne der Verweis auf den Ausgleich der beiden Rechte gänzlich gestrichen werden, da die Mitgliedstaaten ohnehin das Grundrecht zu gewährleisten hätten. Stattdessen würde ein genereller Verweis auf Art. 11 GRCh in den Erwägungsgründen erfolgen (minimalistische Option I).[155] Zum anderen könne Art. 80 in der Entwurfsfassung beibehalten werden, der Verweis auf die Pflicht zum Ausgleich der beiden Rechte im nationalen Recht müsse dann aber dahingehend ausgelegt werden, dass auch der Ausgleich im Einzelfall durch Richterrecht erfasst wird (Option II).[156] Als dritte Option

[152] Comments on Chapter IX-X, Rats-Dok. 5406/1/14 REV 1 v. 17.1.2014, S. 72; Rats-Dok. 14098/1/14 REV 1, S. 44.

[153] GDPR – Public Sector and Chapter IX, Rats-Dok. 13355/14 v. 22.9.2014, ANNEX S. 22 (Fn. 28–32); s. auch Comments on Chapter IX-X, Rats-Dok. 5406/1/14 REV 1 v. 17.1.2014, S. 10.

[154] Member States comments on Public sector and Chapter IX, Rats-Dok. 14098/14 v. 13.10.2014, S. 7; s. auch die Anmerkungen Sloweniens, Rats-Dok. 14863/13 v. 16.10.2013, S. 53.

[155] Rats-Dok. 14270/14 ANNEX v. 16.10.2014, S. 45: „(1) The national law of the Member State shall […] reconcile the right to the protection of personal data pursuant to this Regulation with the right to freedom of expression, including the processing of personal data for journalistic purposes and the purposes of academic, artistic or literary expression."

[156] Der auf die Bundesrepublik zurückgehende Vorschlag für Art. 80 DSGVO-E (Rat) lautet wie folgt: „(1) Other fundamental rights shall be fully respected when applying this Regulation, in particular the freedom of expression, including the freedom to hold opinions and to receive and impart information and ideas and the freedom and pluralism of the media. (2) Member States may provide for exemptions or derogations from the provisions in Chapter II (principles), Chapter III (rights of the data subject), Chapter IV (controller and processor), Chapter V (transfer of personal data to third countries or international organizations), Chapter VI (independent supervisory authorities), Chapter VII (co-ope-

könne Art. 80 DSGVO-E (Rat) wie Art. 9 der DSRL gefasst werden, indem den Mitgliedstaaten in den Grenzen von Art. 52 GRCh Abweichungen und Ausnahmen vom Schutz des Rechts auf Meinungsfreiheit ermöglicht werden und dies unter einen Verhältnismäßigkeitsvorbehalt gestellt wird (Option III). Eine vierte Option sah vor, eine übergreifende, allgemein geltende Regelung in Art. 1 DSGVO einzufügen, die den Mitgliedstaaten erlaubt, im nationalen Recht Abweichungen und Ausnahmen von allen Teilen der DSGVO vorzusehen, soweit dies zum Ausgleich mit dem Recht auf Meinungsfreiheit erforderlich ist (Option IV).[157] Option IV hätte den Charakter von Art. 85 DSGVO als faktische Beschränkung des Anwendungsbereichs der DSGVO in diesem Bereich deutlich gemacht. Durchgesetzt hat sich wohl Option II, jedoch ohne expliziten Verweis auf das Richterrecht. Ein Verhältnismäßigkeitsvorbehalt, wie ihn Option III vorsah, setzte sich hingegen nicht durch.

Im Anschluss an die Google Spain-Entscheidung regte die Ratspräsidentschaft im Juli 2014 eine Neubewertung der DSGVO-Vorschriften zum Recht auf Vergessenwerden sowie zum Ausgleich von Meinungsfreiheit und dem Schutz personenbezogener Daten an und wies darauf hin, dass Art. 16 AEUV eine detailliertere Regelung des Ausgleichs zwischen der Informations- und Meinungsfreiheit sowie dem Schutz personenbezogener Daten in der Verordnung nicht zulasse.[158]

c) Ergebnis der Trilogverhandlungen

Der allgemein formulierte Ratsvorschlag setzte sich weitestgehend auch in den informellen Trilogverhandlungen durch. Allerdings erhielt Art. 85 Abs. 1 DSGVO den heute umstrittenen Zusatz, dass die Mitgliedstaaten „durch Rechtsvorschriften“ das Recht auf den Schutz personenbezogener Daten mit dem Recht auf freie Meinungsäußerung in Einklang zu bringen haben („shall by law reconcile“). Die Fassung der Ratsvertreter spiegelte sich in Erwägungsgrund 121 Satz 1 DSGVO-TrilogE wider, der unspezifisch auf den Aus-

---

ration and consistency) and from the articles 73, 74, 76 and 79 to 79b of Chapter VIII (remedies, liability and sanctions) for the processing of personal data carried out for journalistic purposes or the purpose of artistic or literary expression if they are necessary to reconcile the right to the protection of personal data with the freedom of expression.“, Rats-Dok. 14270/14 ANNEX v. 16.10.2014, S. 46.

[157] Chapter II, Article 21 and Chapter IX, Rats-Dok. 14270/14 v. 16.10.2014, Ziff. 12, s. auch die Formulierungsvorschläge dort im ANNEX, S. 45 ff.

[158] „Right to be forgotten and the Google judgment“, Rats-Dok. 11289/14 v, 3.7.2014, S. 6 Ziff. 18: „Article 16 TFEU will not allow to regulate this matter in detail in the Regulation and the latest Council text provides that Member State law shall reconcile the right to the protection of personal data with the right to freedom of expression (Article 80).“

gleich „[i]m Recht der Mitgliedstaaten" verwies und damit auch Richterrecht einbezog.[159] Der endgültig verabschiedete Erwägungsgrund 153 Satz 1 DSGVO ist indes weniger eindeutig:

Im Recht der Mitgliedstaaten sollten die Vorschriften über die freie Meinungsäußerung und Informationsfreiheit, auch von Journalisten, Wissenschaftlern, Künstlern und/oder Schriftstellern, mit dem Recht auf Schutz der personenbezogenen Daten gemäß dieser Verordnung in Einklang gebracht werden.

Für die Verarbeitung personenbezogener Daten ausschließlich zu journalistischen Zwecken oder zu wissenschaftlichen, künstlerischen oder literarischen Zwecken sollen nach Erwägungsgrund 153 Satz 4 DSGVO jedoch die Mitgliedstaaten „Gesetzgebungsmaßnahmen zur Regelung der Abweichungen und Ausnahmen erlassen, die zum Zwecke der Abwägung zwischen diesen Grundrechten notwendig sind." Dies impliziert einen Gesetzgebungsauftrag zum Erlass von „Gesetzgebungsmaßnahmen" im Unterschied zu dem in Satz 1 angelegten Verweis auf den Ausgleich im „Recht der Mitgliedstaaten".

d) Befund

Aus der dargestellten Gesetzgebungshistorie lassen sich drei zentrale Erkenntnisse für die Auslegung von Art. 85 DSGVO ableiten: Erstens bestand weitgehend Einigkeit darüber, dass das Recht der freien Meinungsäußerung sowie die Kunst-, Presse-, Rundfunk- und die Medienfreiheit durch die Grundrechtsordnungen der Mitgliedstaaten in Ausgleich gebracht werden müssen. Zweitens respektiert die Klausel die mitgliedstaatlichen Verfassungstraditionen. Ihr liegt die Annahme zu Grunde, dass dieser Ausgleich auch im Wege des Richterrechts einzelstaatlich gewährleistet werden kann. Eine bestimmte Form (etwa ein formelles Parlamentsgesetz) schreibt Art. 85 DSGVO nicht vor. Drittens enthält sich Art. 85 DSGVO einer Wertung der grundrechtlichen Freiheiten und sieht insbesondere keinen prinzipiellen Vorrang des Grundrechts auf Schutz personenbezogener Daten vor. Die Vorschrift hat damit einen den mitgliedstaatlichen *status quo* anerkennenden Charakter. Vor diesem Hintergrund wird die mitgliedstaatliche „Umsetzung" von Art. 85 Abs. 1 und Abs. 2 DSGVO nachfolgend differenziert untersucht.

---

[159] Vorschlag für eine Verordnung des Europäischen Parlaments und des Rates zum Schutz natürlicher Personen bei der Verarbeitung personenbezogener Daten und zum freien Datenverkehr (Datenschutz-Grundverordnung) [erste Lesung] – Politische Einigung, Rats-Dok. 5455/16 v. 28.1.2016, S. 69.

2. Der Bereichsausnahmecharakter von Art. 85 Abs. 1 DSGVO

Gemäß Art. 85 Abs. 1 DSGVO bringen die Mitgliedstaaten „durch Rechtsvorschriften das Recht auf den Schutz personenbezogener Daten gemäß dieser Verordnung mit dem Recht auf freie Meinungsäußerung und Informationsfreiheit, einschließlich der Verarbeitung zu journalistischen Zwecken und zu wissenschaftlichen, künstlerischen oder literarischen Zwecken, in Einklang". Umstritten ist, ob und inwieweit Art. 85 Abs. 1 DSGVO den Gesetzgeber zur Regelung der individuellen Meinungs- und Informationsfreiheit sowie der Presse- und Öffentlichkeitsarbeit außerhalb des Medienrechts verpflichtet. Der deutsche Umsetzungsgesetzgeber auf Bundesebene [a)] sieht im Unterschied zu einzelnen Landesgesetzgebern sowie einer im Schrifttum vertretenen Ansicht [b)] keinen Umsetzungsbedarf. Dabei bedarf es der Klärung, inwiefern die Öffnungsklausel das nationale Recht überhaupt determiniert bzw. einen Regelungsauftrag statuiert [c)].

a) Verständnis des Umsetzungs- und Anpassungsgesetzgebers

Der Bundesgesetzgeber hat von einer Regelung in Bezug auf Art. 85 Abs. 1 DSGVO bisher ausdrücklich abgesehen.[160] Das Bundesinnenministerium geht davon aus, dass Art. 85 Abs. 1 DSGVO durch Art. 5 GG und die einschlägige Rechtsprechung ausreichend Rechnung getragen werde.[161] Die bisherige richterrechtliche Abwägung zwischen der Meinungsfreiheit und dem allgemeinen Persönlichkeitsrecht genüge den Anforderungen des Unionsrechts. Dementsprechend sind weder im 1. noch im 2. DSAnpUG-EU entsprechende Regelungen erfolgt. Im Zuge des 2. DSAnpUG-EU wurde im Innenausschuss die Vorlage eines Regelungsvorschlags „zur Umsetzung" von Art. 85 Abs. 1 DSGVO gefordert, um sicherzustellen, dass die Verarbeitung personenbezogener Daten zur Ausübung der Meinungsfreiheit grundsätzlich weiterhin zulässig ist, und um eine „Rechtsgrundlage für die Verarbeitung personenbezogener Daten zu Zwecken der Meinungsäußerung zu schaffen".[162] Dadurch sollen Blogger, Fotografen und freie Journalisten, die

[160] Vgl. Antwort der Bundesregierung auf die Kleine Anfrage der Abgeordneten *Christian Lindner*, *Stephan Thomae*, *Michael Theurer*, weiterer Abgeordneter und der Fraktion der FDP – Drs. 19/2278 –, Frage 48, BT-Drs. 19/2653, S. 16.

[161] BMI, FAQs zur Datenschutz-Grundverordnung, abrufbar unter https://www.bmi.bund.de/SharedDocs/kurzmeldungen/DE/2018/04/faqs-datenschutz-grundverordnung.html (zuletzt abgerufen am 10.5.2021): „Gemäß Art. 85 der Datenschutz-Grundverordnung bringen die Mitgliedstaaten das Recht auf Schutz der personenbezogenen Daten durch Rechtsvorschriften in Einklang mit dem Recht auf freie Meinungsäußerung und Informationsfreiheit, einschließlich der Verarbeitung zu journalistischen Zwecken und zu wissenschaftlichen, künstlerischen oder literarischen Zwecken. Unter den Begriff Rechtsvorschrift fallen auch die Artikel des Grundgesetzes, wie Artikel 5 GG, samt der einschlägigen Rechtsprechung."

[162] BT-Ausschussdrs. 19(4)317, s. Beschlussempfehlung und Bericht des Ausschusses für Inneres und Heimat, BT-Drs. 19/11181 v. 26.6.2019, S. 17.

im Rahmen ihrer Tätigkeit personenbezogene Daten verarbeiten, vor der Einschränkung ihres Rechts auf freie Meinungsäußerung durch datenschutzrechtliche Ansprüche geschützt werden.[163] Eine zu schaffende Rechtsgrundlage müsse von einer Regelung flankiert werden, die die Anwendung der Betroffenenrechte, der datenschutzrechtlichen Nebenpflichten und behördliche Kontrollmöglichkeiten nach der DSGVO „in das Abwägungsgefüge einbettet, um eine mögliche Selbstbeschränkung bei der Ausübung der Meinungsfreiheit (‚chilling effect') zu verhindern."[164] Das KUG sollte weiter anwendbar bleiben, die zu schaffende Regelung sollte insofern nur subsidiär zu spezialgesetzlichen Regelungen und den Landesmediengesetzen gelten. Durchgesetzt hat sich dies nicht.

Sowohl die Datenschutzkonferenz des Bundes und der Länder[165] als auch einzelne Landesregierungen gehen offenbar von einem Gesetzgebungs- und Regelungsauftrag auf Bundesebene aus.[166] Die Länder betrachten Art. 85 Abs. 1 DSGVO als ein Abwägungsgebot, das primär ihrer Regelungshoheit unterfällt.[167] Einzelne Landesgesetzgeber haben entsprechende Auffangvorschriften in ihren Datenschutzanpassungs- und -umsetzungsgesetzen eingefügt. So erklärt § 19 BlnDSG bei „Verarbeitung personenbezogener Daten in Ausübung des Rechts auf freie Meinungsäußerung und Informationsfreiheit zu journalistischen, künstlerischen oder literarischen Zwecken, einschließlich der §§ 22 und 23 KUG (Werke der bildenden Künste und der Photographie)" die DSGVO bis auf Art. 5 Abs. 1 lit. f und Art. 24, 32, 33 DSGVO für unanwendbar.[168] Ähnlich ist Art. 38 BayDSG formuliert, wonach bei der Verarbeitung personenbezogener Daten zu journalistischen, künstlerischen oder literarischen Zwecken den Betroffenen die Rechte auf Gegendarstellung, Verpflichtungserklärungen oder Widerruf zur Verfügung stehen. Aus der DSGVO gelten nur Art. 5 Abs. 1 lit. f und Art. 24, 32 sowie Kapitel VIII, X, XI DSGVO. Art. 82 DSGVO gilt mit der Maßgabe, dass nur für unzureichende Maßnahmen nach Art. 5 Abs. 1 lit. f, Art. 24 und 32 DSGVO gehaftet wird. Diese Regelungen sind als Auffangvorschriften konzipiert, da der Bun-

---

[163] BT-Drs. 19/11181 v. 26.6.2019, S. 25.

[164] BT-Ausschussdrs. 19(4)317, s. Beschlussempfehlung, BT-Drs. 19/11181 v. 26.6.2019, S. 17.

[165] Entschließung der Konferenz der unabhängigen Datenschutzbehörden des Bundes und der Länder, 9.11.2017, abrufbar unter https://www.datenschutzkonferenz-online.de/media/en/20171109_en_dsgvo_medienrecht.pdf (zuletzt abgerufen am 10.5.2021).

[166] Z.B. BW LT-Drs. 16/3555, S. 16.

[167] Begründung des Entwurfs eines Gesetzes zum 21. RÄndStV, LT-Drs. (Nds.) 18/278, S. 17 f.

[168] Gesetz zur Anpassung des Berliner Datenschutzgesetzes und weiterer Gesetze an die Verordnung (EU) 2016/679 und zur Umsetzung der Richtlinie (EU) 2016/680 (Berliner Datenschutz-Anpassungs- und -Umsetzungsgesetz EU – BlnDSAnpUG-EU) v. 13.6.2018, GVBl. S. 418.

desgesetzgeber eine entsprechende Regelung nicht getroffen hat, und gelten nur subsidiär zu den spezielleren Vorschriften des Presse-, Rundfunk und Medienrechts.[169]

Andere Mitgliedstaaten dehnen dieses „Privileg" auf die Verarbeitung zu wissenschaftlichen, künstlerischen oder literarischen Zwecken aus und erklären die DSGVO weitestgehend für unanwendbar, „[s]oweit dies erforderlich ist, um das Recht auf Schutz der personenbezogenen Daten mit der Freiheit der Meinungsäußerung und der Informationsfreiheit in Einklang zu bringen".[170] Noch allgemeiner formuliert ist § 7 des schwedischen Datenschutzgesetzes über das Verhältnis zur Presse- und Meinungsfreiheit. Danach gelten die DSGVO und das schwedische Datenschutzgesetz nicht, soweit sie im Widerspruch zum Gesetz über die Pressefreiheit[171] oder dem Gesetz über die Meinungsfreiheit[172] stehen. Artikel 5–30 und 35–50 DSGVO sind für die Verarbeitung personenbezogener Daten, die zu journalistischen Zwecken oder für akademische, künstlerische oder literarische Zwecke erfolgt, unanwendbar.[173]

b) Ansichten im Schrifttum

Inwiefern Art. 85 Abs. 1 DSGVO eines nationalen Umsetzungs- bzw. Anpassungsakts in Gestalt einer Rechtsvorschrift bedarf oder ob die gegenwärtige Rechtsprechung unter unmittelbarem Rückgriff auf Art. 5 Abs. 1 GG ausreichend ist, wird im Schrifttum unterschiedlich bewertet.[174] Art. 85 Abs. 1 DSGVO wird zum Teil ein obligatorischer Charakter beigemessen. Danach seien die Mitgliedstaaten zur Schaffung eines Ausgleichs zwischen der Meinungs- und Informationsfreiheit verpflichte.[175] Die Kommunikationsfreihei-

---

[169] BayLT-Drs. 17/19628, S. 30; an der Vereinbarkeit dieser allgemeinen Ausschlusstatbestände mit der DSGVO zweifelnd OLG Köln, ZUM-RD 2020, 127 (134).

[170] § 9 Abs. 2 ÖsterDSG „Freiheit der Meinungsäußerung und Informationsfreiheit".

[171] Eines der vier grundlegenden Gesetze und Bestandteil der schwedischen Verfassung, SFS (amtl. Slg.) 1949:105.

[172] Das vierte grundlegende Gesetz und Bestandteil der schwedischen Verfassung, SFS 1991:1469.

[173] Lag (2018:218) med kompletterande bestämmelser till EU:s dataskyddsförordning vom 16.4.2018, abrufbar unter http://rkrattsbaser.gov.se/sfst?bet=2018:218 (zuletzt abgerufen am 9.5.2021).

[174] Für eine explizite Regelung *M. Engeler*, BT-Ausschussdrs. 19(4)187; *B. Horvath*, Personenbildnisse, 9.3.2018, CR-Online.de Blog; skeptisch dagegen mit Blick auf die Einzelfallgerechtigkeit *J. P. Albrecht/N. Janson*, CR 2016, 500 (502).

[175] *J. P. Albrecht/N. Janson*, CR 2016, 500 (502): obligatorischer Handlungsauftrag; *M. Hennemann*, Datenschutz in Presse, Hb DSR, § 19 Rn. 38; *K. von Lewinski*, in: Auernhammer, Art. 85 DSGVO Rn. 13: „Regelungspflicht"; ähnl. *D. Pauly*, in: Paal/ders., DS-GVO/BDSG, Art. 85 DSGVO Rn. 4; *A. Benecke/J. Wagner*, DVBl. 2016, 600 (602); eine „obligatorische Spezifizierungsklausel" bei *M. Selmayr/E. Ehmann*, in: dies., DS-GVO,

ten seien von der DSGVO weitgehend freizustellen, um einen angemessenen Ausgleich mit dem Persönlichkeitsschutz im Einzelfall zu ermöglichen. Dem liegt die Prämisse zu Grunde, dass die grundsätzliche Geltung der DSGVO für sämtliche Verarbeitungen personenbezogener Daten die Regel sei und somit für die Meinungs- und Informationsfreiheit entsprechende Ausnahmen oder Abweichungen statuiert werden müssten, um die freie Meinungsäußerung sicherzustellen.[176] Innerstaatliches Recht, das einen Ausgleich der Persönlichkeitsrechte mit den Kommunikationsfreiheiten regle, werde durch die DSGVO verdrängt.[177]

c) Fehlende unionsrechtliche Determinierung durch Art. 85 Abs. 1 DSGVO

Die Gesetzgebungshistorie wird außer Acht gelassen, wenn die unionsrechtlich zwingende „Umsetzung" der „Öffnungsklausel" für Tätigkeiten außerhalb des journalistisch-redaktionellen Bereichs durch ein Parlamentsgesetz gefordert wird.[178] Es ist bereits keine „Privilegierung für Meinungsäußerungen im Allgemeinen"[179], wenn für diese der Gesetzesvorbehalt des Art. 8 Abs. 2 GRCh nicht umfassend gilt, sondern vielmehr Ausdruck der „Vermutung für die Zulässigkeit der freien Rede"[180], die mit einem grundsätzli-

---

Einf. Rn. 85; *J. Kühling* et al., DS-GVO und nationales Recht, S. 286: „Querschnittsklausel und Anpassungsauftrag" ohne jegliche regulatorische Gestaltungsfreiheit; „Anpassungsklausel" bei der Datenschutzkonferenz, Entschließung der Konferenz der unabhängigen Datenschutzbehörden des Bundes und der Länder, 9.11.2017, abrufbar unter https://www.datenschutzkonferenz-online.de/media/en/20171109_en_dsgvo_medienrecht.pdf (zuletzt abgerufen am 9.5.2021).

[176] Entschließung der Konferenz der unabhängigen Datenschutzbehörden, 9.11.2017.

[177] Für eine Verdrängung des KUG durch die DSGVO bei der Verarbeitung personenbezogener Daten durch Privatpersonen in sozialen Netzwerken *K. Benedikt/T. Kranig*, ZD 2019, 4 (5); *G. Sydow*, in: ders., DSGVO, Einl. Rn. 46, a.A. *W. Zierbarth/L. Elsaß*, ZUM 2018, 578; *A. Hartlaub/A. Lauber-Rönsberg*, NJW 2017, 1057 (1062); für die Fortgeltung des KUG im journalistischen Bereich sowie im Äußerungsrecht des § 823 Abs. 1 BGB i.V.m. dem allgemeinen Persönlichkeitsrecht trotz Art. 85 Abs. 2 DSGVO: OLG Köln, ZD 2018, 434 (435 Rn. 7).

[178] So u.a. *M. Engeler*, BT-Ausschussdrs. 19(4)187.

[179] *M. Engeler*, BT-Ausschussdrs. 19(4)187.

[180] Zumindest soweit Meinungsäußerungen und keine unwahren Tatsachenbehauptungen betroffen sind, st. Rspr. BVerfGE 7, 198 (212); 90, 241 (249); zur grundsätzlichen Gleichrangigkeit von Persönlichkeitsschutz und Äußerungsfreiheit s. BVerfGE 35, 202 (225) mit dem Hinweis, dass „nach dem Willen der Verfassung beide Verfassungswerte essentielle Bestandteile der freiheitlichen demokratischen Ordnung des Grundgesetzes bilden, so daß keiner von ihnen einen grundsätzlichen Vorrang beanspruchen kann." Ähnl. zur Bedeutung der Meinungsfreiheit auch EGMR v. 8.7.1986, 12/1984/84/131, NJW 1987, 2143 – Kreisky; zum Spannungsverhältnis s. auch *C. Gieseler*, Öffentliche Kommunikation, S. 29 ff. mit grundsätzlicher Kritik an der kommunikationsfeindlichen Konzeption informationeller Selbstbestimmung, sofern die Kommunikation „verdatet" erfolgt. Vgl.

chen datenschutzrechtlichen Verarbeitungsverbot unter Erlaubnisvorbehalt nicht kompatibel wäre. Die Meinungsäußerungsfreiheit gilt als „eines der vornehmsten Menschenrechte überhaupt", als für die freiheitlich-demokratische Staatsordnung „schlechthin konstituierend", da es die geistige Auseinandersetzung, den freien Streit der Meinungen, erst ermögliche – es ist „Grundlage jeder Freiheit überhaupt".[181] Dieses Recht durch Unionsrecht unter einen allgemeinen Erlaubnisvorbehalt zu stellen, würde tiefgreifend in das verfassungsrechtliche Selbstverständnis eingreifen.

Die Annahme einer Freistellungsverpflichtung bzw. eines Regelungsauftrags verkennt den auf kompetenziellen Erwägungen beruhenden Hintergrund der Regelung. Beabsichtigt war danach nur ein deklaratorischer Verweis auf den in den Rechtsordnungen der Mitgliedstaaten bereits vorhandenen Schutz. Die Befürworter einer Regelungspflicht überschätzen überdies den Anwendungsbereich der DSGVO. Übersehen wird in der Diskussion die Bereichsausnahme des Art. 2 Abs. 2 lit. a DSGVO, demgemäß die DSGVO nur im Anwendungsbereich des Unionsrechts gilt. Für das zivilrechtliche Äußerungsrecht besteht keine Unionskompetenz. Bei der gebotenen sachkompetenzakzessorischen Auslegung ist der kompetenzbegründende Anwendungsbereich des Unionsrechts nicht eröffnet. In systematischer Hinsicht spricht gegen eine positive Freistellungspflicht, dass sich die Mitteilungspflicht der Mitgliedstaaten gegenüber der Kommission in Art. 85 Abs. 3 DSGVO nicht auf Absatz 1 erstreckt.

Hinzuweisen ist ferner darauf, dass bei Öffnungsklauseln, die föderale Spielräume markieren und nicht das materielle Harmonisierungsniveau betreffen, entgegen der Rechtsprechung des EuGH kein Anlass für eine grundsätzlich restriktive Auslegung besteht. Art. 85 Abs. 1 DSGVO regelt den Persönlichkeitsrechtsschutz nicht, insbesondere der zivil-, straf- und ordnungsrechtliche Schutz der Persönlichkeit nach mitgliedstaatlichem Recht bleibt von der Regelung unberührt.[182] Bereits aufgrund der Kompetenzordnung kann die DSGVO den Bereich des allgemeinen Äußerungsrechts nicht überlagern.[183] Art. 85 Abs. 1 DSGVO ist ein deklaratorisches Abbild der Kom-

---

auch *F. Fabbrini*, ECJ as a Human Rights Court, S. 284: „Balancing data privacy and freedom of expression and information is therefore [as one of the most fundamental preconditions for the functioning of a democratic system, Anm. d. Verfasserin] a very delicate task."

[181] BVerfGE 7, 198 (208). Das Gericht zitiert Art. 11 der französischen Erklärung der Menschen- und Bürgerrechte 1789, was Indiz für einen europaweiten Konsens sein könnte.

[182] So zwar auch *M. Cornils*, Medienprivileg, S. 63, er entnimmt der Vorschrift dennoch einen „Derogationsauftrag", der die Mitgliedstaaten zur Abweichung von der DSGVO verpflichtet, um den Schutz der Kommunikationsfreiheit zu ermöglichen, a.a.O., S. 51.

[183] Auch urheberrechtliche Öffnungsklauseln, die die Freiheit der Meinungsäußerung betreffen, lösen keine formale Umsetzungspflicht aus und sind nicht im Sinne einer Regelungsbefugnis zu sehen, sondern als ein Mittel, „den Mitgliedstaaten größere Flexibilität

petenzgrenzen: Genauso wenig, wie der Unionsgesetzgeber die Mitgliedstaaten in diesem Bereich positiv verpflichten kann, vermag er sie umgekehrt negativ freizustellen. Die rein deklaratorische Feststellung in Art. 85 Abs. 1 DSGVO begründet auch keine „Durchführung" von Unionsrecht durch die Mitgliedstaaten bei der Abwägung dieser Grundrechte. Die Grundrechtsabwägung bleibt genuin mitgliedstaatlich.[184] Insbesondere Art. 11 GRCh wird lediglich als Auffangnorm im Sinne des umgekehrten Solange-Vorbehalts relevant, um den Wesensgehalt des Grundrechts unionsweit abzusichern. Die Abwägung der kollidierenden Güter – insbesondere des Persönlichkeitsrechts, der Meinungs- und Informationsfreiheit und des Rechts auf informationelle Selbstbestimmung – fällt in die Kompetenz der Mitgliedstaaten.[185] Bereichsspezifisches mitgliedstaatliches Recht wird deshalb auch nicht durch den allgemeinen Erlaubnistatbestand über die Wahrung berechtigter Interessen in Art. 6 Abs. 1 UAbs. 1 lit. f DSGVO verdrängt. Das Verständnis von Art. 85 Abs. 1 DSGVO als implizite Bereichsausnahme vermeidet bereits eine Normenkollision, die allein einen Anwendungsvorrang des Unionsrechts vor nationalem Recht auslösen kann. § 23 Abs. 1 Nr. 1 KUG wird deshalb nicht durch die DSGVO unanwendbar.[186]

3. Art. 85 Abs. 2 DSGVO als eigenständige Öffnungsklausel

Nach Art. 85 Abs. 2 DSGVO ist die DSGVO in weiten Teilen für die Tätigkeiten der klassischen Medien unanwendbar:

> Für die Verarbeitung, die zu journalistischen Zwecken oder zu wissenschaftlichen, künstlerischen oder literarischen Zwecken erfolgt, sehen die Mitgliedstaaten Abweichungen oder Ausnahmen von Kapitel II (Grundsätze), Kapitel III (Rechte der betroffenen Person), Kapitel IV (Verantwortlicher und Auftragsverarbeiter), Kapitel V (Übermittlung personenbezogener Daten an Drittländer oder an internationale Organisationen), Kapitel VI (Unabhängige Aufsichtsbehörden), Kapitel VII (Zusammenarbeit und Kohärenz) und Kapitel IX (Vorschriften für besondere Verarbeitungssituationen) vor, wenn dies erforderlich ist, um das Recht auf Schutz der personenbezogenen Daten mit der Freiheit der Meinungsäußerung und der Informationsfreiheit in Einklang zu bringen.

---

bei der Umsetzung der Ausnahmen zu geben". Damit werden die bereits vorhandenen verschiedenen mitgliedstaatlichen Traditionen im Urheberrecht anerkannt, GA *Szpunar*, Schlussanträge, Rs. C-469/17, EU:C:2019:623, Rn. 39 – Funke Medien zu Art. 5 RL 2001/29/EG.

[184] Im Ergebnis ähnl. *K. von Lewinski*, DuD 2012, 564 (568); *J. Raab*, Einfachgesetzlicher Datenschutz, S. 209.

[185] *J. Kühling* et al., DS-GVO und nationales Recht, S. 286; EuGH, Rs. C-73/07, Slg. 2008, I-9831, Rn. 54 – Satamedia; Rs. C-101/01, Slg. 2003, I-12971, Rn. 90 – Lindqvist.

[186] S. aber OLG Köln, GRUR-RS 2019, 35727, Rn. 31 f.; die Rspr. wendet zwar §§ 22, 23 KUG an, berücksichtigt aber Art. 6 Abs. 1 UAbs. 1 lit. f DSGVO im Rahmen der Abwägung LG Frankfurt, Urt. v. 26.9.2019, 2–03 O 402/18; OLG Köln, ZUM-RD 2020, 127; Überblick zur Diskussion bei *W. Reuter*/*J. Schwarz*, ZUM 2020, 31.

Art. 85 Abs. 2 DSGVO verweist auf das in den mitgliedstaatlichen Rechtsordnungen überwiegend anerkannte und verfassungsrechtlich gebotene „Medienprivileg". Die Bezeichnung als „Privileg" ist insofern missverständlich, als es um die grundlegende Ermöglichung journalistischer Tätigkeiten durch die Freistellung von datenschutzrechtlichen Verpflichtungen geht. Journalistische Arbeit wäre nicht möglich, wenn sie für die Erhebung, Verarbeitung und Nutzung personenbezogener Daten in jedem Fall auf die Einwilligung der Betroffenen oder das Vorliegen sonstiger Erlaubnistatbestände angewiesen wäre.[187] Das allgemeine Persönlichkeitsrecht der von journalistisch-redaktioneller Tätigkeit Betroffenen ist dennoch geschützt. Dieser Schutz erfolgt über die von der Rechtsprechung entwickelten Grundsätze zur Wort- und Bildberichterstattung.[188]

a) Unionsrechtlich nicht determinierte Abwägung

Unter Verweis auf die Rechtsprechung zu Gestaltungsspielräumen wird vertreten, bei der Abwägung im Bereich der Meinungs-, Presse- und Informationsfreiheit handele es sich um eine Durchführung von Unionsrecht gemäß Art. 51 Abs. 1 GRCh, so dass die Unionsgrundrechte maßgeblich seien und dem EuGH die Funktion des Letztinterpreten der konfligierenden Grundrechte im Rahmen der Öffnungsklausel zukomme.[189] Begründet wird dies unter Verweis auf Erwägungsgrund 1 der DSGVO über den Schutz personenbezogener Daten als Regelungszweck.[190] Vertreten wird auch, dass Art. 85 DSGVO ein Untermaßverbot zu entnehmen sei, das den Ausgleich im nationalen Recht determiniere.[191] Nach der Gegenansicht unterliegt die Abwägung der ausschließlichen Kontrolle durch die nationalen Verfassungsgerichte am Maßstab der nationalen Grundrechte.[192] Im Einklang mit der EuGH-Judikatur wird angenommen, dass zwar im Anwendungsbereich von

---

[187] BGHZ 181, 328.

[188] BVerfGE 152, 152; OLG Köln, ZD 2018, 434 (435 Rn. 7); *A. Hartlaub/A. Lauber-Rönsberg*, NJW 2017, 1057.

[189] *N. Bernsdorff*, in: Meyer/Hölscheidt, GRCh, Art. 8 GRCh Rn. 38; *S. Schiedermair*, in: Ehmann/Selmayr, DS-GVO, Art. 85 DSGVO Rn. 9; dem ohne weitere Begründung folgend *L. Specht/L. Bienemann*, in: Sydow, DSGVO, Art. 85 DSGVO Rn. 1; ferner *B. Buchner/M.-T. Tinnefeld*, in: Kühling/Buchner, DS-GVO/BDSG, Art. 85 DSGVO Rn. 6–8; insofern von der h.A. ausgehend *S. Michel*, Bürgerjournalistinnen, S. 150.

[190] *C. Gieseler*, Öffentliche Kommunikation, S. 18.

[191] *J. Kühling* et al., DS-GVO und nationales Recht, S. 293 zu den „Sollens"-Verpflichtungen: So „sollte" gem. ErwG 153 S. 3–4 der DSGVO ein Mitgliedstaat für die Verarbeitung personenbezogener Daten im Rahmen von Art. 85 Abs. 2 DSGVO Ausnahmen von bestimmten Vorschriften der DSGVO in seinem Recht vorsehen, wenn dies zum Ausgleich des Schutzes personenbezogener Daten mit dem Recht auf Meinungs- und Informationsfreiheit, „wie es in Artikel 11 der Charta garantiert ist", erforderlich ist.

[192] *K. von Lewinski*, DuD 2012, 564 (565 f.); *J. Kühling*, Europäisierung, S. 18.

Art. 85 Abs. 2 DSGVO Unionsrecht durchgeführt werde, die mitgliedstaatlichen Grundrechte aber parallel anwendbar seien.[193]

Art. 85 Abs. 2 DSGVO stellt sicher, dass das Medienprivileg unabhängig von seiner konkreten Reichweite in den Mitgliedstaaten unionsweite Achtung erfährt. Daraus lässt sich nicht der Umkehrschluss ziehen, dass für Tätigkeiten außerhalb der journalistisch-redaktionellen Meinungsäußerung die DSGVO maßgeblich sei. Beide Klauseln, Absatz 1 und Absatz 2 verweisen in der zutreffenden Beschreibung *Matthias Cornils* „als ‚Exit-Regelung' aus dem System des unionalen Datenschutzes heraus in das Recht der Mitgliedstaaten, beauftragen diese mit einer mitgliedstaatlichen Regelung im Respekt vor der insoweit zu achtenden mitgliedstaatlichen Kompetenz für das Äußerungs-, Kommunikations- und Medienrecht"[194].

Auch der EuGH erkennt an, dass das öffentliche Informationsinteresse in den Mitgliedstaaten der Union unterschiedlich stark gewichtet werden kann und deshalb im Ergebnis die Abwägung zwischen dem Informationsinteresse und dem Schutz personenbezogener Daten „nicht unbedingt für alle Mitgliedstaaten gleich ist"[195]. Es handelt sich um eine „datenschutzrechtliche Bereichsausnahme für die Kommunikationsfreiheit"[196] unabhängig davon, ob die Verarbeitung journalistisch-redaktionell oder privat erfolgt. Ein Regelungsauftrag lässt sich auch nicht aus der Notifzierungspflicht in Art. 85 Abs. 3 DSGVO herleiten, da diese lediglich der Transparenz dient und auch für bereits bestehende Ausnahmevorschriften im mitgliedstaatlichen Recht gilt.[197] Entsprechende Freistellungen und Ausnahmetatbestände zu Gunsten der Medien im Recht der Mitgliedstaaten sind mithin nicht unionsrechtlich determiniert. In diesem Bereich trifft die DSGVO keine normative Regelung, die mit dem mitgliedstaatlichen Recht kollidieren könnte, so dass auch kein Raum für den unionsrechtlichen Anwendungsvorrang besteht.[198] Ansprüche auf Löschung, Richtigstellung oder Schadensersatz gegen Presse-, Rundfunk- oder Medienschaffende folgen nicht aus der DSGVO, sondern dem mitgliedstaatlichen Recht.

---

[193] *J. P. Albrecht/N. Janson*, CR 2016, 500 (505); *N. Marsch*, Das europäische Datenschutzgrundrecht, S. 365.

[194] *M. Cornils*, Medienprivileg, S. 92; in diese Richtung auch *D. Hoidn*, in: Roßnagel, EU DS-GVO, § 4 Rn. 180.

[195] EuGH, Urt. v. 24.9.2019, Rs. C-507/17, EU:C:2019:772, Rn. 67 – Google (Portée territoriale) unter Verweis auf Art. 85 DSGVO.

[196] *M. Cornils*, Medienprivileg, S. 60.

[197] So zutreffend *D. Hoidn*, in: Roßnagel, EU DS-GVO, § 4 Rn. 179; insofern geht die Kritik ins Leere, wonach es „komisch" sei, dass das KUG als über 100 Jahre altes Gesetz eine Umsetzung der DSGVO sein solle, vgl. *T. Hoeren*, ZD 2018, 434 (435). Das KUG ist gerade keine Umsetzung, sondern eine eigenständige mitgliedstaatliche Regelung, unabhängig von unionsrechtlichen Vorgaben.

[198] So auch *D. Hoidn*, in: Roßnagel, EU DS-GVO, § 4 Rn. 172.

b) Verständnis des Umsetzungs- und Anpassungsgesetzgebers

Sowohl der Bundes- als auch die Landesgesetzgeber haben entsprechende Ausnahmeregelungen zum Schutz des Medienprivilegs geschaffen. Das in Art. 85 Abs. 2 DSGVO erwähnte Medienprivileg ist mit dem Wegfall des noch auf die Rahmengesetzgebungskompetenz des Bundes gestützten § 41 BDSG a.F. für den Bereich der Presse durch die Länder eigenständig zu regeln. Die Länder haben in ihren Landespressegesetzen und im Medienstaatsvertrag[199] den Hinweis auf die weitgehenden Befreiungen der Presse von den datenschutzrechtlichen Vorgaben und der Kontrolle der Datenschutzaufsichtsbehörden gesetzlich verankert.[200] Durch den 21. Rundfunkänderungsstaatsvertrag (RÄndStV) vom 17. November 2017 wurde zunächst der Rundfunkstaatsvertrag an die DSGVO angepasst.[201] Dieser erklärte die DSGVO im Bereich der Medien weitestgehend für unanwendbar. Auch der seit dem 7. November 2020 geltende Medienstaatsvertrag, der den RÄndStV ersetzt, enthält entsprechende Freistellungen für Rundfunk und Telemedien (§§ 12, 23 MStV). Einzig die Vorschriften zur Datensicherheit (Art. 5, 24, 32 DSGVO) und über den Schadensersatz (Art. 82 DSGVO) sind auf die Medien anwendbar. Da Kapitel III der DSGVO über die Rechte der betroffenen Personen für diese Medien nicht gilt, enthalten § 13 Abs. 3 und § 23 Abs. 2 MStV eigenständige Auskunfts- und Berichtigungsrechte Betroffener. Diese sind nicht unionsrechtlich determiniert.

c) Auffassung des BVerfG im Recht-auf-Vergessen-I-Beschluss

Um die Verarbeitung personenbezogener Daten zu journalistischen Zwecken ging es in dem im November 2019 veröffentlichten Recht-auf-Vergessen-I-Beschluss des Ersten Senats. Im Ergebnis gelangt der Erste Senat zwar zur Anwendung der Grundrechte des Grundgesetzes, allerdings unter Bemühung einer fachrechtsakzessorischen – im Unterschied zur sachkompetenzakzessorischen – Auslegung.

Der Beschwerdeführer, ein vor mehr als 30 Jahren verurteilter Straftäter, wandte sich gegen alte Presseberichte, die weltweit durch das Onlinearchiv des Nachrichtenmagazins „Der Spiegel“ ohne Zugangsbarrieren abrufbar waren und bei einer entsprechenden Namenssuche im Internet unter den ersten Treffern erschienen.[202] Der Erste Senat befand, dass sich der Rechtsstreit zwar „im weiteren Anwendungsbereich des Unionsrechts“ in Gestalt

---

[199] Der Medienstaatsvertrag (MStV) v. 14.–28.4.2020 trat am 7.11.2020 in Kraft und ersetzt den bisherigen Rundfunkstaatsvertrag, BayGVBl. 2020, S. 450.

[200] § 11a HmbPresseG i.V.m. § 37 Abs. 1–3 Medienstaatsvertrag HSH; § 12 MStV (Rundfunk) und § 23 MStV (Telemedien).

[201] 21. StV zur Änderung rundfunkrechtlicher Staatsverträge, BayGVBl. 2018, S. 210.

[202] BVerfGE 152, 152. Rechtsgrundlage für das Begehren ist §§ 823, 1004 BGB analog.

der DSRL bzw. der DSGVO verorten lasse, gleichzeitig aber der Regelungsbereich von Art. 85 DSGVO (Art. 9 DSRL) betroffen sei, der „den Mitgliedstaaten sowohl nach alter wie nach neuer Rechtslage einen Gestaltungsspielraum einräumt".[203] Diese Vorschriften nehmen auf bestimmte Grundrechte Bezug, allerdings ohne den mitgliedstaatlichen Gestaltungsspielraum „spezifisch" einzuschränken. Der Senat lässt offen, „ob die Ausgestaltung und Anwendung innerstaatlichen Rechts im Rahmen des Medienprivilegs zugleich als Durchführung des Unionsrechts gemäß Art. 51 Abs. 1 Satz 1 GRCh zu beurteilen ist"[204] und damit ergänzend die Grundrechte der GRCh anwendbar sind. Er prüft den Rechtsstreit unabhängig davon primär am Maßstab der Grundrechte des Grundgesetzes.

4. Fazit

Sowohl die zu Art. 85 Abs. 2 DSGVO ergangenen Vorschriften zur Freistellung der Medien als auch in „Umsetzung" von Art. 85 Abs. 1 DSGVO ergangene Regelungen zum Schutz der Meinungsäußerungsfreiheit stellen keine Durchführung von Unionsrecht im Sinne von Art. 51 Abs. 1 S. 1 GRCh dar. Die mitgliedstaatliche Auffanggesetzgebung zum Schutz der Meinungsäußerungsfreiheit ergeht deklaratorisch, ergibt sich die Pflicht zum grundsätzlichen Ausgleich der kollidierenden Rechtsgüter doch bereits unmittelbar aus Art. 5 GG. Art. 2 Abs. 2 lit. a DSGVO ist in Einklang mit den Kompetenzgrenzen nach Art. 2 ff. AEUV auszulegen, dass er das zivilrechtliche Äußerungsrecht sowie den Bereich der Presse, des Rundfunks und der Medienfreiheiten nicht erfasst.

III. Vergleich mit der Abweichungsgesetzgebung

Die Kategorie der impliziten Bereichsausnahmen ist in ihrer Wirkung mit der Abweichungsgesetzgebung im Bundesstaat vergleichbar. Bei Zugrundelegung des vorherrschenden weiten Anwendungsbereichsbegriffs, der selbst Bereiche wie die Kulturhoheit oder die innerstaatliche Datenverarbeitung öffentlicher Stellen erfassen soll, erscheint mit Art. 16 Abs. 2 S. 1 AEUV zugleich ein – angesichts der geteilten Kompetenz zumindest teilweiser – Verlust an genuin mitgliedstaatlichen Rechtsetzungskompetenzen im Bereich des Datenschutzes einhergegangen zu sein. Doch selbst dann erweisen sich die impliziten Bereichsausnahmen als Abweichungskompetenzen zu Gunsten der Mitgliedstaaten. Die Wirkung ist vergleichbar mit der bundesdeutschen Abweichungsgesetzgebung.

---

[203] BVerfGE 152, 152 (184 Rn. 74).
[204] BVerfGE 152, 152 (184 Rn. 74).

1. Die Abweichungsgesetzgebung als Kompensation für Zentralisierungsschübe

Mit der Föderalismusreform I im Jahr 2006[205] erfuhr die bundesdeutsche Kompetenzverteilung einen erheblichen Zentralisierungsschub, indem die Erforderlichkeitsklausel auf wenige Bereiche beschränkt (Art. 72 Abs. 2 GG) und die Rahmengesetzgebung zu Gunsten bestimmter Gesetzgebungskompetenzen des Bundes abgeschafft wurde.[206] Historisch gingen der Einführung der Abweichungskompetenzen unterschiedliche Forderungen der Länder nach erweiterten Regelungsbefugnissen voraus. So forderten die deutschen Landesparlamente in ihrer „Lübecker Erklärung" im Jahr 2003 im Bereich der konkurrierenden Gesetzgebung u.a. die Einführung von „Öffnungs- und Experimentierklauseln zu Gunsten der Länder".[207] In der Kommission von Bundestag und Bundesrat zur Modernisierung der bundesstaatlichen Ordnung (Föderalismuskommission) wurde insbesondere der Vorschlag von *Rainder Steenblock* diskutiert, der eine Legaldefinition sowie in bestimmten Gebieten der konkurrierenden Gesetzgebung eine Pflicht zur Einfügung von Öffnungsklauseln in Bundesgesetzen, die auf dem Gebiet der ehemaligen Rahmengesetzgebung[208] ergehen, vorschlug. Hierzu sah der Entwurf eines neuen Art. 73 Abs. 2 GG vor, dass der Bund auf den Gebieten der bisherigen Rahmengesetzgebung den Ländern „im Rahmen seiner Gesetze die Befugnis zur Regelung ein[räumt], wenn hierfür wegen regionaler Besonderheiten ein Bedürfnis besteht (Öffnungsklausel)."[209] Auf diesen Vorschlag konnte sich die Bundesstaatskommission nicht einigen. Die Länder forderten ein unmittelbar verfassungsrechtlich gewährleistetes Abweichungsrecht, einfachgesetzliche Öffnungsklauseln stellen die Abweichung jedoch zur Disposition des Bundesgesetzgebers.[210] Die stattdessen neu eingeführte Abweichungskompetenz für bisher in die Rahmengesetzgebung fallende Gebiete der konkurrierenden Gesetzgebung verankert unmittelbar in Art. 72 Abs. 3 GG das Recht der Länder, in bestimmten Bereichen vom Bundesrecht abweichende

---

205 BGBl. I S. 2034.

206 Zum Ganzen *F. Wollenschläger*, in: BK GG, Art. 72 GG Rn. 120 ff.

207 Lübecker Erklärung der deutschen Landesparlamente „Bekenntnis zum Föderalismus und zur Subsidiarität – Landesparlamente stärken!", angenommen auf dem Föderalismuskonvent der deutschen Landesparlamente am 31.3.2003, zitiert bei *F. Wollenschläger*, in: BK GG, Art. 72 GG Rn. 125 Fn. 319; zu den Öffnungsklauseln: *I. B. Krapp*, Abweichungskompetenzen, S. 36.

208 Zur Vergleichbarkeit der Rahmengesetzgebung mit der Rechtsharmonisierung durch Richtlinien auf Unionsebene im Wege der gestuften Rechtsetzung s. auch *M. Rossi*, Föderale Vielfalt, S. 115.

209 *R. Steenblock*, Regelungsvorschlag, S. 122.

210 Für eine Übersicht über das Meinungsbild in der Projektgruppe zum Lösungsmodell s. *R. Steenblock*, Regelungsvorschlag, S. 126.

Regelungen zu treffen. Sie dient dem Ausgleich für den Verlust der ausschließlichen Gesetzgebungskompetenz sowie die reduzierte Zustimmungsgesetzgebung in bestimmten Bereichen, die in Art. 72 Abs. 3 und Art. 84 Abs. 1 S. 4–6 GG geregelt sind. Ihr unterfallen Materien der konkurrierenden Gesetzgebung, die nicht unter dem Erforderlichkeitsvorbehalt (Art. 72 Abs. 2 GG) stehen, für die der Bund mithin eine Vollkompetenz erhielt.[211] Als Kompensation ermöglicht die Abweichungsbefugnis den Ländern in diesen Bereichen „abweichend von der Regelung des Bundes eigene Konzeptionen zu verwirklichen und auf ihre unterschiedlichen strukturellen Voraussetzungen und Bedingungen zu reagieren."[212] Mit Blick auf die inhaltliche Regelungstiefe bleibt das Abweichungsrecht hinter dem Modell der Öffnungsklauseln zurück, da die Materien des Art. 72 Abs. 3 S. 1 GG recht weit formulierte „abweichungsfeste Kerne"[213] enthalten, die dem Landesgesetzgeber gänzlich entzogen sind.

2. Übertragung dieser Ratio auf implizite Bereichsausnahmen im Sekundärrecht

Die Abweichungskompetenz ist mit den impliziten Bereichsausnahmen des Unionsrechts sowohl im Hinblick auf die Genese, die Konzeption als auch der Wirkungen vergleichbar. Gesetzgebungshistorisch rechtfertigt sich die Abweichungskompetenz vor dem Hintergrund der reduzierten Länderkompetenzen. Dies gilt auch für implizite Bereichsausnahmen im Unionsrecht. Konzeptionell besteht die Vergleichbarkeit darin, dass implizite Bereichsausnahmen in der DSGVO durch den weiten Anwendungsbereichsbegriff des EuGH unionsrechtlich überlagert werden. Bereiche, die in die Regelungskompetenz der Mitgliedstaaten fallen und in denen die kulturellen Besonderheiten der Mitgliedstaaten besonderer Berücksichtigung bedürfen, werden dadurch unionsrechtlich mitgeregelt. Auch die Wirkungen sind vergleichbar. Die Abweichungskompetenz stellt eine Ausnahme von dem grundsätzlichen Geltungsvorrang nach Art. 31 GG dar und ermöglicht den Ländern von Bundesgesetzen durch den Erlass eigener Gesetze abzuweichen, ohne dass dadurch das entgegenstehende Bundesgesetz aufgehoben wird. In diesen Bereichen gilt, sofern der Bund von seiner konkurrierenden Gesetz-

---

[211] Art. 74 Abs. 3 GG: Statusrechte und -pflichten der Beamten der Länder, Gemeinden und anderen Körperschaften des öffentlichen Rechts, einschließlich der Richter in den Ländern; Jagdwesen, Naturschutz und Landschaftspflege; Bodenverteilung; Raumordnung; Wasserhaushalt; Hochschulzulassung und Hochschulabschlüsse. Zum Ganzen *F. Wollenschläger*, in: BK GG, Art. 72 GG Rn. 128 f.

[212] Entwurf der Fraktionen CDU/CSU und SPD eines Gesetzes zur Änderung des Grundgesetzes, BT-Drs. 16/813, S. 11.

[213] Entwurf der Fraktionen CDU/CSU und SPD eines Gesetzes zur Änderung des Grundgesetzes, BT-Drs. 16/813, S. 11.

gebungskompetenz nach Art. 74 Abs. 1 Nr. 28–33 GG Gebrauch gemacht hat, ausnahmsweise ein Anwendungsvorrang der abweichenden Landesgesetze.[214] Bund und Länder sind also parallel zuständig, im Unterschied zur Vorranggesetzgebung nach Art. 72 Abs. 1 GG. Da Bundes- und Landesgesetzgebung in diesen Bereichen grundsätzlich gleichrangig sind, wird bei der Abweichungsgesetzgebung eine Normenkollisionen durch den *Lex-posterior*-Grundsatz (gemäß Art. 72 Abs. 3 S. 3 GG) aufgelöst und nicht durch den grundsätzlich geltenden *Lex-superior*-Grundsatz des Art. 31 GG. Allerdings wird bereits verhindert, dass Bundes- und Landesrecht auf denselben Sachverhalt gleichzeitig anwendbar sind und unterschiedliche Rechtsfolgen haben. Der in Art. 72 Abs. 3 S. 3 GG angeordnete „alternierende Anwendungsvorrang" bewirkt, dass stets nur entweder Bundes- oder Landesrecht anwendbar ist.[215] Die Kompetenzform der Rahmengesetzgebung ist ein Instrument zur Schaffung einer „föderativen Balance" zwischen einheitlicher Zielsetzung und formaler Vielfalt und entspricht insofern den unionalen Spielräumen zur Vielfaltssicherung und Schonung nationaler Regelungsstrukturen.[216]

Im Unionsrecht ist der Anwendungsvorrang nur in eine Richtung vorgesehen: Das normhierarchisch höherrangige Unionsrecht führt bei gleichzeitiger Anwendbarkeit entgegenstehenden nationalen Rechts zur Unanwendbarkeit des Letzteren im konkreten Fall. Einen Anwendungsvorrang mitgliedstaatlichen Rechts zu Lasten des Unionsrechts sieht die europäische Rechtsordnung nicht vor. Eine Parallelität der Rechtsetzungsebenen kann aber auch im Unionsrecht in Bereichen vorherrschen, die im Wege der geteilten Zuständigkeit unionsgesetzrechtlich überformt werden können. Es besteht im Primärrecht keine dem Art. 72 Abs. 3 GG vergleichbare Bestimmung. Allerdings finden sich in den einzelnen Kompetenztiteln der Union Abweichungsbefugnisse zu Gunsten der Mitgliedstaaten, um nationale höhere Schutzstandards zu erhalten. So können die Mitgliedstaaten nach Art. 114 Abs. 4 AEUV von binnenmarktharmonisierenden Maßnahmen abweichende nationale Bestimmungen beibehalten, wenn sie „die durch wichtige Erfordernisse im Sinne des Artikels 36 oder in Bezug auf den Schutz der Arbeitsumwelt oder den Umweltschutz gerechtfertigt sind". Dies wird als „funktionales Äquivalent zur Abweichungsgesetzgebung"[217] erachtet. Maßgeblich für die Vergleichbarkeit ist, ob der Kompetenztitel der jeweils einschlägigen Sachmaterie eine Abweichung „nach oben" bzw. eine Schutzverstärkung ermöglicht. Bei Art. 16 Abs. 2 S. 1 AEUV ist dies nicht ausdrücklich

---

[214] *H. Maurer*, Anwendungsvorrang, S. 105.

[215] *O. Klein/K. Schneider*, DVBl. 2006, 1549 (1552 f.).

[216] *M. Klatt*, Verwaltungsermessen, S. 75.

[217] *C. Franzius*, NVwZ 2008, 492 (498); ähnl. *E. Schmidt-Jortzig*, Abweichungsgesetzgebung, Hb Föderalismus I, § 20 Rn. 3 mit Fn. 4.

der Fall. Allerdings ist die Regelungskompetenz unter Bezugnahme auf den begrifflich unbestimmten und entwicklungsoffenen Tatbestand des „Anwendungsbereichs des Unionsrechts" zu weit definiert – eine mitgliedstaatliche Abweichungsbefugnis nach oben ist ihr, da sie auf sämtliche Unionsaufgaben mit unterschiedlichen Harmonisierungsniveaus Bezug nimmt, je nach Regelungsmaterie und Politikbereich immanent.

3. Subsidiarität als unionsrechtliches Äquivalent der Erforderlichkeit

Auch das Unionsrecht kennt mit den Grundsätzen der Subsidiarität und der Verhältnismäßigkeit (Art. 5 Abs. 1 S. 2, Abs. 3 und 4 EUV) der Erforderlichkeitsklausel (Art. 72 Abs. 2 GG) vergleichbare Kompetenzausübungsschranken in Bereichen, für welche eine geteilte Zuständigkeit zwischen der Union und den Mitgliedstaaten besteht. Art. 2 Abs. 1 und 2 AEUV unterscheiden zwar zunächst nur zwischen ausschließlichen und geteilten Zuständigkeiten. Art. 2 Abs. 2 S. 2 AEUV enthält einen dem Art. 72 Abs. 1 GG vergleichbaren Vorrang der Unionsgesetzgebung im Bereich der geteilten Kompetenzen, indem er bestimmt, dass die Mitgliedstaaten ihre Zuständigkeiten wahrnehmen, sofern und soweit die Union von ihrer Zuständigkeit keinen Gebrauch gemacht hat. Gleichwohl besteht innerhalb der geteilten Zuständigkeiten gemäß Art. 4 Abs. 3 AEUV in bestimmten Bereichen eine parallele Kompetenz der EU und der Mitgliedstaaten, da die Ausübung der dort genannten Zuständigkeiten durch die Union „die Mitgliedstaaten nicht hindert, ihre Zuständigkeit auszuüben", so dass das Unionsrecht ausnahmsweise keine Sperrwirkung entfaltet.[218] Hinsichtlich der kompetenzbeschränkenden Wirkung und grundsätzlichen Justiziabilität[219] ist das Subsidiaritätsprinzip mit dem Erforderlichkeitsvorbehalt im Grundgesetz vergleichbar, wenngleich die gerichtliche Kontrolldichte des EuGH im Unterschied zum BVerfG wesentlich schwächer ausgeprägt ist.[220] Historisch erging auch das Subsidiaritätsprinzip als Reaktion auf den Verlust mitgliedstaatlicher Mitsprache bei der Rechtsetzung auf EU-Ebene nach dem Vertrag von Maastricht.[221] Ein zusätzlicher Erforderlichkeitsvorbehalt folgt aus dem in Art. 5 Abs. 4 EUV verankerten Grundsatz der Verhältnismäßigkeit, wonach „die Maßnahmen der Union inhaltlich wie formal nicht über das zur Erreichung der Ziele der Verträge erforderliche Maß hinaus" gehen dürfen. Selbst wenn eine Kompetenz für ein Handeln der EU besteht und die beabsichtigte Maßnahme das

[218] *F. Wollenschläger*, in: BK GG, Art. 72 GG Rn. 13.

[219] Nichtigkeitsklage gem. Art. 8 Subsidiaritätsprotokoll i.V.m. Art. 263 AEUV.

[220] *C. Calliess*, EuGRZ 2003, 181 (183); *F. Wollenschläger*, in: BK GG, Art. 72 GG Rn. 15; *J. Bast*, in: Grabitz/Hilf/Nettesheim, EU, Art. 5 EUV Rn. 58; *S. Kadelbach*, in: von der Groeben/Schwarze/Hatje, EU-Recht, Art. 5 EUV Rn. 47.

[221] *X. Groussot/S. Bogojević*, Subsidiarity, S. 234.

Subsidiaritätsprinzip wahrt, muss die Kompetenz im Sinne des Verhältnismäßigkeitsgrundsatzes schonend wahrgenommen werden. Dies setzt voraus, dass das eingesetzte Mittel geeignet ist (Eignungsprüfung) und nicht über das hinausgeht, was zur Zielerreichung erforderlich ist (Erforderlichkeitsprüfung).[222]

IV. Relativierung des Anwendungsbereichs

Implizite Bereichsausnahmen betreffen Tätigkeiten der Mitgliedstaaten, die dem unionsrechtlich überlagerten Graubereich unterfallen können: Sie können von der Union nicht explizit geregelt werden, betreffen aber den weiten Anwendungsbereich des Unionsrechts, weil sie etwa punktuell durch Unionsrecht überformt sind. Art. 85 DSGVO über den Ausgleich mit dem Recht der freien Meinungsäußerung und dem Schutz der Medienfreiheiten erweist sich vor dem Hintergrund der Regelungshistorie als implizite Bereichsausnahme. Art. 85 DSGVO kann nicht dahingehend verstanden werden, dass die Meinungsäußerungsfreiheit sowie journalistische Freiheiten unter dem erlaubnispflichtigen Vorbehalt des Datenschutzrechts stehen, solange nicht eine die Lücke füllende positive mitgliedstaatliche Regelung ergangen ist. Das mitgliedstaatliche Recht bleibt in diesem Bereich vielmehr weiterhin parallel anwendbar.

D. Mindestharmonisierende Klauseln

Die DSGVO zielt zwar allgemein auf ein hohes Schutzniveau ab.[223] Bereiche, die jedoch nicht oder nur schwach kompetenziell überlagert sind, werden im Sekundärrecht nur mindestharmonisierend geregelt. Positiv-rechtliche Vorgaben kann die Union in manchen Politikbereichen nur unter Ausschluss der Vollharmonisierung oder unter besonderen Verfahrensvoraussetzungen[224] aufstellen. Nach einer begrifflichen Schärfung der Mindestharmonisierung (I.), wird zur Veranschaulichung speziell auf Art. 88 DSGVO (II.) sowie auf mindestharmonisierende Vorgaben der JIRL eingegangen, soweit diese geltungserhaltend ausgelegt werden kann (III.).

---

[222] KOM(2003) 770 endg., S. 20.

[223] S. aber ErwG 10 S. 2 DSGVO, demgemäß die Vorschriften zum Schutz der Grundrechte und Grundfreiheiten von natürlichen Personen „unionsweit gleichmäßig und einheitlich angewandt werden sollten“.

[224] Beispielsweise die Anhörung des Ausschusses der Regionen (Art. 167 Abs. 5 AEUV) oder die Einstimmigkeit im Rat (Art. 153 Abs. 1 UAbs. 1 AEUV).

I. Definition

Grundsätzlich werden die Harmonisierungsmethoden der Voll-, der Teil- und der Mindestharmonisierung unterschieden, wobei die Regelungsintensität das maßgebliche Differenzierungskriterium ist.[225] Bei der Vollharmonisierung regelt das Unionssekundärrecht einen Sachbereich abschließend. Die Mitgliedstaaten dürfen dann keine Maßnahmen zur Wahrung oder Schaffung eines innerstaatlichen höheren Schutzniveaus erlassen.[226] Bei der Teilharmonisierung können Inlandssachverhalte durch abweichende nationale Vorschriften geregelt werden.[227] Als Unterfall der Teilharmonisierung stellt die optionelle Harmonisierung die Ausweitung des sekundärrechtlichen Schutzniveaus auf rein innerstaatliche Sachverhalte in das freie Ermessen der Mitgliedstaaten, während die Mindestharmonisierung ein solches unionsweit als Mindestgrenze forciert, jedoch die Abweichung „nach oben" zulässt.[228] Die Mitgliedstaaten können dann abweichend strengere Schutzvorschriften und die Erhöhung des Schutzniveaus in bestimmten Fällen vorsehen.[229] Ob ein Unionsrechtsakt als Mindestschutz konzipiert ist, ergibt sich nicht immer aus dem Wortlaut[230] und der Rechtsform. Zwar ergehen mindestharmonisierende Vorschriften überwiegend in Gestalt der kompetenzschonenden Richtlinie. Doch es ist nicht ausgeschlossen, dass auch eine Verordnung im Einzelfall nur Mindestvorgaben statuiert. Formal werden mindestharmonisierende Rechtsakte oftmals durch die Pflicht zur Notifzierung abweichender strengerer nationaler Vorschriften flankiert.[231] Der Erlass mindestharmonisierender Vorschriften kann Ausdruck der Subsidiarität und der Verhältnismäßigkeit (Art. 5 Abs. 1 S. 2, Abs. 3 und 4 EUV) zum Teil sogar unionsgrundrechtlich geboten sein.[232] Soweit das Unionsrecht nur einen Mindestschutz statuiert, führen die Mitgliedstaaten zwar Unionsrecht durch, wenn sie darüber hinausgehen, ihre Grundrechte bleiben jedoch gleichzeitig parallel anwendbar.[233] Auf die sich daraus ergebenden Fragen für mehrpolige Verhältnisse wird abschließend unter G. in diesem Kapitel eingegangen.

---

[225] *W. Obwexer*, Öffnungsklauseln, S. 57 f.; *M. Wagner*, Mindestharmonisierung, S. 45 ff.

[226] *W. Obwexer*, Öffnungsklauseln, S. 58.

[227] Auch „unvollständige" Harmonisierung genannt, näher *M. Wagner*, Mindestharmonisierung, S. 50 f.

[228] *M. Wagner*, Mindestharmonisierung, S. 52 f.

[229] *M. Wagner*, Mindestharmonisierung, S. 53; *W. Obwexer*, Öffnungsklauseln, S. 59.

[230] Bspw. durch die ausdrückliche Ermöglichung „strengerer Bestimmungen", „weiterreichenden Schutzes", den Erlass „günstigerer Vorschriften" oder „zusätzlicher Bedingungen" durch die Mitgliedstaaten, *M. Wagner*, Mindestharmonisierung, S. 128 f.

[231] *M. Wagner*, Mindestharmonisierung, S. 131.

[232] *M. Wagner*, Mindestharmonisierung, S. 114 ff., insbesondere auch auf dem Gebiet der Binnenmarktharmonisierung nach Art. 114 AEUV, a.a.O., S. 119 f.

[233] Wie hier *H. D. Jarass*, ZEuP 25 (2017), 310 (316).

II. Mindestharmonisierung im Beschäftigtendatenschutz

Mindestharmonisierend ist insbesondere Art. 88 DSGVO über die Verarbeitung personenbezogener Daten im Beschäftigungskontext. Danach können die Mitgliedstaaten durch Rechtsvorschriften oder durch Kollektivvereinbarungen „spezifischere Vorschriften zur Gewährleistung des Schutzes der Rechte und Freiheiten hinsichtlich der Verarbeitung personenbezogener Beschäftigtendaten im Beschäftigungskontext“ vorsehen. Diese Vorschrift wird zum Teil im Sinne einer abschließenden Vollharmonisierung ausgelegt und die alleinige Maßgeblichkeit der Unionsgrundrechte angenommen.[234] Hingegen ist bei gebotener sachkompetenzakzessorischer Auslegung von einer Mindestharmonisierung auszugehen, die Anwendung der Grundrechte des Grundgesetzes kann mithin auch einen stärkeren Schutz der Arbeitnehmerinnen und Arbeitnehmer vorsehen.[235] Der Beschäftigtendatenschutz in Art. 88 Abs. 2 DSGVO wurde aufgrund der politischen Sensibilität von Kollektivvereinbarungen und des unmöglichen Kompromisses zwischen den Mitgliedstaaten in der DSGVO nur rudimentär geregelt.[236] Auf dem Gebiet des Arbeitsrechts verfügt die Union nur über begrenzte Kompetenzen. Allerdings bestehen Unterstützungs- und Koordinierungskompetenzen für den Bereich der kollektiven Wahrnehmung der Arbeitnehmerinteressen nach Art. 153 Abs. 1 lit. f AEUV – jedoch unter Ausschluss der Vollharmonisierung. Gemäß Art. 153 Abs. 2 lit. b AEUV kann die Union zum Zwecke der in Abs. 1 lit. a–i[237] genannten Arbeitnehmerinteressen „Mindestvorschriften“ erlassen. Überdies gilt für manche Bereiche gemäß Art. 153 Abs. 3 AEUV

---

[234] *R. Selk*, in: Ehmann/Selmayr, DS-GVO, Art. 88 DSGVO Rn. 18; *M. Franzen*, EuZA 2017, 313 (345 f.), allerdings Verdrängung durch mitgliedstaatliche Regelungen, wenn sie den „Schutzrahmen“ einhalten; eingehend *O. Morasch*, Beschäftigungskontext.

[235] *M. Kort*, DB 2016, 711 (714); *D. Pauly*, in: Paal/ders., DS-GVO/BDSG, Art. 88 DSGVO Rn. 4; *G. Forst*, in: Auernhammer, Art. 88 DSGVO Rn. 5 und Rn. 18: „Die Mitgliedstaaten und Kollektivvertragsparteien müssen lediglich den Mindeststandard nach Art. 88 Abs. 2 DSGVO beachten, der seinerseits durch die darin genannten Grundrechte konkretisiert wird. Die Vorgaben der Grundrechte bilden also die Grenze dessen, was an datenschutzrechtlicher Deregulierung erlaubt ist. Zwischen dieser Untergrenze und dem – darüber weit hinausgehenden – Datenschutzniveau der DSGVO gibt es einen Korridor, in dem abweichende Regelungen durch mitgliedstaatliche Gesetzgeber und Kollektivvertragsparteien möglich sind“, m.w.N. zum Streitstand.

[236] *G. Forst*, in: Auernhammer, Art. 88 DSGVO Rn. 1 und 5; zur Genese von Art. 88 DSGVO *M. Franzen*, EuZA 2017, 313 (342 f.); *A. Seifert*, in: Simitis/Hornung/Spiecker gen. Döhmann, Datenschutzrecht, Art. 88 DSGVO Rn. 7 ff.

[237] Arbeitsumwelt, Gesundheitsschutz und Arbeitssicherheit, Arbeitsbedingungen, soziale Sicherheit, Kündigungsschutz, Unterrichtung und Anhörungsrechte, kollektive Arbeitnehmerinteressenvertretung, Beschäftigungsbedingungen von Drittstaatsangehörigen, berufliche Eingliederung aus dem Arbeitsmarkt ausgegrenzter Personen, Chancengleichheit von Männern und Frauen.

das Einstimmigkeitserfordernis im Rat. Eine abschließende Rechtsetzungskompetenz für den Beschäftigtendatenschutz steht der Union nach Art. 153 Abs. 2 AEUV mithin nicht zu. Auch eine umfassende Schutzpflicht auf dem Gebiet des Arbeitsrecht besteht für die Union nicht. Hier zeigt sich, dass das sachkompetenzakzessorische Verständnis des Art. 16 Abs. 2 S. 1 AEUV im Sinne der Wahrung der vertraglichen Kompetenzordnung erforderlich ist. Sofern die bereichsspezifische Rechtsetzungskompetenz nur mindestharmonisierend ist, kann nicht unter Rückgriff auf Art. 16 Abs. 2 S. 1 AEUV („freier Datenverkehr") eine vollharmonisierende Regelungskompetenz im Rahmen des Beschäftigtendatenschutzes angenommen werden.[238] Die Kompetenz für den Beschäftigtendatenschutz folgt vielmehr aus Art. 16 Abs. 2 S. 1 AEUV i.V.m. Art. 153 Abs. 2 und Art. 114 Abs. 2 AEUV.[239] Zwar bildet der Beschäftigtendatenschutz fraglos nicht den Schwerpunkt der Verordnung,[240] jedoch erhebt die DSGVO als „Grund"verordnung den Anspruch, sämtliche Aufgabengebiete der Union abzudecken. Dies macht es unerlässlich, stets im Einzelfall zu begründen, dass ein Bereich in die Zuständigkeit der Union fällt und von dieser – auch nur dem Grunde nach – geregelt werden kann. Wie schon die DSRL[241] gilt die DSGVO deshalb grundsätzlich auch für den Bereich des Beschäftigtendatenschutzes. Art. 88 Abs. 1 DSGVO ist nicht als grundsätzliche Ausnahme von den Rechten und Pflichten der DSGVO konzipiert, sondern ermöglicht den Mitgliedstaaten die Festlegung von „spezifischeren Vorschriften". Es ist also im Bereich des Beschäftigtendatenschutzes von der grundsätzlichen Geltung der DSGVO auszugehen, außer die Mitgliedstaaten weichen hiervon schutzverstärkend „nach oben" ab. Der Bundesgesetzgeber hat mit § 26 BDSG eine entsprechende Vorschrift geschaffen.[242] Sie erweist sich, soweit sie über den Regelungsgehalt der DSGVO hinausgeht oder von dieser abweicht, als nur teilweise unionsrechtlich determiniert.

---

[238] So aber *R. Selk*, in: Ehmann/Selmayr, DS-GVO, Art. 88 DSGVO Rn. 19, der Art. 153 Abs. 2 AEUV als Kompetenz ablehnt und stattdessen Art. 16 Abs. 2 AEUV heranzieht.

[239] Dagegen *A. Seifert*, in: Simitis/Hornung/Spiecker gen. Döhmann, Datenschutzrecht, Art. 88 DSGVO Rn. 23.

[240] Zur Maßgeblichkeit des Schwerpunkts für die Ermittlung der Kompetenz *D. König*, Hb EUR, § 2 Rn. 15.

[241] Zur Entwicklung des Beschäftigtendatenschutzes auf Unionsebene seit 1990 s. *A. Seifert*, in: Simitis/Hornung/Spiecker gen. Döhmann, Datenschutzrecht, Art. 88 DSGVO Rn. 4 ff.

[242] Dazu *M. Kort*, ZD 2017, 319.

III. Mindestharmonisierende Vorgaben in der JIRL

Der Bereich der Verhütung, Ermittlung, Aufdeckung oder Verfolgung von Straftaten oder der Strafvollstreckung und die Gefahrenabwehr werden nach Art. 2 Abs. 2 lit. d DSGVO i.V.m. Art. 2 Abs. 1, Art. 1 Abs. 1 JIRL unionsrechtlich überlagert. Es handelt sich um einen Bereich, der bereits der expliziten Bereichsausnahme unterfällt, mithin unionsrechtlich mangels Kompetenz nicht geregelt werden kann.[243] Soweit aber im Einzelfall mitgliedstaatliche Maßnahmen auf diesem Gebiet dem weit verstandenen Anwendungsbereich unterfallen,[244] können im Einzelfall die mindestharmonisierenden Vorgaben der JIRL einschlägig sein. Bei den repressiven Tätigkeiten der zuständigen Behörden kommt es mithin auf die spezifische Tätigkeit im Einzelfall an.[245] Nach der Rechtsprechung des EuGH sind die den Mitgliedstaaten verbliebenen Bereiche der inneren und äußeren Sicherheit dem Unionsrecht nicht völlig entzogen. Nicht jede Maßnahme, die im Interesse der öffentlichen Sicherheit getroffen wird, ist vom Anwendungsbereich des Unionsrechts ausgenommen, da sonst die Verbindlichkeit und einheitliche Anwendung des Unionsrechts in bestimmten Fällen beeinträchtigt sein könnte.[246]

Der Grundrechtskatalog des Grundgesetzes ist vorrangig maßgeblich, soweit die rein innerstaatliche Datenverarbeitung der Polizei- und Sicherheitsbehörden betroffen ist.[247] Da die JIRL eine Mindestharmonisierung bezweckt (Art. 1 Abs. 3 JIRL), den Mitgliedstaaten also die Gewährung eines höheren Schutzniveaus ermöglicht, bilden die parallel anwendbaren Unionsgrundrechte den nicht zu unterschreitenden Mindestschutz. Maßgeblich ist jedoch das bestehende mitgliedstaatliche Grundrechtsniveau, das durch die JIRL nicht abgesenkt werden darf (vgl. auch Art. 53 GRCh). Das Schutzniveau der GRCh ist nur in den wenigen punktuellen Situationen maßgeblich, in welchen die JIRL abschließende, zwingende Vorgaben aufstellen kann. Doch gerade auf Grund der Sensitivität dieses Regelungsbereiches ist die JIRL weitestgehend offen formuliert. Im Unterschied zur DSGVO weicht sie von grundlegenden Prinzipien des Datenschutzrechts ab: So gelten die Grundsätze der Datensparsamkeit und der Transparenzgrundsatz nicht bzw. nur eingeschränkt (vgl. Art. 4 JIRL), die Verarbeitung besonderer personenbezogener Daten ist grundsätzlich zulässig (Art. 10 JIRL), während die

---

[243] S. bereits oben, 5. Kapitel, B.I. und II. (S. 248 ff.).

[244] Z.B. die Beschränkung der Freizügigkeit von Unionsbürgern aus Gründen der öffentlichen Sicherheit, vgl. EuGH, Rs. C-300/11, EU:C:2013:363, Rn. 38 – ZZ.

[245] Vgl. Art. 29-Datenschutzgruppe, WP 228, S. 24.

[246] St. Rspr., s. nur EuGH, Rs. C-387/05, Slg. 2009, I-11831, Rn. 45 – Kommission/Italien.

[247] Im Ergebnis auch *K. von Lewinski*, DuD 2012, 564 (569).

DSGVO ein grundsätzliches Verarbeitungsverbot statuiert (Art. 9 DSGVO). Auch sind die Betroffenenrechte und schließlich die Aufsichtsbefugnisse eingeschränkt (kein Widerspruchsrecht, ferner Art. 47 JIRL im Vergleich zu Art. 58 DSGVO).

Beispielsweise stellt Art. 10 lit. a JIRL kein grundsätzliches Verarbeitungsverbot besonderer, sensibler Daten auf, sondern verweist für die Zulässigkeit auf das Recht der Mitgliedstaaten (die Verarbeitung ist erlaubt, „wenn sie nach […] dem Recht der Mitgliedstaaten zulässig ist"). Die „Umsetzung" dieser Vorschrift etwa in Art. 30 Abs. 2 BayPAG[248] über die Verarbeitung besonderer personenbezogener Daten ist folglich nicht hinreichend unionsrechtlich determiniert. Der Verweis auf das Recht der Mitgliedstaaten ist nicht einfach nur eine kompetenzschonende Zurücknahme des Sekundärrechtsetzers, sondern Ausdruck fehlender Kompetenzen. Polizeiliche Befugnisse kann das Unionsrecht nicht regeln. Für die Verarbeitung nach Art. 10 JIRL bedarf es einer entsprechenden mitgliedstaatlichen Befugnis. Diese steht nur unter dem allgemeinen Vorbehalt, dass die Verarbeitung „unbedingt erforderlich ist", und dass das mitgliedstaatliche Recht „geeignete Garantien für die Rechte und Freiheiten" der Betroffenen vorsieht. Das Tatbestandsmerkmal der unbedingten Erforderlichkeit bietet Raum für die unionsrechtlichen Wertungen, die der EuGH bei der Auslegung von Art. 7 und 8 GRCh getroffen hat. Danach läuft die Frage der Erforderlichkeit stets auf eine Verhältnismäßigkeitsprüfung hinaus,[249] die der EuGH je nach Sensibilität und Kompetenzlage als Sache der Mitgliedstaaten erachtet, wenn er sie nicht selbst vornimmt.[250] Auch die geeigneten Garantien werden nicht näher konkretisiert, so dass eine mitgliedstaatliche Maßnahme stets einer Gesamtbeurteilung unterzogen werden muss, die beispielsweise Rechtsschutzmöglichkeiten, Verarbeitungsschranken oder technisch-organisatorische Sicherheitsmaßnahmen mit in den Blick nimmt.[251] Sonstige neue polizeiliche Befugnisse, die formal im Rahmen des Gesetzes zur Umsetzung der JIRL ergangen sind, unterliegen gleichwohl keiner unionsrechtlichen Determinierung. So wird beispielsweise der umstrittene Einsatz von automatisierter Bild- und Tonaufzeichnungen mit körpernah getragenen Aufnahmegeräten (sog. „Bodycams" beispielsweise gemäß Art. 33 Abs. 4 BayPAG) weiterhin allein nach Art. 2 Abs. 1 i.V.m. Art. 1 Abs. 1 GG bzw. Art. 13 Abs. 4 GG, soweit der Einsatz in

---

[248] In der Fassung des Gesetzes zur Neuordnung des bayerischen Polizeirechts (PAG-Neuordnungsgesetzes), BayGVBl. 9/2018, S. 301.

[249] St. Rspr. s. nur EuGH, verb. Rs. C-293/12 und C-594/12, EU:C:2014:238, Rn. 52 – Digital Rights.

[250] Allgemein zur abgestuften Kontrolldichte-Konzeption bei der unionsrechtlichen Verhältnismäßigkeitsprüfung *J. Kühling*, Grundrechte, S. 698 ff. Eingehend zur Kontrolldichte bei der Verhältnismäßigkeitsprüfung in diesem Kapitel unter F. (S. 323 ff.).

[251] Zur Auslegung *T. Petri*, ZD 2018, 453 (457).

Wohnung betroffen ist, zu beurteilen sein.[252] Maßgeblich bleiben daneben nach der bundesdeutschen Kompetenzverteilung die Landesverfassungsgrundrechte (etwa Art. 100, 101 sowie Art. 106 Abs. 3 BV). Selbiges gilt für die Frage, ob Polizeibeamte zum Tragen von Namensschildern verpflichtet werden können. Die Gerichte prüften dies primär auf die Vereinbarkeit mit dem Recht auf informationelle Selbstbestimmung.[253] Das BVerwG bejahte zwar den Anwendungsbereich der JIRL, prüfte die Maßnahme aber dennoch nicht am Maßstab des Art. 8 GRCh.[254] Auch die automatisierte Kraftfahrzeugkennzeichenkontrolle durch die Landespolizei prüfte das BVerfG am Maßstab von Art. 2 Abs. 1 i.V.m. Art. 1 Abs. 1 GG und erklärte die entsprechenden polizeirechtlichen Befugnisse im BayPAG,[255] im BWPolG sowie im HessSOG[256] für mit dem Grundrecht auf informationelle Selbstbestimmung unvereinbar und nichtig.[257] Anlass für eine unionsrechtliche Determinierung sah das BVerfG nicht und erwähnte in beiden Entscheidungen das europäische Datenschutzrecht auch nicht. Ausdrücklich verneinte das BVerfG eine unionsrechtliche Determinierung durch die JIRL in der Entscheidung ATDG II.[258] Weder Art. 11 JIRL über nachteilige Folgen automatisierter Entscheidungsfindung noch Art. 12 ff. JIRL über die Rechte der betroffenen Personen oder Art. 19 ff. JIRL über die Pflichten der Verantwortlichen und Auftragsverarbeiter vermögen danach die betreffende Vorschrift über die erweiterte projektbezogene Nutzung der in der Antiterrordatei gespeicherten Daten unter anderem durch das Bundesamt für Verfassungsschutz und das Bundeskriminalamt hinreichend zu determinieren.[259]

Selbst dann, wenn der Landesgesetzgeber bei der Umsetzung der JIRL sowie der Anpassung an die DSGVO diese für weitgehend anwendbar erklären oder auf diese verweisen sollte, hat dies nicht ohne Weiteres die Durchführung von Unionsrecht zur Folge. Vielmehr bezwecken diese Verweise oftmals die Vereinheitlichung, die Vollzugsvereinfachung sowie die Rechtssi-

---

[252] *T. Petri*, ZD 2018, 453 (458).

[253] BVerwG, NVwZ 2020, 247 (250); VerfG SA, NVwZ 2019, 1198 (1200 f.), in Bezug auf die entsprechende landesrechtliche Grundrechtsgewährleistung.

[254] BVerwG, NVwZ 2020, 247 (252).

[255] BVerfGE 150, 244.

[256] BVerfGE 150, 309.

[257] BVerfGE 120, 378 (397 f.); 150, 244 Rn. 37. Aufgrund der den jeweiligen Haltern individuellen Zuordenbarkeit sind die Kennzeichendatung auch personenbezogen. Die Erhebung der Kennzeichendaten und der anschließende Abgleich mit den Datenbeständen von zur Fahndung ausgeschriebenen Personen greift in den Schutzbereich des Rechts auf informationelle Selbstbestimmung ein. Das BVerfG legt dabei ein weites Verständnis zu Grunde, das nicht nur die Privatheit, sondern die „Verhaltensfreiheit und Privatheit" bereits auf der Stufe der Gefährdung des Persönlichkeitsrechts schützt.

[258] BVerfG, NVwZ 2021, 226 (228 f. Rn. 68).

[259] BVerfG, NVwZ 2021, 226 (228 f. Rn. 68) zu § 6a ATDG.

cherheit auf der Ebene der Rechtsanwendung.[260] Der Verweis auf die JIRL macht eine Prüfung der anwendbaren Grundrechte im Einzelfall nicht obsolet, so dass die nationalen Grundrechte auch für solche Regelungen zum Tragen kommen können, die kraft eigenständiger (landes-)rechtlicher Verweisung aus Gründen der Übersichtlichkeit Bestimmungen der DSGVO oder der JIRL inkorporieren.

E. Funktionelle Abwägungsspielräume

Bei der Verarbeitung personenbezogener Daten durch Private handelt es sich grundsätzlich um einen Bereich, in dem die EU nach Art. 16 Abs. 2 S. 1 AEUV i.V.m. der Schutzpflicht aus Art. 8 GRCh über umfängliche Regelungsbefugnisse verfügt. Die Verarbeitung personenbezogener Daten durch Private unterliegt mit der DSGVO nach allgemeiner Ansicht[261] einer abschließenden Vollharmonisierung. Raum für die Anwendung mitgliedstaatlicher Grundrechte auf Private bestehe nicht mehr. Da es sich nicht um eine Öffnungsklausel, sondern nur um „normhierarchisch-funktionale Spielräume"[262] handele, füllten die Mitgliedstaaten ihren Konkretisierungsspielraum nach Maßgabe der GRCh aus. Das mitgliedstaatliche Umsetzungsermessen beschränke sich auf die formale Frage, „in welchen Anteilen die Normkonkretisierung auf unterschiedliche mitgliedstaatliche Stellen verteilt" werde.[263] Jede Abwägung zwischen Privaten, aber auch jeder Fall drittbezogener Behördentätigkeit, ist auf Grund der abstrakt-generellen Generalklausel in Art. 6 Abs. 1 UAbs. 1 lit. f DSGVO nach diesem Verständnis zugleich eine Auslegung von Unionsrecht.[264] Dies habe auch die Determinierung des zivilrechtlichen Schutzes der Privatsphäre und im Rahmen der Abwägung nach § 823 Abs. 1, § 1004 BGB die Maßgeblichkeit der GRCh zur Folge. Das Datenschutzsekundärrecht überlagere danach unionsrechtlich nicht geregelte Fragen des Äußerungsrechts. Um Betroffene nicht unter-

[260] S. die Gesetzesbegründung des bayerischen Anpassungs- und Umsetzungsgesetzes, BayLT-Drs. 17/19628, S. 29 f.

[261] BVerfGE 152, 216 (317 Rn. 44); *N. Marsch*, Das europäische Datenschutzgrundrecht, S. 354; *G. Britz*, EuGRZ 2015, 275 (279); *M. Bäcker*, EuR 2015, 389 (395).

[262] *G. Britz*, EuGRZ 2015, 275 (279); *M. Bäcker*, EuR 2015, 389 (396); *N. Marsch*, Das europäische Datenschutzgrundrecht, S. 354; *M. Cornils*, Medienprivileg, S. 50, wonach bei Art. 6 Abs. 1 UAbs. 1 lit. f DSGVO das Abwägungsergebnis im Einzelfall „unionsrechtlich dirigiert" sei.

[263] *M. Bäcker*, EuR 2015, 389 (397).

[264] Für eine primäre Bindung an die Unionsgrundrechte, aber zugleich die Berücksichtigung „grundrechtlicher Erwägungen" im Rahmen der Abwägung: *C. Bilz*, Margin of Appreciation, S. 232.

schiedlichen Abwägungsstandards auszusetzen, sei aus Gründen der Rechtssicherheit eine Unitarisierung grundrechtlicher Schutzstandards auf dem Niveau der GRCh zu bevorzugen.[265] Dies setzt aber zum einen voraus, dass die Union eine umfassende kompetenzbegründende Schutzpflicht innehat und zum anderen, dass sie von dieser auch abschließend Gebrauch gemacht hat. Diese Schutzpflicht besteht nicht uneingeschränkt, sondern wie alle Kompetenzen nur unter dem Vorbehalt der Subsidiarität aus Art. 51 Abs. 1 S. 1 GRCh i.V.m. Art. 5 Abs. 3 EUV sowie der Verhältnismäßigkeit aus Art. 5 Abs. 4 EUV.[266] In diesem Abschnitt wird untersucht, ob die Union ihre Schutzpflicht dergestalt wahrgenommen hat, dass das private Datenschutzrecht der Mitgliedstaaten vollständig determiniert wird. Zunächst wird die Bindung Privater an das „Datenschutzgrundrecht" im Grundgesetz mit der unmittelbaren Drittwirkung des Datenschutzgrundrechts im Unionsrecht kontrastiert (I.), ohne dabei jedoch die dogmatische Eigenständigkeit des unionsrechtlichen Grundrechtsschutzes in Frage zu stellen. Sodann ist auf die Drittwirkung im Unionsrecht einzugehen (II.). Als Fazit bleibt festzustellen, dass eine undifferenzierte, breite Abwägungsklausel im Privatrecht mit dem Subsidiaritätsprinzip unvereinbar ist (III.).

I. Grundrechtsbindung Privater bei staatsgleicher Machtasymmetrie

Das Datenschutzrecht erhebt den Anspruch, den öffentlichen und privaten Bereich einheitlich zu regeln. Das grundlegende Verbotsprinzip mit Erlaubnisvorbehalt entwickelte das BVerfG in seiner Rechtsprechung zum Recht auf informationelle Selbstbestimmung, die aber bisher fast ausnahmslos die staatliche oder staatlich veranlasste Datenverarbeitung zum Gegenstand hatte.[267] Um die Verarbeitung personenbezogener Daten durch Private ging es in den Recht auf Vergessen-Entscheidungen, die bereits unter Geltung der DSGVO ergangen sind, wenngleich der Sachverhalt länger zurück lag. Von der ursprünglich nur mittelbaren Bindung Privater an die Grundrechte ist das BVerfG zunehmend dazu übergegangen, Private einer staatsähnlichen Bindung an die Grundrechte zu unterwerfen, wenn sie eine vergleichbare Mächtigkeit aufweisen (1.). Zu differenzieren ist zwischen dem allgemeinen Persönlichkeitsschutz, der unionsrechtlich nicht vollharmonisiert werden kann, und dem Datenschutz (2.). Insbesondere das Recht auf informationelle Selbstbestimmung entfaltet nach der Recht auf Vergessen-Rechtsprechung eine situativ beschränkte Drittwirkung im Verhältnis Privater untereinander

---

[265] *M. Bäcker*, EuR 2015, 389 (399).

[266] S. bereits eingehend oben, 3. Kapitel, A.IV. (S. 112 ff.).

[267] S. nur BVerfGE 65, 1 (42 f.); 141, 220 (264 f.); 150, 244 (263 f.); *Hoffmann-Riem*, AöR 123 (1998), 513 (525 f.).

(3.). Diese scheint in unionsrechtlich determinierten Sachverhalten in eine unmittelbare Drittwirkung umzuschlagen (4.).

1. Von der mittelbaren zur partiell unmittelbaren Grundrechtsbindung?

Die Rechtsprechung zur Bindung Privater an dic Grundrechte blickt auf eine lange Entwicklung zurück, die in der *Lüth*-Entscheidung zur Wirkung der Meinungsäußerungsfreiheit im Zivilrecht ihren Ausgangspunkt hat.[268] Ließ das BVerfG in der Fraport-Entscheidung noch ausdrücklich offen, inwieweit die Kommunikationsgrundrechte gegenüber materiell privaten Unternehmen gelten, die „Orte der allgemeinen Kommunikation schaffen",[269] bot sich die Möglichkeit der Klärung in der Flashmob-Entscheidung wenige Jahre später. In dieser bejahte das BVerfG die Bindung Privater an das Grundrecht der Versammlungsfreiheit im Wege der mittelbaren Drittwirkung.[270] Dies gilt jedoch nicht für beliebige Orte, sondern nur dann, wenn der Eigentümer den Platz für den allgemeinen öffentlichen Publikumsverkehr eröffnet hat. Private Foren, wie Einkaufszentren, Ladenpassagen oder von privaten Investoren betriebene Plätze der Freizeitgestaltung erfüllen in der heutigen Zeit zunehmend eine Kommunikationsfunktion wie öffentliche Straßen, so dass die Grundrechte Dritter durch die privaten Grundstückseigentümer nach Maßgabe einer Abwägung zu beachten sind.[271] Weiter ging das BVerfG in der Stadionverbots-Entscheidung. In diesem Fall bejahte es für den Deutschen Fußballbund e.V. (DFB) eine dem Staat vergleichbare Grundrechtsbindung an das allgemeine Gleichheitsrecht. Dabei ging es um ein durch den DFB verhängtes bundesweites Stadionverbot für zwei Jahre gegenüber einem gewaltbereiten Fußballfan. Dieser hatte erfolglos gegen das Verbot geklagt und rügte im Wege der Urteilsverfassungsbeschwerde die Verletzung seiner Grundrechte, insbesondere des allgemeinen Persönlichkeitsrechts (Art. 2 Abs. 1 i.V.m. Art. 1 Abs. 1 GG) durch das Verbot. Das BVerfG verneinte zwar in der Sache eine Verletzung der Grundrechte des Beschwerdeführers, allerdings prüfte es die Verletzung von Art. 3 Abs. 1 GG durch die Stadionbetreiberin. Diese sei in ihrer Vertragsbeziehung zu den Stadionteilnehmern an Art. 3 Abs. 1 GG im Wege der mittelbaren Drittwirkung gebunden.[272] Eine Grundrechtsbindung der Stadionbetreiberin bestehe jedoch nicht allgemein, sondern ergebe sich aus dem Gleichheitsgrundrecht nur „für spezifische

[268] BVerfGE 7, 198; für gemischtwirtschaftliche Unternehmen in Privatrechtsform, die von der öffentlichen Hand beherrscht werden.

[269] BVerfGE 128, 226 (250), als gemischtwirtschaftliches, von der öffentlichen Hand beherrschtes Unternehmen in Privatrechtsform war die Fraport AG unmittelbar an die Grundrechte gebunden.

[270] BVerfG, NJW 2015, 2485 Rn. 5.

[271] BVerfG, NJW 2015, 2485 Rn. 5 f.

[272] BVerfGE 148, 267 (283).

Konstellationen"[273]. In der Beschränkung der unmittelbaren Grundrechtsbindung Privater auf Fälle bestimmter Machtgefälle liegt der Kern der mittelbaren Drittwirkungsjudikatur.[274] Maßgeblich sei der Charakter des Stadionverbots

> als einseitiger, auf das Hausrecht gestützter Ausschluss von Veranstaltungen, die aufgrund eigener Entscheidung der Veranstalter einem großen Publikum ohne Ansehen der Person geöffnet werden und der für die Betroffenen in erheblichem Umfang über die Teilnahme am gesellschaftlichen Leben entscheidet. Indem ein Privater eine solche Veranstaltung ins Werk setzt, erwächst ihm von Verfassungs wegen auch eine besondere rechtliche Verantwortung.[275]

Dies sind also Konstellationen, in denen eine dem Verhältnis Staat zum Bürger ähnliche Machtasymmetrie vorliegt und deshalb eine Art. 1 Abs. 3 GG vergleichbare, allerdings situativ beschränkte, gleichheitsrechtliche Bindung geboten ist. Die besondere strukturelle Unterlegenheit einer Vertragspartei, die Unausweichlichkeit des Vertragsschlusses auf Grund elementarer Angewiesenheit auf das Angebot des Privaten oder die faktische Fremdbestimmung eines Vertragsteils löst die grundrechtliche Bindung Privater aus.[276]

Vergleichbare Konstellationen einer staatsgleichen Grundrechtsbindung auf Grund einer „aus einem Monopol oder aus struktureller Überlegenheit resultierende[n] Entscheidungsmacht"[277] werden seither diskutiert. Eine Übertragung dieser Rechtsprechung auf den Bereich der öffentlichen Kommunikation im Internet, insbesondere auf Facebook als derzeit wohl mächtigstes soziales Netzwerk,[278] lag mit Blick auf die faktische Regelungsmacht und die Gatekeeperfunktion der Internetkonzerne und Suchmaschinenbetreiber nahe[279] und wurde in der Rechtsprechung der Fachgerichte im An-

---

[273] BVerfGE 148, 267 (283).

[274] Vgl. *H. Greve*, Drittwirkung des grundrechtlichen Datenschutzes, S. 673 sieht in der BVerfG-Rspr. eine Parallele zur EuGH-Judikatur zur Drittwirkung von Grundfreiheiten bei wirtschaftlicher Übermacht des Privaten; s. schon *F. Gamillscheg*, AcP 164 (1964), 385 (407) der die Begriffe „soziale Macht, soziale Gewalt" als „Schlüssel des Problems der Drittwirkung" bezeichnete; vgl. ferner *W. Böckenförde*, Freiheitssicherung, S. 71: um Freiheit für alle zur Entstehung zu bringen, müsse der Staat entstandene gesellschaftliche Macht selbst begrenzen, kanalisieren und sie daran hindern, „daß sie gegenüber den Unmächtigen ihre Überlegenheit voll ins Spiel bringt und deren rechtliche Freiheit dadurch erstickt."

[275] BVerfGE 148, 267 (283 f. Rn. 41).

[276] S. zur Einschränkung der Privatautonomie bei Bürgschaftsverträgen BVerfGE 89, 214 (232). Verneint für ein Hotel bei Stornierung einer Hotelbuchung wegen Zugehörigkeit zu einer bestimmten politischen Partei in BVerfG, NJW 2019, 3769.

[277] BVerfGE 148, 267 (284).

[278] Die missbräuchliche Ausnutzung einer marktbeherrschenden Stellung durch die Verarbeitung personenbezogener Daten durch Facebook bestätigend BGH, NZKart 2020, 473 (476 ff.).

[279] S. bereits *T. Barczak*, Konstitutionalisierung, S. 114; *H. Greve*, Drittwirkung des

schluss an die Stadionverbots-Entscheidung bejaht.[280] Das BVerfG verpflichtete im Vorfeld der Europawahl 2019 im Rahmen einer Folgenabwägung Facebook zur befristeten Entsperrung des Accounts einer politischen Partei im Wege der einstweiligen Anordnung.[281] Aufgrund der erheblichen Marktmacht des sozialen Netzwerks entfalte Art. 3 Abs. 1 GG im Verhältnis zu dessen Nutzern mittelbare Drittwirkung, es liege eine „spezifische Konstellation“ im Sinne der Stadionverbots-Entscheidung vor.[282] Das Gleichheitsgrundrecht verpflichte Facebook zur Entsperrung des Accounts der Partei, da das Netzwerk als das „mit Abstand bedeutsamste soziale Netzwerk“ ein Forum zum Zwecke der Meinungsäußerung biete.[283] Allerdings wies das BVerfG in der einstweiligen Anordnung darauf hin, dass die verfassungsrechtlichen Rechtsbeziehungen zwischen den Nutzern und Betreibern sozialer Netzwerke in der zivilgerichtlichen und in der bundesverfassungsgerichtlichen Rechtsprechung „insoweit noch ungeklärt“ seien.[284]

Ein halbes Jahr später wies der Erste Senat in dem Recht-auf-Vergessen-I-Beschluss in einem privatrechtlichen Rechtsstreit zwischen einem vor mehreren Jahrzehnten verurteiltem Straftäter und einem Online-Nachrichtenarchiv darauf hin, dass die Reichweite der mittelbaren Drittwirkung von einer Einzelfallabwägung abhänge. Maßgeblich seien, „die Unausweichlichkeit von Situationen, das Ungleichgewicht zwischen sich gegenüberstehenden Parteien, die gesellschaftliche Bedeutung bestimmter Leistungen oder die soziale Mächtigkeit einer Seite“[285]. Auch diese Entscheidung betraf jedoch nicht das Grundrecht auf informationelle Selbstbestimmung, sondern die aus dem allgemeinen Persönlichkeitsrecht folgenden allgemeinen Schutzdimensionen des Äußerungsrechts. Eine unmittelbare Anwendung des informationellen Selbstbestimmungsrechts aus Art. 2 Abs. 1 i.V.m. Art. 1 Abs. 1 GG zwischen Privaten steht noch aus.[286]

---

grundrechtlichen Datenschutzes, S. 674; eine Übertragung auf soziale Netzwerke befürwortend *B. Raue*, JZ 2018, 961; *M. Schröder*, JZ 2019, 953 (956); *M. Ruffert*, JuS 2020, 1 (4) „plausible Anwendungsfälle“; *A. Kulick*, Horizontalwirkung, S. 347 ff.; an den Ausgleich durch den staatlichen Gesetzgeber appellierend hingegen *H.-J. Papier*, NJW 2017, 3025 (3030); *C. Smets*, NVwZ 2019, 34 (36); krit. *F. Michl*, JZ 2018, 910 (917).

[280] Erstmals die Grundrechtsbindung (Art. 5 GG) von Facebook unter Verweis auf die Stadionverbots-Entscheidung bejahend LG Bamberg, MMR 2019, 56 (58) m. zust. Anm. *S. V. Knebel*, MMR 2019, 59.

[281] BVerfG, NJW 2019, 1935.

[282] BVerfG, NJW 2019, 1935 (1936 Rn. 15).

[283] BVerfG, NJW 2019, 1935 (1936 Rn. 19).

[284] BVerfG, NJW 2019, 1935 (1936 Rn. 15).

[285] BVerfGE 152, 152 (185 Rn. 77).

[286] Zwar betraf auch die Pflicht zur Offenbarung einer Entmündigung bei Abschluss eines Mietvertrags im Fall BVerfGE 84, 192 (194) das Recht auf informationelle Selbstbestimmung im Verhältnis Privater, allerdings nahm das Gericht keine Bindung Privater

2. Abgrenzung zwischen Persönlichkeitsrechtsschutz und Datenschutz

Im Recht-auf-Vergessen-I-Beschluss ging es um den Löschungsanspruch eines verurteilten Straftäters gegen ein Online-Nachrichtenarchiv. Das allgemeine Persönlichkeitsrecht des Betroffenen aus Art. 2 Abs. 1 i.V.m. Art. 1 Abs. 1 GG in seiner allgemeinen Schutzdimension des Äußerungsrechts sowie die Meinungs- und Pressefreiheit aus Art. 5 Abs. 1 S. 1 und 2 GG wirken bei der Abwägung vermittelt durch §§ 1004, 823 Abs. 2 BGB in das Privatrechtsverhältnis ein.[287] Wie der Senat ausführt, gäbe es keinen Grund,

> den Grundrechtsschutz nach allgemeinen Regeln nicht auch auf das Verhältnis zwischen Privaten zu erstrecken und ihn im Wege der mittelbaren Drittwirkung auch in zivilrechtlichen Streitigkeiten zur Geltung zu bringen. […] Auch auf das Verhältnis zwischen Privaten gewinnen die Auswirkungen der technischen Möglichkeiten der Datenverarbeitung immer mehr an Bedeutung. Maßgeblich für die Reichweite der Bindung sind insbesondere die Unausweichlichkeit von Situationen, das Ungleichgewicht zwischen den Parteien, die gesellschaftliche Bedeutung bestimmter Leistungen und die soziale Mächtigkeit einer Partei.[288]

Die äußerungsrechtliche Dimension des allgemeinen Persönlichkeitsrechts schütze „vor der Verarbeitung personenbezogener Berichte und Informationen als Ergebnis eines Kommunikationsprozesses."[289] Während diese Dimension „vor der sichtbaren Verbreitung bestimmter Informationen im öffentlichen Raum" schütze, gewährleiste das Recht auf informationelle Selbstbestimmung den Schutz vor der intransparenten Verarbeitung und Nutzung individueller Daten.[290] Die Veröffentlichung von Informationen über einen verurteilten Straftäter in einem Nachrichtenarchiv ist für jeden ohne weiteres zugänglich. Wendet sich der Betroffene gegen die fortdauernde Zugänglichkeit dieser Information, gehe es „um die Verbreitung von Äußerungen im Rahmen gesellschaftlicher Kommunikation", nicht aber um den Schutz vor den Gefahren der Datenverarbeitung.[291] Das allgemeine Persönlichkeitsrecht aus Art. 2 Abs. 1 i.V.m. Art. 1 Abs. 1 GG gewährleiste den Schutz vor personenbezogener Berichterstattung, die geeignet sei, die Persönlichkeitsentfaltung erheblich zu beeinträchtigen.[292]

Seither differenziert der Erste Senat verstärkt zwischen dem informationellen Selbstbestimmungsrecht und der äußerungsrechtlichen Schutzdi-

---

an. Vielmehr ging es um die Anwendung privatrechtlicher Vorschriften durch das Gericht, das den verfassungsrechtlichen Einfluss auf das Privatrecht verkannte. Die Grundrechtsverletzung erfolgt hier unmittelbar durch die Judikative, mithin die staatliche Gewalt.

[287] BVerfGE 152, 152 (185 f. Rn. 76 ff.).

[288] BVerfGE 152, 152 (189 Rn. 85).

[289] BVerfGE 152, 152 (192 Rn. 91).

[290] BVerfGE 152, 152 (192 Rn. 91).

[291] BVerfGE 152, 152 (193 Rn. 92).

[292] BVerfGE 152, 152 (186 Rn. 79 f. und 193 Rn. 91).

mension des allgemeinen Persönlichkeitsrechts.[293] Den Schutz vor nachteiliger Informationsverbreitung, insbesondere wenn sie Ergebnis eines Kommunikationsprozesses sind, leiste die äußerungsrechtliche Ausprägung des allgemeinen Persönlichkeitsrechts.[294]

3. Drittwirkung des Rechts auf informationelle Selbstbestimmung

Auch wenn das Recht auf informationelle Selbstbestimmung in der Entscheidung nicht für maßgeblich erachtet wurde, geht das BVerfG auf dessen Wirkung zwischen Privaten näher ein. Dieses wurde zunächst als Abwehrrecht gegenüber staatlicher Datenerhebung und -verarbeitung entwickelt, kann aber auch in zivilrechtlichen Streitigkeiten im Wege der mittelbaren Drittwirkung seinen Schutz im Verhältnis zwischen Privaten entfalten. Der Schutzumfang des Rechts auf informationelle Selbstbestimmung zwischen Privaten im Wege der mittelbaren Drittwirkung ist umfassend.

Das Recht auf informationelle Selbstbestimmung verbürge als eigene Ausprägung des allgemeinen Persönlichkeitsrechts demgegenüber „keinen gesamthaften Schutzanspruch hinsichtlich jederlei Umgangs mit Informationen, der die übrigen Schutzdimensionen des Grundrechts allgemein übergreifen und zusammenführen würde".[295] Vielmehr schütze es im Schwerpunkt „vor den spezifischen Gefährdungen der von Betroffenen nicht mehr nachzuvollziehenden oder zu kontrollierenden Datensammlung und -verknüpfung".[296] Es sei vor dem Hintergrund der Gefahren neuartiger Möglichkeiten der Datenverarbeitung entwickelt worden und diene primär dem Schutz vor der ungewollten Preisgabe von Daten gegenüber dem Staat und im Rahmen privater Rechtsbeziehungen.[297] Die presserechtliche Äußerung oder die personenbezogene Berichterstattung stehen damit nicht unter einem grundsätzlichen datenschutzrechtlichen Verarbeitungsvorbehalt; die Rechtfertigungslasten seien vielmehr im Bereich der gesellschaftlichen Kommunikation „im Spannungsfeld von Schutz und Freiheit verschieden verteilt", insbesondere sei die Abwägung nicht „von einer übergreifenden Vorrangregel geleitet", sondern „auf eine abgestufte Balance zwischen Freiheitsvermutung und Schutzanspruch hin orientiert."[298] Dass die Verbreitung von Äußerungen im Rahmen gesellschaftlicher Kommunikation im Internet verdatet und nicht analog erfolgt, eröffne nicht den Schutzbereich des Rechts auf informationelle Selbstbestimmung. Der Faktor „Internet" sei vielmehr

---

[293] BVerfG, NJW 2020, 1793 (1794 Rn. 7); BVerfGE 152, 152 (192 Rn. 91).
[294] BVerfGE 152, 152 (192 Rn. 91).
[295] BVerfGE 152, 152 (191 Rn. 89).
[296] BVerfG, NJW 2020, 1793 (1794 Rn. 7); BVerfGE 152, 152 (191 Rn. 89 f.).
[297] BVerfGE 152, 152 (190 Rn. 86; 192 Rn. 90).
[298] BVerfGE 152, 152 (188 Rn. 82).

erst bei der Bestimmung der Intensität der Belastung im Rahmen der Abwägung der gegenüberstehenden Grundrechte von Bedeutung.[299]

Dies gilt zunächst hinsichtlich der Frage, unter welchen Bedingungen im Rahmen von privatrechtlichen Schuldverhältnissen welche Daten offenbart werden müssen. Dies gilt aber etwa auch für die Bedingungen, wann welche personenbezogenen Daten von privaten Dritten für welche Zwecke verarbeitet und genutzt werden dürfen. Auch für das Verhältnis zwischen Privaten gewinnen die Auswirkungen der technischen Möglichkeiten der Datenverarbeitung immer mehr an Bedeutung. In allen Lebensbereichen werden zunehmend für die Allgemeinheit grundlegende Dienstleistungen auf der Grundlage umfänglicher personenbezogener Datensammlungen und Maßnahmen der Datenverarbeitung von privaten, oftmals marktmächtigen Unternehmen erbracht, die maßgeblich über die öffentliche Meinungsbildung, die Zuteilung und Versagung von Chancen, die Teilhabe am sozialen Leben oder auch elementare Verrichtungen des täglichen Lebens entscheiden. Die einzelne Person kommt kaum umhin, in großem Umfang personenbezogene Daten gegenüber Unternehmen preiszugeben, wenn sie nicht von diesen grundlegenden Dienstleistungen ausgeschlossen sein will. Angesichts der Manipulierbarkeit, Reproduzierbarkeit und zeitlich wie örtlich praktisch unbegrenzten Verbreitungsmöglichkeit der Daten sowie ihrer unvorhersehbaren Rekombinierbarkeit in intransparenten Verarbeitungsprozessen mittels nicht nachvollziehbarer Algorithmen können die Einzelnen hierdurch in weitreichende Abhängigkeiten geraten oder ausweglosen Vertragsbedingungen ausgesetzt sein. Diese Entwicklungen können damit tiefgreifende Gefährdungen der Persönlichkeitsentfaltung begründen. Das Recht auf informationelle Selbstbestimmung soll diesen entgegenwirken.[300]

Anders als die staatliche Verarbeitung personenbezogener Daten sei die Verarbeitung durch Private von vornherein eine Frage des Ausgleichs gegenläufiger Grundrechtspositionen.[301] Gegenstück des Rechts auf informationelle Selbstbestimmung sei die Freiheit anderer Grundrechtssubjekte, Informationen zu konsumieren, zu verarbeiten und nach eigenen, nicht zwingend statischen Zwecken zu nutzen.[302] Es wirke zwischen Privaten im Wege der mittelbaren Drittwirkung und strahle „als verfassungsrechtliche Wertentscheidung und ‚Richtlinie' in das Zivilrecht ein".[303] Anders als bei der staatlichen Datenverarbeitung seien die Anforderungen an die Rechtfertigung privater Datenverarbeitung nicht gleichermaßen formal bestimmt, sondern „in Blick auf die unterschiedlichen und nicht selten vielpoligen Konstellationen zwischen Privaten je nach Schutzbedarf durch Abwägung zu ermitteln".[304] Auch sei das Recht auf informationelle Selbstbestimmung nicht als „ein allgemeines oder gar umfassendes Selbstbestimmungsrecht über die Nutzung der ei-

---

[299] BVerfGE 152, 152 (193 Rn. 92; 194 Rn. 96).

[300] BVerfGE 152, 152 (189 Rn. 85); s. bereits *K. Hesse*, Grundzüge des Verfassungsrechts, § 11 Rn. 357, wonach die Grundrechte umso nachhaltiger in das Privatrecht einwirken, „je mehr es um den Schutz personaler Freiheit gegen Ausübung wirtschaftlicher oder sozialer Macht geht."

[301] BVerfGE 152, 152 (190 Rn. 87).

[302] BVerfGE 152, 152 (190 Rn. 87).

[303] BVerfGE 152, 152 (190 Rn. 86).

[304] BVerfGE 152, 152 (190 f. Rn. 87).

genen Daten" zu verstehen. Es gewährleiste vielmehr nur die Möglichkeit, „in differenzierter Weise darauf Einfluss zu nehmen, in welchem Kontext und auf welche Weise die eigenen Daten anderen zugänglich und von ihnen genutzt werden."[305] Deswegen sei der Schutz im Verhältnis Privater untereinander jedoch nicht schwächer ausgestaltet, vielmehr führt der Erste Senat unter Bezugnahme auf seine Rechtsprechung zur mittelbaren Drittwirkung der Grundrechte aus, dass „insbesondere wenn private Unternehmen in eine staatsähnlich dominante Position rücken oder etwa die Bereitstellung schon der Rahmenbedingungen öffentlicher Kommunikation selbst übernehmen, [...] die Grundrechtsbindung Privater einer Grundrechtsbindung des Staates im Ergebnis vielmehr nahe- oder auch gleichkommen" könne.[306] Dann können auch „hier strenge Strukturierungsanforderungen an die Datenverarbeitung und die Anknüpfung an Zweck und Zweckbindungen – insbesondere etwa in Wechselwirkung mit Einwilligungserfordernissen – geeignete und möglicherweise verfassungsrechtlich gebotene Mittel zum Schutz der informationellen Selbstbestimmung sein."[307]

4. Drittwirkung in unionsrechtlich determinierten Fällen

Im Unterschied hierzu führt die unmittelbare Anwendung der Grundrechte der GRCh durch den Ersten Senat dazu, dass in Fällen, die dem Anwendungsbereich des Datenschutzsekundärrechts unterfallen, neben der geschilderten Drittwirkung im Fall der situativ staatsgleichen Grundrechtsbindung auch eine allgemeine unmittelbare Drittwirkung anerkannt wird. Die Wirkung von grundrechtskonkretisierendem Unionssekundärrecht als Instrument der Drittwirkung[308] setzt sich dadurch auch im Recht der Mitgliedstaaten fort. Die Rechtsprechung bringt Art. 7 und 8 GRCh zwischen Privaten zur Anwendung, sobald ein Sachverhalt dem Sekundärrecht unterfällt [a)], was eine unmittelbare Drittwirkung im europäischen Datenschutzrecht nahe legt [b)].

a) Anwendung von Art. 7, 8 GRCh

Im Recht-auf-Vergessen-II-Beschluss über den Auslistungsantrag einer Unternehmerin gegen einen privaten Suchmaschinenbetreiber wendet das BVerfG die Grundrechte aus Art. 7 und 8 GRCh unmittelbar auf das Privatrechtsverhältnis an, ohne auf die mittelbare Drittwirkung zu rekurrieren.[309] Der Senat geht davon aus, dass die Frage, welche personenbezogenen

---

305 BVerfGE 152, 152 (191 Rn. 87); 120, 180 (198).
306 BVerfGE 152, 152 (191 Rn. 88). Weiterentwicklung von BVerfGE 128, 226 (249 f.).
307 BVerfGE 152, 152 (191 Rn. 88).
308 Zu dieser oben, 4. Kapitel, A.II. (S. 185 ff.).
309 BVerfGE 152, 216 (254 Rn. 97).

Daten auf Suchabfragen bei einer Suchmaschine verlinkt werden dürfen, in den Anwendungsbereich der zum Zeitpunkt der Ausgangsentscheidungen gültig gewesenen DSRL falle, und verweist auf Art. 2, 4, 6, 7, 12 und 14 DSRL sowie die Google Spain-Entscheidung des EuGH.[310] Danach beanspruchen die zum Zeitpunkt der Ausgangsentscheidung unionsrechtlich vollständig vereinheitlichten materiellen Anforderungen aus Art. 6 und 7 DSRL Geltung.[311] Es sei durch den EuGH geklärt, dass die Suchmaschinentätigkeit „eigenständig an Art. 7 und Art. 8 GRCh zu messen" und dass das Medienprivileg nicht einschlägig sei.[312] Dabei verweist der Senat auf die Rechtsprechung des EuGH, wonach die sekundärrechtlichen Erlaubnistatbestände in Art. 6 und 7 DSRL abschließend und in den Mitgliedstaaten unmittelbar anwendbar seien und deren Anforderungen von den Mitgliedstaaten weder unter- noch überschritten werden dürfen.[313] Der Ausgleich der Grundrechte zwischen Privaten habe auf Basis des maßgeblichen Fachrechts zu erfolgen.[314] So sei der in Art. 7 lit. e DSRL verwendete Begriff der Erforderlichkeit „als autonomer Begriff des Unionsrechts einheitlich auszulegen".[315] Der Erste Senat lässt es jedoch dahin stehen, „ob dies schon für sich allein als Grundlage für die Annahme einer vollständig vereinheitlichten Rechtslage ausreicht, oder ob sie im Hinblick auf gegenläufige Anhaltspunkte in der Richtlinie weiterer Absicherung bedürfte."[316] Die Anwendung der GRCh auf Private wird bewusst nicht als eine „Lehre der ‚mittelbaren Drittwirkung', wie sie das deutsche Recht kennt"[317] bezeichnet. Vermieden wird aber auch die Bezeichnung als unmittelbare Drittwirkung. Vielmehr spricht der Senat davon, dass die Grundrechte der Charta „einzelfallbezogen in das Privatrecht hineinwirken" können und dies im Ergebnis der mittelbaren Drittwirkung sehr nahekomme.[318]

---

[310] BVerfGE 152, 216 (230 Rn. 35); EuGH, Rs. C-131/12, EU:C:2014:317 – Google Spain.

[311] BVerfGE 152, 216 (230 Rn. 37; 231 Rn. 39).

[312] BVerfGE 152, 216 (271 Rn. 138); die Aussage des EuGH zum Medienprivileg wird jedoch als „überschießend" und damit unverbindlich erachtet, s. nur *N. Marsch*, Das europäische Datenschutzgrundrecht, S. 257 Fn. 497 m.w.N.

[313] BVerfGE 152, 216 (231 Rn. 39).

[314] BVerfGE 152, 216 (253 Rn. 96) unter Verweis auf EuGH, Rs. C-275/06, Slg. 2008, I-271, Rn. 68 – Promusicae; Rs. C-580/13, EU:C:2015:485, Rn. 33 ff. – Coty Germany; Rs. C-73/07, Slg. 2008, I-9831, Rn. 53 – Satamedia; verb. Rs. C-468/10, C-469/10, Slg. 2011, I-12181, Rn. 43 – ASNEF; Rs. C-516/17, EU:C:2019:625, Rn. 51 ff. – Spiegel Online.

[315] BVerfGE 152, 216 (231 Rn. 39).

[316] BVerfGE 152, 216 (232 Rn. 40), dabei wird auf ErwG 9 und Art. 5 DSRL verwiesen. Jedenfalls sei diese EuGH-Rechtsprechung nun durch die DSGVO „in politischer Verantwortung bestätigt und rechtlich abgesichert" worden.

[317] BVerfGE 152, 216 (254 Rn. 97).

[318] BVerfGE 152, 216 (254 Rn. 97).

Freilich erscheint bei Berücksichtigung der prozessualen Situation (Urteilsverfassungsbeschwerde i.S.v. § 90 Abs. 1 BVerfGG) ein Fall der Bindung des Staates an die Grundrechte vorzuliegen (Art. 1 Abs. 3 GG), da der Beschwerdeführer geltend machte, dass das Zivilgericht im Rahmen der Abwägung das Grundrecht auf informationelle Selbstbestimmung nicht ausreichend gewürdigt habe.[319] Tatsächlich aber findet eine umfassende Horizontalisierung statt, das BVerfG nimmt insbesondere im Unterschied zum Recht-auf-Vergessen-I-Beschluss nicht auf die eingrenzende Formulierung Bezug, wonach die mittelbare Drittwirkung der Grundrechte „insbesondere" nur dann der Grundrechtsbindung des Staates im Ergebnis „nahe- oder auch gleichkommen" könne, wenn private Datenverarbeiter in eine „staatsähnlich dominante Position rücken".[320]

b) Allgemeine unmittelbare Drittwirkung im europäischen Datenschutzrecht?

Die vom Ersten Senat vorgenommene Erweiterung des Prüfungsmaßstabs der Urteilsverfassungsbeschwerde ist kritikwürdig. Sie verkürzt zum einen die fortbestehende Relevanz der Grundrechte des Grundgesetzes in unionsrechtlich determinierten Bereichen, obwohl ihre Anwendung der Effektivität und Wirksamkeit des Unionsrechts nicht entgegenstehen würde. Zum anderen droht eine unmittelbare Drittwirkung der Unionsgrundrechte im Privatverhältnis über die bisherigen Fälle der staatsgleichen Machtasymmetrie hinaus. So folge aus der einheitlichen Schutzverbürgung[321] aus Art. 7 und 8 GRCh allgemein „die selbstbestimmte Persönlichkeitsentfaltung gegenüber der Datenverarbeitung Dritter".[322] Der Schutz sei insbesondere nicht auf höchstpersönliche oder besonders sensible Sachverhalte beschränkt, sondern umfasse auch geschäftliche und berufliche Tätigkeiten.[323]

Die kombinierte Prüfung von Art. 7 und 8 GRCh verkennt den in jüngerer Zeit verstärkt differenzierenden Ansatz des EuGH.[324] Das Verständnis des Datenschutzes (Art. 8 GRCh) als grundsätzlich akzessorisch zur Privatheit (Art. 7 GRCh) wird im Zeitalter der Digitalisierung der viel umfassenderen Bedeutung des Schutzes personenbezogener Daten für sämtliche Freiheiten nicht gerecht. Datenschutz lässt sich nicht einem einzelnen Grundrecht zu-

---

[319] BVerfGE 152, 216 (222 Rn. 15).

[320] BVerfGE 152, 152 (191 Rn. 88).

[321] BVerfGE 152, 216 (255 Rn. 99).

[322] BVerfGE 152, 216 (256 Rn. 101).

[323] BVerfGE 152, 216 (254 Rn. 99) unter Verweis auf EuGH, verb. Rs. C-92/09 u. C-93/09, Slg. 2010, I-11063, Rn. 52 – Schecke; verb. Rs. C-465/00, C-138/01, C-139/01, Slg. 2003 I-4989, Rn. 73, 75 – ORF; Rs. C-450/06, EU:C:2008:91, Rn. 48 – Varec; Rs. C-398/15, EU:C:2017:197, Rn. 34 – Manni.

[324] So prüfte der EuGH Art. 7 und 8 erstmals getrennt in der verb. Rs. C-293/12 und C-594/12, EU:C:2014:238, Rn. 32 ff. – Digital Rights.

ordnen, vielmehr ist der Schutz der informationellen Selbstbestimmung notwendige Bedingung für die unbefangene Wahrnehmung theoretisch jeden Grundrechts, wenn dessen freie Entfaltung durch informationsbedingte Nachteile beeinträchtigt werden kann. Zudem bestehen im Grundgesetz mit Art. 10, 13 GG oder dem „Computer-Grundrecht“[325] spezielle Gewährleistungen, die den Schutz personenbezogener Daten unter besonderen Bedingungen bezwecken.[326] Art. 8 GRCh vereint all diese Garantien in sich. Die Gewährleistung wird deshalb, soweit sich der Grundrechtseingriff aus der Verarbeitung personenbegener Daten ergibt, als vorrangiges Spezialgrundrecht erachtet.[327] Ergänzend ist der Schutz personenbezogener Daten auch als Mittel zur Sicherstellung des Gleichheitsanspruchs zu begreifen, weil er durch den Schutz besondere Datenkategorien in Art. 9 GRCh vor Grundrechtsgefährdungen bei Kenntnis besonders sensibler Informationen im Sinne der Kategorie des Art. 3 Abs. 3 GG (Art. 21 GRCh) schützt.

5. *Zwischenergebnis*

Die Grundrechtsbindung Privater im Sinne der Stadionverbots-Entscheidung weist Züge der unmittelbaren Grundrechtsbindung auf, ist jedoch situativ beschränkt.[328] Nur Privatrechtsakteure, die einem breiten Publikum ein Forum zur Freiheitswahrnehmung aufgrund ihrer sozialen Mächtigkeit eröffnen oder kraft ihrer strukturellen Überlegenheit in erheblichem Umfang über die Teilnahme am gesellschaftlichen Leben entscheiden,[329] werden auf Grund ihrer besonderen rechtlichen Verantwortung im Ergebnis unmittelbar an die Grundrechte im staatlichen Sinne gebunden.[330] Auch im Datenschutzrecht kommt je nach Mächtigkeit des datenverarbeitenden Akteurs dessen Grundrechtsbindung der staatlichen Grundrechtsbindung nahe, wenn nicht gar gleich.[331] Das Datenschutzrecht wirkt damit im Verhältnis zwischen Privaten wie ein Abwehrrecht, allerdings nur, wenn ein massives Machtgefälle besteht. Anders hingegen in unionsrechtlich determinierten Sachverhalten.

---

[325] Zu diesem Recht auf Gewährleistung der Vertraulichkeit und Integrität informationstechnischer Systeme s. BVerfGE 120, 274.

[326] Zur Subsidiarität des Grundrechts auf Gewährleistung der Vertraulichkeit und Integrität informationstechnischer Systeme im Verhältnis zu Art. 10 GG s. *E. Gurlit*, NJW 2010, 1035 (1037).

[327] *T. Lock*, in: Kellerbauer/Klamert/Tomkin, EU Treaties, Art. 8 CFR Rn. 3 f.

[328] So *F. Michl*, JZ 2018, 910 (911), die Stadionverbots-Entscheidung verdränge deshalb die Figur der mittelbaren Drittwirkung zu Gunsten einer „situativ staatsgleichen Grundrechtsbindung Privater“; krit. ferner *J. Neuner*, NJW 2020, 1851 (1853): „in der Sache eine unmittelbare Anwendung von Art. 3 I GG auf Private“, m.w.N.

[329] BVerfGE 148, 267 (284).

[330] *F. Michl*, JZ 2018, 910 (912 f.).

[331] BVerfGE 152, 152 (191 Rn. 88). Weiterentwicklung von BVerfGE 128, 226 (249 f.).

In einem solchen wandte das BVerfG die Grundrechte aus Art. 7 und 8 GRCh unter Verweis auf die unmittelbare Geltung der DSGVO auf ein privatrechtliches Verhältnis an. Aus der unmittelbaren Geltung des grundrechtskonkretisierenden Sekundärrechts folgt automatisch die unmittelbare Anwendung der konkretisierten Grundrechte in den Mitgliedstaaten.

II. Umfassende Drittwirkung im Unionsrecht?

Eine differenzierte Bindung Privater je nach sozialer Mächtigkeit lässt sich dem europäischen Datenschutzrecht nicht entnehmen. Insbesondere Art. 6 Abs. 1 UAbs. 1 lit. f DSGVO ist Ausdruck einer defizitären Erfüllung der Schutzpflicht auf Unionsebene (1.). Vielmehr stellt das grundrechtskonkretisierende Sekundärrecht die private Datenverarbeitung grundsätzlich[332] unter einen Einwilligungs- bzw. Rechtfertigungsvorbehalt, ohne nach staatsgleicher Machtasymmetrie oder einem grenzüberschreitenden Bezug zu differenzieren (2.). Konkretisierungsversuche sind im Rechtsetzungsverfahren gescheitert (3.). Drittwirkung zwischen Privaten entfalten Unionsgrundrechte nur, wenn im Wege grundrechtskonkretisierenden Sekundärrechts von der Schutzpflicht des Unionsrechtsetzers qualifiziert Gebrauch gemacht worden ist (4.).[333]

1. Defizitäre Erfüllung der unionsrechtlichen Schutzpflicht: Die allgemeine Abwägungsvorgabe

Die Konzeption der DSGVO hat zur Folge, dass das Datenschutzgrundrecht zwischen Privaten grundsätzlich unmittelbar anwendbar ist, sobald der sekundärrechtliche Anwendungsbereich eröffnet ist. Für die Rechtmäßigkeit privater Verarbeitung personenbezogener Daten ist insbesondere die Abwägung berechtigter Interessen nach Art. 6 Abs. 1 UAbs. 1 lit. f DSGVO relevant. Die Vorgabe lautet wie folgt:

> [...] die Verarbeitung ist zur Wahrung der berechtigten Interessen des Verantwortlichen oder eines Dritten erforderlich, sofern nicht die Interessen oder Grundrechte und Grundfreiheiten der betroffenen Person, die den Schutz personenbezogener Daten erfordern, überwiegen, insbesondere dann, wenn es sich bei der betroffenen Person um ein Kind handelt.

Diese Bestimmung ist im Unterschied zu Art. 6 Abs. 1 UAbs. 1 lit. c und e DSGVO für öffentliche Stellen ein im mitgliedstaatlichen Recht anwendbarer Erlaubnistatbestand für die Verarbeitung personenbezogener Daten durch Private, der keiner Ergänzung im mitgliedstaatlichen Recht bedarf. Art. 6 Abs. 1 UAbs. 1 lit. f DSGVO hat drei Voraussetzungen. Es bedarf

---

[332] S. aber die Haushaltsausnahme und das Medienprivileg.

[333] Zu dieser bereitso oben, 4. Kapitel, A.II.2. (S. 187).

zunächst eines berechtigten Interesses des Verantwortlichen, als zweites muss die Verarbeitung zur Verwirklichung des berechtigten Interesses erforderlich sein und schließlich dürfen die Grundrechte der betroffenen Person nicht überwiegen.[334] Bei der Abwägung der gegenüberstehenden Rechte sind Art. 7 und 8 GRCh zu berücksichtigen.[335] In der Rechtsprechung dient die Abwägungsklausel als Einfallstor für die unmittelbare Anwendung der Grundrechte aus Art. 7 und 8 GRCh auf Privatrechtsverhältnisse.

Grundsätzlich nimmt der Unionsrechtsetzer mit dieser Bestimmung seine Schutzpflicht wahr und bringt das Grundrecht zwischen Privaten mittelbar zur Anwendung.[336] Nach ständiger Rechtsprechung erfordert Art. 6 Abs. 1 UAbs. 1 lit. f DSGVO „eine Abwägung der jeweiligen einander gegenüberstehenden Rechte und Interessen" und die Herstellung eines angemessenen Gleichgewichts zwischen den verschiedenen durch die Unionsrechtsordnung geschützten Grundrechte und Grundfreiheiten.[337] Generalklauselartige Formulierungen wie „berechtigtes Interesse" oder „schützwürdige Belange" sind dem Datenschutzrecht immanent[338] und keine unionsrechtliche Besonderheit. Im Verhältnis zu den Mitgliedstaaten vermag diese Vorschrift allerdings nicht die gebotene Abwägung hinreichend zu determinieren. Grundrechtsschützenden gesetzgeberischen Eingreifens bedarf es in den Fällen der dargestellten situativ staatsgleichen Grundrechtsgefährdung durch Private. Müssen Regelungen für die Datenverarbeitung im öffentlichen Bereich hinreichend bestimmt und begrenzt sein, gilt zwischen Privaten umgekehrt, dass die Regelungen im Sinne größtmöglicher Freiheit offen gestaltet sein müssen.[339]

Der in Art. 52 Abs. 1 S. 2 GRCh im Zusammenhang mit dem Gesetzesvorbehalt verankerte Grundsatz der Verhältnismäßigkeit gilt nicht unmittelbar für Handlungen Privater.[340] Im Unterschied zu öffentlichen Stellen sind Private selbst Träger des Grundrechts auf Datenschutz und nicht in vergleichbarer Weise bei ihrer Grundrechtswahrnehmung an den Verhältnismäßigkeitsgrundsatz gebunden.[341] Der Verhältnismäßigkeitsgrundsatz ist im

---

[334] Zu Art. 7 lit. f DSRL: EuGH, Rs. C-40/17, EU:C:2019:629, Rn. 95 – Fashion ID; Rs. C-13/16, EU:C:2017:336, Rn. 28 – Rīgas satiksme.

[335] EuGH, Rs. C-131/12, EU:C:2014:317, Rn. 74 – Google Spain.

[336] Näher zur Schutzpflicht des Unionsrechtsetzers im 3. Kapitel A.IV. (S. 112 ff.).

[337] Zur Vorgängerregelung in Art. 7 lit. f DSGVO EuGH, Rs. C-131/12, EU:C:2014:317, Rn. 74 – Google Spain; verb. Rs. C-468/10, C-469/10, Slg. 2011, I-12181, Rn. 40 f. – ASNEF; Rs. C-275/06, Slg. 2008, I-271, Rn. 66–68 – Promusicae; Rs. C-101/01, Slg. 2003, I-12971, Rn. 90 – Lindqvist.

[338] *DJT*, Gesetzliche Regelung des Datenschutzes, S. 18.

[339] Zum Begriff der Generalklausel im Datenschutzrecht *M. Wächter*, Falsifikation und Fortschritt, S. 126 ff.; *J. Masing*, NJW 2012, 2305 (2307).

[340] *C. Herresthal*, ZEuP 24 (2014), 238.

[341] *P. M. Huber*, NJW 2011, 2385 (2389).

horizontalen Verhältnis nicht im Sinne einer Zweck-Mittel-Relation zu prüfen, da er nicht die Minimierung eines „Eingriffs" (schon der Eingriffsbegriff ist in Bezug auf Private nicht adäquat) bezwecken kann. Vielmehr zielt er auf die Schaffung eines angemessenen Grundrechtsausgleichs. Die Beschränkung privater Datenverarbeitung dient nicht der möglichst konsequenten Abwehr von Eingriffen in die Freiheit, sondern vielmehr dem Ausgleich grundsätzlich gleichberechtigter Freiheitsansprüche im Wege der praktischen Konkordanz.[342] Im Verhältnis zum Staat ist die Schutzwirkung durch die „rechtsstaatliche Asymmetrie von bürgerlicher Freiheit und staatlicher Bindung strukturiert".[343] Private bedürfen keiner gesetzlichen Eingriffsermächtigung für ihr Handeln, sondern sind als Grundrechtssubjekte frei zu handeln, sie bestimmen ihr berechtigtes Interesse und den Zweck der Datenverarbeitung selbst.[344] Sie sind bei der Wahrnehmung ihrer Freiheiten nicht zur Begründung der Geeignetheit und Erforderlichkeit ihrer Handlungen verpflichtet. Ein grundsätzliches Verarbeitungsverbot wird einer zunehmend auf die Verarbeitung personenbezogener Daten angewiesenen gesellschaftlichen Interaktion nicht mehr gerecht und führt dazu, dass von Kommunikationsfreiheiten nicht mehr unvoreingenommen Gebrauch gemacht wird, sondern im Zweifel eine datengestützte Kommunikation unterlassen wird. Statt einer dreistufigen Verhältnismäßigkeitsprüfung erfolgt deshalb bei privater Verarbeitung personenbezogener Daten die Prüfung einer einstufigen „Angemessenheits-Verhältnismäßigkeit".[345] Abstrakt überwiegt weder das Grundrecht der datenverarbeitenden Person noch das des Betroffenen.[346] Vielmehr stehen sich die Grundrechtspositionen grundsätzlich gleichberechtigt gegenüber. Das vom EuGH in ständiger Rechtsprechung aufgestellte Postulat, dass sich Einschränkungen in Bezug auf den Schutz der personenbezogenen Daten „auf das absolut Notwendige beschränken müssen",[347] ist in Privatrechtsverhältnissen zu kategorisch. Denn auch datenverarbeitende Tätigkeit kann beispielsweise als Ausdruck der freien Meinung, im Rahmen unternehmerischer Tätigkeit oder im Kontext der Presse und Medien ein grundrechtlich geschütztes Verhalten darstellen, das nicht unter Rechtfertigungsvorbehalt steht. Anders jedoch, wenn die Bedingungen für die Selbst-

---

[342] BVerfGE 7, 198 (205); 148, 267 (280).

[343] BVerfGE 152, 152 (190 Rn. 86).

[344] *J. Masing*, NJW 2012, 2305 (2307).

[345] *J. Kersten*, DVBl. 2011, 585 (588); zur Abwägung als Konfliktlösungsmodell *S.-C. Lenski*, Personenbezogene Massenkommunikation, S. 181: Abwägung im Sinne einer „doppelten Verhältnismäßigkeitsprüfung".

[346] *J. Masing*, NJW 2012, 2305 (2307); krit. *C. Krönke*, Der Staat 55 (2016), 319 (325 f.); die verfassungsrechtliche Verankerung des grundsätzlichen Verarbeitungsverbots im privaten Bereich ablehnend *H. P. Bull*, Informationelle Selbstbestimmung, S. 58.

[347] EuGH, Rs. C–212/13, EU:C:2014:2428, Rn. 28 – Ryneš.

bestimmung des Einzelnen bei der Verarbeitung personenbezogener Daten nicht mehr gegeben sind. Zwischen Privaten muss das Recht so ausgestaltet sein, dass es zwar die für die freie Persönlichkeitsentfaltung gefährliche Verarbeitung personenbezogener Daten einschränkt, dabei aber nicht in ein Hemmnis für die freie Wirtschaft und die freie Grundrechtsausübung umzuschlagen droht. Datenschutz ist im Kern Persönlichkeitsrechtsschutz,[348] zugleich aber ein essenzieller wirtschaftlicher Standortfaktor. Jeder Wirtschaftssektor ist auf die Verarbeitung personenbezogener Daten angewiesen. Die Datenverarbeitung ist im digitalen Zeitalter elementare Grundbedingung zur Verwirklichung grundrechtlich geschützter Freiheiten. Die Betätigung grundrechtlich geschützter Freiheit im Bereich der Datenverarbeitung löst in der Regel die Betroffenheit eines Anderen aus, weil unter den Bedingungen der Digitalisierung jedes Datum für sich von Belang ist.[349] Für den allgemeinen Persönlichkeitsschutz sind primär die Mitgliedstaaten verantwortlich. Eine unionsweite Regelung muss mehr bieten, als nur den Schutz der Persönlichkeitsrechte, sie muss insbesondere auf den Schutz vor grenzüberschreitenden Persönlichkeitsrechtsverletzungen abzielen. Insofern ist bei global tätigen datenverarbeitenden Akteuren die Schutzpflicht mit Blick auf die Binnenmarktdimension der Datenschutzkompetenz primär auf supranationaler Ebene wahrzunehmen. Der Mehrwert eines unionsrechtlichen Datenschutzrechts besteht gerade angesichts der fortbestehenden Staatszentriertheit der EU in der Überwindung der insofern begrenzten nationalstaatlichen Machtmittel. Eine europäische Regelung muss sich an dem ursprünglichen Anspruch messen lassen, nämlich die zwischen Privaten bestehende asymmetrische Datenmacht zu bändigen.[350] Generalklauseln sind auf Unionsebene problematisch, weil die Wahrnehmung der Schutzpflicht durch den Unionsrechtsetzer nach dem Subsidiaritätsprinzip (Art. 51 Abs. 1 S. 1 GRCh i.V.m. Art. 5 Abs. 3 EUV) einen positiven Mehrwert gegenüber der mitgliedstaatlichen Regelung bringen muss. Anders als der nationale Gesetzgeber erfüllt der Unionsrechtsetzer durch die Schaffung allgemeiner Generalklauseln seine Schutzpflicht nicht ausreichend.

Bei der Wahrnehmung der grundrechtlichen Schutzpflicht steht auch dem Unionsgesetzgeber grundsätzlich ein weiter Gestaltungsspielraum zu. Allerdings verbietet es das Untermaßverbot, dass der Unionsrechtsetzer durch grundrechtsschützendes Sekundärrecht das gebotene Mindestmaß des Grundrechtsschutzes unionsweit unterschreitet. Die Schutzpflicht ist auf Unionsebene qualifiziert ausgestaltet, indem sie zusätzlich dem Subsidiaritätsgedanken des Art. 5 Abs. 1, 3 EUV Rechnung tragen muss. Gemäß

[348] Schon früh *S. Simitis*, NJW 1997, 281; *H. P. Bull*, NJW 1979, 1177.

[349] Grundlegend BVerfGE 65, 1 (45).

[350] Zu diesem Anspruch s. bereits die Einleitung. Vgl. zur geänderten grundrechtlichen Gefährdungslage *H. Greve*, Drittwirkung des grundrechtlichen Datenschutzes, S. 670.

Art. 51 Abs. 1 S. 1 GRCh gilt die Charta ausdrücklich nur „unter Wahrung des Subsidiaritätsprinzips". Das bedeutet, dass auf Unionsebene die Wahrnehmung der grundrechtlichen Schutzpflicht durch die Legislative zusätzlich einen Mehrwert gegenüber der mitgliedstaatlichen Schutzpflichterfüllung darstellen muss. Als Kompetenzausübungsschranke steht das Subsidiaritätsprinzip nicht nur einer zu weitgehenden unionsrechtlichen Rechtsetzung entgegen, es verlangt zugleich eine effektivere Regelung auf Unionsebene. Für den Ausgleich der Interessen zwischen Privaten ist das nach Art. 5 Abs. 1, 3 EUV erforderliche Positivkriterium nicht erfüllt.[351] Grundrechte sind auf Unionsebene gerade nicht allgemein kompetenzbegründend. Die insofern qualifizierte Schutzpflicht in Art. 8 GRCh verlangt deshalb insbesondere, dass das Unionsrecht einen grenzüberschreitenden Mehrwert für den digitalen Binnenmarkt bietet.[352] Art. 6 Abs. 1 UAbs. 1 lit. f DSGVO kann mangels qualifizierter Schutzpflichterfüllung die bestehenden allgemeinen Abwägungsvorgaben im Recht der Mitgliedstaaten nicht pauschal verdrängen.[353] Die Vorschrift positiviert lediglich den ohnehin auch im Primärrecht geltenden allgemeinen Rechtsgrundsatz wonach zwischen Privaten der Ausgleich grundsätzlich gleichrangiger grundrechtlich geschützter Interessen im Wege der praktischen Konkordanz zu erfolgen hat, ohne diesen Ausgleich selbst zu determinieren und ohne die Frage zu beantworten, auf welcher Ebene dieser Ausgleich primär zu erfolgen hat.

Stattdessen bedürfte es auf Unionsebene einer mit der Rechtsprechung des BVerfG vergleichbaren differenzierten Bindung Privater, die Private abhängig von ihrer Marktmacht zur Beseitigung von Machtasymmetrien unionsweit verpflichtet. Das Sekundärrecht bedarf einer substanziellen Beschränkung auf Fälle der situativen Staatsgleichheit – nur dann erfüllt es zugleich den Schutzauftrag zu Gunsten der Betroffenen. Dann würde das Unionsrecht im Verhältnis zum mitgliedstaatlichen Recht tatsächlich einen Mehrwert entfalten. Ob ein strukturelles Ungleichgewicht besteht, ist in der DSGVO ausdrücklich nur bei der Beurteilung der Freiwilligkeit der datenschutzrechtlichen Einwilligungserklärung nach Art. 6 Abs. 1 UAbs. 1 lit. a DSGVO relevant.[354]

---

[351] *W. Cremer*, VVDStRL 77 (2019), 117 (159), die Nichtigkeitsfolge annehmend; zum Negativ- und Positivkriterium s. KOM(2003) 770 endg., S. 19.

[352] Zu pauschal ist deshalb die Annahme, bei Erlass von grundrechtsschützendem Sekundärrecht sei „in erster Linie" der Unionsgesetzgeber für den Schutz der Grundrechte verantwortlich, *C. Bilz*, Margin of Appreciation, S. 218.

[353] Auch nicht im Bereich der Datenverarbeitung durch öffentliche Stellen.

[354] Zwar hat sich der Vorschlag des Europäischen Parlaments im Rechtsetzungsverfahren nicht durchgesetzt, in Art. 7 Abs. 4 DSGVO-EP zu normieren, dass eine Einwilligung bei Bestehen eines erheblichen Ungleichgewichts zwischen Vertragspartnern ausgeschlossen ist. Ein Relikt dieses Vorschlags findet sich jedoch noch im unverbindlichen ErwG 43 der DSGVO. Danach ist ein „klares Ungleichgewicht" zwischen dem Betroffenen und dem

2. Undifferenzierte Bindung Privater im europäischen Datenschutzrecht

Im Unterschied zur grundgesetzlichen Dogmatik stellt der EuGH für die unmittelbare Geltung der Art. 7 und 8 GRCh zwischen Privaten nicht auf die Marktmacht oder die soziale Mächtigkeit ab, um die Bindung des Suchmaschinenbetreibers an die Unionsgrundrechte zu begründen.[355] Es bedarf aber des korrigierenden Eingreifens durch den Gesetzgebers zur Lösung privatrechtlicher Interessenskollisionen gerade dann, wenn die Durchsetzbarkeit einer geschützten Grundrechtsposition auf Grund erheblicher Machtasymmetrien nicht dem freien Spiel der Kräfte überlassen werden kann. Wenn also ein Interessenausgleich unter Wahrung der Privatautonomie ohne staatliches Eingreifen nicht selbstbestimmt, sondern strukturell zu Lasten einer Partei erfolgen würde.[356]

In der Google Spain-Entscheidung folgte die unmittelbare horizontale Anwendbarkeit von Art. 7 und 8 GRCh aus Art. 1 und Erwägungsgrund 10 der DSRL.[357] Danach zielt die Richtlinie auf ein hohes Schutzniveau der Grundrechte und Grundfreiheiten, insbesondere der Privatsphäre natürlicher Personen bei der Verarbeitung personenbezogener Daten. Zum Teil wurde im Schrifttum versucht, der Google Spain-Entscheidung eine nur einschränkende Drittwirkung zu entnehmen, weil Google auf Grund seiner staatsähnlichen Marktmacht unmittelbar in die Pflicht genommen werden konnte.[358] Diese Einschränkung lässt sich dem Sekundärrecht indes nicht entnehmen. Art. 6 Abs. 1 UAbs. 1 lit. f DSGVO verlangt, dass die Interessen der von der Verarbeitung personenbezogener Daten betroffenen Person *überwiegen*, die verarbeitende Person muss lediglich ihre berechtigten Interessen geltend machen.[359] Weder Art. 6 Abs. 1 UAbs. 1 lit. f DSGVO noch Art. 6 Abs. 1 UAbs. 1 lit. b DSGVO für die Verarbeitung personenbezogener Daten im Rahmen von Vertragsverhältnissen werden dem in vielen Fällen bestehenden strukturellen Ungleichgewicht der Vertragsparteien gerecht.[360] Wäh-

Verantwortlichen zumindest ein Indiz für die fehlende Freiwilligkeit der Einwilligung, vgl. hierzu *B. Buchner*, DuD 2016, 155 (158).

355 EuGH, Rs. C-131/12, EU:C:2014:317, Rn. 66 f. – Google Spain.

356 *C.-D. Classen*, JZ 2019, 1057 (1063); *J. Reinhardt*, AöR 142 (2017), 528; insbesondere in Arbeitsrechtsverhältnissen, s. *S. Walkila*, Horizontal Effect, S. 199.

357 EuGH, Rs. C-131/12, EU:C:2014:317, Rn. 66 f. – Google Spain.

358 S. nur *H. A. Wolff*, BayVBl. 2015, 9 (15) einerseits und *T. von Danwitz*, DuD 2015, 581 (584 f.) andererseits, der auf die Marktmacht abstellt; krit. *N. Marsch*, Das europäische Datenschutzgrundrecht, S. 254 f.

359 Für Österreich war dies bei der finalen Ratsabstimmung ein Grund für die Ablehnung der DSGVO. Dadurch werde der österreichische Datenschutzstandard im privaten Sektor unterschritten, s. den Vermerk zum Abstimmungsergebnis, Rats-Dok. 7920/16 v. 14.4.2016, S. 5.

360 Krit. auch *H.-J. Papier*, NJW 2017, 3025 (3031), der bei gestörter Vertragsparität das grundrechtliche Untermaßverbot durch diese Regelung in der DSGVO verletzt sieht.

rend bei der ubiquitären Datenverarbeitung durch Internetkonzerne und soziale Netzwerke eine abwehrähnliche Situation Betroffener durchaus bejaht werden kann, erscheint es fragwürdig, jegliche internetgestützte Datenverarbeitung und Kommunikation im Anwendungsbereich der DSGVO dem unionsrechtlichen Verarbeitungsverbot mit Erlaubnisvorbehalt zu unterstellen.[361] Auch erscheint die Einbeziehung „analoger" Verkündungstätigkeiten[362] oder der privaten Videoüberwachung eines Einfamilienhauses als zu weitgehend. Letztere unterfällt dem europäischen Datenschutzrecht, wenn sich die Videoaufzeichnung auch nur teilweise auf den öffentlichen Raum erstreckt.[363]

3. *Gescheiterte Konkretisierungsversuche im Gesetzgebungsverfahren*

Eine Konkretisierung der allgemeinen Abwägungsvorgabe in Art. 6 Abs. 1 UAbs. 1 lit. f DSGVO ist im Rechtsetzungsverfahren erwogen worden, aber nicht erfolgt. Weder die Konkretisierungsversuche der Kommission [a)] noch die des Europäischen Parlaments [b)] setzten sich durch, sodass der Vorschrift nur eine marginale Determinierungswirkung zukommt [c)].

a) Versuch der Konkretisierung durch delegierte Rechtsakte der Kommission

Um den Mitgliedstaaten stärkere unionsrechtliche Vorgaben bei der Abwägung zu machen, sah Art. 6 Abs. 5 DSGVO-KomE den Erlass delegierter Rechtsakte durch die Kommission vor, durch welche die Anwendung von Art. 6 Abs. 1 UAbs. 1 lit. f DSGVO für verschiedene Bereiche und Verarbeitungssituationen näher geregelt werden sollte.[364] Der Rat erwirkte bereits in seinem nach erster Lesung angenommenen Standpunkt die Streichung dieser Befugnis und ergänzte Art. 6 Abs. 1 UAbs. 2 DSGVO-RatE um den Zusatz, dass dieser Zulässigkeitstatbestand „nicht für die von Behörden in Erfüllung ihrer Aufgaben vorgenommene Verarbeitung" gelten soll.[365] Wie sich aus den Ratsdokumenten ergibt, sahen die Mitgliedstaaten fast einstimmig (mit Ausnahme von Polen) keine Notwendigkeit darin, die Kommission zur delegierten Rechtsetzung zur Konturierung der Abwägungsentscheidung zu ermächtigen. Stattdessen favorisierten einige Mitgliedstaaten, darunter Deutsch-

---

[361] Die Haushaltsausnahme ist bei der Verarbeitung personenbezogener Daten im Internet nicht einschlägig, wenn die Verarbeitung einem größeren Adressatenkreis zugänglich ist, darunter fallen deshalb bspw. geschlossene Facebook-Gruppen nicht. Vielmehr ist auch im Internet die Haushaltsausnahme auf den engen Kreis beschränkt. Vgl. EuGH, Rs. C-345/17, EU:C:2019:122 – Buividis.

[362] EuGH, Rs. C-25/17, EU:C:2018:551, Rn. 40 – Jehovan todistajat.

[363] EuGH, Rs. C-212/13, EU:C:2014:2428, Rn. 33 – Ryneš.

[364] KOM(2012) 11 endg., S. 51.

[365] Rats-Dok. 5455/16, S. 88; Rats-Dok. 5419/16, S. 117.

land, detailliertere Bestimmungen im Fachrecht. Die Mehrheit forderte jedoch die ersatzlose Streichung mit folgender Begründung:

As a matter of principle it must be left to the data controller or relevant third party to determine which purposes justify the processing of the data concerned and to make a primary assessment as to whether the interests of the data subject are overriding. Delegated acts would be a major and unnecessary constraint to business. EDPB guidance, DPA oversight and judicial control are compensating safeguards.[366]

Die Bestimmung berechtigter Verarbeitungsinteressen sollte also weitestgehend dem Privatverkehr überlassen werden. Das Vereinigte Königreich wies zudem darauf hin, dass die Reichweite einer solchen Ermächtigung unklar sei und die Grenzen des Art. 290 AEUV überschreiten würde.[367] Die Abwägung sei von grundrechtlicher Relevanz und deshalb im Sinne der Wesentlichkeitslehre als essenzieller Bestandteil des Rechtsakts in diesem selbst zu regeln.[368] Wesentliche Vorschriften dürften nicht als Durchführungsbefugnisse auf die Kommission übertragen werden.[369] Die Interessenabwägung nach Art. 6 Abs. 1 UAbs. 1 lit. f DSGVO-KomE ist im Ergebnis eine für die Grundrechtsausübung wesentliche Frage.

b) Versuch der Konkretisierung im Verordnungstext

Auch das Europäische Parlament versuchte den Begriff der „berechtigten Interessen" durch Regelbeispiele in den Erwägungsgründen 39a und 39b näher zu konkretisieren. Danach sollte beispielsweise die zivilrechtliche Durchsetzung von Rechtsansprüchen gegen eine betroffene Person unter bestimmten Umständen stets ein berechtigtes Interesse sein. Ebenso sollten die Interessen des Betroffenen bei der Nutzung privater Nachrichtenübermittlungsdienste (z. B. E-Mails) Vorrang vor den Interessen des Verantwortlichen haben.[370] Die weitere Verarbeitung solcher Daten durch die Nachrichten-

---

[366] „Die Bestimmung der Zwecke, welche die konkrete Datenverarbeitung rechtfertigen und die vorrangige Beurteilung, ob die Interessen des Betroffenen überwiegen, muss grundsätzlich dem für die Datenverarbeitung Verantwortlichen oder relevanten Dritten überlassen werden. Delegierte Rechtsakte würden die Wirtschaft erheblich und unnötig einschränken. Die Anleitung durch den EDSA [Europäischen Datenschutzausschuss], die Kontrolle durch die Aufsichtsbehörden und die gerichtliche Kontrolle sind ausgleichende Sicherungsmechanismen." (Übersetzung der Verfasserin), Rats-Dok. 14609/3/12 REV 3 ANNEX v. 30.10.2012, S. 18.

[367] Rats-Dok. 14609/3/12 REV 3 ANNEX v. 30.10.2012, S. 18 f.

[368] S. die allgemeinen Erwägungen der einzelnen Mitgliedstaaten in Rats-Dok. 14609/3/12 REV 3 ANNEX v. 30.10.2012, S. 2 ff.; EuGH, Rs. C-355/10, EU:C:2012:516, Rn. 66 – Parlament/Rat: danach dürfen „Durchführungsvorschriften weder die wesentlichen Aspekte einer Grundregelung ändern noch diese durch neue wesentliche Aspekte ergänzen".

[369] EuGH, Rs. C-355/10, EU:C:2012:516, Rn. 64 – Parlament/Rat.

[370] Ausschuss für bürgerliche Freiheiten, Justiz und Inneres (LIBE), Entwurf eines Be-

übermittlungsdienste, über die eigentlichen Zwecke der Nutzung der Dienste hinaus, sollten grundsätzlich keine berechtigten Interessen sein. Überdies sah der Parlamentsentwurf in Art. 6 Abs. 1b DSGVO-ParlE Regelbeispiele vor, in welchen die berechtigten Interessen des für die Verarbeitung Verantwortlichen grundsätzlich Vorrang vor den Betroffeneninteressen haben sollen.[371] Insbesondere sollte die Verarbeitung personenbezogener Daten stets zulässig sein, wenn sie „als Teil der Ausübung des Rechts auf freie Meinungsäußerung, der Freiheit der Medien und der Künste stattfindet" (Art. 6 Abs. 1b lit. a DSGVO-ParlE).[372] Auch dies hat sich im Rechtsetzungsverfahren zumindest nicht an dieser Stelle durchgesetzt (vgl. aber Art. 85 Abs. 1 DSGVO). Erwägungsgrund 47 der DSGVO weist nur noch darauf hin, dass bei der Abwägung „die vernünftigen Erwartungen der betroffenen Personen" in den Blick zu nehmen sind.

c) Fehlende Determinierungswirkung

Art. 6 Abs. 1 UAbs. 1 lit. f DSGVO bleibt insofern „inhaltsleer"[373] und offen, da er eine „Variationsbreite möglicher Norminterpretationen"[374] eröffnet. Ausgefüllt wird die Abwägungsvorgabe durch die unterschiedlichen Wertungen in den nationalen Datenschutzkulturen, so dass der Zulässigkeitstatbestand in jedem Mitgliedstaat einen anderen Inhalt haben wird.[375] Offen und durch den EuGH zu klären war beispielsweise die Frage, auf wessen Interessen im Rahmen des Art. 6 Abs. 1 UAbs. 1 lit. f DSGVO abzustellen ist und wann ein Internetseitenbetreiber ein für die Verarbeitung Verantwortlicher ist.[376] Er enthält über die allgemeine Pflicht der Abwägung konfligierender grundrechtlicher Interessen hinaus keinen zusätzlichen Aussagegehalt, so

---

richts über den Vorschlag für eine Verordnung des Europäischen Parlaments und des Rates zum Schutz natürlicher Personen bei der Verarbeitung personenbezogener Daten und zum freien Datenverkehr (Datenschutz-Grundverordnung), (COM(2012)0011 endg. – C7-0025/2012 – 2012/0011(COD)) v. 16.1.2013, S. 24 f. (LIBE-Entwurf).

[371] LIBE-Entwurf, S. 80 f.

[372] Vorgesehen war auch die Privilegierung der Verarbeitung personenbezogener Daten durch „eingetragene Verbände ohne Erwerbszweck, Stiftungen und Einrichtungen mit Wohltätigkeitscharakter, die nach Unionsrecht oder einzelstaatlichem Recht als im öffentlichen Interesse handelnd anerkannt sind, zum ausschließlichen Zweck des Spendensammelns" (Art. 6 Abs. 1b lit. e DSGVO-ParlE).

[373] *B. Buchner*, DuD 2016, 155 (159); *G. Sydow/M. Kring*, ZD 2014, 271 (272).

[374] *B. Buchner*, DuD 2016, 155 (159); zur unterschiedlichen Anwendung in den Mitgliedstaaten: Art. 29-Datenschutzgruppe, WP 217, S. 6, 9 f.

[375] *A. Roßnagel*, in: ders., EU DS-GVO, § 1 Rn. 38 mit Verweis auf die unterschiedliche Praxis der Videoüberwachung innerhalb der Union.

[376] S. zur gemeinsamen Verantwortlichkeit des Betreibers einer Facebook-Fanpage und Facebook Ireland EuGH, Rs. C-210/16, EU:C:2018:388 – Wirtschaftsakademie Schleswig-Holstein. Zu den kollisionsrechtlichen Folgen *M. Gömann*, EuZW 2018, 680.

dass mangels hinreichender gesetzgeberischer Determinierung nicht von einer Beschränkung der mitgliedstaatlichen Gestaltungsspielräume auszugehen ist. Anderes gilt freilich, wenn man ihm eine Lesart zu Grunde legen will, wonach dem Datenschutzgrundrecht ein grundsätzlicher Vorrang vor dem Informationsinteresse Dritter zukommen sollte – eine Lesart, die den EuGH-Entscheidungen nach Auffassung des Ersten Senats jedoch nicht zukommen soll.[377] Die Vermutung eines Vorrangs zugunsten des Persönlichkeitsschutzes in den EuGH-Entscheidungen zu Auslistungsanträgen aus Google-Suchergebnissen sei vielmehr auf die jeweils spezifischen Konstellationen der beiden Verfahren zurückzuführen gewesen. Im Fall Google Spain sei die Meinungsfreiheit der betroffenen Inhalteanbieter schon nicht in die Abwägung einzustellen gewesen, weil es sich um eine behördliche Verlautbarung gehandelt habe.[378] Im Fall GC sei der Vorrang des Persönlichkeitsrechts der Betroffenheit besonders sensibler Daten geschuldet gewesen, die auch in der DSRL bzw. DSGVO einem besonderen Schutz unterliegen.[379] Beide Argumente des Ersten Senats überzeugen angesichts der sehr apodiktischen Formulierung des EuGH jedoch nicht, die in – mittlerweile fast schon ständiger – Rechtsprechung lautet: „Zwar überwiegen die durch die Art. 7 und 8 der Charta geschützten Rechte der betroffenen Person *im Allgemeinen* gegenüber dem Recht der Internetnutzer auf freie Information […].“[380] Nur in besonders gelagerten Fällen könne der Ausgleich abhängig von der Art der Information, der Sensibilität der Daten und dem Interesse der Öffentlichkeit vari-

---

[377] BVerfGE 152, 216 (273 Rn. 141). Eine solche grundsätzliche Vermutung zu Gunsten des Datenschutzes besteht allenfalls für die staatliche Verarbeitung, folgt aber in diesem Bereich bereits aus der grundsätzlichen Rechtfertigungsbedürftigkeit staatlicher Eingriffe. Für eine solche Interpretation des Urteils, wenngleich seinerseits eine Vermutung zu Lasten der freien Rede ablehenend *F. Fabbrini*, ECJ as a Human Rights Court, S. 284.

[378] BVerfGE 152, 216 (273 Rn. 141); ähnl. bereits *M. Diesterhöft*, VBlBW 2014, 361 (372); *ders.*, Recht auf medialen Neubeginn; allerdings wandte sich der Kläger im Fall Google Spain gegen den Suchmaschinenbetreiber und mittelbar gegen den Inhalt einer Tageszeitung, in der die behördliche Anzeige veröffentlicht war.

[379] BVerfGE 152, 216 (273 Rn. 141); EuGH, Rs. C-136/17, EU:C:2019:773, Rn. 39 – GC u.a.

[380] EuGH, Rs. C-136/17, EU:C:2019:773, Rn. 66 – GC u.a.; Rs. C-131/12, EU:C:2014:317, Rn. 81 – Google Spain (Hervorhebung durch die Verfasserin); einen solchen „grundsätzlichen Vorrang des Persönlichkeitsrechts vor der Meinungsfreiheit“ angesichts der zweideutigen Formulierung zunächst annehmend *J. Masing*, Vorläufige Einschätzung, Ziff. 5; *G. Buchholtz*, AöR 140 (2015), 121 (143), jeweils mit Kritik; s. ferner *F. Fabbrini*, ECJ as a Human Rights Court, S. 278 „strong presumption in favour of the right to be forgotten“ und die Kritik a.a.O., S. 283 sowie S. 285: „Ironically, as much as the ECJ is being criticised when it allegedly does not take fundamental rights seriously enough, the latest case law of the ECJ on data privacy may be subject to criticism for taking fundamental rights so seriously – elevating data privacy in a way that imperils the protection of other rights and liberties.“

ieren.[381] Dies stieß auf erhebliche Kritik.[382] Dadurch treten die Kommunikationsfreiheiten, insbesondere die Meinungs-, Presse- und Informationsfreiheit, allgemein hinter den Schutz der personenbezogenen Daten zurück. Nur im Ergebnis, nicht aber in der Begründung, ist dem Ersten Senat darin beizupflichten, dass aus den Google-Entscheidungen des EuGH für die mitgliedstaatlichen Gerichte keine allgemeinverbindliche Abwägungsprärogative zu Gunsten der Rechte aus Art. 7 und 8 GRCh abzuleiten ist.

4. *Fehlende Determinierung der mitgliedstaatlichen Abwägung*

Die grundrechtliche Prüfungskompetenz des EuGH steht damit im Ergebnis unter einem doppelten Subsidiaritätsvorbehalt. Zum einen setzt sie voraus, dass die Union von ihrer grundrechtlichen Schutzpflicht unter Berücksichtigung der Grundsätze der Subsidiarität und Verhältnismäßigkeit (Art. 5 Abs. 1, 3 und Abs. 4 EUV) Gebrauch gemacht hat. Der Schutz der Grundrechte obliegt dem Unionsgesetzgeber insbesondere unter dem Vorbehalt des dort verankerten Positivkriteriums. Zum anderen setzt die gerichtliche Grundrechtskontrolle voraus, dass die Grundrechtspositionen durch das Gesetz qualifiziert in einen Ausgleich gebracht werden. Die Gerichte sind im Verhältnis zur Legislative nur subsidiär zum Ausgleich der grundrechtlich geschützten Interessen im Privatrecht aufgerufen. Das unionsrechtliche Datenschutzrecht erweist sich in Art. 6 Abs. 1 UAbs. 1 lit. f DSGVO jedoch als Verletzung des Untermaßverbots, da sich ihm keine hinreichend konkreten Determinanten für den Ausgleich in grenzüberschreitenden Privatrechtsverhältnis entnehmen lassen.

Die Entscheidungsgründe des EuGH entfalten bei der Auslegung von Unionsrecht im Vorabentscheidungsverfahren keine Erga-omnes-Wirkung.[383] Genau betrachtet betrafen die Vorlagefragen des spanischen Gerichts in der Rechtssache Google Spain gerade nicht die Interessenabwägung oder die Frage der zu berücksichtigenden Grundrechte. Die grundrechtlichen Ausführungen des EuGH ergingen zu den Vorlagefragen, ob ein Vorgehen gegen den Suchmaschinenbetreiber nach Art. 12 lit. b und Art. 14 Abs. 1 lit. a DSRL subsidiär sei oder primär der Inhalteanbieter (also die Tageszeitung) in Anspruch genommen werden müsse und ob die Löschungs-

---

[381] EuGH, Rs. C-136/17, EU:C:2019:773, Rn. 66 – GC u.a.; Rs. C-507/17, EU:C:2019:772, Rn. 45 – Google (Portée territoriale); Rs. C-131/12, EU:C:2014:317, Rn. 81 – Google Spain.

[382] *C. Gieseler*, Öffentliche Kommunikation, S. 244: „radikal"; *F. Stumpf*, Recht auf Vergessenwerden, S. 182 ff.; s. ferner *C. Unseld*, Horizontalwirkung, S. 188 f., der insb. kritisiert, dass der EuGH dadurch zu sehr dem parallel laufenden Gesetzgebungsverfahren zur DSGVO und die dort diskutierte Frage eines „Rechts auf Vergessen" vorgriff; *M. Brkan*, Privacy and data protection, S. 21.

[383] S. bereits oben, 4. Kapitel, B.III.3. (S. 221 ff.).

pflicht auch dann besteht, wenn die Informationen von Dritten (dem Inhalteanbieter) rechtmäßig veröffentlicht worden und nach wie vor abrufbar sind.[384] Inzident, bei der Prüfung der Anwendungsvoraussetzung der Anspruchsgrundlagen des Löschungsbegehrens aus Art. 12 lit. b DSRL i.V.m. Art. 14 Abs. 1 lit. a DSRL erfolgten die Ausführungen des EuGH zur Abwägung nach Art. 7 lit. f DSRL (Art. 6 Abs. 1 UAbs. 1 lit. f DSGVO). Art. 12 lit. b DSRL betraf das Löschungsrecht, wenn die Voraussetzungen der zulässigen Verarbeitung nach Art. 7 DSRL nicht vorliegen. Art. 14 Abs. 1 lit. a DSRL enthielt das Widerspruchsrecht gegen eine Verarbeitung, wenn die Gründe gegen eine Verarbeitung nach Art. 7 lit. e und f DSRL überwiegen.[385] Bevor also ein selektives *Distinguishing* zu EuGH-Entscheidungen vorgenommen und diesen eine Stare-decisis-Funktion zugeschrieben wird, ist zunächst deren Präjudizwirkung einzugrenzen. Dies gilt insbesondere in Bezug auf die zu Art. 6 Abs. 1 UAbs. 1 lit. f DSGVO ergangene Rechtsprechung. Abzulehnen ist insofern die Forderung einer „auslegenden Anwendung" von Art. 6 Abs. 1 UAbs. 1 lit. f DSGVO in dem Sinne, dass der EuGH unmittelbar „durchentscheidet".[386] Zuzustimmen ist aber dem Einwand, dass eine stärkere Kontextualisierung die generell-abstrakte Bindungswirkung der EuGH-Entscheidungen abschwächen würde.[387]

Art. 6 Abs. 1 UAbs. 1 lit. f DSGVO determiniert mangels hinreichend bestimmter Schutzvorgaben das mitgliedstaatliche Recht nicht hinreichend.[388] Die Vorschrift statuiert lediglich im Sinne eines Auffangtatbestandes ein allgemeines Prinzip. Abwägungsspielräume sind durch die Verfassung nicht determiniert.[389] Im Verhältnis Privater, insbesondere in mehrpoligen Grundrechtskonfliktlagen, sind kollidierende Grundrechtsgewährleistungen im konkreten Einzelfall im Wege der Abwägung auszugleichen. Bei der Pflicht von den Grundrechten nur unter Rücksicht widerstreitender Interessen Gebrauch zu machen, handelt es sich um eine ungeschriebene Grundpflicht des „neminem laedere", des Gebots des Nichtstörens.[390] Der private Grundrechtsgebrauch steht ganz allgemein unter dem Vorbehalt, dass ihm nicht die

384 EuGH, Rs. C-131/12, EU:C:2014:317, Rn. 20 – Google Spain: Vorlagefrage Nr. 2 c) und d) sowie Rn. 62 ff. Zum damaligen Zeitpunkt war Art. 17 DSGVO („Recht auf Löschung") noch im Gesetzgebungsprozess.

385 EuGH, Rs. C-131/12, EU:C:2014:317, Rn. 73–82 – Google Spain.

386 *N. Marsch*, Das europäische Datenschutzgrundrecht, S. 356; *M. Knauff*, DÖV 2013, 375 (380).

387 So *N. Marsch*, Das europäische Datenschutzgrundrecht, S. 356, der aber den Konflikt mit der eigentlichen „Kernfunktion" des Vorabentscheidungsverfahrens anerkennt; allgemein für ein verstärktes *Distinguishing O. Lepsius*, Grundrechtspluralismus, S. 64 f.

388 Einen „schmalen Grat" mitgliedstaatlichen Ermessensspielraums annehmend Art. 29-Datenschutzgruppe, WP 217, S. 10.

389 *K.-H. Ladeur*, Abwägung, S. 78; *J. H. Klement*, JZ 2017, 161 (162).

390 Zu diesem *J. Isensee*, HStR IX, § 191 Rn. 6.

überwiegenden berechtigten Interessen eines anderen Grundrechtssubjekts entgegenstehen. Die praktische Konkordanz, die Pflicht zur Abwägung gegenläufiger Interessen, ist im deutschen Verfassungstext nicht explizit verankert.[391] Den Mitgliedstaaten bleibt es unbenommen, spezielle Abwägungstatbestände im Fachrecht vorzusehen, um den Besonderheiten der jeweiligen Verarbeitungsvorgänge Rechnung zu tragen. Dabei dürfen keine zusätzlichen Bedingungen aufgestellt, das Abwägungsergebnis einseitig in eine Richtung determiniert oder bestimmte Interessen von vornherein ausgeschlossen werden.[392] Die Abwägung muss vielmehr im Sinne des Unionsrechts ergebnisoffen ausgestaltet sein.[393]

III. Fazit: Verstoß gegen das Subsidiaritätsprinzip

Mit Art. 6 Abs. 1 UAbs. 1 lit. f DSGVO wird der Unionsgesetzgeber seiner grundrechtlichen Schutzpflicht nur unzureichend gerecht. Die Abwägung der berechtigten Interessen im Einzelfall ist auf Unionsebene nicht besser geregelt als in den Mitgliedstaaten. Schon auf staatlicher Ebene wird die relative „Erfolgsarmut des Datenschutzes im nichtstaatlichen Bereich" bemängelt, bedingt u.a. durch die Beschränkung auf Generalklauseln im damaligen BDSG.[394] Auf europäischer Ebene gilt dies erst Recht, der Datenschutz bleibt weiterhin durch die schon lange bemängelte Asymmetrie[395] geprägt: Einem oftmals als überzogenen empfundenen Datenschutz im öffentlichen Bereich und eher unterentwickeltem Datenschutz in Bezug auf Gefährdungen mächtiger Privater. Die allgemeine Abwägungsvorgabe überantwortet die Konkretisierung der Judikative und den Aufsichtsbehörden.[396]

[391] *S.-C. Lenski*, Personenbezogene Massenkommunikation, S. 179 m.w.N.

[392] *N. Marsch*, Das europäische Datenschutzgrundrecht, S. 354; fraglich ist, inwiefern der nationale Gesetzgeber zu typisierenden Betrachtungen im privaten Datenschutzrecht befugt ist. Str. ist dies insbesondere bei der mit Gesetz v. 28.4.2017 (BGBl. I S. 968) eingeführten Regelung in § 4 Abs. 1 S. 2 BDSG zur Videoüberwachung öffentlich zugänglicher Anlagen, wodurch die Abwägung zu Gunsten der Sicherheitsinteressen determiniert wird („gilt der Schutz von Leben, Gesundheit oder Freiheit von dort aufhältigen Personen als ein besonders wichtiges Interesse"); von der Unionsrechtswidrigkeit ausgehend *W. Zierbarth*, ZD 2017, 467 (469); zum Verbot der abschließenden Abwägungsvorgabe im mitgliedstaatlichen Recht s. EuGH, Rs. C-582/14, Rs. C-582/14, EU:C:2016:779, Rn. 62 – Breyer: „Ein Mitgliedstaat kann daher für diese Kategorien das Ergebnis der Abwägung der einander gegenüberstehenden Rechte und Interessen nicht abschließend vorschreiben, ohne Raum für ein Ergebnis zu lassen, das aufgrund besonderer Umstände des Einzelfalls anders ausfällt".

[393] EuGH, Rs. C-468/10, C-469/10, EU:C:2011:777 – ASNEF. Zu diesem zentralen Charakter der Erlaubnisnorm Art. 29-Datenschutzgruppe, WP 217, S. 15.

[394] *W. Hoffmann-Riem*, AöR 123 (1998), 513 (526, 524).

[395] Zu dieser *W. Hoffmann-Riem*, AöR 123 (1998), 513 (539).

[396] *B. Buchner*, DuD 2016, 155 (159); krit. *A. Roßnagel*, in: ders., EU DS-GVO, § 1 Rn. 39; allgemein hierzu *H.-J. Papier*, HGR II, § 55 Rn. 21.

Maßgeblich werden ferner die Praxis der Aufsichtsbehörden sowie die Stellungnahmen und Beschlüsse des Europäischen Datenschutzausschusses sein. Dieser kann als Nachfolger der ehemaligen Art. 29-Datenschutzgruppe auf entsprechende Konkretisierungsbemühungen zurückgreifen.[397] Die Generalklausel erfordert die Lösung von Grundrechtskollisionen im Einzelfall im Wege der Güterabwägung zur Optimierung der widerstreitenden Interessen. Die für die Grundrechtsausübung entscheidende Grundrechtsabwägung erfolgt losgelöst etwaiger Direktiven des Unionsrechtsetzers. Im europäischen Kontext wird die Problematik der hierdurch entstehenden Machtfülle der Judikative im Verhältnis zur Legislative[398] durch die vertikale Gewaltenteilung verstärkt. Nicht nur die konkrete Abwägung kollidierender Grundrechte im Verhältnis zwischen Privaten, sondern wesentliche grundrechtsdogmatische Fragen wie die Reichweite der unmittelbaren Bindung Privater an die Grundrechte, werden losgelöst von gesetzgeberischen Determinanten durch den EuGH entschieden. Der in den Mitgliedstaaten unmittelbar anwendbare Art. 6 Abs. 1 UAbs. 1 lit. f DSGVO trägt auf Grund seiner – grundrechtlich gebotenen, aber kompetenziell unzulässigen – Offenheit nicht zur Rechtsvereinheitlichung der privaten Datenverarbeitung im Binnenmarkt bei. Vielmehr muss unter Berücksichtigung der Ziele des spezifisch europäischen Datenschutzrechts dem Maß und der Reichweite der Grundrechtsentfaltung bzw. -pflichtigkeit im grenzüberschreitenden Bereich ein konkreter Rahmen gesetzt werden. Die allgemeine Einschränkung grundrechtlich geschützter Freiheit im Bereich der privaten Datenverarbeitung nach dem Vorbild der Begrenzung staatlicher Eingriffe ist zum einen nicht grundrechtlich geboten[399] und zum anderen nicht Aufgabe des europäischen Rechtsetzers.[400] Vielmehr muss die geschützte grundrechtliche Freiheit dort begrenzt werden, wo ein situativ staatsgleiches Ungleichverhältnis zwischen Privaten die Wahrnehmung der Privatautonomie unmöglich macht. Auf ein Machtungleichgewicht stellt die DSGVO im Bereich von Art. 6 Abs. 1 UAbs. 1 lit. f DSGVO jedoch nicht ab. Dadurch erweist sich die Vorgabe

---

[397] S. den Versuch der Systematisierung berechtigter Interessen nach Art. 7 lit. f DSRL bei der Art. 29-Datenschutzgruppe, WP 217, S. 31 f.

[398] Zur Rolle der Judikative s. die vorausschauende Warnung bei *W. Böckenförde*, Grundrechtsgeltung, S. 83; positiv die Erprobungsfunktion hervorhebend jedoch *M. Wächter*, Falsifikation und Fortschritt, S. 129. Danach kann der durch Generalklauseln eröffnete richterliche Entscheidungsspielraum auch durch spätere Kodifizierung in bessere Datenschutzrechtsetzung münden; zu den fließenden Grenzen der Normanwendung und Rechtsfortbildung im Datenschutzrecht a.a.O., S. 175.

[399] Vgl. auch *J. H. Klement*, JZ 2017, 161 (162); *W. Hoffmann-Riem*, AöR 123 (1998), 513 (530), wonach die Erstreckung des Verbots mit Erlaubnisvorbehalt auf private Datenverarbeitung nicht unmittelbar aus der grundrechtlichen Schutzpflicht folge.

[400] Zum Ausgestaltungsauftrag für den Datenschutz zwischen Privaten *J. Masing*, NJW 2012, 2305 (2308).

auch als Einfallstor für eine Prärogative der europäischen Judikative bei der Ausbalancierung grundrechtlicher Freiheiten im vertikalen Verhältnis. Konkretisierungsversuche der Rechtmäßigkeitsvoraussetzung nach Art. 6 Abs. 1 UAbs. 1 lit. f DSGVO haben sich weder im amtlichen Verordnungstext noch im Wege delegierter Rechtsakte durchgesetzt. Stattdessen wollten die Mitgliedstaaten die Ergebnisoffenheit der Abwägung wahren, wobei sie ihre jeweiligen Gerichtstraditionen im Blick hatten. Im Ergebnis erweist sich die Bindung Privater an die Unionsgrundrechte in Art. 6 Abs. 1 UAbs. 1 lit. f DSGVO als zu weitgehend und mit dem Subsidiaritätsprinzip (Art. 51 Abs. 1 S. 1 GRCh i.V.m. Art. 5 Abs. 3 EUV) unvereinbar.

F. Gerichtliche Kontrolldichte

Schließlich ist nur für jene Bereiche, in welchen es zu einer parallelen Anwendbarkeit der Grundrechtsordnungen kommt, auf die Frage der Prüfungsdichte des EuGH einzugehen. Zunächst ist auf die Kompetenzakzessorietät der gerichtlichen Kontrolldichte einzugehen (I.). Grundsätzlich ist die Abwägung der Grundrechte eine Aufgabe der mitgliedstaatlichen Gerichte. Dies gilt insbesondere im Anwendungsbereich der expliziten und impliziten Bereichsausnahmen (II.). Eine ausnahmsweise abschließende unionsweite Grundrechtsabwägung nimmt der EuGH insbesondere bei Fällen mit erhöhter Binnenmarktrelevanz vor (III.). Hingegen ist eine Übertragung der Margin-of-appreciation-Doktrin auf Unionsebene, wonach den Mitgliedstaaten im Datenschutzrecht allgemein ein weiter Beurteilungsspielraum zukommt, abzulehnen (IV.). Abschließend erfolgt eine Zusammenfassung der Ergebnisse (V.).

I. Kompetenzakzessorietät der Kontrolldichte

Kompetenzielle Aspekte sind im Sinne einer „institutionell sensitiven" Verhältnismäßigkeitsprüfung zu integrieren.[401] Das Vorliegen von Unionskompetenzen und damit auch implizit Art. 51 Abs. 2 GRCh ist insofern bei der Frage der unionsgerichtlichen Kontrolldichte von Bedeutung. Der EuGH misst Art. 51 Abs. 2 GRCh bei der Beurteilung der Prüfungsdichte und -reichweite eine entscheidende Bedeutung bei.[402] Eine zentralisierte Grund-

[401] *M. Klatt*, Praktische Konkordanz, S. 21 m.w.N. Kompetenzen sind nach *Klatt* formelle Prinzipien, so dass formelle Jurisdiktionskonflikte in der Folge eine Kollision formeller Prinzipien im Sinne von *Alexy's* Prinzipientheorie sind, die im Wege der Abwägung gelöst werden können, a.a.O., S. 220, dort auch zum „Kompetenzspielraum"; zur Kompetenzakzessorietät der grundrechtlichen Kontrolldichte nun auch *C. Bilz*, Margin of Appreciation, S. 354 f.

[402] So in einer Sorgerechtsstreitigkeit EuGH, Rs. C-400/10 PPU, Slg. 2010, I-8965, Rn. 51, 59 – McB.

rechtsprüfung beim EuGH ist nicht bereits auf Grund des Grundsatzes der Rechtsanwendungsgleichheit in der EU geboten (1.). Sekundärrechtliche Gestaltungsspielräume weisen in der Regel auf die Grundrechtsvielfalt in der EU hin (2.).

1. Rechtsanwendungsgleichheit in der EU

Die im deutschen Verfassungsrecht aus Art. 3 Abs. 1 i.V.m. Art. 20 Abs. 3 GG abgeleitete Rechtsanwendungsgleichheit dient der Verwirklichung des bestehenden Rechts ohne Ansehen der Person.[403] Auf Unionsebene folgt aus Art. 20 i.V.m. Art. 51 Abs. 1 S. 1 GRCh sowohl für den direkten Vollzug durch die Unionsorgane und ihre Einrichtungen als auch den indirekten Vollzug durch die Mitgliedstaaten das Gebot der Rechtsanwendungsgleichheit innerhalb der Mitgliedstaaten durch gleichmäßige exekutive und judikative Rechtsanwendung.[404] Da der Gleichheitssatz nur Ungleichbehandlungen erfasst, die aus Handlungen desselben Hoheitsträgers resultieren, stellen Unterschiede auf Grund der dezentralen Kompetenzverteilung in föderalen Strukturen nicht für sich eine Ungleichbehandlung dar.[405] Dies gilt auch für die judikative Normanwendung. Die unterschiedliche Rechtsauslegung ist für sich kein Verstoß gegen den Gleichheitssatz.[406] Im Mehrebenensystemen ist die Rechtsanwendungsgleichheit vielmehr durch prozessuale Mechanismen auf den verschiedenen Ebenen zu gewährleisten.[407] Im Bundesstaat erfolgt dies durch Vorlagemechanismen zur Wahrung der Rechtseinheit, wie beispielsweise die konkrete Normenkontrolle und die Bindung an höchstrichterliche Präjudizen. Je heterogener ein föderales Gebilde ist, desto weniger kann innerhalb des Verbunds Rechtsanwendungsgleichheit gewährleistet werden. So wird im Europarat, der 47 sehr unterschiedliche Rechtskulturen auf völkervertraglicher Grundlage vereint, die Rechtsanwendungsgleichheit bei der Grundrechtsjudikatur des EGMR durch Zuerkennung einer weiten Margin of appreciation zu Gunsten der Vertragsstaaten relativiert.[408] In der EU als wesentlich engeres föderales System auf Unionsebene, ist die Rechtsanwendungsgleichheit durch normative Bestimmtheit zu gewährleisten.[409] Dies obliegt dem Unionsrechtsetzer durch entsprechend

---

[403] BVerfGE 71, 354 (362); 66, 331 (335).

[404] *W. Cremer*, VVDStRL 77 (2019), 117; zusätzlich auf Art. 9 S. 1 und Art. 2 S. 1 EUV verweisend *M. Schladebach*, NVwZ 2018, 1241 (1243).

[405] *F. Wollenschläger*, in: von Mangoldt/Klein/Starck, GG, Art. 3 Rn. 68; *B. Schindler*, VVDStRL 77 (2019), 168 (185): „föderalismusfreundliche Tabuisierung des Gleichheitssatzes".

[406] *F. Wollenschläger*, in: von Mangoldt/Klein/Starck, GG, Art. 3 GG Rn. 69.

[407] *W. Cremer*, VVDStRL 77 (2019), 117 (157 f.).

[408] *B. Schindler*, VVDStRL 77 (2019), 168 (186) m.w.N.

[409] *B. Schindler*, VVDStRL 77 (2019), 168 (198).

verdichtete, aber dennoch kompetenzgerechte Rechtsetzung. Bei der Auslegung obliegt der Unionsgerichtsbarkeit die unionsautonome Bestimmung von Rechtsbegriffen auf Tatbestandsebene. Die autonome und einheitliche Auslegung und Anwendung der Begriffe des Unionsrechts sind aufgrund der einheitlichen Anwendung des Unionsrechts und des Gleichheitssatzes grundsätzlich geboten.[410]

2. *Gestaltungsspielräume als Wertungsspielräume*

Zugleich gebietet aber die föderale Vielfalt in der Union die Eröffnung von Beurteilungsspielräumen und die Wahrung mitgliedstaatlicher Ermessensspielräume im Sinne einer einzelfallgerechten Rechtsanwendung.[411] Im Mehrebenensystem steht die Rechtsanwendungsgleichheit in einem Spannungsverhältnis zwischen unzureichender normativer Verdichtung auf Unionsebene und „vielfältig-konkretisierender Umsetzung“ auf Ebene der Mitgliedstaaten.[412] Diese „Spannung zwischen Einheit und Vielfalt“[413] kann in einem supranationalen Verbund nicht einfach in eine Richtung aufgelöst werden. Vielmehr ist dies ein ständiger Aushandlungsprozess auf den unterschiedlichen Ebenen, der „das komplexe Räderwerk in föderal verbundenen Rechtsräumen am Laufen hält“.[414] Rechtsanwendungsgleichheit kann bei mitgliedstaatlichen Gestaltungsspielräumen in der EU nur durch die Kombination verschiedener Ansätze erreicht werden. Beispielsweise durch die Anleitung der Rechtspraxis anhand von Mitteilungen, Bekanntmachungen oder Leitlinien der Kommission über Anwendungsbeispiele oder Auslegungshinweise.[415] Die judikative Rechtsanwendungsgleichheit wird im Mehrebenensystem nicht durch eine zentralisierte Grundrechtsjudikatur, sondern durch die verbindliche unionsautonome Auslegung von Begriffen des Unionsrechts und die Anerkennung mitgliedstaatlicher Wertungsspielräume, soweit dies geboten ist, erreicht. Mitgliedstaatliche Wertungen sind insbesondere im Bereich der öffentlichen Ordnung sowie der nationalen Verfassungsidentität

---

[410] EuGH, Rs. C-516/17, EU:C:2019:625, Rn. 62 – Spiegel Online; Rs. C-673/17, EU:C:2019:801, Rn. 47 – Planet49; Rs. C-129/18, EU:C:2019:248, Rn. 50 – SM; Rs. C-483/17, EU:C:2019:309, Rn. 36 – Tarola; Rs. C-467/08, EU:C:2010:620, Rn. 32 – Padawan; *S. A. E. Martens*, Methodenlehre, S. 336.

[411] *B. Schindler*, VVDStRL 77 (2019), 168 (199).

[412] *B. Schindler*, VVDStRL 77 (2019), 168 (199), der die Offenheit von Normen als „Ausdruck eines sinnvollen politischen Arrangements“ begreift und auf das Erfordernis einer „Ambiguitätstoleranz“ in der EU hinweist.

[413] *B. Schindler*, VVDStRL 77 (2019), 168 (202); vgl. auch *S. A. E. Martens*, Methodenlehre, S. 336 zum Spannungsverhältnis zwischen unionsweiter Gleichheit und dem in Art. 5 Abs. 1 S. 2 und Abs. 3 EUV verankerten Subsidiaritätsprinzip.

[414] *B. Schindler*, VVDStRL 77 (2019), 168 (202).

[415] *M. Schladebach*, NVwZ 2018, 1241 (1243).

(Art. 4 Abs. 2 EUV) zu berücksichtigen.[416] Der EuGH handelt mithin nicht als zentralistisches Grundrechtsgericht, sondern wirkt auf eine harmonische Rechtsprechung durch die Vorgabe von Auslegungshinweisen hin.[417] Enthält Sekundärrecht Ausnahmen und Abweichungen zu Gunsten der Mitgliedstaaten in Gestalt von Öffnungsklauseln, nimmt auch der EuGH keine strenge Verhältnismäßigkeitskontrolle vor, wenn diese Gestaltungsspielräume Ausdruck von Kompetenzdefiziten oder föderalen Spielräumen sind. Die abgeschwächte Kontrolldichte folgt aus dem Subsidiaritätsprinzip (Art. 51 Abs. 1 S. 2 GRCh, Art. 5 Abs. 1 S. 2, Abs. 3 EUV), das nicht nur kompetenzbezogen gilt, sondern mittelbar auch spielraumeröffnende Wirkung entfaltet.[418] Das BVerfG beurteilt die Kontrolldichte des EuGH hingegen vorrangig nach der Gestaltungsoffenheit des Fachrechts und verkennt insofern die kompetenzielle Dimension. Danach beschränke sich der EuGH in Bereichen, in denen eine Richtlinie eine inhaltliche Offenheit aufweise und den Mitgliedstaaten einen weitgehenden Gestaltungsspielraum überlasse, auf eine „grobmaschige" Verhältnismäßigkeitsprüfung und überprüfe lediglich, ob die Mitgliedstaaten „unvernünftig" handeln.[419] So habe der EuGH in der Rechtssache *Omega* bei der Ausgestaltung des Grundrechtsschutzes Freiräume der Mitgliedstaaten respektiert, um den unterschiedlichen Vorstellungen Rechnung zu tragen.[420] Der EuGH habe in seiner Rechtsprechung auf die Margin-of-appreciation-Doktrin des EGMR Bezug genommen und einen nationalen Spielraum für die Beurteilung der Verhältnismäßigkeit einer Maßnahme anerkannt.[421] Auch spreche Art. 53 GRCh dafür, dass unions-

---

[416] EuGH, Rs. C-36/02, Slg. 2004, I-9609, Rn. 31 ff. – Omega; Rs. C-208/09, Slg. 2010, I-13693, Rn. 91 f. – Sayn Wittgenstein.

[417] *J. Raab*, Einfachgesetzlicher Datenschutz, S. 50.

[418] *C. Bilz*, Margin of Appreciation, S. 161.

[419] BVerfGE 152, 152 (173 Rn. 52) unter Verweis auf EuGH, Rs. C-411/05, Slg. 2007, I-8531, Rn. 68 ff. – Palacios de la Villa; Rs. C-45/09, EU:C:2010:601, Rn. 39, 41, 51 – Rosenbladt.

[420] BVerfGE 152, 152 (174 Rn. 54) unter Verweis auf EuGH, Rs. C-36/02, EU:C:2004:614, Rn. 31 f. – Omega.

[421] BVerfGE 152, 152 (174 Rn. 54). Das BVerfG nimmt dabei auf EuGH, Rs. C-274/99, Slg. 2001, I-1611, Rn. 48 ff. – Connolly Bezug, der jedoch die Klage eines ehemaligen Kommissionsbeamten gegen die Kommission und damit eine ausschließlich unionsrechtlich geregelte Fallgestaltung betraf. Inhaltlich ging es um die Reichweite der Meinungsäußerungsfreiheit für Beamten. Der EuGH zitierte zwar die Margin-Doktrin des EGMR, wonach die besondere Bedeutung der Meinungsfreiheit es rechtfertige, „den nationalen Behörden einen gewissen Spielraum für die Beurteilung der Frage zu überlassen, ob der gerügte Eingriff im rechten Verhältnis zu dem oben erwähnten Ziel steht", a.a.O., Rn. 49. Doch die Verhältnismäßigkeitsprüfung nimmt der EuGH in diesem Fall als Rechtsmittelinstanz abschließend vor. Er bejahte die Margin-Doktrin im Verhältnis zur Europäischen Kommission, nicht aber den Mitgliedstaaten. Zu Begründungsansätzen für eine Übertragung der Doktrin auf die Unionsgerichtsbarkeit eingehend *C. Bilz*, Margin of Appreciation, S. 53 ff.

rechtlichem Fachrecht, das Vielfalt vorsieht, „grundrechtliche Wertungskonflikte im Grundsatz auf der Grundlage der jeweils mitgliedstaatlichen Grundrechte gelöst werden können“.[422]

II. Grundsatz: Abwägung als Sache der Mitgliedstaaten

Die Verhältnismäßigkeitsprüfung hat im Mehrebenensystem vorrangig durch die nationalen Gerichte zu erfolgen (1.), kann aber je nach Harmonisierungsdichte auch dem EuGH obliegen. Eine abgeschwächte Kontrolldichte ist in Fällen mit erhöhter Kompetenzsensibilität zu verzeichnen. Dies betrifft die expliziten (2.) sowie die impliziten Bereichsausnahmen, insbesondere die gesellschaftlich relevanten Bereiche der Kultur, Presse, Rundfunk und Medien (3.). Rechtsbegriffe im Sekundärrecht sind nicht immer unionsautonom auszulegen. Sofern sie in das mitgliedstaatliche Recht verweisen oder auf diesem aufbauen, können die Begriffe durch die Mitgliedstaaten autonom ausgelegt werden (4.). Deutlich werden die Grenzen am Beispiel des Medienprivilegs, insbesondere des hierfür zentralen Begriffs des Journalismus, exerziert (5.).

1. Verhältnismäßigkeitskontrolle im Mehrebenensystem

Grundrechtliche Wertungen kommen vor allem in der Verhältnismäßigkeitskontrolle zum Ausdruck. Einer gerichtlichen Abwägung ist immanent, dass im Unterschied zu subsumtionsfähigen Rechtsnormen keine bestimmte Rechtsfolge vorgegeben ist, das Ergebnis vielmehr im Wege der Gegenüberstellung unterschiedlicher Werte und Interessen ermittelt werden muss, die sodann in einen Ausgleich zu bringen sind. Das Abwägungsergebnis ist kein syllogistischer Schluss. Seine Richtigkeit hängt von der korrekten Gewichtung der betroffenen Interessen ab.[423] Die Ausbalancierung konfligierender Grundrechtspositionen obliegt im Grundsatz den nationalen Gerichten, die dabei jedoch den Grundsatz der Verhältnismäßigkeit sowie das Schutzziel der Richtlinien in den Blick nehmen müssen.[424] Der EuGH kann relevante Abwägungstopoi formulieren, um die mitgliedstaatliche Abwägung zu lenken. Durch die Berücksichtigung bestimmter unionsrechtlicher Abwägungs-

---

[422] BVerfGE 152, 152 (174 Rn. 54). Vollständig vereinheitlicht war der zugrunde liegende Sachverhalt in EuGH, Rs. C-399/11, EU:C:2013:107, Rn. 57 ff. – Melloni.

[423] *S. A. E. Martens*, Methodenlehre, S. 314; *A. Tischbirek*, Verhältnismäßigkeitsprüfung, S. 197 ff.

[424] EuGH, Rs. C-275/06, Slg. 2008, I-271, Rn. 68 – Promusicae; Rs. C-70/10, EU:C:2011:771, Rn. 46 – Scarlet Extended zur Abwägung von Art. 17 GRCh (Schutz des geistigen Eigentums), Art. 47 GRCh (Recht auf einen wirksamen Rechtsbehelf) sowie Art. 7 und 8 GRCh.

topoi wird der Rechtsanwendungsgleichheit im Datenschutzrecht Rechnung getragen. So ist die Wahrung der Einheit und Effektivität des Unionsrechts bei der Abwägung und Anwendung mitgliedstaatlicher Grundrechtsgewährleistungen zu berücksichtigen. Die mitgliedstaatlichen Gerichte haben mit dem Grundsatz des *Effet utile* abstrakte Interessen einzubeziehen, die das Gewicht zu Gunsten der Unionsorgane verschieben.[425] Relevante Abwägungskriterien für die praktische Konkordanz von Kompetenzen sind nach *Matthias Klatt* die demokratische Legitimität, die Entscheidungsnähe des jeweiligen Organs in zeitlicher oder örtlicher Hinsicht (dazu gehören die Sachverhaltsermittlung oder die Auslegung nationalen Rechts, aber auch die Sensibilität des Sachverhalts), der Subsidiaritätsgrundsatz oder die Entscheidungsqualität.[426]

Der EuGH entscheidet über Einzelfragen, etwa hinsichtlich der Beurteilung der Eingriffsintensität oder des Gewichts bestimmter Interessen, wie die öffentliche Zugänglichkeit von Daten,[427] das Alter der betroffenen Personen[428] oder die Art und Sensibilität der Daten. Im Rahmen der Vorabentscheidungsverfahren gibt der EuGH den mitgliedstaatlichen Gerichten oftmals Auslegungshinweise für die abschließende Entscheidung mit auf den Weg.[429] Diese sind im Stile unverbindlicher *Obiter dicta* formuliert und insofern nicht verbindlich für das Vorlagegericht. Einer abschließenden Abwägungsentscheidung enthält sich der Gerichtshof in vielen Fällen. Bei der Auslegung von Art. 7 lit. f DSRL (Art. 6 Abs. 1 UAbs. 1 lit. f DSGVO) wies er darauf hin, dass die Abwägung unter Berücksichtigung der Grundrechte aus Art. 7 und 8 GRCh zu erfolgen habe, es jedoch Sache der Mitgliedstaaten sei, bei der Umsetzung der Richtlinie „ein angemessenes Gleichgewicht zwischen den verschiedenen durch die Unionsrechtsordnung geschützten Grundrechten und Grundfreiheiten sicherzustellen".[430] Je weniger eine Materie unionsrechtlich überlagert ist, desto eher besteht ein weiter mitgliedstaatlicher Ermessensspielraum. Dies sind zugleich oftmals Bereiche, die sekundärrechtlich nicht vollharmonisiert sind.[431]

---

[425] Vgl. auch *M. Klatt*, Praktische Konkordanz, S. 241 ff., dort aber für die Lösung formeller Kompetenzkonflikte.

[426] *M. Klatt*, Praktische Konkordanz, S. 224–234.

[427] EuGH, Rs. C-13/16, EU:C:2017:336, Rn. 32 – Rīgas satiksme; verb. Rs. C-468/10, C-469/10, EU:C:2011:777, Rn. 44 – ASNEF.

[428] EuGH, Rs. C-13/16, EU:C:2017:336, Rn. 33 – Rīgas satiksme.

[429] EuGH, Rs. C-94/00, Slg. 2002, I-9011, Rn. 25 – Roquette Frères.

[430] EuGH, verb. Rs. C-468/10, C-469/10, EU:C:2011:777, Rn. 43 – ASNEF; Rs. C-275/06, Slg. 2008, I-271, Rn. 66–68 – Promusicae; Rs. C-101/01, Slg. 2003, I-12971, Rn. 90 – Lindqvist; vgl. *E. Spaventa*, CMLRev 55 (2018), 997 (1020); *M. Ruffert*, Grundrechtliche Schutzpflichten, S. 117.

[431] EuGH, Rs. C-36/02, Slg. 2004, I-9609, EU:C:2004:614 – Omega.

2. Sensibilität nationaler Sicherheitsinteressen

Der EuGH betont in ständiger Rechtsprechung, dass die Festlegung der wesentlichen Sicherheitsinteressen und die Ergreifung geeigneter Maßnahmen zur Gewährleistung der inneren und äußeren Sicherheit zwar Sache der Mitgliedstaaten sei, diese Tatsache aber nicht zur Unanwendbarkeit des Unionsrechts führen und die Mitgliedstaaten von der erforderlichen Beachtung dieses Rechts entbinden könne.[432] Tätigkeiten im strafrechtlichen Ermittlungsverfahren, bei der Aufgabenwahrnehmung von Polizei und Staatsanwaltschaft oder bei der Wahrnehmung sicherheitsrechtlicher Befugnisse unterfallen den expliziten Bereichsausnahmen. Der Grundrechtsschutz bestimmt sich in diesem Bereich mangels Durchführung von Unionsrecht vorrangig nach dem mitgliedstaatlichen Verfassungsrecht.[433] Im Rahmen der Verhältnismäßigkeit gab der EuGH dem Vorlagegericht in einem strafrechtlichen Fall nur prozessrechtliche Anregungen in Bezug auf die Beweiserhebung zur Prüfung der Stichhaltigkeit des Vorbringens der mit der Sicherheit betrauten staatlichen Behörde.[434] Grundsätzlich erachtet der EuGH die Wahrung der nationalen Sicherheit als legitimes Ziel, das selbst intensive Eingriffe in Art. 7 i.V.m. 8 GRCh und Art. 11 GRCh, wie die massenhafte Speicherung von Verkehrs- und Standortdaten rechtfertigen kann. Er stellt jedoch je nach Eingriffsintensität umso höhere und vor allem auch engmaschigere Anforderungen an die Verhältnismäßigkeit auf. Insbesondere zieht er sich nicht auf die Wahrung des Wesensgehalts der Grundrechte zurück, um sicherzustellen, dass sich ein Grundrechtseingriff auf das „absolut Notwendige"[435] beschränkt. Allerdings ist diese ungewöhnlich strenge Verhältnismäßigkeitsprüfung staatlicher Maßnahmen im Bereich der nationalen Sicherheit auf Unionsebene ein Ausnahmefall. Im Fall der Vorratsdatenspeicherung ist sie vor allem dadurch gerechtfertigt, dass Art. 15 Abs. 1 ePrivacy-RL das Verständnis einer eingriffseröffnenden Öffnungsklausel zu Grunde gelegt wird. Sowohl die Annahme einer Rechtsetzungskompetenz auf Unionsebene als

[432] EuGH, verb. Rs. C-511/18, C-512/18 und C-520/18, EU:C:2020:791, Rn. 99 – La Quadrature; Rs. C-623/17, EU:C:2020:790, Rn. 44 – Privacy International; Rs. C-300/11, EU:C:2013:363, Rn. 38 – ZZ.

[433] BVerfGE 133, 277 (314 ff.): Zwar berühre die Frage des Datenaustauschs zum Zweck der Terrorismusbekämpfung „zum Teil auch Regelungsbereiche des Unionsrechts". Doch stellten weder die Datenschutzkompetenz in Art. 16 AEUV noch die grundsätzlich für den öffentlichen Bereich geltende DSRL einen ausreichenden Unionsrechtsbezug dar. S. nun auch BVerfG, NVwZ 2021, 226 (228 Rn. 68): keine unionsrechtliche Determinierung von § 6a ATDG durch die JIRL; *J. Kühling*, Europäisierung, S. 30; *S. Schmahl*, JZ 2014, 220 (224).

[434] EuGH, Rs. C-300/11, EU:C:2013:363, Rn. 59 ff. – ZZ.

[435] EuGH, verb. Rs. C-511/18, C-512/18 und C-520/18, EU:C:2020:791, Rn. 135 – La Quadrature; Rs. C-623/17, EU:C:2020:790, Rn. 74 – Privacy International.

auch die einheitliche Anwendung des Unionsrechts verlagern bei diesem Verständnis das Kontrollgewicht zu Gunsten des EuGH. Denn bei der Prüfung der Vereinbarkeit von Unionsrechtsakten mit Grundrechten nimmt der EuGH als alleinige verwerfungsbefugte Instanz eine strikte Verhältnismäßigkeitsprüfung vor.[436] Qualifiziert man Art. 15 Abs. 1 ePrivacy-RL hingegen zutreffend als deklaratorische Bereichsausnahme, unterfallen die mitgliedstaatlichen Vorschriften zur Vorratsdatenspeicherung bereits nicht dem Anwendungsbereich der Unionsgrundrechte. Die strikte Verhältnismäßigkeitsprüfung ist dann durch die mitgliedstaatlichen Gerichte vorzunehmen, die dabei den Wesensgehalt der Unionsgrundrechte wahren müssen. Für die vorrangig mitgliedstaatliche Abwägung in Fragen der nationalen Sicherheit sprechen sowohl die Entscheidungsnähe als auch die Subsidiarität.[437]

3. Bereiche besonderer gesellschaftlicher Relevanz

Das Erfordernis unionsweit einheitlicher Standards besteht für solche Bereiche nicht, die ausschließlich der mitgliedstaatlichen Sphäre zuzuordnen sind. Der EuGH nimmt im Anwendungsbereich des Art. 23 Abs. 1 DSGVO seine Prüfungskompetenz weit zurück und überlässt bereits auf tatbestandlicher Ebene den Mitgliedstaaten einen großzügigen Beurteilungsspielraum. Im Fall IPI entschied der EuGH, dass ein reglementierter Berufsverband, der zur Prüfung von Verstößen gegen die berufsständischen Regeln Privatdetektive einsetze, unter die Ausnahme des Art. 13 Abs. 1 lit. g DSRL (Art. 32 Abs. 1 lit. g DSGVO) falle. Angesichts der Tragweite dieser Ausnahme müsse nicht mehr geprüft werden, wie die Tätigkeit eines Privatdetektivs für einen Berufsverband im Einzelnen zu qualifizieren sei.[438]

Zum anderen besteht eine reduzierte Kontrolldichte in Fällen mit Bezug zur Meinungsäußerungsfreiheit und den Kommunikationsfreiheiten, insbesondere den Bereichen der Medien, Kunst, Kultur und Wissenschaft. Steht das Verhältnis zwischen dem Datenschutzgrundrecht und der Meinungsäußerungsfreiheit als „eines der wesentlichen Grundrechte einer demokratischen Gesellschaft"[439] in Frage, überlässt der EuGH den mitgliedstaatlichen

---

[436] EuGH, Rs. C-362/14, EU:C:2015:650, Rn. 78 – Schrems (Kommissionsentscheidung); verb. Rs. C-293/12, C-594/12, EU:C:2014:238 – Digital Rights (Richtlinie); verb. Rs. C-92/09, C-93/09, Slg. 2010, I-11063, Rn. 86 – Schecke (Verordnung). Nur mittelbar Unionssekundärrecht betrafen die verb. Rs. C-203/15 und C-698/15, EU:C:2016:970 – Tele2, in denen der EuGH dennoch eine strikte Kontrolle vornahm. Der Unionsrechtsetzer ist dabei je nach Wesen des betroffenen Grundrechts, der Art und Eingriffsintensität sowie dem Zweck der Datenverarbeitung in seiner Gestaltungsfreiheit beschränkt.

[437] Anders im Fall *Tanja Kreil* bei *M. Klatt*, Praktische Konkordanz, S. 430 f., der die Prüfungskompetenz von EuGH und BVerfG gleichermaßen betroffen sieht und deshalb zu einem Abwägungspatt gelangt.

[438] EuGH, Rs. C-473/12, EU:C:2013:715, Rn. 51 f. – IPI.

[439] EuGH, Rs. C-274/99, Slg. 2001, 7–1611, Rn. 53 – Connolly; Rs. C-101/01, Slg. 2003,

Behörden und Gerichten die abschließende Abwägung.[440] Es handelt sich dabei um Freiheiten mit besonderer gesellschaftlicher und politischer Funktion.[441] Der Gerichtshof betont in ständiger Rechtsprechung, dass der Schutz personenbezogener Daten „im Hinblick auf seine gesellschaftliche Funktion gesehen und unter Wahrung des Verhältnismäßigkeitsprinzips gegen andere Grundrechte abgewogen werden muss".[442] Reziprok erachtet auch das BVerfG die informationelle Selbstbestimmung als „eine elementare Funktionsbedingung eines freiheitlich demokratischen Gemeinwesens", das „auf die Handlungs- und Mitwirkungsfähigkeit seiner Bürger" angewiesen ist.[443] Die Informations- und Meinungsfreiheit war auch der Grund dafür, dass der EuGH in der Entscheidung über die Löschung von Links der Google-Suchergebnisse („De-Indexierung") auf Grundlage von Art. 17 DSGVO keine unionsweit einheitliche Antwort bot. Er verwies darauf, dass das öffentliche Informationsinteresse innerhalb der Union von Mitgliedstaat zu Mitgliedstaat unterschiedlich stark ausgeprägt sei und deshalb die Abwägung mit den Rechten Betroffener auf Schutz personenbezogener Daten nicht unionsweit einheitlich erfolgen könne.[444] In diesem Zusammenhang wies das Gericht darauf hin, dass die Datenverarbeitung zu journalistischen, künstlerischen oder literarischen Zwecken nach Art. 85 DSGVO im Wesentlichen Sache der Mitgliedstaaten sei.[445] Die Abwägung zwischen dem öffentlichen Interesse am Informationszugang und dem Recht der Betroffenen auf Achtung des Privatlebens sei mit Blick auf die Öffnungsklausel des Art. 9 DSRL (Art. 85 DSGVO) „nicht unbedingt für alle Mitgliedstaaten gleich".[446] Der EuGH

I-12971, Rn. 86 – Lindqvist. Der Fall EuGH, Rs. C-25/17, EU:C:2018:551 – Jehovan todistajat betraf im Kern die Abwägung mit der Religionsausübungsfreiheit, allerdings beschränkte sich das vorlegende Gericht bereits in den Vorlagefragen auf konkrete Auslegungsfragen in Bezug auf die Anwendbarkeit der DSRL (Art. 3 Abs. 2), den Begriff „Datei" (Art. 2 lit. c) sowie die gemeinsame Verantwortlichkeit (Art. 2 lit. d).

440 Vgl. z.B. EuGH, Rs. C-245/01, Slg. 2003, I-12489, Rn. 73 – RTL Television GmbH.

441 Eingehend hierzu *S.-C. Lenski*, Personenbezogene Massenkommunikation, S. 218 ff. Zur Maßgeblichkeit eines fehlenden gemeinsamen unionsweiten Konsenses bei der Verhältnismäßigkeit *B. Oreschnik*, Verhältnismäßigkeit und Kontrolldichte, S. 292.

442 EuGH, Rs. C-136/17, EU:C:2019:773, Rn. 57 – GC u.a.; Gutachten 1/15, EU:C:2017:592, Rn. 136 – PNR Kanada; verb. Rs. C-511/18, C-512/18 und C-520/18, EU:C:2020:791, Rn. 63 – La Quadrature; Rs. C-311/18, EU:C:2020:559, Rn. 172 – Facebook Ireland und Schrems; verb. Rs. C-92/09 u. C-93/09, Slg. 2010, I-11063, Rn. 48 – Schecke.

443 BVerfGE 65, 1 (43).

444 EuGH, Rs. C-507/17, EU:C:2019:772, Rn. 67 – Google (Portée territoriale).

445 EuGH, Rs. C-507/17, EU:C:2019:772, Rn. 67 – Google (Portée territoriale).

446 EuGH, Rs. C-507/17, EU:C:2019:772, Rn. 67 – Google (Portée territoriale), Einheitlichkeit sei dann durch Verfahren und die neu eingeführten Kooperationsmechanismen der nationalen Datenschutzaufsichtsbehörden zu erzielen, um den Ausgleich zwischen den Betroffenenrechten und dem Interesse der Öffentlichkeit in den Mitgliedstaaten am öffent-

selbst sieht sich auf Grund der Sachferne nicht in der Lage, eine abschließende Abwägung zu treffen. Das Unionsrecht schreibe nach derzeitigem Stand nicht einheitlich vor, dass die Auslistung für alle Versionen der Suchmaschine zu erfolgen habe, sondern stellt dies vielmehr den Mitgliedstaaten frei:

> Daher bleibt eine Aufsichts- oder Justizbehörde eines Mitgliedstaats befugt, anhand von nationalen Schutzstandards für die Grundrechte, eine Abwägung zwischen dem Recht der betroffenen Person auf Achtung des Privatlebens und auf Schutz der sie betreffenden personenbezogenen Daten einerseits und dem Recht auf freie Information andererseits vorzunehmen und nach erfolgter Abwägung gegebenenfalls dem Suchmaschinenbetreiber aufzugeben, eine Auslistung in allen Versionen seiner Suchmaschine vorzunehmen.[447]

Dies ist teilweise auf sehr harsche Kritik[448] gestoßen, spiegelt jedoch im Ergebnis nur den Stand der Verträge wider und ist auch mit Blick auf den fragmentarischen Charakter der DSGVO konsequent. Kritikwürdig ist diese Entscheidung aber insofern, als der EuGH damit vorgibt, dass sich die territoriale Reichweite der DSGVO nicht unmittelbar aus ihr selbst ergebe, sondern im Ermessen der Aufsichtsbehörden stünde. Dies widerspricht jedoch der DSGVO, die ein einheitliches Datenschutzniveau insbesondere gegenüber global agierenden Unternehmen gewährleisten sollte und gerade auf diesem Gebiet Rechtsvereinheitlichung und -sicherheit bezweckt. Es fehlt hier eine Differenzierung zwischen der Frage der Reichweite des Löschungsanspruchs einerseits (bzw. des Anspruchs auf Auslistung), die sich aus Art. 3 DSGVO unmittelbar ergibt sowie der tatsächlichen Pflicht zur Auslistung andererseits, die durchaus je nach mitgliedstaatlicher Abwägung unterschiedlich ausfallen kann. Für erstere bedarf es einer unionsweiten einheitlichen Antwort, soll der Harmonisierungsanspruch der DSGVO nicht gänzlich in Frage gestellt werden.

Exemplarisch für die abgeschwächte Kontrolldichte ist auch der Fall Spiegel Online. Darin ging es um die fakultative Öffnungsklausel in Art. 5 Abs. 3 RL 2001/29, wonach die Mitgliedstaaten im nationalen Recht „Ausnahmen oder Beschränkungen" des Urheberrechts vorsehen können. Die urheberrechtliche Öfffnungsklausel ist ähnlich strukturiert wie Art. 23 Abs. 1 DSGVO, da sie mitgliedstaatliche Ausnahmen von der Regel (ausschließliches Verwertungsrecht des Urhebers) zulässt und unter anderem Bereiche betrifft, die vorwiegend der mitgliedstaatlichen Kompetenz unterfallen (Wis-

---

lichen Informationszugang zu schaffen und entsprechende Beschlüsse zur De-Indexierung zu fassen.

[447] EuGH, Rs. C-507/17, EU:C:2019:772, Rn. 72 – Google (Portée territoriale) unter Verweis auf Rs. C-617/10, EU:C:2013:105, Rn. 29 – Åkerberg Fransson; Rs. C-399/11, EU:C:2013:107, Rn. 60 – Melloni.

[448] *O. J. Gstrein*, Judgment that will be forgotten: „a sin against the spirit of European integration".

senschaft, Presse, religiöse Einrichtungen, Kunst). Der BGH legte dem EuGH die Frage vor, ob die Grundrechte auf Informationsfreiheit (Art. 11 Abs. 1 S. 2 GRCh) oder der Pressefreiheit (Art. 11 Abs. 2 GRCh) Ausnahmen oder Beschränkungen des ausschließlichen Vervielfältigungs- und Veröffentlichungsrechts außerhalb der in Art. 5 Abs. 3 RL 2001/29 vorgesehenen Ausnahmen rechtfertigen können. Der Generalanwalt wies darauf hin, dass das Urheberrecht kulturelle Angelegenheiten regle, weshalb die Mitgliedstaaten bei der Anwendung einen weiten Gestaltungsspielraum haben, um der Vielfalt ihrer Kulturen Rechnung tragen zu können (Art. 167 Abs. 4 AEUV). Auch die Bedeutung, die das deutsche Recht der Meinungsäußerungsfreiheit und den Medien beimisst, sei „eine kulturelle Eigenart“[449] Deutschlands. Der EuGH stellte fest, dass die Mitgliedstaaten bei der Interessenabwägung über einen „erheblichen Spielraum“ verfügen.[450] Er nimmt eine historische Auslegung der Öffnungsklausel im Sekundärrecht unter Heranziehung der Gesetzesmaterialien vor und kommt zu dem Schluss, dass die Beschränkungen „wegen ihrer begrenzten wirtschaftlichen Bedeutung in dem Vorschlag bewusst nicht detailliert behandelt würden und nur Mindestbedingungen für ihre Anwendung formuliert seien.“[451] Eingeschränkt werde der Spielraum der Mitgliedstaaten durch die im Unionsrecht gezogenen Grenzen, insbesondere die Voraussetzungen der Richtlinie sowie die allgemeinen Grundsätze des Unionsrechts, zu denen der Grundsatz der Verhältnismäßigkeit gehöre.[452] Die Anwendung nationaler Grundrechte dürfe nicht dazu führen, dass das hohe Schutzniveau für die Urheber und das reibungslose Funktionieren des Binnenmarkts beeinträchtigt sowie die praktische Wirksamkeit gefährdet werden.[453] Begrenzt werden die Mitgliedstaaten schließlich durch die in der Charta verankerten Grundsätze, so dass sie sich um einen angemessenen Ausgleich zwischen den verschiedenen durch die Rechtsordnung der Union geschützten Grundrechte sicherstellen müssen.[454] Nationale Grundrechte können nicht zur Ausweitung der sekundärrechtlich abschließend normierten Ausnahmen und Beschränkungen herangezogen werden, auch dürfen sie keine inkohärente Umsetzung bewirken.[455] Die Be-

[449] GA *Szpunar*, Schlussanträge, Rs. C-516/17, EU:C:2019:16, Rn. 22 f. – Spiegel Online.

[450] EuGH, Rs. C-516/17, EU:C:2019:625, Rn. 28 – Spiegel Online, gleichzeitig entnimmt der EuGH der Wendung „soweit es der Informationszweck rechtfertigt“ den Grundsatz der Verhältnismäßigkeit, a.a.O., Rn. 68.

[451] EuGH, Rs. C-516/17, EU:C:2019:625, Rn. 29 – Spiegel Online.

[452] EuGH, Rs. C-516/17, EU:C:2019:625, Rn. 31–34 – Spiegel Online.

[453] EuGH, Rs. C-516/17, EU:C:2019:625, Rn. 35–36 – Spiegel Online.

[454] EuGH, Rs. C-516/17, EU:C:2019:625, Rn. 31–34 – Spiegel Online; Rs. C-314/12, EU:C:2014:192, Rn. 46 – UPC Telekabel Wien; Rs. C-149/17, EU:C:2018:841, Rn. 45 – Bastei Lübbe.

[455] EuGH, Rs. C-516/17, EU:C:2019:625, Rn. 48 – Spiegel Online.

urteilung, ob die Veröffentlichung der Originalfassung durch Spiegel Online erforderlich war, um das Informationsziel (Berichterstattung) zu erreichen, sei Sache des vorlegenden Gerichts.[456]

4. Auslegung von unbestimmten Rechtsbegriffen

Der EuGH nimmt die Ausfüllung dieser unbestimmten Rechtsbegriffe vor und lenkt dadurch die Abwägung kollidierender Grundrechte „in sekundärrechtlich vorbestimmte Bahnen".[457] Doch nicht immer ist er für die unionsautonome Auslegung zuständig. So sind die die Begriffe „notwendig" oder „öffentliche Gewalt" in Art. 23 Abs. 1 DSGVO sind Ausdruck mitgliedstaatlicher Autonomie.

Das Gebot der unionsautonomen Auslegung besteht ferner dann nicht, wenn eine Vorschrift ausdrücklich auf das Recht der Mitgliedstaaten verweist oder wenn der Tatbestand an mitgliedstaatliches Recht anknüpft.[458] Es genügt also nicht für die Annahme der unionsautonomen Auslegung, dass ein Begriff in einem Unionsrechtsakt erwähnt wird. Vielmehr ist eine einheitliche Auslegung auf Unionsebene abhängig davon, wie stark der Begriff einer harmonisierten Rechtsmaterie zuzuordnen ist und wie sehr der konkrete Unionsrechtsakt nach einer vereinheitlichten Lösung verlangt. Die Verarbeitung personenbezogener Daten durch die öffentliche Gewalt wirkt sich in der Regel nur auf die dieser öffentlichen Gewalt unterworfenen Rechtssubjekte eines Mitgliedstaats aus. Soweit die Herrschaftsgewalt klar umgrenzt ist, bedarf es keiner unionseinheitlichen Auslegung solcher Begriffe, die an diese mitgliedstaatliche Autonomie anknüpfen.

Außerhalb des Kontexts der Bereichsausnahmen sind die für die Verhältnismäßigkeitsprüfung zentralen Begriffe des „berechtigten Interesses" und der „Erforderlichkeit" unionsautonom auslegen.[459] Dieser Begriff der Erforderlichkeit kann zur Wahrung des unionsweiten Schutzniveaus in den jeweiligen Mitgliedstaaten keinen unterschiedlichen Inhalt haben.[460] Dies gilt je-

---

[456] EuGH, Rs. C-516/17, EU:C:2019:625, Rn. 69 – Spiegel Online.

[457] *A. Viethen*, Datenschutz als Aufgabe, S. 99.

[458] EuGH, Rs. C-516/17, EU:C:2019:625, Rn. 62 – Spiegel Online; *S. A. E. Martens*, Methodenlehre, S. 336.

[459] EuGH, Rs. C-524/06, Slg. 2008, I-9705, Rn. 52 – Huber. Schon GA *Dutheillet de Lamothe*, Schlussanträge, Rs. 11/70, Slg. 1970, 1142 (1150) – Internationale Handelsgesellschaft entnahm dem primärrechtlichen Begriff der „erforderlichen Maßnahmen" in Art. 40 Abs. 3 EWG (nun: Art. 40 Abs. 2 AEUV) eine Verhältnismäßigkeitsprüfung. Dies wird zwar aus den allgemeinen Grundsätzen des Gemeinschaftsrechts, einschließlich der Grundrechte, hergeleitet, dient aber im Fall als Rechtmäßigkeitsmaßstab für die EWG-Verordnung, die den Verfall von Kautionen bei Ablauf der Ausfuhrlizenz anordnete; eine „Entkoppelung von Verhältnismäßigkeitsprüfung und Grundrechten" sieht darin *A. Tischbirek*, Verhältnismäßigkeitsprüfung, S. 94.

[460] EuGH, Rs. C-524/06, Slg. 2008, I-9705, Rn. 52 – Huber.

doch nur in Bereichen, in welchen das Unionssekundärrecht tatsächlich ein einheitlich hohes Schutzniveau forciert. Die Stufe der „Erforderlichkeit" ist nur einer von mehreren Prüfungsschritten bei der Beurteilung der Verhältnismäßigkeit. Die vierte Stufe, die konkrete Abwägung im Wege einer Zweck-Mittel-Relation, ist dieser Formulierung nicht immanent und wird vom EuGH nicht in jedem Fall geprüft, sondern zum Teil unter dem Begriff der Erforderlichkeit oder Notwendigkeit subsumiert. Insbesondere im Bereich des grundrechtlichen Datenschutzes leitet der EuGH aus dem Begriff eine umfassende Abwägung ab.[461] Damit ist indes nicht die Frage beantwortet, auf welcher Ebene diese Abwägung zu erfolgen hat.

Im Sinne der einheitlichen Anwendung des Unionsrechts bedürfen Begriffe wie die „Sicherheit des Staates" oder „wichtige wirtschaftliche Interessen" einer unionsautonomen Bestimmung, die nach der Rechtsprechung des EuGH restriktiv zu erfolgen hat.[462] Begriffe wie die „lebenswichtigen Interessen" (Art. 6 Abs. 1 UAbs. 1 lit. d DSGVO), „öffentlichen Interessen" (Art. 6 Abs. 1 UAbs. 1 lit. e DSGVO) oder „erheblichen öffentlichen Interessen" (Art. 9 Abs. 2 lit. g DSGVO)[463] werden zwar in den Bereichsausnahmen verwendet, sie sind aber dennoch nicht allein durch die Mitgliedstaaten autonom zu definieren.[464]

5. Insbesondere: Das Medienprivileg

Im Rahmen der Bereichsausnahmen sind Tatbestandsmerkmale und Rechtsbegriffe nicht stets unionsautonom auszulegen, sondern können auch als Verweis in das Recht der Mitgliedstaaten verstanden werden.[465] So bedarf der Begriff „erforderlich" in Art. 85 Abs. 2 DSGVO keiner unionsautonomen Auslegung. In diesem Kontext sehen die Mitgliedstaaten Ausnahmen vor, „wenn dies erforderlich ist, um das Recht auf Schutz der personenbezogenen Daten mit der Freiheit der Meinungsäußerung und der Informationsfreiheit in Einklang zu bringen." Gleichwohl legt der EuGH den in der ähnlichen Vorgängerregelung in Art. 9 DSRL verwendeten Begriff „notwendig" im Sinne der Beschränkung auf „das absolut Notwendige" aus, was auf das Verhältnismäßigkeitsprinzip hinausliefe.[466] Es obliegt jedoch nicht dem EuGH zu prüfen, ob die mitgliedstaatliche Ausgestaltung des Medienprivi-

---

[461] Vgl. EuGH, verb. Rs. C-293/12 und C-594/12, EU:C:2014:238, Rn. 52 – Digital Rights; EuGH, Rs. C-73/07, Slg. 2008, I-9831, Rn. 56 – Satamedia; verb. Rs. C-203/15 und C-698/15, EU:C:2016:970, Rn. 94 – Tele2.

[462] *S. Simitis*, NJW 1997, 281 (283).

[463] *M. Nebel*, in: Roßnagel, EU DS-GVO, § 3 Rn. 108.

[464] So aber *M. Nebel*, in: Roßnagel, EU DS-GVO, § 3 Rn. 108.

[465] Gegen eine umfassende Konkretisierungskompetenz des EuGH auch *C. Herresthal*, Regelungsdichte, S. 113 ff.

[466] EuGH, Rs. C-73/07, Slg. 2008, I-9831, Rn. 58 – Satamedia.

legs „erforderlich" zum Schutz der journalistischen Tätigkeit ist. Ein solches Verständnis würde *contra legem* den Zugriff auf die Auslegung der mitgliedstaatlichen Regelungen im Rahmen der Öffnungsklausel eröffnen. Vielmehr ist der Begriff „erforderlich" in Art. 85 Abs. 2 DSGVO, ähnlich wie „notwendig" in Art. 23 Abs. 1 DSGVO, im Sinne einer regelungstechnischen Gebotenheit zu verstehen und vor dem Hintergrund der grundsätzlichen Vollharmonisierung zu sehen, weil die DSGVO vom Grundsatz her einen weiteren Geltungsanspruch vermittelt, als sie tatsächlich hat.[467]

Mangels unionsrechtlicher Kompetenz auf dem Gebiet der Kultur, des Rundfunks und der Presse ist auch der für diesen Bereich zentrale Begriff des „Journalismus" ein mitgliedstaatlich auszufüllender Begriff. Eine unionsweit einheitliche Auslegung des Begriffs „Journalismus" würde über den Umweg der Grundrechtsjudikatur zu einer Harmonisierung eines originär den Mitgliedstaaten verbliebenen Bereichs führen. Die Beurteilung des Medienprivilegs bestimmt sich für Deutschland nach der Auslegung des Pressebegriffs in Art. 5 Abs. 1 S. 2 GG.

Im Grundgesetz gilt das Medienprivileg nur für journalistisch-redaktionelle Datenverarbeitung. Der Begriff der „journalistisch-redaktionellen" Tätigkeit umfasst nur die formelle Presse (Rundfunk und Presseerzeugnisse). Telemedien unterfallen angesichts des funktional verstandenen Presse- und Rundfunkbegriffs dem Medienprivileg nur, wenn sie unter den verfassungsrechtlichen Pressebegriff fallen. Nach dem verfassungsrechtlichen Begriffsverständnis findet das Medienprivileg keine Anwendung auf allgemeine Meinungsäußerungen, Foren oder Bewertungsportale im Internet.[468] Auch „neue elektronische Medien", also Blogs, Internetforen und Bewertungsportale oder Suchmaschinen fallen nicht unter das Medienprivileg, genauso wie Presse- und Informationstätigkeit von Behörden.[469]

Diskutiert wird die Ausdehnung auf Bereiche außerhalb der klassischen Medien unter Einbeziehung von Blogs und sozialen Medien, die der Willensbildung dienen[470], sowie allgemein auf „Mittler der Informationsgesellschaft".[471] Das europäische Datenschutzrecht kann aber nach der Kompetenzverteilung nicht das Vehikel für eine solche Änderung sein. Die bundes-

---

[467] Vgl. auch *N. Marsch*, Das europäische Datenschutzgrundrecht, S. 363, der zugleich darauf hinweist, dass eine Abweichung der Mitgliedstaaten nicht zugleich eine Minderung des Privatsphärenschutzes sein muss.

[468] BVerwG, ZD 2016, 193.

[469] Für Suchmaschinenbetreiber s. BVerfGE 152, 216 (230 Rn. 36); *D. Hoidn*, in: Roßnagel, EU DS-GVO, § 4 Rn. 168; BVerwG, ZD 2016, 193; BGH, NJW 2009, 2888 (2890 Rn. 20).

[470] S. hier im Einzelnen die Vorschläge bei *S. Michel*, Bürgerjournalistinnen, S. 131 ff.; zur Diskussion *M. Hennemann*, Datenschutz in Presse, Hb DSR, § 19 Rn. 31 f., 62 ff.

[471] *K. von Lewinski*, AfP 2015, 1.

deutsche Rechtsprechung verneint die Anwendbarkeit der Medienfreiheiten (Art. 5 Abs. 1 S. 2 GG) auf Internet- bzw. Medienintermediäre, also insbesondere Suchmaschinen (Google), soziale Netzwerke (Facebook), Videoportale (YouTube) oder Bewertungsportale (Jameda).[472] Diese haben vorrangig eine Mittlerfunktion, weil sie überwiegend fremde Inhalte präsentieren und Dritten (Nutzern) zugänglich machen.[473] Die DSGVO regt angesichts dessen für den Begriff des „Journalismus" in Erwägungsgrund 153 eine weite Auslegung an.[474] Der EuGH geht davon aus, dass Art. 85 DSGVO nicht nur Medienunternehmen erfasst.[475] Journalistische Tätigkeiten sind danach „solche Tätigkeiten, die zum Zweck haben, Informationen, Meinungen oder Ideen, mit welchem Übertragungsmittel auch immer, in der Öffentlichkeit zu verbreiten."[476] Die Beurteilung, ob die konkrete Verarbeitungstätigkeit diesem Zweck entspricht, ist jedoch Sache des vorlegenden Gerichts, der EuGH beschränkt sich auf die Erteilung von Auslegungshinweisen. Er beurteilte die Frage, ob das Hochladen eines Videos auf YouTube, das Polizeigewalt dokumentiert, als journalistische Tätigkeit zu werten ist, nicht abschließend. Er gab zu erkennen, dass unter Berücksichtigung der Entwicklung der Kommunikationstechnologie sowie der Diversifizierung der Informationsverbreitung eine Ausdehnung auf Hobbyjournalisten naheliege, wenn ihre Tätigkeit ausschließlich das Verbreiten von Informationen, Meinungen oder Ideen in der Öffentlichkeit bezwecke.[477] Dennoch legt er einen möglichst weiten, inklusiven Journalismus-Begriff zu Grunde. Dadurch wird insbesondere dem technischen Fortschritt und einer dynamischen Rechtsentwicklung Rechnung getragen. Diese Auslegungshinweise können das mitgliedstaatliche Recht nur inspirieren, mangels unionsweiter Harmonisierung auf dem Gebiet der Medien aber nicht determinieren. Ein engeres Verständnis im nationalen Recht löst keine Kollision mit dem Unionsrecht aus, der nach den Regeln des Anwendungsvorrangs zu lösen wäre. Vielmehr sind die Auslegungshinweise unverbindlich, entsprechend vorsichtig formuliert der EuGH auch den Tenor. Die Videodokumentation von Polizeigewalt im Internet „kann" unter bestimmten Umständen eine Verarbeitung allein zu journalistischen Zwecken im Sinne der Richtlinie darstellen. Sie muss es aber nicht.

---

[472] Vgl. OLG Köln, ZUM-RD 2020, 198; zum Ganzen *M. Beiler/M. Machill*, Suchmaschinen.

[473] *K. Giere/D. Heilmann*, Internetintermediäre, S. 49

[474] Für die Übernahme der weiten unionsrechtlichen Auslegung des Begriffs „Journalismus" unter Einschluss von Blogbetreibern s. *S. Michel*, Bürgerjournalistinnen, S. 146 ff.

[475] So zur Vorläuferregelung in Art. 9 DSRL EuGH, Rs. C-345/17, EU:C:2019:122 – Buividis.

[476] EuGH, EU:C:2019:122, Rs. C-345/17, Rn. 53 – Buividis.

[477] EuGH, EU:C:2019:122, Rs. C-345/17, Rn. 57, 63 ff. – Buividis.

III. Ausnahmsweise unionsweit abschließende Wertungen

Kein oder nur wenig Raum für mitgliedstaatliche Grundrechtsvielfalt besteht in unionsrechtlich determinierten Bereichen, die auch kompetenziell vollständig überlagert sind. Das Datenschutzrecht wird überwiegend im Wege des indirekten Vollzugs von den mitgliedstaatlichen Behörden durchgesetzt. Eine unionsweit uniforme Abwägung ist geboten, wenn eine Eingriffsmaßnahme unionsrechtlich veranlasst ist, insbesondere bei einem EU-Rechtsakt[478] oder bei mitgliedstaatlich veranlasster Datenverarbeitung mit besonderer Relevanz für den Binnenmarkt.

Bei der Verarbeitung personenbezogener Daten durch Private ist zu differenzieren: Eine erhöhte Kontrolldichte des EuGH ist dann anzunehmen, wenn die Verarbeitungstätigkeit eine binnenmarktrelevante oder grenzüberschreitende Dimension hat. Dann kann im Einzelfall auch eine abschließende Abwägung anhand der Unionsgrundrechte durch den EuGH geboten sein. In diesem Verständnis kommt der Binnenmarkt als Ausgangspunkt des unionsrechtlichen Datenschutzrechts wieder zum Vorschein. Das europäische Datenschutzrecht rechtfertigt sich maßgeblich aus der Zielsetzung des unionsweit freien Datenverkehrs bei gleichzeitiger Wahrung des hohen Schutzniveaus. Dieses Ziel muss das Datenschutzsekundärrecht dann auch ernsthaft verfolgen. Der EuGH gibt bei der grenzüberschreitenden Datenverarbeitung ein einheitlich hohes Schutzniveau vor. Im Fall Google Spain war dies der Fall.[479] Je bedeutsamer die Auswirkungen auf den europäischen digitalen Binnenmarkt sind und je breiter die Auswirkungen einer Tätigkeit für die anderen Mitgliedstaaten ist, desto intensiver hat die Abwägung durch den EuGH zu erfolgen.[480]

Als materiell-rechtlicher Anhaltspunkt dafür, wann eine erhöhte Prüfungsdichte durch den EuGH angezeigt ist, kann Art. 64 Abs. 2 DSGVO herangezogen werden, der die Stellungnahmen des Europäischen Datenschutzausschusses bei Angelegenheiten „mit allgemeiner Geltung oder mit Auswirkungen in mehr als einem Mitgliedstaat“ betrifft.[481] Hierunter fallen insbesondere Verarbeitungstätigkeiten global agierender Unternehmen oder Online-Dienstleister sowie solche mit grenzüberschreitendem Bezug.[482] Eine stärkere Konkretisierung der kollidierenden Grundrechte obliegt auch nach Ansicht der Generalanwältin *Juliane Kokott* dem EuGH vor allem dann,

---

[478] Vgl. z.B. EuGH, Rs. C-291/12, EU:C:2013:670 – Schwarz über die Vereinbarkeit biometrischer Reisepässe auf Grundlage von VO (EG) Nr. 2252/2004 mit Art. 7 und 8 GRCh.

[479] S. insb. EuGH, Rs. C-131/12, EU:C:2014:317, Rn. 74 – Google Spain.

[480] *N. Marsch*, Das europäische Datenschutzgrundrecht, S. 357.

[481] In diese Richtung *N. Marsch*, Das europäische Datenschutzgrundrecht, S. 357.

[482] *M. Rossi*, in: Auernhammer, Art. 64 DSGVO Rn. 6–7 m.w.N.

„wenn *grenzüberschreitende* Aktivitäten im Vordergrund stehen",[483] wohingegen sonst bei der Abwägung eine zurückhaltendere Linie geboten sei. Sie folgert aus „dem weiten, fast schon über die Verwirklichung des Binnenmarkts hinausgreifenden Anwendungsbereich der [DSRL]", dass der EuGH bei der Abwägung kollidierender Grundrechte den Mitgliedstaaten und ihren Gerichten „grundsätzlich einen weiten Gestaltungsspielraum einräumen sollte, innerhalb dessen ihre eigenen Traditionen und gesellschaftlichen Wertvorstellungen zur Geltung kommen können."[484]

Ein Beispiel für eine abschließende Abwägung durch den EuGH ist der Fall SABAM, der die Datenverarbeitung eines sozialen Netzwerks im Internet betraf, dessen Nutzer unter Verletzung von Urheberrechten musikalische und audiovisuelle Werke ins Netz stellten. Der EuGH stellte in diesem Fall konkrete Abwägungsvorgaben auf, da die Verarbeitung von unionsweiter Bedeutung war. Zudem ergaben sich aus der maßgeblichen RL 2000/31 sehr detaillierte Vorgaben für die Haftung von Diensten der Informationsgesellschaft, die Inhalte Dritter bereitstellen („Hosting-Anbieter"). Der EuGH wägte das Recht am geistigen Eigentum (Art. 17 Abs. 2 GRCh) der Inhaber von Urheberrechten sowie den Schutz der unternehmerischen Freiheit (Art. 16 GRCh) der Hosting-Anbieter mit den Rechten Dritter aus Art. 8, 11 Abs. 1 GRCh ab.[485] Dabei ließen sich bereits dem Sekundärrecht konkrete Anhaltspunkte für den Schutz der Interessen der Dienste der Informationsgesellschaft entnehmen. Die RL 2000/31 zielt gerade auf den Schutz vor unionsweit uneinheitlichen und unzumutbaren Überwachungspflichten (Erwägungsgrund 47). Ebenso diente die Richtlinie spezifisch den Interessen der Rechteinhabern von Urheberrechten und verwandten Schutzrechten. Die Grundrechte der betroffenen Nutzer der Dienste, die entweder Inhalte hochladen oder konsumieren möchten, sind mittelbar betroffen. Der EuGH stellte bei der Abwägung die Grundrechte aus Art. 8 und 11 GRCh (Schutz personenbezogener Daten und freier Empfang von Informationen) ein und berücksichtigte die Mitbetroffenheit der Interessen Dritter bei der Gewichtung der Eingriffsintensität in das Recht der Hosting-Anbieter.[486]

IV. Keine Margin-of-appreciation-Doktrin auf Unionsebene

Daneben ist kein Raum mehr für die Heranziehung einer *Margin-of-appreciation*-Doktrin auf Unionsebene. Diese stammt aus der Kontrolle nationalstaatlicher Maßnahmen durch den EGMR und kann in der EU, als in sich

[483] GA *Kokott*, Schlussanträge, Rs. C-73/07, Slg. 2008, I-9835, Rn. 46 – Satamedia (Hervorhebung im Original). Dieser Fall betraf Art. 9 DSRL (Art. 85 DSGVO).

[484] GA *Kokott*, Schlussanträge, Rs. C-73/07, Slg. 2008, I-9835, Rn. 53 – Satamedia.

[485] EuGH, Rs. C-360/10, EU:C:2012:85, Rn. 44 – SABAM.

[486] EuGH, Rs. C-360/10, EU:C:2012:85, Rn. 48 ff. – SABAM.

geschlossene Rechtsordnung *sui generis*, auf das Verhältnis zwischen dem EuGH und den Mitgliedstaaten nicht übertragen werden.[487] Der EGMR gewährleistet den Konventionsstaaten in Ermangelung eines europäischen Konsenses regelmäßig einen weiten Beurteilungsspielraum bei Fragen, die aufgrund der kulturellen oder religiösen Unterschiede innerhalb des Europarats von Differenz geprägt sind. In der Rechtsprechung des EGMR betrifft dies beispielsweise Fälle über den Ausgleich des Rechts auf Privatsphäre mit der Presse- oder Meinungsäußerungsfreiheit bzw. die Frage, ob eine einschränkende Maßnahme „in einer demokratischen Gesellschaft notwendig" ist (Art. 10 Abs. 2 EMRK).[488] Nach der *Margin-of-appreciation*-Doktrin ist den Konventionsstaaten nicht nur eine Letztbewertung im Einzelfall überlassen, sondern mit Rücksicht auf unterschiedliche Abwägungsregeln auch Raum für unterschiedliche Grundrechtsdogmatiken.[489] Eine Übertragung auf das Verhältnis zwischen dem EuGH und den mitgliedstaatlichen Gerichten wird zuweilen mit der Begründung gefordert, dass letzteren generell ein weiter Beurteilungsspielraum in sensiblen Abwägungsfragen eingeräumt werden müsse.[490] Dabei wird teilweise eine abgestufte Prüfungsdichte des EuGH je nach Sachmaterie angenommen, wobei zwischen einer hohen und einer mittleren Prüfungsdichte sowie einer bloßen Willkürprüfung durch den EuGH differenziert wird.[491] Durch dieses flexible Instrument sollen mitgliedstaatliche Spielräume in Bereichen geschaffen werden, die von erhöhter Diversität in den Mitgliedstaaten geprägt sind.

---

[487] Krit. auch *F. Wollenschläger*, EnzEuR I, § 13 Rn. 87; eine Übertragung wird jedoch jüngst verstärkt befürwortet, s. nur *M. Bleckmann*, Nationale Grundrechte, S. 361 ff.; *C. Bilz*, Margin of Appreciation, S. 53 ff.; *A. Edenharter*, Grundrechtsschutz, S. 917 ff.

[488] St. Rspr., EGMR, Urt. v. 7.12.1976, 5493/72, Rn. 48 f. – Handyside/Vereinigtes Königreich; zur „wide margin" beim Ausgleich von Art. 8 und 10 EMRK: EGMR (GK), Urt. v. 16.6.2015, 64569/09, Rn. 139 – Delfi AS/Estonia; *U. Prepeluh*, ZaöRV 51 (2001), 771. Die *Margin-of-appreciation*-Doktrin wurde mit dem 15. ZP in der Präambel der EMRK kodifiziert: Protokoll v. 24.6.2013 zur Änderung der Konvention zum Schutze der Menschenrechte und Grundfreiheiten, BGBl. II S. 1034: „in Bekräftigung dessen, dass es nach dem Grundsatz der Subsidiarität in erster Linie Aufgabe der Hohen Vertragsparteien ist, die Achtung der in dieser Konvention und den Protokollen dazu bestimmten Rechte und Freiheiten zu gewährleisten, und dass sie dabei über einen Ermessensspielraum verfügen, welcher der Kontrolle des durch diese Konvention errichteten Europäischen Gerichtshofs für Menschenrechte untersteht." Dadurch sollen diese durch den EGMR in ständiger Rechtsprechung angewandte und entwickelte Prinzipien transparent gemacht werden, Council of Europe, Explanatory Report to Protocol No. 15 amending the Convention for the Protection of Human Rights and Fundamental Freedoms, Strasbourg, 24.6.2013, Rn. 7.

[489] *J. Masing*, JZ 2015, 477 (480) m.w.N. aus der EGMR-Rechtsprechung.

[490] *S. Martini*, Margin-of-appreciation, S. 285.

[491] *A. Edenharter*, Grundrechtsschutz, S. 969 ff.

Im Verhältnis zu den Mitgliedstaaten hat der EuGH die Margin-Doktrin bisher nicht ausdrücklich angewendet, gleichwohl gehen einzelne mitgliedstaatliche Verfassungsgerichte davon in jüngerer Zeit aus.[492] Zwar verwiesen vereinzelt Generalanwälte auf das weite Ermessen („a wide margin of appreciation") in Bezug auf die Beschränkung der Meinungsäußerung (Art. 10 EMRK) durch das Urheberrecht.[493] Doch der EuGH nahm dies nicht in seine Entscheidung auf. Art. 11 GRCh über die freie Meinungsäußerung sei zwar gemäß Art. 52 Abs. 3 GRCh in Kohärenz mit der entsprechenden Konventionsgewährleistung auszulegen, allerdings „ohne dass dadurch die Eigenständigkeit des Unionsrechts und des Gerichtshofs der Europäischen Union berührt wird".[494] Der EuGH weist auf die auch vom EGMR für die Abwägung zwischen dem Urheberrecht und dem Recht auf freie Meinungsäußerung relevanten Parameter hin, wie die Art und den Anlass der betreffenden Rede oder Information, welchen je nach Interessenlage eine besondere Bedeutung zukommen kann.[495] Ohne auf die *Margin-of-appreciation*-Doktrin Bezug zu nehmen, kommt der EuGH zu dem Schluss, dass das nationale Gericht eine abschließende Abwägung vorzunehmen hat, die die Wahrung der praktischen Wirksamkeit der Chartagrundrechte gewährleistet.[496]

Einer Übertragung der *Margin-of-appreciation*-Doktrin bedarf es nur dann, wenn Art. 51 Abs. 1 S. 1 GRCh jegliche einschränkende Wirkung im Verhältnis zu den Mitgliedstaaten abgesprochen[497] und eine umfassende Bindung an die GRCh vergleichbar mit der Bindung an die EMRK angenommen wird (Art. 1 EMRK). Eine kompetenzsensitive, streng sachbereichsakzessorische Auslegung des unionsrechtlichen Anwendungsbereichs, wie sie in dieser Arbeit vorgenommen wird, beugt diesem Bedürfnis jedoch vor.

---

[492] BVerfGE 152, 152 (174 Rn. 54); s. ferner die Nachweise bei *C. Bilz*, Margin of Appreciation, S. 36.

[493] GA *Szpunar*, Schlussanträge, Rs. C-469/17, EU:C:2018:870, Rn. 41 – Funke Medien.

[494] EuGH, Rs. C-469/17, EU:C:2019:623, Rn. 73 – Funke Medien; Rs. C-601/15 PPU, EU:C:2016:84, Rn. 47 – N; Rs. C-345/17, EU:C:2019:122, Rn. 65 – Buivids.

[495] EuGH, Rs. C-469/17, EU:C:2019:623, Rn. 74 – Funke Medien.

[496] EuGH, Rs. C-469/17, EU:C:2019:623, Rn. 76 – Funke Medien.

[497] So erfolgte die Übernahme der Margin-Doktrin durch den österreichischen Verfassungsgerichtshof ausdrücklich, weil er in Orientierung an der EuGH-Rechtsprechung die GRCh auch im weiten Anwendungsbereich des Unionsrechts und außerhalb unionsrechtlicher Regelungszuständigkeiten innerstaatlich anwendet, hierzu *M. Holoubek/G. Lienbacher*, in: Holoubek/Lienbacher, GRC, Art. 52 GRC Rn. 67 m.w.N.

V. Zusammenfassung

Die Abwägung kollidierender Grundrechte ist im Anwendungsbereich der DSGVO und der JIRL weitestgehend Sache der mitgliedstaatlichen Gerichte. Im Sinne der Rechtsanwendungsgleichheit in der Union sind zur Wahrung des einheitlichen Schutzniveaus im Datenschutzrecht jedoch unionsrechtliche Rechtsbegriffe durch den EuGH unionsautonom auszulegen. Begrifflichkeiten wie „notwendig" und „erforderlich" finden im Normtext der DSGVO und der JIRL an zahlreichen Stellen Verwendung. Nur im Anwendungsbereich der expliziten und impliziten Bereichsausnahmen darf ihnen nicht der Bedeutungsgehalt im Sinne einer umfassenden Verhältnismäßigkeitsprüfung beigemessen werden. In diesem Kontext markieren sie die mitgliedstaatliche Regelungsautonomie und föderative Freiräume. Der EuGH steuert die mitgliedstaatliche Abwägung durch die Vorgabe von Auslegungshinweisen. Zudem sind unionsrechtliche Topoi wie der Grundsatz des *Effet utile* in der mitgliedstaatlichen Abwägung zu berücksichtigen. Eine Übertragung der *Margin-of-appreciation*-Doktrin auf Unionsebene ist abzulehnen. In Fällen, die eine Datenverarbeitung von besonderer Binnenmarktdimension oder weiter Streubreite in der gesamten Union betreffen, erfolgt die abschließende Abwägung der Grundrechte durch den EuGH.

G. Das maßgebliche Schutzniveau im Datenschutzrecht

Da ein hierarchisches Verhältnis der Grundrechtsordnungen in der Union abzulehnen ist (I.), bestimmt sich die Auflösung der Normenkollision nach den unionsrechtlich eröffneten Spielräumen. Soweit diese Ausdruck einer föderalen Grundrechtsvielfalt sind, setzen sich die mitgliedstaatlichen Standards durch. Die Differenzierung der unterschiedlichen Spielräume unter dem geltenden Datenschutzsekundärrecht hat gezeigt, dass im Anwendungsbereich der Mindestharmonisierungsklauseln sowie der Abwägungsspielräume die Unionsgrundrechte und die mitgliedstaatlichen Grundrechte weitestgehend parallel anwendbar sind. Das maßgebliche grundrechtliche Schutzniveau ist für Bereiche der Mindestharmonisierung (II.) und in mehrpoligen Rechtsverhältnissen jeweils zu bestimmen (III.). Die Ergebnisse dieses Abschnitts werden in einem kurzen Fazit zusammengefasst (IV.).

I. Grundrechtsvielfalt statt -hierarchie

Als Ausgangspunkt ist eine Ebenenhierarchie in der EU abzulehnen, die in grundrechtlichen Fragen dem EuGH ein generelles Machtwort zuspricht. Strikt hierarchische Lösungsmodelle gehen davon aus, dass die hierarchisch höherrangige Ebene das letzte Wort beanspruchen kann, das einseitig je nach

Standpunkt entweder dem nationalen Verfassungsgericht[498] oder dem EuGH zugesprochen wird.[499] Ein hierarchisches Verständnis hätte zur Folge, dass die Unionsgrundrechte im Unterschied zum sonstigen Unionsrecht als oberste Norm in der Normenhierarchie einer einheitlichen umfassenden Rechtsordnung zu begreifen wären. Von einer solchen einheitlichen europäischen Verfassung ist jedoch unter dem geltenden Vertragsrecht nicht auszugehen.[500] Auch von einer grundsätzlichen Durchsetzung des grundrechtlichen Höchststandards[501] ist nicht auszugehen, zumal dies keine Lösung in multipolaren Rechtsverhältnissen bietet. Die Unionsgrundrechte bilden im Datenschutzrecht schließlich auch nicht durchgehend einen Korridor,[502] sondern in den meisten Fällen der parallelen Anwendbarkeit nur einen Mindestschutzstandard soweit dem Datenschutzsekundärrecht kein zwingendes höheres Schutzniveau zu entnehmen ist. Die Frage des maßgeblichen Schutzniveaus stellt sich nur, wenn die unionsrechtliche Kollisionsregel des Anwendungsvorrangs einschlägig ist. Dies setzt das Vorliegen einer Normenkollision voraus. Eine solche liegt vor, wenn auf denselben Sachverhalt zwei unterschiedliche Normen der kollidierenden Rechtsordnungen anwendbar sind, die jeweils unterschiedliche Rechtsfolgen anordnen.[503] Die Frage nach dem maßgeblichen Schutzniveau stellt sich mithin nur, soweit nach sachkompetenzakzessorischer Auslegung die parallele Anwendbarkeit der Grundrechtsregime bejaht worden ist und das Unionsrecht ein höheres Schutzniveau verbindlich vorschreibt oder aber das mitgliedstaatliche Recht den unionsrechtlichen Mindeststandard unterschreitet. Erst wenn eine Normenkollision feststeht, wird die Frage relevant, inwieweit das Fachrecht gestaltungsoffen und deshalb Raum für die Vielfalt im Grundrechtsschutz eröffnet

---

[498] *F. Kirchhof*, EuR 2014, 267.

[499] Für ein interaktives Verständnis und die Hierarchie ablehnend *A. Tizziano*, European Courts, S. 29: es gehe nicht um das letzte Wort, um das qualitativ bessere Wort („The important issue, therefore is not ‚who' is entitled to have the final word but rather […] the ‚best' word").

[500] S. die Nachweise bei *M. Desens*, Auslegungskonkurrenzen, S. 211; *S. Kadelbach*, Vorrang und Verfassung, S. 219; *F. C. Mayer*, Verfassungsgerichtsbarkeit, S. 597.

[501] Zu diesem Vorschlag *G. Britz*, Das Grundrecht auf Datenschutz, S. 63.

[502] Nach *M. Bäcker*, EuR 2015, 389 (398) bilden die kollidierenden Unionsgrundrechte einen „Korridor für den staatlichen Grundrechtsschutz", der hergebrachte Abwägungsregeln verschieben könne; ähnl. *M. Selmayr/E. Ehmann*, in: dies., DS-GVO, Einf. Rn. 89, wonach das Unionsrecht „zugleich Unter- und Obergrenze des unionsrechtlichen Datenschutzniveaus" bildet.

[503] *T. Kruis*, Anwendungsvorrang, S. 98 f.; grundlegend zum Anwendungsvorrang EuGH, Rs. C-6/64, Slg. 1964, 1259 (1270) – Costa/E.N.E.L.; Rs. C-11/70, Slg. 1970, 1125, Rn. 5 – Internationale Handelsgesellschaft; BVerfGE 123, 267 (354); 151, 202 (296 Rn. 140 ff.); zur Anwendbarkeit der Kollisionsregel des Art. 31 GG zwischen Bundes- und Landesrecht: BVerfGE 98, 145 (159).

ist. Normativ kommt die Grundrechtsvielfalt in der EU[504] insbesondere durch Art. 51, 52 Abs. 4 und 6, und Art. 53 GRCh über die Pflicht des EuGH, die GRCh im Einklang mit den Verfassungsüberlieferungen der Mitgliedstaaten und der EMRK auszulegen, zum Ausdruck.[505] Dabei sind nach den Erläuterungen die Charta-Grundrechte nicht im Sinne eines „kleinsten gemeinsamen Nenners", sondern so auszulegen, dass sie ein dem Unionsrecht angemessenes hohes Schutzniveau bieten.[506] Nach Art. 53 GRCh darf keine Bestimmung der GRCh als eine Einschränkung oder Verletzung der Menschenrechte ausgelegt werden, die in dem jeweiligen Anwendungsbereich durch die EMRK oder die Verfassungen der Mitgliedstaaten anerkannt werden. Nach den Erläuterungen dient diese Vorschrift der „Aufrechterhaltung" des durch das Recht der Mitgliedstaaten, das Völkerrecht und die EMRK „in seinem jeweiligen Anwendungsbereich gegenwärtig gewährleisteten Schutzniveaus".[507]

II. Schutzniveau bei unionsrechtlichen Mindeststandards

Legt man die vom EuGH entwickelte weite Formel des Anwendungsbereichs des Unionsrechts zu Grunde, gelten die Grundrechte der GRCh im Anwendungsbereich des Datenschutzsekundärrechts. Dem steht die parallele Anwendbarkeit der nationalen Grundrechte dann nicht entgegen, wenn hierdurch das im Wege des Anwendungsvorrang abzusichernde unionsweite Schutzniveau nicht beeinträchtigt wird.[508] Im Anwendungsbereich der Mindestharmonisierungsklauseln steht die Anwendbarkeit der nationalen Grundrechte unter dem generellen Vorbehalt im Sinne der *Melloni*-Rechtsprechung. Danach hat bei paralleler Anwendbarkeit der Grundrechtsordnungen ein höherer nationaler Grundrechtsschutz nur dann im Sinne des *Effet utile* zurückzuzutreten, wenn er die Einheitlichkeit und Wirksamkeit des Unionsrechts beeinträchtigen würde. Art. 53 GRCh gestattet den Mitgliedstaaten nicht, den durch ihre Verfassungen garantierten höheren Schutzstandard der Anwendung unionsrechtlicher Vorschriften entgegenzuhalten, wenn hierdurch der Anwendungsvorrang relativiert wird. Im Fall *Melloni* befasste sich der EuGH mit der Frage, ob die Vollstreckung eines Europä-

[504] BVerfGE 152, 152 (171 Rn. 48): „Vielfalt der Kulturen und Traditionen"; *M. Wendel*, JZ 2020, 157 (160): „Europäischer Grundrechtspluralismus".

[505] S. bereits *J. Gerkrath*, Krönender Abschluss, S. 4; *U. Hufeld/H. Rathke*, EuR-Beilage 2013, 7 (17).

[506] Erläuterungen zur Charta der Grundrechte, ABl. C 303/17 v. 14.12.2007, S. 34 (zu Artikel 52).

[507] Erläuterungen zur Charta der Grundrechte, ABl. C 303/17 v. 14.12.2007 (zu Artikel 53).

[508] EuGH, Rs. C-399/11, EU:C:2013:107, Rn. 58 – Melloni.

ischen Haftbefehls auch dann unter Verweis auf die nationalen Grundrechte eingeschränkt werden könne, wenn die im Rahmenbeschluss 2002/584 abschließend vorgesehenen Bedingungen vorliegen.[509] Dem trat der EuGH entgegen, da dies gegen den Vorrang des Unionsrechts verstoßen würde.[510] Der EuGH postuliert in unionsrechtlich determinierten Fallgestaltungen keine ausschließliche Geltung der Unionsgrundrechte. Zwar steht es nach Art. 53 GRCh den nationalen Behörden und Gerichten bei der Durchführung von Unionsrecht weiterhin frei, nationale Schutzstandards für die Grundrechte anzuwenden, „sofern durch diese Anwendung weder das Schutzniveau der Charta, wie sie vom Gerichtshof ausgelegt wird, noch der Vorrang, die Einheit und die Wirksamkeit des Unionsrechts beeinträchtigt werden."[511] Allerdings gilt dies nicht, wenn – wie im Fall des Europäischen Haftbefehls – das Unionsrecht in Gestalt des Rahmenbeschlusses 2002/584 abschließende Vorgaben macht.[512] Die damit akzeptierte parallele Geltung nationaler Schutzstandards gilt freilich nur, sofern „die Aktion der Mitgliedstaaten vom Unionsrecht nicht vollständig bestimmt ist"[513] und unter Wahrung des umfassenden Anwendungsvorrangs des Unionsrechts auch vor nationalem Verfassungsrecht.[514] Art. 53 GRCh darf demnach nicht zur Relativierung des unionsrechtlichen Anwendungsvorrangs führen, setzt aber umgekehrt auch voraus, dass ein Konkurrenzfall vorliegt.

Im Bereich der mindestharmonisierenden Klauseln kommt der DSGVO nur insoweit eine determinierende Funktion für das mitgliedstaatliche Recht zu, als sie tatsächlich konkrete Vorgaben aufstellt. Wirksamer Grundrechtsschutz und effektiver Rechtsschutz werden in diesem Bereich vorrangig durch die mitgliedstaatlichen Gerichte unter Anwendung der mitgliedstaatlichen Grundrechte gewährleistet. Eine grundrechtliche Frage ist in diesem Bereich nur dann dem EuGH vorzulegen, wenn sie den unionsweiten Mindeststandard betrifft. Unionsrechtliche Wertungen sind von den mitgliedstaatlichen Gerichten zwar zu berücksichtigen, maßgeblich sind aber die nationalen Grundrechte, insbesondere wenn der Mitgliedstaat innerstaatlich über die unionsrechtlichen Mindestvorgaben überschießend hinausgeht.[515]

---

[509] S. die Paraphrasierung in EuGH, Rs. C-399/11, EU:C:2013:107, Rn. 56 – Melloni.
[510] EuGH, Rs. C-399/11, EU:C:2013;107, Rn. 57 f. – Melloni.
[511] EuGH, Rs. C-399/11, EU:C:2013;107, Rn. 60 – Melloni.
[512] EuGH, Rs. C-399/11, EU:C:2013;107, Rn. 61 – Melloni.
[513] EuGH, Rs. C-617/10, EU:C:2013:105, Rn. 29 – Åkerberg Fransson.
[514] EuGH, Rs. C-516/17, EU:C:2019:625, Rn. 17, 19 – Spiegel Online.
[515] *C. Herresthal*, ZEuP 24 (2014), 238 (252).

III. Schutzniveau in mehrpoligen Konstellationen

Die parallele Anwendbarkeit der Grundrechtsregime führt nicht zu einer „Verdoppelung des Grundrechtsschutzes“[516] dergestalt, dass stets Art. 53 GRCh im Sinne eines Günstigkeitsprinzips einschlägig wäre. Insbesondere in den im Datenschutzrecht virulenten mehrpoligen Grundrechtskonstellationen ist für Art. 53 GRCh kein Raum, da offene Abwägungsklauseln im Sekundärrecht die unionsrechtliche Schutzpflicht nicht ausreichend erfüllen und deshalb durch die Mitgliedstaaten konkretisiert und ausgefüllt werden müssen. Entsprechende Vorschläge, dem Günstigkeitsprinzip zwischen Privaten im Datenschutzrecht besondere Bedeutung zukommen zu lassen,[517] sind deshalb abzulehnen.

Für Private stellt das Sekundärrecht keine zwingenden Abwägungsvorgaben auf, die die Kollisionsregel des Anwendungsvorrangs auslösen könnten. Mangels hinreichender Determinierung lässt das Unionsrecht selbst im Zweifel das höhere Schutzniveau der Grundrechte des Grundgesetzes zu. Ein niedrigerer Schutzstandard eines Mitgliedstaats ist hinzunehmen, wenn nicht das vorrangige Unionsrecht ein höheres Schutzniveau gebietet. Wenn also das die GRCh konkretisierende Sekundärrecht nur einen nicht zu unterschreitenden Mindeststandard vorgibt.[518] Wie bereits dargestellt ist insbesondere der Annahme einer grundsätzlichen Priorisierung des Datenschutzgrundrechts vor den anderen Grundrechten entgegenzutreten. In mehrpoligen Verhältnissen ist nicht das Schutzniveau einer bestimmten Ebene maßgeblich, wie ein Vergleich mit der Maßstabsfunktion der Landesverfassungen im deutschen Bundesstaat zeigt (1.). Die mitgliedstaatlich zu treffende Abwägung kollidierender Grundrechte kann nur im Einzelfall durch unionsgrundrechtliche Wertungen im Wege des Anwendungsvorrangs verdrängt werden, wenn sich aus dem Unionsrecht eine Determinierung des Abwägungsergebnisses entnehmen lässt (2.).

1. Maßstabsfunktion der Landesverfassungsgrundrechte unter dem GG

Art. 31 GG statuiert im Kollisionsfall einen Geltungsvorrang sämtlichen Bundesrechts vor Landesrecht – einschließlich des Landesverfassungsrechts. Gemäß Art. 142 GG bleiben Bestimmungen der Landesverfassungen „auch insoweit in Kraft, als sie in Übereinstimmung mit den Artikeln 1 bis 18 dieses Grundgesetzes Grundrechte gewährleisten“. Dies ist als Relativierung bzw.

---

[516] *M. Borowsky*, in: Meyer/Bernsdorff, GRCh, Titel VII, Vorb. Rn. 24; *N. Matz-Lück*, Nationaler Grundrechtsschutz, S. 191.

[517] *N. Matz-Lück*, Nationaler Grundrechtsschutz, S. 197.

[518] *M. Borowsky*, in: Meyer/Bernsdorff, GRCh, Titel VII, Vorb. Rn. 30; *C. Calliess*, JZ 2009, 113 (119).

Rückausnahme der in Art. 31 GG verankerten Kollisionsregel zu verstehen. Dadurch ermöglicht Art. 142 GG, dass die Landesverfassungen „in Übereinstimmung" mit den Artikeln 1 bis 18 GG Grundrechte gewährleisten. Die Landesverfassungsgrundrechte behalten neben den Bundesgrundrechten weiterhin Geltung, wenn sie „den gleichen Gegenstand in gleichem Sinne, mit gleichem Inhalt und in gleichem Umfang"[519] regeln. Art. 142 GG gebietet keine Identität der Landes- mit den Bundesgrundrechten, sondern lediglich eine Widerspruchsfreiheit.[520] Landesgrundrechte bleiben in Geltung, auch wenn sie nur Mindestgarantien enthalten und einem weitergehenden Schutz durch Bundesrecht nicht entgegenstehen, dieser also nicht durch Landesrecht explizit ausgeschlossen wird.[521] In mehrpoligen Grundrechtsverhältnissen kommt es für die Maßgeblichkeit der Landesgrundrechte darauf an, ob das Bundesrecht die Herstellung praktischer Konkordanz im Sinne einer einzigen Lösung determiniert.[522] Das Landesgrundrecht steht erst dann mit dem Bundesgrundrecht im Widerspruch im Sinne von Art. 142 GG, wenn es ein Abwägungsergebnis zwingend erfordert oder ausschließt, das mit dem komplementären Bundesgrundrecht nicht vereinbar ist. In mehrpoligen Grundrechtsverhältnissen besteht mithin ein Regelungsspielraum zu Gunsten der Landesebene, solange sich aus dem Bundesrecht keine Maßstabsbeschränkung entnehmen lässt.[523] Damit bleiben Landesgrundrechte auch in mehrpoligen Grundrechtsverhältnissen maßstabsetzend. Lässt das Bundesrecht Spielräume für die Berücksichtigung von weitergehendem Landesrecht, kann im Einzelfall auch eine landesverfassungsrechtliche Mehrgewährleistung zulässig sein.[524] Die Landesverfassungsgerichte nehmen innerhalb dieser Spielräume eine originäre landesverfassungsgerichtliche Kontrolle vor. Entscheidend für die Frage, ob Bundesrecht am Maßstab der Landesgrundrechte überprüft werden kann, ist mithin, inwieweit ein mehrpoliges Grundrechtsverhältnis durch Bundesrecht aufgelöst und konkretisiert wird.[525] Je stärker die abwägungsrelevanten Vorgaben durch das BVerfG determiniert sind, desto geringer ist der Raum für die eigenständige Gewichtung der Landesgrundrechte. Inhaltlich macht die Anwendung der Landesgrundrechte jedoch keinen großen Unterschied: Wenden die Landesverfassungsgerichte parallele Landesgewährleistungen an, haben sie diese an der

---

[519] Zitat von *W. Laforet* in der 6. Sitzung des Hauptausschusses des Parlamentarischen Rats vom 19.11.1948, wiedergegeben in BVerfGE 96, 345 (365).

[520] BVerfGE, 96, 345 (365).

[521] BVerfGE, 96, 345 (365); *J. F. Lindner*, JZ 2018, 369 (376); s. ferner *B. Pirker*, Grundrechtsschutz im Unionsrecht, S. 101.

[522] *J. F. Lindner/R. Kaiser*, DVBl. 2017, 1329.

[523] *J. F. Lindner/R. Kaiser*, DVBl. 2017, 1329; *R. Kaiser*, KritV 101 (2018), 171 (174).

[524] Zu dieser Spielraumtheorie *J. F. Lindner/R. Kaiser*, DVBl. 2017, 1329.

[525] *J. F. Lindner/R. Kaiser*, DVBl. 2017, 1329.

grundgesetzlichen Auslegung zu orientieren. Auslegungsfragen sind dem BVerfG gemäß Art. 100 Abs. 3 Alt. 1 GG im Wege der Divergenzvorlage vorzulegen.[526]

2. Mehrpolige Verhältnisse im privaten Datenschutzrecht

Die Grundrechte des Grundgesetzes treten im Rahmen unionsrechtlich überformter Abwägungsvorgaben nicht prinzipiell zurück.[527] Die Gerichte haben ihre Kontrolle an der „legislativen Ausgleichsentscheidung"[528] auszurichten.[529] Seine Rolle nimmt der Gerichtshof überwiegend in Vorabentscheidungsverfahren wahr, die den Großteil der Verfahrensarten ausmachen.[530] Da der EuGH an die Vorlagefragen gebunden ist, würde der Grundrechtsschutz in mehrpoligen Verhältnissen von der Präzision der Vorlagen abhängen. Denn dass der EuGH Grundrechte Dritter nicht immer und wenn, dann oftmals nicht mit der gebotenen Intensität berücksichtigt, ist in vielen Fällen auf die beschränkten Vorlagefragen zurückzuführen, an welche sich der EuGH gebunden sieht.[531] Er nimmt oftmals die Mehrpoligkeit der Rechtsverhältnisse nicht in den Blick, zuweilen ist eine beschränkte Prüfungsdichte auch Ausdruck der Kompetenzsensibilität. So mag zwar die Abwägung im Fall Google Spain kritikwürdig erscheinen, weil der EuGH eindimensional auf den Schutz der Betroffenen bei der Verarbeitung ihrer personenbezogenen Daten aus Art. 8 GRCh abstellt und das Recht auf Zugang der Internetnutzer zu den durch die Suchmaschinen bereitgestellten Informationen (Art. 11 GRCh) grundsätzlich zurückstellt.[532] Doch ist darin eher eine kompetenzschonende Berücksichtigung mitgliedstaatlicher Spiel-

[526] BVerfGE 96, 345 (374 f.); zur Inkorporation der Grundrechtsjudikatur in der Rechtsprechung der Landesverfassungsgerichte s. *P. Kunig*, VVDStRL 61 (2002), 34 (42 f.).

[527] Vgl. nur die Prüfung von Art. 14 Abs. 1 GG im Anwendungsbereich der Richtlinie 2006/115/EG in BVerfGE 129, 78 (101) obwohl es gleichzeitig davon ausgeht, dass eine „vollharmonisierte Regelung" vorlag, a.a.O. S. 106; hierzu *U. Hufeld*/*H. Rathke*, EuR-Beilage 2013, 7 (13).

[528] *S.-C. Lenski*, Personenbezogene Massenkommunikation, S. 182. Krit. zur „Staatsfixierung" mit Blick auf die Konstruktion der mittelbaren Drittwirkung *K.-H. Ladeur*, Abwägung, S. 64: „Überschätzung des Ausgleichspotentials" des Staates; *A. Kulick*, Horizontalwirkung.

[529] *H. D. Jarass*, ZEuP 25 (2017), 310 (328).

[530] Art. 267 AEUV macht fast 70 % aller Verfahren aus, *R. Weber*, Der Staat 60 (2021), 291 (292).

[531] Dazu auch *H. D. Jarass*, ZEuP 25 (2017), 310 (325).

[532] EuGH, Rs. C-131/12, EU:C:2014:317, Rn. 81 – Google Spain; zur Relevanz der Meinungsäußerungsfreiheit bei der Verbreitung fremder Inhalte s. nur BGH, GRUR 2016, 855 (857 ff.); s. zur Berücksichtigung der Zugangsinteressen der Internetnutzer BVerfGE 152, 216 (259 f. Rn. 110).

räume[533] denn ein prinzipieller Vorrang des Datenschutzgrundrechts zu sehen.

Der Erste Senat des BVerfG hingegen widmet sich diesen Interessen eingehend. Doch wendet er dabei überschießend die Unionsgrundrechte und nicht die primär maßgeblichen Grundrechte des Grundgesetzes an. In der Recht-auf-Vergessen-II-Entscheidung nimmt der Erste Senat eine sachverhaltsbezogene Abgrenzung zur EuGH-Entscheidung im Fall Google Spain vor, ohne dieses Urteil auf seine Präjudizienwirkung hin zu analysieren.[534] Die in dieser Entscheidung vorgenommene Inkorporation der GRCh in den bundesverfassungsgerichtlichen Prüfungsmaßstab, der eigentlich auch die Wahrung verfassungskultureller Eigenheiten bezweckt,[535] erweist sich damit als maßgeblicher Beschleuniger der befürchteten Unitarisierung im Grundrechtsbereich. Ein Zurücktreten mitgliedstaatlicher Grundrechte und die Aufgabe der grundrechtlichen Auslegungshoheit verlangt das Unionsrecht nicht in diesem Maße. Mitgliedstaatliche Grundrechte können unter dem Vorbehalt der Effektivität des Unionsrechts und des Anwendungsvorrangs weiterhin zur Entfaltung gebracht werden. Auch läuft die im Einzelfall widerlegliche Vermutung der Mitgewährleistung des unionalen Grundrechtsschutzes durch die Grundrechte des Grundgesetzes bei Gestaltungsspielräumen auf eine unnötige Doppelprüfung der Grundrechtsordnungen hinaus, die in den meisten Fällen nur noch formelhafter Natur sein wird, um das gewonnene Ergebnis zu untermauern.[536]

Die Rechtmäßigkeit der Entscheidung gegenüber Dritten gehört für das BVerfG zu den „objektiven Rechtmäßigkeitsvoraussetzungen von Einschränkungen der Unternehmensfreiheit, die unter Berufung auf das eigene Grundrecht des Art. 16 GRCh geltend gemacht werden können."[537] Ein gerichtlich durchgesetztes Löschungsbegehren könne den Suchmaschinenbetreiber zu einer die Grundrechte Dritter einschränkenden Handlung verpflichten. Wird dem Suchmaschinenbetreiber untersagt, die von einem Inhalteanbieter bereitgestellten Beiträge durch Verlinkung zu verbreiten, kann dies zugleich eine Einschränkung der Meinungsfreiheit aus Art. 11 GRCh

[533] Ähnliche Tendenzen sind auch im grundfreiheitlichen Kontext zu beobachten. So lässt sich das – zu Recht kritisierte – Zurücktreten des gewerkschaftlichen Streikrechts gegen die Niederlassungs- und Dienstleistungsfreiheit in der Rs. Laval (EuGH, Rs. C-341/05, Slg. 2007, I-11845) auch mit der fehlenden Unionskompetenz auf dem Gebiet des Kollektivarbeitsrechts begründen.

[534] BVerfGE 152, 152 (254 f. Rn. 94 ff.). Zur Präjudizwirkung von EuGH-Entscheidungen s. bereits oben, 4. Kapitel, B.III.3. (S. 221 ff.).

[535] *M. Bäcker*, EuR 2015, 389 (405); *G. Buchholtz*, DÖV 2017, 837 (838).

[536] Krit. zur unterlassenen Vorlage in Bezug auf die Auslegung der Unionsgrundrechte *M. Wendel*, JZ 2020, 157 (166).

[537] BVerfGE 152, 216 (258 Rn. 107).

des Inhalteanbieters als Dritten darstellen, da diesem dadurch zugleich ein wichtiges Medium für die Verbreitung seiner Inhalte genommen wird.[538] Dabei macht der Senat deutlich, dass hierdurch der Suchmaschinenbetreiber nicht zugleich (un)mittelbar an Grundrechte gebunden werde. Die Frage, „ob und wieweit der Inhalteanbieter gegenüber den Betroffenen nach Art. 11 GRCh zur Verbreitung der Information berechtigt ist", lässt er explizit offen.[539] Die Grundrechtsbeeinträchtigung des Inhalteanbieters durch das Verbot der Verlinkung ist auch kein bloßer Reflex, denn sie knüpft unmittelbar an den Gebrauch der Meinungsfreiheit des Inhaltsanbieters an.[540] Der Beitrag wird gerade wegen seines Inhalts aus den Suchmaschinenergebnissen entfernt. Auf konkrete individuelle Rechte der Nutzerinnen und Nutzer des Internets aus Art. 11 GRCh stellt der Senat nicht ab. Stattdessen betrachtet er „die Informationsfreiheit als im Wege der Abwägung zu berücksichtigendes Prinzip".[541]

Mangels Determinierung durch grundrechtliches Sekundärrecht kann die grundrechtliche Bindung auch nicht unter Rückgriff auf das Primärrecht konstruiert werden. Damit bleiben für die grundrechtliche Abwägung primär die mitgliedstaatlichen Grundrechte maßgeblich. In der EU bleiben die mitgliedstaatlichen Grundrechte im Vergleich zum deutschen Bundesstaat erst recht auch in mehrpoligen Konstellationen maßstabsetzend, solange nicht der Anwendungsvorrang zwingenden Unions(sekundär)rechts dem entgegensteht. Dies gilt auch im europäischen Datenschutzrecht. Maßgeblich sind in den Fällen parallel anwendbarer Grundrechtsordnungen primär die nationalen Grundrechtsgewährleistungen. Steht das Abwägungsergebnis im Widerspruch zum zwingenden Inhalt des Unionsgrundrechts, kommt den parallel anwendbaren inhaltsgleichen Gewährleistungen der GRCh Anwendungsvorrang zu. Dies setzt jedoch voraus, dass das Unionsrecht das Abwägungsergebnis in eine bestimmte Richtung determiniert.[542]

Mangels kollidierendem Unionssekundärrecht im Anwendungsbereich der impliziten Bereichsausnahmen haben die Grundrechte des Grundgesetzes grundsätzlich nicht im Wege des Anwendungsvorrangs zurückzutreten. Unterschiedliche Abwägungsergebnisse sind damit auch unter dem geltenden Datenschutzrecht hinzunehmen, nicht jedoch der mitgliedstaatliche Abwägungsausfall. Deutlich wird dies in der Rechtssache *Promusicae,* in welcher die Verwertungsgesellschaft der spanischen Musikindustrie vom Inter-

---

[538] BVerfGE 152, 216 (256 Rn. 108).

[539] BVerfGE 152, 216 (259 Rn. 108, 109).

[540] Das BVerfG spricht hier vorsichtig nur von „Einwirkungen" auf den Dritten, BVerfGE 152, 216 (259 Rn. 109 und 265 Rn. 121): „unmittelbar mitbetroffenes Grundrecht".

[541] BVerfGE 152, 216 (259 Rn. 110).

[542] Vgl. *A. Wallrab*, Verpflichtete, S. 146.

netzugangsanbieter Telefónica die Herausgabe von Namen, Anschrift und Verkehrsdaten bestimmter Personen wegen des Austausches von Musikdateien verlangte, um wegen der Verletzung ihrer Rechte am geistigen Eigentum zivilrechtlich Klage zu erheben. Aus dem Unionsrecht ergab sich weder eine Pflicht noch ein ausdrückliches Verbot der Datenweitergabe. Gemäß Art. 15 Abs. 1 ePrivacy-RL können die Mitgliedstaaten Ausnahmen von der grundsätzlichen Pflicht zur Sicherstellung der Vertraulichkeit personenbezogener Daten vorsehen, zwingend ist dies jedoch nicht.[543] Durch die Ausnahmevorschrift zu Gunsten der Mitgliedstaaten in Art. 23 Abs. 1 lit. i DSGVO verbleibt diesen die Möglichkeit, die Speicherung personenbezogener Daten zum Schutz der „Rechte und Freiheiten anderer Personen" vorzusehen. Dies erfordert eine Abwägung mit dem Eigentumsrecht bzw. Urheberrechten.[544] Nach der Auslegung des EuGH unterfällt der Sachverhalt zwar den Unionsgrundrechten, allerdings seien die Richtlinienbestimmungen in diesem Bereich „verhältnismäßig allgemein gehalten", so dass den Mitgliedstaaten ein Beurteilungsspielraum zukomme.[545]

IV. Fazit

Die Mehrfachbindung an Unionsgrundrechte und mitgliedstaatliche Grundrechte kann durchaus optimistisch im Sinne eines maximalen Grundrechtsschutzes betrachtet werden.[546] Eine Doppel- oder Mehrfachbindung bei der sich stets das Individualinteresse im Sinne eines größtmöglichen Abwehrschutzes durchsetzt, kann aber auch einen „Bias gegen Allgemeininteressen" entfalten, obwohl die öffentlichen Interessen letztlich ihrerseits dem Schutz von Individualinteressen eines Kollektivs dienen.[547] Bei der Abwägung kollidierender Interessen in mehrpoligen Rechtsverhältnissen ist nicht die günstigste Grundrechtsordnung maßgeblich, anzuwenden sind vielmehr primär die mitgliedstaatlichen Grundrechte, solange nicht das Abwägungsergebnis unionsrechtlich zwingend in eine Richtung determiniert ist. Dadurch wird dem unterschiedlichen Stellenwert der Informationsfreiheit, des Schutzes personenbezogener Daten und unternehmerischer Freiheiten in den Rechts-

[543] EuGH, Rs. C-275/06, Slg. 2008, I-271, Rn. 55 – Promusicae. Zu ihrem fakultativen Charakter vgl. auch EuGH, Rs. C-473/12, EU:C:2013:715, Rn. 36 – IPI.

[544] So zur weitgehend identischen Vorgängervorschrift in Art. 13 Abs. 1 DSRL EuGH, Rs. C-275/06, Slg. 2008, I-271, Rn. 53 – Promusicae.

[545] EuGH, Rs. C-275/06, Slg. 2008, I-271, Rn. 67 – Promusicae.

[546] Zum Für und Wider der zentralisierten Grundrechtsbindung *B. Pirker*, Grundrechtsschutz im Unionsrecht, S. 35 ff.

[547] *T. Kingreen*, JZ 2013, 801 (807), dort zum Beispiel, in dem der Persönlichkeitsschutz bei der Verbraucherinformation dem Gesundheits- und Verbraucherschutz gegenübersteht.

ordnungen der Mitgliedstaaten gerecht. Es bleibt auch im Datenschutz Raum für Vielfalt für die verschiedenen Grundrechtskulturen in den Mitgliedstaaten.

H. „Small on small things"

Der Unionsgesetzgeber nimmt die Ausgestaltung objektiv-rechtlicher Grundrechtsgehalte im Wege grundrechtskonkretisierenden Sekundärrechts vor. Dieses ist zugleich Ausdruck der Wahrnehmung seiner grundrechtlichen Schutzpflicht im Datenschutzrecht. Um nicht über die primärrechtlichen Ermächtigungen hinaus kompetenzerweiternd zu wirken, bedarf das Sekundärrecht der einschränkenden Auslegung. Zusammenfassend lässt sich festhalten, dass der Anwendungsbereich des Datenschutzsekundärrechts erheblich relativiert ist. Explizite und implizite Bereichsausnahmen unterfallen nicht dem Anwendungsbereich im Sinne von Art. 2 Abs. 2 lit. a DSGVO und Art. 2 Abs. 3 lit. a JIRL. Das private Datenschutzrecht ist nur insoweit grundrechtlich determiniert, als es einen grenzüberschreitenden, binnenmarktrelevanten Charakter aufweist. Eine weite Auslegung durch den EuGH droht im vertikalen Machtverhältnis über das Ziel hinauszuschießen und die föderative Balance praeter legem zu modifizieren. Auch mit Blick auf die horizontale Bindungswirkung zwischen Privaten bedarf es zahlreicher Korrekturen, soll das Datenschutzrecht nicht als exzeptionelles Grundrecht eine allgemeine unmittelbare Drittwirkung entfalten. Ansätze für allgemeine Vorgaben im Bereich der privaten Datenverarbeitung, die zugleich die Entfaltungsfreiheit der Betroffenen wahren, gibt es bereits für den nationalen Kontext.[548] So sind die Informations- und Einflussmöglichkeiten des Betroffenen bei privater Datenverarbeitung zu stärken, indem das Einwilligungserfordernis rechtlich verankert wird oder nachträgliche Ansprüche auf Berichtigung und Löschung sowie Sperrung von personenbezogenen Daten gewährt werden. Hingewiesen wird zudem auf notwendige rechtliche Anforderungen an organisatorische und technische Voreinstellungen.[549] Die Kompetenzverteilung verlangt ferner die Ausnahme alltäglicher Datenverarbeitung aus dem europäischen Datenschutzrecht.[550]

Während Generalklauseln im nationalen Recht zur Erfüllung der staatlichen Schutzpflicht geboten sein können, erweisen sie sich in grundrechtskonkretisierendem Sekundärrecht auf europäischer Ebene als weniger sinn-

---

[548] Vgl. insbesondere *M. Bäcker*, Der Staat 51 (2012), 91 (111); ferner die Vorschläge bei *Schliesky* et al., Schutzpflichten, S. 152 ff.

[549] *M. Bäcker*, Der Staat 51 (2012), 91 (113); allgemein unter dem Begriff „Privacy by Design" verschlagwortet, hierzu auch *G. Buchholtz*, AöR 140 (2015), 121 (150).

[550] *C. Rogall-Grothe*, ZRP 2012, 193 (196).

voll. Die Union nimmt ihre Schutzpflicht zu undifferenziert wahr, wenn sie allgemeine Abwägungsvorgaben statuiert. Diese drohen das Prinzip der begrenzten Einzelermächtigung zu unterlaufen, da allgemeine Abwägungsvorgaben weit in das Zivilrecht hineinreichen und komplexe Abwägungsfragen bei einem hierfür nicht zuständigen Unionsgericht zentralisiert werden. Der zunehmenden Positionierung des EuGH als zentrales Grundrechtsgericht steht ein Defizit an individuellen Beschwerde- bzw Klagemöglichkeiten gegenüber.[551]

Das Datenschutzsekundärrecht würde sich vor allem dann im Verhältnis zum Recht der Mitgliedstaaten als Mehrwert erweisen, wenn es gezielt den Ausgleich von Machtasymmetrien zwischen Privaten regelte. Es liegt am Unionsrechtsetzer, diesen Anspruch durch eine differenzierte Bindung Privater im Unionssekundärrecht zu realisieren. Erreicht werden kann dies durch die positive Statuierung von Rechtmäßigkeitsvoraussetzungen für die Datenverarbeitung durch besonders mächtige, staatsgleiche Akteure im Privatrecht. Dabei besteht der Gestaltungsauftrag des Unionsrechtsetzers darin, spezifische Konstellationen besonderer Machtausübung grundrechtlich zu regulieren,[552] etwa durch den Ausschluss der Einwilligung gegenüber Verarbeitern mit besonderer Marktmacht oder Monopolstellung. Freiheit, verstanden als „rechtlich gesicherte reale Entfaltungsmöglichkeit der einzelnen in und gegenüber der Gesellschaft“[553], muss im Kontext globaler, massenhafter und ubiquitärer Datenverarbeitung dahingehend hergestellt werden, dass die freie Entfaltung der Persönlichkeit und sämtlicher Freiheitsrechte auch gegenüber mächtigen gesellschaftlichen Akteure unionsweit effektiv sichergestellt wird. Erinnert sei an dieser Stelle an Vorschläge, den Datenschutz zwischen Privaten auf den Schutz vor erheblichen Risiken durch die Sicherstellung einer funktionsfähigen kommunikativen Infrastruktur zu reduzieren, auf die Stärkung des Selbstschutzes vor dem Fremdschutz.[554] Im Ergebnis läuft dies auf eine weniger breite, aber dafür effizientere Integration hinaus, wie sie im Szenario 4 im Weißbuch zur Zukunft Europas der Europäischen Kommission beschrieben wird.[555] Das EU-Datenschutzrecht muss „big on big things and small on small things“[556] sein, um auch im privaten Bereich durchsetzbar und schlagkräftig zu sein.

---

[551] *G. Hornung*, ZD 2012, 99 (100); zur fehlenden Möglichkeit Einzelner, Unionsgrundrechte unmittelbar vor dem EuGH geltend zu machen s. BVerfGE 152, 216 (241 Rn. 61).

[552] Ein Beispiel für eine solche spezifizierte Inpflichtnahme Privater ist das deutsche Netzwerkdurchsetzungsgesetz (NetzDG), das in seiner konkreten Ausgestaltung jedoch kritikwürdig ist, s. statt vieler *B. Raue*, JZ 2018, 961.

[553] *W. Böckenförde*, Freiheitssicherung, S. 70.

[554] *Hoffmann-Riem*, AöR 123 (1998), 513 (529 ff.).

[555] KOM(2017) 2025; näher zum Weißbuch *C. Calliess*, Szenarien, S. 296 f.

[556] Zu diesem Zitat des ehemaligen Kommissionspräsidenten in anderem Kontext *Jean-Claude Juncker* s. *C. Calliess*, Szenarien, S. 270.

6. Kapitel

Schlussbetrachtungen

Diese Arbeit lässt sich zusammenfassen als ein Plädoyer für die strikte Maßstabsfunktion des Primärrechts im europäischen Grundrechtsschutz, die dem polyzentrischen Charakter der EU[1] Rechnung trägt. Für die Beurteilung der Reichweite des europäischen Grundrechtsschutzes im Datenschutzrecht sind auch unter grundrechtskonkretisierendem Sekundärrecht die primärrechtlichen Grenzen maßgeblich. Dabei ist zu differenzieren, ob das grundrechtskonkretisierende Sekundärrecht nur deklaratorisch oder tatsächlich konstitutiv ist. Das Datenschutzsekundärrecht ist weitestgehend konstitutiv grundrechtsausgestaltend, insbesondere die Ausgestaltung der Betroffenenrechte oder die Frage der Einwilligung. Die konkretisierten Anforderungen sind auch in den Mitgliedstaaten in Einklang mit Art. 8 GRCh auszulegen. Viele Öffnungsklauseln im geltenden Datenschutzsekundärrecht erweisen sich indes als deklaratorisches Abbild des primärrechtlichen Rahmens. Dies gilt für Bereichsausnahmen, die entweder explizit oder implizit als Öffnungsklauseln im Sekundärrecht verankert sind. Es gilt ferner für mindestharmonisierende Vorgaben. Auch bei der Reichweite der Schutzpflicht ist die Rechtsnatur von Art. 16 Abs. 2 S. 1 AEUV als geteilte Kompetenz im Blick zu behalten. Ein Verständnis, wonach der Unionsrechtsetzer im privaten Datenschutzrecht umfassend vorrangig grundrechtsschützend tätig werde, widerspricht dem Prinzip der begrenzten Einzelermächtigung und der Subsidiarität. Deklaratorische Elemente des grundrechtlichen Sekundärrechts vermögen nationales Recht nicht ohne Weiteres zu verdrängen. Ihre innerstaatliche Anwendbarkeit verdrängt nur dann die nationalen Grundrechte im Wege des Anwendungsvorrangs, wenn bei einer datenverarbeitenden Tätigkeit Unionsrecht im Sinne von Art. 51 Abs. 1 S. 1 GRCh durchgeführt wird.[2] Die systematisch-teleologische Auslegung deklaratorischen Grundrechtssekundärrechts im Sinne des effektiven Grundrechtsschutzes birgt die Gefahr, Kompetenzgrenzen zu unterlaufen und den Anwendungsbereich der Unionsgrundrechte unzulässig weit auszudehnen. Deklaratorische Bestimmungen im Sekundärrecht, insbesondere wenn sie föderale Spielräume zum Ausdruck bringen, sind vielmehr im Lichte der primärrechtlichen Kompe-

[1] *A. von Bogdandy*, Übertragbarkeit staatsrechtlicher Figuren, S. 1040.
[2] Zum Begriff der „Durchführung von Unionsrecht“ s. 4. Kapitel (S. 183 ff.).

tenzordnung auszulegen. Das kompetenzbegründende Tatbestandsmerkmal „Anwendungsbereich des Unionsrechts" in der Datenschutzkompetenz in Art. 16 Abs. 2 S. 1 AEUV ist eng sachkompetenzakzessorisch auszulegen. Mit dem Vertrag von Lissabon wurde zwar für den Datenschutz eine sachkompetenzübergreifende Rechtsetzungsgrundlage geschaffen (Art. 16 Abs. 2 S. 1 AEUV). Ihr Charakter als Querschnittsmaterie entbindet jedoch nicht von der Prüfung der Anwendbarkeit des europäischen Grundrechts im Einzelfall.

A. Europapolitische Einordnung

Das Ergebnis dieser Untersuchung mag unbefriedigend, ja gar durchtrieben von „Kompetenzangst"[3] wirken. Insofern kann es aber auch als Abbild des, je nach Sichtweise, pessimistischen gegenwärtigen Stands der Unionsverträge betrachtet werden.[4] „Mehr Europa" in Grundrechtsfragen lässt sich auch bei entsprechenden Querschnittskompetenzen nur im Rahmen des geltenden Primärrechts erreichen. Der Fokus der vorliegenden Untersuchung liegt bewusst überwiegend auf den problematischen Öffnungsklauseln im Sekundärrecht, die sich als deklaratorisches Abbild des primärrechtlichen Kompetenzabsicherungsbedürfnisses der Mitgliedstaaten darstellen. Dieser Befund muss aber nicht ernüchternd sein. Er kann auch als Appell verstanden werden und motivieren, indem er die Diskrepanz zwischen dem integrationspolitischen Idealzustand und dem primärvertraglichen Ist-Zustand offenlegt. Indem auf Unionsebene ein im Anwendungsbereich engerer, aber dafür effizienterer und vor allem gegenüber mächtigen, grenzüberschreitenden gesellschaftlichen Akteuren durchsetzungsstarker Datenschutz geschaffen wird, der informationelle Selbstbestimmung ermöglicht und die freie Entfaltung der Persönlichkeit stärkt. Der flächendeckende Ansatz des „one size fits it all" birgt nicht nur „chilling effects" für die Freiheitsausübung Privater, er verstößt auch gegen die Kompetenzgrenzen der EU. Der Unionsrechtsetzer verkennt seine spezifische Schutzpflicht aus Art. 7 und 8 GRCh, die nicht durch die undifferenzierte horizontale Drittwirkung der Grundrechte adäquat erfüllt wird. Die überwiegend deskriptiv-analytische Untersuchung macht aber auch deutlich, dass grundrechtliche Kompetenzen nur unter Flankierung durch einen effektiven Individualrechtsschutz auf Unionsebene verlagert werden können.

---

[3] Zu diesem Begriff hinsichtlich der entsprechenden Schutzklauseln in der GRCh *F. C. Mayer*, ZaöRV 67 (2007), 1141.

[4] Die Diskussionen im Grundrechtskonvent waren geprägt von der Sorge vor ungewollten Kompetenzverschiebungen, *B. Hüpers*/*B. Reese*, in: Meyer/Hölscheidt, GRCh, Vor Titel IV Rn. 13 ff. Diese außer Acht zu lassen, hieße die historische Auslegungsmethode zu missachten.

Es gehört zu den Paradoxien des Unionsrechts, dass drastische Formulierungen Ausdruck der Europarechtsfreundlichkeit sind.[5] Jedenfalls aber macht der Befund dieser Untersuchung die Grenzen des Rechts deutlich, die schon auf staatlicher Ebene gelten und die verstärkt im supranationalen Kontext, der auf den dezentralen Vollzug setzt, spürbar werden: Recht kann steuern, gestalten und regeln – doch all dies nur im Rahmen des politisch Gewollten. „Herren" der Verträge sind noch immer die Mitgliedstaaten. Ihre Rechtsstaatsdefizite, Ultra vires-Entscheidungen und politischen Alleingänge stoßen europarechtlich auf Missfallen, drücken aber europapolitisch bestehende Diskrepanzen aus und sind selbst europarechtlich sogar oftmals im Rahmen des Erlaubten. Die Überwindung europapolitischer Divergenzen kann das Recht nicht erzwingen, die Schaffung einer immer enger werdenden Union ist primär Aufgabe des verfassungsändernden Gesetzgebers. Sie ist keine monopolisierte Aufgabe der Höchstgerichte, auch nicht des BVerfG, das für sich eine dem parlamentarischen Gesetzgeber vergleichbare Integrationsverantwortung (Art. 23 Abs. 1 GG) annimmt und die GRCh *contra legem* zum verfassungsrechtlichen Prüfungsmaßstab erhebt.[6] Das Recht kann Entscheidungen kanalisieren, in Einzelfällen Verstöße nachträglich sanktionieren oder durch kompensierende Lückenfüllfunktion im Wege der Rechtsfortbildung Verlustfolgen abmildern. Die europarechtliche Rechtsfortbildung muss sich jedoch am Mandat der Zustimmungsgesetze orientieren.

Zu den rechtsetzungstechnischen Spezifika des grundrechtskonkretisierenden Sekundärrechts gehören tautologische Formulierungen,[7] paradoxe Rückausnahmen[8] und leere Formeln[9]. Doch Recht büßt an Autorität ein,

[5] In diesem Sinne ist auch folgende vielkritisierte (statt vieler *F. C. Mayer*, JZ 2020, 725 (730)) Formulierung des Zweiten Senats zu lesen: „Die Handhabung der Kompetenzabgrenzung durch den Gerichtshof ist jedoch schlechterdings nicht mehr vertretbar", BVerfGE 154, 17 (95 Rn. 117). Was auf den ersten Blick europafeindlich klingen mag, erweist sich tatsächlich als äußerst hoch gelegte Hürde, um die vorschnelle Bejahung der Reservekompetenz im Sinne der Europafreundlichkeit des Grundgesetzes zu verhindern.

[6] BVerfGE 152, 216 (216 1. Ls).

[7] Art. 2 Abs. 2 lit. a DSGVO.

[8] Art. 23 Abs. 1 DSGVO ist markanter Ausdruck hierfür.

[9] Eine grundrechtliche Leerformel ist die sekundärrechtliche Bescheinigung der Grundrechtskonformität. So verwies selbst die mit Blick auf den Wesensgehalt der Grundrechte aus Art. 7 und 8 GRCh für nichtig erklärte VDSRL auf ihre Grundrechtskonformität: „Diese Richtlinie wahrt die vor allem mit der Charta der Grundrechte der Europäischen Union anerkannten Grundrechte und Grundsätze. [Sie ist …] insbesondere bestrebt, die volle Wahrung der Grundrechte der Bürger auf Achtung des Privatlebens und ihrer Kommunikation sowie auf Schutz personenbezogener Daten gemäß Artikel 7 und 8 der Charta zu gewährleisten" (ErwG 22 VDSRL). Die Praxis der salvatorischen Grundrechtsklauseln im Sekundärrecht dürfte damit ad absurdum geführt worden sein, findet sich aber auch in der DSGVO (ErwG 4 Satz 3 DSGVO).

wenn es breit verspricht, was es nicht zu halten vermag. Eine klarere Konturierung des Anwendungsbereichs des Unionsrechts würde eine transparente und weniger komplexe Regelungsstruktur begünstigen. Vieles, was an Uneindeutigkeit in der DSGVO beklagt wird, ist auf den schwammigen Terminus des unionsrechtlichen Anwendungsbereichs zurückzuführen. Die aufgeblähte Rhetorik grundrechtlichen Sekundärrechts überspielt die tatsächliche Durchsetzungsschwäche und vorhandene Kompetenzdefizite. Werden primärrechtliche Grenzen deklaratorisch im Sekundärrecht wiederholt, lässt es dieses eher defensiv erscheinen und weniger auf gesetzgeberische Gestaltungskraft schließen. Zugleich überführt der Unionsrechtsetzer dadurch bewusst oder unbewusst die primärrechtlichen Grenzen in die Auslegungshoheit einer zur Selbstermächtigung neigenden Unionsgerichtsbarkeit.

B. Wechselbezüglichkeit der Ebenen

Die Auslegung grundrechtskonkretisierenden Sekundärrechts und dessen Wechselspiel im Verhältnis zum Primärrecht betrifft die im 2. Kapitel dieser Arbeit aufgeworfene Kernproblematik. Den Ausgangspunkt dieser Arbeit bildet die Auslegung des ursprünglich auf der Binnenmarktkompetenz ergangenen europäischen Datenschutzsekundärrechts, insbesondere der DSRL, deren Inhalt oftmals mit dem Primärrecht gleichgesetzt wird. Die Binnenmarktkompetenz ermächtigt nicht zum Erlass von Maßnahmen, die allein der Verbesserung des Menschen- und Grundrechtsschutzes dienen, weil in den Mitgliedstaaten divergierende Schutzstandards vorherrschen. Sie ermöglicht aber, wie alle Kompetenzen der Union, zum Erlass von Rechtsakten, die sich gleichsam „reflexhaft" positiv auf den Grundrechtsschutz im akzessorischen Anwendungsbereich des Unionsrechts auswirken. Bei Erlass der DSRL zu Beginn der 1990er Jahre lag bereits ein völkerrechtliches Fundament für das Datenschutzrecht in der EG vor, aus dem sich unter rechtsvergleichender Heranziehung der mitgliedstaatlichen Verfassungstraditionen das Grundrecht auf Schutz personenbezogener Daten ableiten ließ. Die DSRL konkretisierte dies auf Gemeinschaftsebene. Da das datenschutzrechtliche Sekundärrecht ursprünglich das fehlende ausdrückliche Grundrecht im Primärrecht kompensierte, gibt es zum Teil lediglich den heute ausdrücklich im Primärrecht verankerten Gehalt deklaratorisch wieder. Dies gilt für allgemeine Verarbeitungsgrundsätze, für Abwägungsvorgaben zwischen Privaten sowie für die Ausnahmen vom Anwendungsbereich des Sekundärrechts, die die primärrechtliche Kompetenzordnung widerspiegeln. Sie wiederholen unabhängig von der sekundärrechtlichen Konkretisierung geltende Grundsätze, Grenzen und Prinzipien des Primärrechts. Durch die lediglich deklaratorische Verankerung wird das Sekundärrecht indes nicht zum grundrechtlichen Prüfungsmaßstab. Der Schutzgehalt von Art. 8 GRCh lässt sich mit der DSRL konkretisieren, dennoch gilt eine strikte Ebenenhierarchie. Die sekundärrechtliche Konkretisierung ist weder genuin grundrechtsverbürgend, noch selbst von primärrechtlichem Rang, ihre Verarbeitungsbedingungen sind keine Konstitutionalisierung primärrechtlicher Schranken und schließlich vermag sie auch nicht Primärrecht abschließend zu determinieren.

Die DSRL erhielt ihre Schlagkraft maßgeblich durch eine großzügige Auslegung des EuGH, der ihr eine unmittelbare Wirkung in den Rechtsordnungen der Mitgliedstaaten, einen vollharmonisierenden Charakter und eine erschöpfende und abschließende Liste für die Rechtmäßigkeit der Verarbeitung personenbezogener Daten entnahm. Anhand einer methodisch kritikwürdigen umgekehrt-hierarchischen Konformauslegung der DSRL im Lichte des Richtlinienziels, das maßgeblich im Schutz der Privatsphäre bestand, gelangte der EuGH zu einer extensiven Auslegung des sachlichen und persönlichen Anwendungsbereichs des konkretisierten Grundrechts selbst. Die DSRL gilt danach selbst für die rein innerstaatliche Verarbeitung personenbezogener Daten durch öffentliche Stellen der Mitgliedstaaten, unabhängig von der Tätigkeit und der Frage, ob ein grenzüberschreitender Bezug vorliegt. Auch bei der privaten Verarbeitung personenbezogener Daten gilt der datenschutzrechtliche Erlaubnisvorbehalt in der Ausgestaltung durch den Unionsrechtsetzer weitestgehend. Diese Ausgestaltung ist nicht grundrechtlich zwingend. Während die staatliche Schutzpflicht durch Generalklauseln erfüllt wird, welche mittelbar die Grundrechte im Verhältnis Privater zur Geltung bringen, genügt die Statuierung einer allgemeinen Abwägungsvorgabe auf Unionsebene wie es in Art. 6 Abs. 1 UAbs. 1 lit. f DSGVO erfolgt ist, nicht. Die Wahrnehmung der unionsrechtlichen Schutzpflicht muss dem Positivkriterium des Art. 5 Abs. 3 EUV gerecht werden und über den in den Mitgliedstaaten bereits gewährleisteten zivilrechtlichen allgemeinen Persönlichkeitsschutz hinausgehen. Die extensive Auslegung des grundrechtsschützenden Sekundärrechts im Wege der umgekehrt hierarchischen Konformauslegung führt dazu, dass sämtliche datenverarbeitende Tätigkeiten in den Mitgliedstaaten sowohl im vertikalen als auch im horizontalen Verhältnis eine Frage unionsrechtlichen Grundrechtsschutzes werden. Diese Methodik erweist sich nach den vom BVerfG in jahrzehntelanger Rechtsprechung entwickelten Maßstäben als ultra vires, weil sie die Unionsgrundrechte auf Bereiche für anwendbar erklärt, die keine „Durchführung" im Sinne von Art. 51 Abs. 1 S. 1 GRCh darstellen und die auch nicht sekundärrechtlich hinreichend determiniert sind bzw. werden können. Im Ergebnis lässt sich der EuGH-Rechtsprechung im Datenschutzrecht eine kompetenziell bedeutsame strukturelle Verschiebung zu Lasten der Mitgliedstaaten entnehmen. Die Richtlinienauslegung im Sinne des optimierten Grundrechtsschutzes ist keine „Revolution“[10] im Sinne des Grundrechtsschutzes, sondern im Sinne der Kompetenzausdehnung. Der Befund der Kompetenzwidrigkeit gilt auch unter der nunmehr in Art. 16 Abs. 2 AEUV verankerten Datenschutzkompetenz fort.

C. Kompetenzielle Einhegung

An die primärrechtlichen Grenzen aus kompetenzieller Sicht wird an das 3. Kapitel erinnert, der den für die Ermittlung der Reichweite des sekundärrechtlichen Datenschutzrechts maßgeblichen Begriff des „Anwendungsbereichs des Unionsrechts“ näher bestimmt. Die erst mit dem Vertrag von Lissabon im Primärrecht eingefügte Rechtsetzungskompetenz in Art. 16 Abs. 2 S. 1 AEUV hat überwiegend nachvollziehend-kodifizierenden Charakter und berücksichtigt durch die Einbeziehung der PJZS die geänderte Säulenstruktur, nimmt aber Tätigkeiten im Rahmen der GASP aus. Im Verhältnis zu den Mitgliedstaaten ermächtigt Art. 16 Abs. 2 S. 1 AEUV nur im Anwendungsbereich des Unionsrechts zur Regelung des Datenschutzes. Die Datenschutzkompetenz ist damit nicht mehr akzessorisch zur Binnenmarktkompetenz, sondern akzessorisch zu allen Politiken der EU. Sie legitimiert als Querschnittsmaterie in allen Sachbereichen im Anwendungsbereich des Unionsrechts zur Rechtsetzung. Der Anwendungsbereichsbegriff wird in der vorliegenden Untersuchung streng sachkompetenzakzessorisch ausgelegt, wenn er in einem Tatbestand kompetenzbegründend Verwendung findet. Dabei wird zwischen seiner Verwendung im Kontext der positiven Integration in Gestalt von aktiver Unionsrechtsetzung und im Kontext der negativen Integration, verstanden als Deregulierung durch weitreichende Beschränkungsverbote und Bindung an die Unionsgrundrechte, differenziert. Der Anwendungsbereich des Unionsrechts eröffnet die Rechtsetzungskompetenz nicht bereits dann, wenn eine Materie das Unionsrecht auch nur berührt. Vielmehr kann der Datenschutz durch den Unionsrechtsetzer nur dort positiv geregelt werden, wo eine ausdrückliche Sachkompetenz der Union vorliegt. Dabei ist das Harmonisierungsniveau der einzelnen Sachkompetenzen auch für das Datenschutzrecht maßgeblich. Vor dem Hintergrund dieser Kompetenzlage wird deutlich, dass insbesondere die datenverarbeitenden Tätigkeiten der öffentlichen Stellen der Mitgliedstaaten nicht per se dem Anwendungsbereich der Datenschutzkompetenz unterfallen, sondern nur dann, wenn im Einzelfall tatsälich ein unionsrechtlicher Bezug vorliegt. Denkbar ist beispielsweise eine im Vergleich zu den eigenen Staatsangehöri-

[10] So in Bezug auf die Entscheidung ASNEF angesichts ihrer Verkündung im November 2012: *J. Kühling*, EuZW 2012, 281 (282): „Novemberrevolution“.

gen diskriminierende und stigmatisierende Verarbeitung personenbezogener Daten von Unionsbürgern durch die Speicherung in besonderen Registern. Abseits solcher unionsrechtlich relevanter Fallkonstellationen ist die Datenverarbeitung mitgliedstaatlicher Behörden dem Zugriff durch den Unionsrechtsetzer entzogen.

Im Sekundärrecht macht sich der begrenzte Anwendungsbereich des Unionsrechts durch fragmentierte Datenschutzgesetzgebung bemerkbar. Die vom Anwendungsbereich nicht erfassten Tätigkeiten können auch nicht auf Grundlage einer kompetenzbegründenden Schutzpflicht auf Unionsebene überlagert werden. Die grundrechtliche Schutzpflicht aus Art. 8 GRCh besteht nur für Handlungen Privater, steht allerdings zusätzlich unter dem in grundrechtlicher Hinsicht doppelt abgesicherten Subsidiaritätsvorbehalt (Art. 51 Abs. 1 S. 1 GRCh i.V.m. Art. 5 Abs. 3 EUV). Auch aus Art. 16 Abs. 1 AEUV folgt keine vom Anwendungsbereich des Unionsrechts losgelöste Unionskompetenz zum Schutz personenbezogener Daten. Es handelt sich um eine Vorschrift rein programmatischen Charakters. Einem kompetenzbegründenden Verständnis stehen ferner Art. 51 Abs. 2 GRCh i.V.m. Art. 6 Abs. 2 EUV entgegen. Art. 16 Abs. 1 AEUV würde insofern diese Kompetenzgrenzen aushebeln oder aber eine Ausnahme von dem grundsätzlichen Verbot darstellen. Die DSGVO enthält weitreichende Öffnungsklauseln für die Datenverarbeitung im öffentlichen Bereich, die in dieser Arbeit angesichts des Kompetenzdefizits als implizite Anwendungsbereichsausnahmen qualifiziert werden. Sie enthält in Art. 85 DSGVO eine weitreichende Ausnahme für die Verarbeitung im Kontext der Kommunikations-, Medien-, Kunst- und Wissenschaftsfreiheit. In kompetenzsensitiven Bereichen ist sie im Sinne einer mindestharmonisierenden Richtlinie formuliert.

D. Kategorisierung grundrechtlichen Sekundärrechts

Im 4. Kapitel wird dargestellt, dass es sich bei grundrechtskonkretisierendem Sekundärrecht nicht um eine dem Primärrecht entrückte, eigenständige Bindungskategorie neben den zu Art. 51 Abs. 1 GRCh entwickelten Fallgruppen handelt. Verbreitet ist die Annahme, dass das speziellere grundrechtskonkretisierende Sekundärrecht nicht den Grenzen des Art. 51 Abs. 1 GRCh unterliege und das konkretisierte Grundrecht selbst auf innerstaatliche Sachverhalte unabhängig von der Frage der Durchführung von Unionsrecht unmittelbar anwendbar sei. Dies führt zur Untersuchung der „doppelten Pathologie“[11] von der das grundrechtliche Sekundärrecht geprägt ist, weil es zum einen die Frage der horizontalen Wirkung von Richtlinien betrifft und

[11] *U. Haltern*, Europarecht II, § 8 Rn. 786.

zum anderen das Problem der unmittelbaren Bindung Privater an die Unionsgrundrechte. Diese Pathologie wird auch durch die Überführung des Datenschutzrechts in die Rechtsform der unmittelbar in den Mitgliedstaaten anwendbaren Verordnung nicht entschärft. Dabei ist die Kategorie des grundrechtsschützenden Sekundärrechts weder kategorisch abzulehnen noch allgemein im Sinne einer Kompetenzerschleichung zu deuten. Grundrechtskonkretisierendes Sekundärrecht kann konstitutiv ergehen, sofern der Union ein entsprechender Schutzauftrag zusteht und ihr zu dessen Erfüllung entsprechende Regelungskompetenzen übertragen worden sind. Es kann sich aber auch als nur deklaratorisch erweisen, indem es entweder Grundrechte, die für sich bereits unmittelbar subjektiv-öffentliche Rechte dem Einzelnen verleihen, deklaratorisch wiederholt oder aber primärrechtliche Kompetenzgrenzen abbildet. Lässt sich dem grundrechtlichen Sekundärrecht kein über das Grundrecht hinausgehender, (privat-)rechtsgestaltender Gehalt entnehmen, weil es insbesondere nur deklaratorisch Abwägungsvorgaben statuiert, ersetzt es nicht den primärrechtlichen Prüfungsmaßstab. Es lässt dann aber auch nicht ohne Weiteres den Rückgriff auf das konkretisierte Grundrecht im Recht der Mitgliedstaaten zu, sondern bedarf der Rechtfertigung im Einzelfall nach Art. 51 Abs. 1 S. 1 GRCh.

Das grundrechtskonkretisierende Sekundärrecht im Datenschutzrecht ist grundsätzlich konstitutiv, da der Schutzauftrag in Art. 8 Abs. 1 GRCh und die Bestimmung der Verarbeitungsbedingung nach Art. 8 Abs. 2 GRCh sowie die Einrichtung der Aufsichtsstruktur nach Art. 8 Abs. 3 GRCh auf die gesetzgeberische Konkretisierung angewiesen sind. Soweit das Datenschutzsekundärrecht im Verhältnis zur öffentlichen Gewalt den Eingriff in das Recht auf Schutz personenbezogener Daten durch eng umgrenzte Erlaubnistatbestände unter einen grundsätzlichen Rechtfertigungsvorbehalt stellt, ergeht es konstitutiv in Erfüllung der Ausgestaltungsdimension. Den aus der Schutzdimension folgenden Regelungsauftrag hinsichtlich privater Verarbeitung personenbezogener Daten erfüllt der Unionsrechtsetzer jedoch nur unzureichend. Im Unterschied zum Staat, der auch in Gestalt von Generalklauseln grundrechtsschützend Recht setzen kann, folgt auf Unionsebene aus der grundrechtlichen Schutzpflicht keine allgemeine Menschenrechtskompetenz. Vielmehr muss sich das Recht am Maßstab des Subsidiaritätsprinzips messen lassen, also insbesondere einen grundrechtlichen Mehrwert bieten und ein Defizit auf mitgliedstaatlicher Ebene beseitigen. Eine allgemeine Abwägungsklausel im Datenschutzrecht, wie sie in Art. 6 Abs. 1 UAbs. 1 lit. f DSGVO enthalten ist, entfaltet keinerlei steuernde Kraft. Sie stellt die Rechtmäßigkeit der Datenverarbeitung unter die Voraussetzung, dass die berechtigten Interessen des Betroffenen nicht gegenüber den Interessen der datenverarbeitenden Person überwiegen, ohne diese Abwägung näher zu determinieren. Der EuGH zieht bei ihrer Auslegung auch im Verhältnis Privater unmittelbar Art. 7 und 8 GRCh sowie Art. 8 EMRK heran.

Der Ausgleich der Grundrechte zwischen Privaten habe auf Basis des maßgeblichen Fachrechts zu erfolgen. Das Fachrecht bzw. das in diesem Punkt deklaratorisch konkretisierende Grundrechtssekundärrecht dient also als Vehikel für die unmittelbare Anwendung der Unionsgrundrechte zwischen Privaten – und im Verhältnis zu den Mitgliedstaaten.

E. Grundrechtsschutz und Öffnungsklauseln

Diese Erkenntnisse werden im abschließenden 5. Kapitel bei der Beurteilung der maßgeblichen Grundrechtsordnung im Rahmen ausgewählter deklaratorischer Öffnungsklauseln in der DSGVO und der JIRL fruchtbar gemacht. Aus Sicht des effektiven Grundrechtsschutzes ist eine funktionierende Verantwortungsteilung im Mehrebenensystem unabdingbar. Effektiv ist der Individualgrundrechtsschutz vorrangig auf mitgliedstaatlicher Ebene ausgestaltet. Mitgliedstaatliches Recht, das keine zwingenden Vorgaben des Unionsrechts wiederholt oder umsetzt, ist allein am Maßstab der Grundrechte des Grundgesetzes zu überprüfen. Dies folgt aus der Vielgestaltigkeit des europäischen Grundrechtsschutzes, aber auch aus dem Prinzip der begrenzten Einzelermächtigung in Art. 5 Abs. 2 EUV und dem Subsidiaritätsprinzip in Art. 5 Abs. 3 EUV. Das Prinzip der begrenzten Einzelermächtigung ist im grundrechtlichen Kontext insofern anwendbar, als die Überlagerung des mitgliedstaatlichen Rechts durch unionsgrundrechtliche Rechtsprechung den Handlungsspielraum der Mitgliedstaaten einschränkt.[12]

Spielräume sind im Unionssekundärrecht nicht allein eine Frage des gesetzgeberischen Ermessens, sondern in erster Linie ein Abbild der primärrechtlichen Kompetenzordnung. Gestaltungsspielräume bzw. Öffnungsklauseln sind deshalb vor dem Hintergrund der Kompetenzordnung zu beurteilen. Zu unterscheiden sind insbesondere Öffnungsklauseln, die Handlungsspielräume im horizontalen Verhältnis markieren, also insbesondere zwischen normvollziehenden und -auslegenden Organen und Spielräume, die im vertikalen Verhältnis politische Gestaltungsfreiräume markieren und damit indirekt die Kompetenzverteilung im Mehrebenensystem betreffen. In dieser Untersuchung werden Bereichsausnahmen (explizite und implizite), Mindestharmonisierungsklauseln und Abwägungsvorgaben typologisiert. Explizite Bereichsausnahmen erfassen Bereiche, die originäre mitgliedstaatliche Herrschaftsgewalt betreffen und ausdrücklich aus dem Anwendungsbereich des Unionsrechts ausgenommen sind. Bereiche, die unionsrechtlich mitgeregelt werden können und in die DSGVO formal einbezogen wurden, aber keinen positiven Regelungsinhalt vorweisen, werden als implizite Be-

[12] S. auch *A. Funke*, Umsetzungsrecht, S. 207.

reichsausnahmen definiert. Implizite Bereichsausnahmen im Sekundärrecht dienen der Kompensation des sehr weiten Anwendungsbereichs der DSGVO und der Relativierung einhergehender Kompetenzverluste der Mitgliedstaaten. Die Bereichsausnahmen betreffen vornehmlich die dem Anwendungsbereich der DSGVO und JIRL nicht unterfallenden Tätigkeiten der öffentlichen Behörden im Bereich der nationalen Sicherheit und allgemeinen Gefahrenabwehr. Die Datenverarbeitung im öffentlichen Bereich wurde zwar formal in das Sekundärrecht inkorporiert, ist aber inhaltlich nicht determiniert. Explizit werden dabei insbesondere jene Tätigkeiten öffentlicher Stellen ausgenommen, die in Art. 23 Abs. 1 DSGVO genannt sind und es ermöglichen, dass von den Grundsätzen der DSGVO im mitgliedstaatlichen Recht weitreichend „abgewichen" wird (tatsächlich wird es bereits nicht überlagert). Die Klausel weist insofern auf parallel anwendbares, gleichrangiges mitgliedstaatliches Recht. In diesem Bereich sind die Mitgliedstaaten allein für den Grundrechtsschutz zuständig. Implizite Bereichsausnahmen sind die Verarbeitungssituationen nach Art. 85 DSGVO, also insbesondere das zivilrechtliche Äußerungsrecht und die Kommunikations- sowie die Medienfreiheiten.[13] Die DSGVO verfolgt keinen einheitlichen Harmonisierungsansatz. Sie enthält auch mindestharmonisierende Vorschriften, die den Mitgliedstaaten eine Schutzverstärkung „nach oben" ermöglichen. Dies gilt insbesondere für die Datenverarbeitung im Beschäftigungsverhältnis nach Art. 88 DSGVO.

Soweit die mitgliedstaatliche Datenverarbeitung unter einen allgemeinen rechtsstaatlichen Verhältnismäßigkeitsvorbehalt gestellt wird, stellt dies keine hinreichende Determinierung durch Unionsrecht dar. Dies ist vielmehr Ausdruck des Gedankens der Rechtsgemeinschaft. Solche Vorgaben entsprechen dem Gehalt des Art. 2 EUV, der die rechtsstaatlichen Grundbedingung für das gegenseitige Vertrauen der Mitgliedstaaten und der vertieften Integration in der EU enthält, aber keine darüber hinausgehenden positivrechtlichen Vorgaben statuiert, die eine Bindung an die Unionsgrundrechte auslösen würde.

Auch unter Zugrundelegung der Maßstäbe der Beschlüsse zum Recht auf Vergessen I und II handeln die Mitgliedstaaten in den dargestellten Öffnungsklauseln in gestaltungsoffenen und damit nicht hinreichend determinierten Bereichen. Soweit die DSGVO die Verarbeitung personenbezogener Daten unter einen allgemeinen Abwägungsvorbehalt stellt, kann sie keinen Anwendungsvorrang entfalten. In der Folge kommt es nicht zur Kollision der Grundrechtsordnungen. Der Inhalt des Art. 6 Abs. 1 UAbs. 1 lit. f

[13] Zum Schutz der Selbstdarstellung durch zivilrechtliche Ansprüche (Gegendarstellung, Richtigstellung, Unterlassung) über die Kommunikationsgrundrechte s. *G. Britz*, Selbstdarstellung, S. 69.

DSGVO erweist sich als zu unspezifisch. Er statuiert überdies entgegen Art. 51 Abs. 1 S. 1 GRCh eine allgemeine Bindung Privater im Bereich des Datenschutzrechts. Art. 51 Abs. 1 S. 1 GRCh setzt voraus, dass die Mitgliedstaaten Unionsrecht durchführen. Private sind nicht unmittelbar an die Unionsgrundrechte gebunden, sondern nur vermittelt durch unionsrechtliches Sekundärrecht, dass eine solche Bindung in qualifizierter Weise statuiert. Die DSGVO erweist sich aber bei der Frage der Beurteilung berechtigter Interessen datenverarbeitender Personen nicht als ausreichend determinierend. Die lediglich deklaratorische sekundärrechtliche Wiederholung des universellen Prinzips der praktischen Konkordanz hat keine das mitgliedstaatliche Recht verdrängende Wirkung. Die Bindung Privater im Rahmen generalklauselartiger Abwägungsvorgaben hat deshalb vorrangig anhand der Grundrechte des Grundgesetzes und nach Maßgabe der vom BVerfG zur mittelbaren Drittwirkung entwickelten Kriterien zu erfolgen. Dies verhindert auch, dass die grundrechtlich geschützte Betätigungsfreiheit des Einzelnen stets unter einen Erlaubnisvorbehalt gestellt wird, wie es auf Grund der abwehrrechtlichen Dimension der Grundrechte für staatliche Eingriffe geboten ist. Auch würde sonst über die Binnenmarktkompetenz jegliches Verhalten Privater, das sich auf die Verarbeitung personenbezogener Daten bezieht, harmonisiert. Deutlich wird dabei die notwendige Differenzierung zwischen positiver und negativer Integration bei der Bestimmung des Anwendungsbereichs: Würde die private internetgestützte Kommunikation oder der Bereich der Medien durch die DSGVO überlagert, hätte dies zur Folge, dass die Meinungsäußerungsfreiheit bzw. die journalistische Freiheit prinzipiell zurück zu treten habe, *solange* nicht die Mitgliedstaaten einen Ausgleich in ihrem Recht geschaffen bzw. die Unanwendbarkeit der DSGVO-Rechte für diese Verarbeitungsvorgänge erklärt haben. Die fehlende positive Regelung im Unionsrecht hätte gleichsam eine grundrechtsschutzverkürzende Wirkung im Recht der Mitgliedstaaten zur Folge. Ein regelnder Gehalt lässt ich Art. 85 DSGVO indes nicht entnehmen, es ist lediglich eine deklaratorische Öffnungsklausel.

Der Unionsgesetzgeber hat seinen Schutzauftrag gegenüber Privatrechtssubjekten insbesondere für solche Tätigkeiten wahrzunehmen, die mit der grenzüberschreitenden Verarbeitung personenbezogener Daten durch Private verbunden sind und auf mehrere Mitgliedstaaten Auswirkungen zeitigen können. Eine unionsweit einheitliche Regelung ist insofern vor allem für die bedeutenden Gatekeeper und Intermediäre zur Verwirklichung des „digitalen Binnenmarkts“[14] geboten.

Angesichts dessen, dass die EU weiterhin aus fragmentierten Teilgesellschaften besteht, eine europäische (nicht nur Zivil-)Gesellschaft sich bisher

---

[14] *M. Selmayr*, ZD 2018, 197 (197).

nicht herausgebildet hat, kann auch die gesellschaftliche Funktion des Datenschutzes im Kontext der Kommunikationsfreiheit oftmals nur einzelstaatlich verstanden werden. Die Sachnähe liegt im Bereich der öffentlichen Kommunikation naturgemäß bei den nationalen Gerichten. Da ein Hierarchieverhältnis zwischen den Verfassungsgerichten der Mitgliedstaaten und dem EuGH abgelehnt wird, ist auch die Annahme einer allgemeinen Präjudizwirkung von EuGH-Entscheidungen außerhalb der Gültigkeitsentscheidungen abzulehnen. Soweit die Rechtsanwendungsgleichheit eine einheitliche Auslegung gebietet und dies in Datenschutzfragen für den digitalen Binnenmarkt unabdingbar ist, obliegt dem EuGH die unionsautonome Auslegung unbestimmter Rechtsbegriffe sowie die Vorgabe von Abwägungsleitlinien. Diese binden die mitgliedstaatlichen Gerichte insofern faktisch, als eine Abweichung zur Vorlage an den EuGH verpflichtet. Im Rahmen der Verhältnismäßigkeitsprüfung sind insbesondere kompetenzielle Aspekte zu berücksichtigen, so dass insgesamt eine je nach Sachmaterie abgestufte Kontrolldichte auszumachen ist. Das maßgebliche Schutzniveau bestimmt sich in den dargestellten Öffnungsklauseln maßgeblich nach dem Grundgesetz. Lediglich im Bereich der Mindestharmonisierenden Klauseln bildet der unionsgrundrechtliche Schutz einen über den Wesensgehalt der Grundrechte hinausgehenden, effektiven Mindestschutz. In mehrpoligen Verhältnissen kann dies im Einzelfall eine im Vergleich zur EuGH-Rechtsprechung „nachteilige" Abwägung für bestimmte Grundrechtspositionen bedeuten, die auch nicht durch Art. 53 GRCh verhindert werden kann. Insgesamt lässt sich aber in der Rechtsprechung ein unionsweit hohes Schutzniveau ausmachen, das durchaus auch durch den grundrechtlichen Überbietungswettbewerb der Höchstgerichte bedingt ist.

Literaturverzeichnis

Abel, Ralf-Bernd, Geschichte des Datenschutzrechts, Kap. 2.7, in: Roßnagel, Alexander (Hrsg.), Handbuch Datenschutzrecht. Die neuen Grundlagen für Wirtschaft und Verwaltung, München 2003, S: 194–217 (*R.-B. Abel*, Geschichte des Datenschutzrechts).

Albers, Marion, Informationelle Selbstbestimmung, Baden-Baden 2005 (*M. Albers*, Informationelle Selbstbestimmung).

–, Höchstrichterliche Rechtsfindung und Auslegung gerichtlicher Entscheidungen, VVDStRL 71 (2012), S. 257–295.

–, Informationelle Selbstbestimmung als vielschichtiges Bündel von Rechtsbindungen und Rechtspositionen, in: Friedewald, Michael/Lamla, Jörn/Roßnagel, Alexander (Hrsg.), Informationelle Selbstbestimmung im digitalen Wandel, Wiesbaden 2017, S. 11–35 (*M. Albers*, Informationelle Selbstbestimmung als vielschichtiges Bündel).

Albrecht, Jan Philipp, Starker EU-Datenschutz wäre Standortvorteil, DuD 2013, S. 655–657.

Albrecht, Jan Philipp/Janson, Nils, Warum die EU-Mitgliedstaaten beim Ausfüllen von DSGVO-Öffnungsklauseln an europäische Grundrechte gebunden sind – am Beispiel von Art. 85 DSGVO, CR 2016, S. 500–509.

Albrecht, Jan Philipp/Jotzo, Florian, Das neue Datenschutzrecht der EU. Grundlagen, Gesetzgebungsverfahren, Synopse, Baden-Baden 2017 (*J. P. Albrecht/F. Jotzo*, Datenschutzrecht der EU).

Alexy, Robert, Theorie der Grundrechte, Frankfurt am Main 1986 (*R. Alexy*, Theorie der Grundrechte).

Alston, Philip/Weiler, Joseph H. H., An 'Ever Closer Union' in Need of a Human Rights Policy, EJIL, S. 658–723.

Anweiler, Jochen, Die Auslegungsmethoden des Gerichtshofs der Europäischen Gemeinschaften, Frankfurt am Main/Berlin/Bern/New York/Paris/Wien 1997 (*J. Anweiler*, Auslegungsmethoden des EuGH).

Art. 29-Datenschutzgruppe, „Die Zukunft des Datenschutzes", Gemeinsamer Beitrag zu der Konsultation der Europäischen Kommission zu dem Rechtsrahmen für das Grundrecht auf den Schutz der personenbezogenen Daten, Working Paper 168 v. 1.12.2009, https://ec.europa.eu/justice/article-29/documentation/opinion-recommendation/files/2009/wp168_en.pdf, zuletzt abgerufen am 8.5.2021 (*Art. 29-Datenschutzgruppe*, WP 168).

–, Stellungnahme 01/2012 zu den Reformvorschlägen im Bereich des Datenschutzes, Working Paper 191 v. 23.3.2012, https://ec.europa.eu/justice/article-29/documentation/opinion-recommendation/files/2012/wp191_en.pdf, zuletzt abgerufen am 8.5.2021 (*Art. 29-Datenschutzgruppe*, WP 191).

–, Stellungnahme 06/2014 zum Begriff des berechtigten Interesses des für die Verarbeitung Verantwortlichen gemäß Artikel 7 der Richtlinie 95/46/EG, Working Paper 217 v. 9.4.2014, https://ec.europa.eu/justice/article-29/documentation/opinion-recommendation/files/2014/wp217_en.pdf, zuletzt abgerufen am 8.5.2021 (*Art. 29-Datenschutzgruppe*, WP 217).

–, Working Document on surveillance of electronic communications for intelligence and national security purposes, Working Paper 228 v. 5.12.2014, https://ec.europa.eu/justice/

article-29/documentation/opinion-recommendation/files/2014/wp228_en.pdf, zuletzt abgerufen am 8.5.2021 (*Art. 29-Datenschutzgruppe*, WP 228).

Auernhammer, Herbert (Begr.), *Eßer, Martin/Kramer, Philipp/von Lewinski, Kai* (Hrsg.), DSGVO/BDSG. Datenschutz-Grundverordnung, Bundesdatenschutzgesetz und Nebengesetze: Kommentar, 7. Aufl., Köln 2020 (*Bearbeiter,* in: Auernhammer, DSGVO/BDSG).

Augsberg, Steffen, Von der Solange- zur Soweit-Rechtsprechung: Zum Prüfungsumfang des Bundesverfassungsgerichts bei richtlinienumsetzenden Gesetzen, DÖV 2010, S. 153–160.

Bäcker, Matthias, Solange IIa oder Basta I? Das Vorratsdaten-Urteil des Bundesverfassungsgerichts aus europarechtlicher Sicht, EuR 2011, S. 103–120.

–, Schriftliche Stellungnahme für die öffentlichen Anhörungen des Innenausschusses des Deutschen Bundestages am 22.10.2012, Ausschussdrs. 17(4)585 (B) (*M. Bäcker*, BT-Ausschussdrs. 17(4)585 (B)).

–, Grundrechtlicher Informationsschutz gegen Private, Der Staat 51 (2012), 91–116.

–, Das Grundgesetz als Implementationsgarant der Unionsgrundrechte, EuR 2015, S. 389–415.

–, Kriminalpräventionsrecht. Eine rechtsetzungsorientierte Studie zum Polizeirecht, zum Strafrecht und zum Strafverfahrensrecht, Tübingen 2015 (*M. Bäcker*, Kriminalpräventionsrecht).

Bäcker, Matthias/Hornung, Gerrit, EU-Richtlinie für die Datenverarbeitung bei Polizei und Justiz in Europa, Einfluss des Kommissionsentwurfs auf das nationale Strafprozess- und Polizeirecht, ZD 2012, S. 147–152.

Badura, Peter, Die Bedeutung von Präjudizien im öffentlichen Recht, in: Blaurock, Uwe (Hrsg.), Die Bedeutung von Präjudizien im deutschen und französischen Recht: Referate, Frankfurt a.M. 1985, S. 49–74 (*P. Badura*, Präjudizien).

Barczak, Tristan, Konstitutionalisierung der Privatrechtsordnung, in: Scheffczyk, Fabian/Wolter, Kathleen (Hrsg.), Linien der Rechtsprechung des Bundesverfassungsgerichts: Erörtert von den wissenschaftlichen Mitarbeiterinnen und Mitarbeitern, Berlin/Boston 2016, S. 91–122 (*T. Barczak*, Konstitutionalisierung).

Barriga, Stefan, Die Entstehung der Charta der Grundrechte der Europäischen Union. Eine Analyse der Arbeiten im Konvent und kompetenzrechtlicher Fragen, Baden-Baden 2003 (*S. Barriga*, Entstehung der GRCh).

Baston-Vogt, Marion, Der sachliche Schutzbereich des zivilrechtlichen allgemeinen Persönlichkeitsrechts, Tübingen 1997 (*M. Baston-Vogt*, Der sachliche Schutzbereich des zivilrechtlichen APR).

Beiler, Markus/Machill, Marcel, Suchmaschinen als Vertrauensgüter. Internet-Gatekeeper für die Informationsgesellschaft?, in: Klumpp, Dieter/Kubicek, Herbert/Roßnagel, Alexander/Schulz, Wolfgang (Hrsg.), Informationelles Vertrauen für die Informationsgesellschaft, Berlin, Heidelberg 2008, S. 159–172 (*M. Beiler/M. Machill*, Suchmaschinen).

Benecke, Alexander/Wagner, Julian, Öffnungsklauseln in der Datenschutz-Grundverordnung und das deutsche BDSG – Grenzen und Gestaltungsspielräume für ein nationales Datenschutzrecht, DVBl. 2016, S. 600–608.

Benedikt, Kristin/Kranig, Thomas, DS-GVO und KUG – ein gespanntes Verhältnis, ZD 2019, S. 4–7.

Bergmann, Michael, Grenzüberschreitender Datenschutz, Baden-Baden 1985 (*M. Bergmann*, Grenzüberschreitender Datenschutz).

–, Der Vertrag von Lissabon, in: Der Hessische Datenschutzbeauftragte (Hrsg.), Datenschutz in Deutschland nach dem Vertrag von Lissabon: Fachtagung des Hessischen Datenschutzbeauftragten in Kooperation mit der Goethe-Universität Frankfurt am 9. Dezember 2008, Wiesbaden 2009, S. 11–22 (*M. Bergmann*, Der Vertrag von Lissabon).

Bieber, Roland/Epiney, Astrid/Haag, Marcel/Kotzur, Markus, Die Europäische Union. Europarecht und Politik, 13. Aufl., Baden-Baden 2019 (*R. Bieber* et al., Die Europäische Union).

Bilz, Christopher, Margin of Appreciation der EU-Mitgliedstaaten, Tübingen 2020 (*C. Bilz*, Margin of Appreciation).

Bleckmann, Moritz, Nationale Grundrechte im Anwendungsbereich des Rechts der Europäischen Union. Die Kooperation des Grundrechtsschutzes in der Europäischen Union unter Berücksichtigung der besonderen Ausprägungen des nationalen Grundrechtsschutzes, Tübingen 2011 (*M. Bleckmann*, Nationale Grundrechte).

Böckenförde, Wolfgang, Grundrechtsgeltung gegenüber Trägern gesellschaftlicher Macht?, in: Posser, Diether/Wassermann, Rudolf/Sommer, Eberhard (Hrsg.), Freiheit in der sozialen Demokratie: 4. Rechtspolitischer Kongreß der SPD vom 6. bis 8. Juni 1975 in Düsseldorf; Dokumentation, Karlsruhe 1975, S. 77–89 (*W. Böckenförde*, Grundrechtsgeltung).

–, Freiheitssicherung gegenüber gesellschaftlicher Macht. Einführende Problemskizze, in: Posser, Diether/Wassermann, Rudolf/Sommer, Eberhard (Hrsg.), Freiheit in der sozialen Demokratie: 4. Rechtspolitischer Kongreß der SPD vom 6. bis 8. Juni 1975 in Düsseldorf; Dokumentation, Karlsruhe 1975, S. 69–76 (*W. Böckenförde*, Freiheitssicherung).

Bodenschatz, Nadine, Der europäische Datenschutzstandard, Bern 2010 (*N. Bodenschatz*, Der europäische Datenschutzstandard).

von Bogdandy, Armin, Zweierlei Verfassungsrecht. Europäisierung als Gefährdung des gesellschaftlichen Grundkonsenses?, Der Staat 39 (2000), 163–184.

–, Zur Übertragbarkeit staatsrechtlicher Figuren auf die Europäische Union, in: Huber, Peter M./Brenner, Michael/Möstl, Markus (Hrsg.), Der Staat des Grundgesetzes – Kontinuität und Wandel. Festschrift für Peter Badura zum siebzigsten Geburtstag, Tübingen 2004, S. 1033–1052 (*A. von Bogdandy*, Übertragbarkeit staatsrechtlicher Figuren).

–, Was ist Europarecht?, JZ 2017, S. 589–597.

von Bogdandy, Armin/Kottmann, Matthias/Antpöhler, Carlino/Dickschen, Johanna/Hentrei, Simon/Smrkolj, Maja, Ein Rettungsschirm für europäische Grundrechte – Grundlagen einer unionsrechtlichen Solange-Doktrin gegenüber Mitgliedstaaten, ZaöRV 2012, S. 45–79.

Britz, Gabriele, Freie Entfaltung durch Selbstdarstellung. Eine Rekonstruktion des allgemeinen Persönlichkeitsrechts aus Art. 2 I GG, Tübingen 2007 (*G. Britz*, Selbstdarstellung).

–, Europäisierung des grundrechtlichen Datenschutzes?, EuGRZ 2009, S. 1–11.

–, Das Grundrecht auf Datenschutz in Art. 8 der Grundrechtecharta, in: Der Hessische Datenschutzbeauftragte (Hrsg.), Datenschutz in Deutschland nach dem Vertrag von Lissabon: Fachtagung des Hessischen Datenschutzbeauftragten in Kooperation mit der Goethe-Universität Frankfurt am 9. Dezember 2008, Wiesbaden 2009, S. 55–73 (*G. Britz*, Das Grundrecht auf Datenschutz).

–, Informationelle Selbstbestimmung zwischen rechtswissenschaftlicher Grundsatzkritik und Beharren des BVerfG, in: Hoffmann-Riem, Wolfgang/Brandt, Edmund (Hrsg.), Offene Rechtswissenschaft: Ausgewählte Schriften von Wolfgang Hoffmann-Riem mit begleitenden Analysen, Tübingen 2010, S. 561–596 (*G. Britz*, Informationelle Selbstbestimmung).

–, Grundrechtsschutz durch das Bundesverfassungsgericht und den Europäischen Gerichtshof, EuGRZ 2015, S. 275–281.

–, Kooperativer Grundrechtsschutz in der EU, NJW 2021, 1489.

Brkan, Maja, The Court of Justice of the EU, privacy and data protection, in: Psychogiopúlu, Euangelía/Brkan, Maja (Hrsg.), Courts, privacy and data protection in the digital environment, Cheltenham, UK/Northampton, MA, USA 2017, S. 10–31 (*M. Brkan*, Privacy and data protection).

Brühann, Ulf, Datenschutz und Europäische Gemeinschaft, AfP 1998, S. 345–353.

–, Gutachterliche Stellungnahme, Vollharmonisierung oder Mindestharmonisierung – welchem Regelungsansatz folgt die Datenschutzrichtlinie 95/46/EG?, BT-Ausschussdrs. 16(4)561 L, https://de.scribd.com/document/49153648/Bruhann-Gutachterl-Stln-Vollharmonisierung-oder-Mindestharmonisierung-der-DSRL-95-46-EG-dt-Bundestag, zuletzt abgerufen am 8.5.2021 (*U. Brühann*, Vollharmonisierung oder Mindestharmonisierung).

–, Europarechtliche Grundlagen, Kap. 2.4, in: Roßnagel, Alexander (Hrsg.), Handbuch Datenschutzrecht. Die neuen Grundlagen für Wirtschaft und Verwaltung, München 2003, S: 131–155 (*U. Brühann*, Europarechtliche Grundlagen).

–, Mindeststandards oder Vollharmonisierung des Datenschutzes in der EG – Zugleich ein Beitrag zur Systematik von Richtlinien zur Rechtsangleichung im Binnenmarkt in der Rechtsprechung des Europäischen Gerichtshofs, EuZW 2009, S. 639–644.

Bucher, Stefan, Die Bindung der Mitgliedstaaten an die EU-Grundrechtecharta bei Ermessensspielräumen, insbesondere in Fällen der Richtlinienumsetzung und unter Berücksichtigung der Folgerechtsprechung zu „Åkerberg Fransson", ZEuS 2016, S. 203–234.

Buchholtz, Gabriele, Das „Recht auf Vergessen" im Internet – eine Herausforderung für den demokratischen Rechtsstaat, AöR 140 (2015), S. 121–153.

–, Grundrechte und Datenschutz im Dialog zwischen Karlsruhe und Luxemburg, DÖV 2017, S. 837–846.

Buchner, Benedikt, Informationelle Selbstbestimmung im Privatrecht, Tübingen 2006 (*B. Buchner*, Informationelle Selbstbestimmung).

–, Grundsätze und Rechtmäßigkeit der Datenverarbeitung unter der DS-GVO, DuD 2016, S. 155–161.

Buck, Carsten, Über die Auslegungsmethoden des Gerichtshofs der Europäischen Gemeinschaft, Frankfurt am Main 1998 (*C. Buck*, Auslegungsmethoden).

Bull, Hans Peter, Datenschutz als Informationsrecht und Gefahrenabwehr, NJW 1979, S. 1177–1182.

–, Informationelle Selbstbestimmung – Vision oder Illusion? Datenschutz im Spannungsverhältnis von Freiheit und Sicherheit, 2. Aufl., Tübingen 2011 (*H. P. Bull*, Informationelle Selbstbestimmung).

Burchardt, Dana, Die Rangfrage im europäischen Normenverbund, Tübingen 2014 (*D. Burchardt*, Rangfrage).

Burgkardt, Felix, Grundrechtlicher Datenschutz zwischen Grundgesetz und Europarecht, Hamburg 2013 (*F. Burgkardt*, Grundrechtlicher Datenschutz).

Butler, Oliver, Obligations Imposed on Private Parties by the GDPR and UK Data Protection Law: Blurring the Public-Private Divide, EPL 24 (2018), S. 555–572.

Calliess, Christian, Kontrolle zentraler Kompetenzausübung in Deutschland und Europa: Ein Lehrstück für die Europäische Verfassung. Zugleich eine Besprechung des Altenpflegegesetz-Urteils des BVerfG, EuGRZ 2003, S. 181–197.

–, Europäische Gesetzgebung und nationale Grundrechte – Divergenzen in der aktuellen Rechtsprechung von EuGH und BVerfG?, JZ 2009, S. 113–121.

–, Szenarien für die EU der Zukunft, in: Kirchhof, Gregor/Keller, Mario/Schmidt, Reiner (Hrsg.), Europa: in Vielfalt geeint!: 30 Perspektiven zur Rettung Europas vor sich selbst, München 2020, S. 263–296 (*C. Calliess*, Szenarien).

Calliess, Christian (Hrsg.), Kommentar des Vertrages über die Europäische Union und des Vertrages zur Gründung der Europäischen Gemeinschaft. EUV/EGV, 2. Aufl., Wien 2002 (*Bearbeiter,* in: Calliess, EUV/EGV).

Calliess, Christian/Ruffert, Matthias (Hrsg.), EUV, AEUV, GRCh. Das Verfassungsrecht der Europäischen Union mit Europäischer Grundrechtecharta: Kommentar, 5. Aufl., München 2016 (*Bearbeiter,* in: Calliess/Ruffert, EUV/AEUV/GRCh).

Canaris, Claus-Wilhelm, Grundrechte und Privatrecht, AcP 184 (1984), S. 201–246.

Cappelletti, Mauro/Golay, David, The Judicial Branch in the Federal and Transitional Union: Its Impact on Integration, in: Cappelletti, Mauro/Seccombe, Monica/Weiler, Joseph (Hrsg.), Integration Through Law. Methods, Tools and Institutions: Vol 1. Book 2: Political Organs, Integration Techniques and Judicial Process, Berlin 1986, S. 261 (*M. Cappelletti/D. Golay*, The Judicial Branch).

Chen, Ching-Hui, Die speziellen Diskriminierungsverbote der Charta der Grundrechte der Europäischen Union. Eine Strukturanalyse unter besonderer Berücksichtigung des Verbotes der Altersdiskriminierung, Baden-Baden 2011 (*C.-H. Chen*, Spezielle Diskriminierungsverbote).

Classen, Claus-Dieter, Zu wenig, zu fundamentalistisch – zur grundrechtlichen Kontrolle „unionsrechtlich determinierter" nationaler Hoheitsakte, EuR 2016, S. 304–312.

–, Schwierigkeiten eines harmonischen Miteinanders von nationalem und europäischem Grundrechtsschutz, EuR 2017, S. 347–367.

–, Zu viel des Guten? Unionsrechtliche Neuakzentuierungen beim Grundrechtsschutz, JZ 2019, S. 1057–1066.

Cornils, Matthias, Der grundrechtliche Rahmen für ein (trans-)nationales Datenschutzrecht im digitalen Zeitalter, in: Stern, Klaus/Pfeifer, Karl-Nikolaus/Hain, Karl-E. (Hrsg.), Datenschutz im digitalen Zeitalter – global europäisch, national, München 2015, S. 11–50 (*M. Cornils*, Grundrechtlicher Rahmen).

–, Das datenschutzrechtliche Medienprivileg unter Behördenaufsicht? Der unionsrechtliche Rahmen für die Anpassung der medienrechtlichen Bereichsausnahmen (in § 9c, § 57 RStV-E und den Landespressegesetzen) an die EU-Datenschutz-Grundverordnung, Tübingen 2018 (*M. Cornils*, Medienprivileg).

–, Schrankendogmatik, in: Grabenwarter, Christoph (Hrsg.), Enzyklopädie Europarecht, Band 2: Europäischer Grundrechteschutz, 2. Aufl., Baden-Baden 2020, § 5 (*M. Cornils*, EnzEuR II, § 5).

Council of Europe, Explanatory Report to the Convention for the Protection of Individuals with regard to Automatic Processing of Personal Data v. 28.1.1981, https://rm.coe.int/16800ca434, zuletzt abgerufen am 8.5.2021 (*Council of Europe*, Explanatory Report 1981).

–, Explanatory Report to the Protocol amending the Convention for the Protection of Individuals with regard to Automatic Processing of Personal Data, ETS No. 223, 10.10.2018, https://rm.coe.int/CoERMPublicCommonSearchServices/DisplayDCTMContent?documentId=09000016808ac91a, zuletzt abgerufen am 8.5.2021 (*Council of Europe*, Explanatory Report 2018).

Cremer, Wolfram, Rechtsanwendungsgleichheit im Mehrebenensystem, VVDStRL 77 (2019), S. 117–161.

Cross, Rupert/Harris, James W., Precedent in English law, 4. Aufl., Oxford 1991 (*R. Cross/J. W. Harris*, Precedent).

D'Avis, Winfried/Giesen, Thomas, Datenschutz in der EU – rechtsstaatliches Monster und wissenschaftliche Hybris. Eine rechtspolitische Philippika, CR 2019, S. 24–33.

von Danwitz, Thomas, Rechtswirkungen von Richtlinien in der neueren Rechtsprechung des EuGH, JZ 2007, S. 697–706.

–, Funktionsbedingungen der Rechtsprechung des Europäischen Gerichtshofes, EuR 2008, 769–786.

–, Grundrechtsschutz im Anwendungsbereich des Gemeinschaftsrechts nach der Charta der Grundrechte, in: Herdegen, Matthias/Klein, Hans Hugo/Papier, Hans-Jürgen

(Hrsg.), Staatsrecht und Politik: Festschrift für Roman Herzog zum 75. Geburtstag, München 2009, S. 19–33 (*T. von Danwitz*, Grundrechtsschutz).

–, Die Grundrechte auf Achtung der Privatsphäre und auf Schutz personenbezogener Daten, DuD 2015, S. 581–585.

–, Gerichtlicher Schutz der Grundrechte, in: Grabenwarter, Christoph (Hrsg.), Enzyklopädie Europarecht, Band 2: Europäischer Grundrechteschutz, 2. Aufl., Baden-Baden 2020, § 6 (*T. von Danwitz*, EnzEuR II, § 6).

Dammann, Ulrich, Das neue Bundesdatenschutzgesetz, NVwZ 1991, 640–643.

Dammann, Ulrich/Simitis, Spiros (Hrsg.), EG-Datenschutzrichtlinie. Kommentar, 1. Aufl., Baden-Baden 1997 (*Bearbeiter*, in: Dammann/Simitis, EG-Datenschutzrichtlinie).

De Witte, Bruno, A competence to protect. The pursuit of non-market aims through internal market legislation, in: Syrpis, Philip (Hrsg.), The judiciary, the legislature and the EU internal market, Cambridge 2012, S. 25–48 (*B. de Witte*, Competence to protect).

Dederer, Hans-Georg, Korporative Staatsgewalt. Integration privat organisierter Interessen in die Ausübung von Staatsfunktionen. Zugleich eine Rekonstruktion der Legitimationsdogmatik, Tübingen 2004 (*H.-G. Dederer*, Korporative Staatsgewalt).

Desens, Marc, Auslegungskonkurrenzen im europäischen Mehrebenensystem. Probleme und Lösungsmöglichkeiten exemplifiziert anhand von Normenkollisionen zwischen Grundfreiheiten und nationalen Gesetzen, in: Matz-Lück, Nele/Hong, Mathias (Hrsg.), Grundrechte und Grundfreiheiten im Mehrebenensystem – Konkurrenzen und Interferenzen, Heidelberg 2012, S. 203–249 (*M. Desens*, Auslegungskonkurrenzen).

Deutscher Juristentag, Bericht der Datenschutzkommission: Grundsätze für eine gesetzliche Regelung des Datenschutzes, München 1974 (*DJT*, Gesetzliche Regelung des Datenschutzes).

Diesterhöft, Martin, Das Recht auf medialen Neubeginn, Berlin 2014 (*M. Diesterhöft*, Recht auf medialen Neubeginn).

–, Datenschutzrechtlicher Direktanspruch gegen Suchmaschinenbetreiber, VBlBW 2014, S. 361–400.

Doughan, F. Manuela, Deutsche Unternehmen und die US-amerikanische Discovery: Fragen zur Teilnahmepflicht und Kostenerstattung, Baden-Baden 2018 (*M. F. Doughan*, Discovery).

Dreier, Horst (Hrsg.), Grundgesetz Kommentar. Band II: Artikel 20–82, 3. Aufl., München 2015 (*Bearbeiter*, in: Dreier, GG Bd. II).

Dressel, Christian Oliver, Die gemeinschaftsrechtliche Harmonisierung des europäischen Datenschutzrechts, München 1994 (*C. O. Dressel*, Harmonisierung).

Dubout, Edouard, The Protection of Fundamental Rights and the Allocation of Competences in the EU: A Clash of Constitutional Logics, in: Azoulai, Loïc (Hrsg.), The question of competence in the European Union, Oxford 2014, S. 193–211 (*E. Dubout*, Protection of Fundamental Rights).

Edenharter, Andrea, Anmerkung. BVerfG, Beschluss v. 19.12.2017 – 2 BvR 424/17, JZ 2018, S. 313–316.

–, Grundrechtsschutz in föderalen Mehrebenensystemen. Inspiration des EU-Grundrechtsschutzes durch die Grundrechtsentwicklung in Deutschland und der Schweiz sowie durch die EMRK, Tübingen 2018 (*A. Edenharter*, Grundrechtsschutz).

–, Die EU-Grundrechte-Charta als Prüfungsmaßstab des Bundesverfassungsgerichts, DÖV 2020, S. 349–358.

EDSB, Stellungnahme zum Datenschutzreformpaket v. 7.3.2012, https://edps.europa.eu/sites/edp/files/publication/12-03-07_edps_reform_package_de.pdf, zuletzt abgerufen am 8.5.2021 (*EDSB*, Stellungnahme).

Ehmann, Eugen/Helfrich, Marcus, EG-Datenschutzrichtlinie. Kurzkommentar, Köln 1999 (*E. Ehmann/M. Helfrich*, EG-Datenschutzrichtlinie).

Ehmann, Eugen/Selmayr, Martin (Hrsg.), DS-GVO. Kommentar, 2. Aufl., München/Wien 2018 (*Bearbeiter,* in: E. Ehmann/Selmayr, DS-GVO).

Ehmann, Horst, Informationsschutz und Informationsverkehr im Zivilrecht, AcP 188 (1988), S. 230–380.

Ehmann, Horst/Sutschet, Holger, EU-Datenschutzrichtlinie: Umsetzungsbedarf und Auswirkungen aus der Sicht des Arbeitsrechts, RDV 1997, S. 3–15.

Ehmke, Horst, Prinzipien der Verfassungsinterpretation. Erster Beratungsgegenstand, VVDStRL 20 (1963), S. 53–102.

Ellger, Reinhard, Der Datenschutz im grenzüberschreitenden Datenverkehr. Eine rechtsvergleichende und kollisionsrechtliche Untersuchung, Baden-Baden 1990 (*R. Ellger*, Grenzüberschreitender Datenverkehr).

–, Die Entwicklung des Datenschutzes in der Europäischen Union, in: Weber, Rolf H. (Hrsg.), Datenschutz im europäischen Umfeld, Zürich 1995, S. 1–48 (*R. Ellger*, Entwicklung des Datenschutzes).

Engel, Daniel, Der Beitritt der Europäischen Union zur EMRK. Vom defizitären Kooperationsverhältnis zum umfassenden EMRK-Rechtsschutz durch den EGMR?, Tübingen 2015 (*D. Engel*, Beitritt der Europäischen Union zur EMRK).

Engeler, Malte, Stellungnahme zum Zweiten DSAnpUG-EU (BT-Drs. 19/46749), Ausschussdrs. 19(4)187, https://www.bundestag.de/resource/blob/583074/28a119d060eadea00f098821ef98c234/a-drs—19-4-187-a-data.pdf, zuletzt abgerufen am 8.5.2021 (*M. Engeler*, BT-Ausschussdrs. 19(4)187).

Europäische Kommission, Grünbuch über Urheberrecht und die technologische Herausforderung – Urheberrechtsfragen, die sofortiges Handeln erfordern, Mitteilung der Kommission, KOM(88) 172 endg. 23.8.1988 (KOM(88) 172 endg.).

–, Mitteilung zum Schutz von Personen bei der Verarbeitung personenbezogener Daten und Sicherheit der Informationssysteme, KOM(90) 314 endg., BR-Drs. 690/90 4.10.1990 (KOM(90) 314 endg.).

–, Bericht „Bessere Rechtsetzung 2003" gemäß Artikel 9 des Protokolls über die Anwendung der Grundsätze der Subsidiarität und der Verhältnismäßigkeit, KOM(2003) 770 endg. (KOM(2003) 770 endg.).

–, Mitteilung. Legislativpaket zur Errichtung einer Agentur für das Betriebsmanagement von IT-Großsystemen im Bereich Freiheit, Sicherheit und Recht, KOM(2009) 292 endg. 24.6.2009 (KOM(2009) 292 endg.).

–, Mitteilung an das Europäische Parlament, den Rat, den Europäischen Wirtschafts- und Sozialausschuss und den Ausschuss der Regionen: „Ein Raum der Freiheit, der Sicherheit und des Rechts für die Bürger Europas. Aktionsplan zur Umsetzung des Stockholmer Programms". KOM(2010) 171 endg. 20.4.2010 (KOM(2010) 171 endg.).

–, Mitteilung an das Europäische Parlament, den Rat, den Europäischen Wirtschafts- und Sozialausschuss und den Ausschuss der Regionen, „Gesamtkonzept für den Datenschutz in der Europäischen Union", KOM(2010) 609 endg. 4.11.2010 (KOM(2010) 609 endg.).

–, Mitteilung an das Europäische Parlament, den Rat, den Europäischen Wirtschafts- und Sozialausschuss und den Ausschuss der Regionen „Der Schutz der Privatsphäre in einer vernetzten Welt. Ein europäischer Datenschutzrahmen für das 21. Jahrhundert", KOM(2012) 9 endg. 25.1.2012 (KOM(2012) 9 endg.).

–, Vorschlag für Richtlinie des Europäischen Parlaments und des Rates zum Schutz natürlicher Personen bei der Verarbeitung personenbezogener Daten durch die zuständigen Behörden zum Zwecke der Verhütung, Aufdeckung, Untersuchung oder Verfolgung von Straftaten oder der Strafvollstreckung sowie zum freien Datenverkehr, KOM(2012) 10 endg. 25.1.2012 (KOM(2012) 10 endg.).

–, Vorschlag für Verordnung des Europäischen Parlaments und des Rates zum Schutz natürlicher Personen bei der Verarbeitung personenbezogener Daten und zum freien Datenverkehr (Datenschutz-Grundverordnung), KOM(2012) 11 endg. 25.1.2012 (KOM(2012) 11 endg.).

–, Weißbuch zur Zukunft Europas: Die EU der 27 im Jahre 2025 – Überlegungen und Szenarien, KOM(2017) 2025 1.3.2017 (KOM(2017) 2025).

Europäisches Parlament, Bericht des Berichterstatters Jan Philipp Albrecht über den Vorschlag für eine Verordnung des Europäischen Parlaments und des Rates zum Schutz natürlicher Personen bei der Verarbeitung personenbezogener Daten und zum freien Datenverkehr (allgemeine Datenschutzverordnung), COM(2012)0011 – C7-0025/2012 – 2012/0011(COD), A7–0402/2013, abrufbar unter https://www.europarl.europa.eu/doceo/document/A-7-2013-0402_DE.pdf, zuletzt abgerufen am 1.7.2021 (Europäisches Parlament, Bericht *J. P. Albrecht*, 2013).

European Union Agency for Fundamental Rights (FRA), Fundamental Rights Report, Luxemburg 2019, abrufbar unter https://fra.europa.eu/sites/default/files/fra_uploads/fra-2019-fundamental-rights-report-2019_en.pdf, zuletzt abgerufen am 10.5.2021 (FRA, Fundamental Rights Report 2019).

Everling, Ulrich, Die Europäische Union als föderaler Zusammenschluss von Staaten und Bürgern, in: von Bogdandy, Armin/Bast, Jürgen (Hrsg.), Europäisches Verfassungsrecht: Theoretische und dogmatische Grundzüge, 2. Aufl., Dordrecht 2009, S. 961–1007 (*U. Everling*, Europäische Union).

Fabbrini, Federico, The EU Charter of Fundamental Rights and the Rights to Data Privacy: The EU Court of Justice as a Human Rights Court, in: de Vries, Sybe/Bernitz, Ulf/Weatherill, Stephen (Hrsg.), The EU Charter of Fundamental Rights as a binding instrument. Five years old and growing, Oxford 2015, S. 261–286 (*F. Fabbrini*, ECJ as a Human Rights Court).

Fowkes, James, Something in Common. A perspective on precedent in Germany, in: Lepsius, Oliver/Nußberger, Angelika/Schönberger, Christoph/Waldhoff, Christian/Walter, Christian (Hrsg.), Jahrbuch des öffentlichen Rechts der Gegenwart. Neue Folge, Tübingen 2020, S. 147–177 (*J. Fowkes*, Something in Common).

Franzen, Martin, Der Vorschlag für eine EU-Datenschutz-Grundverordnung und der Arbeitnehmerdatenschutz, DuD 2012, S. 322–326.

–, Datenschutz-Grundverordnung und Arbeitsrecht, EuZA 2017, S. 313–351.

Franzius, Claudio, Die Abweichungsgesetzgebung, NVwZ 2008, S. 492–499.

–, Recht und Politik in der transnationalen Konstellation, Frankfurt am Main 2014 (*C. Franzius*, Transnationale Konstellationen).

–, Grundrechtsschutz in Europa: Zwischen Selbstbehauptungen und Selbstbeschränkungen der Rechtsordnungen und ihrer Gerichte, ZaöRV 75 (2015), S. 383–412.

–, Strategien der Grundrechtsoptimierung in Europa, EuGRZ 2015, S. 139–153.

Fredriksen, Halvard Haukeland, Europäische Vorlageverfahren und nationales Zivilprozessrecht. Eine Untersuchung der Vorlageverfahren an den EFTA-Gerichtshof und den EuGH als Bestandteile des norwegischen bzw. des deutschen Zivilprozesses, Tübingen 2009 (*H. H. Fredriksen*, Europäische Vorlageverfahren).

Frenz, Walter, Vorrang, Grenzen und Verstärkungseffekte der EU-Grundrechte. Folgerungen aus den Urteilen Åkerberg Fransson, Pfleger und Dano (Hartz IV), DVBl. 2015, S. 741–746.

Frenzel, Eike Michael, Die Charta der Grundrechte als Maßstab für mitgliedstaatliches Handeln zwischen Effektivierung und Hyperintegration, Der Staat 53 (2014), S. 1–29.

Funke, Andreas, Umsetzungsrecht. Zum Verhältnis von internationaler Sekundärrechtsetzung und deutscher Gesetzgebungsgewalt, Tübingen 2010 (*A. Funke*, Umsetzungsrecht).

Gamillscheg, Franz, Die Grundrechte im Arbeitsrecht, AcP 164 (1964), S. 385–445.

Gärditz, Klaus, Grundrechte im Rahmen der Kompetenzordnung, in: Isensee, Josef/Kirchhof, Paul (Hrsg.), Handbuch des Staatsrechts der Bundesrepublik Deutschland, Band IX: Allgemeine Grundrechtslehren, 3. Aufl., Heidelberg/Hamburg 2011, § 189 (*K. Gärditz*, HStR IX, § 189).

Geiger, Sarah, Verfassungsgerichtliche Grundrechteprüfung im Anwendungsbereich des Unionsrechts. Deutschland und Frankreich im Vergleich – Zugleich eine Anmerkung zur Entscheidung des Bundesverfassungsgerichts vom 6. November 2019 (Recht auf Vergessen II), DÖV 2020, S. 366–371.

Geiger, Rudolf/Khan, Daniel-Erasmus/Kotzur, Markus (Hrsg.), EUV/AEUV. Vertrag über die Europäische Union und Vertrag über die Arbeitsweise der Europäischen Union: Kommentar, 6. Aufl., München 2016 (*Bearbeiter,* in: R. Geiger/Khan/Kotzur, EUV/AEUV).

Gerkrath, Jörg, Als krönender Abschluss des Grundrechtschutzes in der EU verlangt die Charta nach einer breiten und dezentralisierten Anwendung, in: Masing, Johannes/Jestaedt, Matthias/Capitant, David/Le Divellec, Armel (Hrsg.), Strukturfragen des Grundrechtsschutzes in Europa: Grundrechtecharta – Grundrechtsbindung – Vertrauensschutz: Dokumentation des 6. Treffens des Deutsch-Französischen Gesprächskreises für Öffentliches Recht, Tübingen 2015, S. 3–44 (*J. Gerkrath*, Krönender Abschluss).

Germelmann, Claas Friedrich, Die Rechtskraft von Gerichtsentscheidungen in der Europäischen Union. Eine Untersuchung vor dem Hintergrund der deutschen, französischen und englischen Rechtskraftlehren, Tübingen 2009 (*C. F. Germelmann*, Rechtskraft).

Gersdorf, Hubertus/Paal, Boris P. (Hrsg.), Beck'scher Online-Kommentar Informations- und Medienrecht, 31. Edition (Stand: 1.2.2021), München (zit. *Bearbeiter*, in: BeckOK MedienR).

Giere, Katrin/Heilmann, Dorothea, Mediengrundrechtliche Einordnung von Internetintermediären, in: Hetmank, Sven/Rechenberg, Constantin (Hrsg.), Kommunikation, Kreation und Innovation – Recht im Umbruch?, Baden-Baden 2019, S. 49–78 (*K. Giere/D. Heilmann*, Internetintermediäre).

Gierschmann, Sibylle/Schlender, Katharina/Stentzel, Rainer/Veil, Winfried (Hrsg.), Kommentar Datenschutz-Grundverordnung, Köln 2018 (*Bearbeiter,* in: Gierschmann et al., DS-GVO).

Gieseler, Christoph, Öffentliche Kommunikation auf sozialen Netzwerkplattformen, Berlin 2017 (*C. Gieseler*, Öffentliche Kommunikation).

Gömann, Merlin, Grenzüberschreitende (Online-)Datenverarbeitung im Europäischen Binnenmarkt unter Geltung der Datenschutz-Grundverordnung. Ein alternatives Schlaglicht auf die Wirtschaftsakademie-Entscheidung des EuGH, Urt. v. 5.6.2018 (Rs. C-210/16), EuZW 2018, 680–686.

Gola, Peter (Hrsg.), Datenschutz-Grundverordnung. VO (EU) 2016/679: Kommentar, 2. Aufl., München 2018 (*Bearbeiter,* in: Gola, DS-GVO).

González Fuster, Gloria, The Emergence of Personal Data Protection as a Fundamental Right of the EU, Cham 2014 (*G. González Fuster*, Emergence of Personal Data Protection).

Grabitz, Eberhard/Hilf, Meinhard/Nettesheim, Martin (Hrsg.), Das Recht der Europäischen Union, 71. EL, München 2019 (*Bearbeiter,* in: Grabitz/Hilf/Nettesheim, EU).

Grzeszick, Bernd, Nationale Parlamente und EU-Datenschutzgrundverordnung, NVwZ 2018, 1505.

Greve, Holger, Drittwirkung des grundrechtlichen Datenschutzes im digitalen Zeitalter, in: Franzius, Claudio/Lejeune, Stefanie/von Lewinski, Kai/Meßerschmidt, Klaus/Michael, Gerhard/Rossi, Matthias/Schilling, Theodor/Wysk, Peter (Hrsg.), Beharren. Bewegen. Festschrift für Michael Kloepfer zum 70. Geburtstag, Berlin 2013, S. 665–677 (*H. Greve*, Drittwirkung des grundrechtlichen Datenschutzes).

–, Das neue Bundesdatenschutzgesetz, NVwZ 2017, S. 737–744.

Grewe, Constance, Transparenz, Informationszugang und Datenschutz in Frankreich, DÖV 2002, 1022–1027.

Griebel, Jörn, Doppelstandards des Bundesverfassungsgerichts beim Schutz europäischer Grundrechte, Der Staat 52 (2013), S. 371–399.

–, Europäische Grundrechte als Prüfungsmaßstab der Verfassungsbeschwerde, DVBl. 2014, S. 204–211.

Griller, Stefan, Unionsbürgerschaft als grundlegender Status, EuR Beiheft 2015, S. 7–31.

Grimm, Dieter, Der Datenschutz vor einer Neuorientierung, JZ 2013, S. 585–592.

–, Die Europäische Union im 60. Jahr, ZSE 2017, S. 3–15.

von der Groeben, Hans/Schwarze, Jürgen/Hatje, Armin (Hrsg.), Europäisches Unionsrecht. Vertrag über die Europäische Union – Vertrag über die Arbeitsweise der Europäischen Union – Charta der Grundrechte der Europäischen Union, 7. Aufl., Baden-Baden 2015 (*Bearbeiter,* in: von der Groeben/Schwarze/Hatje, EU-Recht).

Groussot, Xavier/Bogojević, Sanja, Subsidiarity as a Procedural Safeguard of Federalism, in: Azoulai, Loïc (Hrsg.), The question of competence in the European Union, Oxford 2014, S. 234–252 (*X. Groussot/S. Bogojević*, Subsidiarity).

Gstrein, Oskar J., The Judgment That Will Be Forgotten: How the ECJ Missed an Opportunity in Google vs CNIL (C-507/17), VerfBlog, 2019/9/25, https://verfassungsblog.de/the-judgment-that-will-be-forgotten/, zuletzt abgerufen am 8.5.2021 (*O. J. Gstrein*, Judgment that will be forgotten).

Gurlit, Elke, Verfassungsrechtliche Rahmenbedingungen des Datenschutzes, NJW 2010, S. 1035–1041.

Gusy, Christoph, Grundrechtsbindungen Privater, in: Masing, Johannes/Jestaedt, Matthias/Capitant, David/Le Divellec, Armel (Hrsg.), Strukturfragen des Grundrechtsschutzes in Europa: Grundrechtecharta – Grundrechtsbindung – Vertrauensschutz: Dokumentation des 6. Treffens des Deutsch-Französischen Gesprächskreises für Öffentliches Recht, Tübingen 2015, S. 93–112 (*C. Gusy*, Grundrechtsbindung Privater).

Hain, Karl-E., Medienmarkt im Wandel: Technische Konvergenz und Anbieterkonkurrenz als Herausforderung an Verfassungsrecht und Regulierung, AfP 2012, S. 313–328.

Hallstein, Walter, Der unvollendete Bundesstaat. Europäische Erfahrungen und Erkenntnisse, Düsseldorf, Wien 1969 (*W. Hallstein*, Der unvollendete Bundesstaat).

–, Die Europäische Gemeinschaft, Düsseldorf, Wien 1973 (*W. Hallstein*, Die Europäische Gemeinschaft).

Haltern, Ulrich, Eine Lanze für Mangold, in: Haltern, Ulrich/Bergmann, Andreas (Hrsg.), Der EuGH in der Kritik, Tübingen 2012, S. 25–72 (*U. Haltern*, Eine Lanze für Mangold).

–, Europarecht. Dogmatik im Kontext. Band II: Rule of Law – Verbunddogmatik – Grundrechte, 3. Aufl., Tübingen 2017 (*U. Haltern*, Europarecht II).

Härtel, Ines, Der staatszentrierte Föderalismus zwischen Ewigkeitsgarantie und Divided Government. Genese, Ausprägung und Problemhorizonte des Bundesstaatsprinzips, in: dies. (Hrsg.), Handbuch Föderalismus – Föderalismus als demokratische Rechtsordnung und Rechtskultur in Deutschland, Europa und der Welt: Band I: Grundlagen des Föderalismus und der deutsche Bundesstaat, Berlin, Heidelberg 2012 (*I. Härtel*, Staatszentrierter Föderalismus).

Hartlaub, Anneliese/Lauber-Rönsberg, Anne, Personenbildnisse im Spannungsfeld zwischen Äußerungs- und Datenschutzrecht, NJW 2017, S. 1057–1062.

Hatje, Armin, Datenaustausch und Datenschutz in der Europäischen Union. Zur informationellen Vernetzung der Verwaltungen im Zeichen der europäischen Integration, in: Magiera, Siegfried/Sommermann, Karl-Peter (Hrsg.), Verwaltung in der Europäischen Union, Berlin 2001, S. 193–217 (*A. Hatje*, Datenaustausch und Datenschutz).

Heberlein, Horst, Konkordanz der Grundrechte – multipler Grundrechtsschutz durch die Datenschutz-Grundverordnung, DVBl. 2020, S. 1225–1232.

Heckmann, Dirk, Staatliche Schutz- und Förderpflichten zur Gewährleistung von IT-Sicherheit, in: Rüßmann, Helmut (Hrsg.), Festschrift für Gerhard Käfer, Saarbrücken 2009, S. 129–164 (*D. Heckmann*, Staatliche Schutzpflichten).

Heißl, Gregor, Können juristische Personen in ihrem Grundrecht auf Datenschutz verletzt sein?, EuR 2017, S. 561–571.

Henke, Ferdinand, Die Datenschutzkonvention des Europarates, Frankfurt am Main 1986 (*F. Henke*, Datenschutzkonvention).

Hennemann, Moritz, Datenschutz in Presse und anderen Medien, in: Specht, Louisa/Mantz, Reto (Hrsg.), Handbuch europäisches und deutsches Datenschutzrecht: Bereichsspezifischer Datenschutz in Privatwirtschaft und öffentlichem Sektor, München 2019, § 19 (*M. Hennemann*, Datenschutz in Presse, Hb DSR, § 19).

Herresthal, Carsten, Die Regelungsdichte von (vollharmonisierenden) Richtlinien und die Konkretisierungskompetenz des EuGH, in: Gsell, Beate/Herresthal, Carsten (Hrsg.), Vollharmonisierung im Privatrecht. Die Konzeption der Richtlinie am Scheideweg?, Tübingen 2009, S. 113–162 (*C. Herresthal*, Regelungsdichte).

–, Grundrechtecharta und Privatrecht, ZEuP 24 (2014), S. 238–280.

Hesse, Konrad, Grundzüge des Verfassungsrechts der Bundesrepublik Deutschland, 20. Aufl., Heidelberg 1999 (*K. Hesse*, Grundzüge des Verfassungsrechts).

Hestermeyer, Holger, Eigenständigkeit und Homogenität in föderalen Systemen. Eine vergleichende Studie der föderalen Ordnungen der Bundesrepublik Deutschland, der Vereinigten Staaten und der Europäischen Union, Tübingen 2019 (*H. Hestermeyer*, Eigenständigkeit und Homogenität).

Heuer, Jan, Art. 51 Abs. 1 Satz 1 GRC. Die Bindung der Mitgliedstaaten an die Unionsgrundrechte, München 2014 (*J. Heuer*, Bindung der Mitgliedstaaten).

Heun, Werner, Verfassungsrecht und einfaches Recht – Verfassungsgerichtsbarkeit und Fachgerichtsbarkeit, VVDStRL 61 (2002), S. 80–118.

Hijmans, Hielke/Scirocco, Alfonso, Shortcomings in EU Data Protection in the Third and the Second Pillars. Can the Lisbon Treaty be Expected to help?, CMLRev 46 (2009), S. 1485–1525.

Hochmann, Thomas, § 7 Grundrechte, in: Marsch, Nikolaus/Vilain, Yoan/Wendel, Mattias (Hrsg.), Französisches und Deutsches Verfassungsrecht. Ein Rechtsvergleich, Berlin/Heidelberg, 2015, S. 323–372.

Hoeren, Thomas, Anm. zu OLG Köln: Herbeiführung praktischer Konkordanz zwischen Datenschutz und KUG Beschluss vom 18.6.2018 – 15 W 27/18, ZD 2018, S. 434–436.

Hoffmann-Riem, Wolfgang, Informationelle Selbstbestimmung in der Informationsgesellschaft, AöR 123 (1998), S. 513–540.

–, Praktische Konkordanz im Verfassungsrechtsdenken von Konrad Hesse, AöR 144 (2019), S. 467–485.

Hofmann, Jens, Grundrechtsschutz durch BVerfG, EuGH und EGMR – Komplementärer, kooperativer und subsidiärer Grundrechtsschutz im Europäischen Rechtsprechungsverbund, in: Wiedmann, Ariane/Emmenegger, Sigrid (Hrsg.), Linien der Rechtsprechung des Bundesverfassungsgerichts: Erörtert von den wissenschaftlichen Mitarbeitern, Band 2, Berlin/Boston 2011, S. 573–603 (*J. Hofmann*, Grundrechtsschutz).

Holoubek, Michael/Lienbacher, Georg (Hrsg.), GRC Kommentar. Charta der Grundrechte der Europäischen Union, Wien 2014 (*Bearbeiter,* in: Holoubek/Lienbacher, GRC).

Holznagel, Bernd/Felber, Wolfram, Europäischer Datenschutz, in: Schulze, Reiner/Janssen, André/Kadelbach, Stefan (Hrsg.), Europarecht: Handbuch für die deutsche Rechtspraxis, 4. Aufl., Baden-Baden 2020, § 38 (*B. Holznagel/W. Felber*, Europäischer Datenschutz, Hb EUR, § 38).

Hong, Mathias, Der Menschenwürdegehalt der Grundrechte. Grundfragen, Entstehung und Rechtsprechung, Tübingen 2019 (*M. Hong*, Menschenwürdegehalt).

Hornung, Gerrit, Stellungnahme zu den öffentlichen Anhörungen des Innenausschusses des Deutschen Bundestages am 22.10.2012 zu den Vorschlägen der Europäischen Kommission für eine Reform des Datenschutzrechts (KOM (2012) 11 endg. und KOM (2012) 10 endg.), BT-Ausschussdrs. 17(4)584(E) (*G. Hornung*, BT-Ausschussdrs. 17(4)584(E)).

–, Eine Datenschutz-Grundverordnung für Europa? – Licht und Schatten im Kommissionsentwurf vom 25.1.2012, ZD 2012, 99–106.

Horstmann, Jan, Stand der Anpassung des Datenschutzrechts an die DS-GVO in den Ländern, ZD-Aktuell 2017, 05822.

Horvath, Benjamin, Das Ende der freien Veröffentlichung von Personenbildnissen – für die meisten von uns, https://www.cr-online.de/blog/2018/03/09/das-ende-der-freien-veroeffentlichung-von-personenbildnissen-fuer-die-meisten-von-uns/, 9.3.2018, zuletzt abgerufen am 8.5.2021 (*B. Horvath*, Personenbildnisse).

Huber, Peter M., Europäisches und nationales Verfassungsrecht, VVDStRL 60 (2001), S. 194–245.

–, Unitarisierung durch Gemeinschaftsgrundrechte. Zur Überprüfungsbedürftigkeit der ERT-Rechtsprechung, EuR 2008, S. 190–200.

–, Auslegung und Anwendung der Charta der Grundrechte, NJW 2011, S. 2385–2390.

Hufeld, Ulrich, Die Binnenverwirklichung von Freiheit und Grundrechtsschutz in der Europäischen Union als Grundlage europäischer Glaubwürdigkeit, in: Müller-Graff, Peter-Christian (Hrsg.), Die Rolle der erweiterten Europäischen Union in der Welt: Jahreskolloquium des Arbeitskreises Europäische Integration, 4–5.11.2004 in der Stiftung für Wissenschaft und Politik in Berlin, Baden-Baden 2006, S. 285–304 (*U. Hufeld*, Binnenverwirklichung).

Hufeld, Ulrich/Rathke, Hannes, Der Grundrechtsschutz nach Lissabon, EuR-Beilage 2013, S. 7–53.

Hustinx, Peter, EU-Datenschutzrecht: Die Überprüfung der Richtlinie 95/46/EG und die vorgeschlagene Datenschutz-Grundverordnung, https://edps.europa.eu/sites/edp/files/publication/14-09-15_article_eui_de.pdf, zuletzt abgerufen am 8.5.2021 (*P. Hustinx*, EU-Datenschutzrecht).

Isensee, Josef, Das Grundrecht als Abwehrrecht und als staatliche Schutzpflicht, in: Isensee, Josef/Kirchhof, Paul (Hrsg.), Handbuch des Staatsrechts der Bundesrepublik Deutschland, Band IX: Allgemeine Grundrechtslehren, 3. Aufl., Heidelberg/Hamburg 2011, § 191 (*J. Isensee*, HStR IX, § 191).

Jacobs, Francis G., Human rights in the European Union: the role of the Court of Justice, ELRev. 26 (2001), S. 331–341.

Jacqué, Jean-Paul, Les droits de l'homme et le développement de l'informatique en Europe, in: Bieber, Roland/Nickel, Dietmar/Capotorti, Francesco (Hrsg.), Das Europa der zweiten Generation: Gedächtnisschrift für Christoph Sasse, Band II, Baden-Baden 1981, S. 909–924 (*J.-P. Jacqué*, Droits de l'homme).

Jarass, Hans D., Charta der Grundrechte der Europäischen Union, 3. Aufl., München 2016 (*H. D. Jarass*, GRCh).

–, Die Bedeutung der Unionsgrundrechte unter Privaten, ZEuP 25 (2017), S. 310–334.

–, Bedeutung des einfachen Rechts für die Bestimmung verfassungsrechtlicher Begriffe, DÖV 2019, S. 457–468.

Jestaedt, Matthias, Grundrechtsentfaltung im Gesetz. Studien zur Interdependenz von Grundrechtsdogmatik und Rechtsgewinnungstheorie, Tübingen 1999 (*M. Jestaedt*, Grundrechtsentfaltung).

Johannes, Paul C./Weinhold, Robert, Europäischer Datenschutz in Strafverfolgung und Gefahrenabwehr – Die neue Datenschutz-Richtlinie im Bereich Polizei und Justiz sowie deren Konsequenzen für deutsche Gesetzgebung und Praxis, DVBl. 2016, S. 1501–1506.

–, Das neue Datenschutzrecht bei Polizei und Justiz. Europäisches Datenschutzrecht und deutsche Datenschutzgesetze, Baden-Baden 2018 (*P. Johannes/R. Weinhold*, Polizei und Justiz).

Jung, Aeryung, Grundrechtsschutz auf europäischer Ebene am Beispiel des personenbezogenen Datenschutzes, Hamburg 2016 (*A. Jung*, Grundrechtsschutz).

Kadelbach, Stefan, Vorrang und Verfassung: Das Recht der Europäischen Union im innerstaatlichen Bereich, in: Gaitanides, Charlotte/Kadelbach, Stefan/Iglesias, Gil Carlos Rodriguez (Hrsg.), Europa und seine Verfassung: Festschrift für Manfred Zuleeg zum siebzigsten Geburtstag 2005, S. 219–233 (*S. Kadelbach*, Vorrang und Verfassung).

Kahl, Wolfgang/Waldhoff, Christian/Walter, Christian (Hrsg.), Bonner Kommentar zum Grundgesetz, 208. Ergänzungslieferung, Heidelberg 2020 (*Bearbeiter*, in: BK GG).

Kainer, Friedemann, Rückkehr der unmittelbar-horizontalen Grundrechtswirkung aus Luxemburg?, NZA 2018, S. 894–900.

Kaiser, Roman, Ein Mehr an Grundrechtsschutz, KritV 101 (2018), S. 171–182.

Karpenstein, Peter, Zur Zuständigkeit der Europäischen Gemeinschaften auf dem Gebiete des Datenschutzes, in: Bieber, Roland/Nickel, Dietmar/Capotorti, Francesco (Hrsg.), Das Europa der zweiten Generation: Gedächtnisschrift für Christoph Sasse, Band II, Baden-Baden/Kehl, Straßbourg/Engel 1981, S. 889–907 (*P. Karpenstein*, Zuständigkeit der EG).

Karpenstein, Ulrich, Harmonie durch die Hintertür? Geschlechtsspezifisch kalkulierte Versicherungstarife und das Diskriminierungsverbot. Kurzbesprechung der Schlussanträge der Generalanwältin Juliane Kokott vom 30.9.2010 – C-236/09 (Association Belge des Consommateurs Test-Achats ASBL u.a.), EuZW 2010, S. 885–886.

Karpenstein, Ulrich/Kottmann, Matthias, Vom Gegen- zum Mitspieler – Das BVerfG und die Unionsgrundrechte, EuZW 2020, S. 185–189.

Kellerbauer, Manuel/Klamert, Marcus/Tomkin, Jonathan (Hrsg.), The EU treaties and the charter of fundamental rights. A commentary, Oxford 2019 (*Bearbeiter*, in: Kellerbauer/Klamert/Tomkin, EU Treaties).

Kerkemeyer, Andreas, In- oder Desintegration durch Grundfreiheiten?, in: Piecha, Sebastian/Holljesiefken, Anke/Fischer, Jens/Haaß, Stefanie K./Herberg, Johanna F./Kracht, Stefan/Safoklov, Yury (Hrsg.), Rechtskultur und Globalisierung: 57. Assistententagung öffentliches Recht; Tagung der wissenschaftlichen Mitarbeiterinnen und Mitarbeiter, wissenschaftlichen Assistentinnen und Assistenten, Baden-Baden/Basel 2017, S. 147–167 (*A. Kerkemeyer*, In- oder Desintegration).

Kersten, Jens, Was kann das Verfassungsrecht vom Verwaltungsrecht lernen?, DVBl. 2011, S. 585–591.

Kibler, Cornelia, Datenschutzaufsicht im europäischen Verbund, Tübingen 2021 (*C. Kibler*, Datenschutzaufsicht).

Kibler, Cornelia/Sandhu, Aqilah, Vorwirkung von EU-Verordnungen am Beispiel der Datenschutz-Grundverordnung, NVwZ 2018, S. 528–533.

Kingreen, Thorsten, Grundrechtsverbund oder Grundrechtsunion? Zur Entwicklung der subjektiv-öffentlichen Rechte im europäischen Unionsrecht, EuR 2010, S. 338–363.

–, Die Grundrechte des Grundgesetzes im europäischen Grundrechtsföderalismus, JZ 2013, S. 801–811.

–, Ne bis in idem: Zum Gerichtswettbewerb um die Deutungshoheit über die Grundrechte, EuR 2013, S. 446–454.

Kirchhof, Ferdinand, Die Kooperation zwischen Bundesverfassungsgericht und Europäischem Gerichtshof – Addierung oder Optimierung des Grundrechtsschutzes, in: Herdegen, Matthias/Klein, Hans Hugo/Papier, Hans-Jürgen (Hrsg.), Staatsrecht und Politik: Festschrift für Roman Herzog zum 75. Geburtstag, München 2009, S. 155–171 (*F. Kirchhof*, Kooperation).

–, Kooperation zwischen nationalen und europäischen Gerichten, EuR 2014, S. 267–277.
Kirchhof, Paul, Der deutsche Staat im Prozeß der europäischen Integration, in: Isensee, Josef/Kirchhof, Paul (Hrsg.), Handbuch des Staatsrechts der Bundesrepublik Deutschland, Band X: Deutschland in der Staatengemeinschaft, 3. Aufl., Heidelberg/Hamburg 2012, § 214 (*P. Kirchhof*, HStR X, § 214).
Klatt, Matthias, Die praktische Konkordanz von Kompetenzen. Entwickelt anhand der Jurisdiktionskonflikte im europäischen Grundrechtsschutz, Tübingen 2014 (*M. Klatt*, Praktische Konkordanz).
–, Verwaltungsermessen als Mehrebenenproblem 2019 (*M. Klatt*, Verwaltungsermessen).
Klatt, Matthias/Schmidt, Johannes, Spielräume im öffentlichen Recht. Zur Abwägungslehre der Prinzipientheorie, Tübingen 2010 (*M. Klatt/J. Schmidt*, Spielräume).
Klein, Eckart, Kompetenzielle Würdigung und verfassungsprozessuale Konsequenzen der „Recht auf Vergessen"-Entscheidungen, DÖV 2020, S. 341–349.
Klein, Oliver/Schneider, Karsten, Art. 72 GG n. F. im Kompetenzgefüge der Föderalismusreform, DVBl. 2006, S. 1549–1556.
Kleinlein, Thomas, Federalisms, rights, and autonomies: The United States, Germany, and the EU, Int'l J. Cost. L. 15 (2017), S. 1157–1173.
–, Grundrechtsföderalismus. Eine vergleichende Studie zur Grundrechtsverwirklichung in Mehrebenen-Strukturen: Deutschland, USA und EU, Tübingen 2020 (*T. Kleinlein*, Grundrechtsföderalismus).
Klement, Jan Henrik, Öffentliches Interesse an Privatheit. Das europäische Datenschutzrecht zwischen Binnenmarkt, Freiheit und Gemeinwohl, JZ 2017, S. 161–170.
Kloepfer, Michael, Datenschutz als Grundrecht, Verfassungsprobleme der Einführung eines Grundrechts auf Datenschutz, Äthenäum: Königstein 1980 (*M. Kloepfer*, Datenschutz).
Knauff, Matthias, Das Verhältnis zwischen Bundesverfassungsgericht, Europäischem Gerichtshof und Europäischem Gerichtshof für Menschenrechte, DVBl. 2010, S. 533–543.
–, Auslegung oder Anwendung des Europarechts? Bemerkungen zur Vorlagepflicht an den EuGH, DÖV 2013, S. 375–381.
Knebel, Sophie Victoria, Anm. zu LG Bamberg: Unmittelbare Grundrechtsbindung von Facebook bei Löschentscheidungen Urteil vom 18.10.2018 – 2 O 248/18, MMR 2019, S. 59–60.
Knook, Allard, The Court, The Charter, and the Vertical Division of Powers in the European Union, CMLRev 42 (2005), S. 367–398.
Kokott, Juliane/Sobotta, Christoph, Die Charta der Grundrechte der Europäischen Union nach dem Inkrafttreten des Vertrags von Lissabon, EuGRZ 2010, S. 265–271.
Kort, Michael, Arbeitnehmerdatenschutz gemäß der EU-Datenschutz-Grundverordnung, DB 2016, S. 711–717.
–, Der Beschäftigtendatenschutz gem. § 26 BDSG-neu, ZD 2017, S. 319–323.
Kosta, Vasiliki, Fundamental Rights in EU Internal Market Legislation, Oxford 2015 (*V. Kosta*, Fundamental Rights).
Kotzur, Markus, Der Schutz personenbezogener Daten in der europäischen Grundrechtsgemeinschaft. Die korrespondierende Verantwortung von EuGH, EGMR und mitgliedstaatlichen Verfassungsgerichten, EuGRZ 2011, S. 105–115.
Krapp, Isabelle Béatrice, Die Abweichungskompetenzen der Länder im Verhältnis zum Vorrang des Bundesrechts gemäß Art. 31 GG, Berlin 2015 (*I. B. Krapp*, Abweichungskompetenzen).
Kraska, Sebastian, Datenschutz-Zertifizierung in der EU-Datenschutzgrundverordnung, ZD 2016, S. 153–154.
Krisch, Nico, Who is Afraid of Radical Pluralism? Legal Order and Political Stability in the Postnational Space, Ratio Juris 24 (2011), S. 386–412.

Krönke, Christoph, Datenpaternalismus. Staatliche Interventionen im Online-Datenverkehr zwischen Privaten, dargestellt am Beispiel der Datenschutz-Grundverordnung, Der Staat 55 (2016), S. 319–351.

Kruis, Tobias, Der Anwendungsvorrang des EU-Rechts in Theorie und Praxis, Tübingen 2013 (*T. Kruis*, Anwendungsvorrang).

Krüper, Julian, Kategoriale Unterscheidung von Öffentlichem Recht und Privatrecht?, VVDStRL 79 (2019), S. 43–93.

Kugelmann, Dieter, Datenschutz bei Polizei und Justiz, DuD 2012, S. 581–583.

Kühling, Jürgen, Grundrechte, in: von Bogdandy, Armin/Bast, Jürgen (Hrsg.), Europäisches Verfassungsrecht: Theoretische und dogmatische Grundzüge, 2. Aufl., Dordrecht 2009, S. 657–704 (*J. Kühling*, Grundrechte).

–, Auf dem Weg zum vollharmonisierten Datenschutz!?, EuZW 2012, S. 281–282.

–, Kernelemente einer kohärenten EU-Grundrechtsdogmatik in der Post-Lissabon-Ära, ZÖR 68 (2013), S. 469–485.

–, Der Fall der Vorratsdatenspeicherungsrichtlinie und der Aufstieg des EuGH zum Grundrechtsgericht, NVwZ 2014, S. 681–685.

–, Die Europäisierung des Datenschutzrechts. Gefährdung deutscher Grundrechtsstandards?, Baden-Baden 2014 (*J. Kühling*, Europäisierung).

–, Neues Bundesdatenschutzgesetz – Anpassungsbedarf bei Unternehmen, NJW 2017, S. 1985–1990.

–, Das „Recht auf Vergessenwerden" vor dem BVerfG – Novemberrevolution für die Grundrechtsarchitektur im Mehrebenensystem, NJW 2020, S. 275–280.

Kühling, Jürgen/Buchner, Benedikt (Hrsg.), DS-GVO/BDSG. Kommentar, 3. Aufl., München 2020 (*Bearbeiter,* in: Kühling/Buchner, DS-GVO/BDSG).

Kühling, Jürgen/Martini, Mario, Die Datenschutz-Grundverordnung. Revolution oder Evolution im europäischen und deutschen Datenschutzrecht?, EuZW 2016, S. 448–454.

Kühling, Jürgen/Martini, Mario/Heberlein, Johanna/Kühl, Benjamin/Nink, David/Weinzierl, Quirin/Wenzel, Michael, Die Datenschutz-Grundverordnung und das nationale Recht, Speyer 2016 (*J. Kühling* et al., DS-GVO und nationales Recht).

Kulick, Andreas, Horizontalwirkung im Vergleich. Ein Plädoyer für die Geltung der Grundrechte zwischen Privaten, Tübingen 2020 (*A. Kulick*, Horizontalwirkung).

Kumm, Matthias, Rethinking Constitutional Authority. On the Structure and Limits of Constitutional Pluralism, in: Avbelj, Matej/Komárek, Jan (Hrsg.), Constitutional Pluralism in the European Union and beyond, Oxford 2012, 39–66 (*M. Kumm*, Constitutional Authority).

Kuner, Christopher, European data privacy law and online business, Oxford 2003 (*C. Kuner*, Data Privacy Law).

Kunig, Philip, Verfassungsrecht und einfaches Recht – Verfassungsgerichtsbarkeit und Fachgerichtsbarkeit, VVDStRL 61 (2002), S. 34–79.

Lachenmann, Matthias, Datenübermittlung im Konzern, Edewecht 2016 (*M. Lachenmann*, Datenübermittlung).

–, Neue Anforderungen an die Videoüberwachung, ZD 2017, S. 407–411.

Ladeur, Karl-Heinz, Kritik der Abwägung in der Grundrechtsdogmatik. Plädoyer für eine Erneuerung der liberalen Grundrechtstheorie, Tübingen 2019 (*K.-H. Ladeur*, Abwägung).

Landau, Herbert/Trésoret, Michael, Menschenrechtsschutz im Europäischen Mehrebenensystem, DVBl. 2012, S. 1329–1338.

Lange, Friederike, Verschiebungen im europäischen Grundrechtssystem?, NVwZ 2014, S. 169–174.

Langenfeld, Christine, EuGH-EGMR-BVerfG: Von der Multipolarität zum Verbund der Gerichtsbarkeiten im Bereich des Grundrechtsschutzes, in: Heusel, Wolfgang/Rageade,

Jean-Philippe (Hrsg.), The authority of EU law: Do we still believe in it?, Berlin, Germany 2019, S. 87–112 (*C. Langenfeld*, Multipolarität).

Langhanke, Carmen, Daten als Leistung. Eine rechtsvergleichende Untersuchung zu Deutschland, Österreich und der Schweiz, Tübingen 2018 (*C. Langhanke*, Daten als Leistung).

Latzel, Clemens, Die Anwendungsbereiche des Unionsrechts, EuZW 2015, S. 658–664.

Laue, Philip, Öffnungsklauseln in der DS-GVO – Öffnung wohin?, ZD 2016, S. 463–467.

Leible, Stefan/Domröse, Ronny, Die primärrechtskonforme Auslegung, in: Riesenhuber, Karl (Hrsg.), Europäische Methodenlehre: Handbuch für Ausbildung und Praxis, 3. Aufl., Berlin/München/Boston 2015, § 9 (*S. Leible/R. Domröse*, Primärrechtskonforme Auslegung, § 9).

Lenaerts, Koen, The Rule of Law and the Coherence of the Judicial System of the European Union, CMLRev 44 (2007), S. 1625–1659.

–, Die EU-Grundrechtecharta: Anwendbarkeit und Auslegung, EuR 2012, S. 3–18.

Lenski, Sophie-Charlotte, Personenbezogene Massenkommunikation als verfassungsrechtliches Problem. Das allgemeine Persönlichkeitsrecht in Konflikt mit Medien, Kunst und Wissenschaft, Berlin 2007 (*S.-C. Lenski*, Personenbezogene Massenkommunikation).

Lenz, Carl Otto/Borchardt, Joachim (Hrsg.), EU-Verträge Kommentar. EUV, AEUV, GRCh, 6. Aufl., Wien 2013 (*Bearbeiter*, in: Lenz/Borchardt, EU-Verträge).

Leonard, Mark, Why Europe will run the 21st century, London 2005 (*M. Leonard*, Europe).

Lepsius, Oliver, Die Chancen und Grenzen des Grundsatzes der Verhältnismäßigkeit, in: Jestaedt, Matthias/Lepsius, Oliver (Hrsg.), Verhältnismäßigkeit: Zur Tragfähigkeit eines verfassungsrechtlichen Schlüsselkonzepts, Tübingen 2015, S. 1–41 (*O. Lepsius*, Verhältnismäßigkeit).

–, Grundrechtspluralismus in Europa, in: Masing, Johannes/Jestaedt, Matthias/Capitant, David/Le Divellec, Armel (Hrsg.), Strukturfragen des Grundrechtsschutzes in Europa: Grundrechtecharta – Grundrechtsbindung – Vertrauensschutz: Dokumentation des 6. Treffens des Deutsch-Französischen Gesprächskreises für Öffentliches Recht, Tübingen 2015, S. 45–66 (*O. Lepsius*, Grundrechtspluralismus).

–, Kontextualisierung als Aufgabe der Rechtswissenschaft, JZ 2019, S. 793–802.

von Lewinski, Kai, Europäisierung des Datenschutzrechts – Umsetzungsspielraum des deutschen Gesetzgebers und Entscheidungskompetenz des BVerfG, DuD 2012, S. 564–570.

–, Staat als Zensurhelfer – Staatliche Flankierung der Löschpflichten Privater nach dem Google-Urteil des EuGH, AfP 2015, S. 1–6.

Lindner, Josef Franz, Grundrechtsschutz gegen gemeinschaftsrechtliche Öffnungsklauseln – zugleich ein Beitrag zum Anwendungsbereich der EU-Grundrechte, EuZW 2007, S. 71–75.

–, Bindung der Landesverfassungsgerichte an die Rechtsprechung des Bundesverfassungsgerichts? Versuch einer systematischen Orientierung, JZ 2018, S. 369–420.

–, Bundesverfassung und Landesverfassung, AöR 143 (2018), S. 437–470.

Lindner, Josef Franz/Kaiser, Roman, Zur Anwendung von Art. 142 und Art. 31 GG bei mehrpoligen Grundrechtsverhältnissen, DVBl. 2017, S. 1329–1351.

Lobe, Adrian, Das digitale Arkanum, Süddeutsche Zeitung vom 21.11.2019, S. 9 (*A. Lobe*, SZ v. 21.11.2019).

Lochmann, Moritz, Taricco I – ein Ultra-vires-Akt? Zur Rechtsfortbildung durch den EuGH, EuR 2019, S. 61–86.

Lorenzmeier, Stefan/Sancin, Vasilka (Hrsg.), Contemporary Issues of Human Rights Protection in International and National Settings, Baden-Baden 2018 (Lorenzmeier/Sancin, Contemporary Issues).

Ludwigs, Markus, Kooperativer Grundrechtsschutz zwischen EuGH, BVerfG und EGMR, EuGRZ 2014, S. 273–285.

Lynskey, Orla, From market-making tool to fundamental right: the role of the Court of Justice in data protection's identity crisis, in: Gutwirth, Serge (Hrsg.), European data protection: Coming of age, Dordercht 2013, S. 59–84 (*O. Lynskey*, Market-making tool).

–, The Foundations of EU data protection law, Oxford 2015 (*O. Lynskey*, Foundations).

Maduro, Miguel Poiares, Interpreting European Law – Judicial Adjudication in a Context of Constitutional Pluralism. Working Paper IE Law School, WPLS08–02 5.2.2008, S. 1–15.

Mähring, Matthias, Das Recht auf informationelle Selbstbestimmung im europäischen Gemeinschaftsrecht, EuR 1991, S. 369–375.

Maier, Benjamin, Grundrechtsschutz bei der Durchführung von Richtlinien, Baden-Baden 2013 (*B. Maier*, Grundrechtsschutz).

Mall, Julia, Die Bindung der Mitgliedstaaten an die Unionsgrundrechte. Artikel 51 Abs. 1 S. 1 GRCh und das Protokoll Nr. 30 über die Anwendung der Charta der Grundrechte der Europäischen Union auf Polen und das Vereinigte Königreich, Frankfurt a.M 2012 (*J. Mall*, Bindung der Mitgliedstaaten).

von Mangoldt, Hermann Hans (Begr.), *F. Klein* / *C. Starck, Huber, Peter Michael*/*Voßkuhle, Andreas* (Hrsg.), Grundgesetz Kommentar, 7. Aufl., München 2018 (*Bearbeiter*, in: von Mangoldt/Klein/Starck, GG).

Marosi, Johannes, One (smart) size fits it all?, in: Taeger, Jürgen (Hrsg.), Smart world – smart law?: Weltweite Netze mit regionaler Regulierung, Edewecht 2016, S. 435–451 (*J. Marosi*, One Size).

Marsch, Nikolaus, Verfassungsgerichtsbarkeit, in: Marsch, Nikolaus/Vilain, Yoan/Wendel, Mattias (Hrsg.), Französisches und Deutsches Verfassungsrecht: Ein Rechtsvergleich, Berlin 2015, S. 275–322 (*N. Marsch*, Verfassungsgerichtsbarkeit).

–, Das europäische Datenschutzgrundrecht. Grundlagen – Dimensionen – Verflechtungen, Tübingen 2018 (*N. Marsch*, Das europäische Datenschutzgrundrecht).

Martens, Sebastian A. E., Methodenlehre des Unionsrechts, Tübingen 2012 (*S. A. E. Martens*, Methodenlehre).

Martini, Stefan, Eine margin-of-appreciation-Doktrin für den EuGH?, in: Piecha, Sebastian/Holljesiefken, Anke/Fischer, Jens/Haaß, Stefanie K./Herberg, Johanna F./Kracht, Stefan/Safoklov, Yury (Hrsg.), Rechtskultur und Globalisierung: 57. Assistententagung öffentliches Recht; Tagung der wissenschaftlichen Mitarbeiterinnen und Mitarbeiter, wissenschaftlichen Assistentinnen und Assistenten, Baden-Baden/Basel 2017, S. 285–311 (*S. Martini*, Margin-of-appreciation).

Masing, Johannes, Ein Abschied von den Grundrechten, Süddeutsche Zeitung vom 9.1.2012, S. 10 (*J. Masing*, SZ v. 9.1.2012).

–, Herausforderungen des Datenschutzes, NJW 2012, S. 2305–2311.

–, Vorläufige Einschätzung der „Google-Entscheidung" des EuGH, VerfBlog 2014/8/14, https://verfassungsblog.de/ribverfg-masing-vorlaeufige-einschaetzung-der-google-entscheidung-des-eugh/, zuletzt abgerufen am 8.5.2021 (*J. Masing*, Vorläufige Einschätzung).

–, Einheit und Vielfalt des Europäischen Grundrechtsschutzes, JZ 2015, S. 477–487.

Masing, Johannes/*Jestaedt, Matthias*/*Capitant, David*/*Le Divellec, Armel*, Strukturfragen des Grundrechtsschutzes in Europa. Vorwort, in: dies. (Hrsg.), Strukturfragen des Grundrechtsschutzes in Europa: Grundrechtecharta – Grundrechtsbindung – Vertrauensschutz: Dokumentation des 6. Treffens des Deutsch-Französischen Gesprächskreises für Öffentliches Recht, Tübingen 2015, S. VII–IX (*J. Masing* et al., Strukturfragen des Grundrechtsschutzes).

Matz-Lück, Nele, Europäische Rechtsakte und nationaler Grundrechtsschutz, in: Matz-Lück, Nele/Hong, Mathias (Hrsg.), Grundrechte und Grundfreiheiten im Mehrebenensystem – Konkurrenzen und Interferenzen, Heidelberg 2012, S. 161–202 (*N. Matz-Lück*, Nationaler Grundrechtsschutz).

Maurer, Hartmut, Der Anwendungsvorrang im Normsystem, in: Sachs, Michael/Siekmann, Helmut (Hrsg.), Der grundrechtsgeprägte Verfassungsstaat: Festschrift für Klaus Stern zum 80. Geburtstag, Berlin 2012, S. 101–115 (*H. Maurer*, Anwendungsvorrang).

Mayer, Franz C., Die Rückkehr der Europäischen Verfassung?, ZaöRV 67 (2007), S. 1141–1218.

–, Verfassungsgerichtsbarkeit, in: von Bogdandy, Armin/Bast, Jürgen (Hrsg.), Europäisches Verfassungsrecht: Theoretische und dogmatische Grundzüge, 2. Aufl., Dordrecht 2009, S. 559–607 (*F. C. Mayer*, Verfassungsgerichtsbarkeit).

–, Der Einfluss mitgliedstaatlicher Grundrechtsgewährleistungen auf die Charta der Grundrechte, in: König, Doris/Uwer, Dirk (Hrsg.), Grenzen europäischer Normgebung: EU-Kompetenzen und Europäische Grundrechte, Hamburg 2015, S. 95–121 (*F. C. Mayer*, Grundrechtsgewährleistungen).

–, Der Ultra vires-Akt, JZ 2020, S. 725–734.

Meyer, Jürgen/Bernsdorff, Norbert (Hrsg.), Charta der Grundrechte der Europäischen Union, 4. Aufl., Baden-Baden 2014 (*Bearbeiter,* in: Meyer/Bernsdorff, GRCh).

Meyer, Jürgen/Hölscheidt, Sven (Hrsg.), Charta der Grundrechte der Europäischen Union, 5. Aufl. 2019 (*Bearbeiter,* in: Meyer/Hölscheidt, GRCh).

Michel, Stefan, Datenschutzrechtliche Anforderungen an Bloggerinnen und Bürgerjournalistinnen – Braucht das Verhältnis von Presserecht und Datenschutz ein Update?, in: Hetmank, Sven/Rechenberg, Constantin (Hrsg.), Kommunikation, Kreation und Innovation – Recht im Umbruch?, Baden-Baden 2019, S. 131–156 (*S. Michel*, Bürgerjournalistinnen).

Michl, Fabian, Situativ staatsgleiche Grundrechtsbindung privater Akteure, JZ 2018, S. 910–918.

–, Unionsgrundrechte aus der Hand des Gesetzgebers, Tübingen 2018 (*F. Michl*, Unionsgrundrechte).

Möllers, Christoph, Die drei Gewalten. Legitimation der Gewaltengliederung in Verfassungsstaat, europäischer Integration und Internationalisierung, Weilerswist 2008 (*C. Möllers*, Drei Gewalten).

Morasch, Olga, Datenverarbeitung im Beschäftigungskontext, Baden-Baden 2019 (*O. Morasch*, Beschäftigungskontext).

Mörsdorf, Oliver, Diskriminierung jüngerer Arbeitnehmer. Unanwendbarkeit von § 622 II 2 BGB wegen Verstoßes gegen das Unionsrecht, NJW 2010, S. 1046–1049.

–, Ungleichbehandlung als Norm, Tübingen 2018 (*O. Mörsdorf*, Ungleichbehandlung als Norm).

Möstl, Markus, Die staatliche Garantie für die öffentliche Sicherheit und Ordnung, Tübingen 2002 (*M. Möstl*, Staatliche Garantie).

Morlok, Martin/Lothar, Michael, Staatsorganisationsrecht, 5. Aufl., Baden-Baden 2020.

Müller, Friedrich/Christensen, Ralph, Juristische Methodenlehre, Band II: Europarecht, Berlin 2012 (*F. Müller/R. Christensen*, Juristische Methodenlehre Bd. II).

Müller-Graff, Peter-Christian, Unitarisierung in der Europäischen Union?, in: Grupp, Klaus (Hrsg.), Recht – Kultur – Finanzen: Festschrift für Reinhard Mußgnug zum 70. Geburtstag, Heidelberg 2005, S. 311–328 (*P.-C. Müller-Graff*, Unitarisierung).

Nettesheim, Martin, Normenhierarchien im EU-Recht, EuR 2006, S. 737–772.

Neuner, Jörg, Das BVerfG im Labyrinth der Drittwirkung, NJW 2020, S. 1851–1855.

Ngyuen, Alexander, Die Subsidiaritätsrüge des Deutschen Bundesrates gegen den Vorschlag der EU-Kommission für eine Datenschutz-Grundverordnung, ZEuS 2012, S. 277–300.

Nipperdey, Hans Carl, Grundrechte und Privatrecht, Krefeld 1961 (*H. C. Nipperdey*, Grundrechte und Privatrecht).

Nowak, Carsten, Grundrechtsberechtigte und Grundrechtsadressaten, in: Heselhaus, Sebastian/Nowak, Carsten (Hrsg.), Handbuch der Europäischen Grundrechte, 2. Aufl., München 2020 (*C. Nowak*, Hb EUGR, § 9).

Nußberger, Angelika, Die Europäische Menschenrechtskonvention – Eine Verfassung für Europa?, JZ 2019, S. 421–428.

Nusser, Julian, Die Bindung der Mitgliedstaaten an die Unionsgrundrechte. Vorgaben für die Auslegung von Art. 51 Abs. 1 S. 1 EuGrCh, Tübingen 2011 (*J. Nusser*, Bindung der Mitgliedstaaten).

Obwexer, Walter, Harmonisierung und Optionalität – Stehen Öffnungsklauseln der Verwirklichung des Binnenmarkts entgegen?, in: König, Doris/Uwer, Dirk (Hrsg.), Grenzen europäischer Normgebung: EU-Kompetenzen und Europäische Grundrechte, Hamburg 2015, S. 54–76 (*W. Obwexer*, Öffnungsklauseln).

Oeter, Stefan, Rechtsprechungskonkurrenz zwischen nationalen Verfassungsgerichten, Europäischem Gerichtshof und Europäischem Gerichtshof für Menschenrechte, VVDStRL 66 (2007), S. 361–458.

–, Föderalismus und Demokratie, in: von Bogdandy, Armin/Bast, Jürgen (Hrsg.), Europäisches Verfassungsrecht: Theoretische und dogmatische Grundzüge, 2. Aufl., Dordrecht 2009, S. 73–120 (*S. Oeter*, Föderalismus).

Ohler, Christoph, Grundrechtliche Bindungen der Mitgliedstaaten nach Art. 51 GRCh, NVwZ 2013, S. 1433–1438.

–, Das Bundesverfassungsgericht als europäisches Kompetenzgericht. Zum Urteil über die Europäische Bankenunion vom 30.7.2019, ZG 2020, S. 95–109.

Oreschnik, Bernhard, Verhältnismäßigkeit und Kontrolldichte. Eine Analyse der Rechtsprechung des EuGH zu den Grundrechten und Grundfreiheiten, Wiesbaden 2019 (*B. Oreschnik*, Verhältnismäßigkeit und Kontrolldichte).

Ory, Stephan/Weth, Stephan, Betroffenenrechte in der Justiz, NJW 2018, S. 2829–2834.

Paal, Boris P./Pauly, Daniel A. (Hrsg.), Datenschutz-Grundverordnung, Bundesdatenschutzgesetz, 3. Aufl., München 2021 (*Bearbeiter*, in: Paal/Pauly, DS-GVO/BDSG).

Paefgen, Franziska, Der von Art. 8 EMRK gewährleistete Schutz vor staatlichen Eingriffen in die Persönlichkeitsrechte im Internet, Berlin, Heidelberg 2014 (*F. Paefgen*, Persönlichkeitsrechte im Internet).

Papier, Hans-Jürgen, Drittwirkung der Grundrechte, in: Merten, Detlef/Papier, Hans-Jürgen (Hrsg.), Grundrechte in Deutschland – Allgemeine Lehren: Band II, Heidelberg 2006, § 55 (*H.-J. Papier*, HGR II, § 55).

–, Rechtsstaatlichkeit und Grundrechtsschutz in der digitalen Gesellschaft, NJW 2017, S. 3025–3031.

Payandeh, Mehrdad, Judikative Rechtserzeugung. Theorie, Dogmatik und Methodik der Wirkungen von Präjudizien, Tübingen 2017 (*M. Payandeh*, Judikative Rechtserzeugung).

Pechstein, Matthias/Nowak, Carsten/Häde, Ulrich (Hrsg.), Frankfurter Kommentar zu EUV, GRC und AEUV – Band I: EUV und GRC, 1, Tübingen 2017 (*Bearbeiter*, in: Pechstein/Nowak/Häde, EUV/GRC/AEUV).

Pernice, Ingolf, Bestandssicherung der Verfassungen, Verfassungsrechtliche Mechanismen zur Wahrung der Verfassungsordnung, in: Bieber, Roland (Hrsg.), L'espace constitutionnel européen: Der europäische Verfassungsraum = The European constitutional area, Zürich 1995, S. 225 (*I. Pernice*, Bestandssicherung).

–, Europäische Grundrechte-Charta und Abgrenzung der Kompetenzen, EuZW 2001, 673.

Petri, Thomas, Anm., ZD 2015, S. 577–580.

–, Das Gesetz zur Neuordnung des bayerischen Polizeirechts, ZD 2018, S. 453–459.

Pirker, Benedikt, Grundrechtsschutz im Unionsrecht zwischen Subsidiarität und Integration. Zur Anwendung der Unionsgrundrechte auf die Mitgliedstaaten, Baden-Baden 2018 (*B. Pirker*, Grundrechtsschutz im Unionsrecht).

Pötters, Stephan, Grundrechte und Beschäftigtendatenschutz, Baden-Baden 2013 (*S. Pötters*, Grundrechte und Beschäftigtendatenschutz).

Prepeluh, Urska, Die Entwicklung der Margin of Appreciation-Doktrin im Hinblick auf die Pressefreiheit, ZaöRV 51 (2001), S. 771–832.

Proelß, Alexander, Bundesverfassungsgericht und überstaatliche Gerichtsbarkeit. Prozedurale und prozessuale Mechanismen zur Vermeidung und Lösung von Jurisdiktionskonflikten, Tübingen 2014 (*A. Proelß*, Überstaatliche Gerichtsbarkeit).

Raab, Johannes, Die Harmonisierung des einfachgesetzlichen Datenschutzes. Von der umsetzungsdefizitären Datenschutzrichtlinie 95/46/EG zur Datenschutz-Grundverordnung, Münster 2015 (*J. Raab*, Einfachgesetzlicher Datenschutz).

Raue, Benjamin, Meinungsfreiheit in sozialen Netzwerken, JZ 2018, S. 961–970.

Reding, Viviane, Europeans' Privacy will be big challenge in next decade, Brüssel, https://ec.europa.eu/commission/presscorner/detail/en/IP_10_63, 28.1.2010, zuletzt abgerufen am 8.5.2021 (*V. Reding*, IP/10/63).

–, Sieben Grundbausteine der europäischen Datenschutzreform, ZD 2012, S. 195–198.

–, The EU and the Rule of Law – What's next?, Brüssel, https://ec.europa.eu/commission/presscorner/detail/de/SPEECH_13_677, 4.9.2013, zuletzt abgerufen am 8.5.2021 (*V. Reding*, SPEECH/13/677).

Reinhardt, Jörn, Konturen des europäischen Datenschutzgrundrechts – Zu Gehalt und horizontaler Wirkung von Art. 8 GRCh, AöR 142 (2017), S. 528–565.

Rengeling, Hans-Werner, Grundrechtsschutz in der europäischen Gemeinschaft. Bestandsaufnahme und Analyse der Rechtsprechung des europäischen Gerichtshofs zum Schutz der Grundrechte als allgemeine Rechtsgrundsätze, München 1993 (*H.-W. Rengeling*, Grundrechtsschutz in der EG).

Rengeling, Hans-Werner/Szczekalla, Peter, Grundrechte in der Europäischen Union: Charta der Grundrechte und allgemeine Rechtsgrundsätze, München 2004.

Reuter, Wiebke/Schwarz, Johanna, Der Umgang mit Personenbildnissen nach Inkrafttreten der DSGVO, ZUM 2020, S. 31–39.

Riegel, Reinhard, Zum Verhältnis von Recht und Wirklichkeit am Beispiel des Datenschutzrechts in der Europäischen Gemeinschaft, DÖV 1991, S. 311–319.

Ritzer, Christoph, Datenschutzreformen – Konkretisierung Europäischen Grundrechtsschutzes, in: Müller-Graff, Peter-Christian/Skouris, Vasilios/Schmahl, Stefanie (Hrsg.), Europäisches Recht zwischen Bewährung und Wandel: Festschrift für Dieter H. Scheuing, Baden-Baden 2011, S. 387–398 (*C. Ritzer*, Datenschutzreformen).

Rogall-Grothe, Cornelia, Ein neues Datenschutzrecht für Europa, ZRP 2012, 193–196.

Ronellenfitsch, Michael, Fortentwicklung des Datenschutzes – Die Pläne der Europäischen Kommission, DuD 2012, S. 561–563.

–, Kohärenz und Vielfalt, DuD 2016, S. 357–359.

Rossi, Matthias, Entscheidungsanmerkung. Gemeinschaftskompetenz zum Erlass der Vorratsdatenspeicherrichtlinie, ZJS 2009, S. 298–299.

–, Föderale Vielfalt im Spannungsverhältnis zur postulierten Einheit der Rechtsordnung, in: Hellwege, Phillip/Soniewicka, Marta (Hrsg.), Die Einheit der Rechtsordnung: Annäherungen – Bestandsaufnahmen – Reflexionen, Tübingen 2020, S. 107–124 (*M. Rossi*, Föderale Vielfalt).

–, Recht in der Europäischen Union. Geregelte Änderbarkeit des Rechts als Erfordernis demokratischer Rechtsstaatlichkeit, in: Kirchhof, Gregor/Keller, Mario/Schmidt, Reiner (Hrsg.), Europa: in Vielfalt geeint!: 30 Perspektiven zur Rettung Europas vor sich selbst, München 2020, S. 449–480 (*M. Rossi*, Recht in der EU).

–, Soft Law im Europarecht. Auswirkungen auf die vertikale und horizontale Kompetenzverteilung, ZG 2020, S. 1–21.

Roßnagel, Alexander (Hrsg.), Europäische Datenschutz-Grundverordnung. Vorrang des Unionsrechts – Anwendbarkeit des nationalen Rechts, Baden-Baden 2017 (*Bearbeiter*, in: Roßnagel, EU DS-GVO).

–, Gesetzgebung im Rahmen der Datenschutz-Grundverordnung, DuD 2017, S. 277–281.

–, Kein „Verbotsprinzip" und kein „Verbot mit Erlaubnisvorbehalt" im Datenschutzrecht, NJW 2019, S. 1–5.

Roßnagel, Alexander/Kroschwald, Steffen, Was wird aus der Datenschutzgrundverordnung? Die Entschließung des Europäischen Parlaments über ein Verhandlungsdokument, ZD 2014, S. 495–500.

Rudolf, Walter, Datenschutz und Europa, in: Breuer, Marten/Epiney, Astrid/Haratsch, Andreas/Schmahl, Stefanie/Weiß, Norman (Hrsg.), Der Staat im Recht. Festschrift für Eckart Klein zum 70. Geburtstag, Berlin 2013, S. 633–641 (*W. Rudolf*, Datenschutz und Europa).

Ruffert, Matthias, Vorrang der Verfassung und Eigenständigkeit des Privatrechts, Tübingen 2001 (*M. Ruffert*, Vorrang der Verfassung).

–, Die künftige Rolle des EuGH im europäischen Grundrechtsschutzsystem. Bemerkungen zum EuGH-Urteil v. 20.5.2003, Rechnungshof/ORF u.a., EuGRZ 2004, S. 466–471.

–, Grundrechtliche Schutzpflichten: Einfallstor für ein etatistisches Grundrechtsverständnis?, in: Vesting, Thomas/Korioth, Stefan/Augsberg, Ino (Hrsg.), Grundrechte als Phänomene kollektiver Ordnung: Zur Wiedergewinnung des Gesellschaftlichen in der Grundrechtstheorie und Grundrechtsdogmatik, Tübingen 2014, S. 109–117 (*M. Ruffert*, Grundrechtliche Schutzpflichten).

–, Privatrechtswirkung der Grundrechte, JuS 2020, S. 1–7.

Rüpke, Giselher, Perspektiven für ein europäisches Datenschutzrecht, EuZW 1993, S. 149–155.

Sagan, Adam, Anmerkung, Regelaltersgrenze für Piloten von 65 Jahren europarechtskonform, EuZW 2017, S. 734–736.

Sandhu, Aqilah, Die Tele2-Entscheidung des EuGH zur Vorratsdatenspeicherung in den Mitgliedstaaten und ihre Auswirkungen auf die Rechtslage in Deutschland und in der Europäischen Union – Anmerkung zum Urteil des EuGH vom 21.12.2016 in der Rs. C-203/15 (Tele2), EuR 2017, S. 453–469.

–, Anmerkung zu ArbG Hamburg, Vorlagebeschluss vom 21.11.2018 – 8 Ca 123/18, ZESAR 2019, S. 172–176.

–, Das Datenschutzrecht im Wandel der Zeit, in: Bretthauer, Sebastian/Henrich, Christina/Völzmann, Berit/Wolckenhaar, Leonard/Zimmermann, Sören (Hrsg.), Wandlungen im Öffentlichen Recht: Festschrift zu 60 Jahren Assistententagung Öffentliches Recht, Baden-Baden 2020, S. 459–478 (*A. Sandhu*, Datenschutzrecht).

–, Datenschutzrecht: Anlassbezogene Vorratsdatenspeicherung nur bei erheblicher Gefahrenlage, EuZW 2021, S. 221–222.

Sarmiento, Daniel, Who's afraid of the Charter? The Court of Justice, national courts and the new framework of fundamental rights protection in Europe, CMLRev 50 (2013), S. 1267–1304.

Sattler, Andreas, Personenbezogene Daten als Leistungsgegenstand, JZ 2017, S. 1036–1046.

Sauer, Heiko, Jurisdiktionskonflikte in Mehrebenensystemen. Die Entwicklung eines Modells zur Lösung von Konflikten zwischen Gerichten unterschiedlicher Ebenen in vernetzten Rechtsordnungen, Berlin 2008 (*H. Sauer*, Jurisdiktionskonflikte).

–, Grundrechtskollisionsrecht für das europäische Mehrebenensystem. Konkurrenzbestimmungen – Kollisionsvermeidung – Kohärenzsicherung, in: Matz-Lück, Nele/Hong, Mathias (Hrsg.), Grundrechte und Grundfreiheiten im Mehrebenensystem – Konkurrenzen und Interferenzen, Heidelberg 2012, S. 1–68 (*H. Sauer*, Grundrechtskollisionsrecht).

–, „Solange" geht in Altersteilzeit – Der unbedingte Vorrang der Menschenwürde vor dem Unionsrecht, NJW 2016, S. 1134–1138.

Schaar, Peter, Stellungnahme vom 27.3.2012, BT-Ausschussdrs. 17(4)469 (*P. Schaar*, BT-Ausschussdrs. 17(4)469).

Schantz, Peter/Wolff, Heinrich Amadeus, Das neue Datenschutzrecht. Datenschutz-Grundverordnung und Bundesdatenschutzgesetz in der Praxis, München 2017 (*P. Schantz/H. A. Wolff*, Das neue Datenschutzrecht).

Scharpf, Fritz W., Regieren in Europa. Effektiv und demokratisch?, Frankfurt a.M. 1999 (*F. W. Scharpf*, Regieren in Europa).

–, Negative und positive Integration, in: Höpner, Martin/Schäfer Armin (Hrsg.), Die politische Ökonomie der europäischen Integration, Frankfurt, M./New York 2008, S. 49–87 (*F. W. Scharpf*, Negative und positive Integration).

Scheuing, Dieter H., Zur Grundrechtsbindung der EU-Mitgliedstaaten, EuR 2005, 162–191.

Schiedermair, Stephanie, Der Schutz des Privaten als internationales Grundrecht, Tübingen 2012 (*S. Schiedermair*, Schutz des Privaten).

Schiedermair, Stephanie/Mrozek, Anna, Die Vorratsdatenspeicherung im Zahnräderwerk des europäischen Mehrebenensystems, DÖV 2016, S. 89–97.

Schild, Hans-Hermann/Dauses, Manfred A., Die EG-Datenschutzrichtlinie, EuZW 1996, S. 549–555.

Schindler, Benjamin, Rechtsanwendungsgleichheit in Mehrebensystemen, VVDStRL 77 (2019), S. 168–209.

Schladebach, Marcus, Rechtsanwendungsgleichheit im Mehrebenensystem, NVwZ 2018, S. 1241–1248.

Schliesky, Utz/Hoffmann, Christian/Luch, Anika/Schulz, Sönke, Schutzpflichten und Drittwirkung im Internet. Das Grundgesetz im digitalen Zeitalter, Baden-Baden 2014 (*Schliesky* et al., Schutzpflichten).

Schmahl, Stefanie, Effektiver Rechtsschutz gegen Überwachungsmaßnahmen ausländischer Geheimdienste?, JZ 2014, S. 220–228.

Schmid, Sebastian, Die Auslegung der Grundrechtecharta, in: Kahl, Arno/Raschauer, Nicolas/Storr,, Stefan (Hrsg.), Grundsatzfragen der europäischen Grundrechtecharta, Wien 2013, S. 153–172 (*S. Schmid*, Auslegung).

Schmidt-Jortzig, Edzard, „Abweichungsgesetzgebung" als neues Kompetenzverteilungsinstrument zwischen den Gliederungsebenen des deutschen Bundesstaats. § 20, in: Härtel, Ines (Hrsg.), Handbuch Föderalismus – Föderalismus als demokratische Rechtsordnung und Rechtskultur in Deutschland, Europa und der Welt: Band I: Grundlagen des Föderalismus und der deutsche Bundesstaat, Berlin, Heidelberg 2012, S. 611–625 (*E. Schmidt-Jortzig*, Abweichungsgesetzgebung, Hb Föderalismus I, § 20).

Schmitt, Carl, Verfassungslehre, 11. Aufl., Berlin 2017.

Schneider, Jens-Peter, Stand und Perspektiven des Europäischen Datenverkehrs- und Datenschutzrechts, Die Verwaltung 44 (2011), S. 499–524.

Schneider, Jochen/Härting, Niko, Wird der Datenschutz nun endlich internettauglich? – Warum der Entwurf einer Datenschutz-Grundverordnung enttäuscht, ZD 2012, 199–203.

Schoch, Friedrich, Zur Durchsetzung von Unionsgrundrechten durch europäisches Sekundärrecht, in: Kischel, Uwe/Masing, Johannes (Hrsg.), Unionsgrundrechte und Diskriminierungsverbote im Verfassungsrecht: Referate und Diskussionsbeiträge des XVII. Deutsch-Polnischen Verwaltungskolloquiums vom 18.–21. September 2011 in Greifswald, Stuttgart/München/Hannover/Berlin/Weimar/Dresden 2012, S. 57–81 (*F. Schoch*, Durchsetzung von Unionsgrundrechten).

Schönberger, Christoph, Höchstrichterliche Rechtsfindung und Auslegung gerichtlicher Entscheidungen, VVDStRL 71 (2012), S. 296–335.

Schöndorf-Haubold, Bettina, Das Recht auf Achtung des Privatlebens, München 2020 (*B. Schöndorf-Haubold*, Privatleben).

Schorkopf, Frank, Europäischer Konstitutionalismus oder die normative Behauptung des „European way of life", NJW 2019, S. 3418–3423.

–, Botschaft aus Karlsruhe, FAZ 5.12.2019, S. 7.

–, Grundrechtsverpflichtete, in: Grabenwarter, Christoph (Hrsg.), Enzyklopädie Europarecht, Band 2: Europäischer Grundrechteschutz, 2. Aufl., Baden-Baden 2020, § 3 (*F. Schorkopf*, EnzEuR II, § 3).

Schramm, Moritz, „Grundrechtsvielfalt" als Allzweckwaffe im Rechtsprechungsverbund. Anmerkungen zu der Recht auf Vergessen I-Entscheidung des BVerfG, VerfBlog, 2019/12/05, https://verfassungsblog.de/grundrechtsvielfalt-als-allzweckwaffe-im-rechtsprechungsverbund/, zuletzt abgerufen am 10.5.2021 (*M. Schramm*, Grundrechtsvielfalt).

Schröder, Meinhard, Neue Grundrechte für ein digitales Zeitalter?, JZ 2019, S. 953–959.

Schulte, Laura, Vom quantitativen zum qualitativen Datenschutz. Leitbildwandel im Datenschutzrecht, Berlin 2018 (*L. Schulte*, Qualitativer Datenschutz).

Schwabenbauer, Thomas, Informationsverarbeitung im Polizei- und Strafverfahrensrecht, in: Lisken, Hans/Denninger, Erhard/Graulich, Kurt/Bäcker, Matthias (Hrsg.), Handbuch des Polizeirechts: Gefahrenabwehr, Strafverfolgung, Rechtsschutz, 7. Aufl., München 2021, G. (*T. Schwabenbauer*, Informationsverarbeitung).

Schwarze, Jürgen/Becker, Ulrich/Hatje, Armin/Schoo, Johann (Hrsg.), EU-Kommentar, 4. Aufl., Baden-Baden/Wien/Basel 2019 (*Bearbeiter*, in: Schwarze, EU-Kommentar).

Schweizer, Rainer J., Die Rechtsprechung des Europäischen Gerichtshofs für Menschenrechte zum Persönlichkeits- und Datenschutz, DuD 2009, S. 462–468.

Selmayr, Martin, Europa wagt die digitale Selbstbehauptung, ZD 2018, S. 197–198.

Siemen, Birte, Grundrechtsschutz durch Richtlinien: Die Fälle Österreichischer Rundfunk u. a. und Lindqvist. Anmerkungen zu den Urteilen des Europäischen Gerichtshofes in den verbundenen Rechtssachen C-465/00, C-138/01 und C-139/01 und C-101/01, EuR 2004, S. 306–320.

–, Datenschutz als europäisches Grundrecht, Berlin 2006 (*B. Siemen*, Datenschutz).

Simitis, Spiros, Die EU-Datenschutzrichtlinie – Stillstand oder Anreiz?, NJW 1997, S. 281–288.

–, Datenschutz – Rückschritt oder Neubeginn?, NJW 1998, 2473–2479.

Simitis, Spiros/Hornung, Gerrit/Spiecker gen. Döhmann, Indra (Hrsg.), Datenschutzrecht. DSGVO mit BDSG, 1. Auflage 2019 (*Bearbeiter*, in: Simitis/Hornung/Spiecker gen. Döhmann, Datenschutzrecht).

Skouris, Vasilios, Medienrechtliche Fragen in der Rechtsprechung des EuGH, MMR 2011, S. 423–426.

Smets, Christoph, Die Stadionverbotsentscheidung des BVerfG und die Umwälzung der Grundrechtssicherung auf Private, NVwZ 2019, S. 34–37.

Somek, Alexander, Kategoriale Unterscheidung von Öffentlichem Recht und Privatrecht?, VVDStRL 79 (2019), S. 7–42.

Spaventa, Eleanor, Federalisation versus centralisation: tensions in the fundamental rights discourse in the EU, in: Dougan, Michael/Currie, Samantha (Hrsg.), 50 years of the European treaties: Looking back and thinking forward, Oxford/Portland, Oregon 2009, S. 343–364 (*E. Spaventa*, Federalisation versus centralisation).

–, Should we „harmonize“ fundamental rights in the EU? Some reflections about minimum standards and fundamental rights protection in the EU composite constitutional system, CMLRev 55 (2018), S. 997–1023.

Spiecker gen. Döhmann, Indra/Eisenbarth, Markus, Kommt das „Volkszählungsurteil“ nun durch den EuGH? – Der Europäische Datenschutz nach Inkrafttreten des Vertrags von Lissabon, JZ 2011, S. 169–177.

Steenblock, Rainder, Vorschlag zur Regelung von verfassungsrechtlich verankerten Öffnungsklauseln, in: Deutscher Bundestag/Bundesrat Öffentlichkeitsarbeit (Hrsg.), Dokumentation der Kommission von Bundestag und Bundesrat zur Modernisierung der bundesstaatlichen Ordnung, Zur Sache 1/2005, PAU-1/0018 (*R. Steenblock*, Regelungsvorschlag).

Steensgaard, Kasper, Danish Refusal to Follow the Court of Justice on the Applicability of EU Law: Judgment of the Danish Supreme Court of 6 December 2016, ZEuP 27 (2019), S. 407–414.

Steinmüller, Wilhelm/Lutterbeck, Bernd/Mallmann, Christoph/Harbort, Uwe/Kolb, Gerhard/Schneider, Jochen, Grundfragen des Datenschutzes – Gutachten im Auftrag des Bundesinnenministeriums, BT-Drs. VI/3826, Juli 1971 (*W. Steinmüller* et al., Grundfragen des Datenschutzes).

Stern, Klaus/Sachs, Michael (Hrsg.), Europäische Grundrechte-Charta. Kommentar 2016 (*Bearbeiter,* in: Stern/Sachs, GRCh).

Stolleis, Michael, Geschichte des öffentlichen Rechts in Deutschland Bd. 2. Staatsrechtslehre und Verwaltungswissenschaft 1800–1914, München 1992 (*M. Stolleis*, Geschichte des öffentlichen Rechts).

Streinz, Rudolf, Die Rolle des EuGH im Prozess der Europäischen Integration. Anmerkungen zu gegenläufigen Tendenzen in der neueren Rechtsprechung, AöR 135 (2010), S. 1–28.

Streinz, Rudolf (Hrsg.), EUV/AEUV. Vertrag über die Europäische Union, Vertrag über die Arbeitsweise der Europäischen Union, Charta der Grundrechte der Europäischen Union, 3. Aufl., München 2018 (*Bearbeiter,* in: R. Streinz, EUV/AEUV).

Streinz, Rudolf/Michl, Walther, Die Drittwirkung des europäischen Datenschutzgrundrechts (Art. 8 GRCh) im deutschen Privatrecht, EuZW 2011, S. 384–388.

Stumpf, Felix, Das Recht auf Vergessenwerden, Baden-Baden 2017 (*F. Stumpf*, Recht auf Vergessenwerden).

Sydow, Gernot (Hrsg.), Europäische Datenschutzgrundverordnung. Handkommentar, 2. Aufl., Baden-Baden/Wien/Zürich 2018 (*Bearbeiter,* in: Sydow, DSGVO).

Sydow, Gernot/Kring, Markus, Die Datenschutzgrundverordnung zwischen Technikneutralität und Technikbezug – Konkurrierende Leitbilder für den europäischen Rechtsrahmen, ZD 2014, S. 271–276.

Szczekalla, Peter, Grundfreiheitliche Schutzpflichten – eine ‚neue‘ Funktion der Grundfreiheiten des Gemeinschaftsrechts, DVBl. 1998, S. 219–224.

–, Grenzenlose Grundrechte, NVwZ 2006, S. 1019–2021.

Terhechte, Jörg Philipp, Konstitutionalisierung und Normativität der europäischen Grundrechte, Tübingen 2011 (*J. P. Terhechte*, Konstitutionalisierung und Normativität).

Thym, Daniel, Die Reichweite der EU-Grundrechte-Charta – Zu viel Grundrechtsschutz?, NVwZ 2013, S. 889–896.

–, Blaupausenfallen bei der Abgrenzung von Grundgesetz und Grundrechtecharta, DÖV 2014, S. 941–950.

–, Vereinigt die Grundrechte!, JZ 2015, S. 53–63.

Tischbirek, Alexander, Die Verhältnismäßigkeitsprüfung. Methodenmigration zwischen öffentlichem Recht und Privatrecht, Tübingen 2017 (*A. Tischbirek*, Verhältnismäßigkeitsprüfung).

Tizziano, Antonio, European Courts and the Protection of Fundamental Rights, in: Selvik, Gunnar/Clifton, Michael-James/Haas, Theresa/Lourenço, Luísa/Schwiesow, Kerstin (Hrsg.), The Art of Judicial Reasoning: Festschrift in Honour of Carl Baudenbacher, Cham 2019, S. 23–32 (*A. Tizziano*, European Courts).

Tzanou, Maria, The fundamental right to data protection. Normative value in the context of counter-terrorism surveillance, Oxford UK/Portland, Oregon 2017 (*M. Tzanou*, Data protection).

Unseld, Christopher, Zur Bedeutung der Horizontalwirkung von EU-Grundrechten, Tübingen 2016 (*C. Unseld*, Horizontalwirkung).

Viethen, Alexander, Datenschutz als Aufgabe der EG – Bestandsaufnahme des datenschutzspezifischen Sekundärrechts und Analyse anhand der Kompetenzordnung des EG-Vertrages, Münster 2003 (*A. Viethen*, Datenschutz als Aufgabe).

Voßhoff, Andrea/Hermerschmidt, Sven, Endlich! Was bringt uns die Datenschutz-Grundverordnung?, PinG 2016, S. 56–59.

Voßkuhle, Andreas, Der europäische Verfassungsgerichtsverbund, NVwZ 2010, 1–8.

–, „Integration durch Recht" – Der Beitrag des Bundesverfassungsgerichts, JZ 2016, S. 161–168.

Wächter, Michael, Falsifikation und Fortschritt im Datenschutz. Qualitätsmanagement und Haftung im privaten Datenschutzrecht, Berlin 2000 (*M. Wächter*, Falsifikation und Fortschritt).

Wagner, Lorin-Johannes, Der Datenschutz in der Europäischen Union, Wien 2015 (*L.-J. Wagner*, Datenschutz).

Wagner, Manuela, Datenökonomie und Selbstdatenschutz. Grenzen der Kommerzialisierung personenbezogener Daten, Köln 2020 (*M. Wagner*, Datenökonomie).

Wagner, Matthias, Das Konzept der Mindestharmonisierung, Berlin 2001 (*M. Wagner*, Mindestharmonisierung).

Walkila, Sonya, Horizontal Effect of Fundamental Rights in EU Law, Groningen 2015 (*S. Walkila*, Horizontal Effect).

Wallrab, Annette, Die Verpflichteten der Gemeinschaftsgrundrechte. Umfang und Grenzen der Bindung der Europäischen Gemeinschaft und der Mitgliedstaaten an die Grundrechte des Europäischen Gemeinschaftsrechts, Baden-Baden 2004 (*A. Wallrab*, Verpflichtete).

Walter, Konrad, Rechtsfortbildung durch den EuGH. Eine rechtsmethodische Untersuchung ausgehend von der deutschen und französischen Methodenlehre, Berlin 2009 (*K. Walter*, Rechtsfortbildung).

Weber, Ruth Katharina, Der Begründungsstil von Conseil constitutionnel und Bundesverfassungsgericht 2019 (*R. K. Weber*, Begründungsstil).

–, Die „Rechtsfindungswerkstatt der Integration". Eine institutionelle und rechtskulturelle Kontextualisierung des Gerichtshofs der Europäischen Union, Der Staat 60 (2021), 291–327.

Wendel, Mattias, Permeabilität im europäischen Verfassungsrecht. Verfassungsrechtliche Integrationsnormen auf Staats- und Unionsebene im Vergleich, Tübingen 2011 (*M. Wendel*, Permeabilität).

–, Auf dem Weg zum Präjudizienrecht? Zur Maßstabsetzung durch den Europäischen Gerichtshof, in: Lepsius, Oliver/Nußberger, Angelika/Schönberger, Christoph/Waldhoff, Christian/Walter, Christian (Hrsg.), Jahrbuch des öffentlichen Rechts der Gegenwart. Neue Folge, Tübingen 2020, S. 113–145 (*M. Wendel*, Präjudizienrecht).

–, Das Bundesverfassungsgericht als Garant der Unionsgrundrechte, JZ 2020, S. 157–168.

Westphal, Dietrich, Anmerkung zu EuGH, Urteil vom 30.5.2006, EuZW 2006, S. 406–408.

Wihl, Tim, Drei formale Grundrechtstypen. Prolegomena zu einer komparativen Grundrechtstheorie, in: Piecha, Sebastian/Holljesiefken, Anke/Fischer, Jens/Haaß, Stefanie K./Herberg, Johanna F./Kracht, Stefan/Safoklov, Yury (Hrsg.), Rechtskultur und Globalisierung: 57. Assistententagung öffentliches Recht; Tagung der wissenschaftlichen Mitarbeiterinnen und Mitarbeiter, wissenschaftlichen Assistentinnen und Assistenten, Baden-Baden/Basel 2017, S. 239–262 (*T. Wihl*, Drei formale Grundrechtstypen).

Will, Michael, Anmerkung zu BVerwG: Auskunftsanspruch hinsichtlich einer aus öffentlichen Mitteln finanzierten Verwandtenbeschäftigung, ZD 2019, S. 233–234.

Wolff, Heinrich Amadeus, Der EU-Richtlinienentwurf zum Datenschutz in Polizei und Justiz – Gehalt und Auswirkungen auf das Strafprozess- und Polizeireicht, in: Kugelmann, Dieter (Hrsg.), Prävention und Repression im Raum der Freiheit, der Sicherheit und des Rechts: Belastbarkeit der Konzepte von Strafe und Gefahrenabwehr zwischen Staat und EU, Baden-Baden 2014, S. 61–93 (*H. A. Wolff*, Polizei und Justiz).

–, Die datenschutzrechtlich Rechtfertigungsbedürftigkeit der Verweise auf Webseiten durch Betreiber von Suchmaschinen – Anmerkung zum Google Urteil des EuGH, BayVBl. 2015, S. 9–15.

–, Das VIG und Art. 86 DSGVO, LMuR 2020, S. 1–10.

Wolff, Heinrich Amadeus/Brink, Stefan (Hrsg.), Beck'scher Online-Kommentar Datenschutzrecht, 35. Edition: 1.2.2021, München 2021 (*Bearbeiter*, in: Wolff/Brink, BeckOK DSR).

Wollenschläger, Ferdinand, Anwendbarkeit der EU-Grundrechte im Rahmen einer Beschränkung von Grundfreiheiten. Bestätigung der ERT-Rechtsprechung durch den EuGH auch unter der Grundrechtecharta, EuZW 2014, S. 577–580.

–, Verfassung im Allgemeinen Verwaltungsrecht: Bedeutungsverlust durch Europäisierung und Emanzipation?, VVDStRL 75 (2016), S. 187–264.

–, Grundfreiheit ohne Markt. Die Herausbildung der Unionsbürgerschaft im unionsrechtlichen Freizügigkeitsregime, 2. Aufl., Tübingen 2017 (*F. Wollenschläger*, Grundfreiheit ohne Markt).

–, Die Erga-omnes-Wirkung von EuGH-Urteilen in Vorabentscheidungsverfahren und die TK-Verkehrsdatenspeicherung, NJW 2018, S. 2532–2536.

–, Die Verbraucherinformation vor dem BVerfG, JZ 2018, S. 980–987.

–, Vom letzten zum ersten Wort gegenüber Luxemburg – ein neuer Akzent Karlsruhes im kooperativen Grundrechtsschutz in der EU, Editorial, EuZW 2018, S. 657–658.

–, Grundrechtsschutz und Unionsbürgerschaft. § 13, in: Hatje, Armin/Müller-Graff, Peter-Christian (Hrsg.), Enzyklopädie Europarecht, Band 1: Europäisches Organisations- und Verfassungsrecht, 2. Aufl., Baden-Baden 2021, S. 367–476 (*F. Wollenschläger*, EnzEuR I, § 13).

Wollenschläger, Ferdinand/Krönke, Lukas, Telekommunikationsüberwachung und Verkehrsdatenspeicherung – eine Frage des EU-Grundrechtsschutzes?, NJW 2016, S. 906–910.

ZD-Interview, Brauchen wir neben der DS-GVO noch ein neues BDSG?, ZD 2016, S. 457–458.

Zierbarth, Wolfgang, Verbesserte Videoüberwachung? Auswirkungen des Videoüberwachungsverbesserungsgesetzes vor und nach Wirksamwerden der DS-GVO, ZD 2017, S. 467–470.

Zierbarth, Wolfgang/Elsaß, Lennart, Neue Maßstäbe für die Rechtmäßigkeit der Nutzung von Personenbildnissen in der Unternehmenskommunikation?, ZUM 2018, S. 578–585.

Register